精品课
EXCELLENT COURSE

高 等 院 校 精 品 课 程 系 列 教 材

"十三五"江苏省高等学校重点教材
南京大学"十三五"重点规划教材
编号：2016-1-157

# 产业经济学

# INDUSTRIAL ECONOMICS

## |第3版|

刘志彪 等编著

机械工业出版社
CHINA MACHINE PRESS

U0737894

本书从企业与企业组织、产业组织与政策、产业结构与政策、产业联系、产业集聚与产业转移、经济全球化与产业组织变革等角度，构建中国"产业经济学"的理论体系与框架。

　　全书突出中国产业政策和竞争政策实践的经验与案例，吸收西方比较成熟的竞争政策理论，讲解具有中国特色的产业经济问题，同时还聚焦全球价值链、产业链、现代服务业和产业集群等产业经济学中新发展的重要内容。

　　本书可以作为经济学类相关专业本科生和研究生的教材，也可作为政府部门、企业相关人士的参考书。

**图书在版编目（CIP）数据**

产业经济学 / 刘志彪等编著． -- 3 版 ． -- 北京：
机械工业出版社，2024．8． --（高等院校精品课程系列
教材）． -- ISBN 978-7-111-76488-5

　Ⅰ．F062.9

中国国家版本馆 CIP 数据核字第 2024PA2480 号

机械工业出版社（北京市百万庄大街 22 号　邮政编码 100037）
策划编辑：王洪波　　　　　　　　　　责任编辑：王洪波　王华庆
责任校对：甘慧彤　张雨霏　景　飞　　责任印制：郜　敏
中煤（北京）印务有限公司印刷
2024 年 11 月第 3 版第 1 次印刷
185mm×260mm · 20. 25 印张 · 527 千字
标准书号：ISBN 978-7-111-76488-5
定价：65.00 元

电话服务　　　　　　　　　网络服务
客服电话：010-88361066　　机 工 官 网：www.cmpbook.com
　　　　　010-88379833　　机 工 官 博：weibo.com/cmp1952
　　　　　010-68326294　　金 书 网：www.golden-book.com
**封底无防伪标均为盗版**　　机工教育服务网：www.cmpedu.com

党的二十大报告提出，建设现代化产业体系，坚持把发展经济的着力点放在实体经济上，推进新型工业化，加快建设制造强国、质量强国、航天强国、交通强国、网络强国、数字中国。习近平总书记在二十届中央财经委员会第一次会议上强调："现代化产业体系是现代化国家的物质技术基础，必须把发展经济的着力点放在实体经济上，为实现第二个百年奋斗目标提供坚强物质支撑。"

坚守实体经济、构建现代化产业体系，就是在新发展格局下走高质量发展之路。以实体经济为着力点的现代化产业体系，是我国实现现代化的物质技术基础。因此，坚守实体经济、构建现代化产业体系，是实现中国式现代化宏伟战略目标中必须坚持的一个重要的基本原则，也是我们修订本教材的基本出发点和根本遵循。

现代化产业体系就是以实体经济为基石，以科技创新为引领，以资金、人才等关键要素为保障，打造自主可控、安全可靠、竞争力强的农业根基、工业基础与核心、服务业支撑、基础设施保障体系，实现全要素生产率和经济效益持续提升。这种产业体系说它是"现代的"，是因为在从传统向当代过渡中，产业发展会显示出许多"现代性"，这种现代性体现了当今科技革命、产业发展和市场竞争的具体要求，如人工智能发展的趋势和影响、寡头竞争的市场结构等；说它是一个"体系"，是指产业发展呈现出系统的、高度的完备性，具有自主可控、安全可靠的功能，可以不依赖外部供给，不惧怕外部冲击，独立自主地运行。

现代化产业体系的第一个特征，就是它的高端化。高端化是提升我国企业在全球产业链分工中的地位、追求高质量发展的基本要求。发展新一代信息技术、人工智能、生物技术、新能源、新材料、高端装备、绿色环保等一批战略性新兴产业，就是追求产业体系高端化的具体行动的表现。高端化并不是说技术越发达、越先进越好，而是中国企业的价值链位置，要从低端不断地向中高端攀升，要处于全球分工中较有竞争力的地位，并能获取较大的分工利益。

现代化产业体系的第二个特征，就是它的智能化。智能化是提升我国产业技术水平和生产率水平，提高发展质量的基本要求。智能化是信息化和数字化的升级版，它的本质是在计算机网络、大数据、物联网和人工智能等技术的支持下，让劳动手段超越纯粹工具的属性，让机器劳动过程具有分析、判断等大脑才具备的功能，让机器成为决策辅助系统，大大减轻人类劳动复杂度，提升劳动效率。

现代化产业体系的第三个特征，就是它的融合化。融合化是在技术飞速发展的条件下，产业界限越来越模糊、专业化分工越来越细化、产业协作协同越来越重要的基本要求。在数字技术条件下，制造过程越来越服务化，越来越取决于数字技术嵌入制造的能力。因此，我们必须要加快发展数字经济，促进数字经济和实体经济深度融合，打造具有国际竞争力的数字产业集群；要推动现代服务业同先进制造业、现代农业深度融合；要加快发展物联网，建设高效顺畅的流通体系，降低物流成本；要推动战略性新兴产业融合集群发展。

现代化产业体系的第四个特征，就是它的绿色化。绿色化是实现人与自然和谐、可持续发展的基本要求。绿色化是产业发展满足人类高级需要的方式，不仅要利用生态系统的工具价值，更要承认和突出生态系统自身的价值，实现人与自然关系的归位。绿色化是和谐的发展方式，以系统化的方式推进产业链、价值链、创新链的绿色化，以制度化的方式推进生态文明建设的产业联动和区域联动。绿色化是普惠民生的发展方式，它一方面强调生态环境的生产发展性功能，另一方面强调生态环境的生存宜居性功能，满足了人民群众对良好生态环境和生态产品的需求。

如果我们把现代化的三次产业形象地比喻为一棵参天大树，那么现代化的农业就是坚强的树根，现代化的工业就是坚实挺拔的树干，而现代化的服务业则是这棵大树繁茂的枝叶。建设以实体经济为基础的现代化产业体系，虽然离不开这棵大树的方方面面，但是其重点和难点，还是在于如何以先进制造业为骨干建设现代化产业体系。

以先进制造业为骨干建设现代化产业体系，其框架和内容主要体现在以下几个方面：

首先，巩固传统产业，发挥比较优势。作为世界上最大的发展中国家，虽然这些年我国产业的竞争优势从劳动密集型产业逐步转向资本、技术密集型产业，但是毫无疑问的是，当前具有竞争优势产业的主体，还主要分布在各类传统产业中，如纺织服装、建筑建材、机械电子等。产业政策如果轻视或者忽视这些产业的功能和作用，并不符合我国人民的利益。因为，这些产业具有全球最大的市场需求，放弃它们等于自废武功。例如，根据麦肯锡 2019 年的报告估算，全球服装业务的价值为 1.7 万亿~2.5 万亿美元。这意味服装产业接近全球汽车 3 万亿美元的市场，也远远超过了芯片 6 000 亿美元产值的市场。这么大的市场我们不去占领，就等于主动放弃了自己的竞争优势。另外，传统产业不是落后、低端的代名词和标签，产业本身并不存在什么低与高、坏与好、落后与先进的问题，区别只在于用什么工业化技术改造和武装：利用先进的工业化思维和现代技术去改造它，它就是具有竞争力的优势产业，如纺织服装的印染，过去用水用染料印染，既污染环境又消耗水源，但是现在是用高技术的无水数码喷印技术。因此，对这些产业的政策取向，应该是加大技术改造力度和加快转型升级，而不是简单地淘汰或放弃。

其次，以产业链思维大力发展战略性新兴产业集群。当今世界的产业发展态势，早已突破了单个企业局部突进的孤立化发展格局，产业链和集群化的发展成为产业发展的主导形式和基本趋势。相应地，产业政策也已经过渡到产业链政策。产业的这种发展态势，从根本上来说是由科学技术进步的特点决定的。新的科学技术革命不是以点线的方式突破，而是以块状、大幅度、穿透式的方式革命性进步，同时决定和影响了几乎所有的传统产业，并加速涌现无数崭新的战略性新兴产业。如以人工智能、大数据、物联网等技术为代表的新一轮科技革命，对传统产业的产业链和链接方式产生了深刻的革命性影响。数字经济的发展，也在全球产业链重组的浪潮中，使全球供应商竞争跨国公司订单的方式演化为产业集群之间以及全球产业链集群之间的竞争。因此，以产业链思维大力发展战略性新兴产业集群，就是要紧紧抓住当今科技革命的主线，以数字经济为核心推动战略性新兴产业发展，同时在空间布局上为新技术革命与战略性新兴产业的融合发展创造有利的条件。

再次，数字经济与先进制造和现代服务业融合。当代产业融合发展的主要趋势是先进制造业与现代服务业深度融合，表现为制造型服务的发展，服务业尤其是其中的生产性服务业具有人力资本、知识资本和技术资本密集的特点，它们嵌入制造业提升了制造业的"聪明脑袋""强大心脏"和"起飞翅膀"的功能。但是这不是简单相加，而是需要加速两者深度融合产生化学反应的催化剂，这个催化剂就是数字化转型，它正在推动先进制造业产业革命和新技术革命浪潮滚滚向前。一方面，数字化促进制造业主导产业愈加专业和深化，提升价值链的地位，降低投入成本，提高生产率；另一方面，在制造业的支撑下，提升现代服务业专业化水平和质量，拉动对先进制造业产品的需求，助推先进制造业的高质量发展。

最后，产业基础高级化与产业链现代化。基础产业的基础性，一是由其所处的位置决定，如处于产业链上游的、投入环节的材料、设备、基础软件等；二是由其在产业链扩张中不可替代的重要性决定。这些产业部门往往具有显示度较低、报酬递增、进入门槛高、外部性强等特性。在目前对我国"卡脖子"的技术和产品中，大都是属于基础产业的产出，也往往是我国基础研究薄弱的地带。在紧张的国际关系态势中，推进产业基础高级化，必须摒弃静态比较优势理论，改用动态比较优势理论为指导，要充分发挥集中力量办大事的新型举国体制的制度优势，以及超大规模的市场优势，把政府的有为作用与市场的基础调节作用结合起来。推进基础产业高级化战略，要重点抓住实施扶持政策的三个主要因素：一是被扶持的产业中，企业目标不能以盈利最大化行事，而必须以技术突破和产能最大化为目标；二是对产业扶持政策及其手段要进行审慎的选择，减少对生产者补贴，改为对市场刺激和对消费者补贴；三是要对产业扶持政策进行福利效应评价，要考虑扶持竞争对手对本国居民增加福利的影响，而不能仅仅看政府补贴的支出额度。推进产业链现代化，就是要推进基础产业高级化，强化企业间技术经济联系，提高产业链与创新链、资金链和人才链"四链"嵌入和融合的紧密度，以此构建现代产业体系。打好产业链现代化的攻坚战，一是要培育全球价值链上的"隐形冠军"，大力发展各种处于产业链"卡脖子"地位的"专精特新"企业；二是要在产业链上塑造技术驱动或者市场驱动型的各类具有"链主"地位的跨国企业，让其在全球产业链治理中发挥一定的主导作用和控制能力；三是要通过市场取向的改革，鼓励要素充分自由流动和竞争，实现要素协同等方面的突破，以此调整失衡的产业结构。从宏观经济政策方面，主要是要协调好产业政策与竞争政策的关系，把鼓励产业发展与公平竞争的关系处理好，尤其是要布局好不同所有制、不同规模的企业之间的组织关系。

建设以实体经济为基础的现代化产业体系，需要针对实践中不断出现的新的重要问题，完善新发展阶段的产业政策。

一是除了要防止"脱实向虚"的倾向，还要防止实体经济产能过剩造成的泡沫现象。资金和其他要素围绕房地产、金融等虚拟经济转，不进入实体企业的泡沫经济现象，近几年来在中央的大力整治下已经得到了很好的控制，现在要重点防治的是不按照市场需求规律办事，盲目重复投资于一般制造业的倾向。产能过剩一直是我国经济运行中的顽症，地缘政治等因素进一步影响了我国制造产能的消化，实践中过剩产能多是银行信贷堆砌起来的，它们多是人为制造出来的泡沫，严重的产能过剩会造成重大的金融经济风险。新发展阶段的产业政策要对这一现象给予重点关注，避免在"稳定制造业比重"的遮掩下出现新一轮严重的产能过剩现象。

二是推动传统产业转型升级，重点是用新技术改造传统产业，而不是把它们当成低端产业"腾笼换鸟"。过去的产业政策鼓励对传统产业实行"腾笼换鸟"，目的和愿望似乎是好的，但是结果往往是笼子腾出来了，"旧鸟"搬走了，"新鸟"没有来。实践证明，对传统产业不能采取一退了之的办法，而应该重点强调本地化升级，尤其是要注重用信息技术改造。我国传统产业比重高、规模大，中小企业多，在安置就业、出口、税收等方面对经济社会贡献大，因此在建设现代化产业体系中不能贪大求洋，不能用简单的"亩均投资、税收、产值"标准让其退出。

三是要充分发挥超大规模市场的拉动作用，把扩大内需与创新驱动有机结合起来，促进关键核心技术攻关与突破。过去我国企业以出口导向为主，做的都是跨国企业研发设计好的订单，自己专注于加工制造环节，长此以往必然缺乏研究开发和市场运作的能力。新发展格局下以国内循环为主的庞大内需，必然会培育出本土从事研发设计和市场创新的企业，因此扩内需其实与鼓励国内企业创新发展的逻辑是一致的。当前我国在创新发展上主要存在的问题是产业链上游的创新企业缺少来自下游客户的信息、市场需求和应用场景。

四是鼓励收购兼并形成产业链"链主"，同时支持专精特新隐形冠军企业成长。产业链"链主"就是技术创新的主体，或者是为技术创新提供市场和场景的需求者。在技术驱动型的全球价值链中，"链主"依靠自身的技术能力和资本优势，为聚集在自身周围的上下游企业制定治理规则、技术标准，生成发包订单并决定价值分配。而在市场驱动型的全球价值链中，位于市场终端的巨型买主通过发包订单的方式，为上游专精特新中小企业提供来自下游客户的信息、市场需求和应用场景。有时，这类"链主"企业还会越过价值链的某些环节，直接对产业链上下游研发关键产品和设备的企业进行投资。这些都是培育隐形冠军的关键手段和措施。

五是在全球价值链重组的背景下，更要强调自我自主开放，加强产业链供应链的国际开放合作。当今，以美国为主的西方国家以防风险为借口，对我高科技产业技术进行封锁和各种打压，更加凸显了自我自主开放的必要性。产业链现代化不可能关起门来在封闭条件下进行，更不可能不吸收人类先进科技成果闭门造车，要千方百计地与世界进行能量交换和双向学习。鼓励中国企业主动走出去，主动投资"美加墨自贸区"等，防止产业脱钩是一个有效办法。千方百计创造条件加入全面与进步跨太平洋伙伴关系协定（CPTPP）等国际组织，充分发挥现有各种国际协定拉动高水平开放的作用，也是一个可行的途径。

由上述阐述可知，中国式现代化对建设现代化产业体系提出了许多新的任务和要求，也对中国化的产业经济学建设提出了许多需要探索的新问题，我们需要总结经验，并提出新的战略与政策。这次第3版的修订，就是根据这些要求，由我在各位原作者修订的基础上，在产业结构调整、产业链现代化、全球价值链重组、生产性服务业发展、产业政策等理论和实践方面做了许多新的补充和修改，并根据中国产业经济的实践更新了一些案例。这一探索是初步的，不当之处敬请批评指正。

刘志彪
2024 年 5 月于厦门

　　本教材第 1 版出版后曾经得到很多使用学校的老师和学生的好评。同时我们也发现，随着我国社会主义市场经济的发展和产业转型升级实践的变化，竞争政策在经济政策体系中的地位越来越重要，因此有必要根据国家经济政策变化的趋势和方向对教材进行全面修订，以适应新时代社会主义经济建设的要求。

　　2016 年，中央全面深化改革领导小组第二十三次会议提出要确立竞争政策在经济政策体系中的基础性地位，同年在国务院印发的《关于在市场体系建设中建立公平竞争审查制度的意见》中，以及在 2018 年 12 月召开的中央经济工作会议上，又进一步提出要强化竞争政策的基础性地位。这本质上就是要用竞争政策来协调和规范其他经济政策，其他经济政策都要建立在竞争政策的基础之上。所有的市场主体、政府机构和非政府组织，其市场行为都要受制于竞争政策。也就是说，未来任何经济政策及法律法规的出台或者修订，都必须经过竞争政策机制的审查，不与竞争政策冲突才可以向社会公布和执行。

　　确立竞争政策的基础性地位，对于推动我国社会进入高质量发展阶段具有紧迫性和重要性。因为只有确立平等竞争的市场经济氛围和环境，才能够排除政策差异给市场主体造成的竞争条件非公允，才能给市场主体清晰的信号和稳定的预期，才可以进行以效率为基础的竞争，才可以据此纠正发展的非均衡和结构的重大失衡，从而实现经济从高速度增长向高质量发展转换。在这样的背景下，中国产业经济学必须正确理解和解释竞争政策的含义，分析它与其他经济政策的关系，以便学生在毕业后能更好地理解各种经济政策以及相互关系。

　　来自实践的这一变化背景，从学科发展角度看，实际上是要求中国的产业经济学必须在研究对象、研究内容以及相应的研究方法等方面，确立起以竞争政策为基础的框架体系和学术地位。这是一个比较重大的学科改革和创新任务，需要业界同行根据中国竞争政策和产业政策的丰富实践，从现象中不断发现有特色的问题，运用理论抽象方法总结和归纳发展经验，为产业经济学的发展贡献中国智慧。

　　为此，有必要先简要回顾一下现代产业经济学发展的历史。 20 世纪三四十年代，发轫于西方国家规范市场竞争的需要而逐步建立起来的产业经济学，在经过日本产业政策实践的改造、创新和融合后，于 20 世纪 80 年代中后期被我国引进。在这个长达五六十年的发展过程中，产业分析的视角和研究内容被不断地拓宽，总体上可以分为三个阶段。

第一阶段的产业经济学就是西方的产业组织理论，其分析视角是同产业内企业之间的关系。由于在市场经济下，同产业内企业之间的关系主要是竞争与垄断的关系，因此西方产业经济学的长期传统，是以同产业内企业之间的竞争与垄断关系为研究的主线，试图运用规范的竞争政策或反垄断法去调整这种利益关系，实现以公平竞争为基础的效率竞争。例如，无论是主流的哈佛学派的反垄断分析范式，还是后来居上的芝加哥学派分析范式，虽然在政策主张方面大相径庭，但是它们在界定市场、判断市场势力或者建立竞争分析模型等方面，都遵循同产业的原则。

欧洲产业经济学的发展，在分析视角上始终与美国保持一致性，但是它在同产业原则下，对哈佛学派的"结构—行为—绩效"传统研究范式做了很大的改进，其表现为欧盟实施竞争政策的主要目的，不是反垄断，而是通过竞争政策的作用，更好地、更深层次地实现欧洲经济的规模化和一体化目标。例如，欧盟竞争法很重视反价格歧视行为，这是为了更有利于欧洲市场的一体化；再如，欧盟竞争法对收购兼并行为的控制程度，也要比美国宽松得多。这是因为，欧盟竞争法认为这有利于在欧盟共同市场内部实现规模经济效应。因此，欧盟竞争政策的特点，是利用产业组织政策的内在特性，去实现欧盟经济一体化的目标。这一点是我们判断欧盟竞争政策的选择与其他经济体不同的最重要的方面。

第二阶段，日本的产业经济学虽然吸收了美国竞争政策的主体内容，却带有浓厚的东方价值取向，强调产业政策而不是竞争政策是其产业经济学的主要特色。在日本，产业政策既用规模经济的价值取向干预产业内竞争，也用挑选输家或赢家的有为政府理念去干预产业间的资源配置，推动产业结构调整。对于竞争政策，则长期强调政府管理而不是放任市场调节。这种把政府管理作为最重要的发展工具的机制，符合日本从封建时代到成为工业化国家这一过程中的社会文化传统。其实，很多日本学者认为，日本的反垄断政策是第二次世界大战后美国麦克阿瑟占领军当局遗留的产物，相对于战后日本政府积极倡导的创造非均衡发展优势的产业政策来说，这种竞争政策只发挥了次要的作用。因此，日本产业经济学的分析视角，既有同产业原则下的产业组织和相应的竞争政策，也有侧重于产业间关系的产业结构和相应的产业政策。

第三阶段，中国经济学家从 20 世纪 80 年代中后期开始，从日本和美国引进产业经济学并加以逐步吸收、消化和创新。最初主要受日本产业经济学体系和结构的影响，同时受制于自身经济发展阶段的限制，中国产业经济学的内容不仅包括产业组织，而且包括产业结构和产业关联，还包括产业集群、技术变革和产业布局，甚至包括开放条件下的产业经济学，如产品内分工与全球价值链等方面。由于推进经济转型升级的需要，中国政府从 20 世纪 80 年代中后期开始，把计划经济体制下形成的计划手段，转变为以产业政策对市场的干预方式。由于当时的市场发育不良，结构扭曲问题严重，这些问题又不能指望通过市场完善得到自动纠偏，必须充分发挥政府的主观能动作用，因此中国学者编纂的产业经济学相关著述，比较偏重产业政策、需求管理、布局政策、出口导向政策等调控功能。

经过 30 多年的发展，目前中国经济学家创作的各种版本的《产业经济学》，都是上述内容的混合形态：既有同产业原则决定的传统意义上的产业组织理论，也有反映产业之间形态和结构关系的产业关联和产业结构理论；既要利用竞争政策规范市场秩序，也要利用产业政策来推动产业发展；既研究大国经济国内的产业循环和关联问题，也研究全球化条件下的全球价值链问题。这样，中国产业经济学就在一个巨大的框架下，装上了十分庞杂的内容。这些内容不仅与其他经济学学科之间存有重叠关系（例如，产业结构理论与发展经济学有重叠，产业空间布局理论与经济地理学科有重叠，产业集群、全球价值链理论与国际贸易理论有重叠），而且有关理论的逻辑主线也不够清晰，甚至还存在着一些内在的冲突（如竞争政策要求充分发挥市场的自调节功能，限制政府的直接干预，而产业结构政策则要求政府站到经济发展的前台，直接强有力地干预资源分配活动）。

有鉴于此，以竞争政策为基础的产业经济学，就要从学科发展的实践演化的角度，提出中国产业经济学发展的新的可能方向。产业经济学教科书必须高度重视对竞争政策内容的介绍和阐述，注重东西方竞争政策差异的比较，努力增加来自中国竞争政策实践的案例研究成果，不断吸收西方比较成熟的竞争政策理论。本教材第 2 版为此做了大量的努力，不足之处，还请老师和同学提出批评和建议。

在第 2 版教材的编写过程中，巫强老师做了大量的编辑和修改工作。张月友老师对第 2 版内容的修改提出了一些有价值的建议。我对全书的基本思想、框架结构安排负总责任，同时对各章节的内容进行了认真的修改、润色、添加或删减。全书各章节的初稿作者，与第 1 版一致。其中稍有变化的是，第 1 版中由安同良老师编写的（第 7 章、第 11 章），在第 2 版中，改由吴福象老师修订编写。第 1 版的第 15、16 章分别作为第 2 版的附录 A 和附录 B；第 1 版的第 17、18 章作为第 2 版的第 15、16 章。特此说明。在这里我要对我的同事们的辛勤劳动表示由衷的感谢，同时也感谢机械工业出版社的编辑，他们努力工作的态度永远激励着我。

刘志彪

2019 年 7 月于南京大学长江产业经济研究院

# 第 1 版前言
## PREFACE

　　产业经济学是一门专门以"产业"活动为研究对象、分析现实经济问题的新兴应用经济学，它的研究领域是介于微观经济和宏观经济之间的中观经济。自 20 世纪 80 年代中后期从日本引进以来，随着国家实施产业政策和竞争政策的需要，产业经济学在经济管理类学科发展中受到了高度的重视。学习产业经济学除了可以满足分析和研究国家政策的需要外，还可以满足工商企业分析市场结构和市场行为的需求，以实施更为有效的竞争战略。

　　目前教材市场上流行多种版本的西方产业经济学。即使在西方的产业组织理论不断被引进大学课堂的情况下，我仍然一直想做一件吃力不一定讨好，但是一定值得努力的事情，这就是给我们中国的经济管理类大学本科生写一本"适合"的产业经济学教材。这是本书得以出版的基本动机。

　　"适合"的产业经济学教材，在我看来，不一定就是文字浅显的教材，更不是数学公式、理论概念较少的教材。对当今那些基础知识扎实、掌握新知识神速的经济管理类本科生来说，在修完了政治经济学、微观经济学和高等数学之后，使用现在这本书作为其专业课或专业选修课的教材，都是些小儿科的事情。我所说的"适合"，主要是针对学习效果而言，即能使学生通过对本书的学习，较为系统深入地掌握有关分析和指导中国产业经济运行和发展的理论、方法和政策，而不是仅仅知道一些西方产业经济学的概念。

　　摆在大家面前的这本《产业经济学》，作为南京大学产业经济学学科全体老师共同努力的产物，在写作的出发点、章节体系安排、基本内容分析等一系列问题上，都体现了我们对中国产业经济运行和发展的并不成熟的思考。作为本书的组织者，我想首先与大家交流一下我对西方产业经济学的认识，以及中国经济发展与改革对中国产业经济学建设的影响。可能与刚刚学这门课程的同学谈这个问题有点不合适，你可以选择现在不看这个内容，但是建议学完本课程后，抽空回过头来再看下面的论述，可能会有新的深刻认识。

　　西方的产业经济学起源于 19 世纪后期西方国家反垄断的政策实践。产业经济学在发展过程中，虽然有各种学派之争，如有的注重研究市场结构，有的注重研究市场行为，但都是探讨在不完全竞争市场条件下，市场结构、行为、绩效之间存在的内在联系，以及提高市场绩效的各种公共政策。产业经济学在西方一般仅研究特定产业市场的垄断与竞争问题，而不研究或很少涉及产业间的资源配置关系。这不是因为后者在经济发展中地位不重要，而是因为这些国家的学者坚信，在其高度发达的市场经济下，可以通过"看不见的手"自动解决资源在产业间的有效配置问题。在调节产业间的资源流向上，政府并不比市场和企业家掌握更多的信息，也不比后者更高明，因此，西方学者在对产业经济的研究中，往往忽略对资源在产业间有效配置问题的分析，同时把主要精力放在对市场机制失灵和反垄断及其管制问题的研究上，即主要研究产业内企业间的资源配置问题（即主要研究产业组织）以及政府相应的政策问题。他们认为，特定产业内企业间的竞争和技术进步，必然带来企业自身解决不了的垄断及其外部问题。如果政府和法律不介入，企业间竞争将缺乏市场效率，最终损害社会福利。

由上述指导思想编撰出来的产业经济学教材，其实很难适应当代西方发达国家产业经济的实践和政策的需要。例如，在当代经济活动中，资源在产业间的流动不仅存在着进入（退出）障碍，尤其是劳动力流动及其价格刚性极大地影响了产业结构的转型升级，而且产业间活动也存在着严重的外部性，如处于产业链中某个上游环节的研发活动，或者国民经济中的基础产业活动，往往会体现出极大的外部经济性，政府对其支持不足或者投资不力，都会影响下游产业的发展质量和水平。因此，产业结构的调整问题本身就应该是由产业经济学来研究解决的，它无法像西方现有产业组织理论那样，指望完全通过市场去解决，或者指望只具有总量概念而无产业范畴的宏观经济学（政策）去处理。

西方产业经济学不重视产业组织理论之外的产业问题研究，并不意味着在以科技进步为主要特征的现代经济运行中，产业结构、产业联系、产业布局、产业开放等问题不重要。恰恰相反的是，自 20 世纪 80 年代以来，西方发达国家针对总量政策（财政政策、货币政策等）的缺陷和不足，也在大力实施灵活的产业政策以纠正市场失灵。如在 2008 年后为了应对世界金融危机，尽快走出衰退，各国政府纷纷出台措施援助衰退产业，扶植制造业复兴和回归，支持技术创新活动，制订出口振兴计划，扶植战略性新兴产业，等等。这充分说明，西方发达国家在全球化竞争中，并没有忽视有效地利用产业政策，也是注意到了要充分发挥政府在产业结构调整中的作用问题。

仅限于研究产业组织理论的西方产业经济学，很难适用于经济发展仍处于相对较低水平且与西方国家的国情存在较大差异的中国。众所周知，中国将在相当长的时期内面临经济转型升级的任务。由于转型升级过程中市场发育不充分，功能不完善，因此产业结构的非均衡问题不能像西方发达国家那样，在微观和市场层面上基本通过市场机制，即通过企业的产量调整和资产重组得到自动解决，必须更好地发挥政府和其他中间组织在产业之间配置资源的能动作用，即要在市场决定资源配置的基础上，更好地发挥政府和非政府机制在调整产业结构中的作用。这个任务将是长期的。

因此，符合中国国情的产业经济学学科的建设，不仅要重视对产业组织的研究，也要重视对中国产业结构和产业关联关系问题的研究，同时还要重视对那些具有中国特色的经济问题的研究，如产业的空间调整和产业转移、深化产业的全球分工、组建跨国公司、反行政性垄断、改组国有企业等。也就是说，中国学生学习中国的产业经济学，就必须熟悉政府推进产业转型升级的政策和理论，必须熟悉包括产业组织、产业结构、产业联系、产业布局、产业开放等具有明显中国特色内容的产业经济学，而不能仅仅知道怎么反垄断和放松管制。

此外，中国政府调节经济运行和促进经济发展，现在越来越具有主动运用市场机制决定性作用的趋势。中国为了转变发展方式和调整经济结构，正在酝酿对产业政策的实施方法进行全面深化改革。中国共产党第十八届中央委员会第三次全体会议提出"使市场在资源配置中起决定性作用和更好发挥政府作用"的新经济体制改革目标,涉及产业政策在实施中的两个基本问题:一是如何在产业政策实施中更好地发挥市场的决定性作用;二是如何在市场的决定性作用的基础上更好地发挥政府的作用。这两个基本问题可以化为一个统一的命题,就是如何建设统一开放、竞争有序的市场体系,并在此基础上实施有效的产业政策。

从中国经济运行实践来看,在所有可能阻碍统一市场建立的因素中,只有政府权力和政策运作方式才有可能真正长期、大幅度有力地扭曲、撕裂、分割和限制市场。建立统一市场的实际障碍之一,在于那种为了扶持或限制某些特定产业而制定的财税、信贷、外汇乃至土地、人才等一系列扭曲市场机制的政策。这种产业政策到了应该转型的关键时刻。

因此,基于建设统一市场、平等竞争以促进经济转型升级的要求,首先必须调整产业政策的行使方式,推进经济从"发展竞争",转向"自由竞争"和"平等竞争"。首先要让竞争政策逐步去替代现行传统的产业政策,从产业政策的"重点扶植"向竞争政策的"一视同仁"转型,从部门倾斜的纵向政策向产业链横向协调的政策转移,以及以市场规制政策与其他政策和制度相结合,来促进竞争、鼓励创新,促进我国产业国际竞争力的提升。

为此,既具有中国特色又具有市场取向改革精神的中国产业经济学的建设重任,天然地、历史地摆在了我们面前。建设具有中国特色的产业经济学,必须立足于中国全面深化改革的实践,不断地进行归纳和总结,将其抽象为理论并用于指导实践。我们不可能完全照搬西方的教材,也不能等到经济体制定型后再去写这本教材,而应该在改革实践中不断地修订完善这本教材。在这个过程中,我们要从产业经济学的视角,记录这场规模宏大并深刻地改变了中国和整个世界经济格局的全面深化的改革历程。

本书的写作大纲和内容是我与安同良教授多次研究后确定的。作为用于本科高年级产业经济学一学期课程的教材,教师在选择具体教学内容时可以根据需要和学生的具体专业,灵活进行取舍。本书具体章节初稿的撰写者主要有郑江淮(第1章)、李晓春(第2章)、李晓蓉(第3章)、程令国(第4章)、卜茂亮(第5章)、王宇(第6章、第9章)、安同良(第7章、第11章)、巫强(第8章、第10章反垄断部分)、郑东雅(第10章管制部分、第14章)、吴福象(第13章、第15章)、江静(第12章)、魏守华(第16章、第17章)、张晔(第18章)。

在本书的初稿完成后,我花了很多时间和精力对各章节的内容进行了不同程度的润色、修改,有些甚至做了大幅度的添加或者删减。吴福象老师替我做了一些编辑和修改工作。在这里对我的同事们表示由衷的感谢。同时要感谢的是机械工业出版社的编辑,他们认真、细致、负责的工作态度,是本书得以顺利出版的保证。当然,书中可能存在的错误,则应该由我负责。

刘志彪

2015年1月于南京大学长三角经济社会发展研究中心

# 目 录
CONTENTS

# 第一章

# 企业：目标、结构与组织

产业经济学以企业为基础研究行业和市场。企业是构成国民经济的基本细胞。企业间如何通过竞争获得并保持市场势力、获得良好的市场绩效，一直是产业经济学研究的重点问题。因此，了解企业的相关事实和知识是理解产业经济学的基础。本章将分别对企业的本质、目标、结构和组织形式进行介绍。

## 第一节  企业的本质

### 一、交易成本与企业的性质

企业是现代社会中最普遍和重要的生产组织形式。据统计，2009 年企业为全球 81% 的人口提供工作机会，构成全球经济力量的 90%，创造全球生产总值的 94%，同年在全球 100 大经济体中，51 个是跨国企业，49 个是国家[一]。

长期以来，传统经济学很少关注企业。在新古典微观经济学中，企业相当于一个"黑箱"，它的功能就是将生产要素投入转化为商品或者服务。这样企业就被抽象为一个生产函数，它仅仅描述了产出与投入之间的函数关系。在市场竞争完全、充分、有效的情况下，作为生产函数的企业，只是根据产品和要素市场价格信号配置资源，实现利润最大化或成本最小化。至于企业生产活动和范围的边界、生产活动所依赖的内部组织和控制结构，在这种视角下是无关紧要的。但是，现实中的企业却经常面临着生产边界、产品范围等问题的决策。例如，企业会通过收购兼并，向上游或下游环节延伸，将原来通过市场交易实现的采购或销售纳入到企业内部，从而扩大企业生产边界实现规模经济。在另一种情况下，企业会通过拆分、剥离、外包一些产品生产和业务环节来缩小规模，从而实现以最低成本生产。这就意味着，企业作为一种特殊制度安排，在特定条件下能够以比市场更低的成本组织生产。

1937 年，罗纳德·科斯在《企业的性质》这篇经典文章中，提出企业作为协调者

---

一  中央电视台，等. 公司的力量 [M]. 北京：中国科学文化音像出版社，2010.

和计划安排者，从本质上来说是一种资源配置方式。企业内部的资源配置是企业管理者决策意图的反映。通过企业经理人"看得见的手"而不是通过价格信号来进行资源配置，是所有企业的一个共同特征。为什么市场、企业作为两种完全不同的资源配置方式会同时存在呢？如果市场的价格机制可以实现资源的有效配置，为什么还会出现企业呢？交易成本理论（Coase，1937）指出，这是因为价格机制的使用是存在交易成本的，而企业作为一种生产组织形式，可以有效降低交易成本。交易成本主要包含以下四种类型。

第一，价格发现成本。假设某种生产要素 X 可以同时用来生产商品 A 和 B，如果商品 A 的市场价格上涨而商品 B 的市场价格保持不变或者出现下跌，在生产技术不变的情况下，生产要素的所有者会选择将生产要素 X 更多地投向商品 A 的生产。这一结论成立的一个重要前提是生产要素的所有者可以快速而准确地获知商品价格的变化信息。在真实的市场中，价格信息的传递不仅存在时滞，而且往往会存在差错。这就是价格发现的成本。

第二，谈判和签约成本。当市场价格发生变化时，上述生产要素 X 的所有者要分别与商品 A 和 B 的生产者重新谈判并签订新的合约，这个过程往往需要所有参与者投入时间与精力。如果商品 A 和 B 的价格经常发生波动，那么这个谈判、解约和重新签约的过程就要发生无数次重复。如果市场中有很多种商品，每种商品的生产都需要使用大量不同的生产要素，这些生产要素分散在不同的所有者手中，那么价格变动所带来的谈判和签约过程将会耗费大量的成本。但是如果这样的情况发生在企业内部，生产要素 X 的所有者本身也是商品 A 和 B 的生产者，那么针对上述情况企业管理者只需简单地指示下属将生产要素从 A 生产部门流向 B 生产部门即可，根本无须进行谈判和修改合约。

第三，执行合约的成本。市场交易合约签订之后，如何保证签约双方严格履行合约条款？显然，做到完美的监督是不可能的，即使是实施了有效监督，往往也会因成本过高而勉为其难。另外，即使能够低成本地发现对方违约，但是如何对这一违约行为实行有效的制裁，同时又能获得违约方补偿呢？即使在法律体系最健全的国家，违约纠纷的处理也会给各方带来很高的成本，无论是违约事实的认定，还是相关法律的适用和最终审判结果的执行，都具有一定的不确定性。因此市场交易的双方即使签订了合约，也很难规避违约风险。但如果上述交易发生在企业内部，资源的流动就根本不需要签订合约，而是可以简单地通过管理指令来实现。

第四，不确定性与风险。市场交易中供需力量的变化会导致价格持续发生波动，给交易双方带来较高的风险。为了降低这种风险，买卖双方可以通过签订长期合约来减少未来可能发生的风险。例如，厨师和餐馆之间不可能每天签订工作合同，以此来具体约定每日工资和工作内容，因为这样对双方来说都会承担很高的风险：对于厨师来说，这意味着工作和收入得不到稳定的保障；对于餐馆来说，这意味着厨师随时可能会辞职，导致餐馆不能正常营业。因此，短期合同会使生产和交易活动中的参与者承担很高的风险。如果厨师和餐馆签订了长期合同，餐馆承诺向厨师支付某个数额的工资，而厨师则承诺在一定范围内接受餐馆老板的管理，每天在一定时间内向其提供某种劳务等。因此，企业可以通过一系列的长期合同来取代短期合同，减少所有参与者的风险。

交易成本产生的根源是什么，具体受到哪些因素的影响呢？主要有以下两类。

第一，人的因素。人作为市场的参与者具有两个非常重要的特征：有限理性和机会主义。有限理性是指人类在获得和加工信息，并根据信息做出判断与决策时，由于自身能力的限制，行为本身出现了非理性的特征。机会主义则是指在追求自身利益过程中，在条件允许的情况下，每个人都具有伺机谋利的个人行为倾向，如在信息不对称条件下，个人可能采取欺诈、威胁等不正当手段谋利。有限理性和机会主义的存在意味着：市场参与者在某些复杂的情况下，很有可能会不自觉地做出非理性的决策和行为；同时，当制度存在缺陷时，市场参与者会利用各种手段甚至不道德的行为来最大化自身的利益。

第二，交易因素。交易成本的大小往往和交易的不确定性与复杂性、频繁程度和交易者数量密切相关。交易中存在的不确定因素越多，交易的复杂程度越高，那么随之产生的交易成本也会越高。重复交易与单次交易相比，由于前者交易双方可以根据交易历史来更好地了解对方，并且机会主义行为会给未来的交易带来负面影响，因此双方都会更加合作，交易成本也会比较低。最后，如果市场交易者数量众多，那么竞争的存在可以有效遏制机会主义行为，与垄断情况相比，它可能会降低市场中的交易成本。除此之外，还有一个很重要的交易因素会极大地影响交易成本，那就是资产专用性。如果某些投资用于其他项目就会使其价值大幅缩水甚至完全丧失，那么这样的资产就被称为专用性资产。一个简单的例子就是炼钢炉不能用来酿酒。资产专用性的存在，意味着投资方可能在交易后面临资产价值沉淀的风险，这会抑制交易者的机会主义行为。

因此交易成本的存在，导致单纯依靠市场的价格机制很有可能使市场参与者在某些方面产生很高的成本，从而影响生产和交易的效率。企业通过内部交易来取代市场交易，以此来减少交易成本，这就是企业存在的根本原因。

## 二、企业的边界

尽管企业在某些情况下可以降低市场的交易成本，但是企业作为一种资源配置方式也存在成本，它在减少交易成本的同时，也会产生组织成本，这就意味着企业绝不可能完全取代市场。企业是存在边界的，企业的规模扩张到一定程度后必然会停止。

企业的边界问题包含两层含义：横向边界和纵向边界。所谓横向边界，是指企业生产特定产品的数量及其产品种类；纵向边界则是指企业内部生产流程中不同生产阶段的数量。联想通过收购 IBM（国际商业机器公司）的个人电脑业务，扩展了自己的横向边界；陷入质量危机的奶业巨头纷纷收购奶源农场，则是通过扩展纵向边界来提升产品质量。

决定企业横向边界的最重要因素就是成本。实证研究显示，企业的 U 形长期平均成本往往会有一个相对平坦的底部，这就意味着在维持最低成本的情况下，存在着一系列不同的产出水平，也就是说企业的横向边界往往并不是固定的。企业总是希望通过调整产量和产品种类，通过规模经济或范围经济等手段，来不断逼近平均成本的最低点。一般地，伴随着产量或者产品种类的不断上升，企业的组织和管理成本也将不断提高，这必然会带来平均成本的大幅提升，从而导致规模不经济或者范围不经济。这意味着企业的横向边界总是存在的，企业不可能无休止地扩展下去。

企业纵向边界的扩张，也称为纵向一体化，即企业沿着某种产品或服务的价值链向一端或两端延伸的行为。其中，向价值链下游的扩张使其更加靠近最终用户的纵向一体化被称为前向一体化；反之，则被称为后向一体化。纵向一体化程度反映了企业对如何获取生产要素这一重要决策问题的态度：是依赖市场交易还是依赖企业自身？如果企业选择从市场中购买，那就意味着企业执行的是纵向分离的经营策略；反之，就是将多个生产流程集合在企业内部完成的经营策略。事实上，成本依然是企业选择纵向一体化战略的一个重要影响因素。以钢铁产业为例，如果炼钢和铸造分别属于两家企业，那么热金属在熔炉中被生产出来之后需要冷却，然后运送给铸造企业，后者在生产前必须再次将金属加热。但如果两家企业合并，热金属可以直接在熔融的液态形式下被运送到铸造工序，就可以节省大量的成本。实证研究还发现，除了成本因素外，还有其他重要因素影响企业的纵向边界。

纵向一体化可以看作企业解决资产专用性问题的一个对策。如果某些生产活动中的部分流程需要进行专用性很强的投资，那么专用性资产投资者的自身利益就很容易受到其他交易者机会主义行为的侵害，从而产生"敲竹杠"问题（hold-up problem）。假设一个发电厂存在强烈的降低成本的动机，想靠近煤矿建厂。建造一个新的发电厂需要大量的沉淀投资，然而，一旦该投资被沉淀，发电厂就会发现自己与煤矿处于相互垄断的地位。因此，发电厂可以在投资建厂之前，与煤矿签署采购协议。因为一旦电厂建成，就形成了沉没成本，煤矿就有动机去寻求对合同的重新解释或者再谈判，以抬高其煤炭价格。如果电厂预测到这种被"敲竹杠"的情境，可能就不会做出投资的决定了<sup>⊖</sup>。所以如果要妥善解决上述问题，两家企业纵向合并就是一个有效的途径。

但必须强调的是，纵向一体化在解决资产专用性所带来的机会主义行为的同时，自身也会带来其他的激励问题。市场采购的一个优势在于，可以通过竞争来以较低的价格获得质量更高的产品，但是在纵向一体化之后，市场采购变成了企业内部采购。市场竞争压力的缺失，往往会导致内部供应产品的质量下降，最终给整个企业的发展带来负面影响。

现实市场中，企业往往会在完全的纵向一体化和完全的纵向分离之间选择一些部分一体化的做法。一种被称为逐步一体化（tapped integration），即部分生产要素从市场中的独立供应商处购买，另一部分生产要素从内部子公司处采购。这种方法的好处是既可以避免其他企业的机会主义行为，同时又让内部的生产部门保持一定的竞争压力。另一种常见的做法是特许经营（franchising），从快餐到服装设计的众多行业都采用了这种方法。在特许经营的模式下，母公司提供专用性投资，同时特许经营者又可以保留自身的大部分利益，从而可以有效地激励其努力提高效率。还有一种常见的中间做法是构建企业集团，以丰田为代表的日本大企业，没有采取纵向一体化的手段来规避资产专用性带来的问题，而是选择与供应商建立一种长期合作的非正式关系，在长期合作的基础上构建非正式的企业联盟和集团，使企业之间维持一荣俱荣、一损俱损的利益关系，从而使得独立供应商也有足够的激励去进行专用性资产的投资，以实现与客户的长期合作。

**案例专栏 1-1**

## 通用汽车收购费雪车身公司

20 世纪初，汽车制造技术从木质车身向金属车身转化。与木质车身不同，金属车身的生产需要针对特定车型进行大量投资。换句话说，投资之后所形成的资产只能用于生产特定型号的车身，这样的资产带有很强的专用性特征。早在木质车身年代，通用汽车就和费雪车身（Fisher Body）公司建立了合作关系，通过签订短期合同，后者向前者提供木质车身。但是随着金属车身

---

⊖ 现实中，供应商为客户生产定制产品是较为常见的形式，该交易类型往往出现客户经营风险较大导致客户不能正常履约的情况，供应商将不得不以相当大的折扣将其产品出售给另一个买家，或者对产品进行重大修改，以适应替代客户的需求。资产专用性程度越高，供应商越容易受到客户特定风险的影响。供应商脆弱性问题与"敲竹杠"问题都产生了相同的结果，即买方价值的较大波动加剧了供应商的投资不足，但是供应商投入的资产专用性程度越高，可能会诱导供应商增加而不是减少投资（Chen, et al., 2017）。

的普及，以及双方都意识到了资产专用性问题的存在，二者在 1919 年签订了一个为期 10 年的合同。合同规定通用汽车以成本加 17.6% 利润的价格，将全部封闭式金属车身业务交给费雪车身公司。同时这一价格不能高于其他类似供应商的平均价格，一旦发生价格纠纷就诉诸仲裁。双方在 1919—1924 年的合作是非常愉快的，费雪车身公司建造的工厂大多位于通用汽车及其分部附近。但是在 1925—1926 年，市场对通用汽车的需求大幅超过预期。通用汽车开始对这份长期合同表示不满，希望可以重新谈判。由于费雪车身公司采取了一种相对没有效率的、偏向劳动密集型的生产技术，明显提高了通用汽车的购买成本。除此之外，费雪车身公司拒绝将其工厂建在通用汽车的组装厂附近。通用汽车意识到上述情况难以维持，也不想继续忍受费雪车身公司的"敲竹杠"行为，终于在 1926 年将费雪车身公司完全收购。

这一案例充分说明了资产专用性会导致"敲竹杠"等事后机会主义的行为，而纵向一体化是解决这一问题的有效方法<sup>⊖</sup>。

## 第二节　企业的目标

现代企业的一个重要特点就是所有权和经营权的分离，企业的真正所有人并不直接管理企业，这就产生了一个典型的委托代理问题：如何保证企业的管理者尽心尽力地帮助企业所有者（股东）来赚取最多的利润呢？一个有趣的现象是，很多成功企业的管理者很少谈论企业的利润最大化，他们似乎更加喜欢讨论在管理工作中实现人生价值等，而那些濒临破产的企业高管却依然拿着令人咂舌的高薪。我们不由得对经济学关于企业追求利润最大化的假设产生疑问，企业是否真的追求利润最大化呢？

### 一、内部的监督激励机制

现代企业中所有权和经营权相分离的制度安排，使管理者与所有者之间在利益上可能存在冲突。尽管企业董事会通常会拥有任命和解雇管理者、确定管理者的薪酬并保留在必要的时候干预企业经营的权力，但是由于信息不对称的存在，管理者往往要比股东及董事会成员更加了解企业的运作，股东或董事会成员很难对管理者的行为进行有效的监督，尤其是在股份制企业中的小股东，他们对企业管理者的影响几乎可以忽略不计。

那么，企业的管理者是不是就可以完全根据自己的偏好来管理企业，甚至"损公肥私"呢？回答是不可以。事实上作为委托者的股东，完全可以通过很多途径对作为代理者并拥有信息优势的管理者实行有效的激励，让其按照所有者的利益来经营企业。常见的做法就是通过适当的薪酬设计，让管理者能够在抵御风险的同时，又能得到适当的激励，让股东与管理者的利益在某种程度上达到平衡。很多企业管理者的薪酬往往由两部分组成，除了固定工资，另外一部分会根据企业在不同时期的盈利而上下浮动。

近几十年来，一种全新的激励管理者的金融工具开始被国内外企业广泛使用，这就是股票期权。所谓的股票期权，就是上市公司给予企业中高级管理人员或技术骨干在一定时期内以事先约定的价格购买公司普通股的权利。例如，企业给予高管在任命期满 3 年后，以每股 15 元的价格购买公司 10 万股普通股的权利。对于 CEO 等高级管理人员来说，如果能在 3 年内将公司的股价

⊖ 聂辉华，李金波. 资产专用性、敲竹杠和纵向一体化 [J]. 经济学家，2008（4）：44-49.

提升到 30 元，那么他的获利就增加一倍。在一个成熟的资本市场中，由于股价上升往往反映企业业绩的提高，因此股价的上涨能使所有股东受益。所以，股票期权的使用，使得管理者和所有者的利益在长期达到了统一，有效地缓解了所有权和经营权分离所产生的委托代理问题。

必须强调，上述的手段只能缓解而不能彻底解决委托代理问题。事实上，股票期权对于管理者的激励作用，在很多经济学的实证研究中存在很大的分歧。股票期权的定价即让管理者以什么价格购买公司的股票，往往是一个比较难解决的问题，定价过低和过高都会导致激励不足，如果时间过短往往还会对管理者造成激励扭曲，给企业的稳健经营带来短期的负面影响。

## 二、外部的市场机制

除了依靠企业内部的监督激励机制，外部的市场机制也是促进管理者和所有者的利益在长期得以保持一致的有力保障，主要可以分为三类。

第一，劳动力市场机制。对于那些不称职甚至缺乏职业道德的职业经理人，对其最大的处罚似乎只能是解雇，除此之外股东没有任何办法。其实，弄垮一家公司或缺乏职业道德的不良声誉，将会让这种职业经理人难以在劳动力市场中找到一个新雇主，即使他们决定自己创业也会受到这种负面声誉的影响。声誉之所以重要，一个原因在于在劳动力市场中，很难找到非常客观和精确的标准来衡量职业经理人的素质和水平。现代企业经营管理的高度复杂性，意味着准确评价一个职业经理人要比准确评价一个普通工人难得多。因此，对于劳动力市场中的需求方企业来说，职业经理人的个人声誉是建立在其历史业绩基础上的，良好的职业声誉直接关系到职业经理人的职业生命。这种市场机制的制约，会让职业经理人非常谨慎而负责地从事管理活动。

第二，产品市场机制。产品市场的竞争往往有利于股东和管理者目标的融合，这是因为激烈的市场竞争，意味着企业只有追求利润最大化才有可能生存，如果管理者违背了这一目标，那么企业就极有可能破产，管理者也会失业。因此在市场竞争激烈的背景下，生存压力将促使管理者追求利润最大化。与此同时，激烈的市场竞争在很多情况下可以帮助股东更高效地获得与企业生产经营能力相关的信息，这就意味着股东相对于管理者的信息劣势会被削弱，管理者难以为自己欺骗股东的行为寻找借口。

第三，资本市场机制。对于一家上市公司来说，如果企业的业绩不佳、利润低下甚至长期亏损，那么反映在资本市场上的一个直接结果就是股价低迷，小投资者选择"用脚投票"，而那些大股东可能要求罢免管理者。成熟的资本市场还有可能提供另一种机制来对管理者进行制约，那就是兼并与收购。一家因管理者经营不善而长期亏损的公司，很容易引来其他企业的收购与兼并，原因是被收购后只要适当改善经营管理，就很容易获利。收购发生后最先被解雇的往往都是高级管理者。收购与兼并的存在，意味着企业可以通过资本市场的运作，在更改所有者的同时也实现管理者的更替，管理者为了避免失业，就必须将企业经营和管理好。

## 三、企业短期经营目标的异化

从短期来看，可以观察到很多企业在实际经营活动中经常偏离追求利润最大化的目标。例如，很多电商之间激烈的价格战，导致很多厂商似乎都是在"赔本赚吆喝"，短期利润似乎并不是它们所关心的。有趣的是，我们很少听见企业公开宣传它们最终的经营目标是利润最大化。跨国企业强调自己的社会责任感，民营企业将振兴民族产业作为自己义不容辞的责任，国有企业又强调自己对于国计民生的重要作用。

　　企业的短期经营目标偏离利润最大化的现象，主要原因可以归结为企业为了在一定的市场结构下实施特定的竞争战略。例如，由于电商市场规模效应显著，同质化程度很高，消费者可以通过网络手段轻易地比较价格等因素，电商要想在早期的竞争中获取更高的市场份额，只能通过价格战驱逐竞争对手，因此企业短期的亏损几乎是无法避免的。只有拥有了足够多的市场份额，电商才有可能通过提升消费者黏性和增强规模效应来逐步获利。这样的市场结构和产业特性，决定了电商市场的最终格局只能是寡头垄断。市场竞争从短期来看，并不是比谁的盈利能力更强，而是比谁的市场份额更高，竞争者之间的博弈逻辑就是通过消耗战将对手拖垮后独占市场，以后期的垄断利润来弥补前期的亏损。这样看来，京东、当当和苏宁易购等网站的价格战、营销战乃至口水战，都是由这样特殊的产业结构导致的。因此企业短期不计利润的各种竞争战略和行为，与企业的长期经营目标并不冲突，企业在不同的成长阶段面临着不同的任务，在短期偏离利润最大化的目标也是能在激烈的市场竞争中先存活再去谋发展。换句话说，企业的长期竞争战略永远是为利润最大化服务，但是作为长期竞争战略一个组成部分的短期竞争手段，短时间偏离最终目标也是允许甚至必需的。

案例专栏 1-2

### 微软 Xbox 的价格战策略

　　2000 年之前，家用游戏机市场一直都是日本企业的天下，以任天堂和索尼为代表的日本游戏厂商几乎垄断了这个行业。这个行业高额的利润吸引了很多厂商，但是极高的进入门槛使得很多企业都望而却步。经过长时间的考虑，微软终于决定在 2001 年杀入这一市场，与日本企业正式对抗。此时，索尼的家用游戏主机 PS2 在全球的销售量已经突破 2 000 万台，遍布全球的游戏开发商为其开发各种热门游戏，一个成熟的游戏生态系统已经构建成功。微软的 Xbox 主机虽然在性能上要超过 PS2，但是该主机上可玩的游戏非常有限。财大气粗的微软从一开始就制定了"烧钱"的策略，不去顾虑高于索尼的生产成本，而希望能以低廉的价格打开被索尼垄断的市场。据估算，微软每卖出一台 Xbox 就要亏损 125 美元左右，平均一年就要"烧掉"10 亿美元。但就是凭借这样的低价策略，微软逼着索尼打起了价格战，并且取得了不俗的市场份额。微软在家用游戏机市场终于站稳了脚跟，与索尼、任天堂三分天下。到 2008 年第 4 季度，微软正式宣布 Xbox 实现盈利 4.26 亿美元。随着第二代主机 Xbox 360 和第三代主机 Xbox ONE 的上市，家用游戏机也成为微软的一个重要利润来源。由此可见，"烧钱"是为了更好地挣钱，早期的拼着亏损也要打价格战的短期竞争策略，从本质上来说恰恰是微软家用游戏机市场长期竞争战略的一部分，利用资本优势来换取市场份额，逐步打造和完善属于自己的游戏生态系统，事实也证明这样的策略非常成功。

## 第三节　企业的结构

　　当今信息技术的迅速发展，以令人无法想象的速度改变着企业和其所处的环境，给企业的经营管理带来了巨大的影响。组织结构如何优化以适应自身发展和外部环境变化，是现代企业面临的重要问题。

## 一、常见的企业所有权制度

随着生产社会化与市场化的发展，企业所有权制度先后经历了业主制、合伙制、股份制的有序更迭。

### 1. 业主制企业

业主制是最古典的企业结构。在业主制条件下，企业只有一个所有者（或叫出资者），企业的所有权和经营权集中在企业所有者手中，企业所有者对企业债务负连带无限清偿责任。企业的发展主要靠内部积累，企业不具有法人资格，是自然人企业。业主制适合生产力发展水平较低、社会分工不发达的资本主义社会早期阶段。这种企业的所有权和经营权合一的制度不仅可以满足经营管理的需要，而且所需成本也较低。

### 2. 合伙制企业

合伙制是由两个以上的出资人共同投资形成企业的一种制度，合伙制与业主制的一个显著区别，就是企业出资者数量的不同。两者之间的本质性差异并不大，但是合伙制企业可以筹措到更多资金，比业主制更易搞好企业的经营管理，可使企业获得更多的扩展机会和更强的抗风险能力，进而使企业可以从事风险较大的投资，有能力开拓新的产业领域。在合伙制下，无论是单个企业的规模，还是整个产业部门，都比业主制扩大了。

### 3. 股份制企业

股份制是指由若干出资者投资入股形成企业，实行按股分红的法人企业结构。以蒸汽机、电报和铁路为代表的新生产力的出现，使建立大工厂、扩大企业规模成为必要，且有了坚实的生产技术基础；信用制度的进一步发展，为企业扩大规模提供了更为充足的资金供给方式，这些重大经济条件的巨变是股份制产生的根源。从企业的角度看，股份制包括无限责任公司、有限责任公司、股份有限公司、两合公司和股份两合公司五种形式，其中股份有限公司是最典型的形式。

建立在所有权和经营权相分离基础之上的公司法人制度，是现代股份公司的显著特征，企业取得了独立于股东的法人地位，并拥有企业财产的经营权，企业以其全部法人财产为限对企业债务负有限责任，作为出资者的股东只拥有企业财产的所有权，以及在此基础之上派生出的股票处置权、股利索取权和企业决策议决权，股东以其出资额为限对企业债务负有限责任。

## 二、股份制企业内部结构

### 1. U 形组织结构

这是最为基本的一种企业组织形式，产生于股份制企业发展的早期阶段，最早在美国铁路公司的改组中出现，由通用电气公司进一步发展。U 形组织结构是一种中央集权式结构，建立在企业内部职能分工的基础之上，每个部门只有很小的独立性，权力集中在总经理手中，实现了对企业内部的有效控制，可以通过专业化分工获得规模经济。企业的总经理更能向市场传递清晰的个人信号，这主要有两个原因：一是企业需要向市场显示基于会计信息的经营绩效；二是人们把企业的经营结果归结为总经理的贡献和作为。U 形组织结构如图 1-1 所示。

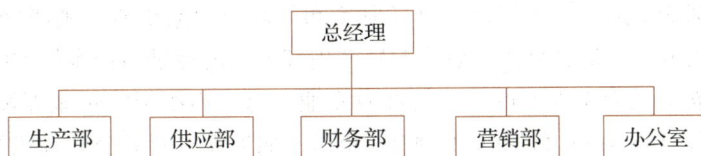

图 1-1 U 形组织结构

## 2. H 形组织结构

H 形公司持有子公司或分公司的部分或全部股份，下属各子公司具有独立的法人资格，是相对独立的利润中心，H 形组织结构较多地出现于横向合并而形成的企业中。因此严格来讲它是企业集团的组织形式，其显著特征是高度分权，各子公司保持了较大的独立性。为了协调全公司的业务，母公司主要是对子公司进行计划管理、财务管理和人事管理。H 形组织结构中包含了 U 形组织结构，构成控股公司的子公司往往是 U 形组织结构。母公司和子公司不是行政上的隶属关系，而是资产上的联结关系。母公司对子公司的控制，主要是凭借股权，在股东会和董事会的决策中发挥作用，并通过任免董事长和总经理来贯彻实施母公司的战略意图。H 形组织结构中，子公司在法律上是具有法人地位的独立企业，有自己的公司名称和公司章程，其财产与母公司的财产彼此独立注册，各有自己的资产负债表。子公司自主经营、独立核算、自负盈亏、独立承担民事责任。控股公司是一种对范围广泛的经营活动进行合法控制的重要工具，在企业的发展史上延续的时间并不长。H 形组织结构如图 1-2 所示。

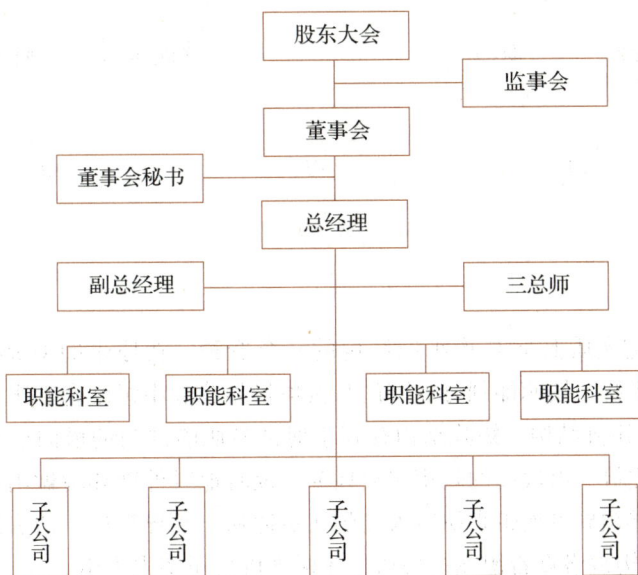

图 1-2 H 形组织结构

## 3. M 形组织结构

由一组多样化的事业部所组成的分权结构，各自侧重于不同的产品系列或市场区域，是 H 形组织结构和 U 形组织结构进一步演化的结果。各个分部负责日常经营决策，企业总部最高管理层负责战略决策，形成决策的专业化与分工。各部门是独立利润单位，有利于最高决策层确定利润增长点，并更有效地安排企业资金配置。分部之间的相对独立性和可比性有利于总部对分部经理进行绩效评价，总部能够通过奖酬制度、升迁制度和行政权力来更有效地激励和控制分部经理。M 形组织结构在决策分工、信息处理、资金配置和内部人员的激励与控制等方面优于 U 形组织结构，比 U 形组织结构更适合于大型的多元化经营企业，这一组织形式被威廉姆森称为"20 世纪最伟大的组织变革"。Hoskisson 和 Turk（1990）指出，如果没有对总公司高级管理层及其经营战略的有效控制，M 形组织结构可能导致过度分散化。M 形组织结构的比较优势依赖于有效的治理结构，治理结构是指使管理者的行为符合股东利益的一系列机制（如来自所有者的监督、董事会控制和经营者报酬等）。如果没有高效的治理结构，就不会出现威廉姆森所说的由 M 形组织结构带来的经营绩效的改进。M 形组织结构如图 1-3 所示。

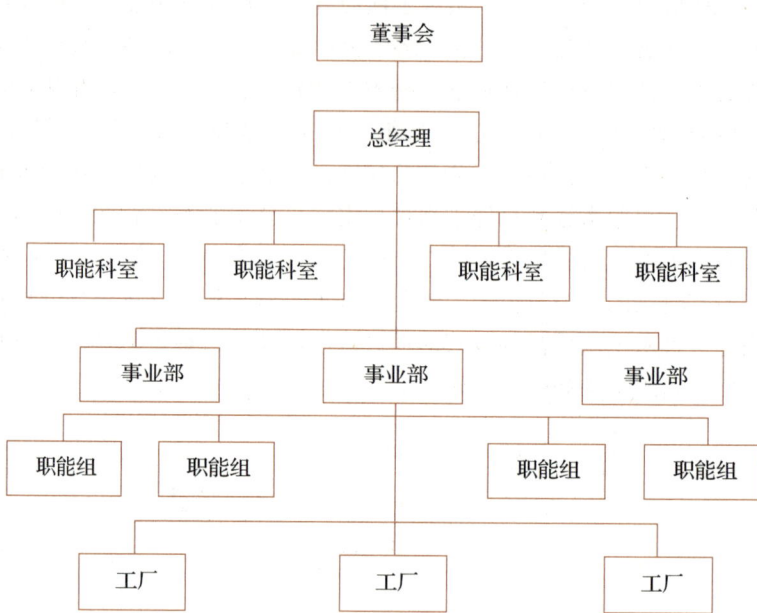

图 1-3　M 形组织结构

### 4. 其他结构

（1）矩阵结构。它实质上是 U 形组织结构的一个变种，在原来的 U 形组织结构基础之上，建立一套横向的管理系统，按职能划分的部门与按项目划分的小组结合起来，形成一个类似于数学中的"矩阵"，故称矩阵结构。矩阵结构有利于促进各职能部门的横向业务联系，围绕某个项目可以迅速集中资源优势，以较高的效率完成任务，及时地对外部环境做出反应。但矩阵结构也存在明显的缺点，双重领导可能带来执行人员的无所适从、领导责任不清和决策延误等问题。20 世纪 50 年代，矩阵结构被洛克希德飞机公司、休斯飞机公司率先采用。

（2）超事业部结构。它是 M 形组织结构进一步演化的结果，也称为执行部制，在 M 形组织结构的基础上，在总办事处和事业部之间增加一个管理层级，称为执行事业部或超事业部。企业规模越来越超大型化，总公司直接领导各事业部，难以实行有效管理。在事业部之上增设一级机构，使管理在分权的基础上又适当地再度集中，对相关的几个事业部进行统一领导，以便协调与利用相关的几个事业部的力量，搞好共同性的产品开发和市场开拓一级服务性的管理，避免各事业部执行相同职能所造成的不经济或低效率现象。美国通用电气公司 1978 年的组织结构即是一种超事业部结构。

### 三、股份制企业的组织结构及其演化

20世纪90年代以来，知识经济、全球化、信息网络化趋势不断发展，企业外部环境发生的剧烈变化要求企业做出快速反应和决策。传统层级结构的弊端日益显现，严密的层级关系和精细的专业分工，造成了信息传递的障碍，影响了决策的速度和质量。在纵向层级上，上级的指示要经过多个管理层级才能传递给执行者，延误了时间，增加了信息扭曲的可能性；同时，一线员工对市场和顾客的反馈，要经过长链条的传播才能到达决策者，不利于企业快速地决策和行动。在横向部门间，完整的工作往往被划分并由多个职能部门来完成。在任务分割的同时，责任也被分割了，各部门通常不能很好地看到为顾客服务的全貌，因而缺乏工作的主动性和积极性。另外，部门之间的利益冲突、效率不一、沟通不畅等也会影响工作的效率和质量。

针对这些问题，迈克尔·哈默与詹姆斯·钱皮（1993）提出了"企业再造"理论。该理论认为，面对从"以大量生产为中心"到"以迅速满足顾客需求为中心"的转变，企业特别是大型企业应该实行"组织扁平化"，并借助当代先进的信息管理技术根本性地、彻底地改变企业工作流程，从而适应市场环境。由于他们关注的重点是企业的工程流程，因此"企业再造"也叫"业务流程再造"（business process reengineering，BPR），其基本思想是以业务流程而非职能部门为核心，使原来支离破碎的业务流程得到整合。"企业再造"理论彻底抛弃劳动分工，面对市场，在信息与技术的帮助下通过简化组织层级，建立起灵敏迅速的信息传递机制，组织架构扁平化应运而生。

扁平化组织结构是企业在对纵向层级结构进行优化和整合的基础上，采用现代的管理技术和手段，重新建立的一种组织结构。与传统的纵向层级结构相比，扁平化组织结构最显著的特点就是外形扁平，组织层次少，管理幅度大。传统理论认为管理跨度以3~6人为好，但这样必然会形成较多的管理层级。扁平化组织结构则提倡拓宽管理跨度，管理跨度的增大必然带来管理层级的减少，有利于传递信息和快速响应市场变化。扁平化组织结构是相对纵向层级组织结构提出来的，面对新的市场环境，扁平化组织结构在一定范围内取得了良好的效果，但扁平化组织结构的实施需要一定的基础。

股份制企业组织结构向扁平化演化的原因，主要在于纵向层级组织结构存在一定的问题。从泰勒的科学管理到韦伯的科层管理，从组织结构的直线制、职能制到直线参谋制，都属于传统的纵向层级组织结构，与传统的工业企业规模小、产品单一、市场变化缓慢的工业化初期发展阶段相适应。纵向层级组织结构管理模式强调集权，以达到组织的统一指挥、协调一致；强调分层管理，以达到组织目标的一致性；强调职权对等，以实现理性决策。这种管理模式过分地强调专业化，虽能提高效率，但也妨碍了部门间的沟通。伴随着经济全球化、信息网络技术和知识经济的挑战与冲击，传统组织结构存在的问题便日益显现出来，主要表现在以下几个方面。

（1）组织规模庞大。传统的纵向层级组织结构管理层次多，大量中层管理人员加大了管理的成本。

（2）职权过于集中，使企业内部信息传递缓慢并容易发生遗漏和失真，进而阻隔内部沟通，甚至可能造成应变能力迟缓。

（3）组织效率低下，助长了人浮于事和官僚主义。

（4）阻碍创新和抑制员工主动性。传统的层级管理组织中，强调以命令和控制为主的决策方式。组织重视对员工职责和任务的清晰描述，对员工的要求和期望也是明确的，员工只与其直接

上级发生联系，被动地服从上级的指挥和命令。组织过分地强调组织目标而忽视了员工的个人发展，个人的工作积极性和效率受到了很大的影响，员工的主动性难以激发出来。

扁平化组织结构也是提高现代企业竞争力的客观需要。现代生产已经进入协同制造的大规模定制时代，垂直的科层式管理与大规模定制要求的流程化、信息化、网络化管理无法相容。时代的发展与旧式管理模式产生了冲突，扁平化组织结构所具有的特征能够弥合这种冲突，具体来说表现在以下几个方面。

（1）扁平化组织结构中，强调的是更加灵活的组织机制和对员工的充分授权。在实践中，实现灵活组织机制最重要的方面，是让员工能跨越职能部门一起工作，并确保他们能获得所需要的信息和拥有做出决策的权力。

（2）与层级组织的高度集权体制相反，扁平化组织结构是分权式的。由于管理层次的减少，员工被赋予了更大的权力，鼓励被授权的员工扩大自己的工作内容，自主选择工作方式和岗位，提高自身的通用性和广泛适用性。员工被鼓励就与他们工作及利益相关的问题自由发表意见，直接参与组织的重要决策。扁平化组织结构有利于为包括基层员工在内的各方面人才提供充分发挥作用和能力的空间，使员工的潜能得到释放，使个人价值得以高度实现。

（3）扁平化组织结构放宽了管理范围，增加了管理幅度，使领导能够直接与下属取得联系，进而使企业内部员工之间、员工与领导之间、工作团队之间的纵向、横向和交叉沟通成为可能。通过全方位沟通，信息传递和反馈在企业内部畅通无阻，达到信息资源为企业全体成员共享的最佳状态。此外，组织层级的减少还可以大大减少信息传递的失真。

## 案例专栏 1-3
## 杜邦公司的组织结构是如何适应环境变化的

杜邦公司的案例提出了有关企业组织结构的几个问题：杜邦公司发展过程中经历了不断的组织结构调整，有哪些内部组织结构类型可供选取？为什么一家企业会不断调整其内部的组织结构？杜邦公司目前的组织结构模式偏向于扁平化，现代企业组织结构的演变趋势是不是也如此？

案例专栏 1-4

### 谁拥有华为？100%由员工持有

华为成立于 1987 年，总部位于中国深圳，是全球领先的 ICT（信息与通信技术）基础设施和智能终端提供商。2018 年，公司拥有 188 000 名员工，遍及 170 多个国家和地区，服务 30 多亿人口，2018 年销售收入达人民币 7 212 亿元，同比增长 19.5%。

1987 年，任正非筹集人民币 2.1 万元（6 名初始出资人每人出资 3 500 元），在深圳创立华为。早期，公司员工逐步参与员工持股计划，其他 5 位初始出资人陆续退出持股。2003 年，华为形成了沿用至今的股权结构，创建初期就实施员工持股。2003 年，华为控股工会作为员工持股平台，沿用至今。2018 年，持股员工达 96 768 人，退休及业务重组持股员工平均在华为工作时长 15 年。2018 年总股数达 222 亿股，创始人任正非作为自然人股东持有公司 1.01% 的股份。同时，任正非也参与了员工持股计划。截至 2018 年年末，其总出资占公司总股份的比例约为 1.14%。

内部治理架构：独立经营管理，没有第三方控制华为。公司最高权力机构是持股员工代表会，由 86 514 名有选举权的持股员工一股一票，选举产生。持股员工代表会选出董事会和监事会成员。董事会是公司战略、经营管理和客户满意的最高责任机构。监事会是公司最高监督机构，对公司董事、高管履职及公司经营和财务状况等进行监督。董事长作为公司形象代表，维护公司形象和外部关系，代表公司出席外部高级别会议和重大活动，接受荣誉，发表演讲，主持股东会会议。

董事会选举产生常务董事会。轮值董事长按轮值期循环履行职责，在当值期间是公司最高领袖，领导公司董事会和常务董事会。常务董事会就授权事项进行决策并监督执行，受董事会委托对重大事项进行研究酝酿，就授权事项进行决策并监督执行。

共同价值：以客户为中心，为客户创造价值。共同价值是集体领导的灵魂，各治理机构从不同方面践行和维护。为确保对公司共同价值的长期守护，保持公司治理结构的稳健，在公司治理章程中赋予创始人任正非一些特定事项的否决权。华为是一家 100% 由员工持有的民营企业，没有任何政府部门、机构持有华为股权。持股员工一股一票选举产生持股员工代表会，持股员工代表会及其选举产生的公司董事会、监事会对公司重大事项进行决策、管理和监督。

资料来源：https://www.huawei.com/minisite/who-runs-huawei/cn/。

# 第四节 国有企业

## 一、国有企业：概念与性质

国有企业（state-owned enterprise，SOE）是指由政府所有或控制的企业。《新帕尔格雷夫经济学大辞典》将国有企业定义为：由政府代理人所有、控制或经营的企业。世界银行把国有企业定义为：政府（包括政府部门）拥有或者实际控制的经济实体。在国际惯例中，国有企业是指由一国的中央政府或者联邦政府投资或者控制的企业。在我国，国有企业也包括由地方政府投资或者控制的企业，简称地方国企。

国有企业的存在是一种世界现象。例如，美国的邮政、铁路，澳大利亚的广播，英国的邮政、广播，瑞士的邮政、铁路，法国的邮政、交通、广播，等等，都由国有企业来经营，或者存在国有企业的影子。为什么发达市场经济国家也会存在国有企业？

第一个理由是自然垄断。对于有些行业，如铁路、供水和电力行业，具有规模经济特征，即固定成本很大，但是一旦建成，其可变成本很小。这些行业往往只需要一家企业来提供产品或者服务即可充分发挥规模经济的优势。但是，一旦市场上只有一家企业，这家企业将成为一家垄断企业。我们知道，垄断企业的定价高于竞争性企业的定价，产出水平较低，从而会损害消费者的利益，并导致经济效率降低。因此，政府通过建立国有企业，对其价格和产出进行管制，以降低自然垄断带来的不利效应。

第二个理由是资本市场失败。私人部门投资者往往不愿意对那些长期可以获得回报但是短期存在风险的项目进行投资，因为资本市场内在地偏好那些短期收益的项目，而不喜欢存在风险的大规模长期项目。此时一个解决办法是，由政府建立一家开发银行来为这些回报期较长的大项目融资，或者直接成立一家国有企业来建设并运营这些项目。

第三个理由是外部性。例如，研发和钢铁、医疗产业的产出，对其他产业具有正的外部性，但是在市场自发条件下，这些产业内的企业往往不会因此获得回报。此外，公共品由于非排他性和非竞争性，也具有外部性特征。结果，私人投资者往往不愿意对这些具有正外部性的产业和公共品进行投资，从而导致这些对整个经济有益的产业得不到足够的发展。此时，国有企业可以抵消具有正外部性产业和公共品市场的自发投资不足。

此外，对公平的考虑也是政府成立国有企业的原因。如对于邮政、供水、电力和交通之类的公共服务来说，如果完全留给以利润为目标的私人企业，那么，居住在偏远地区的人们将无法获得这些服务。又如，养老和医疗之类的保险服务，如果完全留给私人企业来提供，那么，穷人将因此出更高的保费，这让具有较低支付能力的穷人无法获得这方面的社会保障。而国有企业可以为穷人提供基本的公共服务，以满足促进社会公平的目标。

由于存在下述问题，反对国有企业的声音也从未停止过。

第一，委托代理问题。政府作为国有企业的所有者，委托国有企业管理者来代理政府管理国有企业。所有权和管理权的分离会导致委托方（即政府）和代理方（即国有企业管理者）之间的信息不对称。人们无法判断企业绩效差究竟是由经营不善还是不可控的其他因素造成的。此时，管理者就具有很强的激励去谋取私利，如侵吞国有资产、转移企业利润、增加在职消费或者不努力去经营企业。

第二，监管方面的搭便车问题。从法律上讲，国有企业归全体国民所有，政府代表民众享有国有企业的剩余索取权。产权的分散导致对国有企业经营管理的监督成为一种公共品，即监督的好处为众多所有者所共享，但是监督的成本则由愿意去监督的那部分人来承担。因此，国企所有者在监督国有企业上的搭便车问题，会导致对国有企业监督不足。

第三，国有企业的软预算约束问题。由于国有企业往往不以利润最大化为目标（如可能以创造"公平"为目标），相当于政府职能的延伸，因此一旦出现经营不善问题，国有企业可以从政府获得财务金融支持，从而可以避免破产。这意味着国有企业管理者面临着软预算约束问题。国有企业管理者也知道这一点，因此很难让其恪尽职守地经营好国有企业。

第四，国有企业可能导致的其他社会问题，如腐败、低效和不公平竞争。国有企业管理者由政府官员来任免，这会导致两个后果：一是政府任免的管理者可能不是善于管理企业的管理者，而是任命者喜欢的管理者；二是国有企业管理者与其努力经营好企业，不如努力与政府官员搞好关系，以借助与政府的良好关系来保证自己在职场和市场的优势。

## 二、中国国有企业

国有企业是我国国民经济中占据着重要地位的所有制形式，进入《福布斯》2 000强名单的中国企业中有不少是国有企业。按照归口管理部门的不同，我国的国有企业可以分为：国务院国有资产监督管理委员会（简称"国务院国资委"）监督管理的中央企业，如中国石油、中国石化、中国移动、中国电信等；地方国资委监管的地方国企；财政部监管的三类企业，即中央行政事业单位出资的所属企业、中央金融企业（由中投汇金行使股东监管职能）和财务关系在财政部单列的国有企业，具体如图1-4所示。

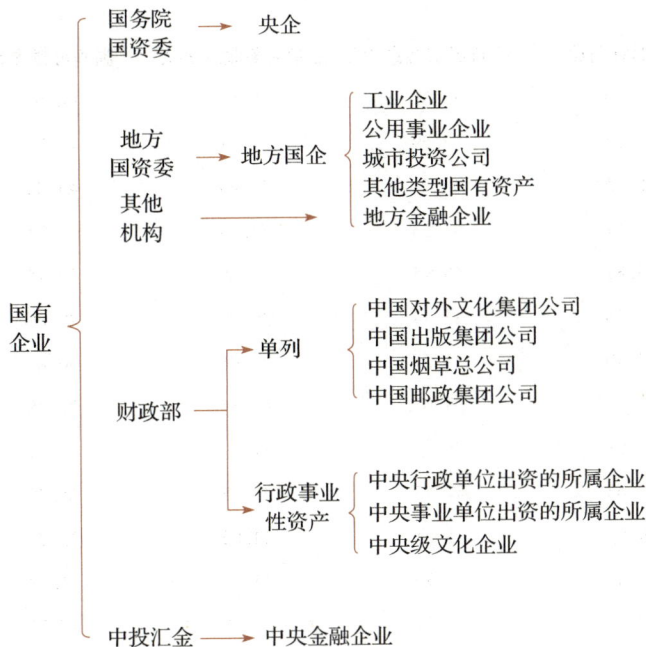

**图 1-4　按照归口划分的国有企业**

资料来源：天则经济研究所课题组，盛洪，赵农，等．国有企业的性质、表现与改革［C］．2011.

在计划经济下，国有企业又称为全民所有制企业，即生产资料归全体人民所有。那时候，国有企业没有经营自主权，只能按照政府的计划进行产品的生产和分配，企业管理者和员工只是行政命令的执行者，不需要对经营结果负责，他们的利益与企业经营状况无关，从而造就了"企业吃国家大锅饭""职工吃企业大锅饭"的结果<sup>○</sup>。计划经济体制因政府无法做到"全知全能"而无法有效地配置资源，再加上"平均主义大锅饭"无法调动工人的劳动积极性，导致国有企业缺乏活力且效率低下。

经过 40 多年的改革开放，中国经济逐步从以国有企业为主的阶段过渡到了多种所有制企业共同发展的阶段。目前，我国非公有制经济在国民经济中的比重超过了国有经济。表 1-1 反映了1999—2016 年工业行业中国有控股企业比重不断下降的趋势，其中国有控股工业企业占全国工业企业总资产的比重，从 1999 年的 68.80% 下降至 2016 年的 38.47%，而国有控股企业的平均用工人数占比，由 1999 年的 58.48% 下降到 2016 年的 17.90%，工业企业中国有成分比重下降的幅度非常明显。另外，其在所有者权益，主营业务收入和利润总额方面的比重也出现了大幅下降。

**表 1-1　工业行业中国有控股企业的占比指标变动**　　　　　　　　　　　　（%）

| 年份 | 资产总计占比 | 所有者权益占比 | 主营业务收入占比 | 利润总额占比 | 平均用工人数占比 |
|---|---|---|---|---|---|
| 1999 | 68.80 | 68.51 | 51.47 | 43.61 | 58.48 |
| 2000 | 66.57 | 66.22 | 50.15 | 54.82 | 53.88 |
| 2001 | 64.92 | 64.49 | 47.41 | 50.46 | 49.16 |
| 2002 | 60.93 | 59.99 | 43.70 | 45.52 | 43.90 |

---

○　天则经济研究所课题组，盛洪，赵农，等．国有企业的性质、表现与改革［C］．2011.

（续）

| 年份 | 资产总计占比 | 所有者权益占比 | 主营业务收入占比 | 利润总额占比 | 平均用工人数占比 |
|------|------|------|------|------|------|
| 2003 | 55.99 | 55.52 | 40.53 | 46.01 | 37.62 |
| 2004 | 50.94 | 52.59 | 35.91 | 45.71 | 29.80 |
| 2005 | 48.05 | 49.21 | 34.43 | 44.04 | 27.19 |
| 2006 | 46.41 | 47.53 | 32.34 | 43.51 | 24.52 |
| 2007 | 44.81 | 45.75 | 30.68 | 39.75 | 22.13 |
| 2008 | 43.78 | 42.44 | 29.50 | 29.66 | 20.30 |
| 2009 | 43.70 | 41.21 | 27.96 | 26.89 | 20.42 |
| 2010 | 41.79 | 39.05 | 27.85 | 27.78 | 19.24 |
| 2011 | 41.68 | 38.73 | 27.19 | 26.81 | 19.77 |
| 2012 | 40.62 | 37.53 | 26.37 | 25.39 | 19.78 |
| 2013 | 39.50 | 35.61 | 24.82 | 23.28 | 19.30 |
| 2014 | 38.81 | 34.85 | 23.73 | 21.29 | 18.47 |
| 2015 | 38.83 | 34.27 | 21.77 | 17.25 | 18.19 |
| 2016 | 38.47 | 33.61 | 20.62 | 17.14 | 17.90 |

资料来源：历年《中国工业统计年鉴》。核算比重指标指国有控股企业占国内所有工业企业比重。

上述情况说明，从计划经济向社会主义市场经济的转型，必然会伴随着以国有经济为主向以民营经济为主的转变，国有经济将分布在国民经济最重要的领域中。

## 三、国有企业的绩效与改革

第二次世界大战（简称"二战"）后相当长的一段时期内，欧美一些国家为了快速恢复经济，以及完善诸如教育、卫生事业之类的公共服务体系，建立了不少国有企业。但到了20世纪八九十年代，全球掀起了一轮"私有化"浪潮。以英国和美国为代表的资本主义国家，以苏联解体后的东欧各国为主的传统的社会主义国家，通过售卖、股份化等方式，把国有企业改造成私营企业。我国20世纪90年代中后期，也有大量的国有企业被改制成为股份制企业和私营企业。

改革的理由在很大程度上是因为国有企业存在前述的各种问题，即严重的委托代理问题、监管方面的搭便车问题、软预算约束问题，以及与之相关的腐败、低效和不公平竞争问题。尽管现代股份制企业也存在委托代理、搭便车和某些软预算约束等问题，但是在市场经济环境下，竞争性的经理人市场和资本市场、多渠道的监督系统和完善的法治，可以有效地抑制股份制企业的上述不足。因此，股份制企业的经营绩效总体上要优于传统国有企业。<sup>⊖</sup>

在国有企业改造方面，各国都有正反面教训。在欧洲，许多以前主要在国内市场上经营的国有企业在"私有化"之后，走在了行业创新的前沿，成为全球性的领导企业。这些具有全球竞争力的企业有的完全是私有制，如西班牙的电信公司 Telefónica；有的是混合所有制，如法国的能源公司 GDF-Suez，它们就是由国有企业和私营企业合并而成的，国家持有合并后公司 37.5% 的股

---

⊖　MEGGINSON W L, NETTER J M. From state to market: a survey of empirical studies on privatization [J]. Journal of economic literature, 2001, 39 (2): 321-389.

权，还有德国大众汽车公司，州政府保留了私营公司 20% 的所有权。而俄罗斯的"私有化"经验，则提供了"私有化"的反面教训。俄罗斯的"私有化"是通过代金券（vouchers）来实现群众的广泛参与的，这也导致原国有企业产权的普遍分散，且这一过程并不稳定，大多数代金券的获得者最终并没有受益。为管理该计划而设立的投资基金也是无效的，"私有化"之后的企业最终为内部人所控制，成为以内部人为主要所有者的企业。更糟的是，俄罗斯通过所谓的"贷款换股份计划"（loans-for-shares scheme），把 12 家自然资源公司以低价格转让给了寡头组织。"私有化"后发生的腐败、不公正和经济衰退，成为国民反对"私有化"的理由。

在中国，部分经过股份制改造之后的国有企业，其市场效率仍然比不上一般性的私营企业。如表 1-2 所示，1999 年，国有工业企业的总资产贡献率为 6.57%，经过股份制改造、不良资产剥离、"私有化"或者破产售卖以后，国有工业企业资产贡献率在不断增长，2014 年达到 10.84%。但是，即便如此，国有工业企业的平均资产贡献率仍低于同行业的集体工业企业与私营工业企业。如果考虑到我国国有企业所享受的各种补贴和优惠，如财政补贴、较低的融资成本、土地和资源租金，2001—2009 年，国有及国有控股工业企业平均真实资产收益率为 −1.47%。[一]

表 1-2　中国国有工业企业和其他工业企业的总资产贡献率 （%）

| 年份 | 国有工业企业 | 集体工业企业 | 私营工业企业 | 外商投资工业企业 |
|---|---|---|---|---|
| 1999 | 6.57 | 10.39 | 12.36 | 8.46 |
| 2000 | 7.24 | 10.98 | 11.33 | 10.52 |
| 2001 | 6.75 | 10.93 | 12.04 | 10.74 |
| 2002 | 7.67 | 11.77 | 12.20 | 11.30 |
| 2003 | 8.44 | 12.76 | 12.24 | 12.71 |
| 2004 | 7.24 | 15.06 | 12.79 | 11.98 |
| 2005 | 10.86 | 16.8 | 13.85 | 11.05 |
| 2006 | 11.32 | 17.50 | 14.95 | 11.83 |
| 2007 | 12.41 | 19.47 | 17.18 | 13.04 |
| 2008 | 11.30 | 21.43 | 19.67 | 12.60 |
| 2009 | 10.23 | 21.21 | 18.33 | 13.63 |
| 2010 | 11.88 | 22.72 | 20.82 | 15.74 |
| 2011 | 11.81 | 24.22 | 22.45 | 15.45 |
| 2012 | 11.46 | 23.58 | 21.56 | 14.64 |
| 2013 | 11.48 | 21.15 | 20.55 | 15.18 |
| 2014 | 10.84 | 15.80 | 18.58 | 14.82 |

资料来源：历年《中国工业统计年鉴》。

国有企业"私有化"后的平均市场绩效得到改善，在有些方面甚至优于私营企业。例如，2001 年韩国 30 家最大的企业中，国有企业的净资产收益率高达 5.2%，而私营企业为 4.1%。同一年，新加坡电信公司（68% 国有）的净资产收益率为 24.9%。相比之下，美国电话电报公司的净资产收益率为 13.5%，英国电信公司为 15.5%，新加坡国际航空公司（57% 国有）为 16.3%，

[一]　天则经济研究所课题组，盛洪，赵农，等．国有企业的性质、表现与改革 [C]．2011.

而英国航空公司只有 3.2%。○

　　各国经验说明，"私有化"并不是解决国有企业绩效问题的唯一途径，改善国有企业的经营问题才是第一位的。另外需要注意的是，国有企业存在的原因不完全是为了追求市场效率。在现实中，国有企业的经营绩效至少还可以通过如下措施来实现。

　　第一，组织改革。要求一家具体的国有企业既追求利润又提供公共服务和公共品，将使该企业陷入定位冲突和行为变异的困境。组织改革的目标，就是要把上述两种不同目标的国有企业分开。对于以营利为目标的国有企业，要使其专注于竞争和财务绩效。当赋予国有企业社会目标时，其所承担的公共服务应按法律的要求向公众披露，并以透明的方式弥补其因提供公共服务所带来的相关成本。新加坡、挪威等国家国有企业的良好绩效，正是遵循了这一组织原则。此外，建立一个高效的国有企业监督机构，完善国有企业的信息披露制度和对国有企业员工的激励制度，也是通过组织改革来提高国企绩效的任务目标。

　　第二，增加竞争。很多情况下，对于提高绩效这一目标来说，增加企业间的竞争程度，往往要比谁拥有所有权更有现实意义。对于竞争性行业，要么禁止国有企业参与，要么使国有企业与私营企业同台公平竞争。对那些自然垄断行业，政府可以通过拆分国有企业，或者建立与之有竞争关系的另一家国有企业来促进它们之间的竞争。对于消费者而言，中国移动、中国联通和中国电信之间提供的竞争性通信服务，要比仅由中国电信独家垄断该服务好得多。事实上，并非所有的自然垄断行业所提供的产品和服务都缺乏竞争者。例如，铁路运输往往会面对来自公路运输和航空运输的竞争压力。此外可以通过开放，使国有企业面临来自国际市场的竞争。瑞典和韩国政府期望国有企业能够和国内外市场上的私营企业一样展开充分竞争。挪威国家石油公司于 1972年成立之初，便设立了商业目标，并通过持续的市场竞争来提高企业绩效，该企业于 2001 年在奥斯陆和纽约证券交易所上市。

　　第三，促进政府改革。改革需要规范国有企业与政府之间的关系，使国有企业的相对独立经营管理活动能够受到法律的保护，不受或少受政府官员的随意干预，这也需要把政府及其官员的行为置于有效的监督之下。另外，需要建立配套的制度安排，如失业保险、医疗保险、公共教育等，剥离国有企业的不必要负担。在行政改革方面，则需要通过培训和机构改革，提高政府官员管理和监督国有企业的能力，建立规范的公共服务系统。

**案例专栏 1-5**
**韩国国有企业的组织改革**○

## ◆ 本章小结

　　企业在某些情况下可以降低市场中的交易成本，企业与市场可以相互替代。

　　企业的边界包括两层含义：横向边界和纵向边界。纵向一体化受到成本、资产专用性和产品质量的影响。

──────────
　　○　TIDRICK G. China's state-owned enterprises in international perspective. unpublished manuscript，2013.
　　○　CHANG H J. State-owned enterprise reform［J］. Policy notes，2007，22（6）：925-934.

　　企业目标是追求利润，但是在所有权与经营权分离的现实中，企业目标经常发生偏离，不过内部监督和外部监督机制，如产品市场、资本市场、经理市场等因素约束着这种偏离。

　　随着生产社会化与市场化的发展，企业所有权制度先后经历了业主制、合伙制、股份制的有序更迭。现代经济中股份制是最为基本的一种企业组织形式。

　　国有企业是指由政府所有或控制的企业，广泛存在于世界各国经济体中。国有企业存在的理由包括自然垄断、资本市场失败、外部性和对公平的考虑。组织改革、增加竞争和促进政府改革，有助于提高国有企业的绩效。

### ◈ 思考题

### ◈ 参考文献

第二章
CHAPTER 2

# 不完全竞争市场：理论分析

从本章开始，我们研究特定市场内部的企业间关系。这种关系主要是垄断与竞争的关系。按竞争激烈程度，市场可以分为完全竞争市场和不完全竞争市场。其中，不完全竞争市场包括垄断、寡头垄断和垄断竞争三种形态。不完全竞争市场是大量存在于我们生活中的市场形态。

产业经济学作为应用经济学的重要组成部分，主要着眼于现实经济，分析不完全竞争市场的运行和效果。本章第一节介绍不完全竞争市场的一些基本概念；第二节介绍垄断市场的特征和垄断企业行为；第三节介绍寡头垄断市场的特征与规律；第四节介绍垄断竞争市场。

## 第一节　不完全竞争市场形态

### 一、需求曲线

在完全竞争的市场上，所有企业都是价格的接受者而非决定者，也就是说，即使企业增加产量，也不用降低价格进行销售，当然，企业也不因为减少产量而提升价格。完全竞争市场的需求曲线如图 2-1a 所示，是一条水平的直线。与此相对的是，企业只

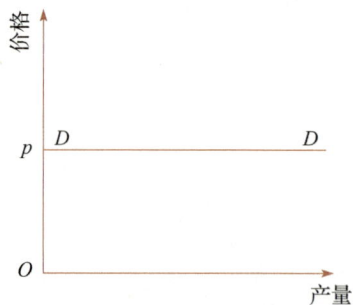

a）水平的完全竞争市场需求曲线　　　　b）向右下方倾斜的不完全竞争市场需求曲线

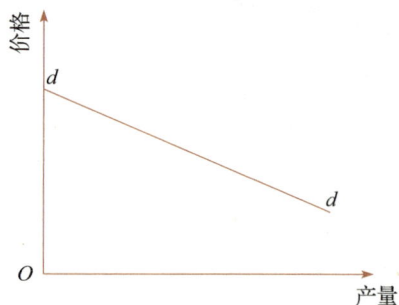

图 2-1　完全竞争市场与不完全竞争市场的需求曲线

要增加产量，价格就要下降，或者企业减少产量，价格就上升，即需求曲线向右下方倾斜的情况，如图 2-1b 中 $dd$ 所示，此时的市场就被称为**不完全竞争**（imperfect competition）市场。

## 二、垄断、寡头垄断和垄断竞争

所谓**垄断**（monopoly，也称完全垄断），是指某种商品在市场中只有一家生产企业的状况。如果某种商品在市场中有两家以上的有限生产企业，则称市场为**寡头垄断**（oligopoly）。当市场中的企业数正好是两家时，就称这种寡头垄断为**双头垄断**（duopoly）。在不完全竞争的状态中，与完全竞争较为接近的概念是**垄断竞争**（monopolistic competition），是指在同类商品的市场上，有许多家生产企业，各企业在安排生产时与完全竞争市场中相同，不考虑其他企业的产量，但是各家企业的产品不完全同质，各自对应的市场需求曲线都是向右下方倾斜。垄断竞争是经济中的常态。

与垄断相比，完全竞争则假设一个产业中有众多的买者和卖者，交易的是标准化的产品，可随时进入市场且无成本。那么，如果一个市场偏离了这种完全竞争条件，其结构特征就可以从以下 4 个方面来描述。

### 1. 卖者的数量和规模分布

竞争性市场中有许多买者和卖者，它们谁都不能独立地影响商品的价格，从长期来看，这种市场结构是最有利的，竞争性产业将以价格等于边际成本的条件提供产品。相反，垄断性市场中只有一个卖者，这个单一的卖者可以通过限制产出的方式控制商品的价格，使之高于边际成本，这是一种低效率的生产组织方式。现实社会中极端的完全竞争或完全垄断的情形往往并不存在。

### 2. 买者的数量和规模分布

当市场中存在数量较少且规模较大的买主时，就有可能存在一定程度上的买方垄断势力。现实中很难获得有价值的数据及信息，使得对买者垄断问题的研究受到很大的限制。

### 3. 产品差异化

在完全竞争的市场模型中，企业生产的是标准化的同质产品。现实中，任何产品之间都存在着品种、等级、规格、颜色、功能或售后服务等方面的差别，这就是产品的差异化。当产品差异化程度提高的时候，企业之间的产品就越来越难以相互替代。

### 4. 进入条件

所谓进入条件，是指影响企业决定是否进入市场的各种因素。例如，企业至少应该进行多大规模的生产才能有效进入，能否与在位企业展开有力竞争。如果一家企业进入市场后失败了，那么它的投资有多少可以收回，有多少将会沉没在市场中。在位企业面对新企业的进入将会如何反应。这些问题都会对企业进入市场的决策产生实际影响，可以用来解释市场中企业的规模和分布等特点。

在不同的市场结构下，企业会产生不同的市场行为，并由此决定企业会获得不同的市场绩效，这是著名的哈佛学派所创立的"市场结构—市场行为—市场绩效"分析范式，即 SCP 分析范式。该范式遵循的基本逻辑是：企业的市场绩效（performance）是企业市场行为（conduct）的结果，而企业市场行为又是由市场结构（structure）决定的。例如，在一个缺少竞争的市场中，企业可以通过垄断定价、合谋或者其他排他性交易安排获得超额垄断利润，从而影响整个社会的福利水平。当然，这种因果关系也可以是逆向的，如一家企业进行掠夺式定价、横向或纵向一体化或者技术创新，在获得垄断势力的同时，也会显著地改变市场结构。

在表 2-1 中我们以 SCP 为框架描述不同的市场类型特征。

表 2-1    SCP 分析

| 市场类型 | 市场结构 | | | 市场行为 | | | 市场绩效 | | |
|---|---|---|---|---|---|---|---|---|---|
| | 企业数量 | 进入条件 | 产品差异化 | 价格策略 | 产量策略 | 促销策略 | 利润率 | 效率 | 技术进步 |
| 完全竞争 | 很多 | 容易 | 标准化 | 无 | 生产能力 | 有 | 经济利润为零 | 很高 | 好 |
| 垄断竞争 | 较多 | 较容易 | 差异化 | 有依赖 | 市场 | 有 | 正常 | 较高 | 较好 |
| 寡头垄断 | 较少 | 有阻碍 | 明显差异化 | 明显依赖 | 市场与利润 | 有 | 有超额利润 | 较差 | 一般 |
| 完全垄断 | 一个 | 很困难 | 完全差异化 | 完全依赖 | 利润 | 无 | 较高超额利润 | 差 | 差 |

# 第二节    垄断市场

市场上之所以形成垄断，一定存在某些原因。例如，某企业拥有某项特殊专利，可以用别的企业没有的技术进行生产；又如，某企业垄断了生产中不可缺少的原材料，使得其他企业不能生产出相同的产品；或者某企业的生产规模较大，充分受益于规模效应，准备新加入的企业就会遇到成本过大的问题而不能进入市场。这些都是市场的进入壁垒，也是形成垄断的主要原因。一般地，电力、燃气、交通、邮政和通信等具有公益性质的企业，由于政府控制而形成垄断，另外，由于这些企业初期的设备投资巨大，受益于规模效应，也属于那种进入壁垒较高的行业。

## 一、垄断企业的目标：利润最大化

假设垄断企业面对市场上的需求曲线是向右下方倾斜的，如图 2-2a 所示，此图中的 AC 指的是平均成本，它是生产一定数量的某种产品所花费的成本，$BC$ 为需求曲线。如果产量 $y$ 为 0，企

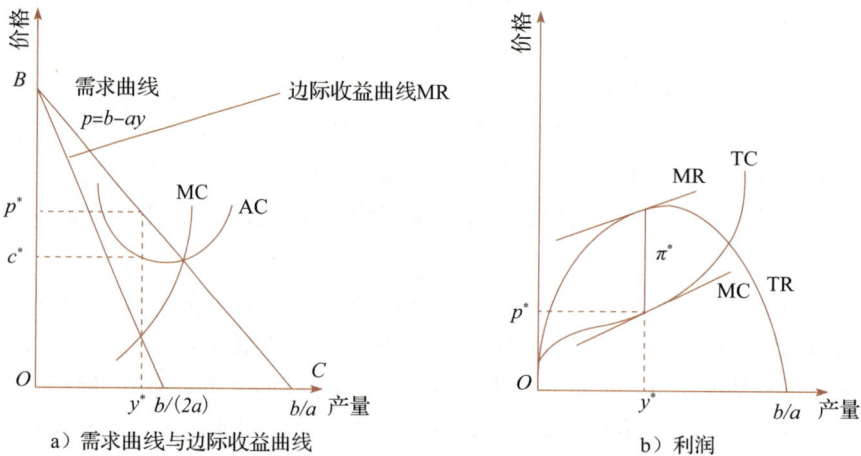

a）需求曲线与边际收益曲线    b）利润

图 2-2    垄断的利润最大化

业的总收益 TR 为 0，产量 $y$ 超过 $b/a$，价格也为 0，总收益还是为 0。总收益曲线为图 2-2b 中的 TR，在这幅图上，利润是曲线 TR 和 TC 之间的垂直差距 $\pi^*$。于是，在曲线 TR 的斜率与曲线 TC 的斜率相等的产量 $y^*$ 处获得的利润最大。总收益曲线 TR 的斜率表示生产增加 1 单位时增加的收益，被称为**边际收益**（marginal revenue），记为 MR。总成本曲线 TC 的斜率是边际成本（marginal cost，MC），利润最大化的产量应该满足以下等式：

$$边际收益 = 边际成本 \tag{2-1}$$

图 2-2a 描绘了边际收益曲线 MR 与边际成本曲线 MC 相交的交点决定利润最大时的产量 $y^*$，在需求曲线上决定售出 $y^*$ 的价格 $p^*$，利润就是矩形 $(p^*-c^*)y^*$ 的面积。

## 二、边际收益

边际收益曲线和纵轴的交点，与需求曲线和纵轴的交点是相同的，其斜率是需求曲线的两倍，故而，其与横轴的交点位于 $O$ 与 $b/a$ 的中点，即 $b/(2a)$ 处，即图 2-2a 中的 MR 所示直线。

只是因为产量增加 $\Delta y$，价格就变化 $\Delta p$，于是，总收益的边际变化如下：

$$\frac{\Delta TR}{\Delta y} = \frac{(p+\Delta p)(y+\Delta y)-py}{\Delta y} = p+y\frac{\Delta p}{\Delta y}+\Delta p \tag{2-2}$$

$y$ 的变化较小时，价格 $p$ 变化的部分 $\Delta p$ 也较小，可以忽略不计。此时边际收益为

$$MR = p+y\frac{\Delta p}{\Delta y} \tag{2-3}$$

$\Delta p/\Delta y$ 是需求曲线的斜率，用 $p=b-ay$ 代入之，边际收益 $MR=b-2ay$。如果我们注意到需求的价格弹性为 $e_d = -(\Delta y/\Delta p)(p/y)$，式（2-3）便可以改写成下面的式子：

$$MR = p\left(1-\frac{1}{e_d}\right) \tag{2-4}$$

显然，需求的价格弹性的倒数 $m=1/e_d$ 表示了垄断程度，被称为"垄断度"。在完全竞争的时候，各企业的总收益 $TR=py$，边际收益为 $p$，根据式（2-4），$m=0$。当然，垄断度也可以写成：

$$m = \frac{p-MC}{p} \tag{2-5}$$

式（2-5）又可以用来表示价格与边际成本的偏离度。

| 案例专栏 2-1 |

## 国内网络音乐反垄断第一案

2021 年 7 月 24 日，国家市场监督管理总局依法对腾讯控股有限公司（以下简称"腾讯"）收购中国音乐集团股权违法实施经营者集中行为做出行政处罚决定，责令腾讯及其关联公司解除独家版权、停止高额预付金等版权费用支付方式，恢复市场竞争状态并处以 50 万元罚款等。

国家市场监督管理总局官网显示，2021 年 1 月，国家市场监督管理总局根据举报，对腾讯 2016 年 7 月收购中国音乐集团股权涉嫌违法实施经营者集中行为立案调查。国家市场监督管理总局依据《中华人民共和国反垄断法》，查清该交易违法实施集中的事实，充分评估参与集中的经

营者在相关市场的份额、控制力、集中度，以及集中对市场进入和消费者影响等因素。

调查表明，该案相关市场为中国境内网络音乐播放平台市场。正版音乐版权是网络音乐播放平台运营的核心资产和关键性资源。2016年腾讯和中国音乐集团在相关市场的份额分别为30%和40%左右，腾讯通过与市场主要竞争对手合并，获得较高的市场份额，集中后实体占有的独家曲库资源超过80%，可能有能力促使上游版权方与其达成更多独家版权协议，或者要求给予其优于竞争对手的交易条件，也可能有能力通过支付高额预付金等版权付费模式提高市场进入壁垒，对相关市场具有或者可能具有排除、限制竞争效果。

根据《中华人民共和国反垄断法》（以下简称《反垄断法》）第四十八条、《经营者集中审查暂行规定》第五十七条规定，按照发展和规范并重的原则，国家市场监督管理总局依法做出行政处罚决定，责令腾讯及关联公司采取三十日内解除独家音乐版权，停止高额预付金等版权费用支付方式，无正当理由不得要求上游版权方给予其优于竞争对手的条件等恢复市场竞争状态的措施。腾讯三年内每年向国家市场监督管理总局报告履行义务情况，国家市场监督管理总局将依法严格监督其执行情况。

对此，腾讯发布回应称，公司将认真遵守决定，严格落实监管要求，依法合规经营，切实履行社会责任，维护市场的良性竞争。腾讯将压实责任，与腾讯音乐等关联公司在规定时限内制定整改措施方案，按照处罚决定要求全面不折不扣地完成，确保整改到位。

据了解，本案为我国《反垄断法》实施以来对违法实施经营者集中采取必要措施恢复市场竞争状态的第一起案件。

资料来源：本文根据《人民资讯》"反垄断再出手！腾讯被责令解除网络音乐独家版权"（2021-07-24 https://baijiahao.baidu.com/s?id=1706145390013212637&wfr=spider&for=pc）改写。

## 三、垄断的社会福利损失及其衡量

为了便于对竞争市场和垄断市场的社会福利进行比较，我们假设规模报酬为常数。如图2-3所示，这样边际成本和平均成本就相同。当然，如果规模报酬不是常数，我们也可以得出相同的结论。

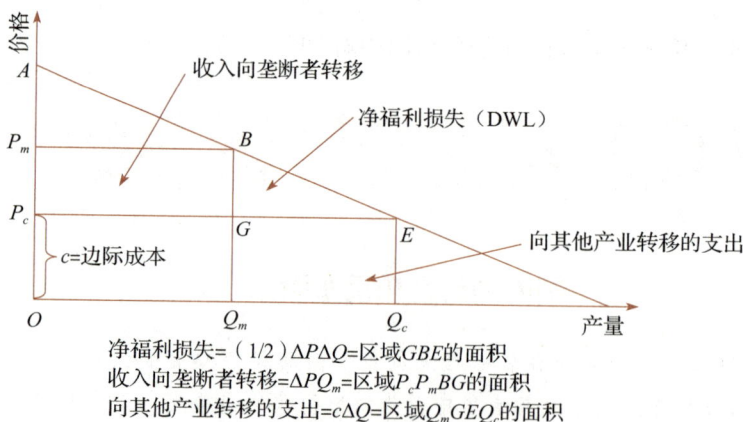

净福利损失=$(1/2)\Delta P\Delta Q$=区域$GBE$的面积
收入向垄断者转移=$\Delta PQ_m$=区域$P_cP_mBG$的面积
向其他产业转移的支出=$c\Delta Q$=区域$Q_mGEQ_c$的面积

**图2-3　市场势力的配置和再配置效应**

垄断扭曲资源分配把收入从消费者向生产者进行转移和再分配，同时降低了社会的总体经济福利。如果产业面对的是竞争的市场，价格$P_c$将等于边际成本$c$，需求量和供给量将是$Q_c$。利润最大化的垄断者将使边际收益等于边际成本，具体是通过限制产出行为，让 $Q_m<Q_c$。就此需求曲线而言，产量 $Q_m$ 将以价格 $P_m>P_c$ 结清市场。垄断价格较高，差额 $\Delta P=P_m-P_c$ 就较大。

该产业中 1 单位产出的社会成本（机会成本）为 $c$。在垄断的情况下，产出受到限制的程度为 $\Delta Q=Q_c-Q_m$。消费者愿意为这些单位支付最低的生产成本，但不愿意为其支付垄断价格。他们将从垄断市场中撤出，而把收入支付到其他产品的消费上去（总量为 $c\Delta Q$）。对单个消费者而言，每单位支出消费在其他产品上比消费在垄断产品上会产生更大的效用。产品的价格被垄断者人为抬高之后，消费者对垄断产品的需求出现下降，因为替代的原因，消费者对其他产品的需求上升。相应地，投入的资金从垄断产品中撤出转向配置于其他产业。但是由于每单位成本产生的效用（机会成本），垄断产品往往比其他产品要大，所以通过限产和提价，垄断者向消费者发出了一个虚假的相对价值信号。从个人的角度看，消费者对这种虚假的相对价值信号会有最优的反应，就是降低对垄断产品的消费。这种降低在产业中产生了一个错误的资源配置；从社会的角度看，不是垄断产品生产充足，而是其他产业生产过多。因此，市场势力的存在导致了福利的下降和收入的再分配效应。

在竞争的条件下，消费者剩余是区域 $P_cAE$ 的面积。在垄断的条件下，消费者剩余是区域 $P_mAB$ 的面积。消费者剩余的损失是区域 $P_cP_mBE$ 的面积。这种损失由两部分构成。

（1）$P_cP_mBG$ 的面积（$=\Delta PQ_m$）代表收入从消费者向垄断者转移的部分。消费者剩余的降低使消费者变得更糟糕，由于取得了一定程度的垄断利润，生产者在一定程度上变得更好。

（2）$GBE$ 的面积（$=\Delta P\Delta Q/2$）表示消费者剩余的另一部分损失。这种消费者剩余的净损失来自市场势力的一种净福利损失（DWL）。一般来说，DWL 是由于对竞争性市场的偏离，而造成的消费者剩余和生产者剩余的损失之和，反映了因垄断者限产而引起的消费者和生产者的总福利损失，即未能有效运转的市场给社会带来的成本。在这种分析中，垄断的成本是垄断者因限产而导致的社会价值损失（Posner，1976）。

DWL 把生产者和消费者放在同一平台上测量垄断的社会成本。在 DWL 标准下，从消费者向生产者的收入转移，即上述第一部分的消费者剩余损失 $\Delta PQ_m$ 并不作为社会福利损失来考虑，因为它被垄断利润抵消，进入了行使市场势力的企业所有者的腰包。实际上，是否使用 DWL 标准来衡量垄断的社会福利成本，取决于政治判断，即收入从消费者向生产者转移能否为社会所接受。如果认为收入从消费者向生产者转移不能为社会所接受，那么垄断的社会福利成本就是 DWL 加上这部分收入转移，而不仅仅是 DWL 这一小部分。

## 四、需求的价格弹性与差异价格

弹性可以用来度量两个变量之间一个变量对于另一个变量的变化做出反应的敏感程度，只要后一个变量确实是前一个变量变化的影响因素。需求价格弹性是测量一种商品的需求对于其影响因素变化做出反应的敏感程度，即价格每变动 1% 所引起的需求量变化的百分比，其计算公式为

$$e=\frac{\Delta q/q}{\Delta p/p} \tag{2-6}$$

式中，$e$ 是需求价格弹性；$q$ 是需求数量；$\Delta q$ 是需求数量的变化量；$p$ 是价格；$\Delta p$ 是价格的变化量。

要注意的是：并非垄断市场都是高价市场，这主要取决于商品需求的价格弹性。但我们常常

会看到，即使在相同的产品市场上，在市场机制的作用下也会出现将市场分割成需求价格弹性不同的两个（或数个）市场，同时每个市场上的价格也不同。例如，晚上卡拉OK价格相对于白天较贵；夜间的谷电费用较之白天峰电便宜。

之所以卡拉OK白天与夜晚的价格不同，是因为晚上客人多，即使价格较高也会有人去消费；白天的峰电费用高，是因为白天机关、企业和商店等因工作关系有用电需求，这样的需求不会因为电费高而不产生，故而需求的价格弹性低。在这些场合下，垄断企业往往利用提高价格来获取更多的利润。

上面的例子并不全是垄断市场的。如果将垄断市场分成两个市场，各自的需求曲线分别如图2-4中市场1的$D_1D_1$和市场2的$D_2D_2$所示，如果此时边际成本（MC）为定值，边际成本曲线在边际收益曲线$MR_1$和$MR_2$与其的交点处决定销售$y_1$和$y_2$的价格$p_1$和$p_2$是不同的。边际成本等于边际收益，所以下式成立：

$$MC = p_1\left(1-\frac{1}{e_{d_1}}\right) = p_2\left(1-\frac{1}{e_{d_2}}\right) \tag{2-7}$$

于是就有：

$$e_{d_1} < e_{d_2} \longleftrightarrow p_1 > p_2$$

这就表示在需求的价格弹性较小的市场上商品的价格较高。

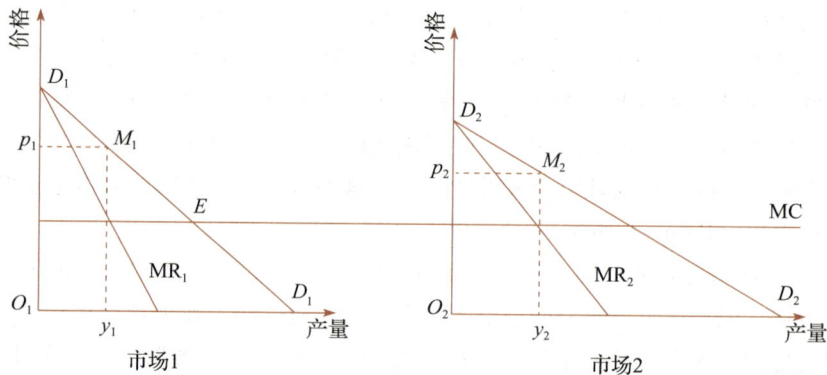

图2-4　价格差异（$p_1>p_2$）

### 根据不同的需求弹性分割市场：美国西北航空公司的应对

在乘飞机旅行的乘客中，因公务活动出行的乘客的需求价格弹性较低，而出门旅游的乘客的需求价格弹性高，这种差别为航空公司实施差别定价提供了条件。但如何有效区分这两类乘客，是航空公司所面临的棘手问题。

美国西北航空公司（Northwest Airlines，Inc.）对市场进行研究后发现，公务乘客多数是单独旅行，而旅游的乘客大多结伴而行。根据这一特征，美国西北航空公司规定，如果同日同班次购票两张以上，可以享受较大的价格优惠。但没过多久，该公司发现许多公务乘客绕过航空公司找到旅行社，由旅行社出面将素不相识的人放在一起订票，从而为公务乘客节省了一笔可观的机票支出。西北航空公司随之修改规定，将一起订的两张以上的机票放在一起出票，由于当时还没有实行电子机票，这就等于要求乘客必须一起登机，并且要求购买折扣机票的乘客提前 14 天预购机票。这些规定使得公务乘客使用折扣机票的难度加大。

资料来源：本案例参照航空公司的票价差别案例改写，https://www.renrendoc.com/paper/216193339.html；https://www.renrendoc.com paper/148940046.html。

## 第三节　寡头垄断市场

在现实生活中，汽车、啤酒、手表和电脑等已经是我们生活中的重要商品，这些商品的市场大多是寡头垄断的。中国汽车市场上比较著名的企业有比亚迪、上汽通用、中国第一汽车制造集团有限公司、东风汽车集团有限公司等十余家公司，它们的产品占据了中国汽车市场 90%以上的份额，这样的市场可以看成寡头垄断；又如，江苏省的啤酒市场，就被华润雪花、百威、大富豪、三得利、青岛啤酒等几家寡头厂商垄断，占据省内啤酒市场的绝大多数份额。接下来我们介绍几种主要的垄断市场模型。

### 一、古诺模型

古诺模型又称**古诺双寡头模型**（Cournot duopoly model），是 1838 年由法国数学家、经济学家古诺首先提出的。古诺模型假定某个产品市场中只有两个供给者，并且相互间没有任何勾结行为，但相互间都知道对方将怎样行动，从而各自确定最优的产量来实现利润最大化。古诺模型的基本前提是：各企业的产品是同质的，并都以产量为决策变量。与古诺模型相关联的均衡，被称为**古诺均衡**（Cournot equilibrium）。古诺均衡是关于寡头垄断模型解的概念，目前更广为人知的是**纳什均衡**（Nash equilibrium）。

### 二、双寡头垄断

古诺模型的基本设想是：各企业根据设想其他企业的产量，来帮助自己的企业采取利润最大化的行动。现在我们来考虑一个双寡头垄断的情况。

某产品市场上有 A、B 两家企业，企业 A 猜想企业 B 的产量为 $y_2$，这个变量被称为"猜想变量"，市场的需求曲线如图 2-5a 中的 $DD$ 所示，即 $p=b-ay$。这两家企业的产量之和为

$$y=y_1+y_2$$

将猜想变量 $y_2$ 固定，并设

$$b_1=b-ay_2$$

留给企业 A 的需求曲线就为

$$p=b_1-ay_1$$

这就是图 2-5a 中的 $d_1d_1$。为简化问题，我们设边际成本为 0，企业 A 的利润在 $y_1=b_1/(2a)$ 处最大。将 $b_1=b-ay_2$ 代入 $y_1=b_1/2a$ 就可得到

$$y_1=\frac{b-ay_2}{2a} \tag{2-8}$$

式（2-8）表示企业 B 的产量给定时企业 A 的利润最大化产量，被称为企业 A 的"反应函数"，其形状如图 2-5b 所示的 $r_1$，被称为企业 A 的"反应曲线"。同样，企业 B 也根据猜想企业 A

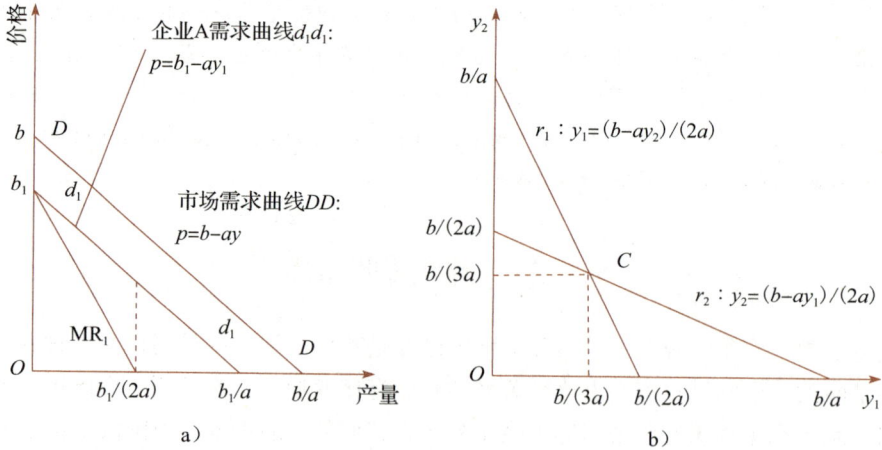

图 2-5   古诺模型的解

的产量 $y_1$ 来安排自己的生产，以实现利润最大化。设其最大化产量为 $y_2$，企业 B 的反应函数就为

$$y_2 = \frac{b-ay_1}{2a} \tag{2-9}$$

其图形为图 2-5b 中的 $r_2$。

在古诺模型中，将对手企业的产量作为已知条件，在现实经济运行中也是可能的。企业 A 猜想企业 B 的产量 $y_2$，由式（2-8）决定自己的产量；企业 B 猜想企业 A 的产量 $y_1$，由式（2-9）决定自己的产量。这个产量与最初企业 A 预想的 $y_2$ 相同时，坐标 $(y_1, y_2)$ 就是古诺均衡，即为图 2-6 中的 $C$ 点。联立式（2-8）和式（2-9），可以解得：

$$y_1 = y_2 = b/(3a) \tag{2-10}$$

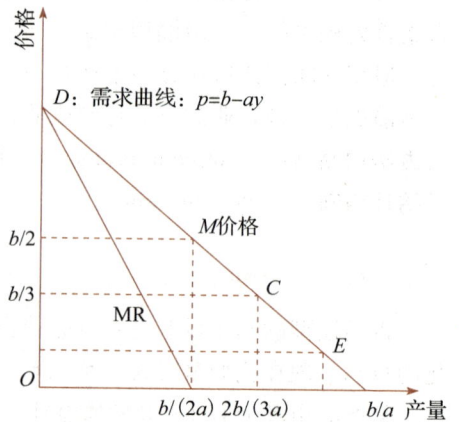

图 2-6   垄断解 $M$、古诺均衡解 $C$、完全竞争解 $E$

显然，市场的总产量是 $y = 2b/(3a)$，即图 2-6 中与产量 $y = 2b/(3a)$ 相对应的需求曲线上的 $C$ 点。与垄断均衡 $M$ 相比增加了产量，少于需求曲线和边际成本曲线（就是横轴）的交点 $E$ 所决定的完全竞争均衡的产量。

古诺模型的结论，可以很容易地推广到 3 个或 3 个以上的寡头垄断的情况中，故而它适用于研究两个以上企业的寡头垄断问题。

## 三、多寡头垄断

我们可将古诺模型拓展到由 $n$ 家企业形成的寡头垄断市场。此时，市场上有 $n$ 家企业，在求第 1 家企业的需求曲线时，将其他企业产量设为固定值，则有

$$b_1 = b - a(y_2 + \cdots + y_n) \tag{2-11}$$

于是，企业 1 的利润最大化产量 $y_1 = b_1/2a$，将式（2-11）代入便可得到

$$2ay_1 = b - a(y_2 + \cdots + y_n) \tag{2-12}$$

两边减去 $ay_1$，就有

$$ay_1 = b - ay \tag{2-13}$$

如果将 $y_1$ 换成 $y_i$，$i = 2, \cdots, n$，式（2-13）对于第 $i$ 家企业也应该是成立的，就有

$$ay = nb - nay$$

即

$$y = \frac{n}{n+1} \cdot \frac{b}{a} \tag{2-14}$$

令式（2-14）中的 $n = 1$ 或 $n = 2$，就分别是垄断均衡和双头垄断均衡的产量，其产量分别是 $b/(2a)$ 和 $2b/(3a)$。当企业数量 $n$ 变大时，式（2-14）的产量趋向于完全竞争。

$$y = \frac{n}{n+1} \cdot \frac{b}{a} \to \frac{b}{a}$$

## 四、伯川德模型

关于古诺模型的论述说明，厂商在选择各自的产量时，事先必须预测对手的产量，并认为对手的产量会固定不变，即古诺模型的基本认识是：寡头所进行的竞争是产量上的竞争。而法国经济学家约瑟夫·伯川德却认为，在市场竞争中，寡头往往使用价格竞争而非产量竞争，即厂商选择价格，而让市场来决定销售量。基于此，他于 1883 年提出了一个对古诺模型加以修正的模型，该模型被称为"伯川德模型"。伯川德模型有以下 4 个前提条件。

（1）市场中只有两家寡头企业，产品是同质的。

（2）生产的单位边际成本相同，无固定成本，并且企业可以无限生产。

（3）企业之间只进行一次竞争，并且同时进行定价决策。

（4）没有其他企业进入市场。

由于厂商销售的是同质商品，因此不论市场价格水平如何，只要任一厂商降低价格，而其他对手保持价格不变，那么这一厂商便能占有全部市场需求。这是伯川德均衡形成的原理。下面我们以两家出售矿泉水的寡头垄断厂商为例，来说明伯川德均衡的形成。

假设市场上有 A、B 两家厂商生产和销售相同的矿泉水，其生产成本为零。它们共同面临的市场需求曲线是线性的，A、B 两家厂商都准确地了解市场的需求曲线。此时，考虑 A 厂商率先进入市场的情况。假设 A 厂商根据 MR = MC 的利润最大化原则确定产品的价格和产量，此时价格为 $P_1$，产量为 $Q/2$，其中 $Q$ 表示市场的总需求量。然后，B 厂商进入了该市场。在决定产品价格时，B 厂商认为 A 厂商的价格将会保持在 $P_1$ 不变，于是为了占领整个市场，它便会将价格制定在略低于 $P_1$ 的水平。到了第二阶段，A 厂商也会同样认为 B 厂商一旦制定价格之后，就不会再改变，于是便将自己商品的价格调整到略低于 B 厂商的水平，以夺回市场。这样的调整过程，一直要持续到两家厂商的价格均等于边际成本（MC）。当然价格是绝不会低于 MC 的，因为那样的话，任何一家厂商减少产量都会使利润增加。在我们的例子中，由于生产成本为零，因此最后的均衡价格为 $P_A^* = P_B^* = 0$，两家厂商的产量同为市场总容量的一半，即 $Q/2$。

图 2-7 说明了上述伯川德均衡的形成过程。图中，OA、OB 分别代表 A 厂商和 B 厂商的反应曲线，箭头表示两家厂

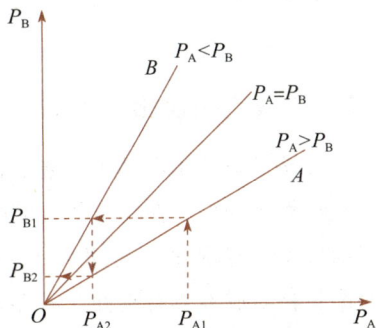

图 2-7　伯川德均衡的形成

商的价格调整过程。假定一开始市场上只有 A 厂商，其价格定为 $P_{A1}$，然后 B 厂商进入了该市场，观察到了 A 厂商的价格 $P_{A1}$，并认为 A 厂商不会改变自己的价格，于是，B 厂商为了争夺市场，将自己的价格定为 $P_{B1} < P_{A1}$。到了第二阶段，A 厂商发现 B 厂商的价格比自己低，于是为了夺回市场，便将自己的价格降到 $P_{A2}$。这样，价格竞争使得最后的均衡到达 $O$ 点，A 厂商和 B 厂商的价格均为零。注意，这里的反应曲线不像古诺模型那样可以严格得到，因为厂商做出的反应是只要将价格定在低于对手的任何水平都可以。

## 五、价格领先

在寡头垄断市场上，会出现一家企业为扩大市场份额而单独降价的情况。如果发生了这样的情况，其他企业会如何反应？一种可能的情况是：其他企业也采用降价的方式来对抗，这样的结果就是价格竞争，大家都受损失。另一种可能的情况是：各企业采用广告宣传等方式来扩大市场份额，这样的做法被称为"非价格竞争"。还会有一种情况，那就是寡头垄断企业相互结盟，全部企业如垄断企业那样行动时，就会出现产量下降、价格上升的情况，企业获得的利润之和就会变大，这种行为被称为企业**串谋**（collusion action），又被称为**卡特尔**（Cartel）。在历史上，除了石油输出国组织（OPEC）外，很少有卡特尔能够产生持续且重大的经济影响。不少人认为，卡特尔不能持久的一个原因是很多国家的法律限制这种串谋。从经济学的角度来看，卡特尔的失败主要是因为其内在的不稳定性。一方面，卡特尔内部的每个成员都有强烈的欺骗动机，因为卡特尔的高价格需要通过限制产量来维持，但是每个成员都认识到，如果其他厂商都遵守卡特尔协议，而自己增大产量，则可以在获得价格提高所带来的好处的同时，又不用承担相应的代价——减少产量。另一方面，如果只有个别成员增大产量，这并不会带来很大的问题，但是每个厂商都面对这样的激励，因此如果没有办法有效地监督和制裁违约的行为，卡特尔就很容易崩溃。在实际经济中，比较现实的做法是，各企业之间达成默契，其中一家企业提高价格，其他企业都随之提价，这在欧美和日本等经济体的实际经济运行中经常可以看到，在西方经济学中，这样的做法被称为**价格领先**（price leadership）的协调行动。

**案例专栏 2-3**
**寡头垄断的形成：中国牙膏市场**

## 六、寡头垄断价格的刚性

经济学家从不同的角度来解释寡头垄断市场。例如，在寡头垄断市场上，即使需求曲线和成本曲线发生变化，在一定的时期内仍然可以维持产品的价格不变，这种现象被称为"寡头垄断价格对成本具有刚性"，这里的寡头垄断价格又被称为**管理价格**（administered price）。关于"寡头垄断价格对成本具有刚性"有多种解释，下面介绍其中的两种。

首先，寡头垄断价格对成本具有刚性，可以用弯折需求曲线来解释。如果一家企业想要实施价格领先战略，其他企业的第一反应是按兵不动观察行情变化；如果一家企业降价，其他企业的反应则为跟风降价进行对抗，需求曲线的形状会如图 2-8 中的 dad' 所示，需求曲线在 a 点发生弯折。这时，边际收益曲线在 y 处不连续，边际成本从 MC 上升至 MC'，但利润最大化的产量和价格保持不变。

其次，对于寡头垄断价格具有刚性做出解释的另一个理论是，寡头垄断企业不是追求利润最大化，而是追求收益最大化，即所谓"收益最大化假说"。企业的生产量在图 2-5b 的总收益的最大值处，在该点边际成本为 0，而在图 2-5a 中企业选择的生产量则为 $b_1/(2a)$，价格从需求曲线求出，不需要用到成本条件。

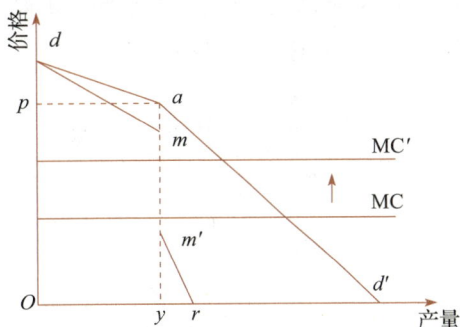

图 2-8　弯折的需求曲线

在以上的两种理论中，弯折需求曲线以利润最大化作为基础，而收益最大化与利润最大化截然不同。弯折需求曲线的理论从需求和成本两个方面对寡头垄断价格的刚性进行了解释，而收益最大化理论则不需要考虑成本条件。但从长期来看，需求和成本还是会对产量带来影响，所以，虽然用收益最大化理论能够解释寡头垄断价格的刚性，但这毕竟是短期的理论，从长远考虑，企业是不能采取与利润最大化行动不一致的行为的。

## 第四节　垄断竞争市场

### 一、垄断竞争市场的条件

与寡头垄断市场往往是指汽车、啤酒、家电等由大企业支配的市场不同，在现实生活中，垄断竞争市场属于垄断和竞争因素并存但竞争因素更多一些的市场，这类市场在实际生活中无限接近的例子就如零售业中的饮料、牙膏，地方特色餐馆等，它们的产品或因服务和原材料而不同，或因工艺而不同，它们以各自独特的方式吸引并维持着一定的顾客。此时，也会出现需求曲线向右下方倾斜的状况。但是，这样的需求曲线会受到对手定价的影响，出现向左或右平移。这就是同一产业内、企业数量众多的"垄断竞争"市场，其形成的条件和特点是：

- 在厂商数量上，垄断竞争市场厂商数量有很多，饮料、牙膏等品牌非常多。
- 在产品差异上，所生产的产品有一定差异，如每个厂商生产的饮料、牙膏成分均有所不同。
- 在进退市场难易程度上，因为厂商数量有很多，所以进退也比较容易，但是进退有成本。
- 在竞争手段上，属于非价格竞争，利用价格以外的因素如广告、明星代言等形式实现竞争。

垄断竞争市场可以用图 2-9 来表示。设想垄断竞争企业有向右下方倾斜的需求曲线，如图 2-9a 中的 dd 所示，以求利润最大化。但不论是何种市场类型，利润最大化的企业一定是在边际收益=边际成本之处决定产量，故而企业在边际收益 MR 与短期边际成本 SMC 相等处决定产量 $y_s$。如图 2-9b 所示，垄断竞争市场中的企业在短期能获得正利润，但将时间拉长一些，利润会吸引新的企业加入，其结果是需求曲线 dd 向左平移，一直到达图 2-9b 所示的利润为 0 的情况，就不会有新企业再加入进来了。此时，坐标$(y_L, p_L)$表示垄断竞争企业在长期均衡中的产量和价格。此时的需求曲线与长期平均成本曲线向右下方倾斜的部分相切，产量$y_L$比最佳生产规模$y^*$小，$y^* - y_L$就称为"过剩能力"。

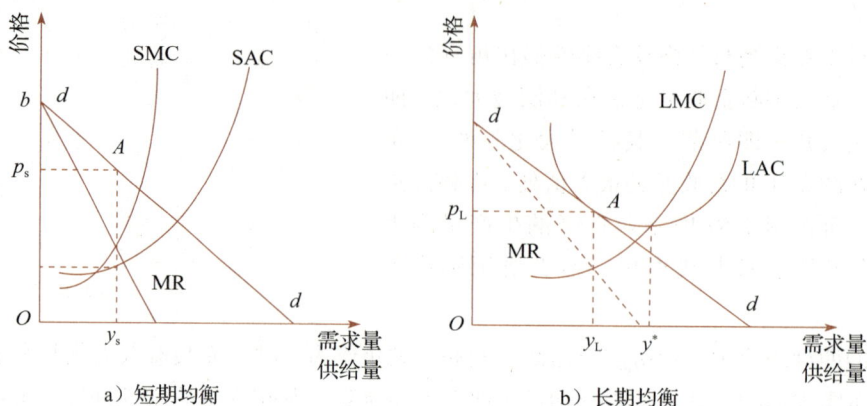

a）短期均衡          b）长期均衡

图 2-9　垄断竞争市场

在垄断竞争市场上，需求曲线向右下方倾斜这一点与垄断市场相同，在长期由于企业可以根据自身的需求自由地加入和退出，因此其长期均衡处的利润为零，这又与完全竞争相同。

| 名词解释 |

# 垄断竞争理论

**垄断竞争理论**（theory of monopolistic competition）是研究既含有垄断因素，又存在着激烈竞争的市场结构的理论。在市场经济中，生产差别产品并能够决定自己产品价格的许多销售者之间进行价格和非价格（质量、服务和广告）竞争。它因美国经济学家张伯伦（1899—1967）1933年出版的《垄断竞争理论》和英国经济学家罗宾逊于同年出版的《不完全竞争经济学》两书而得名。

在20世纪30年代以前，在英、美经济学界占据统治地位的是马歇尔的经济理论。他的基本思想是，资本主义世界仍然处于自由竞争阶段，垄断只是例外现象。他的主要著作《经济学原理》（1890年）是以完全竞争的市场结构为分析对象的，虽然其中有专门研究垄断市场的"垄断理论"一章，承认垄断组织的目的在于获得"垄断收益"，可马歇尔却否定了垄断价格的存在，认为垄断收益是通过一种"适度价格"取得的。张伯伦和罗宾逊的著作在马歇尔的理论基础上做了进一步的推进。张伯伦和罗宾逊的研究角度各异，叙述方法也不相同，但他们所论述的问题的性质却是基本相同的，故而经济学界认为他们是垄断竞争理论的共同创立者。

张伯伦在《垄断竞争理论》一书中，对当时西方经济学界流行的把竞争和垄断截然分开的两分法提出了异议。他认为，市场上的实际情况既不是竞争的，也不是垄断的，而是这两个因素的混合。在他看来，许多市场价格都具有垄断因素，因此企业家心目中只有垄断竞争，而没有纯粹竞争的概念。因此，在理论上把垄断与竞争这两种基本的市场力量给予明确的定义，把它们各自孤立起来考察是不够的，必须把它们综合在一起进行分析。对于市场的价格制度，他认为是由纯粹竞争市场、垄断（完全垄断）市场，以及由垄断和竞争力量相混合的各种市场（是指垄断竞争和寡头垄断两类市场）上的价格体系所组成。张伯伦的这种划分方法，为微观经济学的市场结构分析奠定了基础。

资料来源：作者根据公开资料整理。

## 二、垄断竞争市场的优缺点

### 1. 垄断竞争市场的优点

（1）规模经济。由于垄断厂商的规模很大，可以获得规模经济带来的好处，其研究和开发的能力也可能使得垄断厂商具有更低的成本。

（2）企业长期获得的超额利润，可以推动企业不断设计生产新产品，进而促进垄断企业或行业的进一步发展。

（3）在全球竞争中，在不违反所在国反垄断法的前提下，企业抱团垄断竞争可以比较容易打败竞争对手。

（4）采取垄断竞争的方式，比较容易实现政府产业政策的目标。例如，可以利用垄断竞争，挤垮某些行业中的高耗能、高污染企业，通过质量、排放等标准，淘汰落后产能的企业，然后兼并成比较大的几家公司，便于实现国家政策的目标。

（5）对涉及国家安全的行业，适宜通过垄断形式培养几个对手互相竞争。

（6）垄断竞争中存在的产品差别，可以满足消费者多方面的需要，有助于增进消费者福利。在非价格竞争中，企业必须不断开展技术创新、提高产品质量、改进服务方式，有利于增进消费者的福利。而在完全竞争市场上，产品价格虽然低廉，但同类产品同质化程度严重，无法适应多层次的消费者需求，而且，企业在创新上也缺少动力。

### 2. 垄断竞争市场的缺点

（1）在均衡状态中，垄断市场价格要高于完全竞争。在长期均衡中，相对于完全竞争市场中的厂商来说，垄断厂商没有以可能的最低成本进行生产，产品的产量也小于在完全竞争市场中应该达到的产量。垄断厂商获得的超额利润被视为收入分配的不平等。

（2）在垄断竞争时，不但产品价格高于最低平均成本、产量低于最低平均成本所对应的产量，而且厂商为了形成产品差别，在提高产品质量、进行广告促销等方面有着额外支出，使产品成本上升，造成资源的浪费。

（3）一切的垄断都易产生腐败，造成效率低下。

（4）垄断竞争在国内极易造成价格垄断抱团，损害消费者福利。

## ❖ 本章小结

不完全竞争的市场需求曲线向右下方倾斜。

**垄断**是指某种商品市场中只有一家生产企业的状况，这家企业可以根据市场需求曲线安排生产计划。

总收益曲线 TR 的斜率表示生产增加 1 单位时增加的收益，被称为**边际收益**。

如果某种商品市场中有两家及以上的有限家生产企业，则称该市场为**寡头垄断市场**。

各企业之间取得默契，其中一家企业提高价格，其他企业都随之提价，这样的做法被称为**价格领先**的协调行动。

在寡头垄断市场上，即使需求曲线和成本曲线发生变化，在一定的时期内仍然可以维持产品的价格不变，这种现象被称为**寡头垄断价格对成本具有刚性**。

与垄断和寡头市场不同，在垄断竞争市场上，新企业的进入或原有企业的退出是自由的，但产品是非同质的。垄断竞争市场既有优势也有缺陷。

◈ **练习题**　　　　◈ **思考题**　　　　◈ **参考文献**

第三章
CHAPTER 3

# 市场结构与市场势力：实证研究

**市场势力**（market power）是产业组织理论的核心概念。围绕这个概念，产业组织理论重点研究其形成机制和福利后果，以及企业如何获得和维持市场势力，政府的竞争和规制政策如何影响市场势力等问题。

众所周知，在完全竞争市场中，充分竞争将引导社会资源进行最优配置，实现一般均衡。此时，产品的价格等于企业的边际成本，生产是最有效率的，因为所有企业都会采用成本最低的技术进行生产，这就是生产效率。各种资源在竞争的条件下得到充分的使用，因此，从社会总体来看，此时福利（剩余）水平也是最大化的，这就是配置效率。但实际情况是，由于信息不完备、交易费用的存在、技术进步日新月异，企业进入与退出市场都要付出代价，政府也对产业和市场实施了各种监管措施，市场中往往垄断与竞争并存，有的市场竞争水平高些，有的市场垄断因素更强些。

产业组织理论以市场势力为核心，研究现实中产业的竞争状态，以完全竞争状态为基础进行比较，评估市场结构及行为对社会福利的影响，为公共政策的实施提供理论指导。本章的主要任务就是研究市场势力及其与市场结构的关系，为政府利用反垄断政策保护竞争效率提供依据。

## 第一节　市场势力及其福利效应

### 一、市场势力的含义

在完全竞争模型中，企业面对的是一条弹性无穷大的需求曲线，其意义在于每一家企业都是市场价格的接受者。但是在现实中，由于产品的差异、需求多样化等，企业总是或多或少地对自己的产品价格具有某种影响力和控制力，这种力量即市场势力。具体而言，市场势力是一家企业在长期内能够将价格提高到边际成本以上而获取超额利润的能力。

对比完全竞争和完全垄断两种极端情形是我们理解市场势力的基本方法。

在图 3-1 中，$DD$ 与 $SS$ 分别是市场的需求曲线和供给曲线。为了研究便利，我们通常假设规模报酬不变，因此供给曲线为线性函数，且边际成本和平均成本相同。实际上，即使规模报酬不是常数，我们也可以得到相同的结论。

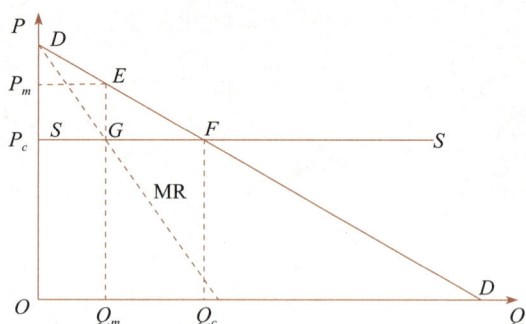

图 3-1　竞争、垄断与市场势力

在完全竞争市场中，$DD$ 与 $SS$ 相交于 $F$ 点，$F$ 点所对应的价格水平 $P_c$ 和产量 $Q_c$ 即为竞争市场中的均衡价格和均衡产量。如果是完全垄断的情形，即市场上只有一个供给者，为了获得最大化利润，垄断者会选择在使边际成本等于边际收益时的产量上生产，其结果就是 $Q_m$（由垄断者的边际收益曲线 MR 和边际成本曲线 $SS$ 的交点 $G$ 决定），此时对应的均衡价格则为 $P_m$。对比两种极端情形可见，垄断均衡价格高于竞争均衡价格，垄断均衡产量低于竞争均衡产量，垄断企业可以获得矩形 $P_m P_c GE$（也称为图洛克矩形）面积的经济利润。

无论竞争还是垄断的情形，以利润最大化为目标的企业都是依据边际成本等于边际收益的原则进行决策的，两者的不同之处在于，竞争性企业可以以市场价格卖掉所有想卖的产出，而垄断性企业则必须通过降价的办法才能增加销售，或者反过来说，垄断性企业可以通过限制产量的办法将价格提高到边际成本之上，这就是它的市场势力。

市场势力的大小与市场中竞争和垄断的特征相关。竞争程度高的市场，市场势力小；垄断程度高的市场，市场势力就大。如果我们用价格 $P$ 与边际成本 MC 的关系、短期及长期经济利润水平来反映市场势力的状况，则不同的市场结构与市场势力之间的联系可以用表 3-1 进行概括。

表 3-1　市场结构与市场势力的基本关系

| 市场结构 | $P-MC$ | $\pi_{SR}$ | $\pi_{LR}$ |
| --- | --- | --- | --- |
| 完全竞争 | 0 | +或者- | 0 |
| 垄断竞争 | + | +或者- | 0 |
| 寡头垄断 | + | +或者- | +或者0 |
| 完全垄断 | + | +或者- | +或者0 |

资料来源：PERLOFF J M，CARLTON D W. Modern industrial organization ［M］. New York：Harper Collins College Publishers，1990. 内容有改动。

注：$\pi_{SR}$ 为短期利润，$\pi_{LR}$ 为长期利润。

## 二、市场势力的测量

从长期来看，具有市场势力的企业能够维持高于边际成本水平的定价，从而获得高于竞争均衡水平时的经济利润。因此，利润率是反映市场势力的基本指标，目前广泛使用的利润率指标主要有贝恩指数、勒纳指数和托宾 $q$ 三种。

### 1. 贝恩指数

在完全竞争条件下，资源在产业间、企业间可以自由流动，产业的利润率趋于平均化，所有企业只能获得正常利润，不存在垄断利润。因此，对比产业平均利润率就成为判断某产业市场效率的基本依据。由于经济学意义上的利润与会计利润存在显著差别，为了正确地估计经济利润，贝恩（Bain）引入了投资的机会成本或正常收益对会计利润进行调整，得到经济利润的计算公式为

$$\pi_a = R - C - D$$
$$\pi_e = \pi_a - iV \qquad\qquad (3\text{-}1)$$
$$B = \frac{\pi_e}{V}$$

式中，$\pi_a$ 是会计利润；$R$ 是总收益；$C$ 是当期成本；$D$ 是折旧额；$\pi_e$ 是经济利润；$i$ 是投资收益率；$V$ 是投资总额；$B$ 是每单位投资取得的经济利润。

贝恩指数的逻辑是，市场中如果持续存在经济利润，那么通常表明市场上存在垄断势力，经济利润越高，代表垄断力量越强。但是在现实中，当存在较强的进入威胁或需求不足时，即使是垄断者也无法获得垄断利润。另外，高于社会平均利润率的利润，不一定就是由垄断引起的，也可能来自风险性实业投资，不可预期的需求和费用条件的变化，以及技术开发和创新等因素。尽管如此，从长期来看，如果一个产业的利润率高于社会平均利润率，该市场存在垄断因素还是比较合适的解释。

### 2. 勒纳指数

市场充分竞争的结果将迫使企业按照边际成本定价，即 $P = MC$。这样，我们还可以根据价格与边际成本的偏离程度来衡量市场中的垄断力量，其计算公式为

$$L = \frac{P - MC}{P}, \quad \text{或因为} \frac{P - MC}{P} = \frac{1}{\varepsilon}, \quad \text{故} L = 1/\varepsilon \qquad (3\text{-}2)$$

式中，$L$ 是勒纳指数；$P$ 是价格；MC 是边际成本。勒纳指数的取值范围为 0~1，数值越大表明市场结构中垄断的因素越强。

勒纳指数的计算只需要价格与成本两个变量，简单易行是其技术优势。但是该指标也存在一定的局限，例如，指数无法反映企业为了谋取或巩固垄断地位而采取的限制性定价或掠夺性定价行为，在这两种情况下，勒纳指数接近于 0，却不表明该市场是竞争的。另外，现实中由于边际成本的数据很难获得，往往要用平均成本替代，从而导致较大的误差（Friedlaender, Spady, 1980；Keeler, 1983；Fisher, 1987）。此外，勒纳指数的计算还要以产品质量标准化为前提，而这一点实际上很难做到。

### 3. 托宾 q

托宾 q 是一家企业资产的市场价值与其重置成本的比值，通过其比值可以用于衡量市场资源的配置效率。计算公式为

$$q = \frac{R_1 + R_2}{Q} \qquad\qquad (3\text{-}3)$$

式中，$q$ 为托宾指数；$R_1$ 为股票的市场价值；$R_2$ 是债券的市场价值；$Q$ 是企业资产的重置成本。

$q$ 值大于 1 时，说明企业资产以股票和债券计量的市场价值大于以当前市场价格评估的资产重置成本，这意味着企业在市场中能获得垄断利润，比值越高说明所获得的超额利润越大，市场的垄断特征越明显。

托宾 $q$ 避免了计算经济利润或边际成本的困难，但是在计算资产的市场价值和重置成本上同样存在数据可获得性的困难。离开了发达的资本市场及二级设备市场，要准确地评估企业发行的各种证券及旧设备的价值是非常困难的，因此，托宾 $q$ 的应用有一定的局限性。

人们普遍认为具有市场势力的厂商能够维持高于竞争性市场的价格水平，获得超过正常收益水平的利润，而高价格往往伴随着高成本和低的社会福利，易导致社会资源配置的浪费。对照现实，人们相信，若一个市场竞争的因素越多，就越接近完全竞争的均衡，市场也就越有效率；反之，一个市场垄断的因素越多，就越接近垄断情形下的均衡。

## 三、市场势力的福利效应：实证分析

市场势力所导致的社会福利的损失到底有多大？其后果有多严重？政府是否需要采用严厉的公共政策打击市场势力？对这些问题的探究促使人们不断寻找经验证据，因此市场势力的福利效应成为一个有趣的研究领域。

### 1. Harberger 的最低限估计

Harberger（1954）利用美国制造业 73 个部门在 1924—1928 年的平均数据，估计了因市场势力造成的净损失程度，这是最早对市场势力的福利成本进行的实证研究。

根据 $PQ$ 空间的相关条件，可以得到福利净损失（DWL）的理论计算公式

$$
\begin{aligned}
\mathrm{DWL} &= \frac{1}{2}\Delta P \Delta Q = \frac{1}{2}(\Delta P)^2 \left(\frac{\Delta Q}{\Delta P}\right) = \frac{1}{2}\left(\frac{P_m - c}{P_m}\right)^2 \frac{P_m}{Q_m}\frac{\Delta Q}{\Delta P}P_m Q_m \\
&= \frac{1}{2}\left(\frac{P_m Q_m - c Q_m}{P_m Q_m}\right)^2 \varepsilon P_m Q_m \\
&= \frac{1}{2}r^2 \varepsilon P_m Q_m
\end{aligned}
\tag{3-4}
$$

式中，$\Delta P = P_m - P_c$；$\Delta Q = Q_m - Q_c$；$c$ 为平均成本，也是边际成本，也是竞争条件下的均衡价格；$r$ 为经济利润率；$\varepsilon$ 为需求价格弹性。

根据式（3-4），净损失的量取决于三个因素：首先是 $P_m Q_m$，这是垄断条件下企业的销售收入，可以直接获得；其次是 $r$，$(P_m - c)/P_m = (P_m Q_m - c Q_m)/P_m Q_m$；最后是 $\varepsilon$，即需求价格弹性。

为了解决测量上的困难，Harberger 用资本平均报酬率替代正常报酬率，再通过会计利润减去资本正常报酬率的方法来估计经济利润率。

对于 $\varepsilon$ 项，Harberger 将其直接定义为 1。

通过数据的测算，Harberger 发现在制造业部门因市场势力导致的净损失占美国国民收入的比例在 0.1% 以下。根据这一结果，他认为在不考虑收入转移等其他因素的情况下，垄断给社会带来的福利损失实际上并不严重。

随后，Schartzman（1960）、Scitovsky（1958）、Janssen（1961）和 Johnson（1958）等利用不同国家、不同时期的数据对垄断性福利损失进行了测算，也得到了类似的结论，即因垄断导致的福利成本实际上并不是很大。

这些研究结论与竞争促进效率（垄断损害效率）普遍认知之间的矛盾，引起了很多关注。批评意见认为除了数据及方法问题，Harberger 对福利成本的讨论范围过小，只是最低限估计。

### 2. Cowling 和 Mueller 的最高限估计

Cowling 和 Mueller（1978）在 Harberger 方法的基础上进行了一系列修正，他们的方法被称为

最高限估计。

首先是需求价格弹性 $\varepsilon$。他们认为 Harberger 将需求价格弹性定义为 1 是造成净损失估计值过小的根本原因。需求价格弹性不同，对于相同程度的价格上升，净损失就会不同。随着价格的上升，高弹性市场中的需求量下降相对较快，而缺乏弹性的市场中的需求量下降相对较小。这样缺乏弹性市场中的 DWL 要小于有弹性的市场。$\varepsilon$ 越大，净损失就会越大。

Cowling 和 Mueller 引入了垄断者的决策变量 MR＝MC，重新定义了净损失的估计公式。由 MR 的定义得到

$$\text{MR} = \frac{\Delta \text{TR}}{\Delta Q} = P + Q\,\frac{\Delta P}{\Delta Q} = P\left(1 + \frac{Q}{P}\,\frac{\Delta P}{\Delta Q}\right) = P\left(1 - \frac{1}{\varepsilon}\right)$$

即

$$P\left(1 - \frac{1}{\varepsilon}\right) = \text{MC} \ \text{或} \ \frac{P - \text{MC}}{P} = \frac{1}{\varepsilon}$$

将其代入 DWL 的测算公式，则有

$$\text{DWL} = \frac{1}{2}\left(\frac{P_m - c}{P_m}\right)^2 P_m Q_m \varepsilon = \frac{1}{2}\left(\frac{P_m - c}{P_m}\right) P_m Q_m = \frac{1}{2}\left(P_m Q_m - c Q_m\right) \tag{3-5}$$

式（3-5）表明，垄断给社会带来的净损失是垄断利润的 1/2，这样就可以直接从企业的垄断利润水平估计得到净损失的程度，而不会受到需求价格弹性估计不足的影响。

其次是正常报酬率的估计。Cowling 和 Mueller 认为垄断者的经济利润通常是包含在社会平均利润之内的，用资本平均报酬率代替正常报酬率就会高估正常报酬率，其结果必然是垄断利润被低估而导致福利成本的低估。他们放弃了 Harberger 的传统方法，用研究期的平均股票市场报酬率而不是资本报酬率作为正常利润率的估计值。因为在资本市场上投资者需要支付更高的价格购买具有市场势力的公司的股票，已经为垄断支付了溢价，从而只能获得投资的正常报酬。

再次是数据。垄断是企业层面的问题，当从整个产业的数据去研究时就会出现偏差，因为各个部门之间的扭曲可能出现抵消的情况，因此必须进行纠正。Cowling 和 Mueller 从样本中剔除了那些发生经济亏损的公司，因为这种损失显然不是由市场势力引起的。

最后，Harberger 方法中还有一个严重的问题就是没有考虑垄断化成本。所谓垄断化成本就是垄断性企业为了创造和维持市场势力而支付的成本。他们吸收了 Harberger 关于广告成本是社会成本一部分的观点，在考虑了税收因素之后，将垄断势力的福利成本定义为

$$\pi + A - T + \frac{1}{2}(\pi + A) = \frac{3}{2}(\pi + A) - T \tag{3-6}$$

式中，$\pi$ 为所估计的经济利润；$A$ 为广告支出；$T$ 为税收。

理论上，垄断化成本的最大值是企业通过市场势力获得的全部经济利润（矩形 $P_m P_c GE$ 的面积）。但实际上，经济利润未必全部是垄断利润，也不一定都会成为垄断化成本，形成社会福利的净损失。因此，Cowling 和 Mueller 的方法被称为最高限估计。

根据重新修正的测算公式，Cowling 和 Mueller 采集了 734 家美国公司在 1963—1966 年及 103 家英国公司在 1968—1969 年的数据，重新估计了市场势力的福利损失，并将之与 Harberger 及其他人的结果进行了比较，代表性结果如表 3-2 所示。

表 3-2　DWL 测算比较

| 公司 | DWL | | DWL+垄断化成本 | |
|---|---|---|---|---|
| | Har | C&M | Har | C&M |
| 通用汽车公司 | 123.4 | 1 060.5 | 770.2 | 1 780.3 |
| 电话电报公司 | 0 | 0 | 781.1 | 1 025.0 |
| 所有公司 | 448.2 | 4 527.1 | 8 440.1 | 14 997.6 |
| 占公司产出的百分比（%） | 0.40 | 3.96 | 7.39 | 13.14 |

资料来源：COWLING K，MUELLER D C. The social cost of monopoly power ［J］. The economic journal，1978，88（352）：727-748.

注：1. 数字单位为百万美元/年，研究时期为 1963—1969 年。
2. Har 表示按照 Harberger 方法估计。
3. C&M 表示按照 Cowling 和 Mueller 的方法估计。

### 3. X 非效率

Leibenstein（1966）指出，Harberger 等人之所以得出垄断福利成本极小的结论，根本原因是他们实际上假设了每一家企业的生产都是有效率的。这样，垄断导致的福利损失就局限于价格和产量配置扭曲，而这种效应是边际的，所以就出现了实证结果非常小的现象。

垄断者是否有效率是问题的关键。逻辑上来说，因为市场上有竞争，为了生存和赢得市场，企业必须不断改进技术与工艺，降低成本，提升绩效；反之，如果没有了竞争压力，管理者就会贪图安逸，不会努力寻找降低成本的方法，从而导致生产的低效率。管理等因素导致生产效率低下的情况很复杂，无法明确地进行定义，Leibenstein 将其概括为 X 非效率。

Leibenstein 进一步对美国、英国、澳大利亚等发达国家及印度、泰国、印度尼西亚等发展中国家进行了案例研究，发现有显著的证据表明，在没有增加要素投入的条件下，仅通过生产及其组织方式的改进、激励等管理手段的调整就可以显著提升企业的劳动生产率。这些案例研究证明了 X 非效率的存在。

Leibenstein 的研究表明，垄断性企业的生产总是在生产前沿曲线之内进行，因此仅用 DWL 表达的福利损失很小，在评价市场势力的福利成本时必须考虑 X 非效率的存在。

# 第二节　市场结构分析

## 一、市场结构的概念与测度

市场结构描述了市场要素之间的内在联系及其特征，包括四个方面：一是买方之间的关系；二是卖方之间的关系；三是买卖双方之间的关系；四是市场内已有的买卖方与市场潜在进入的买卖方之间的关系。这些关系反映了各主体之间的力量对比和对市场运行的影响程度。观察市场中买卖双方的规模与分布是理解市场主体相互关系及竞争特征的重要方法。产业组织理论中定义了如何通过市场集中度指标来测量市场结构。

所谓市场集中度，是指某一产业市场内买卖双方的数量及其相对规模的分布特征。市场集中度可以分为卖方集中度和买方集中度，由于大多数产业中买方力量较为分散，与卖方相比往往处于弱势，因此，当我们谈及市场集中度时，通常指的是卖方集中度。具体指标有以下几种。

### 1. 市场集中度（concentrate ratio，CR）

**市场集中度**（$CR_n$）是在市场中规模处于前 $n$ 位企业的市场份额总和。其计算公式为

$$CR_n = \frac{\sum\limits_{i=1}^{n} x_i}{X} \tag{3-7}$$

式中，$X$ 是市场总量，根据研究的需要可以用资产额、产量、销售额、职工人数或者增加值等指标表示；$x_i$ 为排在第 $i$ 位的企业的市场量。

实践中，以行业内最大的 4 家或 8 家厂商的指标份额来计算集中度较为常见，分别被称为 4 厂商集中度（$CR_4$）或 8 厂商集中度（$CR_8$）。

一般来说，如果 $CR_n$ 高，说明前 $n$ 位的企业在市场中比重较大，可能具有较强的市场控制力。因此，该指标能很好地反映产业内的生产集中状况及产业内垄断和竞争程度，且计算简单，应用比较广泛。同时，该指标的局限性也很明显。市场集中度仅仅考察了少数大企业的集中程度，却不能反映这些企业的规模分布，也不能准确地把握企业之间实际的竞争状况。另外，该指标忽视了产业内其他企业的分布状况，以及因市场容量增长或者企业并购活动所导致的市场支配力量的变化。

### 2. 洛伦兹曲线和基尼系数

为弥补市场集中度指标的不足，人们也常用**洛伦兹曲线**（Lorenz curve）和**基尼系数**（Gini coefficient）反映产业内所有企业的规模分布状况。

洛伦兹曲线方法通过一个矩形图（见图 3-2）直观反映产业内企业数量与规模之间的关系。横轴方向是产业内从小企业到大企业数量的累计百分比，从 0% 到 100%；纵轴方向是从小企业到大企业市场规模份额的累计百分比，也是从 0% 到 100%。将两者对应的点画在图中，就可以得到一条洛伦兹曲线。

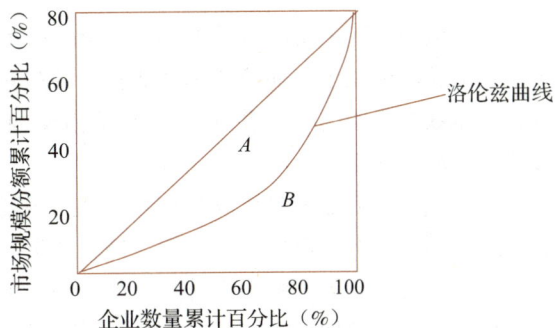

图 3-2　洛伦兹曲线

如果市场内所有企业的规模全部相等，则洛伦兹曲线与 45 度对角线完全重合；当曲线凸向右下角时，表示市场中企业规模分布不均匀，企业规模越是离散，曲线就越是偏离对角线。

基尼系数是建立在洛伦兹曲线基础之上的度量指标，它能够把洛伦兹曲线所反映的不均匀程度用量化的指标体现出来。基尼系数的值等于对角线和洛伦兹曲线之间的面积与对角线下的三角形面积之比，即 $A/(A+B)$，其结果介于 0 和 1 之间。基尼系数越大，说明厂商的规模分布越不均匀。如果基尼系数为 0，说明所有厂商规模相等；如果基尼系数为 1，说明行业内为独家厂商垄断。

值得注意的是洛伦兹曲线和基尼系数并不完全对应，可能存在不同的企业规模分布表现出洛伦兹曲线不同但基尼系数相同的关系。另外，洛伦兹曲线和基尼系数也不能完全反映出企业的数量和市场集中度的关系，即存在市场结构不同但基尼系数相同的情况。

### 3. 赫芬达尔指数

假设产业内共有 $n$ 家企业，$X$ 为产业的总规模，$X_i$ 为第 $i$ 位企业的规模。**赫芬达尔指数**（HHI）计算公式如下

$$\text{HHI} = \sum_{i=1}^{N} (X_i/X)^2 = \sum_{i=1}^{N} S_i^2 \tag{3-8}$$

首先，赫芬达尔指数反映了产业内企业规模分布的综合状况。根据计算公式，指数值在 $1/n \sim 1$ 之间变动，指数的数值越大，表明企业规模分布不均匀程度越高。当指数等于 1 时，表示市场由独家企业垄断；当指数等于 $1/n$ 时，表示所有企业规模相同。

其次，该指数反映的是市场内全部企业的状况，且对大规模企业的市场份额比较敏感。

再次，该指数可以较好地测量产业的集中度变动情况。市场中只要发生了并购，HHI 就会变大；只要发生企业拆分，HHI 就会变小。因为这个良好的性质，HHI 被广泛应用于并购监管分析。

最后，因为 $n$ 个规模相同的企业的赫芬达尔指数等于 $1/n$，所以我们可以利用这个性质来推导市场中的等价企业数。

HHI 由于兼具了集中度指数和洛伦兹曲线、基尼系数的优点，又能避免它们的缺点，日益受到重视，应用也比较广泛。

### 4. 熵指数

**熵指数**（entropy index，EI）借用了信息理论中熵的基本概念来测量市场集中度。假设市场中有 $n$ 家企业，$x_i$ 为第 $i$ 个企业的市场份额，熵指数的计算公式具体如下

$$\text{EI} = \sum_{i=1}^{n} x_i \ln\left(\frac{1}{x_i}\right) \tag{3-9}$$

熵指数与 HHI 一样，综合地反映了市场中的企业集中度及其分布状况。不同的是，熵指数给予大企业较小的权重，而给予小企业较大的权重。因为权数是企业市场份额倒数的自然对数，所以，熵指数的大小与实际集中度高低是相反的，EI 值越大，说明市场集中度越小；EI 值越小，说明集中度越大。

人们大多是通过考察市场集中度来理解市场中竞争与垄断的特点及其对市场行为产生的影响。当然，这只有在市场集中度仅为外生变量时才是正确的。在很多情况下，市场集中度是内生的，也就是说市场集中度不仅是因，也是果，也要受到企业竞争行为与绩效的影响。因此，研究者还应考虑其他结构要素的情况，从而对市场结构进行准确的测量与分析。

## 二、市场结构的决定因素

企业规模经济、产品差异化、市场进入和退出壁垒、市场需求增长的速度、企业横向与纵向一体化的行动、产业政策和法律法规等，都会对市场结构的形成产生重要的影响，其中规模经济、产品差异化、市场进入和退出壁垒被认为是最主要的因素。

### 1. 规模经济

规模经济是指随着生产规模扩大，企业平均成本趋于降低的情形。其意义在于，在那些具有规模经济特征的产业里，企业生产规模越大，生产效率就越高，竞争的结果是大企业将占据更大的份额，大企业打击弱小低效企业和阻止潜在企业进入的能力也就越强，市场也就越趋向集中。

规模经济效应首先来自大规模生产对固定成本的节约。这与企业成本曲线的特征相关。假设企业具有常数的边际成本 $c$，用 $F$ 表示固定成本，则企业的成本函数可以表达为 $C(q) = F + cq$。根据平均成本函数 $AC(q) = c + F/q$，当固定成本较小时，平均成本接近边际成本，随着产出的增加，平均成本下降的幅度会变小；但是如果固定成本很大，随着产出的增加，平均成本下降会非常迅速。

这就建立起了规模经济与固定成本之间的关系，固定成本的增大会使得规模经济变得越来越重要；反之，固定成本越低，长期均衡中企业数量越多，市场均衡价格越接近边际成本，而单个企业获得或者维持市场势力的可能性就越小。

规模经济效应也可能来自其他方面的成本节约。例如在原材料、零部件购买方面，由于大批量采购，企业可以因为较强的讨价还价能力，从而节省投入方面的成本；在融资、广告营销等方面，大规模的企业往往可以因为良好的信誉而获得较强的谈判能力，降低交易成本；从技术经济的角度，生产、运输和存货等成本并不会随着生产规模的扩大而成比例地扩大，因此越是大规模的企业越有成本优势。

规模经济还可以来自组织管理方面的效率。生产规模的扩大有利于企业内进行专业化分工，当劳动者不断重复同一工作任务时，有助于降低学习曲线，从而提高劳动生产率。另外，现代企业组织管理理念和方法的应用也大大地提高了生产的效率。

一般我们可以通过估计**最小最佳规模**（minimum efficient scale of production，MES）的方法测量规模经济。MES 是单位成本最小时的最低产量水平。与一定的市场规模相比，MES 代表新的厂商进入后，能有效地与在位厂商展开竞争必须达到的最低水平的生产规模。该比例越大，新的厂商越是不容易进入，长期来看，市场中企业数量较少，而较少的企业数量就有可能将价格保持在边际成本以上。当然，如果一家新的企业可以以小于 MES 的规模进入市场并能够营利，规模经济就不会成为进入的阻碍，也不是企业获得市场势力的原因。这样，公共政策在追求经济效率与维护市场充分竞争之间就有了两难的选择。

### 2. 产品差异化

**产品差异化**（product differentiation）是指企业在产品生产和销售上倾向与其他企业产品相区别的现象。产品差异化可以体现在质量、款式、性能、销售方式和服务等多个方面，参见第四章。

产品差异化程度决定了产品的替代性。如果各家企业生产的是同质产品，那么这些产品具有完全替代关系，任何单个企业都不能左右市场，因为任何提价行动只能导致其全部市场份额的损失；反之，如果产品之间存在性能上的差异，那么产品之间就不能实现完全的替代，单个企业的提价虽然会导致购买的转移，但是并不会损失全部的消费者，因此，每家企业面临的需求曲线都有一定的弹性。产品的差别程度越大，同类产品的可替代性越小，在位企业就越容易维持和巩固其市场地位。

产品差异化对市场结构的影响可以归纳为以下几个方面。

（1）产品差异化对市场集中度的影响。市场上规模较大的在位企业通过扩大产品差异化程度，可以保持或提高市场占有率，从而有助于增强市场集中的倾向。相反，规模较小的企业也可以通过产品差异化提高自身的市场占有率，从而降低市场的集中度水平。

（2）产品差异化可以形成市场进入壁垒。在位企业的产品差异化可以使顾客对该企业的产品形成一定的偏好甚至忠诚度，这对于那些想要进入的企业而言，无疑会形成进入壁垒。同时，为创造和宣传产品的差别，企业需要具有一定的研究开发实力和营销能力，潜在厂商往往因为无法支付高额研究开发费用和广告宣传费用而无法进入。

不同产业的产品特质不同，企业进行产品差异化的空间和能力也有很大的不同。研究表明，产品差异化对消费资料企业，尤其是耐用消费品较为重要，而对生产资料企业的影响较小。如果将产业划分为消费品、中间品和投资品，就会发现这三类产业中产品差异化程度是不同的，具体如下。

（1）消费品市场。消费品可以分为耐用消费品和非耐用消费品。消费者在购买耐用消费品时，往往需要对产品的价格、质量、服务等方面的特点进行详细调查，决策较为慎重，并且对耐用消费品的品牌有一定的偏好。所以耐用消费品在质量、服务、广告等方面存在较大的差异化空间，从而在该领域会存在较大的产品差异。对于非耐用消费品而言，广告宣传往往可以造成买方对某种品牌产品的强烈偏好，如化妆品、服装等。消费者的消费习惯、知识偏差及惰性也往往是形成非耐用消费品产品差异的突出原因。

（2）中间品市场。中间品主要是用作各产业的工业消耗品及原材料等。中间品的物理差异性较小，一般存在较高水平的标准化、规模化，并且中间品的买方多为企业，企业对商品的特性及行情信息掌握较为充分，主观偏好不强烈，也不易受广告影响。因此，中间品的产品差异是较小的。

（3）投资品市场。投资品的实物形态一般为生产设备和装置。投资品的产品比较复杂，并且为了满足客户的需求，生产设备或装置还常常需要特制，因此产品的物理差别较大。另外，投资品的用户需要获得投资品的性能、使用方法及维修、配件等信息和服务。因此，广告宣传对投资品形成买者的主观偏好倾向具有一定的影响。

总的来说，工业产品的差异化程度低于消费品行业。从中间品到投资品再到耐用消费品和非耐用消费品，产品差异化程度对市场竞争的影响逐渐提高，形成产品差异的主要原因也从物理因素转变为服务、广告等宣传性因素。

### 3. 市场进入和退出壁垒

企业进入或者退出市场的难易程度对于市场结构，以及由此而产生的企业行为起到了关键的作用。与在位企业相比，同样有效率的企业不能很容易地进入市场，那么在位企业就会拥有并可以行使市场势力，在高于边际成本的水平上定价，这样的市场就是不完全竞争的。

一般而言，进入壁垒是指企业准备进入或正在进入某产业时所遇到的阻碍或不利因素。学术界大多沿用斯蒂格勒的定义，将进入壁垒理解为在位企业能够获得长期利润但仍能阻止新企业进入的因素，包括规模经济壁垒等，具体参见第八章第三节。

所谓退出壁垒，是指企业在退出某个行业时所遇到的阻碍。通常情况下，我们也会将退出的限制看作进入壁垒的一种，因为如果退出某一行业的成本太过高昂，企业进入市场的动机也会被削弱。

市场退出壁垒的构成因素包括资产专用性等，具体参见第八章第三节。一般来说，若一个产业的进入和退出壁垒都高，则会强化现有企业对市场价格和产量的支配力，形成垄断性市场结构；与之相反，产业的进入和退出壁垒都很低，整个市场结构就富有竞争性；而进入壁垒低、退出壁垒高，则会导致市场中卖方集中度降低，市场竞争无法实现劣势企业和过剩生产能力的有效清除，产业潜伏着过度竞争的危险。

## 第三节    市场结构与市场势力：计量检验

20 世纪 50 年代，随着罗斯福新政后经济恢复政策的影响，美国出现了一场产业并购浪潮。这一背景下学者们对产业集中的成因及其与经济效率、竞争结构和公共政策的关系进行了大量的研究。代表性成果介绍如下。

# 一、早期的跨部门研究

## 1. 产业集中度与利润率关系的检验

Bain（1951）利用美国 42 个制造业部门在 1936—1940 年的数据，分析了前 8 位厂商集中度（$CR_8$）与用收入除以股权市值反映的利润率之间的关系，发现那些集中度高（$CR_8$ 大于或等于 70%）的产业部门获利水平要显著高于集中度低（$CR_8$ 小于 70%）的产业。

Bain 进一步分析认为，既然规模经济的差异不能解释不同产业具有不同的利润率的原因，那么就必须考虑市场中存在的垄断性因素。他重点研究了进入条件对利润水平的影响，提出如果进入是困难的，那么集中度高的产业容易形成合谋，从而增加利润。

在主观评价基础上，Bain（1956）根据进入壁垒程度对不同产业进行了分类，详细分析了进入壁垒、产业集中度及利润率之间的关系，证实了上述预测。具体结果如表 3-3 所示。

表 3-3　进入壁垒、利润率和集中度

| 产业部门 | 利润率（%） | 前 4 位企业集中度（%） |
| --- | --- | --- |
| 很高的进入壁垒 | | |
| 汽车 | 23.9 | 90 |
| 香烟 | 12.6 | 90 |
| 含酒精的饮料 | 18.6 | 75 |
| 打字机 | 18.0 | 79 |
| 自来水笔 | 21.8 | 57 |
| 平均 | 19.0 | 78 |
| 高进入壁垒 | | |
| 铜 | 14.6 | 92 |
| 钢铁 | 11.2 | 45 |
| 农机和拖拉机 | 13.4 | 36 |
| 原油精炼 | 12.9 | 37 |
| 肥皂 | 15.8 | 79 |
| 鞋（男用和新产品） | 13.4 | 28 |
| 石膏产品 | 15.4 | 85 |
| 金属容器 | 10.7 | 78 |
| 平均 | 13.4 | 60 |
| 中等程度到低的进入壁垒 | | |
| 罐头水果和蔬菜 | 9.8 | 27 |
| 水泥 | 14.3 | 30 |
| 面粉 | 10.1 | 29 |
| 肉类包装 | 5.1 | 41 |
| 人造丝 | 18.0 | 78 |
| 鞋（女鞋和低价格男鞋） | 11.0 | 28 |
| 轮胎和橡胶 | 12.7 | 77 |
| 平均 | 11.6 | 44 |

资料来源：Bain（1956）。

Bain 的系列研究引起了学术界极高的关注，随后出现了以 Mann（1966）为代表的 50 多个类似的研究，几乎都发现了主导性厂商（尤其是前 4 位或前 8 位厂商）可以保持比平均水平要高的收益率，且这样的市场中都存在着某种程度上的垄断势力。这些早期研究奠定了从结构到行为再到绩效的研究传统，形成了高集中度可以使企业获得市场势力从而获得高获利能力的结构主义观念。

### 2. 对 Bain 研究的扩展检验

很多学者在模型设计、指标体系、样本选取等方面进一步扩展了 Bain 的研究，从而深入挖掘了市场势力与市场结构之间的实际联系。

（1）Collins 和 Preston 的价格–成本加成率检验。Collins 和 Preston（1969）利用 1963 年美国 417 个制造业产业的数据，检验了市场集中度与市场势力之间的关系。他们研究的特点如下。

一是利用价格–成本加成率衡量市场势力程度。由于无法得到边际成本的数据，Collins 和 Preston 提出了用价格–成本加成率的方法估计市场势力。根据当时制造业的技术进步条件，他们假设企业规模报酬为常数，那么边际成本就等于平均成本。平均成本由每单位产出所占用的劳动成本和资本成本构成。例如，将劳动成本记作 $\omega L$，考虑到在竞争条件下的资本收益及折旧的作用，资本成本可以表示为 $\lambda \theta^k K$，由此得到

$$\mathrm{MC} = \mathrm{AC} = \frac{\omega L + \lambda \theta^k K}{Q} \tag{3-10}$$

这样，勒纳指数可以重新整理为

$$\frac{p - \mathrm{MC}}{p} = \frac{pQ - \omega L - \lambda \theta^k K}{pQ} = \frac{1}{\varepsilon} + \lambda \frac{\theta^k K}{pQ} \tag{3-11}$$

式中，$pQ$ 是销售额；$\omega L$ 是工资；$(pQ - \omega L)/pQ$ 是价格–成本加成率，实际上就是销售毛利润（PCM）；$\theta^k K/pQ$ 是资本销售比率（KSR）。

二是用前 4 位企业集中度测量市场结构。因为如果进入比较困难，往往是大企业更容易占有优势，从而能够更好地行使市场势力。

三是将制造业部门分为生产品和消费品两类进行对比分析，以考察进入壁垒对集中度—利润率关系的影响。与 Bain 不同的是，Collins 和 Preston 没有直接观察进入条件对市场势力的影响，而是考察产品差异化程度的影响。消费品部门与生产品部门在产品差异化程度方面存在显著差异，因此可以分别代表不同的进入壁垒程度。

Collins 和 Preston 定义的回归方程为

$$\mathrm{PCM} = \alpha_0 + \alpha_1 \mathrm{CR}_4 + \alpha_2 \mathrm{KSR} \tag{3-12}$$

表 3-4 是检验结果的汇总。

**表 3-4　Collins 和 Preston 的研究结果**

| 生产品产业 | $\mathrm{PCM} = 19.48 + 0.033^a \mathrm{CR}_4 + 0.133 \mathrm{KSR}$ | $R^2 = 0.26$ |
|---|---|---|
| 消费品产业 | $\mathrm{PCM} = 17.36 + 0.199^b \mathrm{CR}_4 + 0.103 \mathrm{KSR}$ | $R^2 = 0.38$ |

资料来源：Collins 和 Preston（1969）。

注：$a$ 为 1% 的置信区间；$b$ 为 10% 的置信区间。

根据表 3-4 中的数据，我们可以发现前 4 位企业的集中度与价格–成本加成率存在显著的正向关系。与生产品产业相比，消费品产业中市场集中度对市场势力的正效应要更加显著，这是因为在消费品产业中产品差异化程度要重要一些，表明进入壁垒较高。由此我们可以得出结论，在进入较为困难的情况下，高集中度将形成高收益水平。

（2）Strickland 和 Weiss 的研究。与 Bain 对进入壁垒进行主观判断的方法不同，Strickland 和 Weiss（1976）利用了按产业平均每美元销售中广告支出（ASR）和 MES 等客观指标考虑产业间进入条件的差异，从而发表了最具有代表性的研究成果。

研究表明产品差异化程度对于价格-成本加成率的确定是非常重要的。对消费品产业来说，ASR 的平均值可能小于 4%，其范围为 0%~29%。ASR 增加 1 个百分点，将给价格-成本加成率平均带来 1.396 个百分点的变化，几乎相当于 Collins 和 Preston（1969）模型中 $CR_4$ 增加 10 个百分点的效应。对生产品产业来说，ASR 的平均值大约是 1%，变动范围为 0%~4%。ASR 增加 1 个百分点，能导致该产业中价格-成本加成率变化 1.778 个百分点。虽然就产品差异化程度的重要性来说，生产品产业不如消费品产业，或者至少生产品产业中的广告较少，但是生产品产业一旦投放广告，就会大大地提高该产业的价格-成本加成率。可以发现，在表 3-4 中的第 1 个方程中加进 ASR 变量之后，集中度对加成率的效应几乎翻了一倍。

从统计意义上来说，Strickland 和 Weiss（1976）对 MES 的估计结果比 ASR 弱（见表 3-5）。对生产品产业来说，他们没有发现 MES 对该产业的价格-成本加成率有什么显著性的效应。就消费品产业而言，MES 对该产业的价格-成本加成率具有中等程度的显著性效应。

**表 3-5　Strickland 和 Weiss 的研究结果**

| 生产品产业（1） | 消费品产业（2） |
|---|---|
| PCM = 17.23+0.060$CR_4^c$+0.119$^a$KSR+1.778$^a$ASR+0.142MES | PCM = 17.83+0.095$^a$$CR_4$-0.004KSR+1.396$^a$ASR+0.520$^b$MES |

资料来源：STRICKLAND A D，WEISS L W. Advertising, concentration, and price-cost margins [J]. Journal of political economy, 1976, 84 (5): 1109-1121.

注：ASR＝广告销售比率；MES＝产出最小最佳规模；其他符号意义同表3-4。a、b、c 分别表示 1%、5%和 10%的统计显著性。

综上所述，Strickland 和 Weiss（1976）的研究显示了广告强度对价格-成本加成率具有强烈的正效应，市场集中度和规模经济水平对此只具有较弱的正效应。正如 Bain 所预期的那样，最适宜行使市场势力的市场是集中性市场，只有在这种市场中，厂商才可以在大规模基础上经营，才可以对消费者培育品牌形象。

（3）Domowitz 等人的长期分析。Domowitz，Hubbard 和 Peterson（1986）考虑了商业周期的特点，对市场集中度与市场势力关系进行了长期考察。

他们参考了 Collins 和 Preston（1969）的计量方法，对 1958—1981 年美国 284 个产业部门的数据进行分析，发现无论是生产品部门还是消费品部门，价格-成本加成率在 20 世纪 70 年代早期有明显提高，其后趋于平缓；价格-成本加成率随集中度的提高而提高；随着时间的推移，不同集中度的产业平均的价格-成本加成率的差异不断缩小。而市场集中度与价格-成本加成率之间存在显著的正相关，但是市场集中度的系数值也在 20 世纪 50 年代末期略有增大，然后就开始趋于平稳，到了 70 年代之后就很微小了。

为了解释这一现象，他们又加入了 ASR，再次检验得到的结果如表 3-6 所示。

**表 3-6　跨部门时间序列分析结果（1958—1981 年）**

| 产业类别 | 常数项 | $CR_4$ | KSR | ASR | $R^2$ |
|---|---|---|---|---|---|
| 所有产业 | 0.193 (0.002) | 0.055 (0.004) | 0.075 (0.005) | 1.180 (0.032) | 0.26 |

（续）

| 产业类别 | 常数项 | $CR_4$ | KSR | ASR | $R^2$ |
|---|---|---|---|---|---|
| 生产品产业 | 0.205<br>(0.003) | 0.037<br>(0.006) | 0.074<br>(0.004) | 0.794<br>(0.052) | 0.14 |
| 消费品产业 | 0.169<br>(0.004) | 0.109<br>(0.009) | 0.037<br>(0.013) | 1.454<br>(0.044) | 0.49 |

资料来源：Domowitz，Hubbard 和 Peterson（1986）。
注：括号里是标准差；所有系数的估计在1%置信区间上显著。

　　考虑了广告强度的影响后，他们得到了与之前类似的结果：前4位企业的市场集中度与价格–成本加成率之间存在显著的正相关关系；广告的影响在所有的产业中都是显著的，由于消费品产业广告密度偏高，且广告具有形成产品差异的倾向，因此在消费品产业中集中度与价格–成本加成率之间的相关性要比生产品产业更加显著。

　　对于集中度对产业获利能力的影响越来越小的现象，Domowitz 等人认为有两个原因：一是商业周期内需求的变化，这种变化对于集中度较高的产业更为显著，这是主要的原因；二是20世纪70年代以后美国产业面临着越来越激烈的进口品竞争，进口品竞争有效地抑制了高度集中的产业内企业行使市场势力的能力。

　　基于上述发现，Domowitz 等人对跨部门的回归检验提出质疑，认为跨部门回归不仅存在统计技术方面的缺陷而且容易产生误导，他们建议要考虑需求、工资水平、生产率等产业特定因素进行综合分析。

　　（4）Salinger 的托宾 $q$ 检验。Salinger（1984）用托宾 $q$ 来测量企业垄断利润的水平。他特别强调托宾 $q$ 反映的是长期垄断利润水平，他认为短期利润率指标并没有太大意义，因为进入及合谋中的欺骗等行为会使得短期垄断利润不稳定，而且与会计利润相比，托宾 $q$ 可以根据市场风险对企业的市场价值进行调整，并能综合更多的信息以更好地反映企业的获利能力。

　　他检验了广告、研发、最小生产规模作为进入壁垒对集中度与利润水平关系的影响，同时，工会的作用也被考虑了进来，因为工会的谈判能力将显著地影响企业垄断租金。因此，回归方程可以被定义为

$$q=\alpha_0+\alpha_1\frac{A}{p_kK}+\alpha_2\frac{\text{R\&D}}{p_kK}+(1-\alpha_3U)\text{CONC}\left(\alpha_4\text{MES}+\alpha_5K+\alpha_6\frac{A}{p_kK}\right)+\alpha_7\text{CONC}+\alpha_8G \quad (3-13)$$

式中，$q$ 为托宾 $q$ 测量的市场势力；$A/p_kK$ 是广告支出与资产价值之比；$\text{R\&D}/p_kK$ 是研发支出与资产价值之比；$U$ 是工会成员占劳动人数的比例；CONC 是集中度；MES 是最小最佳生产规模；$K$ 是资产的重置价值；$G$ 是1971—1976年销售额增长速度，代表了产业的增长速度。检验结果如表3-7所示。

表 3-7　Salinger 的检验结果

| 因变量 | 托宾 $q$ | | | 利润率 | | |
|---|---|---|---|---|---|---|
| 集中度指标 | $CR_4$ | $CR_8$ | HHI | $CR_4$ | $CR_8$ | HHI |
| 常数项 | 0.481 | 0.543 | 0.455 | 0.299 | 0.266 | 0.237 |
| $A/p_kK$ | 2.08 | 2.72 | 1.32 | 0.597 | 0.794 | 0.313 |
| $\text{R\&D}/p_kK$ | 4.86 | 4.04 | 4.98 | 0.593 | 0.409 | 0.495 |
| MES×CONC | 2.89 | 2.89 | 21.9 | 5.05 | 3.71 | 29.4 |
| $K$×CONC | -0.004 | -0.004 | 0.004 | -0.008 | -0.006 | -0.043 |

（续）

| 因变量 | 托宾 $q$ | | | 利润率 | | |
|---|---|---|---|---|---|---|
| $A/p_kK×CONC$ | −2.32 | −2.91 | −1.99 | −1.14 | −1.19 | −2.67 |
| $R\&D/p_kK×CONC$ | −1.02 | 0.910 | −8.49 | −0.795 | −0.208 | −3.17 |
| CONC | −0.291 | −0.361 | −1.74 | 0.027 | −0.064 | −0.015 |
| $G$ | 0.349 | 0.361 | 0.342 | 0.031 | 0.034 | 0.026 |
| $R^2$ | 0.43 | 0.43 | 0.42 | 0.19 | 0.20 | 0.18 |

资料来源：Salinger（1984）。

$R^2$ 的差异说明用会计利润和用托宾 $q$ 检验的结果是显著不同的。Salinger 的研究发现了一个有趣的现象，即工会成员实际上因为垄断利润的存在而成为最大的获益者，但并没有发现在产业集中度与市场势力之间存在有统计意义的相关关系，也没有发现广告和研发支出的增加能够引起收益的增加。另外，他的研究也不支持增长快的产业收益也高的假设。

这些研究不能很好地支持 Bain 等人在早期得到的经验结论，这与跨部门研究的特点不无关系。除了在指标选取、数据质量等计量研究中常见的问题外，产业间的差异也是导致研究结果很难得到一致结论的原因。另外，最严重的问题是，获得和维持市场势力攫取超额利润是企业层面的特征，跨部门计算的是产业集中度，逻辑上与研究问题并不一致。

## 二、产业内及企业层面的典型性研究

虽然产业间的统计数据具有可获得性的优点，但是真正对市场绩效有意义的并不是产业集中度而是公司的市场份额。因此，也有学者开始利用产业内及企业层面的数据研究市场结构与绩效的关系，借以进一步揭示某种特征条件下市场结构所具有的规范含义。这里仅选取了两个典型性的实证研究进行介绍。

### 1. 航空业市场势力与市场集中度关系的研究

在 20 世纪 70 年代末，因为管制的放松，美国航空业出现了大量的企业并购，导致市场集中度显著上升。而航空管理信息系统的出现，毫无疑问又强化了大航空公司的主导性市场地位。那么，市场集中度的提高到底会对航空公司的获利水平产生怎样的影响？学者们围绕航空市场集中度与航空定价之间的关系进行了大量的研究。

早期的研究基于航线的平均价格和组间差异比较的方法进行分析，主要的结论是市场集中度和航空费用之间存在显著的正相关关系。但是这种方法受到诸多质疑，因为航线起始城市的差异使航空业产品存在高度差异化，不能进行平均计算。因此，后期的研究主要围绕相同城市间航线展开。

Evans 和 Kessides（1993）根据 1988 年第 4 季度美国运输部的调查数据，选择了约占美国国内民航市场 75% 的 1 000 条最繁忙的城市间航线，对航空票价、航线集中度和机场集中度之间的关系进行了检验。

根据统计结果，双程机票要比单程机票便宜 30%～37%，且直飞航线的票价要略高于中间有一次转机的票价，这验证了航空票价实际上是与航线相关的。进一步分析发现，对于机场层面的市场集中度来说，占有较大航运比重的航空公司具有显著的定价优势。至于是什么机制导致这些主导性的航空公司对航线有显著定价权，他们并没有给出明确的解释，只猜测是因为机场设施作为沉没成本具有一定的稀缺性。

而对于航线层面的集中度来说，与其他学者的结论不同，Evans 和 Kessides 没有发现航空线路的市场份额对航空票价有任何显著影响。因此，市场份额不能解释航空公司的定价能力。Evans 和 Kessides 的解释是，与机场不同，飞机实际上可以毫无成本地在航线之间转移，也就是说对于航空公司而言，要进入和退出某一个航线市场是非常容易的，这样的市场具有可竞争性。根据可竞争性市场理论，即使市场是集中的，企业也并不具备可以将价格定在边际成本之上的能力。

然而，Evans 和 Kessides 关于航空业是可竞争性市场的理论解释并不能得到经验证明。Graham 等人（1983）用 194 个美国和地区国内航线市场的样本检验机票价格与市场集中度之间的关系。研究发现，机票价格与 HHI 显著相关，与可竞争市场的预期不完全吻合。而且此后的一些研究发现，实际上的进入而不是潜在进入对航空业定价行为的影响才是至关重要的。

### 2. Shepherd 的企业研究

Shepherd（1972）收集了美国 231 个大企业的数据，用税后利润对股东股权的比值测量企业的获利能力 $[(P-T)/\mathrm{SE}]$，检验其与企业的市场份额（MS）和 CR$_4$ 的相关关系。

他分别用广告强度（ASR）和资产价值（$K$）代表公司具有的产品差异化和资本性进入壁垒。在考虑了这两个因素后，模型表达如下

$$\frac{P-T}{\mathrm{SE}} = 6.67^a + 0.240^a\mathrm{MS} + 0.027^b\mathrm{CR}_4 + 0.250^a\mathrm{ASR} - 0.300^c K$$

式中，$a,b,c$ 分别代表 1%、10%、5% 水平上的统计显著性；$R^2 = 0.504$。

研究表明，企业利润率与企业市场份额和产业集中度之间都存在显著的正相关关系，但是对于企业市场份额更加敏感。这样的结果符合理论上的预测。

结合进入壁垒的情况，广告强度显然对利润水平的影响是显著的，而资产规模的系数为负，表明在控制了市场份额、集中度及广告强度的效应后，企业规模与获利能力成反向变动关系。这实际上与资产规模作为进入壁垒要素将强化企业市场势力的假设相反。Shepherd 认为这主要是由企业的规模不经济造成的。

## 三、对集中度–利润率关系的解释

多数实证研究表明，市场集中度和获利能力存在显著的正效应关系，但是对于其作用机制的解释存在着大量争议。

以哈佛学派为代表的结构主义者结合了进入条件的考察，认为在存在高进入壁垒的情况下，高度集中市场里的企业更容易进行合谋，从而实现垄断利润；显著的广告强度提高了产品差异化程度，结果导致集中度高的市场中企业能够更好地行使市场势力从而获益。而芝加哥学派却认为市场势力作为市场竞争的自然结果在长期并不会持久，他们认为结构学派关于高集中度形成高利润的经验结论并不可靠，并试图提供理论上的证明，具体如下。

### 1. 市场集中度与市场势力关系的理论证明

用勒纳指数表达的市场势力为

$$L_i = \frac{p_i - \mathrm{MC}_i}{p_i} = \frac{1}{e_i^d} \tag{3-14}$$

式中，$L_i$ 是勒纳指数；$p_i$ 是企业 $i$ 的价格水平；$\mathrm{MC}_i$ 是边际成本；$e_i^d$ 是企业面临的需求价格弹性。

考虑市场不完全竞争的特征，厂商的需求价格弹性的公式为

$$e_i^d = \frac{e_m^d}{s_i} + \frac{e_j^s(1-s_i)}{s_i} \tag{3-15}$$

式中，$e_i^d$ 为企业 $i$ 的需求价格弹性；$e_m^d$ 为该企业所在产业的市场需求价格弹性；$e_j^s$ 为该市场中企业 $j$ 的竞争者的供给弹性；$s_i$ 为企业 $i$ 的市场份额。

将需求弹性代入勒纳指数的计算公式，我们可以得到

$$L_i = \frac{s_i}{e_m^d + e_j^s(1-s_i)} \tag{3-16}$$

这个关系式首先证明了企业的市场势力（$L_i$）与其市场份额（$s_i$）存在正相关关系，但同时也证明了这个关系在多大程度上还要受到该产业的市场需求价格弹性及其他竞争厂商价格供给弹性的制约。因此，市场份额或者说市场集中度并不是解释市场势力的唯一因素，从市场份额或市场集中度的结构状态很难得出关于市场势力高低的简单结论。

### 2. Demsetz 的效率解释

芝加哥学派的主要代表人物 Demsetz（1973）为集中度与利润率之间的关系提供了一个效率解释。他的核心观点是如果一个企业比其竞争对手更有效率，那么它不仅可以获得高水平的利润，也可能占有更多的市场份额。因此，如果某个市场中的企业都是比较有效率的，那么这个产业的集中度和利润率水平就会比整个社会的平均水平高。这样，市场集中度与利润率之间虽然存在显著正向关系，但并不一定就是产业内企业实施了合谋等不正当竞争行为导致的。

Demsetz 根据美国国内收入部门 1963 年的数据，对市场势力的效率解说进行了检验。统计的结果如表 3-8 所示。

**表 3-8　公司规模与集中度决定的利润率**

| CR₄ | 产业的数目 | 利润率（%） | |
| --- | --- | --- | --- |
| | | R₁ | R₄ |
| 10~19 | 14 | 7.3 | 8.0 |
| 20~29 | 22 | 4.4 | 10.6 |
| 30~39 | 24 | 5.1 | 11.7 |
| 40~49 | 21 | 4.8 | 9.4 |
| 50~59 | 11 | 0.9 | 12.2 |
| 60 及 60 以上 | 3 | 5.0 | 21.6 |

资料来源：Demsetz（1973）。

注：R₁ 是小规模企业，资产规模小于 50 万美元；R₄ 是大规模企业，资产规模大于 5 000 万美元。

统计结果表明，在所有的集中度水平上，大企业的利润率总是会比小企业高得多。而随着集中度的提高，这种差别就变得越加显著。根据这样的结论，Demsetz 认为用市场势力来解释集中度与利润率之间的正向关系是错误的。

### 3. Martin 的扩展验证

不少学者指出 Demsetz 的研究存在明显的缺陷，表现为大企业的效率可以含有高利润，但是高利润不一定有高效率。Martin（1988）引入了效率变量，扩展了 Demsetz 的检验。

Martin（1988）用企业的价格-成本加成率测量市场势力，用劳动生产率即企业工人生产的平均附加值（RP＝附加值/企业工人数）代表企业效率。回归的结果如表 3-9 所示。

**表 3-9　市场集中度、效率和市场势力**

| |
|---|
| $PCM_{14} = -0.316\ 0^a + 0.224\ 1^a RP_{14} + 0.193\ 3^a CR_4 - 0.207\ 1^b CR_{58} - 0.013\ 8CR_{9p}$ |
| $PCM_{58} = -0.323\ 9^a + 0.272\ 4^a RP_{58} + 0.106\ 2^b CR_4 - 0.156\ 1^c CR_{58} - 0.049\ 8CR_{9p}$ |
| $PCM_{9p} = -0.245\ 3^a + 0.350\ 7^a RP_{9p} + 0.066\ 4^c CR_4 - 0.025\ 7CR_{58} - 0.040\ 8^c CR_{9p}$ |

资料来源：Martin（1988）。

注：1. $PCM_{14}$ 为最大 4 家企业的 PCM；$PCM_{58}$ 为第 5~8 家最大企业的 PCM；$PCM_{9p}$ 为剩余企业的 PCM；其他指标同理。

2. $a$、$b$、$c$ 分别表示 1%、5% 和 10% 上的统计显著性。

根据研究，在所有规模的企业组里，价格-成本加成率都与劳动生产率呈显著正相关关系，且随着最大的 4 家企业的集中度变大，三组企业的价格-成本加成率都会提高，但是提高的幅度在缩小，说明大企业的效率将有助于提高产业获利能力，但是来自小企业的竞争使得大企业行使市场势力的能力也受到限制。

关于市场结构与市场势力关系的经验研究成果非常丰富。人们越来越意识到考虑产业特征的重大意义，并努力将研究从市场集中度扩展到进入壁垒、产品差异化、效率等方面。但是，即使是企业层面的研究，还是存在着许多重大的缺陷，例如，现代企业往往是多元化经营、多产品生产，这就对市场界定、价格体系提出了挑战，不考虑这些实际问题，得到的结论就不可靠。另外，从某个固定的时间层面来看，可以界定某些产业是利润率高些，另一些低些，但是随着时间的推移，高收益产业也会变成低收益产业，而低收益产业也可能变成高收益产业，集中度也可能发生相同的情况，时期的问题应该如何考虑值得思考。又如，集中度和利润率之间的关系不一定就是线性的，市场结构也会受到市场势力的影响，这种相反的相关关系也值得进一步考察。

## ❖ 本章小结

由于信息不完备、交易费用和日新月异的技术进步，现实中的市场是不完全竞争的。一家企业面临的竞争越小，它的市场势力就会越强，即能够通过在边际成本以上的水平制定价格从而获利。

不完全竞争不是社会最合意的。市场势力的存在不仅损害了社会福利，也降低了资源配置效率。

买卖双方的数量与规模分布、产品差异化、进入与退出等因素决定了市场结构的特征。实证研究表明，进入壁垒较高的产业由于缺少实际和潜在的竞争压力，市场势力和由此带来的企业利润水平也会较高。

❖ **思考题**　　　❖ **练习题**　　　❖ **参考文献**

第四章
CHAPTER 4

# 产品差异化

在本章中，我们将放松产品同质假设，将产品差异化的概念引入分析。在现实生活中，我们几乎不可能找到两种完全可替代的产品，产品之间总是或多或少因为某些特征的差异而有所不同。某些消费者宁愿支付稍高的价格也要购买特定品牌的产品，或者是因为它在附近的商店就可以买到，或者是因为它发货较快，或者是因为它有优质的售后服务，等等。甚至一些消费者会忠于某个高价品牌，可能仅仅是因为他们不知道还有其他品牌存在。总之，相互竞争的产品之间往往不是同质的，而是存在着或多或少的差异。

产品差异的存在使得企业能够建立起特定的客户群（clienteles），也称市场利基（market niche），并且允许企业对这些相对固定的客户享有某些市场势力。由此，企业此时面临的需求曲线不再是水平的而是向下倾斜的，因此企业能够在不失掉全部消费者的情况下，把价格提高到竞争对手的价格水平之上，这是产品差异最重要的经济学含义。

本章重点讨论两个问题：产品差异化条件下价格决定问题；寡头垄断企业的产品定位问题。第一节介绍产品差异化的定义和类型。第二节介绍了一个经典的横向产品差异模型，即霍特林模型。第三节讨论产品定位问题，我们将会看到产品差异化如何受到市场结构的制约。第四节考察了圆形城市模型，从中可以看到固定成本或进入成本的存在会制约进入行业的厂商数量，固定成本的提高会减少企业数目（产品种类）；同时在厂商可以自由进入的情况下，市场上可能会存在过多的企业，从而造成固定成本损失。第五节在垄断竞争模型基础上，将重点讨论产品种类的决定及其福利分析。

## 第一节　产品差异化的定义和类型

### 一、产品差异化

宽泛地讲，只要消费者认为两种产品之间存在差别，彼此之间不能完全替代，那么这两种产品就是**异质的**（heterogeneous），或者说存在**产品差异化**（product differentiation）。

产品差异化的概念本质上讲是从消费者角度定义的。不管两种产品之间是否存在客观真实的产品特征差异，只要消费者认为两者是不同的，产品差异就存在。例如，许多消费者声称自己更加偏好可口可乐而非百事可乐，或者相反。然而，事实上他们中相当大比例的一部分人是无法通过口味来准确区别两者的。有研究表明（Consumer Union，1991），当资深的可乐消费者被要求对传统可口可乐、传统百事可乐、特定口味的可口可乐和特定口味的百事可乐等进行鉴别时，仅有 37% 的人能够准确辨别出他们所声称偏好的传统可乐品牌，仅有 26% 的人可以识别出他们所声称偏好的特定口味的可乐品牌。这说明虽然在这类产品之中真实的产品差异度是模糊的，但这并不妨碍它们在消费者心目中形成差异（参见案例专栏 4-1）。

**案例专栏 4-1**

## 并非所有的水都是相同的

传统上，很少有人认为作为产品的水是可以差异化的。然而经过巧妙的营销，企业可以说服消费者使其相信水可以是一种差异化产品。

2000 年，美国人消费了 50 亿加仑<sup>⊖</sup>的瓶装水（仅为碳酸饮料消费量的 1/3），销售额是 60 亿美元。到了 2002 年，瓶装水的销售额超过了 77 亿美元。在不同的细分市场中出现了许多品牌的瓶装水，销售价格也不尽相同（见表 4-1）。

**表 4-1    不同品牌瓶装水的价格、产地和销售额**

| 品牌 | 价格（美元/盎司①） | 产地 | 2002 年美国批发销售额（亿美元） |
|---|---|---|---|
| Aquafina | 0.88（1.5 升装） | 净化自来水 | 8.38 |
| Dasani | 1.58（20 盎司装） | 净化自来水 | 7.65 |
| Poland Spring | 0.92（20 盎司装） | 缅因州的泉水 | 6.215 |
| Dear Park | 1.32（24 盎司） | 佛罗里达州、马里兰州和宾夕法尼亚州的泉水 | 3.111 |
| Crystal Geyser | 0.77（1 升×6） | 加利福尼亚州和田纳西州的泉水 | 2.7 |
| Evian | 1.46（1 升装） | 法国阿尔卑斯山泉水 | 1.911 |

资料来源：Cabral（2000）。
①1 盎司 = 28.349 5 克。

从表 4-1 中可以看出，不同品牌的瓶装水在产地、包装规格和价格上存在很大的不同，由此导致其市场销量表现出很大差异。最近，瓶装水的生产商为了进一步差异化产品而加入了不同口味的香料。这些不同口味的水进一步增加了瓶装水市场的差异化，其所占的市场份额也不断增加，瓶装水的销量在 1999—2002 年增长了 10 倍。

## 二、产品差异化的来源

产品差异化产生的原因大致可以归为两类：产品本身的客观属性差异和消费者的主观认知差异。前者包括具体的产品特征差异，如颜色、形状、材质、位置、交货方式、售后服务等；后者则主要是源于消费者在产品信息、口味、消费习惯、心理因素等方面的差别。

---

⊖    此处指"美加仑"，1 美加仑 = 3.785 4 升。

现代科技的飞速发展不断创造和衍生出新的产品，从而为产品差异化的产生提供了现实的技术基础。从 3D 打印机到智能机器人，从量子计算机到 ChatGPT，从 5G 通信到无人驾驶技术等，现代科技创新的浪潮使新的产品和工艺层出不穷。即便是在同一技术水平上，厂商也在不断通过细微的技术改动，或者附加无形服务等方式来创造产品差异，如同一品牌、款式、型号的不同颜色服装，瓶装和罐装的可乐，不同保修年限的计算机，等等。售后服务是厂商创造产品差异的重要方式，尤其是技术上比较复杂的产品，如智能手机、汽车等。例如，喜欢智能手机的消费者都知道，"水货"手机往往比厂家专卖店或其正规销售代理销售的同型号产品便宜很多。非"水货"产品价格虽高，但可以享受良好的售后服务；"水货"产品价格虽然便宜，然而一旦手机出现故障，消费者就求助无门了。又如，IBM 公司从 20 世纪 60 年代到 80 年代中期，在美国计算机（尤其是大型机）市场上占据了绝对的统治地位，这在很大程度上与它为消费者所提供的专业便利的售后服务是分不开的。

事实上，迄今市场上已经生产出的产品种类，远少于实际技术潜能所能创造出的产品种类。一个基本的观点是，固定成本的存在限制了产品种类的无限开发。当企业要生产一种新产品时，往往需要投资技术研发、购买新的机器设备等，这要花费大量的固定成本。这种固定成本一经投资便成为所谓的"沉没成本"。只有当厂商预期生产一种新产品能够获得足够多的需求，从而使其产品的收益超过固定成本时，厂商才会投资生产这种新产品。

信息不完全是造成消费者主观认知差异的一个重要原因。现代生产条件下，产品种类繁多，技术日趋复杂，消费者的购买决策通常都是在不完全信息的基础上做出的，尤其是信息"搜寻成本"（search cost）的存在，阻碍了消费者对产品信息的广泛收集和充分了解，因而不同消费者对同一产品的认知和评价往往会存在很大的差异。在此情况下，如果某种产品降价，它会吸引一部分消息灵通的消费者，但它不会占领整个市场，因为许多消费者可能并不知道该产品降价的消息，从而不会改变供应商，所以厂商面临一条向下倾斜的需求曲线。从结果上看，因信息认知不同所造成的产品差异与一般的产品差异无异。

设想一个零售市场，该市场由 $n$ 家相互竞争的商店和大量消费者组成。每名消费者考虑购买一个单位的产品，愿意为其支付的最高价格为 $u$。假定消费者不可能预先知道每家商店所制定的价格。特别地，为了知道每一家商店的价格，消费者必须到每一家商店进行调查，这就意味着消费者要承担搜寻成本 $t$。

如果不存在搜寻成本，我们将得到与伯川德模型相同的结果：最终每一家商店的定价都和边际成本一致。然而当实际搜寻成本存在时，一个可能的均衡将会是：每家商店的定价都与垄断定价一致，即 $p=u$。实际上，如果每家商店都将价格定在 $p=u$ 上，任何企业都不存在降价动机，因为消费者预期每家商店的定价相同，而且存在实际的搜寻成本，降价不会吸引任何新的消费者（如果搜寻成本足够大），降价仅仅意味着利润的损失。所以，我们可以得出这样的结论：即便企业之间存在价格竞争，而且产品也是同质无差异的，搜寻成本的存在仍会导致垄断定价。

**转换成本**（conversion cost）也是造成不同消费者对同一种商品的评价存在差异的重要原因。在许多行业中，消费者必须为转换供货商的行为支付成本。例如，消费者在购买个人电脑时，一个苹果操作系统的使用者若要转而使用 Windows 操作系统，必须为逐渐习惯使用新操作系统而支付成本。此外，这种转换成本还包括重新购买能够在新操作系统中使用的软件的成本。

从经济学意义上讲，转换成本与搜寻成本的作用相似。实际上，前面的模型完全能够适用于这种情形。此时，$t$ 是转换供货商时发生的转换成本，如果 $t$ 足够大，同样会存在一种均衡：每家企业制定的价格都在垄断定价水平上，$p=u$。实际上，这也是仅有的均衡。简单地推理可以看到，任何低于垄断定价水平的价格都不是均衡价格。如果所有企业的价格 $p$ 都低于 $u$，那么单独一家企业制定稍微高一点的价格就会使自己的利润增加。因为如果与竞争企业相比，只要价格差低于转换成本，消费者就不会转换供货商，因而在维持销售量不变的同时销售价格会更高，企业利润会增加。因此，任何低于垄断定价水平的价格不可能是均衡价格。

信息成本和转换成本等信息差异化所造成的产品差异隐含着一些有趣的推论：早先开创的品牌较新进入的品牌存在着先在优势。Bain（1956）论证说，信息性差异化可能会构成市场进入的壁垒，因为消费者往往倾向于消费已经存在的品牌，这或者是因为消费习惯的养成，或者是源于对新进入品牌的不了解。Schmalensee（1982）和 Bagwell（1990）等人的研究也证实了这一点。

现实经济生活中，广告是企业制造产品差异的重要手段。广告营销能够从信息传播和影响人的心理活动等方面形成产品差异化，使得物理上几乎相同的产品（如洗衣粉等）成功实现差异化。然而，关于广告对形成产品差异化的作用是存在争议的。一种观点认为，广告提供给消费者有关产品存在和产品价格等方面的信息，能够有效减少消费者的信息搜寻成本，从而有助于减少产品的差异化。Benham（1972）的研究表明，在美国禁止广告的地方，眼镜的价格明显高于其他地方。而另一种观点则认为，广告会有意地劝诱和引导消费者，从而创造虚假的产品差异。例如，Nicholls（1951）的研究表明，自1920年以来，香烟制作商一直在通过广告和增加品牌来进行竞争，并没有通过实质性地提高质量来进行竞争。

案例专栏 4-2

## 广告制造产品差异：大众甲壳虫汽车广告创造的奇迹

甲壳虫汽车是德国大众汽车公司生产的一款小型车，外形圆乎乎的，很像一只甲壳虫。甲壳虫汽车最初进入美国时，其市场前景很不被看好。它功率小、操作简单、低档、形状古怪，大家都觉得这款小小的车子浑身上下没有一处符合美国人心目中好车的形象。当时的美国消费者习惯于消费豪华气派的大型车，如劳斯莱斯、尼桑或者马自达等。他们不喜欢小型车，更不喜欢德国生产的车子。因为刚经历过第二次世界大战浩劫的人们普遍都在心理上排斥德国大众公司生产的汽车。因此，在进入美国市场十多年后，甲壳虫汽车依然销量低迷，迟迟未能打开局面。

然而，广告大师威廉·伯恩巴克却用两则独具创意的广告"化腐朽为神奇"，发掘出甲壳虫汽车独特的优点，"创造"出甲壳虫汽车与其他汽车品牌相比独具魅力的产品差异，从而彻底改变了甲壳虫汽车在美国消费者心目中的形象，甲壳虫汽车也由此在美国销路大开，且长盛不衰。这两则广告也成为世界广告史上的经典作品。

**广告一**：Think small（"想想小的好处"）

"我们的小车并不标新立异。许多从学院出来的家伙

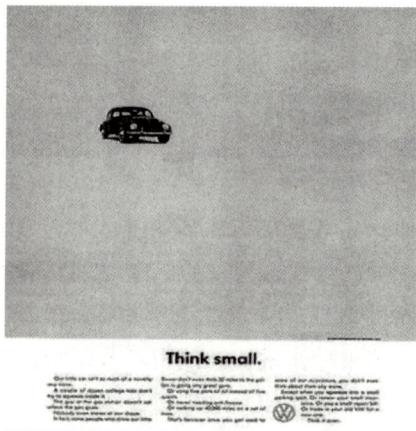

图片来源：Fox（1984）。

并不属于屈身于它，加油站的小伙子也不会问它的油箱在哪里，没有人注意它，甚至没人看它一眼。然而，驾驶过它的人并不这样认为：因为它耗油量低，不需防冻剂，能够用一套轮胎跑完40 000英里<sup>⊖</sup>。这就是你一旦用上我们的产品就对它爱不释手的原因。当你挤进一个狭小的停车场时，当你只需支付那笔少量的保险金时，当你只需支付一小笔修理账单时，或者当你用你的旧大众换得一辆新大众时，请想想小的好处。"

**广告二**：Lemon <sup>⊜</sup>

"这辆车子没有赶上装船，因为某个零件需要更换。你可能不会发现是哪个零件的问题，但是我们的品质管理人员却能检查出来。在我们工厂里有3 389人只负责做一件事，就是严格检验甲壳虫汽车生产的每一道工序。每天生产线可以生产出高达3 000辆汽车，而我们的品质管理人员却超过这一数量。任何减振器都要测试，任何雨刷都要检查，一辆车甚至可能会因为表面某处肉眼无法看到的划痕而被淘汰。最后的检验更是慎重严格。每辆车都要经过189个检查点，每50辆车中就有一辆被检查出不合格。对产品细节、品质的严格把控意味着我们的汽车比其他汽车更加持久耐用。因此，我们剔除'lemon'，而你得到好车。"

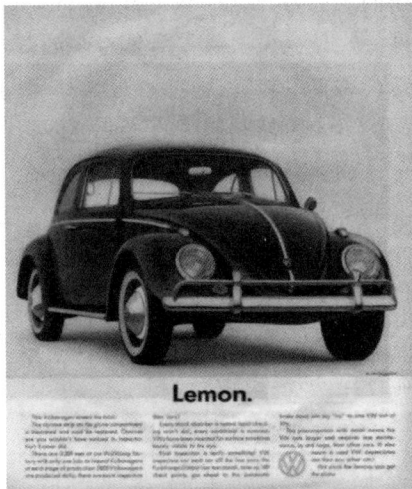

图片来源：Fox（1984）。

在上述两则广告中，伯恩巴克用朴实无华的语言突出强调甲壳虫汽车的两大独特优点：第一，价格便宜、功率小、耗油低、经济实用；第二，质检严格、性能可靠。这两个特点都有别于当时美国市场上流行的汽车设计。1973年石油危机爆发之前，底特律的汽车制造商们大都强调更长、更大、更流线型、更豪华美观的汽车设计。当时的人们也普遍认为汽车很大程度上是身份、财富和地位的象征。可是随着原油价格的增长和越来越多工薪阶层的出现，大多数人开始追求一种更加朴实的生活方式，甲壳虫汽车朴实的广告此时进入美国人的视野，马上激发起普通人的购车需求，广告虽然简朴、平常，但在当时的背景下却显得非常独特。

上述广告在20世纪60年代初期推出之后，立即引起了巨大轰动，被当时的广告专家公认为第二次世界大战以来的最佳作品。大众公司的小型轿车也因此在美国市场迅速提高了知名度。正是这一具有非凡创意的广告使得大众甲壳虫汽车在美国销路大开，而且长盛不衰。1960—1968年，甲壳虫汽车在美国汽车市场年销售量逐年递增，仅1968年就卖出42.33万辆，平均每天卖出1 300多辆。截至1972年德国大众最后一辆甲壳虫汽车下线，25年间大众共生产甲壳虫汽车1 620万辆，打破了福特T型车保持的汽车生产世界纪录。

资料来源：[1] 钟静. 经典广告案例新编 [M]. 北京：经济管理出版社，2007.

[2] HAMILTON M. The ad that changed advertising: the story behind Volkswagen's think small campaign [EB/OL].

[3] FOX S. The mirror maker: a history of american advertising and its creator [M]. Champaign, IL: University of Illionis Press，1984.

---

⊖　1英里 = 1 609.344米。

⊜　在英语俚语中，lemon有"不合格被淘汰的产品"的意思。

### 三、横向产品差异、纵向产品差异和特征方法

很多时候，相互竞争的产品之间很难有公认的客观标准进行偏好排序，相反，不同的消费者往往会因为自身偏好不同而对竞争产品存在不同评价，"萝卜青菜，各有所爱"，这种差异被称为**横向产品差异**（horizontal product differentiation）。例如，同一型号但不同颜色的手机，除了颜色外，性能毫无二致，但是有些消费者喜欢白色，有些消费者则偏爱黑色。类似的例子还有：哈根达斯香草口味和巧克力口味的冰激凌；百事可乐和可口可乐等；智能手机的操作系统，如苹果公司的 iOS 和谷歌公司的 Android 等。

而在有些情形下，相互竞争的产品之间，存在着一个公认的相对客观的评价标准，按此标准，绝大多数消费者都认可某一产品明显优于另一产品，从而存在着比较一致的偏好序列。这种产品差异被称为**纵向产品差异**（vertical product differentiation）。例如，绝大多数人都会同意这一点：在其他条件相同的情况下，汽车越省油越好。同样地，几乎所有人都承认英特尔公司的 "Intel Core i7" 系列微处理器的性能要优于 "Intel Core i5" 系列，5G 通信技术的网络传输速度要明显优于 4G，等等。

在现实生活中，绝大多数情况下的产品差异同时结合了横向和纵向产品差异两种要素。由于一种产品往往是多种产品特征的集合，即便消费者在每一项具体特征上都有明确的偏好排序（纵向差异化），但考虑到不同产品特征对不同消费者的重要性有差异，因此综合起来不同消费者对产品的评价依然会有所不同（横向差异化）。例如，计算机 A 微处理器的速度更快，但内存较小，计算机 B 微处理器的速度较慢，但内存较大。虽然每名消费者都认为一台更好的计算机其微处理器的速度应当更快、内存应当更大（纵向产品差异），然而，由于不同消费者对微处理器的速度和内存容量有不同的偏好和要求，如科研工作者可能更在意微处理器的计算速度，图像处理者则更在意内存大小，因此综合平衡考虑，他们对两台计算机的相对评价可能是不同的（横向产品差异），如科研工作者可能更偏好计算机 A，而图像处理者更偏好计算机 B。

这一事实促使经济学家发展出一套了解消费者需求的更一般的途径：**特征方法**（characteristic approach）。这个方法假定消费者的需求不是针对产品，而是针对产品所具备的特征（Lancaster，1966，1979，1990）。换句话说，消费者对产品的需求源于对产品特征的需求，我们可以视产品为一系列特征的集合，因此消费者对产品的评价是他对产品每一特征评价的总和。例如，消费者在购买计算机时关注的是处理器的运算速度、内存容量、硬盘容量、显示器尺寸等具体产品特征，也就是说消费者对特定计算机的评价是他针对所有这些特征评价的总和。

特征方法为产品之间的比较提供了新的思路：不同产品之间的比较可以转化为具体产品特征的比较。为了理解特征方法的原理和应用，我们考虑一个简化的案例——对汽车的需求（Cabral，2000）。作为近似估计，消费者可以举出与汽车相关的主要特征，如功率/重量（代表加速能力）、尺寸、空调等附件、能效（每千米油耗）。当然，现实生活中消费者的实际选择还取决于其他一系列因素，这里只是为了说明方便，忽略了很多难以量化的汽车特征（如设计等）。

出于案例讨论的需要，我们假定只存在两种不同的轿车（$k$）：通用汽车公司的 Geo（吉优汽车）和 Porsche（保时捷）。表 4-2 列出了两类轿车每种特征的货币估值。很自然，不同的消费者对每一个特征可能都有不同的评价，换言之，不同特征对消费者效用的重要性可能存在差异。在简化的案例中，我们假定只有两类消费者：类型 A（刚毕业的大学生）和类型 B（首席执行官）。表 4-3 中给出了每种消费者类型对每种特征的评价。注意，两种消费者对价格特征的评价都为

-1，也就是说在价格上每多支付1 000美元就意味着一个单位净效用的损失，由此意味着消费者对产品特征的评价可以实现货币化（单位为千美元）。例如，案例关于"空调"这一特征（假定服从一种0-1分布的特征），消费者类型A对空调的评价为0.5，这意味着刚毕业的大学生愿意为空调付出0.5个1 000美元，即500美元。因此如果只考虑这个特征，相对于吉优汽车而言，刚毕业的大学生愿意为保时捷多付500美元。同理，消费者类型B对"功率/重量"一项的评价值为40，这意味着作为首席执行官的消费者愿意为每增加一个单位的功率/重量多付出40 000美元。因为保时捷在加速能力上比吉优汽车高0.7，所以，相对于吉优汽车而言，消费者类型B愿意为保时捷多支付0.7×40 000美元＝28 000美元。

表4-2 汽车的特征

| 车型（$k$） | 特征（$j$） | | | | 价格 |
| --- | --- | --- | --- | --- | --- |
| | 功率/重量 | 空调 | 能效 | 尺寸 | |
| 吉优汽车 | 0.3 | 0 | 64 | 0.9 | 4 |
| 保时捷 | 1 | 1 | 12 | 1.2 | 68 |

资料来源：Cabral（2000）。

表4-3 消费者对特征的评价

| 消费者（$i$） | 特征（$j$） | | | | 价格 |
| --- | --- | --- | --- | --- | --- |
| | 功率/重量 | 空调 | 能效 | 尺寸 | |
| 类型A（刚毕业的大学生） | 5 | 0.5 | 0.1 | 1 | −1 |
| 类型B（首席执行官） | 40 | 40 | 0 | 20 | −1 |

资料来源：Cabral（2000）。

理性消费者会选择能够为他带来最大净效用的车型。这里，消费者$i$购买产品$k$的净效用为

$$u_{ik} = \sum_{j=1}^{J} b_{ij}c_{kj} - p_k$$

这里，$b_{ij}$是消费者$i$对特征$j$（$j=1,2,3,4$或$J=4$）的评价，而$c_{kj}$是产品$k$所拥有的特征$j$的度量，$p_k$是产品$k$的价格。

表4-4列出了按照此公式计算的净效用。例如，刚毕业的大学生购买吉优汽车的净效用为4.8，购买保时捷的净效用为-60.1，因此他更愿意购买吉优汽车；而首席执行官购买吉优汽车的净效用为26，购买保时捷的净效用为36，因此他更愿意购买保时捷。

表4-4 净效用

| 消费者（$i$） | 车型（$k$） | |
| --- | --- | --- |
| | 吉优汽车 | 保时捷 |
| 类型A（刚毕业的大学生） | 4.8 | −60.1 |
| 类型B（首席执行官） | 26 | 36 |

上述案例分析也展示了特征方法是如何包含和综合考虑横向产品差异和纵向产品差异的。当我们独立地考虑产品的每一特征时，我们面对的是纵向产品差异。例如，类型A和类型B的消费者都认为加速能力是一项有价值的特征，因此如果只考虑加速能力，保时捷就优于吉优汽车。同样地，类型A和类型B的消费者都认为能效是一项有价值的特征。相应地，如果只考虑能效，吉优汽车就优于保时捷。而如果综合考虑这两项特征，我们面对的又是横向产品差异：消费者类型A认为总体上吉优汽车是更优的产品（对A而言，能效比加速能力更重要），而消费者类型B则

认为总体上保时捷是更优的产品（对 B 而言，加速能力比能效更重要）。

产品需求的特征方法有几个优点。

首先，从概念角度上讲，它同时考虑了横向产品差异和纵向产品差异，提供了一种更一般的处理产品差异的方法。

其次，特征方法能够极大地简化对消费者需求的实证估计，从而显著改善对现有数据的开发和使用。如果我们要直接估计对 $n$ 种产品的需求——包括对交叉价格弹性的估计，那我们就需要估计大致 $n^2$ 个参数。如果 $n$ 很大，$n^2$ 将是一个庞大的数字。而如果使用产品特征方法，我们只需估计 $n×m$ 个参数即可，这里 $m$ 代表特征的个数（通常 $m$ 的个数要远小于产品种类 $n$）。作为一个有趣而又重要的案例，读者可参读 Berry 等人（1995）的研究。

最后，特征方法为商业战略提供了一个有用的框架。例如，计算机制造商可以通过以前的销售资料来估计消费者对新的计算机特征的评价，进而估计消费者对整台新型计算机愿意支付的价格。同时，产品特征方法还有助于厂商制定产品定位策略，包括识别潜在的竞争对手等。

## 第二节　产品差异和市场势力：霍特林模型

经典的霍特林模型（Hotelling，1929）考察双寡头垄断竞争模型设定下，产品差异与市场势力的关系。从中我们将会看到产品差异化是企业获取市场势力的重要源泉。

考虑一座线性城市，该城市由一条长度为 1 的直线街区组成。假设存在大量消费者，以概率密度 1 均匀分布在 [0,1] 的线性区间内，如图 4-1 所示。在街区的左右两端，各有一家冰激凌店，分别记作商店 1 和商店 2。两家店均以不变的单位固定成本 $c$（$c>0$）提供完全相同的冰激凌。两家商店进行价格竞争，同时定价，分别记作 $p_1$,$p_2$，然后由消费者来选择卖者。假定消费者对冰激凌具有单位需求，即消费者购买 0 或 1 个单位冰激凌，并从中获得 $\bar{u}$ 的消费者剩余。考虑一个处于位置 $x$（$0 \leqslant x \leqslant 1$）的消费者，其距商店 1 和商店 2 的距离分别为 $x$ 和 $1-x$。假定消费者单位距离的交通成本为 $t$，那么消费者从商店 1 购买冰激凌所花费的总成本为 $p_1+tx$，这是关于消费者位置 $x$ 的一个函数。图 4-2 描述了特定价格 $p_1$ 的总成本函数。可以看到：当 $x=0$ 时，总成本仅为价格 $p_1$。随着消费者远离商店 1，从商店 1 购买冰激凌的总成本以每单位距离 $t$ 的比率增加，从而位于商店 2 处（$x=1$）的消费者到商店 1 处购买的总成本为 $p_1+t$。同理，我们可以得到消费者从商店 2 处购买冰激凌的总成本函数 $p_2+t(1-x)$。

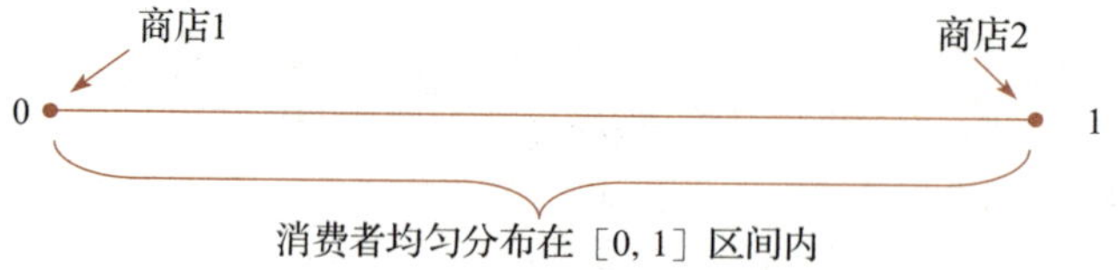

图 4-1　线性城市

值得指出的是，尽管两家店出售的冰激凌是同质的，但正是由于交通成本的存在，每名消费者都将根据自身所处位置的不同来对两家店进行评价，从而不同消费者对两家店的评价是不同的。换言之，交通成本的存在使得两家店出售的冰激凌在事实上产生了产品差异。同时我们下面会看到，两家店进行价格竞争的一个纳什均衡结果是 $p_1=p_2=c$，各自吸引靠近自己一侧的 1/2 的消费者，由此也说明消费者对两家店的产品评价并不一致，因此这是一个标准的横向产品差异化的例子。

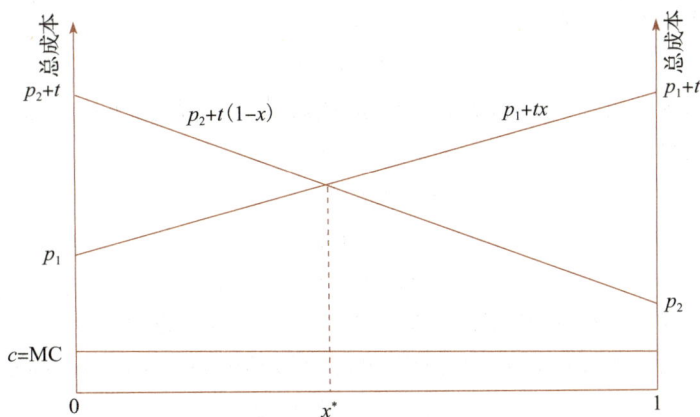

图 4-2　霍特林模型

为了简化起见，现在我们假定 $\bar{u}$ 足够大，从而每名消费者都要购买 1 单位的冰激凌（换句话说，此时市场被全覆盖）。这一假定意味着，1 单位冰激凌是实现消费者效用最大化的最优消费数量，所以消费者不需要对是否购买做出决策，只需决定从哪家商店购买。由于两家商店出售的冰激凌只是在位置上有所不同，所以消费者所要做出的仅仅是使其总成本（价格加交通成本）最小的选择。

为了确定哪些消费者会从商店 1 购买而哪些消费者会从商店 2 购买，我们首先要确定对从哪家店购买无差异的消费者。对这样的消费者而言，无论从哪家店购买，成本都是一样的，即

$$p_1 + tx = p_2 + t(1-x) \tag{4-1}$$

从而得到

$$x^* = \frac{p_2 - p_1 + t}{2t} \tag{4-2}$$

显然，我们可以得知，位于 $x^*$ 左侧的消费者都将从商店 1 购买冰激凌，而位于 $x^*$ 右侧的消费者都将从商店 2 购买冰激凌。图 4-2 很好地说明了这一点：如果 $x < x^*$，则 $p_1 + tx < p_2 + t(1-x)$，从而消费者从商店 1 购买的总成本较低；反之，如果 $x > x^*$，则 $p_1 + tx > p_2 + t(1-x)$，从而消费者从商店 2 购买的总成本较低。由此我们可以得到两家商店所面临的需求函数为

$$D_1(p_1, p_2) = x^* = \frac{p_2 - p_1 + t}{2t} \tag{4-3}$$

$$D_2(p_1, p_2) = 1 - x^* = \frac{p_1 - p_2 + t}{2t} \tag{4-4}$$

进一步，我们可以得到两家商店的利润函数，分别为

$$\prod_1(p_1, p_2) = (p_1 - c)D_1(p_1, p_2) = (p_1 - c)\left(\frac{p_2 - p_1 + t}{2t}\right) \tag{4-5}$$

$$\prod_2(p_1, p_2) = (p_2 - c)D_2(p_1, p_2) = (p_2 - c)\left(\frac{p_1 - p_2 + t}{2t}\right) \tag{4-6}$$

两家商店如何决定价格呢？对于线性运输成本，给定竞争对手 $j(j = 2, 1)$ 的定价 $p_j$，商店 $i(i = 1, 2)$ 要选择价格 $p_i$，以实现自身利润最大化，即

$$\underset{p_i}{\text{Max}} \prod_i(p_i, p_j) \quad i, j = 1, 2; i \neq j \tag{4-7}$$

容易得到，商店 $i$ 的一阶条件是

$$p_j+t+c-2p_i=0 \tag{4-8}$$

且二阶条件满足。因为商店 $i$ 和商店 $j$ 在这一问题中地位是对称的，从而 $p_i=p_j$，代入式（4-8）我们可以得到霍特林模型设定下的竞争性价格、需求和利润

$$p_1^*=p_2^*=t+c \tag{4-9}$$
$$x^*=1/2 \tag{4-10}$$
$$\Pi_1=\Pi_2=t/2 \tag{4-11}$$

需要指出的是，式（4-9）的均衡价格是一组纳什均衡解。要看出这一点，只需注意到由一阶条件式（4-8），我们可以得到商店 $i$ 对商店 $j$ 的最优反应函数（reaction function）

$$R(p_2)=p_1=\frac{p_2+t+c}{2}$$

$$R(p_1)=p_2=\frac{p_1+t+c}{2}$$

显然，价格组合 $p_1^*=p_2^*=t+c$ 恰是两家商店互为最优反应的定价策略，此时双方均无动机偏离这一均衡结果。

霍特林模型的均衡结果包含着一系列有趣的事实。

首先，从式（4-3）中我们可以看到：即便商店 1 的价格高于商店 2，它仍能获得正的需求（只要 $p_1<p_2+t$ 即可），因此每家商店都面临一条向下倾斜的需求曲线。这与本书第二章讲过的伯川德模型不同。在伯川德模型中，如果一家企业的定价高出竞争对手，它将失掉所有的市场需求。两个模型的本质区别在于，在霍特林模型中由于存在交通成本，在消费者眼中企业出售的产品已不再是同质的了。由此我们得出关于产品差异化的一个重要结论：产品差异的存在使企业获得了一定的市场势力。

其次，我们看到，与伯川德模型不同，霍特林模型的均衡价格严格高于边际成本。这是由每家企业面临一条向下倾斜的需求曲线所决定的，也是由消费者在购买时必须负担交通成本这一事实决定的。实际上，如果交通成本很小，也就是说 $t$ 值很小，那么每家企业的需求曲线就接近于水平，而且均衡价格与边际成本会很接近。当 $t=0$ 时，产品差异消失，此时得到的恰恰是伯川德竞争模型的结果。反过来，较大的 $t$ 值则对应于较大的产品差异化。由此我们可以得到一个更一般的结论：产品差异越大，市场势力就越强。

换句话说，产品差异化在一定程度上解决了伯川德悖论。实际上，与伯川德模型的预期相反，价格竞争并不必然导致产品定价在边际水平上。后者只是在产品同质、无产能限制和无重复相互作用等假设下成立。在本书后面章节中，我们将会进一步发现产能限制和重复博弈往往意味着企业的定价高于边际成本。现在重要的是，我们已经知道产品差异化是导致均衡利润为正的重要因素。

事实上，上述案例所显示的结果适用于更为一般的情形。它同样适用于这样的情况：卖者提供的产品在某些特征方面存在差异，这一特征的差异可标准化为 [0,1] 区间内的几何分布。买者对这些特征的评价有所不同。例如软饮料市场，假定存在两种品牌，它们仅仅在甜度上有所差异：品牌 1 不加糖，品牌 2 添加大量的糖。而在两种极端偏好的消费者之间，均匀分布着偏好加一点糖但不能是全甜的消费者。这与处于线性城市两端的冰激凌小店案例类似，其中城市一端对应于甜度最小的品牌 1，而城市另一端对应于甜度最大的品牌 2。此时，消费者的偏好代表了消费者的位置，消费者偏好的甜度与市场上实际提供产品的甜度之间的差异就类似于霍特林模型中

的距离。如果消费者强烈偏好无糖型的软饮料，那么消费者距离品牌 1 很近；相反，如果消费者偏爱甜食，那么消费者距离品牌 2 较近。最后，如果消费者购买的软饮料不是自己最偏好的甜度，那么由此带来的负效用或"厌恶"程度便是"交通成本"。概括而言，我们在文中建立的有关空间产品差异化的观念可推广适用于许多其他特征差异化的分析。

## 第三节　产品定位

在上一节中，我们假定每家商店的空间位置是给定的，由消费者选择到哪家商店购买产品。现在考虑更实际的情况：如果企业能够自由选择其所处的位置，或者更一般地说，如果企业能够自由选择其产品在产品空间中所处的位置，情况会是怎样的？这就涉及一个**产品定位**（product positioning）问题。产品定位是企业战略的重要组成部分。例如，音像店必须决定商店的位置——是相互紧靠还是相互远离？同样地，早餐饼干制造商必须决定其产品的特征（甜度、松脆度等）。在做这些选择时，企业所要考虑的重要因素之一便是竞争对手的产品定位。这就引入了**战略行为**（strategic behavior）的概念。

在考察企业的产品定位时，我们通常假定企业首先选择产品定位，然后在给定产品定位的基础上再确定价格。这一假设背后隐含的一个基本事实是产品定位是个相对长期的变量（短期难以改变），而价格是一个短期变量（易于改变）。这样，企业的产品定位问题就转化为一个两阶段博弈问题：第一阶段，企业要选择自己的产品定位；第二阶段，给定对方产品定位、定价的情况下，选择自己的产品价格。在第二节中我们已经对第二阶段的价格博弈进行了探讨，现在需要回答的问题是：在预期到第二阶段存在价格竞争的情况下，企业在博弈的第一阶段会如何选择自己的均衡位置呢？

当一家企业选择自己的位置时，它必须考虑自己的选择会给对手带来什么影响及对手相应的反应行为是什么。这就需要考虑两方面（直接的和战略的）因素。

在价格既定的情况下，企业 1 距离企业 2 越近，对自己产品的需求就越大，其利润也就越大。我们把这种情况称为产品定位的**直接效应**（direct effect）。图 4-3 解释了这种直接效应。在企业 2 位置既定（如 $l_2=1$）和价格既定的情况下，可以发现企业 1 距离企业 2 的位置越近，对其产品的需求就越大。特别地，当企业 1 的位置由 0 变为 $l_1$ 时，其面临的需求曲线向右下方移动，从而对企业 1 的最终产品需求由 $x^*$ 增加为 $x'$，此处 $x'-x^*$ 即为直接效应。

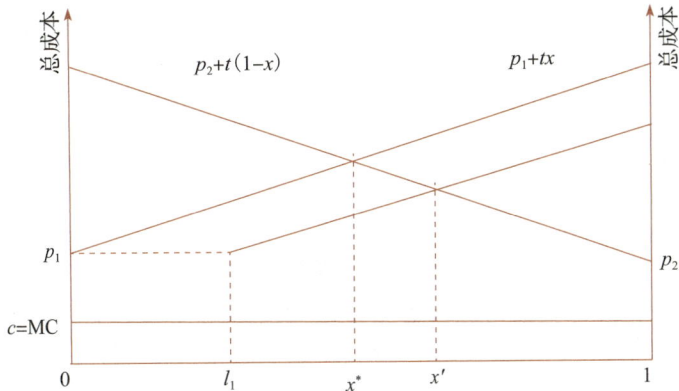

**图 4-3　产品定位的直接效应**

然而，价格既定的假设并不正确：作为第一阶段位置选择的函数，价格是在第二阶段决定的。因此，我们必须考虑第二种效应，即**策略效应**（strategic effect）：企业 2 在第二阶段制定的价格是企业 1 在第一阶段位置选择的函数。

$l_1$ 对 $p_2$ 会产生什么样的影响呢？先考虑 $l_1 = l_2$ 的极端情形，也就是说两家企业处于同一位置。在这种情形下，在每一名消费者眼中，两种产品完全一致（尽管消费者仍然要承担交通成本，但由于无论向哪家购买都需要承担同样的交通成本，因而交通成本就不再构成影响决策的影响因子）。此时，模型转化为伯川德模型：均衡时，两家企业要价相等，且与边际成本一致。这与前一节中企业定价高于边际成本的情况相反。一般地，我们可以证明企业之间的距离越近，价格竞争越激烈，企业的利润水平越低。由此我们得到两个完全相反的作用：直接效应促使企业拉近距离，策略效应则促使它们彼此远离。进而我们可以得到：**如果价格竞争激烈，那么企业倾向于远离对方（差异化程度高）。如果价格竞争不激烈，那么企业倾向于向中心靠拢（差异化程度低）。**

接下来的一个问题是，在实际决策时上述两种效应哪种占主导地位？对于这一问题没有通用的结论，要取决于交通成本和消费者的分布。下面我们将通过一个具体例子考察均衡价格如何随均衡位置的改变而有所不同。我们已经考察了一种极端的情况，即两家企业相距尽可能远，从而使产品差异最大化。另一种极端情况是，两家企业定位于同一点（如 $x_0$），由于它们的产品是完全可替代的，从而问题简化为一个伯川德模型，因而均衡价格和厂商利润分别为

$$p_1^* = p_2^* = c$$
$$\Pi_1 = \Pi_2 = 0$$

更一般地，我们假定：企业 1 坐落于 $a$（$a \geq 0$）点，企业 2 坐落于 $1-b$ 点，这里 $b \geq 0$。不失一般性，假定 $1-b-a \geq 0$，即企业 1 在企业 2 的左边。容易知道，$a = b = 0$ 对应着差异最大化的情况，而 $a+b = 1$ 则对应着差异最小化的情形。

在这里，我们进一步假定运输成本是距离的二次方函数[一]，即处于位置 $x$ 的消费者去企业 1 和企业 2 购买冰激凌的运输成本分别为 $t(x-a)^2$ 和 $t(1-b-x)^2$，如图 4-4 所示。

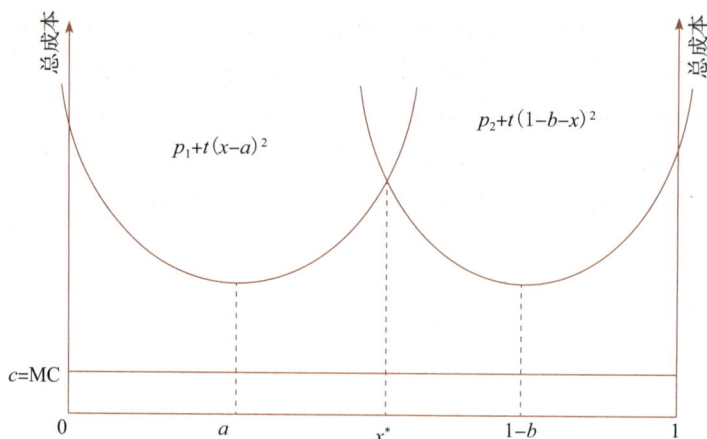

**图 4-4    二次运输成本函数**

按照上一节做法，我们首先确定到两家企业购买冰激凌无差异的消费者的位置 $x^*$，即 $x^*$ 满足

---

[一]    之所以假定为二次函数是为了避免技术上的复杂性，详细说明见 Tirole（1988）。

$$p_1+t(x^*-a)^2=p_2+t(1-b-x^*)^2 \tag{4-12}$$

从而可以得到两家企业各自面临的需求函数分别为

$$D_1(p_1,p_2)=x^*=a+\frac{1-a-b}{2}+\frac{p_2-p_1}{2t(1-a-b)} \tag{4-13}$$

$$D_2(p_1,p_2)=1-x^*=b+\frac{1-a-b}{2}+\frac{p_1-p_2}{2t(1-a-b)} \tag{4-14}$$

注意到，在价格 $p_1$，$p_2$ 下，企业 1 控制着自己的领地（$a$），同时吸引着处在两家企业之间靠近企业 1 的半数消费者 $(1-b-a)/2$，而第 3 项则反映了消费者对价格差别的敏感程度。具体而言，给定企业 2 的位置 $b$ 和价格 $p_1$，$p_2$，企业 1 选择靠近企业 2 时（$a$ 增大），进而会扩大自己的领地，增加自己产品的需求，这恰是我们前面所讲的产品定位的直接效应。然而，当 $a$ 增大时，随着两家企业位置的接近，两者之间的竞争加剧，企业 2 可能会把价格降至 $p_1$ 之下（$p_2<p_1$）来争夺市场份额，由此会造成企业 1 产品需求的下降（策略效应）。

要求解企业的位置均衡，需要使用逆向归纳法。首先，类似上一节，在第二阶段，给定两家企业的位置 $a$ 和 $1-b$，以及 $p_j$（$j=1,2$），企业 $i$（$i=2,1$）要选择定价 $p_i$ 以最大化自身利润，即

$$\operatorname*{Max}_{p_i}\prod_i(p_i,p_j,a,b)=(p_i-c)\left[a+\frac{1-a-b}{2}+\frac{p_j-p_i}{2t(1-a-b)}\right]\ (i,j=1,2;i\neq j) \tag{4-15}$$

容易得到，企业 1 和企业 2 的一阶条件分别为

$$2p_1-p_2-c=t(1-a-b)(1+a-b) \tag{4-16}$$

$$2p_2-p_1-c=t(1-a-b)(1-a+b) \tag{4-17}$$

且二阶条件满足。由此，价格的纳什均衡解为

$$p_1^c(a,b)=c+t(1-a-b)\left(1+\frac{a-b}{3}\right) \tag{4-18}$$

$$p_2^c(a,b)=c+t(1-a-b)\left(1+\frac{b-a}{3}\right) \tag{4-19}$$

从而我们可以写出企业 1 在第一阶段选择位置时所面临的利润函数

$$\prod_1(a,b)=[p_1^c(a,b)-c]D_1[a,b,p_1^c(a,b),p_2^c(a,b)] \tag{4-20}$$

给定企业 2 的位置 $b$，企业 1 选择 $a$ 以实现 $\prod_1(a,b)$ 的最大化，企业 2 也面临同样的问题。根据**包络定理**（envelope theorem）：企业 1 在第二阶段总是选择最优价格，因而 $\partial\prod_1/\partial p_1=0$。这样我们只需考虑 $a$ 对 $\prod_1(a,b)$ 的需求效应（直接效应）和企业 2 价格变动的间接效应（策略效应），即

$$\frac{\mathrm{d}\prod_1}{\mathrm{d}a}=(p_1^c-c)\left(\frac{\partial D_1}{\partial a}+\frac{\partial D_1}{\partial p_2^c}\frac{\mathrm{d}p_2^c}{\mathrm{d}a}\right) \tag{4-21}$$

将式（4-13）、式（4-18）和式（4-19）代入式（4-21）可以得到

$$\frac{\partial D_1}{\partial a}=\frac{1}{2}+\frac{p_2^c-p_1^c}{2t(1-a-b)^2}=\frac{3-5a-b}{6(1-a-b)} \tag{4-22}$$

$$\frac{\partial D_1}{\partial p_2^c}\frac{\mathrm{d}p_2^c}{\mathrm{d}a}=\frac{1}{2t(1-a-b)}\left[t\left(\frac{2a}{3}-\frac{4}{3}\right)\right]=\frac{a+-2}{3(1-a-b)} \tag{4-23}$$

从而得出

$$\frac{\partial D_1}{\partial a}+\frac{\partial D_1}{\partial p_2^c}\frac{\mathrm{d}p_2^c}{\mathrm{d}a}=-\frac{3a+b+1}{6(1-a-b)}<0 \tag{4-24}$$

因为产品的价格加成 $p_1^c-c>0$，我们得到 $\dfrac{d\Pi_1}{da}<0$，所以企业 1 总是向左移动。同样，我们可以证明企业 2 总是向右移动。因此在这个例子中，企业产品定位选择的最终均衡结果为最大化空间差异。

上述推导过程再一次展示出产品定位选择过程中直接效应和策略效应两种作用的冲突。首先，式（4-22）表明，如果 $a$ 不太大（特别是，如果 $a$ 不超过 1/2），因为 $1-b-a\geq 0$，容易知道 $\partial D_1/\partial a>0$ [注] ，意味着在给定价格结构下企业愿意向中心位置移动，以增加其市场份额。然而，企业 1 也意识到，随着两家企业位置的接近，两家企业的产品差异化在下降，这将会迫使企业 2 降低产品价格，反过来会减少消费者对自己产品的需求。在这个例子中，策略效应支配着市场份额，最终决定着产品区位选择的均衡结果。

## 第四节　圆形城市模型

本节我们将进一步放松"双寡头企业"的假设，考察允许自由进入市场情况下企业的市场进入和产品定位问题。

假设存在着大量潜在进入市场的企业，这些企业都是同质的。同时假定，市场可自由进入，除了固定成本或进入成本以外不存在其他"进入壁垒"。需要指出的是，"自由进入"这一假设实际上暗含着"零均衡利润"。这是因为，一方面，如果现存企业存在很高的正利润，必然会吸引新的厂商进入该行业，由此导致现存企业所面临的需求减少，从而利润降低直到变得无利可图；另一方面，如果现存企业发生持续亏损，选择退出该行业无疑是理性的，而当有企业实际退出时，现存企业面临的需求增加从而利润会随之上升。因此，企业的盈利为零 [注] 是"自由进入"假设的应有之义。

给定上述假设，我们下面来分析经典的圆形城市模型（见图 4-5），这一模型来自 Salop（1979）。考虑一个周长为 1 的圆形城市，消费者以概率密度 1 均匀分布在圆周上，并且所有的行动都沿着圆周进行（你可以想象一个围绕着湖的城市，以船作为交通工具相对于陆上行动成本太高）。企业同样也沿着圆周分布。因为企业在技术上是同质的，而消费者又是均匀分布的，在此情况下，产品空间中的所有位置都是完全同质的，没有一个定位会先验地或天生地优于另一个定位。

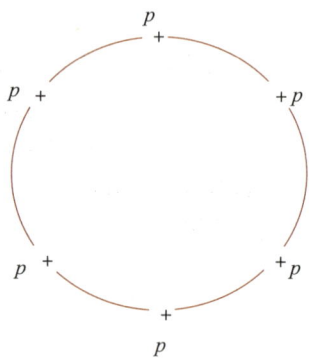

图 4-5　圆形城市模型

同上节一样，假定消费者从 1 单位冰激凌的消费中获得的消费者剩余 $\bar{u}$ 足够高，因此每一个消费者都要买 1 单位的冰激凌（章后练习题 5 希望读者能明确推导这一假设的数学表达）。同样地，我们假定交通成本函数为线性的，而且单位距离的交通成本为 $t$。每家企业只允许有一个地址（即不考虑一家企业有多个品牌的情形，这一假设在后面的章节中可以放松）。假设企业进入市场的固定成本为 $f$。一旦企业进入，并

---

[注] 根据假设（$1-b-a\geq 0$），容易看到，如果 $a\leq 1/2$，则式（4-22）的分子为 $3-5a-b=(1-b-a)+2(1-2a)>0$；而显然分母 $6(1-a-b)>0$。

[注] 为了简化计算，我们通常假定利润为零。这一假定可能会导致我们计算出的均衡企业数不是整数。在这种情况下，实际的均衡企业数目（必然是整数）应该是最接近但不超过实际计算结果的整数。

定位在一个点上,它面临的边际成本为 $c$。这样,企业 $i$ 如果进入市场,其利润为 $(p_i-c)D_i-f$(这里 $D_i$ 是企业 $i$ 面对的需求);不进入的话,利润为 0。

Salop(1979)考察了下面一个两阶段博弈。第一阶段,潜在的进入者同时选择是否进入。简单起见,我们假设这些企业并不选择它们的地址<sup>⊖</sup>,而是一个个自动等距离地坐落在圆上(见图 4-5),这样最大化的差异化就外生地决定了。第二阶段,在地址给定的情况下,诸家企业进行价格竞争。运用逆向归纳法的思路求解时,我们必须:①(第二阶段)给定进入市场的企业数目,确定企业价格竞争的纳什均衡解,并求解简约型(reduced-form)利润函数;②(第一阶段)确定进入市场博弈的纳什均衡解。

在第二阶段,我们假设 $n$ 家企业进入了市场。由于它们技术上是同质的且选址都是对称的,因而求解一个制定同一价格的均衡是恰当的。现在我们考察这样一种情况:市场上存在着足够多数目的企业(意味着 $f$ 不太高),因而企业间存在相互竞争。实际上,企业 $i$ 真正的竞争对手只有两个,即在它左右两边直接相邻的企业 $i-1$ 和企业 $i+1$。假设它选择了价格 $p_i$,离企业 $i$ 的距离为 $x \in (0, 1/n)$ 的消费者,在下列情况下:

$$p_i+tx=p+t(1/n-x) \tag{4-25}$$

从企业 $i$ 还是从它最邻近的企业 $i-1$ 或企业 $i+1$ 购买是无差异的(见图 4-6)。

由此可以解得

$$x = \frac{p+t/n-p_i}{2t} \tag{4-26}$$

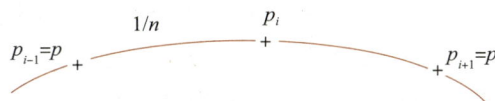

图 4-6　圆形城市典型企业的定价与市场需求

这样,企业 $i$ 面临的需求是

$$D_i(p_i,p)=2x=\frac{p+t/n-p_i}{t} \tag{4-27}$$

企业 $i$ 谋求利润最大化,即

$$\underset{p_i}{\text{Max}}\left[(p_i-c)\frac{p+t/n-p_i}{t}-f\right]$$

对 $p_i$ 进行微分,然后令 $p_i=p$(因为各家企业地位是对称的),则得到

$$p=c+\frac{t}{n} \tag{4-28}$$

这一结果与线性城市的结果是类似的。式(4-28)表明利润边际($p-c$)随 $n$ 的增加而减少。这是由进入市场的企业数目增加,彼此之间竞争加剧所引起的。值得注意的是,在这个模型中企业的数目是内生的,它是由进入市场的"在位"企业的零利润条件决定的

$$(p-c)\frac{1}{n}-f=\frac{t}{n^2}-f=0 \tag{4-29}$$

因此在企业自由进入的情况下,均衡的企业数目和市场价格为

$$n^c = \sqrt{t/f} \tag{4-30}$$

$$p^c = c + \sqrt{tf} \tag{4-31}$$

---

⊖　更现实地,我们想让企业同时选择地址,或是在做出进入市场的决定后选定地址。然而,Salop 模型的主要目的是考察企业是否进入和进入数目的问题,为此略去选址问题可以使分析更加简洁。

因而消费者的平均运输成本是

$$\frac{t}{2x} = \frac{t}{4n^c} = \frac{\sqrt{tf}}{4} \tag{4-32}$$

关于上述结论，有几点有趣的含义需要注意。首先，这类模型的一个有趣却非常重要的特点是：企业的定价在边际成本之上却不能获取正利润。因此，某产业中各企业不能获得超额利润的经验事实不能使人必然推导出如下结论：企业没有市场势力。这里市场势力指的是价格超过边际成本。需要说明的是，经济学家与政策制定者所讲的市场势力其含义往往是不同的。政策制定者所说的市场势力通常是指价格超过平均成本，按照此定义，在上面的自由市场进入模型中的企业是不拥有市场势力的。

其次，式（4-30）和式（4-31）显示固定成本 $f$ 的增加会减少企业数目，增加"在位"企业的边际利润，从而增加其市场势力。相反地，当固定成本 $f$ 向 0 收敛时，进入市场的企业趋于无限，而价格趋向于边际成本。这样在进入成本很低的条件下，消费者能够买到很接近于他需要的产品，而市场几近于具有竞争性。此外，运输成本的增加同样会增加企业的边际利润，但与固定成本相反，运输成本的提高会增加而不是减少进入市场的企业数目。这是因为运输成本的提高增加了产品的差异化程度，因此同等长度的圆周上，可以容纳更多的企业。

接下来，我们将从规范研究的角度讨论一下前面得到均衡企业数目的社会福利含义：从社会最优的角度看，这一企业数量是太多还是太少？设想存在一个社会计划者，负责配置各在位企业的选址。由于每名消费者的最优消费数量事先假定为 1 单位，而消费者将购买且只购买 1 单位的商品。同时，由于不同企业提供的产品都是同质的，所以对消费者而言，无论市场上有多少在位企业，无论从哪家企业购买获得的效用都是一样的。同时注意到，边际利润只是消费者向企业的货币转移，属于两者之间的分配问题，不会影响社会总剩余（包括消费者和生产者）。因此，对这个社会计划者而言，社会最优的企业数量问题就简化为：选择一个厂商数量 $n = n^*$，以使固定成本和消费者的运输成本最小。

$$\min_n \left[ nf + t \left( 2n \int_0^{1/(2n)} x\mathrm{d}x \right) \right] = \min_n \left[ nf + t/(4n) \right] \tag{4-33}$$

从而，我们可以解得

$$n^* = \frac{1}{2}\sqrt{t/f} = \frac{1}{2}n^c \tag{4-34}$$

由此，社会最优的企业数量仅为自由进入条件下实际企业数量的一半。章后练习题 5 的结论也将表明，这一结果对二次运输成本函数来说也是成立的，感兴趣的读者可以自己进行推导。由此，我们得到结论：允许企业自由进入市场导致了过多的企业进入。换言之，市场提供了太多种类的产品。

这一结果之所以会出现，根本原因在于进入市场的私人激励和社会激励是不一致的，企业得到了过多进入市场的激励。从社会角度看，进入市场是否恰当，以能否节约固定成本和运输成本为准。而与此形成对照的是，进入市场的私人激励，是与"偷窃"竞争对手的"生意"而又能同时获取正的边际利润相联系的。由此，如果政府能对某些产业（如光伏产业）的进入设定最低门槛（如最小产量规模、技术安全标准），则能在很大程度上减少重复建设带来的资源浪费。当然，这一结论只是从节约社会成本的角度得出的，正如我们下文中将要讨论的，更多的产品种类本身也可能会增进消费者福利。

## 第五节　产品差异与垄断竞争

我们将从产品差异的角度重新审视张伯伦（Chamberlin，1933）提出的**垄断竞争**（monopolistic competition）这一模型，重点考察最优产品种类的决定问题。

值得指出的是，本节考察的垄断竞争模型是一种典型的代表性消费者模型：在此模型设定中消费者被视作同质的，会从所有企业选购产品，因而所有企业针对同一消费者群体展开竞争。而在前面几节考察的线性城市或圆形城市模型属于更广义的"空间或选址模型"（space or location model）。在这类模型中，消费者是异质性的，他们的偏好是不同的，或偏好附近企业出售的产品，或偏好具有某种特性的产品，并愿意为更符合其偏好的产品支付一定程度的溢价。从经济学含义上讲，这两类模型最大的区别在于企业所面临的需求类型是不相同的。在选址模型中，企业彼此之间的定价行为高度相关，对某一品牌产品的需求可能会高度依赖于另一品牌产品的定价，因此对竞争对手定价行为的策略性分析是这类模型的一个显著特点。而在代表性消费者模型中，任何一家企业价格的变动通常只会对其他所有企业所面临的需求产生微小的影响。

垄断竞争模型主要用于描述下述行业特征：

（1）每家企业都面对着一条向下倾斜的需求曲线。

（2）企业可以自由进入和退出该行业，因而每家企业都没有盈利。

（3）一家企业的价格变动对其他任何一家企业的需求，只有可以忽略不计的影响。

值得指出的是，特征（1）、（2）在 Salop 的圆形城市模型中同样是满足的。特征（3）把垄断竞争模型和自由进入的圆形城市模型区别开来。它意味着，每家企业所生产的产品在产品空间中是没有邻居的，或者说该企业所生产的产品与所有其他企业的产品之间不存在竞争关系或可替代性。当然，这一假定是非常不现实的，因而受到广泛的批评。理解这一假定的一个更好的方式是把特征（3）看作一种简化：垄断竞争模型的要点不在于探讨不同企业之间关于价格竞争和产品定位等策略问题，而在于探讨垄断竞争市场的均衡企业数量和社会最优产品种类等问题；通过抽象掉产品之间的可替代性，使分析得以简化。

关于垄断竞争条件下的均衡企业数量或产品种类问题，有一种观点认为：从社会的角度看，垄断竞争造成了过多的企业进入，或者说现存企业生产的产品过少从而不足以耗竭规模生产的收益，即存在过剩生产能力。这一观点的推理过程如下。

假设企业 $i$ 有一条 U 形的平均成本曲线 $AC(q_i)$，即产出为 $q_i$ 时的平均成本（见图 4-7）。给定其他企业索取的价格 $p_{-i}$，企业 $i$ 面临的剩余需求曲线（residual demand curve）为 $q_i=D_i(p_i,p_{-i})$。自由进入均衡意味着每家企业只能获取零利润，或者说企业 $i$ 最终会在点 $(p_i^c,q_i^c)$ 处进行生产，在这一点上，企业面临的需求曲线与平均成本曲线相切。由图 4-7 可以看到，实际生产的数量 $q_i^c$ 小于平均成本最小化的数量 $q_i^*$。因此，固定成本分摊在过少单位的产品上，浪费就发生了。

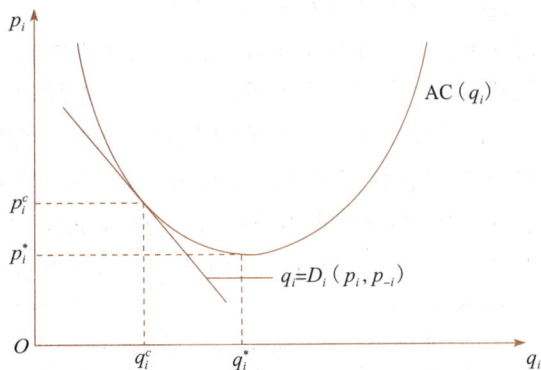

图 4-7　垄断竞争模型

然而，这一观点是不全面的，其内在逻辑存在缺陷（Tirole，1988）。首先，虽然这种生产可能无法穷尽规模经济效益，但是如果没有别的企业生产同样的商品（其他企业生产的产品与企业 $i$ 的产品不一样，即存在产品差异），那么把这种商品引进到市场本身就是有意义的：通过创造新的产品差异性，为消费者提供新的产品体验，这本身也会增加消费者的福利。

其次，垄断竞争导致过多企业进入这一推理的成立，还必须要求企业 $i$ 生产一种其他企业已经在生产的商品。这样，它所面临的剩余需求曲线在其他企业索取的价格 $p_j$ 点上是水平的，低于这个价格时是向下倾斜的（见图 4-8）。在图 4-8 中容易看到，为了同时满足下述两个条件：①企业 $i$ 获得零利润；②企业 $j$ 出售正数量的产品（否则，由于固定成本的存在，它自身利润必然是负的）。企业 $i$ 的产量只能是 $q_i^*$（此时 $p_i = p_i^*$）。因此，在存在产品差异的情况下，我们无法必然推导出存在过多企业或过剩生产能力的结论。

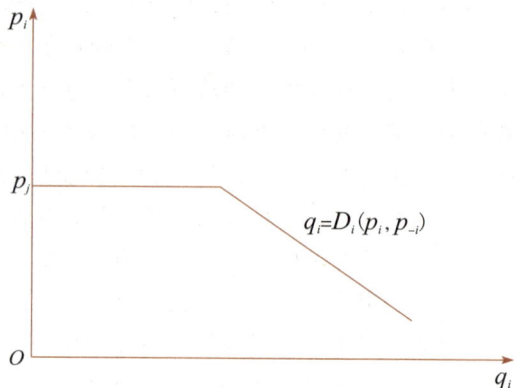

**图 4-8   企业 $i$ 生产一种完全可替代商品时的需求曲线**

一般地，在垄断竞争的行业中，要判断可以自由进入市场的情况下，均衡的企业数目是过多还是过少，不存在通用的结论。从全社会的角度看，最优均衡反映了产品多样化即产品种类（$n$）[一]和每种产品的产量（$q$）[二]之间的权衡。一方面，产品种类的多样化能够增进消费者的福利，却有可能不能穷尽规模经济生产的潜力；另一方面，每种产品产量的提高能够降低单位产出的固定成本，却有可能导致产品的多样性不足。

图 4-9 给出了产品种类和每种产品产量的各种可能组合（$n,q$）[三]。PPF 是社会的生产可能性边界（production possibility frontier），即给定经济资源和技术的条件下，整个社会所能够生产出的所有（$n,q$）组合。无差异曲线则表示社会对多样化和各产品产量之间的偏好。PPF 与无差异曲线的切点 $O=(q^*,n^*)$ 代表了全社会的最优选择。位于经过 $O$ 点的无差异曲线下方的任何一条无差异曲线上的任一点，其代表的社会福利状况会变差。位于经过 $O$ 点的无差异曲线上方的任何一条无差异曲线上的任一点，虽然

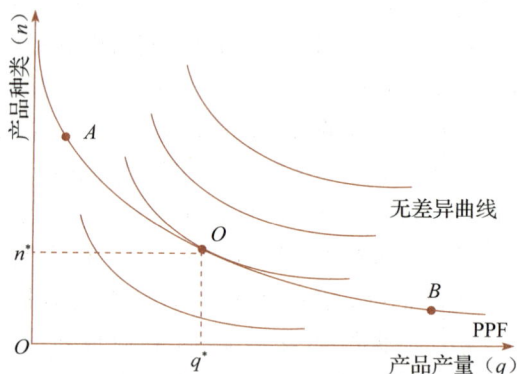

**图 4-9   社会最优均衡和垄断竞争均衡**

代表了更高的社会福利，却高出了社会的生产可能性边界，因此是无法达到的。在 PPF 上的 $B$ 点表示一个可能的垄断竞争均衡。与社会最优均衡状况相比，在这一点上整个产业生产的产品种类太少，虽然每一品种的产出更多。而在 PPF 的 $A$ 点上，虽然整个产业生产的产品种类较社会最优

---

均衡时多，但每一种产品的产出过少。垄断竞争的最优点最终出现在 $A$ 点、$B$ 点还是 $O$ 点取决于代表性消费者的偏好和生产函数。只有在特定的模型设定中，才能得到明确的结论。

## ◈ 本章小结

现实经济生活中我们很难找到一种商品存在完全的可替代品。产品差异或是源于产品的客观属性差异，或是源于消费者的主观认知差异。在有些情况下，消费者对不同产品难以达成一致的偏好排序，而是"萝卜青菜，各有所爱"，我们说这些产品之间存在横向产品差异；而有些情况下，消费者对不同产品存在着一致的偏好排序，我们说产品之间存在纵向产品差异。消费者眼中的产品差异往往同时包含了横向和纵向两种产品差异要素。

产品差异化最重要的经济学含义是它能给企业带来市场势力，即在不失掉全部消费者的前提下，把价格提高到竞争对手的定价之上。企业面对的是一条向下倾斜的需求曲线，霍特林模型向我们展示了这一点。一般地，我们可以看到产品差异越大市场势力越强。

如何选择自家产品相对于竞争对手产品的差异化程度呢？这就涉及一个产品定位问题。不同的产品定位意味着不同的产品差异，产品差异内生于产品定位模型。企业选择产品定位时必须综合考虑两种效应：直接效应和策略效应。直接效应是指当企业的产品定位接近竞争对手时，能够吸引竞争对手的一部分消费者，从而扩大了自己产品的市场需求。然而，产品定位越接近竞争对手，价格竞争就越激烈，竞争对手可以通过降价的方式争夺市场份额，从而会降低自己产品的市场需求，这就是产品定位选择的策略效应。

圆形城市模型探讨了在只存在固定成本的情况下企业的市场进入问题。在允许自由进入的情况下，进入市场的企业数量由企业的零利润条件内生决定：固定成本越低，进入市场的企业数量就越大。然而，从社会最优的角度看，由市场竞争决定的均衡企业数量超过了社会最优的企业数，从而造成了固定成本的浪费。

最后，我们在一个垄断竞争的市场结构中考察了产品种类的决定问题。我们看到垄断竞争的均衡产品数量，并不能穷尽规模生产的经济效益，从此意义上讲，存在着一定程度的规模不经济。然而，产品种类的多样化本身也会为消费者带来福利。因此，如何评价这种产品种类数取决于整个社会的偏好函数。

## ◈ 练习题

## ◈ 参考文献

# 第五章
CHAPTER 5

# 价格歧视

　　具备一定市场势力的企业出于追求利润最大化的目的，可以在出售同样产品时向不同的客户索取不同的价格，或者根据购买量的多少对客户开列不同的价格，或者对不同质量的产品设定相同的价格，等等。我们称这种定价策略为"非线性定价"。实践中非线性定价的形式非常广泛，有价格歧视、两段收费、搭配销售、质量歧视等。

　　**价格歧视**（price discrimination）又称价格差别化，是指厂商向不同的消费者以不同的价格出售完全相同的产品。例如，电力公司将用户分为工业用户和民用用户，按不同的价格收取电费；航空公司向提前预订机票的乘客提供价格优惠，而对那些临时要求出行的、出差公干的乘客收取无折扣甚至溢价的票价；一些产品的供应商为搭建产品的分销体系，往往根据经销商购销的数量给予不同的让利政策；一些新产品如个人电脑、手机、时装在上市初期价格要比大量上市的时候贵得多，这中间除了成本和竞争因素外，也有价格歧视策略（亦称为"撇脂定价"）的影响。价格歧视的关键是对同一产品实施差别性定价。倘若企业出售的是不同的产品，则不能归为价格歧视。

　　以航空机票为例，在经济舱的两位相邻旅客，很可能为了相同航班的相同舱位支付了完全不同的机票价格。图5-1给出了美国联合航空公司从芝加哥飞往洛杉矶的航班座位票价的真实情况。飞机上33名乘客为他们的机票支付了27种不同的价格，其中还有一位乘客是利用累积的飞行里程换取的免费机票。

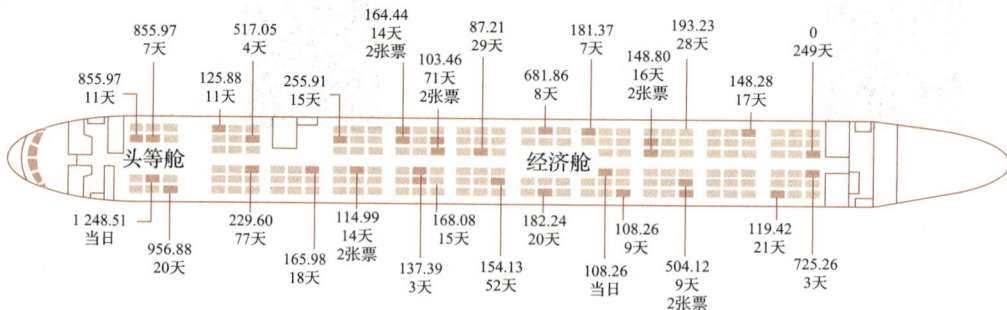

**图 5-1　机票的价格差别化**

资料来源：哈伯德，奥布赖恩. 经济学：微观［M］. 张军，译. 北京：机械工业出版社，2007.

注：图中数字是机票的价格（美元）和提前预订机票的天数。

与航空机票类似，铁路票价也存在着大量的差别化定价。例如，德国铁路公司提供多种多样的优惠折扣[⊖]，包括周末票（在德国境内任意乘坐慢车）、州票（各联邦州内任意乘坐慢车）、儿童票、团体票、欧洲通票、与航空公司的合作票（从机场到达任何一座有火车站的城市）和全年有效的打折卡（半价或75折）。

上述价格歧视的定义主要针对的是同一种产品。事实上，产品往往有多样性。例如，牙膏通常具有不同的口味、颜色和宣称的效果，早餐麦片也有不同的形状、颜色和稠度，图书常常有精装和简装等不同的版本。即便是上述提到的飞机票，也有商务舱和经济舱的不同类别。然而，这些例子中提到的产品，尽管可以被定义为不同的产品，但它们的价格差异并不能仅仅用其成本差异来解释。为此 Phlips（1983）考虑到产品差异化而给出的价格歧视的定义是：价格歧视是指同一个销售者将某一产品的两个亚种以不同的净销售价格出售给两个购买者，这里买方支付的净价格，是经过对同产品差别化相关的成本差异进行调整后的价格。

根据这个定义，对于同一架航班而言，航空公司对于经济舱的定价是人民币6000元，对于商务舱的定价是人民币24000元。这种价格差异可以被合理地认为是典型的价格歧视。因为在同一架航班上，给商务舱提供服务的人均额外成本远低于上述票价的差异（人民币18000元）。相同的产品实行不同种类的价格歧视存在的充分必要条件是，产品成本的差异不足以反映产品价格的差异。这也是 Phlips 提出的净价格差异调整的含义。根据 Phlips 的定义，我们可以将价格歧视延伸到更多的实际案例中，如产品的版本差异等。

## 第一节　价格歧视的动机和三个条件

厂商可以通过价格歧视来提高利润，但是，价格歧视只有在一定的条件下才能实施。这里我们说明价格歧视为什么可以提高利润，以及其在什么样的条件下会发生。

### 一、价格歧视的利润动机

夏皮罗和瓦里安（2000）使用了如下的例子。假定某一产品定价为60美元，只有狂热的消费者才会购买，但若该产品定价为20美元，产品就可以卖给大量偶尔使用的消费者，却会失去以高价向狂热消费者出售产品能够获得的利润。作为厂商该如何选择？答案是：这要取决于每种类型消费者的数量。如果有100万名狂热消费者、200万名偶尔消费者，厂商定价60美元就会有100万名消费者，定价20美元就会有300万名消费者（狂热消费者加上偶尔消费者）。在这个例子中，不管如何定价，厂商销售收入都是一样的。但是如果偶尔消费者的数量超过200万名，20美元的定价就会带来更多的收入。

我们以简单的计算配合图形来说明上述问题。为了找出哪种价格更加有利可图，我们必须知道生产、分销和售后支持的成本。为了简单起见，我们暂时忽视这种成本差别，集中分析销售收入的情况。我们利用这个例子中的数字来画柱形图，在图5-2中显示出价格和销售的关系。图5-2a和图5-2b显示出我们刚才说明的收入权衡关系：高价，只向对产品评价很高的狂热消费者出售；低价，向偶尔消费的多数消费者出售。

---

⊖ 详见德国铁路网站说明：http://www.bahn.de/p/view/index.shtml。

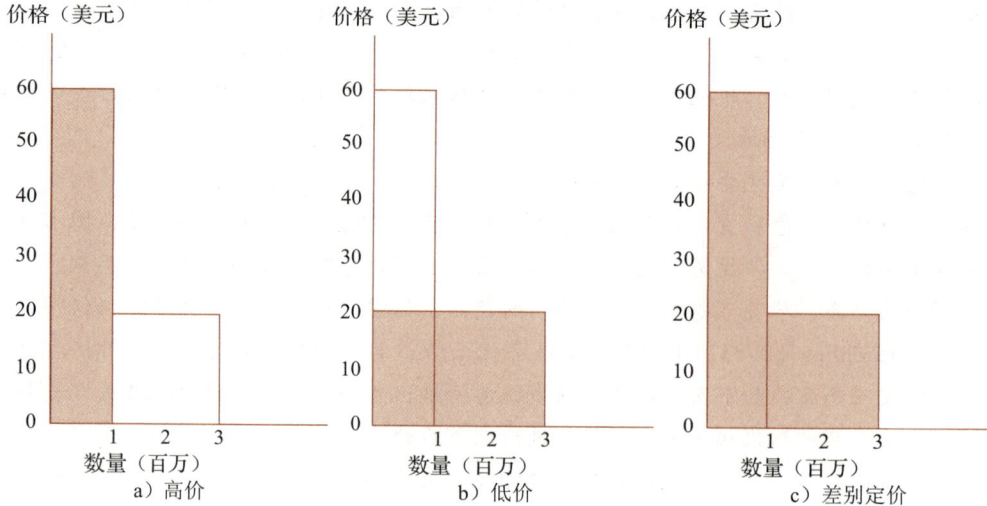

图 5-2    高价、低价和差别定价

到目前为止，在这个例子中，我们只讨论了制定统一价格的情况。如果可以制定不同的价格，例如以 60 美元向 100 万名狂热消费者出售，以 20 美元向 200 万名偶尔消费者出售，则可以获得 1 000 万美元的收入。如图 5-2c 所示，这比单独设定任何一个价格，都可以给厂商带来更多收入。

理论上，垄断厂商的边际收益，即增加 1 单位销量所带来的收益增量，是两种效果的加总。第 1 种效果是它以价格 $P$ 多销售的那 1 单位所带来的收益增量，其金额为 $P$。第 2 种效果是全部现有销量的收益减少，其减少金额为 $Q\Delta P$，$\Delta P$ 是厂商为了多销售 1 单位产量而减价的幅度。如果垄断厂商只需对最后增加的那 1 单位销量降价，那么只要最后 1 单位销量的价格高于其边际成本，厂商就会继续扩大产量和销量。它除了赚取当前的利润，还能赚取最后销售的 1 单位销量给它带来的利润。垄断厂商就这样通过价格歧视赚取额外的利润。因此所有价格歧视的方式，都可以视为厂商尽量减少销售扩大后第 2 种效果给边际收益带来的负面影响。厂商以低价向某一特定的顾客群提供扩大的产量，而同时又不将此以低价提供给所有消费者。

## 二、价格歧视的条件

要成功实施价格歧视，必须满足以下三个条件。

（1）厂商必须拥有一定的市场力量。厂商不能是价格的接收者，应该具备将价格定于边际成本之上的能力。

（2）厂商知道或者能够推测出消费者对于每一单位产品的支付意愿。即在市场上，要么能够识别具有不同预期价格的消费者，要么能够区分有不同需求弹性的市场区域。简单来说，厂商需要确定应向谁索取高价。

（3）厂商能够阻止产品套利行为的发生。如果被厂商索取低价的消费者群体转售产品给另外一个具有高价支付意愿的消费者群体，所设立的价格低于垄断厂商向该群体制定的价格，那么该群体成员将不再向垄断厂商购买。限制转售是所有类型价格歧视成立的必要条件。

卡布罗（2002）详细阐述了 7 种导致转售难以进行或者不可能进行的原因，具体如下。

（1）服务。绝大多数服务不能被转售。例如，一名牙医向甲收取非常高的价格而向乙收取非常低的价格，通常甲不可能通过乙来向牙医代购服务而从中获益。

（2）担保。如果产品被转售，厂商可以宣布它对此产品的担保失效。例如，一家厂商可以宣布它只对产品的初次购买者提供担保，这样，向初次购买者购买产品的买方就增加了一项成本。

（3）掺杂。生产商可以在某种产品中掺杂其他物质以使该产品不能用作他途。例如，酒精既可以饮用（酒类饮料），又可以作为药用（擦洗酒精）。假设酒精由一家垄断厂商提供，它想向支付意愿高的饮用酒精消费者索取高价，而向支付意愿低的药用消费者索取低价。为了防止药用酒精消费者购买酒精后转售给饮用酒精消费者，生产商可以在药用酒精中掺入一些物质，使其不适合饮用，但不影响其药用功效，从而达到限制转售的目的。

（4）交易费用。如果消费者为了转售需要承担一大笔交易费用，那么转售的可能性将大大降低。例如一些消费者收到折扣券，可以以低价格购买某些商品。但转售折扣券的交易费用太高，将导致转售难以实现。交易费用的两个重要例子是关税和运费。一个想在美国高价销售和在欧洲低价销售的厂商，将担心欧洲会将产品转售给美国，但是如果从欧洲转售至美国要缴纳高额的关税或者运费，这些交易费用将减少或者消除转售出现的可能性。

（5）合约补救。厂商可以在合约中载明把禁止转售作为销售条件之一。例如，笔记本电脑厂商设定针对学生的低价，在购买前，要求其不得转售。然而，如果限制转售的条款不具有法律约束力或者缺乏可操作性，那么这样的条款还是不能阻止转售。

（6）垂直一体化。假定一家制铝的厂商，希望向铝制线的生产商索取低价，而向铝制飞机部件的生产商索取高价。为了避免转售，制铝的厂商通过垂直一体化，直接生成铝制线，向最终消费者提供较低的价格，同时以较高价格把产品卖给铝制飞机部件生产商。其能够避免转售的原因在于：一方面，它控制了铝制线分厂的行动，不允许其转售；另一方面，经过加工后的铝制线价格高于铝制飞机部件生产商需求的铝原料，所以他们将不会采购铝制线代替。这种阻止转售的方法与前面提到的掺杂方法类似。

（7）政府干预。政府可以通过法律，允许竞争性行业的厂商采取集体行动来防止转售。例如，针对低收入阶层的社会保障房，由政府设立政策限制其转售。

## 三、互联网和大数据对价格歧视的影响

随着互联网和大数据技术的应用，商家运用完全价格歧视更具有可行性，具体原因如下。

（1）如果交易是匿名进行的，那么很难判断一个买家的支付意愿。但互联网的应用和数据收集、数据分析、机器学习等技术的提升，使得商家能够以较低的成本，从广泛的来源，监测到大量与消费者相关的数据，甚至达到比消费者自己都了解其自身的程度，这在前互联网时代是难以想象的。通过了解每名消费者的消费能力和消费意愿，商家对每名消费者直接个性化定价成为可能。

（2）传统上，套利可以对价格歧视产生抑制作用。商家通过将商品和服务与特定的消费者绑定，可以使套利失效。如将机票与乘客身份绑定，禁止其再出售。在传统经济下，这种抑制手段使用的范围较为有限，并且成本高昂，难以大规模普及，只能在美容院、会所等小范围使用。但在互联网环境下，每个用户在一个交易平台内有单独的账号，商家和平台很容易将商品和服务与特定的消费者绑定，点对点销售，通过绑定用户身份避免了套利。另外，互联网也便于商家实施一人一价和动态定价机制，如果用户不是去特意对比，很难察觉自己看到的价格与别人不同。

（3）互联网平台的锁定效应加强了商家的市场力量。用户从一个平台转换到另一个平台的时候通常要承受一定的转移成本。当转移的成本非常高时，用户就面临锁定。

除了以上条件，从商家角度看，信息产业的特点也使其更有动力实施完全价格歧视。企业通常是在技术、经济、法律等社会条件的限度内做出最优决策，目的是赚取更多利润，价格歧视只是一种为增加利润而采取的商业决策手段。铁路、航空等传统产业和信息产业，均具有高固定成本、低边际成本的特点，多销售一份产品或者服务的增量成本非常小，通过增加销量，可以拉低整体的成本。这会刺激商家对产品和价格进行个性化定位，迎合不同消费者的口味和支付意愿，以增加整体利润。

从实际效用看，大数据条件下实施价格歧视可以显著增加商家的利润。根据 Shiller（2013）基于 Netflix 所做的研究，使用传统人口统计资料的个性化定价方法，可以使 Netflix 增加 0.8% 的利润，但根据用户网络浏览历史，使用机器学习技术来估算用户愿意支付的最高价格，可以使 Netflix 的利润增加 12.2%，显示出巨大优势。

目前商家实施价格歧视的具体方式，一种是个性化定价：利用大数据为个人买家定制价格，如基于每个用户的地理位置、IP 地址、操作系统、cookie、浏览历史和消费者特征、消费水平、购买历史、网络行为等设定不同的价格。

另一种是搜索歧视：在不改变价格的情况下，引导消费者购买特定产品。产品操纵可以通过推荐更多符合用户特性的相关产品，从而提高复购率，或者推荐更合理的产品，让消费者支付他们愿意支付的最高价格。例如，平台通过推荐系统，向愿意付出高价格的用户优先展示高价格商品，以提高销售利润。

所以互联网平台收集的个人信息，包括年龄、性别、收入、偏好、位置、浏览历史、评论、兴趣等都有很大的经济价值，在一定程度上可以通过价格歧视来实现货币化。但目前各大互联网平台的完全价格歧视技术与策略运用的成熟度还有待评估。

## 第二节　三级价格歧视

非同一定价的方式有很多种。关于价格歧视的分类，最为流行的是 Pigou（1920）的标准，分为三种类型。

### 一、一级价格歧视

**一级价格歧视**（first-degree price discrimination）又称为完全价格歧视。所有价格歧视的目的都是攫取更多的消费者剩余。当一家垄断厂商能够为每名消费者索取其愿意为每单位产品支付的最高价格时，厂商就实现了一级价格歧视或者说完全价格歧视。例如，一位小镇上的医生，熟悉镇上的每一位居民，包括他们的经济情况。凭借这种信息，这位医生可以估计每一位来就诊的病人愿意为每次看病所支付的费用，并以此来制定相应的收费标准。另外一个例子是飞机制造商，尽管制造商为每架飞机都标出价格，但实际上每家航空公司为每架飞机支付了不同的价格。

厂商实施一级价格歧视时，它的垄断利润必然会增加。为此，我们可以先看单一价格下的垄断利润情况。如图 5-3 所示，在点（$p^m$，$Q^m$），垄断利润为

$$\pi^{sm} = \int_0^{Q^m} \left[ \mathrm{MR}(Q) - \mathrm{MC}(Q) \right] \mathrm{d}Q \tag{5-1}$$

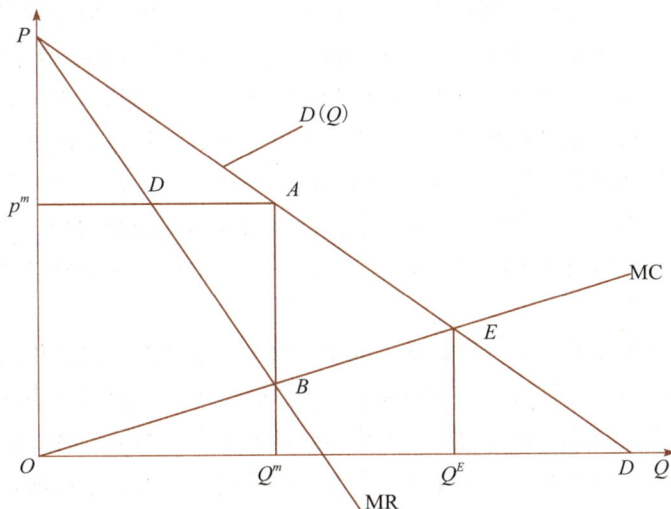

**图 5-3　一级价格歧视下垄断利润的增进**

由于在一级价格歧视下，销售每个增加的单位产品的利润是需求和边际成本之差，即它的利润是需求曲线 $D(Q)$ 下方的区域（收益）减去 $\mathrm{MC}(Q)$：

$$\pi^{dm} = \int_0^{Q^E} \left[ D(Q) - \mathrm{MC}(Q) \right] \mathrm{d}Q \tag{5-2}$$

因此，可以看出，$\pi^{dm}$ 与 $\pi^{sm}$ 的差额就是图 5-3 中 $PBE$ 的面积。通过实施一级价格歧视，厂商有了提高产出的积极性，追逐利润的动机可以促使厂商实现完全竞争时的产出水平，从而消除了在单一垄断价格下，因为垄断者限产而导致的净福利损失。因为在单一垄断价格情况下，垄断者按照单一价格出售，那它会按照边际收益等于边际成本的原则决定产量和使其利润最大化。这种在单一垄断价格体系下的产出必然受到限制，也必然导致收入的转移和净福利损失。

与完全竞争相比，一级价格歧视厂商只是对最后一位边际消费者索要等于边际成本的价格，而对其他消费者的要价均要高于这一价格。由于厂商按消费者的支付意愿出售产品，故垄断厂商剥夺了全部的消费者剩余，使其全部落入厂商的口袋。因此从社会福利的角度看，虽然在一级价格歧视下不存在任何效率损失，只是改变了生产者与消费者之间的分配结构，但是会影响社会意义上的公正分配，导致社会矛盾激化。

## 二、二级价格歧视

完全价格歧视需要厂商识别每位消费者的支付意愿，然而现实中未必总能观察到每位消费者的特性。即便如此，厂商仍然可能通过提供一系列包括价格和各种条款在内的销售合同，在不同的购买者之间进行价格歧视。例如，高峰点和非高峰点的票价，周末的机票价格通常会有折扣，因为商务人士通常会选择在工作日出行，这样非高峰点的票价折扣就可以区分出商务旅行和休闲旅行的乘客。在这种情况下，从购买者角度存在自我选择（self-selection）机制。这种基于诱导消费者在其所提供的不同产品之间自我选择来进行的价格歧视被称为**二级价格歧视**（second-degree price discrimination）。它的特征是：顾客如果只购买很少的数量，产品的平均单价就极为高昂；当顾客的购买量超过一定的起购数量后，单价就会下降。在现实定价中，厂商设定起购数量，给予相应的数量折扣或划分代理等级，返还部分佣金等均可视为二级价格歧视方式的运用。

在二级价格歧视下，垄断性厂商有能力防止消费者之间的转卖，但是它只知道人群中的需求分布，并不知道每名消费者的具体需求。在此前提下，它就没有实施一级价格歧视的可能。但是，根据购买数量的差异，厂商可以将顾客区分为高需求消费者和低需求消费者两类。如果厂商对高需求消费者索取的价格超过产品的边际成本，则可以对购买量很大的消费者少许降价，诱使他们购买更多。由于价格仍高于边际成本，垄断厂商可以从这些销售中获得利润。这一策略的结果是：具有最高需求的消费者按边际成本支付价格，可以得到正的净剩余，并购买了符合社会最优的商品数量；而低需求的消费者则支付了高于边际成本的价格，得不到净的消费者剩余，购买数量低于社会的最优水平。

二级价格歧视的例子在服务业中很常见。例如，餐馆经常给消费者提供的选择是：自助餐的固定收费较高，但是其边际收费为零；点餐服务的固定收费为零，但是其边际收费较高。这种收费规则就能区分出两类消费者：食量大、对食物的要求不太讲究的消费者就会选择自助餐，而食量小且对食物的要求高的消费者就会选择点餐服务。这样餐馆就可以通过向自助餐消费者收取较高的固定费用的方法，攫取较大的消费者剩余。而不用支付固定费用的享受点餐服务的消费者，则为其灵活的选择性支付了较高的边际费用。在上文中我们对购买量超过一定的起购数量的叙述，可以看作不对消费者收取固定费用的特例。

一般地，我们对二级价格歧视可以正式叙述如下。

如果有两类消费者，第一类消费者在一定价格下的需求要大于第二类消费者，那么垄断厂商的最佳策略是：对第二类消费者收取金额为 $T_2$ 的固定费用，对第一类消费者收取金额为 $T_1$ 的固定费用，同时 $T_2 > T_1$；同时，对第二类消费者收取的边际价格为 $P_2$，对第一类消费者收取的边际价格为 $P_1$，且 $P_2 < P_1$。

夏皮罗和瓦里安（2000）把二级价格歧视称为版本差异，即销售者能够按照消费者支付意愿来区分一系列不同价格与质量水平的消费组合。19 世纪法国工程师和经济学家杜皮特曾对铁路客运三级价格系统做了以下的评论：

> 某家公司之所以要有敞篷的木凳车厢，并不是因为给三等车厢装上顶棚或者给上等车厢的木凳装上垫子要花去几千法郎……它这样做只是为了阻止能够支付起二等车费的人去坐三等车厢；它打击了穷人，但并不是想要伤害穷人，而是为了吓走富人……出于同一理由，那些被证明对待三等乘客近乎残酷，对待二等乘客近乎吝啬的公司，在对待一等乘客时却变得慷慨起来。他们拒绝给予穷人所必需的东西，却给予富人多余的东西。

以上是价格歧视的一个经典例子。怎样设计版本系列呢？以信息产品为例，夏皮罗和瓦里安（2000）提供了如下的参考。

（1）延迟。信息越新越值钱。如果消费者想获得最新的信息，意味着他们愿意为最新的信息支付更多的钱。根据消费者对于不同信息需求的急迫程度，可以设计推迟的版本。例如，美国联邦快递提供了两种登记的服务：第 1 种是有限服务，承诺在上午 10 点前送到；第 2 种是"次日"服务，只保证第 2 天某些时候把邮件送到。为了鼓励发件人自我选择，联邦快递会向同一个地址跑两趟，而不是把非优先的邮件在 10 点前送达。他们很正确地意识到，为"普通"包裹提供优先服务会减少优先服务的价值。

（2）用户界面。通常偶然使用者喜欢简洁的界面和仅提供简化的功能，而有经验的用户则喜欢更多的功能并愿意为之付出更高的价格。在这种情况下，为付费高的用户提供更加完善的用户界面是有道理的。

（3）方便性。通过对于时间和地点的限制，来区分不同的版本。

（4）图像分辨率。对于同一图像，根据像素的高低制定不同的价格。例如，迪士尼公司对于游园的顾客提供了拍照服务，在网站上很方便下载。照片可以以低像素的方式免费预览，然而如果想高像素下载，则需要支付一定的费用。

（5）操作速度。与打印机的打印速度差异类似，软件产品也存在操作速度上的差异。

（6）使用的灵活性。例如，两种版本的软件，一种是低价、不可拷贝的版本，另一种是高价、可以拷贝的版本。

（7）容量。例如，电子词典的词汇量，针对外科医生准备的高端软件往往比入门软件贵很多倍。

（8）完整性。通常试用版本价格低廉，但功能常常不完备。

对于上述版本差异，有时厂商会为了实行价格歧视而降低某些现有产品的质量，即厂商生产受损产品（damaged goods）。例如，Wind（万得）数据服务，针对高校的版本要比针对企业特别是证券公司的价格便宜很多，但有些功能没有被包括进来。如果不加限制，高校和证券公司两类消费者群体间将发生套利行为。通过禁用某些功能而使得产品受损，即市场营销专家所称的受损产品。受损产品引起关注的原因是完整版和受损版的价格差别并不在于成本，而主要是价格歧视。利用受损产品或者故意使得产品受损来提高价格歧视能力已经成为制造商惯用的手法。换个角度来看，对于产品质量高低的选择，是厂商"内生"决定的。

## 三、三级价格歧视

还有一种价格歧视通常按照消费者群体划分制定不同价格，又被称为信号选择（selection by indicators）。根据可以观察到的消费者特性，厂商制定不同的价格，这样的价格可以看作消费者特性的函数，如特定国家价格、成员折扣价、杂志的学生定价和老年折扣的地铁票价等。**三级价格歧视**（third-degree price discrimination）把消费者分组，对每一组制定不同的价格，这种行为也称为市场分割（market segmentation）。一种市场分割的常见形式是以地理位置为基础，制定空间上的价格歧视。例如，针对大学图书馆的国际数据库订阅服务，通常发展中国家大学支付的价格要比发达国家大学支付的价格低很多。另外，针对支付意愿低的学生群体，通常有各类折扣价格。例如，订阅杂志的学生价，手机通信的学生套餐，各类餐馆、影院等消费场所的学生卡，以及前面提到的笔记本电脑学生机，等等。

图 5-4 反映了针对不同群体的有趣价格歧视实例。图片来自网络（拍摄地址可能是美国墨西哥边境）。第 1 行写的是英文：橙汁 5 美元。第 2 行写的是西班牙文：橙汁 4 美元。

**图 5-4　橙汁的价格歧视**

三级价格歧视的简单模型是一个垄断者在两个分离的市场上销售产品。此时利润函数可以由以下公式给定：

$$\Pi(p_1, p_2) = p_1 D_1(p_1) + p_2 D_2(p_2) - C[D_1(p_1) + D_2(p_2)] \quad (5\text{-}3)$$

这里的 $p_i$ 是产品在第 $i$ 个市场上的价格。利润最大化暗含这样的条件：$MR_1 = MR_2 = MC$，此处的 $MR_i$ 是市场 $i$ 的边际收益，MC 是边际成本。这里隐含了所谓的**弹性法则**（elasticity rule）

$$p_1\left(1-\frac{1}{\varepsilon_1}\right)=p_2\left(1-\frac{1}{\varepsilon_2}\right)=\mathrm{MC} \tag{5-4}$$

其中，$\varepsilon_i \equiv -(\partial q_i/\partial p_i)(p_i/q_i)$ 是价格需求弹性。

这表明，在三级价格歧视下，销售者在价格弹性大的市场区域必须执行相对低价策略。其他与此类似的模型说明了产品的出口价格低于国内市场价格的原因。当出口市场的需求弹性大大高于国内市场的需求弹性，并能够补偿出口所需的运输费用时，将达到最优。

有关二级价格歧视与三级价格歧视的差别尚存在争议，两者的主要区别在于销售者是直接还是间接地区分购买者，即究竟是根据信号选择区分购买者（三级价格歧视）还是通过自我选择机制区分购买者（二级价格歧视）。

作为二级价格歧视的一个典型参考是：单位价格依赖于购买数量（而非购买者的身份）。例如，像水、电或者通信服务等定价问题，由于存在固定费用，单位价格将随消费量的上升而下降。这种价格歧视也被称为非线性定价。按照这个定义，二级价格歧视的关键特征就是价格与消费者身份无关，而取决于购买的数量。在这种意义上，有关二级价格歧视的两种定义是一样的，但数量是定义顾客所需消费的因素之一（如质量也是另一方面因素）。换句话说，相当于消费内容的其他度量标准，价格取决于数量并无特殊之处。

## 案例专栏 5-1

## 享受 8.5 折的贵宾会员订房价竟比实际价格高一倍

2020 年 7 月，胡女士像往常一样，通过携程 App 订购了舟山希尔顿酒店的一间豪华湖景大床房，支付价款 2 889 元。然而，离开酒店时，胡女士偶然发现，酒店的实际挂牌价仅为 1 377.63 元。胡女士是携程平台上享受 8.5 折优惠价的钻石贵宾客户，但不仅没有享受到星级客户应当享受的优惠，反而多支付了一倍的房价。退房后，胡女士与携程沟通，携程以其系平台方，并非涉案订单的合同相对方等为由，仅退还了部分差价。

胡女士不服携程的处理结果，以上海携程商务有限公司采集其个人非必要信息，进行"大数据杀熟"等为由诉至法院，要求退一赔三并要求携程 App 为其增加不同意"服务协议"和"隐私政策"时仍可继续使用的选项，以避免被告采集其个人信息，掌握原告数据。

浙江省绍兴市柯桥区法院审理后认为，携程 App 作为中介平台对标的实际价值有如实报告义务，其未如实报告。携程向原告承诺钻石贵宾享有优惠价，却无价格监管措施，向原告展现了一个溢价 100% 的失实价格，未践行承诺。而且，携程在处理原告投诉时告知原告无法退全部差价的理由，经调查也与事实不符，存在欺骗。故认定被告存在虚假宣传、价格欺诈和欺骗行为，支持原告退一赔三。

新下载携程 App 后，用户必须同意携程"服务协议""隐私政策"方能使用，如不同意，将直接退出携程 App，是以拒绝提供服务形成对用户的强制。而且，携程 App 的"服务协议""隐私政策"均要求用户特别授权携程及其关联公司、业务合作伙伴共享用户的注册信息、交易与支付数据，并允许携程及其关联公司、业务合作伙伴对用户信息进行数据分析，且对分析结果进一步商业利用。携程 App 的"隐私政策"还要求用户授权携程自动收集用户的个人信息，包括日志信息、设备信息、软件信息、位置信息，要求用户许可其使用用户信息进行营销活动、形成个性化推荐，同时要求用户同意携程将用户的订单数据进行分析，从而形成用户画像，以便携程能够了解用户偏好。

上述信息超越了形成订单必需的要素信息，属于非必要信息的采集和使用，其中用户信息分享给被告可随意界定的关联公司、业务合作伙伴进行进一步商业利用更是既无必要性，又无限加重用户个人信息使用风险。原告不同意被告现有"服务协议"和"隐私政策"合乎情理，应予支持。

据此，法院当庭做出宣判，判决被告上海携程商务有限公司赔偿原告胡女士投诉后携程未完全赔付的差价 243.37 元及订房差价 1 511.37 元的三倍支付赔偿金共计 4 777.48 元，且被告应在其运营的携程旅行 App 中为原告增加不同意其现有"服务协议"和"隐私政策"仍可继续使用的选项，或者为原告修订携程旅行 App 的"服务协议"和"隐私政策"，去除对用户非必要信息采集和使用的相关内容，修订版本需经法院审定同意。

### 复旦教授打车 800 次揭秘"杀熟"，用软件打车是否存在"苹果税"

复旦大学管理学院孙金云副教授团队发布的《2020 打车软件出行现状调研报告》显示，通过打车软件实测，可以发现打车软件平台会利用已有的用户特征大数据提供差异化服务、个性定价。不过该报告也强调，这并不代表平台真实采用了这一策略对用户进行某种筛选和操纵，可能和其真实的算法及策略存在一定的偏差。

打车软件平台有可能会格外"关注"苹果手机用户，伺机收取"苹果税"吗？

在具体实践中，该团队采用"一键呼叫经济型＋舒适型两档后被舒适型车辆接走的订单比"来判断"被舒适"的程度。数据表明，与非苹果手机用户相比，苹果手机用户的确更容易"被舒适"车辆（如专车、优享等）驾驶人接单，这一比例是非苹果手机用户的 3 倍。

除了通过手机品牌来识别用户，打车软件平台也可能同时关注乘客手机价格所透露的信息。通过将手机品牌（是否为苹果手机）与手机价位作为自变量，以是否"被舒适"接单作为因变量，进行回归。结果表明，苹果手机和手机高价位都对用户"被舒适"订单产生了正向显著影响。如果将"是否为苹果手机用户"视为调节变量，结论将更加清晰：如果乘客使用的是苹果手机，那么就更容易被推荐舒适型车辆；如果乘客使用的不是苹果手机，那么就要看他的手机价位，手机价位越高则越有可能被舒适型车辆接走。

此外，"苹果税"还体现在苹果手机用户比非苹果手机用户享受到的打车优惠更少。数据统计发现，苹果手机用户平均只能获得 2.07 元的优惠，而非苹果手机用户平均可以获得 4.12 元的优惠。这一差异十分显著，用优惠金额除以每订单原价获得的折扣比例数据依然显著地支持上述结论。

### 大数据杀熟套路多，上海消保委呼吁促进平台算法公平

1. "熟客卖高价"是初代大数据杀熟的典型特征

初代的大数据杀熟，依靠的是算法的简单判断。比较典型的就是"熟客卖高价"，如平台对新客展示的是低价，因为新客通常会在不同平台比价。而如果你是老顾客，习惯已经养成，往往不会货比三家，那自然价格就会高一些。和"熟客卖高价"相类似的还有"新人插队"，如打网约车时，算法会判断你是不是购买了代金券。如果你买了代金券，自然会忍受更长的等待时间（因为代金券不用会过期作废），算法就会把没买过代金券的乘客插队排在你前面。

其实差别定价不是错事，多年前洋快餐经常在店门口发优惠券，对价格比较敏感的顾客会把优惠券藏在钱包里，下回买汉堡的时候可以"便宜 2 块钱"。插队也不一定就错，如银行的 VIP 客户就有权优先办理业务。消费者对于"大数据杀熟"的厌恶其实就在于平台的欺骗。老顾客不会奢望打折，但也不愿意被套路。购买了代金券的乘客一直打不到车也以为是高峰时打车人多。基于欺骗达成的交易自然就没有公平性可言。

2. 算法迭代，个性化推送下的"千人千面"与"千人千价"

（1）内容推送。基本方法就是这个人喜欢什么就给他看什么，投其所好。算法如果再聪明点，还能潜移默化地固化或改变他的认知。例如，某人曾经搜索过"白芝麻黑芝麻"，那么他会在很多 App 里接收到关于芝麻的信息推文。如果他曾经在网上买过两次白芝麻，那么大概率能经常看到关于"白芝麻比黑芝麻好"的各种文章。如果他正好 40 岁，可能就会看到"40 岁以后应该吃白芝麻"的"知识科普"。

（2）产品匹配。它就是根据个人信息匹配相关的产品广告或产品。例如，2020 年下半年，上海市消保委曾使用多个手机终端模拟不同收入群体的消费者使用相同的 App，并进行一段时间的虚拟人设操作。测试发现，不同手机接收到的广告差异度极大，模拟低收入人群的手机高频率收到各类低价劣质商品和网络贷款广告。

（3）价格组合。相较于初代"大数据杀熟"显而易见的欺骗性差异化定价而言，基于复杂算法的价格组合更为隐蔽，也更能被合理化解释。上海市消保委在不同平台测试了订房、买菜等业务，不同账号的价格差异比以前更大，但与以前不同的是，现在的"千人千价"是由原价与各种优惠券所组成的。这些券并不是账号钱包里原有的，而是算法临时生成的。算法也为这些优惠券说明了各种不同的理由，如"上个月你打过车""前天你买过菜"等。

资料来源：余建华. 浙江一女子以携程采集非必要信息"杀熟"诉请一赔三获支持 [N]. 人民法院报，2021-07-13 (3).

孙金云. 2020 打车软件出行现状调研报告 [R]. 上海：复旦大学，2021. 上海消保委网站。

## 四、价格歧视的福利效应

对价格歧视所带来的福利效应要分类探讨。一般来说，一级价格歧视的福利后果是比较清楚的，它可以达到竞争性的产出水平，不存在效率的损失，但消费者比在竞争情形下更穷了，因而一级价格歧视没有扭曲效率，改变的只是收入分配的结构。

三级价格歧视则要复杂得多，因为它有可能刺激厂商增加产出，从而使向特定市场提供产品或服务成为可能。例如，按收入水平确定学费标准，可使穷困家庭的孩子获得就学机会；对航空票价进行差别定价，可使私人旅行者获得优惠待遇。但与此同时，它通过防止转卖也限制了交易的发生，从而迫使歧视对象不能通过市场交易提高福利，或者为得到低价不得不付出一定的代价。

从效率这个角度来看，三级价格歧视可能优于非歧视的垄断定价，也可能差于后者，这取决于成本曲线和需求曲线的形状。不完全的价格歧视越接近于完全价格歧视，它就越有可能得出一个比非歧视的垄断定价更有效率的结果。

三级价格歧视的低效率可能源于三方面。

第一是垄断的低效率。价格高过边际成本，导致产出遭到限制，从而导致产出的低效率。

第二是消费的低效率。由于不同的消费者为同一产品支付的单价不同，每名消费者的边际支付意愿各不相同，这就可能没有利用进一步交易的机会，从而导致低效率。举例来说，假定不存在转卖可能，市场上只有甲、乙两个消费者。甲为购买第 1 单位产品愿意支付 10 美元，待购买第 2 单位时愿意支付 9 美元，因此他若消费 2 单位产品，一共愿意支付 19 美元。如果厂商向甲索取的单价为 10 美元，那么甲只消费 1 个单位。乙为购买第 1 单位产品愿付 7 美元，再购 1 单位愿付 4 美元，因此他购买 2 单位产品共愿付 11 美元。如果厂商向乙索取的单价为 5 美元，他就只购买 1 个单位。在边际上，甲对产品的赋值高于乙。甲对增加的那 1 单位产品赋值为 9 美元，而乙对正在消费的第 1 单位产品仅赋值 7 美元。在这种情形下，甲消费 2 单位而乙不消费能带来更高的效率。例如，甲以 8 美元向乙购买乙的 1 单位产品，甲和乙的福利均有提高。但由于转卖不可能进行，这项交易不能发生，故价格歧视造成了消费上的低效率。这样，如果歧视垄断的产出水平等于（或低于）非歧视垄断，前者的福利不及后者，因为后者不造成消费上的低效率。

第三是消费者为得到低价，可能不得不花费资源，而厂商从这种花费中又得不到好处。例如，消费者可能不得不排队等候，这样他们才可获得低价。怎样认识这种歧视形式呢？我们可视之为垄断厂商逼迫消费者先购买一种"负商品"（如浪费时间），然后再以低价向其供应商品。

另外我们应该注意到：如果三级价格歧视下的产出高过非歧视的垄断下的产出，前者带来的福利可能比后者多。例如，假定有两组消费者，不实施价格歧视的垄断厂商会发现它的最优价格宜定于某一水平，这个价格水平将令其中一组消费者放弃购买。而实施价格歧视的垄断厂商则让两组消费者都进行购买，从而扩大了产销量，并使消费者从中获益。

为了具体分析上述三级价格歧视的福利效果，我们假设只有两个消费群体，总效用函数形式为 $u(x_1,x_2)+y$。这里，$x_1$ 和 $x_2$ 分别代表两个消费群对价格歧视商品的购买量，$y$ 是花费在另一商品上的货币。这两个商品的反需求函数形式由下式给出

$$p_1(x_1,x_2)=\frac{\partial u(x_1,x_2)}{\partial x_1}$$

$$p_2(x_1,x_2)=\frac{\partial u(x_1,x_2)}{\partial x_2} \tag{5-5}$$

我们假设 $u(x_1,x_2)$ 为凹且可微，令 $c(x_1,x_2)$ 为提供 $x_1$ 和 $x_2$ 的成本，从而社会福利可记为

$$W(x_1,x_2)=u(x_1,x_2)-c(x_1,x_2) \tag{5-6}$$

令 $p^0$ 为初始的垄断价格，两个群体的购买量为 $(x_1^0,x_2^0)$；令 $(p_1',p_2')$ 为歧视价格，相应的购买组合为 $(x_1',x_2')$。根据 $u(x_1,x_2)$ 的凹性，有

$$u(x_1',x_2')\leq u(x_1^0,x_2^0)+\frac{\partial u(x_1^0,x_2^0)}{\partial x_1}(x_1'-x_1^0)+\frac{\partial u(x_1^0,x_2^0)}{\partial x_2}(x_2'-x_2^0) \tag{5-7}$$

运用逆需求函数的定义，有

$$\Delta u\leq p_1^0\Delta x_1+p_2^0\Delta x_2$$

类似的讨论，可得

$$\Delta u\leq p_1'\Delta x_1+p_2'\Delta x_2$$

在边际成本为常数的情况下，有 $\Delta c=c\Delta x_1+c\Delta x_2$，由于 $\Delta W=\Delta u-\Delta c$，故有最终结果（令初始的价格集合为不变的垄断价格，从而有 $p_1^0=p_2^0=p^0$）

$$(p^0-c)(\Delta x_1+\Delta x_2)\geq\Delta W\geq(p_1'-c)\Delta x_1+(p_2'-c)\Delta x_2 \tag{5-8}$$

该式表明，价格歧视增加福利的必要条件是总产量增加，即 $\Delta x_1+\Delta x_2>0$，否则 $\Delta W<0$；福利增加的充分条件是，加权产量变化的总和为正，权重由价格减边际成本给出。对此的经济学解释是，价格歧视之所以会增加福利，是因为扩大了消费需求，当单一价格无法抵偿总成本时，价格

歧视使供给成为可能，厂商能够以高价出售获得的利润来补贴低收入阶层，进而能够为特定市场提供商品和劳务。

当价格歧视不能增加产出时，一般认为社会福利会受到损害。这一结论可通过一个简化的模型得到说明。假定厂商的边际成本为固定的常数 $c$，厂商面对的两个细分市场的需求曲线为线性，市场 1 的需求曲线为 $Q_1 = a_1 - b_1 p_1$，市场 2 的需求曲线为 $Q_2 = a_2 - b_2 p_2$，如果采取单一价格，即 $p_1 = p_2 = p$，则厂商面临的总需求为 $Q = Q_1 + Q_2 = (a_1 + a_2) - (b_1 + b_2) p$。可以证明在三级价格歧视下，厂商在两个市场的最优产出为

$$Q_1^* = \frac{a_1}{2} - \frac{b_1 c}{2}, \quad Q_2^* = \frac{a_2}{2} - \frac{b_2 c}{2} \qquad (5-9)$$

如果垄断厂商不采用价格歧视，则其最优产出为

$$Q^* = \frac{a_1 + a_2}{2} - \frac{b_1 + b_2}{2} c \qquad (5-10)$$

可以看出，$Q^* = Q_1^* + Q_2^*$，价格歧视与否和产量无关。之所以在不增加产出的情况下，价格歧视会降低社会福利水平，这是因为如果允许转卖，低价购买者能够以较高的价格向出高价的买主转让产品，这样一来可同时提高双方的福利，而价格歧视限制转卖的发生，造成不同的消费群体不能通过交易来提高消费的效率。此外，实行价格歧视时，厂商往往会逼迫消费者预先花费一定的资源，如排队等待、提前预付订金等，形成人力和资金的时间成本，这些资源没有用于生产性活动当中，厂商也没有因此而得到好处，这就造成了社会效率的损失。

尽管产出是否增加可以作为限制或允许价格歧视的依据，但在制定或执行有关价格歧视的反垄断法规中，很难判定价格歧视实现的产出是否超过单一垄断价格下的产量，这使得价格歧视的福利后果显得模糊不清，因此判断价格歧视是增进还是损害福利，更多地仍然依赖于经验，缺乏科学的界定，故而对相关的反垄断法规是否真的能实现理想的目标，学术界仍存在争论。

## 五、如何监管价格歧视

早在百年前庇古就警告过，垄断者在设置定价策略时必须小心谨慎，因为敌对的公众舆论可能会导致立法干预，垄断者不应该激怒大众。另有一些学者认为，从公平和消费者保护的角度考虑，应该禁止价格歧视。然而，严厉的干预将会消除潜在的与价格歧视相关的社会福利，并且可能会阻碍定价创新，与经济学原理相违背，所以我们首先应该慎重对待规范价格歧视的建议。同样，我们不能对价格歧视视而不见，因为随着技术的完善，商家运用价格歧视将越来越娴熟，会占有更多的消费者剩余，也会导致消费者越来越强烈的抵制。因此在制定监管政策时，相关部门应当考虑以下几个方面。

### 1. 完善现有法律制度

价格歧视影响的是商家和消费者之间的利益分配，政策目标应是，在扩大社会福利的前提下，平衡商家和消费者利益，促进社会公平。目前还没有专门针对价格歧视的法律法规，实践中我们可以从反垄断法、价格法、个人信息保护法等现存的相关法律法规中寻找监管依据，但在适用方面仍存困境。欧盟和美国的反垄断法，尽管包含了效率与公平问题，却更多专注于严格规制垄断企业滥用市场支配地位，损害市场竞争和上下游主体利益的行为上。《中华人民共和国反垄断法》同样如此，其中界定价格歧视的一个构成要素是主体应为占有市场支配地位并滥用这种市场支配地位的企业。目前在互联网领域，关于如何界定市场支配地位还存在很大争议，而且这

种视角缺少对社会福利最大化概念的关注，所以尚无法有效解决价格歧视问题。另外，《中华人民共和国价格法》中有禁止经营者实行价格歧视的条款，但仅仅禁止发生在经营者之间的价格歧视，未对指向最终消费者的价格歧视做出规定。

### 2. 提升监管技术与算法披露

大数据下定价机制复杂且不透明。首先，定价要考虑成本，如何定义成本，显性的会计成本容易计算，隐性的机会成本却难以准确衡量。其次，即使有明确的成本定义，定价的算法仍是一个复杂的问题，需要利用大量的数据和信息，如原材料、研发、人工、土地、资本、生产、运输、销售等，如果涉及服务，往往还有一些主观因素，更难有客观的衡量标准。此外，目前很多移动互联网服务采用动态定价，算法复杂且不透明，如某出行平台在接受对"大数据杀熟"的质疑采访时回应称：用户每个行程的预估价是根据乘客定位、实时路况、预估行驶里程、预估时长制订的，而且是按毫秒实时刷新的。这确实是定价技术的提升，但也增加了消费者的疑虑。在此类情况下，即使商家实施了价格歧视，普通消费者也很难有所感知，监管部门很难取证，因为需要很强的实时数据抓取能力。现在欧盟已经开始部署相关技术，对互联网平台的动态价格进行实时监测。此外，要求商家向消费者披露定价机制算法应当成为一个政策选项。应该注意的是，此类信息披露应该仅限于简单陈述，而不是关于定价机制算法的详细信息，否则可能遭到商家的抵触。而且，商家也会权衡合规成本与从增加算法透明性中所获得的收益，如果成本高于收益，商家或许会放弃相关业务。

### 3. 个人信息保护

如果说互联网前二十多年的商业模式更多的是依赖用户注意力，那么未来互联网商业模式将更多建立在数据基础上。大数据下的价格歧视必须依赖广泛的输入变量，这些变量往往包含大量敏感的个人信息，如果不对其加以限制，在某些领域容易产生损害消费者利益的情况。尤其是在保险、信贷等基于风险定价的领域，如果商家能够获取敏感的个人信息，往往会倾向于选择低风险的消费者，对高风险消费者索取高价或者排斥其购买行为。在隐私保护方面不太严格的美国也承认，在保险或信贷市场等风险产品方面，严格的隐私规定至关重要。欧盟近年生效的 GDPR（通用数据保护条例）中，也强调了在使用公民个人数据时，使用者需表明其特定的使用目的，超出范围的使用将受到限制。所以监管政策应该确定什么样的个人信息能够被商家用来实施价格歧视。

## 第三节 非线性定价

如果拥有市场力量的厂商不能掌握不同消费者群体的支付意愿，就很难通过价格歧视有针对性地对不同消费者索取不同的价格，以实现利润最大化。这时厂商可以运用一些非线性定价的策略，如两段收费、捆绑销售、搭售等，来诱使消费者显示出他们的需求偏好，并支付不同的价格。只要非线性定价策略运用得当，就能比单一价格策略赚取更多的利润。

### 一、两段收费

所谓两段收费（two-part tariff），是指厂商先向消费者收取一笔固定费用，而后再按商品或服务的消费数量收取相应的费用，记为 $T(q)=A+pq$。两段收费在实践中得到了广泛应用，例如，电信公司先按月收取月租费，然后再按用户通话次数、通话时间收取通话费用；乘坐出租车也是先支付起步价，然后再按超出里程数付费；有些餐馆、俱乐部实行会员制，要求先缴纳一笔固定的会员费，然后依据消费数量享受价格折扣；宝丽来立即成像相机的销售也可视为两段收费，其中购买相机的费用视作固定费用，购买胶卷的费用则为按单价支付的使用费；许多高尔夫和网球俱乐部除了每次对使用高尔夫球场或者网球场收取一定的费用外，通常还要求成员购买一张需要缴纳年费的会员卡。又如，电动剃须刀的生产商按照某个价格销售剃须刀，而按照另一个价格销售刀片，与上述类似，它们为刀片制定的价格一定会影响到电动剃须刀的需求，反之也成立。

在实践中，两段收费的定价方式可细分为：单一两段收费和多种两段收费。所谓单一两段收费，是指厂商向所有的消费者统一收取相同的固定费用和边际费用；而多种两段收费则是指厂商向不同的消费者提供一个可供选择的消费组合菜单，菜单上列有不同的两段收费安排，消费者可以依据自己的需求偏好进行选择。

下面，我们通过一个简化的模型，分析两段收费对于厂商利润和社会福利的影响。假定消费者具有如下偏好

$$U = \begin{cases} \theta V(q) - T & \text{如果支付 } T \text{ 而消费 } q \text{ 单位商品} \\ 0 & \text{如果不购买商品} \end{cases} \tag{5-11}$$

式中，$\theta V(q)$ 表示消费者的效用函数；$\theta$ 是一个口味参数，它随消费者的不同而不同；$V(q)$ 对所有的消费者均相同，$V(0) = 0$；由于边际效用递减，故 $V'(q) > 0$，$V''(q) < 0$。

为简化计算，引入一个具体的函数形式

$$V(q) = \frac{1 - (1-q)^2}{2} \tag{5-12}$$

由此可得，$V'(q) = 1 - q$。假定有两类消费者，口味参数为 $\theta_1$ 的消费者比例为 $\lambda$，口味参数为 $\theta_2$ 的消费者比例为 $1 - \lambda$。假定 $\theta_2 > \theta_1$，且垄断厂商以固定边际成本 $c < \theta_1 < \theta_2$ 进行生产。对于消费者而言，其目标是

$$\max\{\theta_i V(q) - T\} = \max\{\theta_i V(q) - A - pq\} \tag{5-13}$$

其一阶条件为

$$\theta_i V(q) = \theta_i(1-q) = p \tag{5-14}$$

因而需求函数可写为

$$q = D_i(p) = 1 - p/\theta_i \tag{5-15}$$

净消费者剩余为

$$\begin{aligned} S_i(p) &= \theta_i V[D_i(p)] - p D_i(p) \\ &= \theta_i \left[ \frac{1 - [1 - D_i(p)]^2}{2} \right] - p D_i(p) \\ &= \frac{(\theta_i - p)^2}{2\theta_i} \end{aligned} \tag{5-16}$$

令 $\theta$ 代表 $\theta_1$ 和 $\theta_2$ 的加权平均值

$$\frac{1}{\theta} = \frac{\lambda}{\theta_1} + \frac{1-\lambda}{\theta_2} \tag{5-17}$$

则总需求可记为

$$D(p)=\lambda D_1(p)+(1-\lambda)D_2(p)=1-p/\theta \tag{5-18}$$

现在我们依此分析完全价格歧视、单一垄断定价和两段收费下的厂商利润和社会福利。首先来看完全价格歧视。由于在完全价格歧视条件下，厂商能够根据消费者的意愿支付水平定价，消费者剩余被完全转化为厂商利润，考虑到最后一单位的支付价格 $p=c$，因此厂商的利润为

$$\pi_1=\lambda\frac{(\theta_1-c)^2}{2\theta_1}+(1-\lambda)\frac{(\theta_2-c)^2}{2\theta_2} \tag{5-19}$$

其次来看单一垄断定价。为实现 $(p-c)D(p)$ 的最大化，即 $\max(p-c)(1-p/\theta)$。可得垄断价格为 $p_m=(c+\theta)/2$，相应的垄断利润为

$$\pi_2=\frac{(\theta-c)^2}{4\theta} \tag{5-20}$$

当厂商采取最优两段收费时，假定边际费用为 $p$，为了保证低需求消费者 $\theta_1$ 类消费者能购买商品，厂商的最高固定费用为 $A=S_1(p)$，这时，高需求消费者 $\theta_2$ 类消费者也将购买。于是，厂商最大化目标是

$$\max S_1(p)+(p-c)D(p) \tag{5-21}$$

计算可得

$$p_3=\frac{c}{2-\theta/\theta_1} \tag{5-22}$$

由于 $c<p_3<p_m$，可见两段收费的边际费用介于竞争性价格和垄断价格之间。不须计算，也可以看出 $\pi_1\geq\pi_3\geq\pi_2$，这表明完全价格歧视可使厂商获取最大利润，两段收费次之，而单一垄断价格的利润在这三者中最低。这是因为，两段收费在获得边际利润 $(p-c)D(p)$ 之外，还从两类消费者身上收取了固定费用 $S_1(p)$。在社会福利效应方面，如果不考虑收入再分配效应，完全价格歧视福利最优，而两段收费方式通过收取固定费用，诱使厂商降价，刺激了消费，从而福利效果次优，相比之下单一垄断价格的福利损失最大。

我们以迪士尼乐园为例，来考虑如何解决这个两段收费问题。与往常一样，我们要做几个可以简化问题的假定。首先，我们假定在迪士尼乐园内只有一种娱乐项目。其次，我们假定人们只希望去迪士尼乐园参与该娱乐项目。最后，我们假定所有人对该娱乐项目具有相同的偏好。

在图 5-5 中，我们已经绘制出了对该娱乐项目的需求曲线和（不变的）边际成本曲线。与往常一样，需求曲线是向下方倾斜的——如果迪士尼乐园的业主们为参与娱乐项目制定了一个较高的价格，则游客参与娱乐项目的次数就会减少。假定他们将价格确定为 $p^*$，由此产生的对娱乐项目的需求量为 $x^*$，如图 5-5 所示。给定参与娱乐项目的成本为 $p^*$，他们能够对进入乐园索要的价格是多少？

对娱乐项目参与次数 $x^*$ 的总的支付意愿，是用消费者剩余来度量的。因此，迪士尼乐园的业

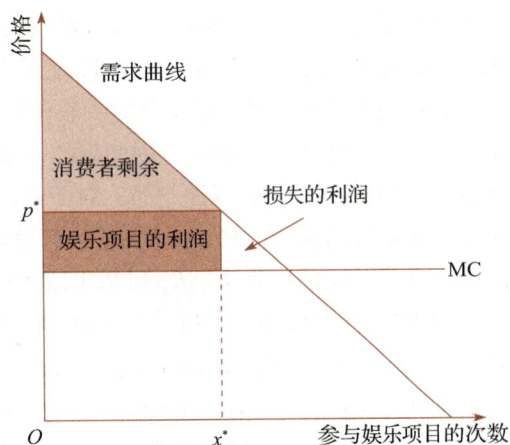

**图 5-5 迪士尼乐园的两难选择**

注：消费者剩余度量的是迪士尼乐园的业主们能够对进入乐园索要的价格。当迪士尼乐园的业主们制定的价格等于边际成本时，迪士尼乐园的总利润就实现了最大化。

主们对进入乐园能够索要的最高价格就是图5-5中标记为"消费者剩余"的区域的面积。垄断的迪士尼乐园的总利润就是这个区域的面积，加上它在该娱乐项目上所获得的利润$(p^*-MC)x^*$。

不难看出，当价格等于边际成本时，总利润实现了最大化：前面我们已经看到，这个价格给出了最大可能的消费者剩余和生产者剩余之和。由于垄断厂商能够向人们索取他们的消费者剩余，因而使价格等于边际成本，以及使入场费等于最终的消费者剩余就是一项利润最大化的政策。

事实上，迪士尼乐园和其他大多数乐园都采用了这项政策。进入乐园需要支付一个价格，但乐园内的风景却是免费的。看起来，娱乐项目的边际成本低于对其单独收费所产生的交易成本。

## 二、捆绑销售

我们先考虑一个简单的例子。假定有两类消费者和两款不同的软件。A类型的消费者愿意为文字处理软件支付120美元，为电子制表软件支付100美元；B类型的消费者具有相反的偏好，他们愿意为电子制表软件支付120美元，为文字处理软件支付100美元。表5-1概括了这些信息。

表5-1　对于软件的支付意愿　　（单位：美元）

| 消费者类型 | 文字处理软件 | 电子制表软件 |
| --- | --- | --- |
| A类消费者 | 120 | 100 |
| B类消费者 | 100 | 120 |

资料来源：范里安. 微观经济学：现代观点［M］. 费方域，朱保华，等译. 6版. 上海：上海人民出版社，2006.

假定你正在销售这些产品。为简化起见，我们假定边际成本可以忽略不计，你只需要关注收益的最大化。我们进一步假定，对于搭售文字处理软件和电子制表软件的支付意愿，恰好等于对每一种软件支付意愿的加总。

现在，考虑两种不同的定价策略。首先，假定你分别出售每一种产品，收益最大化的策略是对每一种软件都要价100美元，如果这样，你可以卖掉两套文字处理软件和电子制表软件，最终可以获得400美元的收入。但是，如果你将两种软件捆绑销售，情况又如何呢？在这种情况下，搭售的每一组软件的价格是220美元，最终你将得到440美元的收入。显然，捆绑策略比分开销售更有吸引力。1993年10月15日《纽约时报》上的一篇文章称，微软有50%的应用软件是捆绑销售的，这项业务的年收入超过了10亿美元。

我们把上述例子做一般化分析。假设厂商生产两种产品——产品1和产品2，生产的边际成本保持不变，分别为$c_1$和$c_2$。因此生产一组或者说一套产品的成本为$c_1+c_2$。我们也假设一名消费者一次购买一单位的每种产品。对于产品1和产品2的最高支付意愿的价格分别为$R_1$和$R_2$，于是捆绑销售的保留价格$R_B=R_1+R_2$。假设消费者对于这两种产品的估计是不同的，即$R_1$、$R_2$和$R_B$因消费者的不同而不同。一些消费者拥有一个高的$R_1$和一个低的$R_2$，而其他消费者的情况则相反。在一些情况下$R_1$和$R_2$的值都高，而在其他情况下这两个值都低。我们以$R_1$为横坐标轴，$R_2$为纵坐标轴画一个象限图，如图5-6所示，根据假设我们可以用坐标系中不同象限的点$(R_1,R_2)$描述每一名消费者的保留价格。

用一个特殊的例子来进行分析有助于我们的理解，如餐馆菜单。我们对于餐馆的菜单都比较熟悉，我们可以从餐馆提供的菜单中挑选自己喜欢的食品，也可以是包括了一种开胃菜或者一种

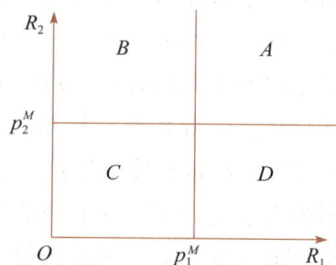

图5-6　消费者对产品1和产品2的保留价格和简单的垄断定价

甜品的捆绑出售的套餐组合。这里可以分三种情况来进行分析（派波尔，理查兹，诺曼，2012）。

### 1. 单独定价销售

垄断企业提供两种产品的最简单的定价策略如图 5-6 所示。以 $p_1^M$ 和 $p_2^M$ 的垄断价格分开出售两种产品。这可以看作餐馆以 $p_1^M$ 的价格出售汤和以 $p_2^M$ 的价格出售三明治，同时购买两种食品需要花费 $p_1^M + p_2^M$。消费者的价格组合被区分为 4 个组合：组合 $A$ 的消费者对两种产品的保留价格高于两种产品的定价，因此他们将对两种产品各购买 1 个单位；组合 $B$ 的消费者对产品 2 的保留价格高于其定价 $p_2^M$，但他们对产品 1 的保留价格低于产品 1 的定价，因此他们会购买 1 单位产品 2，而不会购买产品 1；组合 $D$ 的消费者对于产品 1 的保留价格高于其定价 $p_1^M$，因此他们会购买产品 1，但他们不会购买产品 2；组合 $C$ 的消费者对于两种产品的保留价格均低于其定价，因此他们不会购买任何一种产品。

### 2. 纯捆绑销售

假设垄断企业采用一种纯捆绑策略，即两种产品以捆绑的形式出售，产品束的价格为 $p_B$。从餐馆来看，这可能意味着实施以 $p_B$ 的价格组合来提供汤加三明治套餐，而不是以 $p_1^M$ 和 $p_2^M$ 的价格分别销售这两种产品。

纯捆绑定价可以用图 5-7 中直线 $p_B p_B$ 来表示，该直线与横纵坐标轴的交点均是 $p_B$，其斜率为 $-1$。直线 $p_B p_B$ 将消费者分成两组，$p_B p_B$ 线以上区域的消费者组合为 $E$，$p_B p_B$ 线以下区域的消费者组合为 $F$。组合 $E$ 的消费者对两种产品相加的保留价格高于 $p_B$，因此，组合 $E$ 的消费者将购买产品束。相反，组合 $F$ 的消费者对于两种产品相加的保留价格低于 $p_B$，因此，组合 $F$ 的消费者不会购买产品束。

图 5-7 阐明了纯捆绑策略的一个有趣特征。对一些消费者来说，尽管某一产品的保留价格低于该产品的边际生产成本，但由于两种产品被当作一个产品束来提供，因此他们也能够购买其中的某一产品。这一结果常出现在以下两种情况中：在组合 $E$ 中对产品 1 的保留价格低于 $c_1$ 的消费者，以及在组合 $F$ 中对产品 2 的保留价格低于 $c_2$ 的消费者。

### 3. 混合捆绑销售

这里，垄断企业提供两种销售方式：一是分别以 $p_1$ 和 $p_2$（这里的价格不一定为垄断价格）的特定价格来分开出售这两种产品；二是以 $p_B$（这里的价格也不一定是纯捆绑价格）的价格捆绑出售这两种产品组合的产品束。当然，这必须在 $p_B = p_1 + p_2$ 的情况下才有意义。图 5-8 阐明了这种策略。餐馆提供了两种购买食品的方式，或者以指定价格单独购买汤和三明治，或者以 $p_B$ 的价格购买由两者组成的套餐。

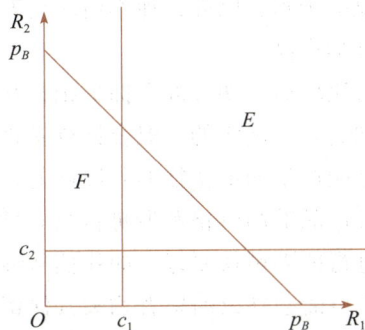

图 5-7 产品 1 和产品 2 纯捆绑销售的垄断定价

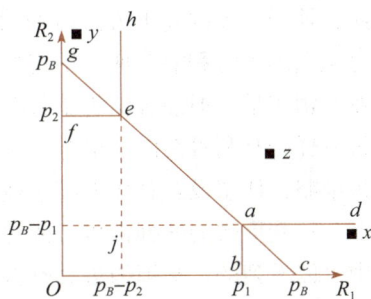

图 5-8 产品 1 和产品 2 混合捆绑销售的垄断定价

类似地，我们发现在此策略下消费者被分为 4 组，但这里分组的决定因素与先前分析的略有不同。我们需要做的就是确定消费者是只购买两种产品中的一种，还是购买整个产品束，或者不购买任何产品。

显然，在两个产品分开销售的情况下，任何对产品 1 的估价高于 $p_1$ 同时对产品 2 的估价高于 $p_2$ 的消费者将会购买两种产品，但是在捆绑的情况下，因为产品束的价格低于单独购买两种产品时的价格之和，因此他们更可能购买捆绑产品束。现在考虑这样一组消费者，他们对产品 2 的保留价格小于 $p_2$，假如该消费者要购买一些产品，他既可以选择购买该产品束，也可以选择只购买产品 1，他将如何决策呢？当然，他将根据最大化消费者剩余来做出理性选择。那么假定其对产品 1 的保留价格为 $R_1$，以及对产品 2 的保留价格为 $R_2$。如果其购买该产品束，那么他将支付 $p_B$ 的价格，获得消费者剩余为 $CS_B = R_1 + R_2 - p_B$。如果其仅购买产品 1，他将获得的消费者剩余为 $CS_1 = R_1 - p_1$。在图 5-8 中，消费者的购买行为分为 4 个区域。

在 $dab$ 线右下方的区域，消费者将只购买产品 1。如果下列两个条件得到满足的话，该消费者将仅购买产品 1：一是 $CS_1 > CS_B$，这要求 $R_2 < P_B - p_1$；二是 $CS_1 > 0$，这要求 $R_1 > p_1$。

$p_B - p_1$ 的差值很容易通过图 5-8 表示出来。因为 $p_B p_B$ 线的斜率为 $-1$，线段 $ab$ 与线段 $bc$ 的长度相等，且等于 $p_B - p_1$，所以在 $jad$ 线以下的所有点，表示消费者对产品 2 的保留价格处于 $R_2 < p_B - p_1$ 的状况；当然，线段 $ab$ 右边的所有点代表 $R_1 > p_2$ 的情况。因此，保留价格处在 $dab$ 线右下方区域的所有消费者，如消费者 $x$ 将会仅购买产品 1。

在 $feh$ 左上方的区域，消费者将只购买产品 2。类似地，只要满足以下两个条件，消费者将只购买产品 2：一是 $R_1 < p_B - p_2$；二是 $R_2 > p_2$。$p_B - p_2$ 的差额可以由图 5-8 中的 $jeh$ 线表示出来，并且在线段 $fe$ 以上的所有点，代表 $R_2 > p_2$ 的情况。因此，保留价格处于 $feh$ 线左上方区域的所有消费者（如消费者 $y$）将会仅购买产品 2。

在 $daeh$ 线右上方的区域，消费者将购买捆绑销售的产品束。在消费者处于 $R_2 > p_B - P_1$ 和 $R_1 > p_B - p_2$ 的情况下，对于产品 1 来说，消费者的保留价格处于 $jeh$ 线的右侧部分，对于产品 2 来说，消费者的保留价格处于 $jad$ 线之上的部分。如果消费者一定要购买产品，他将购买这个产品束，因为此时他将比单独购买其中任一产品获得更多的消费者剩余。对于购买该产品束的消费者而言，$R_1 + R_2 > p_B$ 是必要条件，因为它表明其保留价格必须确保该消费者处于图 5-8 中的 $caeg$ 线右上方的区域。换言之，处于 $daeh$ 线右上方区域的消费者，如消费者 $z$，将会购买这一产品束。

在 $feab$ 线左下方的区域，消费者将不购买任何产品。处在 $feab$ 线左下方区域的消费者会有什么样的选择呢？其保留价格低于两种产品各自的定价，因此他们将不会单独购买两种产品中的任何一种。另外，他们的保留价格之和小于捆绑销售的产品束的价格，因此，他们将不会购买该产品束。因此，处于 $feab$ 线左下方区域的消费者将不会购买任何产品。

我们对纯捆绑销售和混合捆绑销售的垄断定价过程进行比较后可知，混合捆绑销售往往会增加垄断企业的销售量，但捆绑销售是否会增加垄断企业的利润是不确定的。混合捆绑销售至少与纯捆绑销售一样是有利可图的。毕竟，混合捆绑销售策略可能产生的最糟糕的状况就是，其仿照纯捆绑销售策略，任意设置总体上等于纯捆绑销售价格的各产品的高价格和捆绑价格。然而，在某些情况下，一些形式的捆绑销售可能并不一定比根本不进行捆绑销售要好。如我们从纯捆绑销售的例子中可以看到的，捆绑销售具有自身的局限性，即它可能会导致消费者购买其保留价格低于边际生产成本的产品，而这是无效率的。

我们预期的结果是：捆绑销售产品的利润高低主要取决于消费者对于所提供产品的偏好的分

布状况和产品的生产成本。Adams 和 Yellen（1976）认为，捆绑销售能获益是因为消费者对于两种产品具有不同的价值判断，也就是说，只有在消费者对于两种产品的需求是负相关的时候（对于一种产品评价低，对于另一种产品评价高），捆绑销售才会为企业带来收益的增加。他们指出："一些人可能会相对偏好开胃菜（如在冷天喝碗汤），另外一些人可能会相对偏好甜品（如烤焙阿拉斯加，在家无法享用），但所有人都可能会期望支付同样的数额以获得套餐。菜谱的设计是为了从对某种特殊食物具有极度偏好和过高估价的美食家那里获得消费者剩余，而套餐的设计是为了吸引对饮食缺乏极端偏好的食客的消费者剩余。"

## 三、搭售

**搭配销售**（tied sales or tying contracts）简称"搭售"，是指厂商在出售某种产品时，强迫消费者同时购买正常情况下单独销售的其他产品的一种策略行为。由于要求顾客在购买某件产品时，必须同时购买另一件产品，因此搭配销售人为地创造了两种不同产品之间的联系。

搭配销售可以产生三种效应：第一，搭配销售通过提高进入成本，可能会作为策略性手段产生阻止进入的效应；第二，通过搭配销售实施价格歧视行为，可能允许企业行使市场势力以增加利润；第三，搭配销售可以让企业控制与自己产品相关的产品质量，从而使生产更具有效率。

考虑一种服务需要两种投入，其中一种是固定投入，如相机、打印机或复印机；另一种是可变投入，如胶卷、墨盒或者纸张。固定投入是消费任何数量的产品都不可或缺的，另外，假设每次消费都需要 1 单位的可变投入。固定投入由垄断性生产商供给，但可变投入是在竞争性市场中生产或出售的。生产固定投入的成本为 $C_F$，每单位可变投入的生产成本为 $c$。简单起见，我们将 $C_F$ 和 $c$ 都简化为 0。

对产品的需求来自两组消费者，然而生产者无法对这两组消费者进行区分。组 1 有 $n_1$ 个消费者，在每一名消费者都愿意消费 $q$ 单位服务时，其总支付意愿为

$$V^1(q) = Aq - \frac{q^2}{2} \tag{5-23}$$

同样，组 2 有 $n_2$ 个消费者，在每一名消费者都愿意消费 $q$ 单位服务时，其总支付意愿为

$$V^2(q) = \alpha Aq - \frac{q^2}{2} \quad \alpha > 1 \tag{5-24}$$

正如我们已经指出的，只要消费者消费这种服务，他就需要购买 1 单位的固定投入，但每次消费时他还需要购买 1 单位的可变投入。因此，假如 $F$ 是固定投入的价格，而 $P$ 是可变投入的价格，每名消费者的总支出就是 $F+Pq$，其中 $q$ 是消费的单位数。只要剩余为正，组 1 的每名消费者都将选择最大化其净剩余的消费数量 $q$。因此，组 1 的每名消费者选择 $q$ 作为下列问题的求解变量

$$\max_q V^1(q) - F - P_q \tag{5-25}$$

容易验证，这意味着在每单位可变投入价格为 $P$ 时，当 $(A-P)^2/2 \geqslant F$ 时，组 1 的消费者对可变投入的总需求量 $q_1$ 将为 $n_1(A-P)$，否则，他对可变投入的需求量将为 0，即

$$q_1 = \begin{cases} n_1(A-P) \\ 0 \end{cases} \tag{5-26}$$

同样，当 $(\alpha A-P)^2/2 \geqslant F$ 时，组 2 的消费者的总需求量 $q_2$ 将为 $n_2(\alpha A-P)$，否则，他对可变投入的需求量将为 0，即

$$q_2 = \begin{cases} n_2(\alpha A - P) \\ 0 \end{cases} \qquad (5\text{-}27)$$

由于可变投入是在完全竞争市场上以零成本来生产的，因此 $P=0$。结果，组 1 的消费者通过购买可变收入而实现的剩余为 $A^2/2$，组 2 的消费者实现的剩余为 $\alpha^2 A^2/2$。如果垄断企业想将固定投入出售给两个组，则两组中具有较低保留价格的那一组消费者的保留价格就是其能索要的最高价格。因此，垄断企业选择 $F=A^2/2$，结果其获得的利润 $\pi$ 为

$$\pi = n_1\left(\frac{A^2}{2}\right) + n_2\left(\frac{A^2}{2}\right) = n\frac{A^2}{2} \qquad (5\text{-}28)$$

现在，假设垄断企业能够签订一个合约，要求任何购买其固定投入的使用者也要同时购买由其生产的可变投入。另外，垄断企业可能会对打印机和相机（或者其他任何属于固定成本的项目）进行设计，以便于它只能在装上同一企业生产的墨盒或胶卷时才可以正常工作。无论从哪个方面来讲，这将有效地终结可变投入市场上的竞争。结果，垄断企业可以在可变投入市场上自由设置任何价格。很明显，其将选择价格 $P$ 以实现总利润的最大化。然而，需要注意的是，在设定价格 $P$ 时，垄断企业必须考虑到所选价格 $P$ 对其所设定的固定投入价格 $F$ 的影响。稍微思考一下可知，这看起来很像我们分析的两段定价，即对固定投入实施固定收费，而对可变投入实施可变收费。据上文分析，当可变投入的价格为 $P$ 时，固定投入的价格是给定的，为 $(A-P)^2/2$。当然，企业想向两组消费者供应产品，结果垄断企业设定价格 $P$ 来解下列最大化问题

$$\max_P \pi = n_1\frac{(A-P)^2}{2} + n_1 P(A-P) + n_2\frac{(A-P)^2}{2} + n_2 P(\alpha A - P) \qquad (5\text{-}29)$$

对式（5-29）求关于 $P$ 的利润最大化一阶导数，我们可以得到

$$P^* = \frac{n_2(\alpha-1)A}{n_1+n_2} \qquad (5\text{-}30)$$

如果 $\alpha=1$，则两组消费者之间不存在任何差别，垄断企业对可变投入价格的最优选择是让其为 0，这刚好和竞争价格一致。返回我们的两段收费，企业将可变投入价格设定为边际成本的水平（即 0），然后通过设定固定投入的价格来拿走所有的消费者剩余。在这种情况下，垄断企业实行搭售并不会带来额外的收益，因此搭售对垄断企业而言毫无意义。然而，如果 $\alpha>1$，这时垄断企业对可变投入的定价将为正值。这一做法的缺点是，在变动购买可变投入的情况下，组 1 的消费者所实现的最大剩余（也就是此时若企业同时向两组消费者出售将获得的最大 $F$ 值）将降至

$$\left[A - \left(\frac{n_2}{n_1+n_2}\right)(a-1)A\right]^2 /2 \qquad (5\text{-}31)$$

然而，对组 1 的消费者来说，这将部分地（并非全部地）被抵消，因为事实上垄断企业从可变投入的销售中获得的利润为 $P^*(A-P^*)$。另外，垄断企业也从对组 2 的可变投入的销售中获得一个额外的利润 $P^*(\alpha A-P^*)$。举例来说，若 $n_1=n_2=n/2$，将式（5-30）代入式（5-29）中，这意味着垄断企业的总利润为

$$\pi = \frac{nA^2}{2} + \frac{n(\alpha-1)A^2}{2} \qquad (5\text{-}32)$$

只要 $\alpha>1$，这将明显超过式（5-28）中非搭配销售时的利润。

为什么搭配销售可以产生额外的利润呢？原因是直观的。在任意给定的可变投入价格 $P$ 和固定投入价格 $F$ 的情况下，组 1 的每名消费者将比组 2 的消费者消费更少单位的服务。$q_1$ 和 $q_2$ 分别

表示这两组消费者消费的数量，则每组中的每单位产品的平均价格分别为

$$组 1 的消费者每单位产品平均价格 = P+(F/q_1)$$
$$组 2 的消费者每单位产品平均价格 = P+(F/q_2)$$

由于 $q_2 > q_1$，因此组 2 的消费者被提供一个相对较低的价格，即存在一个数量上的折扣。这种折扣甚至在搭售之前也是存在的。然而，通过对可变投入和固定投入的搭售，垄断企业能够具有掌控数量折扣的能力，这样它就会采取更符合自己利益的价格策略。为了完成与价格歧视相似的分析，$\alpha > 1$ 要求垄断企业采用二级价格歧视，但由于存在这样一个阻碍，企业只能采用两段收费。

## 四、耐用品定价

像食品和乘车服务一类的非耐用品，由以下需求流量决定：每一阶段，消费者都需要购买特定的数量；与此形成对照的是，在**耐用品**（durable good）的购买决定中，时间具有重要意义。我们可以今天或再等几个月购买一台计算机（同时，继续使用现有的那台计算机）。同样的推理过程适用于购买汽车和其他相关产品的决策。

耐用品定价包含价格歧视的另一种度量标准——时间。垄断者通过为一种产品制定不同的现价和一段时期以后的价格，可以将产品以高价格出售给愿意支付高价的消费者，以低价格出售给愿意支付低价的消费者——这是任何垄断者的梦想。其主旨在于限定一个高的现价，且希望被愿意支付高价的消费者购买。而且，一段时期以后，一旦所有该类型的消费者购买完毕，再制定一个低价格以吸引那些没有购买此产品的、只愿意支付低价的消费者。

不幸的是，希望能够支付高价格的消费者在第一阶段就购买产品的愿望可能仅仅只是个愿望。事实上，一个理智的消费者将设身处地地从销售者的角度考虑此问题，预知到销售者一定会为了自身的利益在将来降价，因为即使是愿意支付高价的消费者也宁愿付低价购买同样的商品，所以"现在高价和将来低价"战略的结果最后可能是大多数消费者宁愿等待将来的低价。事实上，销售者的价格歧视战略可能在几个方面造成相反的结果：首先，销售量较低；其次，平均价低于垄断者在两个阶段都实行垄断定价的价格。换句话说，在每阶段制定不同价格的战略，乍看似乎是对销售者有利，结果却变成了"灾祸"，因为总利润反而下降了（卡布罗，2002）。

销售者有许多种方法以避免耐用品"灾祸"。一种方法就是承诺将来不降价。如克莱斯勒提供"最低价保证"：如果某种提供保证的车型将来降价，企业将偿还所有以前购买者的差价。克莱斯勒阻止未来降价的动机是如此强烈，使得消费者几乎没有理由相信未来的价格会下降，因此他们没有推迟购买行为的动机。

另一种方法是，销售者可能会决定不出售耐用品而仅仅出租，这正是施乐在 20 世纪 60 年代晚期和 70 年代早期对其复印机产品采用的战略。在这段时期，施乐在复印机行业拥有很大的市场势力。这种只租不售的战略有效地将耐用品转化为非耐用品：购买者仅需要在使用复印机的阶段支付租金，此时希望以较低的价格获得复印机而推迟购买行为变得没有任何意义。

## ◾ 本章小结

价格歧视，即对同样的产品制定不同的价格，要求无转售机会。价格歧视还可以延伸到对于相似产品的价格差异，不能仅由其成本差异来解释的情况。

销售者可以基于可观察的购买者特征（三级价格歧视），或者基于诱导消费者在其所提供的不同产品之间自我选择（二级价格歧视）来进行价格歧视。

在三级价格歧视条件下，销售者在价格弹性大的市场区域必须实行相对低价策略。

二级价格歧视可以通过提供同一产品的不同规格，或者相关产品的不同组合来实现。

厂商可以运用一些非线性定价的策略，如两段收费、捆绑销售、搭售等，来使消费者显示出他们的需求偏好，并支付不同的价格。

当销售耐用品时，销售者可能不愿意依时间不同而实行价格歧视。实际上，由于存在"战略性"的推迟购买，价格歧视反而会降低利润。

## ◆ 练习题

## ◆ 参考文献

第六章
CHAPTER 6

# 非价格竞争：广告

我们生活在一个广告无处不在的世界。电视、报纸和杂志甚至公共汽车上，我们总是可以看见各种各样的商品广告，更不要提各种垃圾短信和邮件中的广告信息了。新浪财经报告显示，2021 年中国广告市场规模突破 1 万亿元，同比增速超过 11%，其中互联网广告市场规模超过 6 500 亿元，同比增速超过 20%。

一般来说，广告中包含着商品或服务的一些基本信息，如价格、质量、购买地点等。与其他类型的信息不同，广告是由厂商单方面向潜在消费者传递信息。从这个意义上来说，广告的根本目的，还是希望可以诱导消费者来购买商家的某种商品。这一章我们将把广告看成企业的一种竞争策略，分别阐述广告与市场结构和市场绩效的关系。

## 第一节　广告对消费者的影响机制

### 一、广告的类型：信息性广告与劝说性广告

厂商为什么会愿意花费大量的资金来做广告？最显而易见的原因是广告有助于提高商品的销量。实证研究显示，广告支出每提升 1%，化妆品的销售额可能会上升 20% ~ 60%，这也在一定程度上解释了为什么知名的化妆品公司大多也是在广告市场上一掷千金的大客户。从本质上来说，广告是一种工具，它帮助生产者将不同品牌的商品信息传递给消费者，因此客观上降低了消费者在购买他们心仪商品的过程中搜寻相关信息的成本（Telser，1964；Nelson，1974）。

商品可以分为三类：**搜寻品**（search good）、**经验品**（experience good）、**信任品**（credence good）。**搜寻品**是指消费者在购买之前就知道其特征的商品，而**经验品**则是指只有在使用之后才能确认其特征的商品。手机就是一种典型的搜寻品，手机的一些关键特征如屏幕大小、操作系统和处理器速度等都可以被消费者在购买前获知。而小说则是一种典型的经验品，不论别人告诉你多少相关信息，在你真正阅读完之前是无法

确定其质量的。**信任品**则是指一些即使在消费之后依然不能确定其质量的商品，如医疗和法律服务<sup>⊖</sup>。

商品的不同种类导致广告可以分为两种类型：**信息性广告**（informative advertising）和**劝说性广告**（persuasive advertising）。前者用来描述产品的存在、特征（如重量、尺寸、材质等）和销售条件（如地点、价格、数量等），后者则是试图改变消费者的偏好。一般来说，搜寻品的生产者更有可能选择使用信息性广告，而经验品和信任品的提供者更有可能使用劝说性广告。

案例专栏6-1

## 好广告还是坏广告

2015年9月，拼多多公众号上线，踏入看似早已饱和的电商"红海"。拼多多采取"农村包围城市"策略，以迅雷不及掩耳之势大举抢占三四线城市和农村市场，很少有人能预见，在淘宝、京东、苏宁易购等巨头的夹击下，拼多多还能活下来。如果以1000亿元GMV（网站成交金额）作为里程碑的话，京东用了10年完成，淘宝用了5年，而拼多多只用了2年零3个月。拼多多成功的一个重要原因就是它奉行的广告轰炸策略。"三亿人都在拼的App"的广告词利用人们的从众心理，铺满了大街小巷和各大媒体平台；改编自《好想你》的"洗脑神曲"——《拼多多》，只要听过一遍，就会有"魔音绕耳"之感；另外，在娱乐营销和综艺影视植入方面拼多多也是不遗余力。2018年第一季度，短短3个月的时间，拼多多就烧掉了12.17亿元人民币的市场营销费用，而2017年一整年也不过花了13.45亿元。真金白银的投入让拼多多成为当时国内声量最高的广告主。其中，在2017年拼多多更是"霸屏"了多个娱乐综艺节目，横跨几个热门卫视节目，包括《快乐大本营》《中国新歌声》《极限挑战》《奔跑吧》。按照卫视可查询的价格计算下来，不得不说拼多多投资抢占王牌综艺节目毫不手软，疯狂式营销对初期市场起到了决定性的作用，让拼多多以势不可挡的姿态走进大众的视野。

与拼多多"病毒式"的营销手段相比，景田百岁山矿泉水则是选择一种完全不同的广告模式，它从内容出发，对品牌形象进行高端化包装。当全国瓶装水市场深陷"水源之争"的时候，景田百岁山却以卓越的营销智慧避开了激烈的竞争，以独特的包装、精准的定价和"水中贵族"的定位悄悄跻身于一线大品牌行列，一度进入销量前三强，销售业绩突破百亿元，与农夫山泉、华润怡宝并列称雄。当对手纷纷在卖"健康水"时，景田百岁山开始将美学与水结合，卖"美与品位"。景田百岁山在设计、吹瓶与灌装线上率先进行了尝试，让一款视觉上像水晶玻璃柱、手感舒适厚重、标签简约大气的矿泉水进入了消费者的生活，当很多企业在降低包装成本、搞价格战时，景田百岁山已经开始通过"奢华"的包装闪亮登场。事实上，景田百岁山矿泉水的成本与同类国产商品的成本差别并不大，但是景田百岁山矿泉水的价格和利润率在厂商中却能名列前茅，这与其贵族品牌的定位形象密不可分。

了解信息性广告与劝说性广告的区别是正确评价广告的社会价值，分析广告对市场竞争和社

---

⊖ 这里的分类并不是绝对的，只能做一个大概的参考，事实上任何商品的所有特征都不能被消费者完整获知。以手机为例，手机的硬件特征虽然可以被轻易获取，但是具体的使用感受必须由消费者本人在长时间使用之后才可获知，甚至一些具体功能在很长时间内依然不能被消费者知道。

会福利的影响的重要基础。一方面，由于搜寻成本的存在，消费者一般很难获得每一种商品的完整信息，如商品的价格、数量、质量和位置等。消费者与厂商之间的信息不对称会导致市场的无效率，即消费者会为具有相同质量的同质化商品支付不同的价格，甚至可能为低质量的商品支付更高的价格，这些都会极大地损害整体的社会福利。信息性广告的存在提供了一种解决信息不对称的内生机制，使厂商能以较低的成本向消费者传递相关商品的价格与位置等重要信息。因此，广告会使单个厂商所面临的需求曲线变得更加富有弹性，而消费者对商品价格敏感性的提高有助于促进市场竞争。另一方面，信息性广告可以使刚刚进入市场的新企业在较短的时间内有效地宣传自己的产品，让消费者知道新产品的存在和价格等重要信息，降低信息不对称导致的进入壁垒，帮助新企业在市场中尽快立足。因此，信息性广告可以降低厂商与消费者之间信息的不对称性，从而有助于促进市场竞争、提升市场效率并最终增加社会福利。

劝说性广告一般很少包含相关商品的信息，它通常只是通过各种手段在消费者心理上营造虚拟的产品差异，并以此来改变消费者的偏好，最终提升消费者对某一产品或品牌的忠诚度（Kaldor，1950）。从这个意义上来说，劝说性广告会使厂商面临的需求曲线变得更加缺乏弹性，让消费者对商品价格的变动不敏感，从而使得厂商可以对相同的商品收取更高的价格。劝说性广告让消费者在虚拟产品差异的基础上形成品牌忠诚度时，会提升市场的进入壁垒，使新进入者很难通过价格等竞争手段来获得一定的市场份额，现有厂商可以在维持高价格和高利润的同时，保持较高的市场份额。因此，劝说性广告会降低市场的竞争强度，最终损害消费者的福利。实证研究的结果发现经验品的广告费用与销售收入的比例是搜寻品的 3 倍（Nelson，1974），这也充分证明了厂商更加偏好使用劝说性广告来获取高利润，尤其当产品的同质化程度在不断增强时，通过劝说性广告来对消费者的偏好施加影响可以缓解现有厂商所面临的市场竞争压力。

尽管信息性广告和劝说性广告存在区别，但从本质上来说，都是在向消费者传递与产品相关的直接或者间接信息。无论厂商选择哪种类型的广告，都是希望以此来促进产品的销售。虽然产品的特性和市场的特征会对厂商的选择产生影响，但在现实中很多厂商会同时选择两种类型的广告。

## 二、广告：产品质量的信号传递机制

在互联网非常普及的情况下，关于商品价格的信息往往很容易通过搜索引擎被消费者获知。但是与之相对的却是商品的质量往往很难被消费者了解。厂商是否可以通过广告来向消费者传递产品的质量信息呢？研究发现，广告可以作为一种有效的信号传递机制，帮助厂商向潜在消费者传递关于自身产品质量的信息，从而缓解市场中普遍存在的信息不对称问题（Grossman，Shapiro，1984；Kihlstrom，Riodan，1984；Milgrom，Roberts，1986；Bagwell，1994）。

我们假设消费者持有这样一种简单的信念：具有实力的大厂商生产的产品往往都有较好的质量，而质量较好的产品会给厂商带来更多的利润。那么，厂商如果知道消费者抱有这样的信念，就可以通过大量的广告来向消费者传递这样一种信号，"我们产品的质量是非常好的，不然我们不可能花费这么多钱来做广告。敢在广告上花费巨额费用至少可以说明：第一，我们是有实力的大厂商，我们有能力做大规模的推广；第二，我们产品的质量很好，我们的利润足以支撑巨额的广告费用"。这一分析在一定程度上解释了为什么很多大公司都愿意在世界各地花费重金来做广告。

关于上述分析存在的一个疑问是：假如产品质量较差的厂商也花费巨额现金做广告，那么消费者应该如何区分呢？这样一来，广告的质量传递效果就大打折扣了。事实上，要想使广告可以有效地向消费者传递关于产品质量的信息，必须满足一些条件，否则消费者并不能通过广告来区分产品质量不同的厂商。具体来说，要想使产品质量较好的厂商愿意做广告并且能够有效地传递关于产品质量的信息，就必须满足两个条件：第一，对于产品质量较好的厂商而言，做广告是有利可图的，不然此类厂商就不会做广告；第二，对于产品质量较差的厂商而言，做广告来欺骗消费者是无利可图的，因此这类厂商情愿不去做广告。

假设现在有两类厂商：生产高质量产品的厂商和生产低质量产品的厂商。高质量厂商的产品收益是 $v_H$，低质量厂商的产品收益是 $v_L$。假设目前两类厂商的类型是无法直接观察的，但厂商可以选择做广告来向潜在消费者传递自身的质量信号。假设广告成本为 $C$，且消费者认为做广告的厂商生产高质量的产品，而不做广告的厂商生产低质量的产品，那么当且仅当 $v_H - C \geq v_L \geq 0$ 的时候，高质量厂商会选择做广告而低质量厂商选择不做广告。但是如果 $0 \leq v_H - C \leq v_L$，那么所有厂商都会选择做广告，此时广告就完全失去了信号传递的作用。

在实际生活中，厂商大量的广告开支其实也是上述两个条件的具体反映。作为高质量厂商，为了让自己可以更有效地和低质量厂商区分开来，一种可行的方法就是增加广告的预算，使广告的覆盖面与播放频率不断提高，而低质量厂商难以在相同的广告费用下盈利，只能选择不做广告或者少做广告。从这个意义上来说，当广告作为一种信号时，全社会其实存在着某种资源的浪费：大量广告费用的存在只是为了打击竞争对手。但是我们也必须清醒地意识到，只要厂商和消费者之间存在信息不对称，即消费者很难轻易地获得关于商品质量的信息，那么这种广告的"浪费"总会让市场变得有效率。如果没有广告，生产者可能没有足够的动力来生产高质量的产品，因为他们无法让自己和那些低质量产品的生产者区分开来。从整体社会福利的角度来考虑，不做广告会同时损害消费者和厂商的利益，当信息不对称问题存在时，某些情况下会导致整个市场的崩溃。换句话说，广告所创造的价值要高于它所花费的成本。

案例专栏 6-2

## "天价"广告值不值

现在各种"天价"广告横行，这些广告到底能不能为厂商带来可观的回报却成了一个问题。

2018 年，海信电视花费了近 1 亿美元成为俄罗斯"世界杯"比赛的二级赞助商，这使得海信赢得了足够多的曝光度，除了巨大的品牌 Logo 和"海信电视，中国第一"的中文标语频繁出现在赛场上，"世界杯"门票和直播比分弹窗上也都印上了海信的 Logo。世界杯落幕后，中怡康发布的 2018 年 6 月电视销售数据显示，海信 6 月的电视零售量和零售额占比分别为 18.44% 和 20.16%，牢牢占据国内电视市场第一的位置，零售额的增速更是首次突破 20% 大关创历史新高。海信在俄罗斯当地的销量呈现爆发式增长，半个月内的销量增长近 300%，而在南非海信电视的市场占有率高居第一，与此同时海信电视在欧美市场、澳大利亚市场也都实现了快速增长。海信电视"世界杯"期间的巨额广告投入不仅带来了可观的销量，更是在全世界范围内树立了自身的企业形象，向消费者传达了积极的质量信号。

与电视行业的一枝独秀相比，国内二手车电商之间的竞争态势却在不断升温，逐渐形成优信、瓜子、人人车"三足鼎立"的竞争格局，而随着市场规模的扩大和竞争的白热化，各电商"挥金如土"的广告战也在如火如荼地展开。先是优信斥资 3 000 万元买下《中国好声音》60 秒广告位并邀请好莱坞巨星莱昂纳多·迪卡普里奥为其代言；瓜子二手车随后跟进，豪掷 2 亿元广告费邀请韩国影星；之后人人车也是签下著名影星黄渤作为其代言人，并投放了将近 7 000 万元的广告费。据资料显示，2017 年人人车广告费用为 8 亿元、瓜子二手车与优信的广告费用超过 10 亿元，但无止境的广告投入带来的回报却微乎其微。相关数据表明，2017 年优信的营销费用超过了其当年的全部营业收入，净亏损达 17 亿元；同年，瓜子年收入仅 13.31 亿元，广告投放和人力成本却超过 31.5 亿元；人人车也同样处于亏损状态。由此可见，电商之间的广告战已然演变成恶性竞争，过度的广告投入并没有带来显著的经济效益。

## 第二节　广告强度

### 一、广告强度与产品性质

由于产品性质、市场结构和厂商竞争策略的差异，不同行业的广告使用频率和广告费用也存在着显著的差别，经济学家一般用广告强度来指代这一差别，而衡量广告强度的一个重要指标就是广告费用与销售收入的比例，即广告费用 $A$ 除以销售总额 $R$。中国食品饮料和医药行业的广告强度要比商业零售和电子行业高出很多。那么，广告强度的差别究竟是由哪些因素造成的呢？

企业做广告的根本目的是增加产品或服务的销售，但是买者的类型和数量、购买频率、单价、产品的性质和性能等因素都会影响广告的效果，从而使每个产业的广告强度存在差异。

第一，生产资料的购买者与消费资料的购买者相比，生产资料的购买者对广告的依赖程度更低，因此前者产业的广告强度要比后者小。作为生产资料的购买者绝大部分都是生产企业而非普通消费者，它们有更多的渠道获得相关产品的准确信息，同花哨的广告相比它们更加倾向于委托销售代理来购买产品。与此同时，生产资料的购买者拥有足够多的手段和技术来检测所购买产品的质量，购买数量巨大与购买频率高等特点都使得买卖双方并不存在严重的信息不对称问题，生产资料的生产者与其花费大量金钱来做广告不如切实提高产品质量或者降低产品价格以吸引潜在买家。但是对消费资料的购买者而言，他们大多是不具备专业知识的普通消费者，信息不对称问题在这个市场普遍存在，潜在消费者的购买决策很容易受到广告的影响，这也就不难理解为何消费资料产业中的生产者做广告的意愿更高。

第二，搜寻品和经验品相比，前者产业的广告强度要低于后者。我们在前文中已经对上述两种商品进行了比较，显然搜寻品广告的主要作用就是向消费者传递商品的有关信息，而经验品广告则是要力图使消费者相信其商品具有较高的质量，进而直接影响消费者的购买决策，因此经验品的生产者更愿意进行广告投入来提升产品和服务的销量，从而拥有更高的广告强度。

第三，**方便性商品**（convenience goods）和**选购性商品**（shop goods）相比，前者产业的广告强度更高。方便性商品的特征是单价低、购买频率高，容易被零售企业和超市等商业企业接受，卫生纸和早餐食品都属于这类商品。而选购性商品则具有较高的单价、购买频率低并且消费者的购买决策时间长等特征，家用电器和汽车都属于此类商品。由于消费者在方便性商品上的开支相对较低，所以他们在这类商品上花费的时间和精力有限，因此更容易受到广告的影响。而消费者在购买选购性商品时，广告并不是影响购买决策的主要因素，消费者可能会更多地根据自身经验和专家咨询或者售后服务等一系列因素来决定是否购买。Porter（1980）针对美国 42 个消费品产业资料的实证研究结果也支持了上述判断（见表 6-1）。

**表 6-1    不同产品的广告强度**    （%）

| 方便性搜寻品 | 广告强度 | 方便性经验品 | 广告强度 | 选购性搜寻品 | 广告强度 | 选购性经验品 | 广告强度 |
|---|---|---|---|---|---|---|---|
| 广播电视购物 | 3.2 | 软饮料 | 10.2 | 轮胎 | 3.0 | 游乐场 | 10.5 |
| 航空公司 | 3.3 | 化妆品 | 11.1 | 移动住房 | 1.9 | 机动车 | 3.5 |
| 饭店和汽车旅馆 | 3.6 | 果酱 | 5.4 | 家具产品 | 4.0 | 法律服务 | 6.4 |
| 烟草产品 | 5.7 | 百货公司 | 5.4 | | | | |

资料来源：PEPALL L，RICHARDS D，NORMAN G. Industrial organization ［M］. 4th ed. Oxford：Blackwell Publishing, 2008.

## 二、最优广告强度

企业如何设定最优的广告强度来最大化自己的利润？1954 年多夫曼和斯坦纳在一篇经典论文中对这一问题进行了研究（Dorfman，Steiner，1954）。暂且忽略不同广告类型的差别，我们简单地假设无论是信息性广告还是劝说性广告，广告费用的变化都会导致消费者的需求曲线发生改变。假设市场中存在一个垄断者销售单一产品，而消费者的需求函数为

$$Q(A,p) = \beta A^{\eta} p^{\varepsilon} \tag{6-1}$$

式中，$\beta > 0$，$0 < \eta < 1$ 且 $\varepsilon < -1$；$A$ 表示厂商的广告费用；$Q$ 和 $p$ 分别表示消费者对该商品的需求量与商品价格。

很显然，消费者对该商品的需求会随着厂商广告费用的上升而上升，同时会随着商品价格的上升而下降。同时根据需求弹性的定义，通过计算我们可以知道 $\dfrac{\partial Q(A,p)}{\partial A} \dfrac{A}{Q} = \eta$ 且 $\dfrac{\partial Q(A,p)}{\partial p} \dfrac{p}{Q} = \varepsilon$，因此这里的 $\eta$ 和 $\varepsilon$ 分别表示产品的需求广告弹性和需求价格弹性，它们分别衡量了消费者对该商品的需求如何受到广告费用和商品价格的影响，即当广告费用上涨 1% 或者商品价格下降 1% 时，商品的需求量将上升的百分比。

假设该商品的单位成本为 $c$，此时厂商需要选择商品价格（$p$）和广告费用（$A$）来最大化自己的利润，那么厂商的最优化问题为

$$\max_{A,p} \pi(A,p) = pQ - cQ - A = \beta A^{\eta} p^{\varepsilon+1} - c\beta A^{\eta} p^{\varepsilon} - A \tag{6-2}$$

那么，厂商利润最大化的一阶条件为

$$0 = \frac{\partial \pi(A,p)}{\partial p} = \beta A^{\eta}(\varepsilon+1) p^{\varepsilon} - c\beta A^{\eta} \varepsilon p^{\varepsilon-1} \tag{6-3}$$

$$0 = \frac{\partial \pi(A,p)}{\partial A} = \beta \eta A^{\eta-1} p^{\varepsilon}(p-c) - 1 \tag{6-4}$$

假设均衡时的广告费用、商品价格和商品销量分别为 $A^*$、$p^*$ 和 $Q^*$，对式（6-3）和式（6-4）进行整理后可以得到

$$\frac{A^*}{p^* Q^*} = \frac{p-c}{p} \eta = \frac{\eta}{-\varepsilon} \tag{6-5}$$

上述等式又被称为**多夫曼-斯坦纳条件**（Dorfman-Steiner formula），即为了实现利润的最大化，厂商的广告强度应该等于其商品的需求广告弹性与需求价格弹性之比。也就是说，当商品的需求广告弹性越大，或者需求价格弹性越小时，广告费用与销售额之间的比率就越高，厂商做广

告的意愿就会更加强烈。图 6-1 显示了需求广告弹性对于广告收益的影响。假设广告费用为固定水平，那么图 6-1a 中的广告对需求的影响很小，这种情况的一个典型例子就是建筑材料，由于此类商品主要是面向建筑公司而不是普通消费者，并且前者的购买决策主要基于商品的质量和价格，对广告并不敏感。所以建筑材料的生产者很难通过广告来提升建筑商的购买意愿，因此广告的边际收益很低，厂商自然不愿意多做广告。图 6-1b 描述了另一种情况，广告对需求的影响很大。软饮料和化妆品就是这类商品的典型代表，市面上铺天盖地的饮料广告和化妆品广告恰恰反映出厂商可以通过广告来有效地影响消费者的购买决策，此类商品的广告有着很高的边际收益，因此厂商做广告的意愿很强。

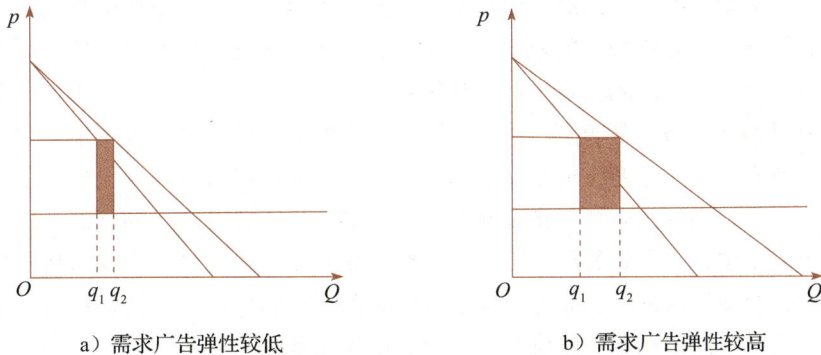

a）需求广告弹性较低　　　　　　b）需求广告弹性较高

**图 6-1　需求广告弹性与广告收益**

图 6-2 说明了商品的需求价格弹性是如何影响广告收益的。假设广告的需求弹性相同，因此广告对需求量的影响完全一样（在图 6-2a 和图 6-2b 中 $q_1q_2$ 的距离相同）。图 6-2a 中商品的需求价格弹性较低，因此当商品需求量上升时对价格的影响较小，并不会带来商品价格的大幅度下降，这就意味着广告带来的收益也比较高。换句话说，当需求价格弹性较低时，价格与成本之间的差额会比较高，因此广告带来需求量的增加会带来更高的利润。以化妆品为例，广告可以带来销量的提高，同时由于化妆品之间在包装和功效上的区别比较明显，消费者对价格变动并不敏感，因此广告带来的销量提高可以在最大程度上转化为利润。图 6-2b 中产品的需求价格弹性较高，需求曲线也更加平坦，这就意味着广告带来的销量提高会使价格出现较大幅度的下降，最终使得广告带来的利润部分被低价格抵消。简而言之，较高的需求价格弹性意味着价格与成本之间的差额更小，因此广告的边际收益也比较小，从而厂商广告的投入意愿也会偏低。

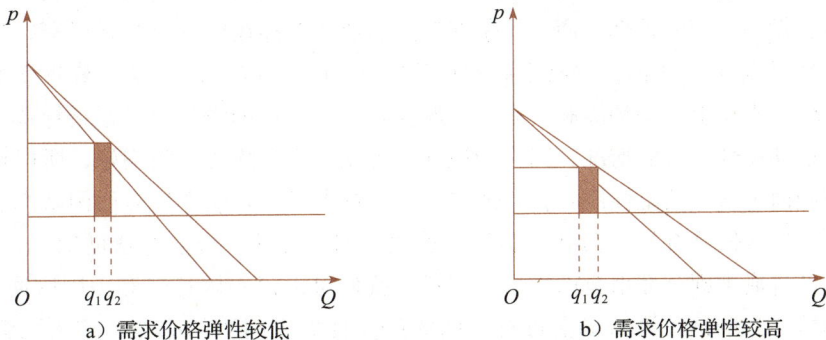

a）需求价格弹性较低　　　　　　b）需求价格弹性较高

**图 6-2　需求价格弹性与广告收益**

### 三、广告强度与市场结构

在实践中，究竟哪些行业中的企业更愿意做广告，是那些有着众多小企业的行业还是只有几家大企业的行业呢？这需要分析广告强度与市场结构之间的关系。

根据多夫曼-斯坦纳条件，首先考虑需求价格弹性与市场结构的关系。很明显，当一个行业中企业的数量不断上升时，竞争的加剧会使该行业的需求曲线变得更加平缓，因此需求价格弹性的绝对值也会变大。如果我们用市场集中度来衡量市场中厂商的数量和竞争程度，那么市场集中度与需求价格弹性应该成反比关系。由于消费者对价格变动非常敏感，因此行业中某一家企业的降价行为不仅可以增加总需求，同时还能提升自己的市场份额。当该企业的市场份额越小，或者消费者对价格越敏感时，降价带来的效果就越明显。根据多夫曼-斯坦纳条件，广告强度和需求价格弹性的绝对值成反比，因此产业中厂商数量越多，广告强度就越小。在市场中需求价格弹性很高时，消费者对商品价格异常敏感，对厂商而言，降价似乎是比做广告更加有效的方法。广告尽管可以增加消费者的购买意愿，但是销量的提高必须伴随着销售价格的大幅度下降，这就会使原本价格与成本之间很小的盈余变得愈加有限，广告难以真正提高厂商的利润，厂商自然不愿意多做广告。如果市场中只有少数的厂商存在，那么行业的需求曲线可能会相对比较陡峭，此时较低的需求价格弹性会使厂商的广告收益更加显著。因此，我们可以得出结论：市场集中度与广告强度表现出正向关系，即市场集中度越高的行业，广告强度也越高。

我们再来从竞争的角度分析一下，当行业中存在多家厂商时，各自是如何选择最佳广告强度的。为了简化分析，我们可以通过构造一个双寡头垄断模型，来说明两家厂商在不同类型广告下的博弈情况。首先考虑的是信息性广告，由于信息性广告解决的是信息不对称的问题，而不会对消费者的偏好产生影响，所以厂商的广告并不会改变整个行业的市场需求。因此，我们可以假设该行业中市场需求是固定不变的，厂商的广告只能改变自身商品的需求量。从这个意义上来说，信息性广告可以帮助厂商从竞争对手那里"偷取"一定的需求量。我们以雷诺兹（Reynolds）和菲利普·莫里斯（Philip Morris）两家美国卷烟厂的广告战为例，一般来说市场上对于香烟的需求量相对固定，某一厂商的香烟广告只会让消费者放弃其他厂商的香烟转而消费自己厂商的产品。假设整个市场只有这两家厂商且产品同质，如果两者都不做广告，则各得 60 万美元利润，如果一方选择做广告，广告的成本为 20 万美元，却能从对手那里吸引一部分消费者，这些新增消费者所带来的收益为 30 万美元。我们可以将此次博弈表现为图 6-3 所示的形式，从博弈矩阵中我们可以得出博弈的纳什均衡一定是两家厂商都做广告。而事实上雷诺兹和菲利普·莫里斯这两家公司也是这么做的，两家香烟厂商为了争夺彼此的消费者都在广告上耗费巨资，甚至在广告中通过医生和"医学发现"打起了"吸烟有益健康"的口号。因此，双寡头垄断市场中厂商间的信息性广告竞争在本质上是一种零和博弈，必然会陷入"囚徒困境"并且最终导致广告过量。接下来我们再考虑劝说性广告的情况，因为劝说性广告能够改变消费者的偏好，所以在新产品进入市场时，厂商倾向于通过劝说性广告教育消费者来培育市场，以此推广自己的新产品。所以从这个意义上来说，广告便具有了"公共产品"的性质，即一方的广告会等量增加双方的市场需求，而厂商付出的广告成本则全部由自己承担。同样，我们可以以中国移动和中国联通为推广 4G 服务而做广告的博弈为例，假设市场上仅有这两家厂商且提供同质的服务，如果两者都不为推广 4G 服务做广告，则会各得 55 亿元的利润，而如果其中一方做广告，则会使得更多的消费者偏好 4G 服务，那么该厂商在增加自己 15 亿元收入的同时会使对手增加相同的收入，却需要独自负担

20亿元的广告成本。该博弈可以用图6-4描述，我们可以得出这个博弈的纳什均衡一定是两家厂商都不做广告。由此我们可以看出在双寡头垄断市场中，厂商的劝说性广告一旦具有"公共产品"的性质，那么它的外溢效应决定了一家厂商的广告行为也会让另外一家厂商受益，因此会使另外一家厂商有"搭便车"的行为，最终导致广告强度不够。

|  | 菲利普·莫里斯 | |
|---|---|---|
| 雷诺兹 | 不做广告 | 做广告 |
| 不做广告 | 60, 60 | 30, 70 |
| 做广告 | 70, 30 | 40, 40 |

图6-3　烟草厂商的广告博弈矩阵

|  | 中国联通 | |
|---|---|---|
| 中国移动 | 不做广告 | 做广告 |
| 不做广告 | 55, 55 | 70, 50 |
| 做广告 | 50, 70 | 50, 50 |

图6-4　手机运营商的广告博弈矩阵

　　综上所述，市场集中度与广告强度之间的关系主要受三个因素的影响。首先，从需求的价格弹性角度考虑，如果行业中企业数量增多，会使厂商做广告的边际收益下降，从而降低广告强度；其次，从需求的广告弹性角度考虑，如果广告存在一定的"公共产品"特性，广告会同时增加对每家厂商产品的需求，那么随着行业中企业数量的增多，"搭便车"行为的存在会使每家企业做广告的意愿下降；最后，同样从需求的广告弹性角度考虑，如果广告不会增加市场的总需求，但是会提升做广告的厂商的市场份额，那么随着市场中企业数量的增多，竞争的加剧会提升每家厂商做广告的意愿。在这三个因素中，前两个因素意味着广告强度会随着市场集中度的上升而减弱，而最后一个因素却意味着广告强度会随着市场集中度的上升而上升，因此广告强度与市场结构之间的关系存在着不确定性。

　　实证研究的结果显示，市场集中度与广告强度之间应该存在着倒U形的关系，如图6-5所示（Sutton，1974）。对于这种倒U形关系的解释是，当市场集中度较低时，市场中存在着大量的厂商并且竞争强度很高。激烈的竞争导致厂商对市场销量的争夺主要还是依靠价格，广告对此时的厂商来说边际收益非常有限。随着市场集中度的不断提升，每家厂商开始有了一定的市场势力，广告的边际收益开始上升，并逐步取代价格成为厂商的主要竞争手段。但是随着市场集中度的不断

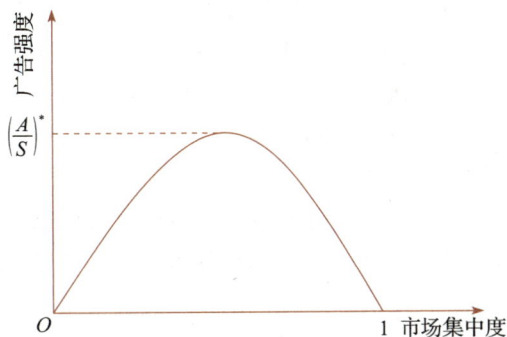

图6-5　广告强度与市场集中度的倒U形关系

上升并超过某一水平后，厂商对于市场的控制能力也在大幅度提升，这就意味着厂商对广告的依赖开始减弱，尤其当厂商的品牌认可度较高时，厂商会试图在不影响广告促销效果的同时削减广告的投入，从而使广告强度降低。但是我们这里要强调，这里的倒U形关系仅仅是表达了广告强度与市场集中度的一个大致关系，在真实的市场中广告强度还会受到其他多种因素的影响，我们很难在数量上精确地找出广告强度与市场集中度之间的关系（Telser，1964；Orenstein，1976）。事实上，我们经常可以同时在垄断程度很高和竞争激烈的市场中观察到大规模的广告投入。

## 四、广告强度与产品差异化

　　这一部分我们将重点研究产品差异化是如何影响广告强度的。与之前关于市场集中度与广告

强度之间关系的分析类似，产品差异化也是通过影响产品的需求价格弹性和需求广告弹性来最终对广告强度产生作用的。首先，当产品的差异化程度很高时，就意味着替代品种类相对较少，当产品价格发生变化时，消费者很难从市场中获得其他的替代品，因此对于该产品的需求价格弹性就会比较小。反之，当产品的差异性很小时，消费者可以在市场中轻易地找到替代品，因此消费者会优先选择那些价格更低的产品。此时消费者对产品价格会更加敏感，需求曲线也会变得愈加平坦，该产品的需求价格弹性就会很大。因此，产品差异化程度与需求价格弹性负相关，即产品差异化程度越高，需求价格弹性就越低。根据多夫曼-斯坦纳条件，广告强度会随着需求价格弹性的降低而上升，所以产品差异化程度的提升会通过降低需求价格弹性来提升广告强度。其次，产品的差异化程度很低时，很难在广告中将自身产品与其他类似产品相区分，消费者也很难通过广告来锁定购买某一品牌的产品。这就意味着厂商的广告有着很强的"公共产品"性质，广告只会增加对同类产品的需求，因此厂商在支付广告费用的同时从中获得的利益却很少。广告这种外部效应的存在会使行业中所有厂商的广告意愿降低，最终导致广告强度下降。但是如果产品的差异化程度很高，厂商广告的针对性就会很强，广告对潜在消费者的转化率就会越高，这就意味需求的广告弹性也更大，即相同的广告支出可以带来更多的需求，因此厂商也会更愿意在广告上进行投入。同样，根据多夫曼-斯坦纳条件，广告强度会随着需求广告弹性的上升而增大，因此产品差异化程度的提高会通过提升需求的广告弹性来增加广告强度。根据上面的分析，我们可以得出以下结论：产品差异化程度与广告强度存在正相关关系，当产品差异化程度提升时，广告强度也会增加；当产品差异化程度降低时，广告强度也会减少。根据 Wind 资讯数据统计，2017 年中国 1 837 家上市公司的广告宣传推广费用累计达到 1 633. 94 亿元，其中上汽集团以 136 亿元位居榜首，苏宁易购和恒瑞医药分别以 47 亿元和 46 亿元分居第二和第三位。1 837 家上市公司中有 33 家的广告费超过 10 亿元，其中医药生物行业有 13 家，汽车行业有 5 家，房地产和食品饮料两个行业并列第三，均有 4 家。而医药生物、汽车和食品饮料行业一直以来都是公认的产品差异化程度较高的行业。

产品的差异化程度会对广告强度产生影响，反过来广告强度也会对产品的差异化程度发生反作用。从某种意义上来说，广告作为一种信息传递工具可以更好地帮助厂商提高产品的差异化程度。作为搜寻品生产者，信息性广告可以更好地让消费者了解产品的具体功能和特征，将自身产品与其他产品之间的差别尽可能准确且迅速地告知消费者，避免消费者由于信息缺乏或扭曲而忽略原本存在的产品差异。当产品存在差异，但消费者难以迅速且准确地获知这些信息时，消费者就很难做出正确的消费决策，此时信息性广告的存在就非常有必要，它包含的产品信息可以帮助消费者从存在差异的一系列商品组合中找到最适合自己偏好的商品。从这个意义上来说，信息性广告可以减少消费者的信息搜寻成本，让原本存在的产品差异可以更加准确地传递给消费者。从厂商的角度来看，为了使自身产品的特点可以最大限度地被潜在消费者了解，厂商需要在不同场合通过各种媒体来做更多的广告，以此扩大广告的覆盖面，这就不可避免地会导致市场上存在过度的信息性广告。每家厂商大量进行广告投放，最终的结果仅仅是导致消费者在不同厂商之间的重新分配，这样导致的社会资源的浪费，最终很有可能会超过信息性广告通过促进消费者和品牌之间有效配对所带来的福利。

信息性广告对产品差异化的影响仅仅是让原本存在的产品差别更好地被表现出来，使消费者能够更加有效地获得相关信息。但是劝说性广告对产品差异化的影响则完全不同，它会加剧原有的产品差别甚至是创造出**虚假性产品差异**（spurious product differentiation）。由于劝说性广告主要针对的是经验品，此类产品的性能与质量只有在消费之后才能比较清楚地知道。消费者在进行经验品消费决策时的一个重要依据是他现有的消费经验，这就意味着使用过的产品与未使用过的产品之间会存在着信息差异。如果消费者在过去的消费中获得了不错的消费体验，那么他极有可能会继续购买原有的品牌。这就意味着初次消费对不同品牌的产品来说具有非常重要的意义，而劝说性广告的意义就在于它可以在消费者缺乏相关信息的前提下鼓励消费者购买某种产品。当消费者的消费行为存在典型的学习特征时，劝说性广告的意义就更加明显。以软件为例，当市场中存在不同的办公软件时，对于初次购买者来说可能难以选择。如果他选择了某款办公软件，那么在使用过程中他需要花费大量的时间与精力去学习如何使用，在学习的过程中软件的功能被不断熟悉。如果这样的学习过程需要花费较长的时间，那么消费者在某种意义上会被这款产品"锁定"，即使其他产品可以提供更好的功能，他也不会去更换软件，因为转换过程中再次学习的成本会抵消其他产品更好功能所带来的收益。这也可以解释为什么大多数用户都不太愿意从 Windows 转向 Linux，或者是 Office 转向 WPS，即使后两者都是免费的，并且功能上也具有很多特点。因此一旦劝说性广告成功地促成了消费者的初次消费，那么该消费者很有可能持续地"锁定"在同一品牌的产品之上。除此之外，劝说性广告还有可能通过影响消费者的偏好，让原本不存在差异的产品之间在消费者那里出现纯粹的主观差异，即通过广告来制造纯粹的虚假性产品差异。

**案例专栏 6-3**
**广告可以提升产品的差异化程度吗**

## 第三节　广告的市场效应

### 广告与价格竞争

在市场中厂商之间的竞争方式主要分为两类：价格竞争与非价格竞争。广告就是非价格竞争方式中的一个重要手段。与价格相比，广告在以下两方面存在显著的区别。首先，广告决策的频率一般要小于价格决策的频率。厂商可以根据成本、季节和竞争对手的表现等对价格进行频繁调整，但是厂商的广告决策一般都是以季度或者年为单位，无论是平面还是电视广告，或者是设计好的广告词，短时间内都不可能会进行大幅度的调整。因此厂商在使用广告作为竞争手段时，决策会比较谨慎。其次，广告的影响时间比价格更长。价格调整一般只能造成短期效果，但是广告对消费者的影响却会持续很长时间。现实中，很多公司都将广告作为塑造品牌的一个重要手段，因此广告也可以看成厂商对于品牌资产的投资。一款成功的广告可以在很长时间内持续对消费者偏好产生影响，这也解释了为什么很多大公司愿意花费巨额资金来制作精美的广告，并且在选择品牌代言人时会非常慎重。那么，广告会对价格竞争产生什么样的影响呢？

**案例专栏 6-4**
**广告与竞争**

一种观点认为，广告会削弱价格竞争。假设市场中存在厂商 A 和厂商 B 两家厂商，每家厂商都生产一种冰红茶软饮料。假设消费者知道市场中存在两种不同的冰红茶产品，但是并不知道两种产品之间的区别。为了简化分析，我们假设两家厂商的冰红茶产品仅在甜度上存在区别，厂商 A 生产的冰红茶口味偏甜，而厂商 B 生产的冰红茶口味偏淡。最后我们假设市场中部分消费者喜欢口感更甜的冰红茶，还有一些消费者喜欢口感更清淡的冰红茶。当厂商无法通过有效的途径告知消费者自己产品的特征时，那么在消费者看来两种冰红茶是完全相同的，因此价格是消费者唯一需要考虑的因素，换句话说消费者只会购买更便宜的冰红茶。根据同质化商品的伯川德模型的结论，最终每种产品的定价只能等于边际成本<sup>○</sup>。但是如果两家厂商可以通过广告来告知消费者各自冰红茶饮料的产品特征，那么在价格相同的情况下，总会有一些消费者会必然选择厂商 A 或厂商 B 的冰红茶。换句话说，对某个口味偏甜的消费者来说，即使厂商 A 的冰红茶定价要略高于厂商 B（价格差距取决于消费者偏好的强烈程度和两种饮料之间甜度的差别），但这名消费者依然会选择厂商 A 的产品。因此，市场上最终的竞争结果必然是每种产品产生的价格都要高于边际成本，从这个意义上来说，广告的确让消费者对价格变动的敏感性降低，最终削弱了价格竞争的强度。上述例子中的广告本质上是一种信息性的广告，它有效地向消费者传递了产品的客观特征，使消费者可以准确理解产品之间的差异。但是当厂商选择使用劝说性广告时，不仅可以强化产品之间的差异，甚至还能"制造"虚假性的产品差异，从而不断提高消费者对某种产品或品牌的忠诚度。矿泉水市场就是一个非常典型的例子，矿泉水是属于同质化程度很高的产品，但我们发现在我国市场中不同品牌的矿泉水价格可以相差 10~20 倍。更有趣的是矿泉水广告很少传递甚至完全没有任何关于产品的具体信息，广告的内容也大多偏向塑造品牌形象，这也是在消费者心中营造虚假产品差异并最终削弱价格竞争的一个手段。

还有一种观点认为，广告的存在会加剧价格竞争，这种观点背后的逻辑也可以用一个简单的模型来表达。同样为了分析的方便，我们假设市场中只有两家厂商，它们生产完全同质化的商品，并且消费者愿意为该商品支付的最高价格为 $v$。假设消费者存在很高的搜寻成本，因此他们仅能知道其中一家厂商的定价。这里搜寻成本很高的含义是指消费者没有时间或精力来全面获取包括价格在内的商品信息，或者说即使消费者可以获得相关信息，但由于成本太高消费者也不愿意去搜寻。在这种情况下，消费者只要观察到厂商的定价不高于 $v$ 就会愿意购买。此时厂商知道消费者只能随机在两家厂商中获取价格信息，并且愿意支付任意低于 $v$ 的价格，因此每家厂商的最优定价就是 $p=v$，任何低于 $v$ 的价格都是没有意义的，因为低价格并不能带来额外的需求，消费者不会在市场中进行价格比较。但是如果厂商可以选择通过广告来告知消费者价格信息，那么所有消费者都可以轻易知道每家厂商的定价，由于产品是完全同质的，消费者就只会从价格最低的厂商那里购买商品，我们再一次回到了伯川德模型，即每家厂商的价格只能等于边际成本。因此，广告会使每家厂商产品的价格降低，使每一家厂商的经济利润为零，从这个意义上来说，广告的确是加剧了价格竞争。Benham（1972）在对美国眼镜市场的调查中发现眼镜价格在那些禁止广告的州要高于那些允许广告的州。

既然广告会加剧价格竞争，企业还会选择做广告吗？以零售行业为例，无论是超市还是家电卖场，同类零售商所出售的大多数商品在本质上都是相同的（如相同型号的联想笔记本或相同版本的新华字典等），但是零售商依然会频繁地在报纸或网络上进行广告宣传，这又如何解释呢？

---

○    这一结论还隐含一个前提，就是厂商 A 和厂商 B 具有相同的边际成本。

即使广告客观上会加剧竞争，但是企业依然会选择做广告，我们认为主要有两个原因。第一，广告的存在是一种"囚徒困境"的表现。虽然所有企业都清楚如果大家都不做广告，每家企业都可以充分利用价格信息的不透明来向消费者收取更高的价格。但是如果某一家企业选择通过广告的方式告诉消费者自己的商品更加便宜，它就可以获得整个市场，同时还能获取很高的利润。按照这样的逻辑，每一家厂商的最优策略只能是选择做广告。第二，市场中的消费者在搜寻成本上存在差异，一些消费者可能由于搜寻成本过高而不购买任何商品，从这个意义上来说广告虽然会强化价格竞争，但是也有可能通过降低消费者的搜寻成本来提升需求。因此，只要广告带来的新客户产生的利润提升高于价格竞争加剧带来的利润下降，厂商就会去做广告。

综上所述，广告中所包含的信息会给价格竞争带来不同的影响：仅仅包含价格信息的广告可能会加剧价格竞争，但是有关产品特征的广告却有可能削弱价格竞争。在市场中，价格竞争与广告竞争都是厂商惯用的竞争手段，两者之间存在一定的替代效应，在实际的竞争过程中厂商会交替或综合运用两种竞争方式。同时，我们也的确观察到，伴随着市场的不断成熟，厂商会越来越偏好使用广告来代替价格竞争，以此来增强自身对市场和消费者的影响力，避免"价格战"对整体行业利润的负面冲击。

## 第四节 互联网广告研究

### 一、互联网广告的特点

前面分析的广告基本都是传统意义上的广告。随着互联网的普及和发展，互联网广告作为一种全新的广告形式也愈加成熟起来。根据中国社会科学院发布的《新媒体蓝皮书：中国新媒体发展报告 No. 7（2016）》显示，2015 年我国互联网媒体广告收入首次超过电视、报纸、广告和杂志 4 种传统媒体广告收入之和。借助于优势的互联网技术，互联网广告表现出了相对于传统广告的独有特点。

第一，互联网广告更具有吸引力。首先，这种吸引力表现在互联网广告的表现形式上，除了较为常见的横幅式广告和插播式广告，还有 e-mail 广告、富媒体（rich media）广告、关键词广告等不同类型的广告，这不仅突破了传统广告陈旧刻板的表现形式，而且通过丰富的视听效果吸引了更多的消费者，赋予了互联网广告更多的创新空间，进而更有效地为广大受众传递信息。其次，这种吸引力也表现在互联网广告全新的交互方式上，不同于传统广告单向式的信息交互，互联网广告能够实现消费者和厂商之间的双向即时信息交互。这意味着消费者可以通过网络将自己的偏好和建议及时反馈给厂商，从而使厂商能进一步调整广告策略以吸引消费者。

第二，互联网广告覆盖范围更为广泛。在时间上，互联网广告可以实现全天候的广告覆盖，不用考虑其他因素的影响；在空间上，互联网可以轻易地将广告迅速传播到世界各地，这使互联网广告打破了传统广告所面临的时空上的限制；在理论上，只要用户能够接入互联网便可以在任何时间和地点成为互联网广告的传播对象。

第三，互联网广告的用户定位更加准确。用户定位是否准确是衡量互联网广告有效性的重要因素，它在本质上体现了广告主和用户之间信息匹配的质量。传统广告一般通过向不同的消费群体投放定制的广告来实现用户定位，而互联网则可以通过用户的各种信息建立相应的数据库，实现更为精准的广告投放。但用户的信息属于用户个人的隐私，互联网平台能否随意获取用户信息来实现精准的广告投放仍是一个问题。

第四，互联网广告的效果更加直观。传统意义上的广告效果很难直接衡量，通常只能通过问卷调查、市场占有率变化等方式间接衡量，而实时准确的互联网广告第三方检测系统却能直接测量用户对特定广告的浏览量、点击量，甚至能够获取用户的时间、地域分布等信息，这能够帮助广告主及时准确地评估广告效果以便做出相应的调整。

第五，互联网广告更为经济。互联网广告的成本远远低于传统媒体广告，如报纸的头版广告、电视台的黄金时段广告的报价动辄上万元。而且传统广告发布后很难再做出调整，即便能调整其耗费的成本也是巨大的，而在这方面，由于互联网广告是数字化的信息，这使得广告调整的成本几乎为零。所以互联网广告的性价比非常高，这对那些迫切渴望拓展市场份额却无力支付高昂的传统广告费用的企业来说是非常划算的。

## 二、互联网广告的定价

随着互联网的发展，越来越多的广告主倾向于通过互联网广告推销自己的产品，然而互联网广告的资源是有限的，为了促进互联网广告资源的合理配置和广告主之间的公平竞争，有必要设计一种适合于互联网广告的定价机制，这就是**竞价排名拍卖机制**。一般来说，竞价排名拍卖机制主要有广义第一价格（generalized first price，GFP）拍卖、广义第二价格（generalized second price，GSP）拍卖和VCG（Vickrey-Clarke-Groves）拍卖三种类型，并且各自具有不同的定价模式和特点。

早在1997年，Overturn公司就发明了付费网络广告的关键词拍卖机制，即广义第一价格拍卖机制。在关键词广告中，各个广告主的广告会依据各自竞价结果从高到低依次排列，并且只有当用户点击广告时，广告主们才会按照自己开出的竞价向搜索引擎付费，并非像过去的互联网广告那样按照浏览量付费。GFP拍卖机制虽然为Yahoo和MSN等搜索平台带来了巨大的成功，但这种拍卖机制存在较大的问题，因为GFP拍卖机制不存在纯策略均衡，广告主之间的策略博弈会导致价格的波动，这种不稳定性容易引起排名资源配置的效率损失。

为了解决GFP拍卖机制的价格波动问题，2002年谷歌在Adwords计划中开发出了一种新的价格拍卖机制，即广义第二价格拍卖机制。在GSP拍卖机制中，广告主的广告依旧根据竞价结果的高低进行排序，只是广告主对每次点击所支付的费用不再等于自己开出的竞价，而是稍微高于排名紧随其后的广告主开出的价格。这种机制设计完美地弥补了GFP拍卖机制的缺陷，形成了较为稳定的均衡结果，但这种竞价方式所形成的策略均衡并非占优均衡。

那么，是否存在一种拍卖机制能够实现广告主之间博弈的占优均衡？Vickrey、Clarke、Groves三位经济学家分别提出了一种全新的拍卖机制，简称"VCG拍卖机制"。在该机制下，拍卖人要求竞拍人报告其关于每个广告位的估价，然后按照使总价值最大化的原则分配相应的广告位，并且赢得竞拍的广告主的付费是该广告主给其他广告主带来的外部效应之和。VCG拍卖机制是一种激励相容机制，换言之，"说真话"是每一个广告主的占优策略，所以VCG拍卖机制的策略均衡本质上是一种占优均衡。尽管理论上VCG拍卖机制能实现效率和稳定的统一，但实践中却很少有采取该机制的例子。其主要原因在于VCG拍卖机制要求的计算量较大，从而使其可操作性较差，缺乏经验的广告主难以准确给出每个位置的报价，所以VCG拍卖机制需要进一步简化以适应实际拍卖的需要。

虽然竞价排名拍卖机制的竞价结果主要取决于广告主们的估价，但平台仍然对广告位的价格有一定的控制能力，例如，平台可以对待拍广告位设置一个底价，如果最终竞拍价格低于底价则宣布流拍。如此一来，平台便可以通过调整价格来实现平台的利润最大化。为了简化分析，我们可以假设一个由广告主、消费者和平台构成的双边市场模型，其中广告主们的产品是同质无差别的，平台可以对广告主收取竞价后的广告费来发布广告并对广告底价具有控制权，平台还可以对消费者收取一定的获取广告信息的进入费用。

在消费者方面，平台会发现如果降低消费者的进入费用，就能够增加平台的利润。因为较低的进入费用会让消费者更加积极地进入平台，从而促使广告主做更多的广告，所以较低的进入费用引起广告收入的相应增加抵消了降低进入费用的一些损失，甚至在消费者面临非货币成本而进入困难时，广告主会主动给予消费者津贴。

在广告主方面，假设所有的消费者都能进入平台，那么平台为了最大化自己的利润就应当对广告主定一个较高的广告底价，使得平台上只存在少数广告主。因为鼓励太多的广告主进入平台会导致产品市场上的竞争性价格和较低的价格离散水平，这会带来两个结果：一是广告主的生产者剩余减少使得平台从广告主处无法获得利润；二是较低的广告价格水平会使未进入平台的消费者产生"搭便车"效应，即未进入平台的消费者只需要简单了解市场情况便可获取最优的价格，而不需要利用平台的广告信息。显然，这两个结果都会对平台产生不利的影响，所以平台的最优选择还是提高广告底价。但是底价的提高不是没有上限的，过高的底价会使厂商倾向于制定垄断产品价格并且不愿做广告，其结果是消费者退出平台和广告费的降低，平台最终无利可图。

依据上述分析，我们可以得出平台利润最大化的定价策略：对消费者收取较低的费用使得所有消费者都进入该平台，而对广告主收取较高的费用使得只有少数广告主进入该平台。当平台的广告费用较高时，对广告主进入的限制常常会使供求双方得不到有效的匹配，使得广告资源有可能被浪费，进而损害整个社会的总福利。

具体而言，若拥有市场势力的搜索引擎服务商利用竞价排名广告属性的隐蔽性，以及搜索引擎用户的信息不对称性，没有切实履行审查义务，会产生"逆向选择效应"，造成大量虚假广告充斥于搜索结果页面，导致大量违法行为的发生。在竞价排名模式中，网站广告主遵循竞价机制支付服务商认可的价格，将自己的产品信息推送至消费者终端。在此过程中，搜索引擎服务商是唯一能够进行"信息过滤"的中间环节，但搜索引擎服务商通常更愿意看到越来越多的广告主参与到竞价中来，从而可通过抬高价格来获利。同时，作为广告主，自然会偏向选择拥有巨大流量资源的平台，这进一步加剧了平台的买方竞争，使得竞价费用"水涨船高"。然而，由于缺乏监管制度，"价高者得"的竞价排名模式过度倾向于拥有更多金钱和权势的客户，忽视甚至排斥了普通客户，导致"劣币驱逐良币"的失灵现象。以搜索平台广告为例，虽然某些广告信息可能与消费者的需求更为接近，但由于出不起竞价而未参与关键词拍卖，从而被搜索平台恶意屏蔽。对于虚假广告厂商而言，如果生产成本足够低，那么出高价争得的竞价排名中的高排位将有利可图，因而愿意支付高额竞价，导致那些不愿意支付高额竞价费用的正规厂商被挤出排位。

## ◈ 本章小结

广告可以分为信息性广告与劝说性广告。搜寻品大多采用信息性广告，而经验品则倾向于使用劝说性广告。

广告也可以作为一种信号，传递产品质量等相关信息。

广告强度与需求的广告弹性成正比，与需求的价格弹性成反比。

广告强度会受到市场结构的影响，广告强度与市场集中度会呈现倒 U 形的关系。

广告会提升产品之间的差异化程度。

包含价格信息的广告会强化价格竞争，但是关于产品特征的广告会削弱价格竞争的强度。

◈ **练习题**

◈ **参考文献**

第七章
CHAPTER 7

# 非价格竞争：研发与技术创新

作为非价格竞争的重要手段，研发与技术创新是企业取得持续竞争优势的关键。同时，作为企业的策略性行为，由研发与技术创新而导致的新产品竞争，比现存产品在价格上边际变化的竞争更为重要。正如美国麻省理工学院斯隆管理学院教授詹姆斯·阿特拜克所言："即便把现有技术开发得更精、更细、更好，也不能阻挡新企业采用新技术抢占市场，并把反应迟钝的现有企业赶进产业历史的垃圾堆。"

## 第一节　技术进步的内涵与形式

从微观的角度看，技术进步可以理解为技术创新，是指企业应用创新的知识或新技术、新工艺，采用新的生产方式和经营管理模式，提高产品质量，开发、生产新的产品，提供新的服务，占据市场并实现市场价值⊖。技术一词，指的是把投入转化为产出的具体生产流程，以及在实施这种转化中采用的构成这些活动的知识和技能的总和（Kim，1997）。

创新有很多种类型，通常把创新分成两类：产品创新和工艺创新（或称"过程创新"）。①产品创新是指将新的产品投入商业运作，而该产品在设计或功能特征上的更改，为该产品消费者带来了新的或更好的服务。单纯从美观角度出发的改变，不在此概念范围之内。②工艺创新是指采用新的或显著改进的生产方法，这些方法可能涉及设备或生产组织的变更，或两者兼有。其目的可能是生产原有设备或生产方法下无法得到的新产品或更先进的产品，以及提高现有产品的生产效率。

## 一、技术进步的形式

从产出量增加与生产要素投入比例的关系看，技术进步可分为三种形式：中性技术进步、劳动节约型技术进步和资本节约型技术进步。①在资本和劳动这两种投入同

---

⊖ 中共中央国务院关于加强技术创新，发展高科技，实现产业化的决定［N］. 人民日报，1999-08-24（01）.

比例减少的情况下，一种可以生产出与以前相同产量的技术改进被称为中性技术进步。由于这种技术进步不会改变厂商资本与劳动的投入比例，所以称它是中性的。②当劳动与资本的相对价格固定不变时，产出量的扩大是因为资本的边际产品对劳动的边际产品的比率提高，即生产出与以前相同的产量，只需要较之前少的劳动投入，这种技术进步被称为劳动节约型技术进步。③当与资本相对的劳动的边际产品增加时，即劳动投入给定的单位产量只要求较之前少的资本投入，就发生了所谓的资本节约型技术进步。研究这几种技术进步的形式，对于设计产业技术政策有重要的作用。

从技术进步的步骤来看，熊彼特曾经将其描述为三个阶段：①发明；②创新；③扩散（或模仿）。发明阶段大体上相当于研究与开发（R & D），简称"研发"，是指构思新产品或新的生产方法和解决相关技术问题的行为。创新是指新知识被首次运用于生产并导致一种新产品或生产过程的问世。显然，这一阶段涉及企业家职能，因为只有当企业家把握住原始的发明机会，并把它付诸企业行动时，创新才会实际产生。为此，创新还要涉及市场研究、资本筹措、销售网络等问题。扩散或模仿是指新的生产方法和新产品被社会广泛采用和追随，制造商们纷纷运用新的技术抢夺市场。有一些学者如谢勒认为，关于技术进步三阶段的划分方法忽略了构成现代研发基础的技术活动，他用四阶段描述技术进步：①发明；②企业家职能；③投资；④开发。现在人们一般认为，技术进步这一过程往往从基础科学、科学发现开始，并经过发明、开发，一直到创新及其扩散。从方法上来说，可以把这个过程分成下列六个阶段：①基础科学；②科学发现；③发明；④开发；⑤创新；⑥创新的扩散<sup>⊖</sup>。

基础科学是技术进步的知识先导和铺垫，往往并不直接面向社会需求。对于阶段②即科学发现，我们假定它直接面向社会需求，研究往往是有目的、有方向的。在阶段①和②之后是发明，是新技术机会得到承认和以其最基本的形式加以实现的阶段。开发（阶段④）即研究与开发中的开发，其含义是："开发始于研究的结束之时。"它是技术发展阶段，它需要对用途的性质进行补充研究，并且意味着从商业上利用这个思想。以相对规模来衡量，一项发明转化为一种产品或一种生产工艺，其所需费用大约占总研发费用的 2/3。非常明显的是，经济考虑引导开发过程的性质与规模。一项发明变成一项创新前需满足三个条件：①技术知识必须是可获得的；②必须有对新产品或工艺的需求；③必须能得到资金。创新的时间就是新产品或工艺的第一次商业化应用。一项创新最终的成功依赖于它的扩散，即新技术、新产品、新工具大规模地进行工业实践，或者进入市场阶段。

因此，技术进步有两个极为显著的特征：一是技术进步中的"技术"一词，不仅包括硬件（产品、工艺等），也包括软件（设计、图纸、市场扩散、管理协调等）；二是技术进步不仅仅是一个技术范畴的概念，还是一个已经扩展到经济范畴的概念，是经济技术一体化的产物，其核心是企业家对产品和新产品的开拓及生产方法和组织方法的改进，是一个从产品或工艺设想的产生到现场应用的完整过程。

按照现代的理解，技术进步的思维有多种来源，包括新的制造能力和对市场需求的认识。创新能以多种形态出现，包括已有产品的增值改进；技术应用于新的市场；利用新技术服务于一个已存在的市场，并且其过程并不是完全线性的。创新需要使不同行为者（包括企业、实验室、科学机构与消费者）之间进行交流，并且在科学研究、工程实施、产品开发、生产制造和市场销售

⊖ 杜因. 经济长波与创新［M］. 刘守英，罗靖，译. 上海：上海译文出版社，1993：105-107.

之间进行反馈，即技术进步的链环回路模型——非线性模型，如图 7-1 所示。

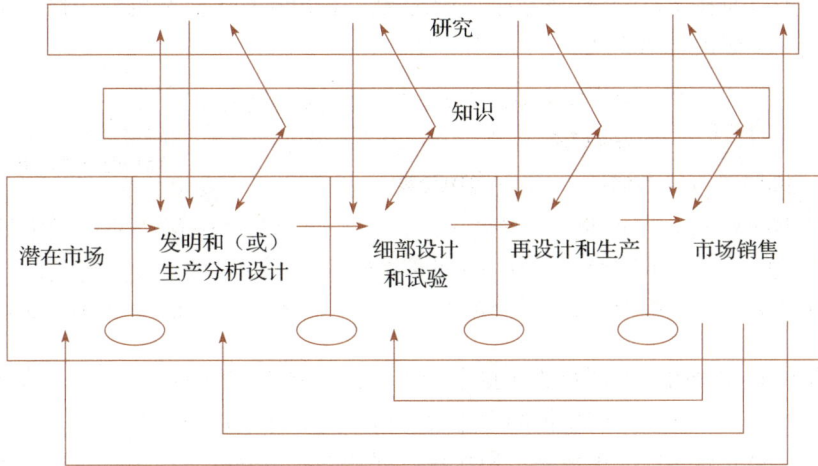

**图 7-1　技术进步的非线性模型**

资料来源：OECD. 以知识为基础的经济［M］. 杨宏进，薛澜，译. 北京：机械工业出版社，1997.

## 二、技术进步的影响因素

第一，市场竞争的压力和开拓需求的机会加上日益增多的开发投入，是发明、革新活跃且有效的基本条件和保证。市场竞争是企业发明的基本动力机制，研发投入提供发明的物质基础、开拓需求的机会和产业结构变化的条件。这三个方面的有机结合形成企业自觉加速技术进步的良性循环机制。如果我们把技术理解为技术创新及其扩散过程，那么技术进步可以描述为企业在信息不完全和不确定条件下的风险决策规则的变化，这种变化主要来自市场竞争的威胁（Nelson，Winter，1974），产业的市场竞争结构是企业技术创新的基本动力机制。进一步而言，产业内市场竞争与垄断态势决定了各产业技术进步的动力与速度。

第二，各产业的需求增长弹性差异致使各产业面临的技术进步机会具有差异，Richards（1997）的研究表明，美国约 70% 的研发费用用于制造业，美国制造业实际上正在培育绝大部分的技术进步。

第三，研发费用的大小和分布是影响技术进步诸多因素中最重要的因素，因为研发费用的分布代表着发明和技术创新的分布。研究表明，研发费用分布的特点是：①大企业占有大多数研发费用，其数字随企业销售规模的扩大而增大；②在不同产业，研发费用和销售规模的关系有所不同，在革新产业中，随销售规模增大，研发费用上升速度加快；在成熟产业和衰退产业中，随销售规模增大，研发费用上升速度下降，最后停止增大；③研发密度（研发费用占销售收入比例）与产业集中的对应关系不是很明显，与技术因素造成的产品差别集中的对应关系也不是很明显，而与技术因素造成的产品差别程度和产业所处的阶段有较密切的关系，如图 7-2 所示。

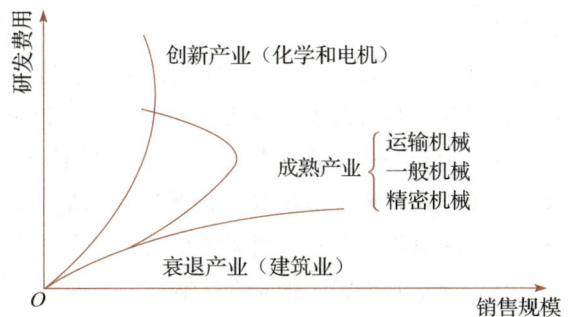

**图 7-2　不同产业内销售规模和研发费用的关系**

第四，企业的规模差别是影响技术进步的关键因素之一。在这个问题上，美国的艾柏纳西和日本的今井贤一通过对技术进步阶段特点的深入研究，指出在技术进步的三个阶段上大小企业发挥着不同的作用，主要内容如表7-1所示。

表7-1 技术革新阶段的特点及大小企业在各阶段的作用

| 阶段 | 技术性质 | | | 大小企业的作用 |
| --- | --- | --- | --- | --- |
| | 技术 | 创新 | 创新源泉 | |
| 第一阶段 | 流动性的 | 产品创新 | 多种源泉 | 个人和小企业能发挥较大的作用 |
| 第二阶段 | 定型的 | 工艺创新 | 制造过程中的竞争 | 大企业作用较大 |
| 第三阶段 | 再流动化 | 系统创新 | 复合化 | 大小企业都能发挥（视复合的技术内容而定） |

创新经济学的研究表明，不同企业在技术能力方面存在着广泛的异质性。安同良等（2005）的研究表明，一方面，原则上不同规模的企业表现出不同的技术创新行为。小企业中更具有企业家精神，更灵活，对外界的反应更快，它们在技术创新方面主要具有行为优势，特别是在产品创新方面，小企业更容易创新。另一方面，因为大企业的优势是在规模经济、产品的标准化生产和削减成本方面，它们更容易把注意力放在工艺创新上，而它们在技术创新方面主要具有物质优势。

第五，企业之间的合并、组建集团等联合有利于技术进步。企业通过合并、组建集团，扩大了产业组织的规模，具备了从事技术进步的各种条件，如资本、技术、人才、规模；另外，联合的企业可以配套进行发明和创新，尽快使发明转为应用。

第六，国家创新体系（系统）是主导技术进步的现代方法。技术进步是不同参与者和机构的共同大量互动作用的结果，把这些看成一个整体就称作国家创新体系（或系统），这一概念由美国著名学者弗里曼于1987年提出。他认为，在人类历史上，技术领先国家从英国到德国、美国，再到日本，这种追赶、跨越是一种国家创新系统演变的结果。换句话说，在一国的经济发展和追赶、跨越中，仅靠自由竞争的市场经济是不够的，需要政府提供一些公共商品，从长远的动态视野出发，寻求资源的最优配置，以推动产业和企业的技术进步。

1996年，经济合作与发展组织在其《国家创新系统》研究报告中指出，国家创新系统可以被定义为"由公共部门和私营部门的各种机构组成的网络，这些机构的活动和相互作用决定了一个国家扩散知识和技术的能力，并影响国家的创新表现"。由于对国家创新系统的理解并不完全相同，因而在国家创新系统的实际研究中形成了三种不同的学术视角，也因而有着三种不同的学术传统，即以Nelson为代表的美国传统、以Freeman为代表的英国传统和以Lundvall为代表的北欧传统。

目前，人们普遍认为，国家创新系统包括下列核心要素：①企业，即创新的主体；②公共研究机构（包括研究院所、科研型大学、非营利研究机构等），主要从事知识生产活动，是企业创新活动一个非常重要的知识源；③教育培训机构，主要从事创新人才的培养；④政府机构，制定有关政策，提高创新系统效率，促进知识的生产、传播和利用，为创新活动的开展创造良好环境；⑤金融机构，主要为创新活动的开展提供资金支持。另外，国家创新系统还包括一些辅助支撑要素，如中介机构、企业孵化器、信息网等。国家创新系统方法力图把影响创新的所有因素都考虑进去，不仅包括影响创新的经济因素，还包括制度、组织、社会和政治因素。

国家创新系统研究主要以发达国家和地区为背景和原型，与发展中国家的现实差距较大，于是 Edquist（2001）在国家创新系统的基础上，提出了"发展型创新系统"（system of innovation for development，SID），即专门适用于发展中国家现状和问题特点的国家创新系统，并总结了"发展型创新系统"与国家创新系统的 4 个关键性区别：对于产品结构的影响，产品创新比工艺创新更重要；渐进性创新比根本性创新更容易获得成果；对扩散技术的吸收比进行原始性创新更重要；在中低技术领域的创新比高技术领域的创新更易取得突破。发展型创新系统更加强调公共创新政策在发展中国家中的作用。发展中国家市场不完全，市场失灵现象较发达国家更严重；知识水平低，教育与培训对知识经济发展的作用也更大；经济水平低，缺乏自我更新升级的物质基础及动力。因此，政府应该制定合理的政策解决现存的经济与社会问题，为产业结构升级提供机会和动力，为创新发展提供条件。发展型创新系统更加适合发展中国家的国情，对于发展中国家政策的制定具有重要的理论价值。

# 第二节　市场经济中发明的刺激与阻碍

从经济增长和经济福利的角度看，技术进步的各个阶段都需要激励。这里将重点分析延缓或促进技术进步中发明、创新与扩散三阶段的因素。

研究或发明活动作为市场经济中一个相当特殊的经济过程，与一般竞争性商品的生产活动相比较，其特殊性体现在两个方面。

第一，发明活动是一种高度不确定性的活动。这种不确定性一般由技术构成和市场构成两部分组成⊖，前者与时间的不可预测性和科学、技术的性质有关；后者与需求结构的复杂变化有关。为此，在新的开拓性研究项目中，使用资源投入所获得的产出事先往往是无法预料的，因此必然要冒风险。如果没有适度的风险转移机制，市场经济中对发明或研究的投资就会处于低水平状态。应该把风险适度地转移给哪些主体呢？有下面几种方式可供选择。

（1）通过资本市场筹集用于发明的资本，把风险分散地转移给其他法人企业和大量社会成员。只要实行投资自由化和完善资本市场的政策，这种方法就可能被一部分追求资本收益最大化的主体接受。例如，现代经济中的投资基金制度就是运用市场机制筹措高科技发明资金的有效方式之一，这一制度创新形式已经培育了许多"小而专、小而精、小而效"的高科技企业，并逐步得到壮大。

（2）通过财政拨款（如无偿援助、贴息使用、半市场化竞争使用等方式）途径，引进政府对发明投资的干预。在当今世界各国，政府对研发的投入支持，是发明投资的主渠道之一。政府从事这一活动的基本依据是单纯依靠市场机制会使市场中发明的投入不足，从而出现市场失灵。

（3）通过扶植大型或特大型企业及企业集团的方式，由其运用自身实力独立地进行发明投资活动。大型企业集团作为政府与市场之间的联系纽带及桥梁，通过其对资源的有效组合和配置，对研发项目进行投资。在从事若干种研究项目的大型企业中，相对来说，每个项目的规模相对于企业本身规模来说都不会太大，这样通过项目组合可使总的风险降低。同时，独立的有实力的大企业之间还可以联合其他社会主体（如金融或者非金融机构）共同从事研发活动，这同样可以降低风险。正因为如此，大型企业或企业集团已经成为当代研发投资的主力军。

---

⊖　FREEMAN C. The economics of industrial innovation［M］. 2th ed. London：Frances Printer，1982.

需要指出的是，在市场经济中单靠某一类主体来转移发明风险的现象并不多见。

（1）如果单靠第一种方式完全通过资本市场筹集研发资金，不仅会造成从事研发活动的企业不受承担失败风险的约束，从而使有效并成功地创新出新技术的刺激因素减弱、效率下降，而且也会在一定程度上出现滥用投资人资金、侵犯投资人权益的道德及法律问题。

（2）如果单靠政府干预，则会出现对政府的过度依赖，同时政府的发展能力和正确预见科技进步方向的能力在客观上也很有限，政府在发明活动中的作用并不见得就比市场高明。

（3）单纯地依靠大企业也并不现实。因为大企业很可能具有抑制发明和创新的垄断动机，其创新绩效在某些方面并不见得比中小企业高。没有政府的支持和帮助，对某些尖端科技的发明活动就根本不可能进行。所以在当今社会中，应对研发活动风险的方式是形成混合的、有机配合的投资主体。

第二，发明活动所形成的产品（主要以信息形式出现）是一种具有公共产品特征的特殊商品。这种特征一是指它的非专用性（或非独立性），二是指它的不可分割性（或非竞争性）。前一特征的含义是指发明的成果不容易确立它的信息产权，其秘密在充分运用于生产过程时，可能被其他非发明主体以很少代价或无代价进行复制，最为典型的就是电脑软件。后一特征的含义是指对发明财产权的保护，使发明者能够限制对自己发明的使用以获取垄断利润。

解决发明成果在信息产权方面的困难，一是可以通过专有技术的方式，二是可以通过申请专利、版权和商标等方式。前者是指企业用自己独特的方式而非法律方式保护自己发明的成果。后者是指企业通过法律方式确立它的法定财产权。前一种方式的运用不仅受限于技术条件（例如，发明信息需要在产品中体现出来或易于被模仿者破译的发明，就不适合使用专有技术方式），而且会导致技术发明不能得到充分利用。后一种方式通过专利法和专利制度，除了自己可以运用新发明，还可以向其他企业颁发使用许可证，不仅鼓励了发明秘密的公开，而且通过确立工业产权，促进了社会对发明的投资。专利向发明者提供了其对于一项新型实用产品、工艺、物质或设计的独占权利。

解决专利权的创新者通过专利的排他性来获取长期垄断利益（垄断利润或专利权使用费）的问题，最好是制定一个定期垄断权力的制度，即确定一个恰当的专利保护期。这种制度是社会在为发明提供刺激因素与适当削弱专利垄断权力、充分使用发明之间所做的一种妥协。在美国，专利向发明提供 20 年的保护期限，向新设计提供 14 年的保护期限。

版权给予发明者对艺术、戏剧、文学或音乐作品独占的生产、出版或销售权。它保护的是艺术表达方式。许多国家针对版权提供长短不同的保护时间。例如在日本，版权保护持续至艺术家死后 50 年，但录音仅保护 20 年。商标是将一家厂商提供的商品或劳务与其他厂商提供的商品或劳动相区别的词语、符号或其他记号。在美国等许多国家，商标可到专利局注册。

专利与版权间的重要区别是版权保护一种想法的特定表达，而专利保护这一想法本身任何有形的表达。因此，专利允许更大的独占权并且可能是更强的垄断力量，一个社会的专利政策反映了它在更多的发明刺激机制和更强的垄断力量间的权衡。

下面介绍一下**社会最优专利长度**。专利的市场价值会随着专利长度的增加而增加。因此，一个较长的专利长度能够提高创新活动的积极性，进而带动更大的技术创新。那么，为什么不授予发明者永久专利权呢？我们需要认识到，确定社会最优专利长度时，面临着成本收益折中的问题。一方面，更长的专利长度增加了一项发明的期望回报，鼓励研发活动并获得动态效率；另一方面，专利给予专利所有者使用发明的垄断权力，专利长度越长，垄断造成的静态无效率就越大。假设专利的社会收益增长速度随专利长度的增加而变慢，且边际报酬递减，社会成本由于静态无效率而不断增加。以图 7-3 为例，其中 TR 为总收益，TC 为总成本，两条曲线分别表示 TR 和 TC 与专利长度（PL）的关系。TR 和 TC 相差最大也就是边际原则成立的位置是最优点。在图 7-3 中专利长度为 PL* 时，达到社会最优水平。

成本收益分析中最突出的问题是，不同种类的创新最优专利长度不同。期望收益高的专利应授予较长的专利长度，而引起静态无效率损失较多的专利应授予更短的专利长度。事实上，很难在申请专利时就使用成本–预期收益法评判一项创新，即使是发明者本人也难以确定其创新的潜在优势，更不要说政府了。基于这些不确定性，我们只能退而求其次，建立一个能够适用于所有创新的固定的专利长度体系。

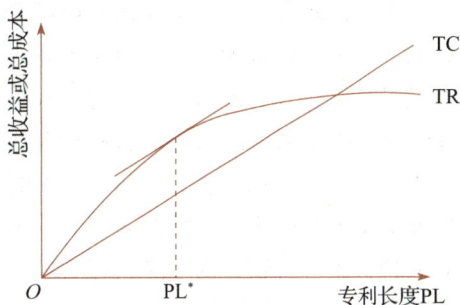

**图 7-3　社会最优专利长度**

资料来源：TREMBLAY V J, TREMBLAY C H. New perspectives on industrial organization [M]. Berlin：Springer, 2012：497.

## 第三节　市场结构与技术创新之间的联系

市场结构与技术创新之间是一种什么样的联系？究竟是竞争还是垄断力量有利于技术进步？这些都是西方经济学长期争议的问题。20 世纪著名的经济学家约瑟夫·熊彼特批评那种把现代资本主义的发展归功于完全竞争的教科书观点，认为在现代资本主义条件下，与企业家、发明家个人相比，大企业的研究组织正在不断成为技术创新的主体，大型厂商和垄断势力有利于推动技术进步。他主张，就产生技术创新的环境而言，原有企业之间激烈的竞争并非是有利的，新产品、新技术等潜在的动态竞争才是重要的；让技术创新的企业拥有寡头市场竞争的支配力量，才能保证研发的动力。

由熊彼特的这种观点引出的两个假说，引起了后来的激烈争论，两个假说被称作"熊彼特假说"：①是否企业规模越大，技术革新就越有效率？②在保证技术创新的动力方面，市场势力或者市场支配力是不是必需的？这两个问题是创新领域实证研究的主要对象。

在技术进步的进程中，进行研究的激励、创新的时机选择均由产品和研究产业的市场结构决定。两相比较，究竟是竞争市场还是垄断市场更能促进发明和创新活动？在这个问题上有截然不同的回答。

### 一、观点一：较集中的市场结构有助于较多的创新

认为应该选择较集中的市场结构的理由如下。

第一，集中性行业中的企业比竞争性行业中的企业能够更好地筹集研发经费。如熊彼特就认为，完全竞争形式中的小厂商是不可能为研发支付最佳费用的。这种观点强调，研发是冒风险的行为，其资金应主要从企业内部筹集，而不是从市场筹集。只有存在超额利润的寡头垄断市场可以随时提供这种资金，而竞争较激烈的市场中的企业都不可能得到这种资金。在农业等接近于完全竞争的行业，研发资金主要依赖于政府资助的事实说明，竞争性行业中可能存在严重地筹集研发经费的问题。强调大厂商能够具备用于潜在的研发项目的资金，能最大限度地从事技术创新，

并不会消除竞争。因为技术创新本身是竞争的一个要素，厂商追求创新的努力会增强竞争度。

第二，研发活动中也存在着规模经济问题，集中性行业中的企业可能具有研究规模的优势。如加尔布雷思就认为，研发的支出对小企业来说太昂贵了。它们不仅等待不起消耗时间的过程，而且没有从事大规模研发的财力。并且，只有大厂商才能把研发的风险投资分摊在大量项目里，并且充分利用研发的成果。这种观点强调，当存在研发活动的最佳规模时，对竞争性市场中独立的小企业来说，承担研发活动是困难的。汇集研究力量也许能解决这一问题，但实践上要受到竞争性的小企业间联合开发中的交易成本过高和财务实力问题的影响。相反，较集中的市场中的相对大型企业，有较大的可能在有效规模上从事研发活动，尤其是对风险大、周期长、费用高的研发项目，这种市场结构更有效，还能避免浪费资源的多头重复性研究。

第三，较集中的市场中企业从事技术创新活动，还有如下优势。①获取垄断利润的企业比竞争性行业中的企业，更具有保护它们的技术专利的优势，因而更愿意从事发明活动。②快速创新是压制产业内竞争对手、阻止潜在新进入者竞争的重要策略。这一部分战略的实施产生了效率效应。效率效应考虑这样一个事实，即垄断公司相较于双头垄断竞争者之一的利益差距，远高于双头垄断竞争者相较于未进入行业者的利益差距。由于竞争损害行业盈利性而产生了效率效应，因此垄断者进行创新时，全行业的利益将大于两家垄断竞争条件下新进入者创新时全行业的利益。效率效应使得现在的垄断者比潜在进入者有更强的激励去创新。原因在于现在的垄断者如果不创新就会失去垄断，而新进入者如果创新成功，会（最多）成为两家垄断者之一。③集中性行业中企业获取的垄断利润，能够吸引水平较高的创新人员，提高创新效率。

Dasgupta 和 Stiglitz（1980）提供了一个与熊彼特假设一致的寡头模型，证明集中度较高的产业有更高的创新活动。他们建立了一个 $n$ 寡头模型，厂商连续地选择产出水平和研发支出以降低边际成本。厂商和产品都是相同的，生产成本是线性的。假设市场能够自由进出，长期条件下厂商的利润为 0。总的来说，这是一个存在研发和自由进入的古诺模型。

厂商利润最大化的一阶条件可以得到寡头环境下的勒纳指数（$L$）为

$$L = \frac{p-\text{MC}}{p} = \frac{1}{n \cdot \eta} = \frac{\text{HHI}}{\eta} \tag{7-1}$$

根据对称性，赫芬达尔-赫希曼指数（HHI）等于 $1/n$，正好等于均衡时每家厂商的市场份额。由于市场可以自由进入，长期均衡下厂商 $i$ 的利润是 0，也即

$$\pi_i = \text{TR} - \text{TC} = p(Q)q_i - [c(\text{R\&D})q_i + \text{R\&D}] = 0 \tag{7-2}$$

式中，$Q$ 为产业产出水平。

将式（7-2）按照均衡时产业中厂商数目 $n^*$ 加总得

$$p(Q)Q - c(\text{R\&D})Q - n^* \cdot \text{R\&D} = 0 \tag{7-3}$$

式中，$n^* \cdot \text{R\&D}$ 是这一产业的研发总支出。解出 $n^* \cdot \text{R\&D}$ 并在等式两边同时除以 $p(Q)Q$ 得到

$$\frac{n^* \cdot \text{R\&D}}{p(Q)Q} = \frac{p(Q)Q - c(\text{R\&D})Q}{p(Q)Q} = \frac{p(Q) - c(\text{R\&D})}{p(Q)} = L \tag{7-4}$$

将方程左侧记为产业研发-销售比率，代入式（7-1）的勒纳指数后写作

$$\frac{n^* \cdot \text{R\&D}}{p(Q)Q} = \frac{\text{HHI}}{\eta} \tag{7-5}$$

这说明，产业研发-销售比率随需求价格弹性的减小而增大，随产业集中度的增大而增大。这与熊彼特假设的研发投入随产业集中度提高而增加是一致的。

竞争性寡头最有利于技术进步的观点表明，市场集中与研发支出之间的关系可以表示为"倒U形"形态。Scott（1984）检验了这一假设，他的部分研究结果如表7-2所示。他估计随着市场集中度的提高，研发支出也会提高，直到 $CR_4 = 64\%$ 时，研发支出开始随集中度提高而下降。Scott 在对不同产业需求条件和技术机会差别进行控制之后，检验了市场集中与研发支出之间的一般关系。考虑了这些附加因素后，市场集中与研发支出之间的"倒U形"关系消失了。这一结果印证了我们上述所讲的观点，即需求条件和技术机会是技术进步的决定性因素。

**表 7-2　市场结构与研发关系的经验检验**

| Scott | $RDS = 0.000\,94 + 0.000\,49^a CR_4 - 0.000\,003\,8^a CR_4^2$ | (1) |
|---|---|---|
| Lunn 和 Martin | （低技术）$RDS = 1.170\,6^a - 0.011\,0^a PCM + 2.281\,8^a MS + 0.007\,5^a CR_4 + 0.138^a AssetSize$ | (2) |
| | （高技术）$RDS = 12.904\,8^a - 0.144\,7^a PCM - 0.667\,1^a MS - 0.098^a CR_4 + 0.418\,3^a AssetSize$ | (3) |
| Lunn | $Process = -245.36 + 0.509^b CR_4 + 21.63^a Tech$（如果是高技术则为1；如果是低技术则为0） | (4) |
| | $Product = -283.79 + 0.427^a CR_4 - 3\,554^c ASR + 94.618 Tech$（如果是高技术则为1；如果是低技术则为0） | (5) |

资料来源：Scott（1984）；Lunn，Martin（1986）；Lunn（1986）。

注：RDS 为每美元销售额的研发费用；CR 为 4 家厂商的集中比率；MS 为市场份额；PCM 为价格-边际成本加成幅度；Process 为产业中的企业获得工艺专利的数量；Product 为产业中的企业获得产品专利的数量；ASR 为按产业平均的每美元销售额中广告和其他销售努力支出的比例；Asset Size 表示资产规模；Tech 表示是否为高技术企业；$a$ 表示在1%水平上的统计置信度；$b$ 表示在5%水平上的统计置信度；$c$ 表示在10%水平上的统计置信度。

Lunn 和 Martin（1986）运用一个类似的样本，研究了各种市场和公司结构因素对厂商研发支出的影响，高、低两种不同技术机会的产业被分开来研究。无论是在高技术机会还是在低技术机会的产业中，在其他因素相同的情况下，越是高收益厂商（用价格-成本加成幅度衡量）在研发上支出越少；越是竞争性的市场，厂商投资研发活动越多。这充分说明竞争鼓励创新活动。

熊彼特的假设是在大型厂商中组织生产有助于技术进步，正如前面提到的，这可能反映了市场势力或规模优势。对低技术机会的产业来说，Lunn 和 Martin（1986）的研究结果（表7-2中的（2））支持这两种可能性。在低技术机会的产业中，当其他因素相同时，运营较大市场规模的厂商每美元销售额中支付研发的费用较高。这说明在低技术机会的产业中，市场力量鼓励创新投资是合理的。对高技术机会的产业来说，结果就不一样了，无论市场份额还是市场集中度，对研发支出都没有统计意义上的影响（表7-2中的（3））。此外，在高技术机会的产业中，当其他因素相同时，大型厂商每美元销售额中投资于研发活动的支出较多。

Lunn（1986）检验了各种市场结构因素对研发产出的影响，即厂商申请专利的数量的影响。Lunn（1986）将新工艺专利和新产品专利分开研究。工艺专利同市场集中度呈高相关性，这与熊彼特的假设完全一致，技术机会越高的产业，工艺专利就越多。相反，市场集中度与产品专利没有什么联系。但是，那些每美元销售额中平均广告支出和其他销售努力越高的产业，新的专利产品越少。这证实产品差别化对刺激新产品创新的意义，如果通过广告或其他销售手段使产品已经出现了差异化，那么厂商就会比产品还没有差异化时生产较少的新产品。

## 二、观点二：垄断势力并没有促进技术创新

第一，置身于垄断行业中的企业与置身于竞争行业中的企业相比较，前者更容易变得松懈、懒惰和无效率，不能抓住研发时机，不能从事有效的研发计划，因而在高度集中的市场中可能出现较少的创新。

第二，从研发资源和筹措资金的角度看，垄断行业中的企业处于研发活动较有利的位置，但激发创新的因素较少。这主要是由以下三个原因造成的。①对垄断者来说，从创新中所获得的超额利润与从垄断中所获得的超额利润相比，往往非常有限，因而创新的动力机制不足，垄断的动力强大。②拥有稳固垄断地位的企业，考虑到创新后需要一大笔重新装备其企业的成本，因此可能会拒绝需要重置装备的创新活动，所以垄断企业可能会仅关心式样改进的革新或少数新的创新项目，而忽视开拓性的创新。③为保护自己的垄断利益，避免潜在竞争，垄断企业往往会买断压制有利于快速生产变化的新专利或专有技术，将其搁置一边不用。

为什么已建立的企业比行业新进入者在本质上更不可能创新或突破已有的惯例？企业不愿创新也许不是管理人员缺乏远见或不愿承担风险的结果，而是对企业面临的环境做出利润最大化的反应。可能抑制垄断企业创新的两个主要因素如下。①沉没成本效应，因为企业投资于某些专用性资产（技术），转产时会造成投资价值减少，会使投资的成本部分或全部无法收回，从而产生沉没成本。②替代效应（replacement effect）。阿罗的结论是，假设具有相同的创新能力，新进入者比垄断企业愿意花更多的钱来创新。在阿罗见解后面的直觉是：成功的创新使新进入者成为垄断企业；成功的创新也使已建立的企业加入垄断，但因为它已经垄断，因此已建立的企业从创新中获得的收益比潜在进入者少。通过创新，新进入者可代替垄断企业，但垄断企业只能代替它自己。因为这个原因，这种现象被称为替代效应。

第三，一些经济学家运用实证方法，对创新与行业集中之间的关系进行统计检验后发现，在一个行业内，最大厂商提供的创新的相对份额，随着垄断势力的增强而趋于下降。因而实证研究并不支持大企业对发明的高产出是起促进作用的这样一种假说[一][二]。有关创新活动与市场结构相联系的研究，还是相当不成熟的。这一假设也不是需要验证的唯一假设，可能还存在着其他研究途径，如创新活动与企业规模的关系、研发活动与企业多样化经营的关系，以及制度安排与创新活动的关系，等等。

市场结构与发明和创新的经验分析（Tremblay，Tremblay，2012）表明，许多因素都会对研发投资、专利活动和技术创新产生影响。这些因素可以分为三大类。①政府激励：由于信息具有公共品的性质，政府可以利用专利体系和授权研究鼓励技术创新和研发投资。②私人企业激励：经济理论表明，如果私人企业能够从自身创新中获得更多的收益，它们将更愿意投资于研发。较大的技术机会，也能刺激研发投资。③市场结构的作用：经济理论并没有能够厘清市场结构与技术创新间的关联。阿罗的理论表明，竞争性企业会更多地投资于研发。而熊彼特理论则认为，创新活动更容易在集中度高的产业中由大企业主导。同时，技术革新还会反向作用于市场结构。

美国政府采取一系列鼓励研发活动和新科技知识创新的政策措施。私人企业能够获得占研发支出20%的税收抵免，美国联邦政府还会提供26%的授权基金。专利体系为鼓励创新活动，提供给创新者对发明或创新20年的排他性所有权。根据调查，这些政策确实降低了创新的成本，尤其在农业、飞行器和电子产业。专利保护有助于汽油、机械和金属制品行业的技术革新，对制药和化工行业尤其重要。失去专利保护，65%的制药业创新和30%的化工业创新将不会发生。

技术机会同样会影响研发支出。当创新成功的可能性较大时，企业更愿意投资于研发。然而，检验这一命题缺乏对技术机会进行精确计量的方法，大部分研究只能用虚拟变量作为产业特

　㊀　克拉克森，米勒．产业组织：理论、证据和公共政策［M］．华东化工学院经济发展研究所，译．上海：上海三联书店，1989.
　㊁　克拉克．工业经济学［M］．原毅军，译．北京：经济管理出版社，1990.

有技术机会的代理变量。这些研究发现，在与科学和技术领域相关的高科技行业，研发支出和专利活动占比更高，包括化工、计算机和电子行业等。

大部分文献都着眼于熊彼特理论，对创新活动与厂商规模、市场势力和产业集中度进行研究。虽然研究很多，但早期研究并没能够为熊彼特理论提供强有力的证据支持。只有在个别行业，如化工、移动电话和钢铁行业，证明了研发密度会随企业规模的增大而增大。其他研究表明，研发密度随产业集中度的提高而增大。总体上看，企业规模和产业集中度对研发密度的影响很小。

然而，断定市场结构对技术革新影响较小还为时过早，主要是因为这些结论基于的技术创新模型存在一些问题。首先是度量问题。大部分研究使用研发支出密度或专利数量作为创新产出的代理变量，但并不是所有的研发项目都能够取得成功，也不是所有专利的价值都相等。即使创新产出能够被精确计量，也很难确保其他影响技术创新的因素不发生变化。

另一个问题是，创新过程本质上可能要远远复杂于熊彼特的假设，这就增加了用单一经验模型解释问题的难度。在光刻设备行业，大企业和小企业技术进步的方式不同，大的在位企业倾向于投资渐进性创新，而小的新进入企业更青睐于全新的发明。当某个小企业获得新发明后，大企业会收购创新型的小企业，因为大企业更善于创新和将发明推向市场。这一研究表明小企业和大企业都在技术进步中扮演着重要角色，与熊彼特和阿罗的结论都不尽相同。

产品纵向差异大、产品具有强替代性，以及高研发-销售比率的产业集中化程度高，包括数字手表、航天发动机、玻璃工艺和胶片摄影等行业。产品横向差异较大时，即使研发投资较高，市场集中度仍然很低，如液体流量计行业。另一种估计竞争对技术创新影响的方法是调查专利或研发竞赛中的企业行为。在位企业比潜在进入者更倾向于投资研发，而考虑到不确定性，挑战者更愿意投资研发。德国企业的数据显示，在不确定性模型中，竞争有助于创新。

最终，人们感兴趣的是支持创新的政策环境能在多大程度上具有动态效率。由于将预期未来收益和现有成本进行比较非常困难，所以这方面的经验研究相对较少。有研究假设制药行业不存在专利保护，并估算了行业中消费者收益的净现值，发现通过削减市场势力，消费者会得到更多的利益，但在未来消费者将会因为缺乏新药品而利益受损。消费者现在的福利每增加 1 元，会导致未来福利降低 3 元。尽管这种计算的精确性还有待进一步研究，但是未来福利的巨大损失还是可信的，且不同的产业福利损失可能不同。这需要做进一步验证。

总的来说，技术机会和政府政策能够鼓励研发支出和技术创新，但还没有充分的证据证明，现有的政策环境是动态有效的。技术创新能够反作用于市场结构，但市场结构对技术创新的影响并没有弄清楚。现有研究认为驱动技术创新的路径具有产业特性。

## 第四节　新技术扩散速度的决定机制

新技术的扩散或传播，一方面是抢先一步的初始创新企业获取创新利益的主要途径之一，另一方面是社会经济进步目标所要求的市场行为。对不同的技术和不同的产业，新技术传播的速度很不相同。我们的任务是要分析影响新技术传播速度的机制。

经济学家曼斯费尔德（Mansfield，1961）的一项研究成果是迄今为止研究新技术传播问题的基础。他通过对美国煤炭、钢铁、酿酒和铁路 4 个行业中 12 项技术的传播的研究，描述了新技术传播的曲线和决定因素。

曼斯费尔德指出，如果把一个行业中采用新技术的企业所占比重这一指标随时间变化的趋势绘制在坐标图上，就可以得到图7-4中斜率为正的S形曲线。S形曲线意味着，在初始阶段由于行业中大多数企业不能肯定新技术的价值，把它看成高风险的投资行为，所以对其持观望的态度。随着新技术在实践中应用的成功，证明了它的价值之后，传播的速度就加快了。采用传统技术的企业所占比例越来越小，而且它们最终决定转向时，传播速度会逐渐慢下来。曼斯费尔德特别指出，不仅新技术传播的发生通常需要较长的时间，而且传播的速度在行业之间差距较大。

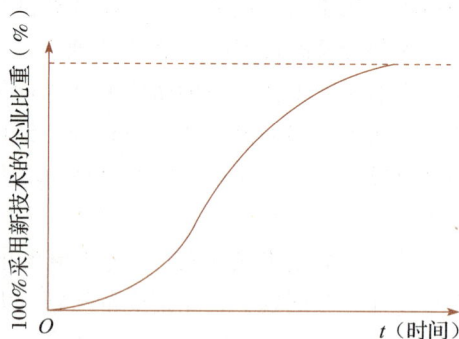

**图 7-4　新技术扩散的 S 形曲线**
**（逻辑扩散曲线）**

为了分析其中的决定机制，设 $i$ 代表行业，$j$ 代表创新的项目，$n_{ij}$ 为第 $i$ 个行业中所考察的需要进行第 $j$ 项创新的企业总数，$m_{ij}(t)$ 是 $t$ 时期正在采用创新的企业数，$m_{ij}(t+1)$ 是 $t+1$ 时期正在采用创新的企业数，$\lambda_{ij}(t)$ 代表在 $t$ 时期未采用创新而在 $t+1$ 时期采用了创新的企业比例。那么，可得

$$\lambda_{ij}(t)=\frac{m_{ij}(t+1)-m_{ij}(t)}{n_{ij}-m_{ij}(t)} \tag{7-6}$$

式（7-6）取决于：①在 $t$ 时期已采用创新的企业比例，即 $m_{ij}(t)/n_{ij}$；②采用创新后企业所取得的利润率 $\pi_{ij}$；③采用该项创新技术所需要的投资额 $S_{ij}$；④其他因素，如市场的成长速度、现有资本设备已使用的年限和竞争压力的大小等。因此有

$$\lambda_{ij}(t)=f_i\left[\frac{m_{ij}(t)}{n_{ij}},\pi_{ij},S_{ij},\cdots\right] \tag{7-7}$$

一般来说，$m_{ij}(t)/n_{ij}$ 越大，积累的有关创新的信息就越多，采用创新的风险越小，$\lambda_{ij}$ 也会增大；$\pi_{ij}$ 越大，创新越有利可图，$\lambda_{ij}$ 也会增大；需要的投资规模越大，风险越大，筹资也会发生困难，所以一般 $\lambda_{ij}$ 应随 $S_{ij}$ 的扩大而有所降低。其他因素如企业可能不愿意废弃固定设备的使用等，会影响到采用新技术的决策，再如市场成长率、经济运行周期等变量，也会成为决定 $\lambda_{ij}$ 高低的因素。把式（7-7）中 $m_{ij}(t)$ 作为连续变量做泰勒展开式，给出这个方程和近似解（不做推导）

$$m_{ij}(t)=n_{ij}\left[1-\exp(L_{ij}+\varphi_{ij}(t))\right]^{-1} \tag{7-8}$$

式中，$L_{ij}$ 为积分数；$\varphi_{ij}$ 是式（7-7）中除 $m_{ij}(t)/n_{ij}$ 因素以外的所有其他变量的线性函数。

式（7-8）是对称于 S 形曲线的逻辑曲线（logistic curve），是一种被广泛运用于描述具有传播、传染等扩散特征的数学模型。在这里它表明新技术的扩散速度，如同传染病一般，开始时传播较慢，然后很快上升，最后又慢了下来。

式（7-8）所描述的曲线形状及位置主要取决于参数 $\varphi_{ij}$，决定着扩散的速度。这个参数是 $\pi_{ij}$、$S_{ij}$ 及其他杂项 $Z_{ij}$ 的线性函数

$$\varphi_{ij}=a_{i0}+a_{i1}\pi_{ij}+a_{i2}S_{ij}+Z_{ij} \tag{7-9}$$

对式（7-9）的估计可以分两步进行。首先，利用式（7-8）先估计出 $\varphi_{ij}$；然后，利用被估计出的参数 $\varphi_{ij}$ 再估计出式（7-9）。

具体可通过整理式（7-8），两边取以 e 为底的自然对数，便可以得到

$$\ln\left[\frac{m_{ij}(t)}{n_{ij}-m_{ij}(t)}\right]=L_{ij}+\varphi_{ij}(t) \qquad (7\text{-}10)$$

对式（7-10）进行最小二乘法估计，便可得到每种情况下的 $\varphi_{ij}$ 值。

曼斯费尔德用企业要求的平均回收期与每项创新实际的平均回收期之比代表 $\pi_{ij}$，用有关时期的最初平均投资代表 $S_{ij}$，对 12 项创新技术在 4 个行业中创新传播形式进行研究，得到如下方程

$$\hat{\varphi}_{ij}=\begin{bmatrix}-0.29\\-0.57\\-0.52\\-0.59\end{bmatrix}+0.53\pi_{ij}\underset{(35.73)}{\phantom{x}}-0.027S_{ij}\underset{(-0.19)}{\phantom{x}} \qquad R^2=0.994 \qquad (7\text{-}11)$$

式中的 4 个常数项分别表示酿酒、煤炭、钢铁、铁路 4 个行业的数值。括号中的数为 $t$ 统计检验值。此模型拟合得很好。结果证实了这样一种观点：技术扩散速度随着创新获利能力的增强而提高，随着采用成本的增加而降低。同时，如果其他条件不变，技术创新在酿酒业中扩散最快，在铁路中最慢。这说明，在竞争性较强的行业中，扩散速度较快。总的来说，扩散曲线是 S 形的，一条逻辑曲线可以很好地说明创新的扩散，如图 7-5 和图 7-6 所示。

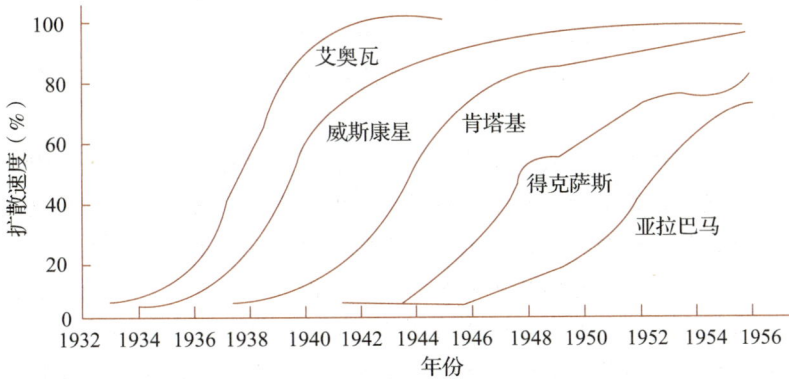

**图 7-5  美国杂交玉米的扩散速度**

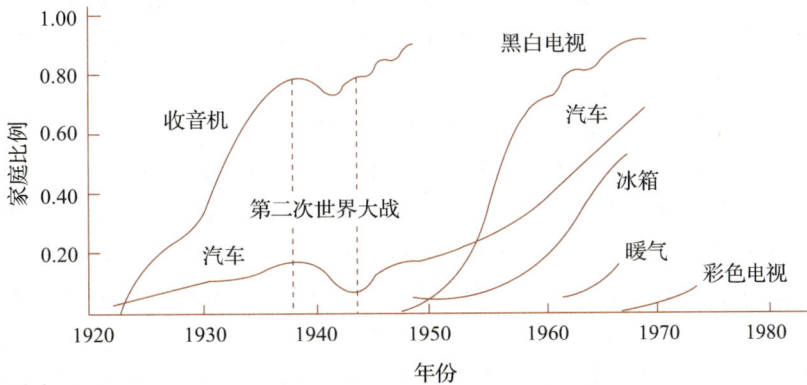

**图 7-6  英国家庭采用各种用品的情况**

在曼斯费尔德之后，有许多学者进一步研究技术扩散的成果，进一步补充和丰富了这个领域的研究。一般认为，影响扩散速度的变量往往可以划分为与采用者有关和与创新有关两类。同采

用者有关的诸变量中，企业规模往往是最重要的。此外，当创新相对更赚钱和少花钱时采用起来就快。例如，英国经济学家戴维斯（Davies，1979）考察了英国在第二次世界大战后 13 个行业中 22 项技术创新成果的扩散，用创新的利润率 $\pi$（以投资回收期的倒数衡量）、行业中劳动密集程度 $L$、行业增长率 $\delta$、企业数目 $N$、企业规模对数方差 $\delta_2$ 这 5 个自变量估计技术扩散速度的决定因素。结果表明，如果行业中创新获利可能性大，劳动密集程度高，行业市场增长快，行业中企业数目较少，企业之间规模差距较小，则创新成果的扩散速度就快。这一研究成果在市场结构与创新扩散之间的关系揭示上具有特殊意义。

案例专栏 7-1

## 中国华为的创新案例

华为技术有限公司于 1987 年成立，成立之初是一家注册资金仅有两万元的高科技民营企业。经过艰苦的奋斗，华为目前已发展成一家具有高科技含量和国际竞争力的世界级企业。华为公司产品几乎覆盖了国内电信设备的主要领域，并在国际市场上有不小的影响。美国《商业周刊》评论道："位于深圳的华为已经成为世界上最强大的通信设备商之一，它凭借专利与创新成为中国新式企业的标志。"

在创业早期，华为不过是一家电信设备代理商，靠买卖价格差获取利润。1992 年，华为做出了一个大胆的决定，把全部资金投入数字交换机的自主研发上。当时华为的管理层认为，从事代理业务风险相对较小，但利润微薄，只有通过自主创新才能获得更高的收益率，从而在国际电信设备行业占有一席之地。华为通过销售代理业务对电信设备市场有了一定的了解，并积累了进一步发展的资金，为从销售代理转向自主创新创造了必要的经济条件。同时，巨大的市场为华为的自主创新创造了充分的市场条件。国民经济的快速发展和人民生活水平的迅速提高带来了对电信行业相关产品和服务的旺盛需求，电信市场蓬勃发展，电信设备有着很高的利润率。可以说华为选择了一个适当的时机进入了电信设备市场。在转型的当年，华为就成功地开发了第一台小型交换机，并于 1994 年彻底放弃了代理业务。随着自主研发战略的实施，华为取得了可观的经济效益。

华为进入程控交换机市场之初，在国内市场上面对的是占有很大市场份额的国际电信巨头。为了扩大自己的市场份额，华为采取了"农村包围城市"的战略，先抢占农村市场，以及东北、西北、西南等经济相对落后的省市，采用低价位的营销方法，然后步步为营，占领城市。电信设备制造是对售后服务要求很高的行业。当时，国际电信企业巨头的分支机构最多只设立到省会城市和沿海大城市，对于我国广大的农村市场无暇顾及，为农村市场服务正是华为这样的本土企业的优势所在。另外，农村市场购买力有限，即使国外产品大幅降价，也与农村市场的要求存在一定的差距，因此，国际电信巨头基本放弃了我国的农村市场。"农村包围城市"的战略使华为避免了被国际电信巨头扼杀，更让华为度过了死亡风险极高的创业期，进入快速发展的轨道，培养了一支精良的营销队伍和研发团队，积蓄了打"城市战"的资本。1999 年，华为销售额首次突破百亿元。在国内市场站稳脚跟的华为，先后在印度班加罗尔和美国达拉斯设立了研发中心，以跟进世界先进技术走向。这一年，华为海外销售额仅 0.53 亿美元，但华为已经开始为海外销售建立庞大的营销和服务网络。这意味着，华为为进军国际市场做好了准备。

20世纪90年代末期，华为确定了全球化战略。华为走出国门时，选择了市场规模相对较大的俄罗斯、巴西、南非、埃塞俄比亚等国家，实施了艰难的、国际版的"农村包围城市"战略。以华为进入俄罗斯市场为例。早在20世纪90年代中期，华为就开始在俄罗斯探索国际化战略。尽管华为做出了周密的计划，但直到1999年，华为在俄罗斯市场还是一无所获。特别是，1998年俄罗斯发生了金融危机，整个电信业几乎都陷于停滞，华为的市场机遇变得更为有限。后来，俄罗斯经济开始缓慢复苏，华为立即投入人力，组建当地的营销队伍和网络，与一批运营商建立相互信任的关系，形成了一批客户群。经过8年的努力，从第一张只有12美元的订单开始，到签订第一张价值上千万美元的订单，华为最终成为俄罗斯市场的主导电信品牌。这也是华为在国外从屡战屡败到零的突破的一个缩影。2000年之后，华为开始在其他地区全面拓展，开辟了包括泰国、新加坡、马来西亚等在内的东南亚市场，以及中东、非洲等区域市场。

此后，华为进入欧美市场，开始在期待已久的发达国家市场上有所动作。为了推进华为品牌的国际化，华为每年都要参加几十个国际顶级的展览会，在国际媒体上发出声音。为开拓海外市场，华为首先用价格来撬动市场。例如，华为在美国打出的广告就是"唯一不同的是价格"，给了竞争对手很大的压力。在全球电信业普遍低迷、电信投资缩减的大环境下，各国运营商都纷纷将眼光投向了价格更低、质量更好的产品，以降低巨大的投资成本和风险，因此华为的产品越来越受到青睐。而做国际市场仅仅依靠价廉还是不够的，因为国际竞争对手可能规模更大，在价格上也更有回旋余地。华为充分发挥了人力成本低、研发资金投入效率要高于发达国家竞争对手的优势，在坚持产品低价的同时还保持了产品较高的质量。以芯片设计为例，国际芯片需要200美元/片，而华为自己设计、到美国加工生产，只要十多美元一片。自行设计芯片既保持了技术上的领先地位，同时也大大降低了产品成本。

经过十多年的海外拓展，华为全球化进程效果显著，不仅在发展中国家巩固了市场地位，而且在发达国家取得了突破，改变了全球竞争的格局。华为的海外销售收入从2002年开始稳步提高，到2005年超过国内销售收入，实现了企业的国际化转变。2008年，华为海外销售收入达139.8亿美元，占公司总销售额的比例达到75%。

为配合市场国际化的进展，华为不断推进研发的全球化。针对研发投入、研发理念、技术选择、研发组织等各个环节进行的制度创新，为华为实施研发全球化战略提供了保障。华为在选择了自主创新战略之后，持续加大科技资源的投入，长期坚持不少于销售收入10.5%的研发投入，这一强度远远超出我国大中型工业企业研发投入占销售收入的比例不足1%的平均水平。即使在2006年，华为在下一代网络（NGN）亏损超过10亿元、第三代移动通信（3G）亏损超过40亿元的情况下，还坚持将研发投入的10%用于预研，对新技术、新领域进行持续不断的研究和跟踪，这在我国当时的企业研发投入中也是不多见的。

华为坚持市场需求决定研发导向，依靠"狼性"，即敏锐的嗅觉来把握市场需求并迅速推出产品，强调以市场和客户需求作为产品开发的驱动力。例如，华为在进军荷兰市场时，与荷兰移动运营商Telefort公司合作成立了一个移动创新中心，专门研究在荷兰市场适合发展哪些移动服务项目。在此基础上，提出了分布式基地的解决方案，使得Telefort公司拥有的90%以上的站点都能得到充分利用。华为的这一方案节省了1/3的成本，彻底打消了Telefort公司的顾虑，并于2004年年底签订了超过2亿欧元的合同。

在自主研发方面，华为采取了开放的合作创新战略。一方面通过战略合作，与西方同行或者供应商（主要包括英特尔、微软、高通、摩托罗拉等西方企业巨头）建立联合实验室，使得华为能够同步应用世界最先进的研究成果，确保华为的产品能够与世界潮流同步。另一方面，华为根据世界各地的研究资源和研发优势在全球建立研发机构。例如，瑞典是通信企业巨头爱立信公司的故乡，聚集着大量通信人才，特别是移动通信的技术人才，华为看重这一点，在瑞典投资建立研究所，以保障华为在第三代移动通信技术领域与世界同步；美国硅谷是世界信息技术的发动机，华为在美国设立的研究所可以保证华为在信息技术领域与世界先进水平同步；印度是世界上软件外包业务的冠军，拥有大量高素质、低成本的信息技术与软件人才，华为的印度研究所可以充分利用国际分工，降低研发成本，提高研发的效率，更重要的是能够提高华为研发团队的国际化水平；俄罗斯的无线射频技术是华为在俄罗斯设立研究所的原因。

2008年年底，华为有员工9万多名，其中，43%从事研发工作，并且和世界诸多一流公司进行合作和建立联合实验室。华为国内外的研究所通过网络可以进行联合设计，有效地利用了研发资源并大大提高了产品开发的效率。全球知名行业研究机构 In-Stat 发布的市场研究报告《全球最新一代基站（LGBS）市场：引领多模网络融合》显示，2008年，华为在宽带码分多址（WCDMA）、全球移动通信系统（GSM）、码分多址（CDMA）等领域的新增市场占有份额全面领先。华为宽带码分多址高速下行分组接入技术（WCDMA/HSPA）的新增合同数达到42个，占业界总新增合同数的40.4%，排名第一，这意味着华为持续保持了其在该领域的领先优势；GSM 新增出货量占业界 GSM 总出货量的24.4%，排名第二；CDMA20001xEV-DO 商用客户累计达110个，排名第一。截至2008年年底，华为已在全球累计获得128个 WCDMA/HSPA 商用合同，建设全球近50%的 WCDMA/HSPA 商用网络。世界知识产权组织公布的数据显示，2008年，华为凭借递交的1 737件专利合作条约（PCT）申请首次占据 PCT 全球专利申请公司（人）第一位。华为的这一技术创新路径告诉我们，要在世界竞争中占据一席之地，必须依靠自主创新。而我国要真正地实现自主创新战略，也需要一批像华为这样具有较强创新能力的企业。

华为在成长的过程中，充分整合了全球的创新资源，在国内广泛开展产学研合作，充分利用高校、科研院所的科研优势；在国外设立了多个研发中心，充分利用他国的科技和人力资源。通过利用创新资源，华为能够快速地掌握世界领先的核心和关键技术，并始终保持在通信行业的技术领先地位。我国的企业在开展自主创新的过程中，也必须具备这种创新的全球视野，将全球的创新资源为我所用。较强的自主研发能力是整合全球创新资源的基础。整合全球创新资源是华为能够快速发展的重要原因，但是，华为并不因为能够利用全球创新资源而放弃自主研发的努力，相反，华为在创新过程中形成的自身较强的研发能力才是其能够有效整合全球创新资源的基础和关键。全球创新资源整合不只是技术上的合作，同时考验着企业在营销、管理、生产、创新等多方面的综合能力与实力。

## ◼ 本章小结

技术进步是一个动态过程，由知识的变革，发现替代老产品的新方法，开发替代产品，引进推销、组织和管理技术所组成。从狭义或微观的角度，技术进步往往也可以理解为创新（或技术创新），是指企业应用创新的知识或新技术、新工艺，采用新的生产方式和经营管理模式，提高产品质量，开发、生产新的产品，提供新的服务，占据市场并实现市场价值。

国家创新体系（或系统）是主导技术进步的现代方法。技术进步是不同参与者和机构的共同大量互动作用的结果，把这些看成一个整体就称作国家创新体系（或系统）。

确定社会最优专利长度时，面临着成本收益折中的问题。一方面，更长的专利长度增加了一项发明的期望回报，鼓励研发活动并获得动态效率；另一方面，专利给予专利所有者使用发明的垄断权力，专利长度越长，由垄断造成的静态无效率就越大。

可能抑制垄断企业创新的因素有两个：①沉没成本效应；②替代效应。

技术机会和政府政策能够鼓励研发支出和技术创新，但现有的政策环境并非动态有效。经验研究表明技术创新能够反作用于市场结构。驱动技术创新的路径具有产业特性。

新技术的扩散，开始时速度较慢，然后很快上升，最后又慢了下来。扩散曲线是S形的，一条逻辑曲线可以很好地说明创新的蔓延。

### ◈ 思考题

### ◈ 参考文献

# 第八章
## CHAPTER 8

# 非价格竞争：进入和退出

产业动态演进的过程就是新企业不断进入和旧企业不断退出的过程。企业的进入和退出行为也是产业竞争的重要手段。1963—1982 年，美国所有制造业的年均进入率约为 8%，年均退出率约为 7.5%<sup>⊖</sup>。现实中，企业的进入和退出行为频繁发生在各个行业中（见案例专栏 8-1）。

企业进入是指企业在一个全新的领域中开展经营，企业退出是指企业从现有的经营领域中退出。它们都会对现实经济的运行尤其结构调整和升级产生重大影响。首先，这是企业重大的战略决策和战略行动，对其可持续发展具有不可替代的重要影响。其次，这种行为还将对整个行业和市场产生影响，会直接影响该行业的规模、结构与水平。

本章首先介绍企业进入的方式，以及如何衡量企业的进入和退出，然后分析企业进入和退出的动因，由此了解为什么企业会产生进入和退出行为。

## 案例专栏 8-1

### 制造业企业逆势进军房地产和广汽菲克申请破产

2021 年以来，我国房地产市场不景气，但以伟星集团等为代表的一批江浙地区制造业企业巨头纷纷进军房地产。2021—2022 年这两年房地产下行期，伟星集团旗下的伟星房产每年拿地金额都在 200 亿元以上，拿地数量为 19~20 宗。2023 年前 6 月，伟星房产已经在合肥、南京、杭州等城市拿下 6 宗地块，耗资 84.36 亿元。

伟星房产背靠的伟星集团，是真正的"纽扣大王"，年产纽扣上百亿颗，拉链超 8

---

⊖ 进入率（entry rate）或退出率（exit rate）是指一段时间内进入或退出行业的企业数量占期初企业总数量的百分比。

亿米。伟星集团董事长为章卡鹏，旗下拥有两家上市公司——伟星股份（服装辅料）和伟星新材（新型建材）。凭借服装辅料的龙头地位，伟星股份这家浙江走出来的制造业巨头 2022 年的营收就有 36 亿元，归母净利润 4.89 亿元，而伟星新材的年营收有 69 亿元，归母净利润 13 亿元，但这两家上市公司的业务增长都极其缓慢，都有制造业增长瓶颈。

1993 年，伟星集团成立了房地产开发公司。随后的 27 年时间里，伟星房产的发展速度极其缓慢，几十年下来可能就开发几个楼盘。直到 2020 年，伟星房产开始在土地市场上发力。2022 年，伟星房产的销售额达 333 亿元，官方称其卖房业绩"三年实现翻一番"。伟星房产也被众人称为"房企新势力"。

2022 年 10 月 31 日，来自母公司 Stellantis 集团的一则公告，让广汽菲克这个曾经的越野王者倒在历史车轮下。其实，破产清算是意料之中的事，广汽菲克此前就已经有破产的征兆。在 2022 年，广汽菲克已经多月产销量是个位数，甚至销量为零的情况也出现过。

回顾其品牌发展史，广汽菲克也曾有过高光时刻。2015 年，广汽菲克引入 Jeep 品牌并国产化，一经上市就获得市场的认可。2016 年广汽菲克销量为 17.99 万辆，是广汽菲克成立以来的销量巅峰，广汽菲克也是当时新晋合资汽车品牌中销量最高的公司。

但好景不长，2017 年后，Jeep 因产品质量问题频发，销量便大幅下滑。广汽菲克也曾自救过，但随着国内市场的变化和竞争的加剧，广汽菲克错过了自身变革和战略调整的最佳时机，最终落得狼狈退出中国市场的命运。

资料来源：伟星房产案例和广汽菲克案例均为作者根据相关网络整理，具体网址分别是 https://baijiahao.baidu.com/s?id=1769771962384161571&wfr=spider&for=pc, https://baijiahao.baidu.com/s?id=1753602449421658574&wfr=spider&for=pc。

## 第一节 企业进入与退出：方式与衡量

企业进入有两种情况。一种情况是其他行业或市场上的在位企业进入该行业或该空间市场，包括外国企业到本国来开设子公司生产销售产品。如果是现有企业进行多元化经营，通过生产一种新的产品从而产生进入行为，那么可以是新建立生产设施，如新建厂房、购买机械设备来生产新产品，也可以是在现有生产设施上生产新产品。另一种情况是全新进入，即白手起家，创建一家全新的企业，开展某项业务或在某个空间市场上开展经营活动。企业进入行为可能通过收购、兼并方式来实现，例如其他行业的现有企业 A 收购本行业中的企业 B，那么企业 A 的这种收购、兼并方式就是一种进入行为[一]。

收购、兼并，顾名思义，包括**收购**（acquisition）和**兼并**（merger）两类，简称为并购。其中，收购是一家企业用现金或有价证券购买另一家企业的股票或资产，从而获得对后者全部资产或某些资产的所有权，或者对该企业的控制权；兼并也称为吸收合并，是指两家或更多的独立企业合并组成一家企业，通常由占优势的一家企业吸收其他企业，其他企业解散。在资本市场上通过收购、兼并来实现进入的速度相对较快，能利用被收购、兼并企业的现有产能迅速生产，甚至不需要打断现有的生产过程，这对于潜在进入企业而言显然非常有利。收购、兼并是企业扩张和进入新的行业或市场的通常做法，包括对同行业其他企业的横向并购，对同行业上下游企业的纵

---

向并购和对不同行业企业的混合并购。

Dunne、Roberts 和 Samuelson（1988）发现，美国制造业中竞争力最强的进入者是那些建立新生产设施生产新产品的多元化企业，而不是那些采用现有设施生产新产品的多元化企业，也不是那些新成立的企业。原因是建立新生产设施生产新产品的企业效率最高，它们进入后能获得更大的新市场份额，成长更快。事实上，虽然它们的数量只占新进入企业总数的 8.5%，但是它们的产量却是新进入企业总产量的 14.1%，只有这些企业能在 10 年内迅速成长，并达到该行业中原先在位企业的平均规模。为什么企业通过建立新生产设施实现进入后的竞争力更强呢？原因在于与利用现有生产设施实现进入相比，前者固定投资的机会成本更低，专门设计的生产设施更能适合新产品的生产，并且前者的运行成本也更低。

为了获得进入行业所必需的技术，潜在进入者可能采取模仿或创新的方式。模仿方式是指潜在进入者全部或部分复制在位者的技术和生产模式，创新方式是指潜在进入者采取区别于在位者的方式，以产品差异化为基础，向消费者提供不同于现有产品的新产品。这两种进入方式适用于不同的潜在进入者，各有利弊。一般而言，如果潜在进入者自身实力有限，对市场需求了解不足，采取模仿方式较为保险，以确保有较大的可能性成功进入。但模仿方式的缺点在于潜在进入者将面对与在位者的同质化激烈竞争，即使成功进入，能否持续经营还存疑问。与之相反，以创新方式进入能规避与在位者的同质化竞争，但是对自身研发能力、技术积累和营销能力的要求更高。

在对进入现象进行度量的早期经验研究中，大多数人采用的是**净进入**（net entry）指标，净进入等于当期期末行业现存企业数量减去当期期初行业企业数量。净进入指标的值可能为负，这就代表行业中存在大量退出现象。所以严格上来说，净进入指标同时度量了进入和退出现象。净进入就等于特定时期内新进入企业数量减去退出企业的数量，由此净进入率可定义为净进入企业数量除以当期期初行业企业数量后乘以 100%。如果用净进入指标作为因变量，用一系列解释变量来解释它，那么这也就潜在假设影响行业进入的因素和影响行业退出的因素相同。但是从理论上来看，这一假设显然有误，影响进入和退出的因素应该有所差异。所以，这是净进入指标的不足之处。

在后来的经验研究中，人们采用**总进入**（gross entry）来度量进入现象，这个指标和净进入不同，它直接度量当期进入特定行业的企业数量。但是总进入指标的不足在于，如果这些进入的企业替代了原先的在位企业，那么这些企业的进入不一定会对行业的竞争程度产生非常大的影响，因为许多原先的在位企业同时退出了。在这种情况下，采用总进入来衡量进入现象可能会夸大行业的竞争激烈程度。总进入指标的另一个不足是，如果使用总进入率，即总进入除以当期行业企业数量<sup>⊖</sup>后乘以 100% 来衡量行业的进入现象，那么总进入率受到行业中企业总数的影响非常大。如果此时行业中有大量企业是边缘企业，这些边缘企业规模很小，对行业绩效影响微弱，那么计算的总进入率就会较小，会低估进入企业对行业的影响。

还有部分研究用生存率来度量进入现象。这一指标的好处是能区分有效的进入现象和无效的进入现象。现实经济中很多进入的企业由于经营不善或亏损严重，在不久后又退出了该行业，这种情况就是无效的进入现象。所以选取一定的时间期限，研究有效的进入现象并计算生存率，能更好地刻画进入现象的真实规模和影响。与此类似的一个指标是计算进入者进入后的生存时间，即进入者的平均寿命周期，该指标值越大，说明该行业普遍的进入行为越成功。

---

　⊖　当期行业企业数量等于期初在位企业数量加上新进入的企业数量。

在对进入现象的度量中，还需要注意是否需要差别对待进入企业。有的进入企业实力很强，能占据较大的市场份额，而另外一些进入企业实力不强，占据的市场份额不大。此时，我们就可以考虑根据市场份额大小对进入企业赋予相应的权重。如果要简化处理这个问题，就可以用进入的渗透率来度量进入现象，即用新进入企业的销售额除以整个市场的销售额后乘以 100%。

同时还要注意的是，在跨行业研究中使用各种进入的比率来衡量进入现象可能更为合理，因为进入的比率都已经除以行业的规模指标，这能消除不同行业规模的差异对进入的影响，便于跨行业比较进入现象，而直接计算进入企业的数量不能达到这个目的。

经济学家对退出行为的研究没有对进入行为的研究那么充分，对退出行为的研究也需要区分净退出和总退出这两个概念。净退出同样综合了进入和退出两种现象，混淆了决定进入和退出的因素，而总退出能较好地衡量实际发生的退出行为，但是总退出对市场竞争情况的反映不够，在这一点上它不如净退出指标。和进入现象的衡量相似，退出可以采用退出企业数量或市场份额来加以衡量，显然后者更为合理，因为后者能更好地反映退出企业的竞争地位和对市场的影响。

## 第二节　促进企业进入和退出的动因

### 一、预期利润

企业进入和退出最直接的原因就是受预期利润的激励。简而言之，企业进入是因为进入能获得未来的正利润，企业退出是因为退出能减少未来可能发生的损失，所以从预期利润角度来解释企业进入和退出行为最为直观[一]。对于一家潜在进入企业而言，这种预期利润显然首先取决于其对该行业盈利情况的预期和判断。行业盈利情况显然会直接影响企业的进入和退出决策。当整个行业利润率较高，在位企业平均利润丰厚时，这必然会给潜在进入企业提供积极的市场信号，倾向于吸引潜在企业的进入。对于一家正在决定是否退出的在位企业而言，如果行业整体亏损，大部分企业经营困难甚至纷纷倒闭，那它就可能根据这种负面的市场信号而选择退出。如果一家试图进入该行业的企业看到这种行业全面亏损的情况，也可能会放弃进入。

其次，虽然行业盈利情况会在很大程度上决定企业的预期利润，但是企业自身的竞争力与竞争战略选择也会影响其预期利润，进而影响其进入或退出选择。当行业盈利丰厚时，如果潜在进入企业发现自身竞争力不足，并且大量企业同时进入易导致行业产能迅速过剩，企业难以在进入该行业后获得足够的市场份额，那么即使当前全行业存在盈利，但自身预期利润可能为负，该潜在进入企业就不会进入。与此类似，如果行业供大于求，在位企业普遍亏损严重，但特定在位企业可能不会选择退出，因为它认为自身竞争力强于其他在位企业，其他在位企业被淘汰后自己能获得更多的市场空间。同时，潜在进入者也可能会选择进入盈利水平不佳的行业，因为它能选择正确的竞争战略，相信自身能在该行业中寻找到利润增长的新空间。

所以综合看来，企业的预期利润是决定其是否采取进入和退出行为的最主要因素。目前，国际经验研究的结果大多支持这一观点[二]。Siegfried 和 Evans（1994）梳理了 70 多篇经验研究成果，

---

[一]　从动态角度看，这种预期利润应该是未来所有利润的折现值，例如，进入的预期利润是要将进入行为所产生的未来预期收益的现值减去未来预期进入成本的现值，再减去未来进入后经营成本的现值。

[二]　也有部分国际经验研究成果表明这一结论并不是非常可靠，利润不一定会导致企业进入。例如，外国企业即使面对本国市场上该行业的高利润也不一定进入，因为要考虑额外的调整成本或担心本国企业的反击；又如，高利润率是否与大企业进入相关这一问题还没有成熟的结论。

这些研究涉及世界各国，也涉及各个具体行业，结果发现企业进入在存在着较高利润的行业发生得相对频繁，而企业退出在利润较低的行业进行得更快。

对利润指标的选择成为不同经验研究的差异所在。Joeng 和 Masson（1991）将**价格成本边际**（price-cost margin）作为利润指标，并考虑企业资本和广告多可能会有利于提高企业利润，所以他们去掉资本和广告对价格成本边际的影响后，分析了该利润对净进入的影响，发现韩国制造业利润对净进入有正向促进作用。也有研究发现价格成本边际对于小企业进入制造业也具有正向促进作用。但是 Duetsch（1975）提出，如果将美国制造业的行业集中度纳入分析并保持其固定不变，那么价格成本边际对美国制造业进入现象的影响不显著。这是因为，高行业集中度意味着高利润边际，从而引发了进入现象，行业集中度对进入的促进作用掩盖了利润对进入的促进作用，一旦将行业集中度排除出实证方程，价格成本边际就对进入存在显著的正向影响。除此之外，Orr（1974）对加拿大制造业的研究发现，如果采用行业过去利润率来分析其是否与行业进入存在相关性，那么结果是否定的。

从国内经验研究的角度来看，利润是否对我国企业的进入和退出有着显著的影响，也还存在着一定的争议。有部分实证研究结果支持利润对企业进入和退出的直接影响，例如 Yang（1998）利用 1990—1992 年 40 个两位数行业的数据，分析发现利润率对我国企业进入有正向作用；杨天宇和张蕾（2009）利用我国 2004 年全国经济普查中 153 个制造业行业的横截面数据，分析发现利润率对企业的进入和退出均有显著正效应。但是也有相当一部分实证研究结果不支持利润对企业进入和退出存在影响。李德志和闫冰（2004）采用 1998—2002 年我国 37 个两位数行业的数据样本，分析发现我国工业企业的数量对产业利润、产业销售额的反应都不明显；肖建忠（2004）利用 20 世纪 90 年代我国制造业的数据估计了影响进入的方程，发现利润率不是吸引企业进入的正相关变量；李世英（2005）采用 1998—2002 年我国制造业 28 个两位数产业样本，分析发现净进入率和可观察的产业利润率是反向关系。另外，在对我国汽车和电冰箱产业的研究中，杨慧馨（2004）利用 1985—2000 年的时间序列数据，分析发现利润率（盈利状况）不是激励厂商进入的重要动机，负利润（亏损）也并不必然导致厂商退出。也有个别研究发现我国企业进入和利润率之间不是单向决定关系。黄健柏、陈伟刚和江飞涛（2006）用 1999 年 2 月—2006 年 2 月的时间序列数据，分析发现我国钢铁产业的企业进入和行业利润率具有双向动态且相互影响的关系，并且企业进入对行业利润率的影响要强于利润率对企业进入的驱动作用。

## 二、促进企业进入的其他因素

第一，市场增长，即需求增长情况。如果潜在进入者预期到该市场中未来的需求将快速增长，那么即使当前该行业的企业盈利情况普遍不佳，潜在进入者也可能选择进入。原因很简单，市场增长情况是企业未来利润增长的重要来源，在市场高速扩张且在位企业无法满足市场需求的情况下，即使潜在进入者进入，该行业的平均价格依然会持续走高。但是需要注意的是，潜在进入者需要准确预计在位企业扩张生产的能力，如果它错误地低估了在位企业扩张生产的能力，那么它进入后就很可能遭遇亏损。

从现有经验研究文献来看，无论是跨行业的研究还是对特定行业的研究，它们都支持市场增长有利于促进企业进入这一观点。这些经验研究中很关键的一个问题，就是如何测量市场增长。如果用过去的均衡产出水平来测量市场需求的增长，那么存在的问题就是均衡产出是同时由供给和需求决定的，这种做法难以准确地衡量市场需求增长。以两到三年为基础计算的销售额的增长可能是替代市场需求增长的最好指标。跨行业研究大多采用行业销售额的历史增长率作为衡量市场增长的指标，该指标对净进入的影响基本为正，同时过去的市场增长也与总进入相关。对特定行业的经验研究显示，衡量需求增长的指标，要更加注意特定行业的背景，应采取差异化的需求增长指标，例如对银行业进入现象的研究采用银行存款年平均百分比的增长来衡量需求增长，发现该指标对银行业的总进入是正向影响。也有其他研究采用产出增长率、行业就业百分比变动等指标来度量特定行业需求的增长。

第二，在位企业退出。当特定行业中的在位企业退出时，市场上显然会形成一定的真空。虽然其他在位企业能抢占这一真空地带，但潜在进入者也可能会抓住这一机会加速进入该行业，抢占由于在位企业退出形成的市场份额。这种在位企业退出导致新企业进入增加的效应可界定为"真空效应"。杨天宇和张蕾（2009）利用我国2004年全国经济普查中153个制造业行业的横截面数据，对我国制造业企业进入和退出的决定因素进行了实证分析，发现企业的进入和退出之间存在显著的正相关关系，在位企业退出导致新企业进入增加的"真空效应"在我国存在。

第三，经济改革的特殊制度背景。杨慧馨（2004）对我国1985—2000年汽车行业和电冰箱行业的研究发现，利润率（盈利情况）不是激励企业进入的重要动机，负利润（亏损）也并不能导致企业退出，在我国主要是制度因素或制度壁垒吸引企业进入或阻止企业退出，市场导向的改革和部分放松管制不可避免地会"激励"过度进入⊖。此研究认为，1978年之后的经济改革已经给我国经济带来了革命性的积极影响，这种改革和部分放松管制的直接结果是吸引了很多企业进入（尤其是小规模企业的进入）。另外，虽然国有企业开始在市场竞争中表现出越来越多的"理性"，并且受到利润和自身利益的激励，但是地方政府也具有了追求自身利益和政绩的动机，维护社会安定、保持就业已经成为其重要的决策目标，地方政府会为了实现这些目标而要求国有企业多进入、少退出。这就导致潜在进入者和在位者在考虑进入或退出时更注重能否带来更多的就业，或者仅仅是为了拥有更多的企业，而不是追求资本投资的回报，保持低水平的失业将导致更多进入，也会阻止退出的发生。

大量研究还证明了外国企业和本国企业进入行为的系统性差异。外国企业的进入和本国企业的进入往往面对不同的激励和约束。本国企业进入时可能面临该行业的国内市场规模有限的困境，无法达到最小的有效生产规模，而外国企业不需要面对这种困境，因为它们面向全球市场生产。外国企业进入时可能会遇到对本国市场情况不太熟悉的情况，但外国企业往往具备技术优势，加上它们在东道国享受到各类优惠政策，它们的定价甚至可以比本国在位企业还要低。

## 三、促进企业退出的其他因素

第一，市场增长不足。在位企业在意识到市场需求的持续萎缩，或者未来市场需求增长乏力时都可能会选择退出。在跨行业经验研究中，大多数文献支持市场增长与总退出负相关，也有少数文献发现需求萎缩导致净退出率增加。

第二，新企业进入。当特定行业中出现的新进入企业更有效率、更有攻击性时，在位企业倾向于选择退出。这种由于新进入的高效率企业引起在位企业退出的现象可以界定为"替代效应"。它和上文的"真空效应"都表明，进入和退出这两种现象之间可能存在密不可分的关联。新企业

---

⊖　自1980年以来，中央政府开始在城市实施市场导向的改革，向省级政府下放了许多决策权以激励地方政府的积极性，例如投资审批权部分转移至省级政府，财政包干体制使得省级政府在完成向中央政府必须上缴的财政收入定额之后，可以按累进比率将财政收入的超额部分留存下来自由支配。

进入与在位企业退出之间的互动关系是一个非常有意思的研究话题，从中产生了大量经验研究成果。早期的经验研究采用一个二元变量来反映是否有重要的竞争者进入，如果有就取值 1，否则取值 0。他们的研究发现进入与退出是正相关的，但是这种正相关关系比较弱。随后对美国、英国等国制造业的研究都基本支持这一结论。杨天宇和张蕾（2009）对我国制造业的研究证明，我国制造业存在新进入的高效率企业时会引起在位企业退出的"替代效应"。

## 第三节　进入壁垒和退出壁垒

企业在决定是否进入时，必须考虑哪些因素构成了企业进入的成本，这些导致进入成本的因素都被称为**进入壁垒**（entry barrier）。与此类似，企业退出决策也必须考虑**退出壁垒**（exit barrier）。进入壁垒和退出壁垒增加了企业进入和退出的难度，是阻碍企业进入和退出的因素。

### 一、进入壁垒

对于哪些因素构成了进入壁垒，经济学家之间有两种不同的观点。Bain（1956）认为进入壁垒就是行业中在位企业相对于潜在进入企业的优势，这些优势使得在位企业可以持续地将其定价提高到竞争性水平之上，而不必担心会引起潜在进入企业的进入。该定义强调在位企业的市场优势地位。Stigler（1968）则提出不同意见，他认为进入壁垒是寻求进入的企业需要承担的与生产相关的成本，但在位企业当前不承担这种成本，在过去也没有承担过这种成本。这种相反的观点在规模经济上体现得最为明显，规模经济属于 Bain（1956）所界定的一种常见的进入壁垒，它的存在导致潜在进入企业难以进入。此时虽然潜在进入企业在技术上并不一定处于劣势，但是只要进入后的最小生产规模偏小，就将使得进入企业的预期价格低于预期成本。因此，Stigler（1968）强调的是进入企业和在位企业之间的成本不对称而导致的进入壁垒，达到规模经济的最小成本是每个竞争者都必须付出的进入代价，不属于其认为的进入壁垒，他更加强调的是注入政府管制这一类人为的进入壁垒。

一般认为进入壁垒分为两类，一是结构性（structural）进入壁垒，二是行为性（behavioral）进入壁垒。前者是指在一个行业中长期存在的稳定的结构特征所导致的进入壁垒，这主要来源于在位企业和潜在进入企业之间由于要素价格和技术差异所导致的成本差异。它涉及技术、消费者偏好、规模经济和市场容量等多方面因素，与在位企业抵御进入的特定行为无关。后者是指在位企业为了阻止潜在进入企业的进入行为，采取的各种策略行为。这些行为提高结构性壁垒，或者在位企业扬言将对进入企业采取报复行动，这些行为都提高了潜在进入企业的进入难度。

#### 1. 结构性进入壁垒

第一种结构性进入壁垒是**绝对成本壁垒**（absolute cost barrier），是指在位企业在任一产量水平的平均成本都低于潜在进入企业。产生绝对成本壁垒的原因有很多，可能是该行业要求潜在进入企业付出比在位企业更高的**开业成本**（start up cost），可能是在位企业通过专利或技术秘诀控制了最有效率的生产工艺，可能是在位企业控制优质且低价的主要投入品供应渠道，可能是在位企业控制了绝大部分的市场销售渠道，可能是在位企业具有高素质的经营管理和技术人才。这些因素中最经常被谈论的就是**资本成本**（capital cost），如果进入资本要求增加导致资本成本提高，即达到最低的有效生产规模所需要的成本也会提高，所以潜在进入企业将难以进入。

图 8-1 清楚地显示了绝对成本壁垒的含义，潜在进入者和在位者的最低平均成本分别为 $P_2$ 和 $P_1$，不论处于何种生产产量水平上，在位者平均成本线始终低于潜在进入者平均成本线。两条平均成本线之间的差距就构成了绝对成本壁垒。如果在位者制定高于 $P_1$ 但低于 $P_2$ 的价格，那就能有效阻止潜在进入者的进入行为，而且自身还能获得不菲的利润。

跨行业经验研究大多支持绝对成本壁垒减少净进入或总进入的观点。虽然理论上绝对成本壁垒包括专利、控制稀缺资源等诸多

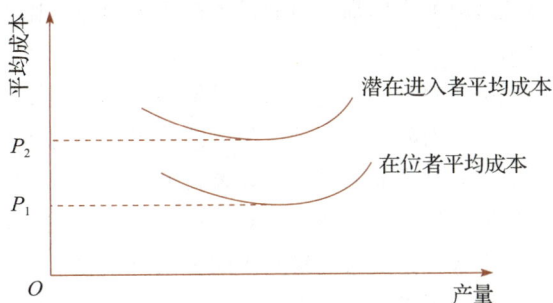

图 8-1　绝对成本壁垒

方面，但是经验研究中大多研究的是"资本要求"这类绝对成本壁垒。资本要求是指为了实现最低有效生产规模就必须购买相应的固定机器设备，这些成本都属于沉没成本。经验研究发现，该成本上升会对进入有负向影响。当然，也有研究发现，国外进入者受到这类绝对成本壁垒限制的程度相对小于本国进入者，并且在一国经济高速增长的过程中，资本要求与进入行为之间可能没有关联。也有部分经验分析采用进入者的市场份额来衡量重要的进入现象，结果发现绝对成本壁垒对这类重要的进入行为的影响不太明确。

第二种结构性进入壁垒是**规模经济**（economies of scale）。特定行业中企业可能存在最小有效规模，即该企业长期平均成本最低时企业的产量规模。如果生产规模无法达到最小有效规模，那么企业成本就会过高。如果潜在进入者认为进入的行业具有显著的规模经济，该行业中的企业必须达到相应的最小有效规模才能充分节约单位成本。一方面，潜在进入者和在位者的成本不对称，前者进入后的初始生产规模还没有达到最小有效规模，成本高于后者，前者面对在位者实现规模经济后制定的低价，从而遭遇亏损。另一方面，即使该潜在进入者成功进入，如果市场规模有限，那么在大家划分市场后由于需求不足，都会遭遇亏损。这两方面因素都导致潜在进入者倾向于放弃进入。

跨行业研究的结论并不明确，早期 Orr（1974）对加拿大制造业的研究发现规模经济是进入壁垒，其他相关研究也发现规模经济对于专业化进入加拿大制造业的企业的进入阻碍作用更大，对于多元化进入加拿大制造业的企业的进入阻碍作用不大，对于外国和本国进入者的进入阻碍作用都很大。但是相当部分的经验研究没有发现规模经济成为进入壁垒，用总进入来衡量进入的研究也并不完全支持规模经济是进入壁垒的观点，甚至还有个别研究发现更高的最小有效规模与进入现象正相关，对此的解释可能是潜在进入者倾向于将达到最小规模门槛作为自身的挑战，也可能是在规模经济明显的行业中会同时存在占据主导地位的大企业和众多的边缘小企业，潜在进入者倾向于进入且同这些边缘小企业竞争。总体看来，经验研究并不完全支持理论的判断，并不一致认为规模经济构成进入壁垒，规模经济对进入的阻碍作用并不大，但是对于导致竞争激烈程度大幅提高的大规模进入行为存在阻碍作用。

第三种结构性进入壁垒是**多工厂经营**（multi-plant operation）。在有些行业中，多工厂经营具有低成本优势，但也意味着对初始资本投入量的要求比较大，进入之初就必须大量投资于多个新工厂的建立。这从本质上接近于绝对成本壁垒，潜在进入者在这方面会存在绝对成本劣势。在跨行业研究中可采用两种指标来衡量行业中的多工厂经营情况，一种是用行业中企业总数减去单工厂的企业数，另一种是用行业中工厂总数减去企业总数。为了消除跨行业的规模差异，这两种指

标都需要除以行业中的企业总数，这两种指标值越大表明行业中的多工厂经营情况越普遍。结果发现这两种指标都会对净进入产生负向显著影响，研究多工厂经营对总进入影响的文献也得到类似的结论。

第四种结构性进入壁垒是**网络外部性**（network externality）。网络外部性是指一种消费产生的外部性，当购买某一种产品的消费者数量越多时，消费该产品获得的效用水平越高，从而会增加消费者对该产品的需求。如果行业中存在这种网络效用，那么在位企业由于已经拥有相应的消费者群体，从而自然获得相对于潜在进入者的在位优势，消费者会更加倾向于购买在位者的产品。潜在进入者需要大量投资于广告或折扣促销等活动，才可能吸引部分消费者购买其产品，这毫无疑问增加了进入的难度。

第五种结构性进入壁垒是**行政制度壁垒**（administrative system barrier）。政府经常会认为特定行业只适合少量企业生存经营，超过这一数量的企业进入该行业后会导致过度竞争，从而使得整个行业全面亏损。在这种前提下，政府会通过许可制度来限制进入该行业的企业数量，或者设定严格的进入企业必须达到的相关资质条件。例如，对于钢铁、电力等规模经济非常显著的行业，国家就可能严格限制规模不达标的企业进入这些行业；各级政府对于自来水、燃气和电力等公共基础设施行业也实施了类似的严格的企业进入制度。这种行政制度壁垒在发展中国家尤其普遍，我国民营经济发展的最大阻力之一就是存在大量行业进入的行政制度壁垒。这些壁垒往往以项目审批制度为体现，项目得不到政府相关主管部门的审批就无法立项，也无法进入。这实质上是行政垄断的一个重要体现。

### 2. 行为性进入壁垒

第一种是**限制价格**（limit pricing）。在位者会通过降低价格或威胁降低价格来阻碍潜在进入者的进入，该价格将低于潜在进入者的平均成本。理论上看，在位者可能充分降价，使得潜在进入者在进入后的预期收益低于其进入成本，从而完全阻止其进入；也可能通过降价来限制潜在进入者的预期收益，从而延缓其进入，但不一定完全阻止其进入。要在经验研究中分析限制价格对进入的阻碍作用有一定难度，这需要排除价格下降的其他原因。对限制价格是否阻碍进入的经验研究也相对较少，但是有学者在研究大量案例后提出"观察到进入壁垒发生变化之前的价格变动并不难，将这些价格变动理解为在位者对后续竞争加剧的反应也不难。然而，由此产生的明显的价格限制案例数并不多，这些案例大多发生在长期以来政府规制保护在位者的行业中"。所以，面对进入威胁，在位者采用限制价格之外的其他策略行为可能更为普遍。

第二种是**过剩产能**（excess production capacity）。在位者可以通过保留充足的过剩产能来发出阻碍潜在进入者进入的强烈信号，这是一个可置信的威胁。虽然在位者保留过剩产能需要承担更多的资金成本，但是一旦潜在进入者要进入，在位者就可以迅速扩大生产规模以满足市场上的所有需求，并使得市场价格降低，这将有效阻止进入。

从理论上看，过剩产能作为阻碍进入的壁垒显而易见，但是跨行业的经验研究结果并不完全支持这一观点，有研究认为过剩产能和总进入之间没有关系，甚至在有过剩产能的行业中还存在更多的总进入。对美国26个制造业的研究发现，更少的进入与更多的过剩产能相关，但是进一步分析没有发现在位企业刻意采用增加产能来延缓进入。特定产业的研究也不太支持这一观点。

除了这两种行为性进入壁垒，在位者还可以采取其他多种掠夺行为来阻碍进入。例如品牌扩散，即在位者抢占所有的细分市场；传递其将针对进入者采取激烈报复行动的信息；在进入者的目标市场上采取进攻性广告，从而让进入者产生悲观预期；在位者和客户或批发商签订长期合同，规定他们将向这些客户提供特定产品的所有需求或要求客户从他们这里采购；在位者买断所有的原材料。需要重点指出的是，这类行为大多在高集中度的行业中发生，因为只有在高集中度的行业中在位者之间协调采用这些行为才可行，相应的经验研究大多证实了这一点。从此意义上说，行业是否属于高集中度行业成为行为性进入壁垒是否存在的重要前提。

当然，行业集中度与进入行为之间的关系也非常复杂，可能存在某种循环因果决定的关系。例如，集中度更高的行业的利润率往往更高，更容易吸引潜在的进入者进入，同时在位者更容易采取各种行为来阻止潜在进入者的进入，该行业的进入壁垒更高，成功阻止进入后该行业的集中度也不会降低。

### 3. 其他因素

现实经济中，还有一些因素可能在一定条件下成为进入壁垒，在另外的条件下可能成为促进进入的激励因素。我们把这部分具有双面效应的因素单独加以讨论。

第一，**产品差异化**（product differentiation）。它通常被认为是结构性进入壁垒的一种，因为如果该行业存在普遍的产品差异化现象，消费者就会认为新进入者的产品与现有产品之间难以替代。偏好稳定的消费者往往不愿意承担风险来尝试新产品，从而难以接受新进入者的产品，这将有效阻止进入行为，产品差异化由此体现为在位者的在位优势。产品差异化也可能因为企业的策略行为而得到加强，因此它会被认为是行为性进入壁垒的一种。因为在位企业会采取产品差异化战略来提高进入壁垒，行业中存在的产品差异化现象恰恰是在位企业产品差异化战略的结果。

具体而言，广告是标志产品差异化的重要变量。在位企业大手笔投资品牌建设，大量投放广告来建立消费者的品牌忠诚度，潜在进入企业成功进入所需要支付的成本将非常高昂，甚至高于在位企业最初进入该行业树立品牌形象所支付的成本。这类广告成本对于潜在进入企业而言都是进入时必须考虑的沉没成本，其退出该行业时无法收回。广告也可能成为有助于进入的因素。广告是对消费者的宣传，向消费者宣告新企业的进入，这有助于降低进入时面对的不确定性。在此意义上，潜在进入企业的广告越多，越有助于其成功进入该行业。当然，不同产品市场上广告的重要性不同，在广告并不重要的行业中，广告与进入行为之间可能毫不相关。

第二，**研发和创新活动**（R&D and innovation activities）。有些行业属于技术密集型行业，进入这些行业需要首先从事大量研发和创新活动，这对于潜在进入者而言构成了初始资本要求的门槛。如果没有相应的资本，就无法从事相应的研发投资，从而无法顺利进入该行业，所以研发和创新活动成为这些研发密集型行业的结构性进入壁垒。同时在这些行业中，在位企业也可以大量投资于研发与创新活动作为阻止进入的策略，由此研发和创新活动也可能是一种行为性进入壁垒。研发和创新活动还可能成为小型企业进入的激励因素，因为在研发密集型的行业中可能存在一些细分市场尚未被占领，小型企业可能通过针对性的研发和创新活动进入这些细分市场，从而规避来自现有在位大企业的竞争。

现有对净进入的经验研究支持研发和创新活动会阻止进入的观点，但是对总进入的经验研究并未发现研发和创新活动会阻止总进入，而经验研究也的确发现研发和创新活动会激励小型企业进入研发密集型行业。

第三，**多元化**（diversification）。如果进入者是一家多元化企业，那与创业企业相比，它可能具有更强大的融资能力来支持其进入新行业或新市场，其内部融资可能会更强大，也更加能抵御新行业或新市场的风险。从这个意义上说，多元化是促进进入的激励因素。但是如果在位企业是一家多元化企业，那么它就有更强大的能力来阻止进入。因为多元化在位企业可能从更大范围内对进入者展开报复。总体上现有的针对多元化企业在进入过程中扮演的角色的研究还相对不多。

## 二、退出壁垒

在正常情况下，如果一家企业在市场竞争中落败，获得的市场份额减少，无法获得正常的经营利润，甚至可能面临巨额亏损，那显然该企业就有可能选择退出，退出能将企业的资源释放出来并转移到其他能获得更高利润的领域中。换言之，企业退出的充分条件是其退出的边际收益大于边际成本，退出的边际收益对其而言就是可以避免的现实或未来损失，而退出的边际成本就是采取退出行为可能发生的各类成本。这些退出行为的边际成本背后是各类限制企业退出的因素，我们将其定义为退出壁垒。在存在各种退出壁垒的前提下，企业就可能长期处于持续的负利润经营状态，但是无法放弃这种负利润而直接退出。

退出壁垒的形成因素包括各类经济、政治和法律方面的因素。退出壁垒也可以分为结构性壁垒和行为性壁垒，其中结构性壁垒主要是由资产专用性导致的沉没成本，而行为性壁垒主要是企业管理者的行为，由于雇员中可能有自己的朋友，这些管理人员也不愿意辞退雇员，可能也害怕自己被视为失败者的典型。具体的退出壁垒的形式有以下 3 种。

第一，**有形的专用资产**（tangible specific asset）。企业在进入时大多需要投资一系列的专用资产，这类资产往往是有形的固定资产，可以持续使用，但是由于其行业专用性，所以一旦退出就难以变现或难以使用到其他领域中。这就是沉没成本，显然它将会阻止企业退出。对资本密集型行业和企业平均规模较大行业的经验研究都发现这些行业的退出率较低，这些行业中的企业如果近期存在大量投资，那就形成大量尚未贬值的行业专用资产，从而阻止其退出。

第二，**无形的专用资产**（intangible specific asset），包括管理技能和多元化等。从管理技能的角度来看，尽管企业可能持续在低利润甚至亏损的水平，但是管理人员仍然倾向于在现有企业中就业。原因是管理人员已经在该企业的经营管理中形成了专用的人力资本投资，一旦离开该企业，这些人力资本投资都无法收回。还有企业一旦退出该行业，就无法履行原先未完成的合同，必须承担违约成本，同时该企业的信誉也会受到损害，在资本市场上该企业未来融资的成本将会上升。这些都是由于企业无形专用资产受损导致的退出损失。除此之外为了解雇工人，企业还需要支付相应的解雇工资甚至培训费用，这些壁垒比较容易衡量，但是总体看来，这种无形专用资产在经验研究中难以精确衡量。

在逐渐萎缩的行业中，多元化企业可能不愿意退出。原因是如果要退出萎缩的行业，就需要关闭工厂中相应的车间，并可能解雇相应生产线的工人，这将会招致工会的全面抵制，导致全部工厂的工人罢工。除此之外，多元化企业为了保持声誉或维护共用的销售渠道，即使有特定产品亏损，也不愿意退出。虽然有特定产品亏损，但如果该产品是其他产品的重要投入品，那么多元化企业也不会退出该产品的生产销售。

部分行业中使用同一种原料来生产多种产品，这被称为结合生产，会对企业退出产生额外的壁垒。例如，石油精炼行业都需要使用石油作为原料来生产汽油、煤油、重油等各种油品，即使其中重油的市场需求不足导致重油的生产部门亏损，石油精炼企业也不太可能单独退出重油的生产。

第三，**行政性制度**。在我国渐进式经济改革中，各级政府对企业退出决策有着重要的影响力。政府的担忧主要在于企业退出导致失业现象加剧，从而影响社会稳定，增加当地政府社会保障等方面的压力。所以，各级政府往往不倾向于让当地大企业尤其大型国有企业随意退出。吴三忙（2009）利用我国 26 个制造业 2003—2006 年的面板数据分析我国制造业企业进入和退出的决定因素，结果表明虽然我国市场化改革取得了重大进展，但行政性制度壁垒仍会阻碍企业的有效进入和退出。另外，在提供电力、邮政、燃气等公共产品的行业中，西方国家政府也会制定相应的政策或法规来阻止企业的退出，其目的是保证这些公共品供给的稳定，从而保证社会的稳定。

在我国现实复杂的制度背景下，还有很多现实的制度因素对我国企业的进入和退出决策产生了巨大影响，如缺乏健全完善的多层次资本市场。现实中，企业的进入和退出行为都需要有相应的资本市场操作，都以健全完善的资本市场为前提。多层次资本市场是能满足不同规模、不同发展阶段和不同风险程度企业的多样化资本要求的金融市场体系，它一般包括主板市场、二板市场、三板市场等。主板市场以证券交易所为主要形式，服务于大型成熟企业的融资和股权交易。二板市场，即创业板市场，为处于幼稚阶段的中小企业和高新技术企业提供融资和股权交易。三板市场也称为场外市场，也为处于幼稚阶段的中小企业提供资本金方面的融资和股权交易。现实情况是由于我国资本市场发育还不够完善，主板市场包括上海证券交易所和深圳证券交易所缺乏差异化，主要为成熟的大企业提供上市服务；二板市场附属于深圳证券交易所，基本延续主板规则，上市门槛过高；三板市场定位不明确，分布不合理，缺乏统一规则。我国多层次的资本市场体系尚未建立，这不仅导致新企业的进入缺乏相应的融资渠道，资金募集难度较大，企业难以进入，还导致现有企业的退出也缺乏相应的机制。以高新技术企业为例，其在创建期需要通过高新技术产权交易所等市场完成退出，在成长期要通过创业板来实现退出，在成熟期要通过主板市场退出，而目前由于二板和三板市场发展滞后，我国高新技术企业在创建期和成长期退出的难度较大。企业无法退出，投资无法收回将进一步阻碍企业投资和进入的意愿，在这种情况下，新兴产业的发展只能通过政府直接投资来拉动，私人投资意愿不足，这显然对我国新兴产业的发展不利。

## ❀ 本章小结

本章强调从行业和空间两个角度来理解进入和退出市场的概念。企业进入的方式包括在位企业进入和创业企业进入两种主要方式，企业也可以通过收购、兼并实现进入，企业进入还可能是模仿进入或创新进入。

预期利润是决定企业进入和退出的最主要因素。促进企业进入的其他因素包括市场增长、在位企业退出、经济改革的特殊制度背景；促进企业退出的其他因素包括市场增长不足和新企业进入。

进入壁垒包括结构性进入壁垒、行为性进入壁垒和其他因素。其中，结构性进入壁垒包括绝对成本壁垒、规模经济、多工厂经营、网络外部性、行政制度壁垒，而行为性进入壁垒包括限制价格、过剩产能和其他掠夺行为。另外，产品差异化、研发和创新活动、多元化等因素可能成为结构性进入壁垒，也可能成为行为性进入壁垒。

退出壁垒主要包括有形和无形的专用资产、行政性制度。缺乏健全完善的多层次资本市场是我国企业进入和退出壁垒的重要组成部分。

## ❀ 思考题

## ❀ 参考文献

第九章
CHAPTER 9

# 网络与标准竞争

当下的每一名普通消费者，如果没有手机，其日常生活是难以想象的。但在数十年前手机刚刚进入中国时，高昂的价格和携带性差（当时手机俗称"大哥大"就是源于手机的大尺寸）使得手机只能是极少数富人的奢侈品，其炫耀功能要远大于通信功能。事实上，当时拥有一部手机的价值是很小的，因为手机的用户实在是太少了。一个类似的例子就是微信（Wechat），作为一款中国本土的移动互联网即时通信软件，在问世之初，仅仅是为了满足年轻人在移动互联网上聊天的需要，但是随着用户数量的不断增长，微信号现在已经成为和手机号码一样重要的个人联系方式，不仅很多人在交换联系方式时主动提供微信号，甚至很多企业也会申请微信公众号来与消费者进行沟通或发布信息。

当消费者购买水果或者铅笔这类商品时，他的支付意愿仅仅取决于个人偏好和商品特征，如质量和外观等，消费者的购买决策和最终的支付额度并不会受到该种商品用户数量的影响<sup>⊖</sup>。但是还有一些商品，消费者从中获得的收益会随着该商品使用人数的增加而增加，此类商品的这种特性被称为**网络外部性**（network externality）<sup>⊜</sup>。网络外部性可以分为两种类型，一种是直接的网络外部性（Shy，2001；Katz，Shapiro，1985），最具代表性的商品就是电话和电子邮件等通信工具，此时消费者从商品或服务中获得的效用会直接随着商品或服务用户规模的扩张而不断提升。通信工具的这种特性很容易理解，因为沟通是这类商品最主要的功能，因此用户数量的提升，必然意味着即使商品质量不发生任何变化，商品依然可以为消费者带来更多的收益。另一种是间接的网络外部性，即用户数量的提升，并不会直接带来消费者效用的提升，但是消费者可以从用户规模扩张的过程中间接得到收益（Chou，Shy，1990；Economides，1989）。这方面典型的例子就是计算机的操作系统。对于一个普通计算机用户而言，当

---

⊖ 我们这里需要强调消费者能够清楚地知道商品的相关信息，即市场中不存在信息不对称的问题，否则用户数量也可以作为一种信号来传递商品质量等信息，最终影响消费者的购买决策。

⊜ 这里的定义严格来说仅仅是指正网络外部性。事实上某些商品还存在负网络外部性，即消费者从商品或服务中获得的收益会随着用户数量的增多而减少，此类商品的一个代表就是奢侈品。在本章的讨论中，我们只研究正网络外部性。

Windows 的用户数量远远多于 Mac 时，前者平台上的软件数量就会远远多于后者，如果 Windows 和 Mac 自身的质量和价格差别不大，消费者自然会青睐前者。从这个意义上来说，间接的网络外部性产生的一个重要原因是消费者需要同时购买具有互补性的商品。

网络外部性的存在将对市场运行和竞争产生一系列的影响，如消费者预期对需求的影响；厂商如何利用兼容性和标准来相互竞争；网络外部性对技术升级的影响；在具有网络外部性的市场中，如何设计和实行反垄断政策，等等。在这一章中，我们将分别对上述问题进行分析讨论。

# 第一节 网络外部性

## 一、消费者预期和关键数量

当存在网络外部性时，每名消费者从商品或服务中获得的效用会随着用户规模的扩大而增加。从这个意义上来说，当商品或服务的价格给定时，用户规模会对消费者的需求产生重大影响。或者更准确地说，对于用户规模的**消费者预期**（consumer expectation）会直接影响最终需求。举例来说，假设市场中有 100 名消费者，并且消费者对于商品的意愿支付等于 $n(0 \leq n \leq 100)$，显然当用户数量不断上升时，每一名用户对商品的评价机会越高，因此也会为同样的商品支付更高的价格。同时我们假设消费者预期最终的用户规模为 $n^e(0 \leq n^e \leq 100)$，那么如果消费者对该商品最终市场规模持有非常悲观的预期，即 $n^e = 0$，消费者就会认为这一商品的价值为 0。进而我们可以得到这样的结果：在任何不等于 0 的价格水平，没有任何消费者愿意购买该商品，因此最终的用户规模为 0。如果消费者持有很乐观的预期，认为所有人都会购买这一商品，即 $n^e = 100$，那么该商品对于消费者的价值就等于 100。因此，只要商品价格略低于 100，所有消费者最终都会购买该商品，最终的用户规模就等于 100。由此可见，当价格在 0 和 100 之间时，消费者不同的预期会导致两种极端的结果存在：所有消费者都购买和所有消费者都不购买。换句话说，网络外部性的存在会让消费者预期对最终需求产生重大影响，即在任意给定的价格下会存在多个需求水平。

为了更加严格地表述上述结果，我们将构建一个简单的数学模型来分析网络外部性对需求的影响（Rohlfs，1974）。假设数量为 1 的消费者均匀分布在 $[0,1]$ 的区间上，对于某一名消费者 $x(0 \leq x \leq 1)$ 而言，他的效用函数为

$$U^x = \begin{cases} n(1-x) - p & \text{如果他购买商品} \\ 0 & \text{如果他不购买商品} \end{cases} \tag{9-1}$$

式（9-1）中，$p$ 为商品的价格，而 $n$ 为用户数量。根据效用函数的定义可知，该商品的消费存在着网络外部性，即消费者从商品中获得的效用会随着用户数量 $n$ 的增加而增加。同时，这里的 $x$ 衡量了消费者对商品的偏好程度，具有较高 $x$ 的消费者对商品的偏好程度反而会比较低，较低的 $x$ 则表示消费者对商品的偏好程度更高。这里对 $x$ 的另一种解释是衡量消费者对网络外部性敏感程度的指标。如果这里的商品是电话，那么 $x$ 数值较低的那些消费者可以被视为商业用户，他们对用户数量更加敏感，更多的使用者意味着电话可以联系到更多的潜在用户；$x$ 数值较高的那些消费者可以被视为个人用户，此时电话用户数量的增多带来的效用提升相对比较有限。

对于某一用户 $\hat{x}$ 而言，当商品价格 $p$ 满足以下条件时，是否购买该商品对他而言将是完全等

效的，即

$$n(1-\hat{x})-p=0 \tag{9-2}$$

当上述等式成立时，消费者$\hat{x}$购买商品所获得的效用为0，因此是否购买商品对他而言是完全无所谓的。进一步说，对于其他任意一名消费者$x'(x'<\hat{x})$而言，该消费者总会选择购买（此时消费者的效用严格大于0）；但是对于其他任意消费者$x''(x''>\hat{x})$而言，该消费者总会选择不购买（此时消费者的效用严格小于0）。根据上述分析，我们可以知道最终选择购买商品的消费者数量就等于$\hat{x}$，因此上述等式可以变成

$$p=\hat{x}(1-\hat{x}) \tag{9-3}$$

式（9-3）很显然就是商品需求函数，我们可以用图9-1来表示。从图9-1中我们可以清楚地看到当商品具有网络外部性时，其需求曲线是一条倒U形的曲线，此时只要商品价格不高于$p^m$，对于任意的价格$p^0(0\leqslant p^0<p^m)$，总会有两个需求水平与之对应。我们这里将其中一个需求水平称为$\hat{x}_L$，另一个需求水平称为$\hat{x}_H(\hat{x}_L<\hat{x}_H)$，事实上只有$\hat{x}_H$才是价格等于$p^0$时市场稳定的均衡需求量，而$\hat{x}_L$不是一个稳定的均衡。我们假设商品价格依然维持在$p^0$，同时由于某种外部冲击的存在导致市场对该商品的

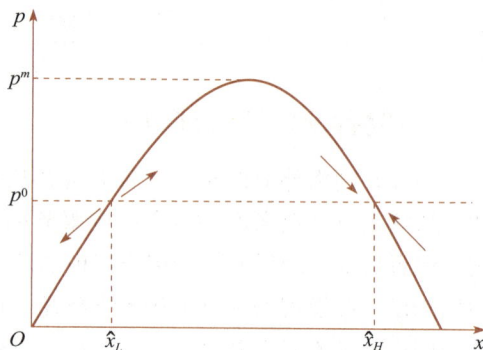

图9-1    具有网络外部性商品的需求曲线

需求量略微偏离$\hat{x}_L$，不妨认为需求量将下降到$\hat{x}_L-\varepsilon$，那么此时每名消费者从商品中获得的效用将小于$p^0$，因此原本打算购买该商品的消费者都会选择不再购买，市场需求量会立刻变成0。但是如果外部冲击带来需求量略微上升到$\hat{x}_L+\varepsilon$，那么位于区间$[\hat{x}_L,\hat{x}_H]$的消费者从商品中获得的效用高于$p^0$，因此需求量会上升至$\hat{x}_H$。按照同样的逻辑我们可以发现即使外部冲击使需求量略微偏离$\hat{x}_H$，市场力量也会立刻纠正这一偏离，因此$\hat{x}_H$是一个稳定的均衡。

我们这里将$\hat{x}_L$称为**关键数量**（critical mass），即在给定价格水平，消费者能从具有网络外部性的商品中严格获益的最小用户规模。换句话说，当用户规模高于关键数量时，网络外部性所产生的需求自我强化机制会使用户数量进一步增长到更高的均衡水平，但是如果用户规模小于关键数量，哪怕非常接近，现有的需求水平还是会迅速退化到0。关键数量在日常生活中其实很常见，举例来说在组织旅游或者聚会时，组织者进行游说时的一个重要手段就是告诉潜在的参加者已经有一定数量的人报名参加，那么此时很容易就能吸引更多的人参加活动。

关键数量的存在意味着当商品或服务具有网络外部性时，需求的增长并不是线性的。用户数量突破某一水平后，需求会呈现爆发式的增长，图9-2中中国手机市场的发展就明显地表现出这样的特征。在1999年之前，中国手机用户数量的增长非常缓慢，但是在1999年之后手机用户数量明显进入了一个高速增长期，这就表明中国的手机市场在1999年前后达到了关键数量。

在一个网络外部性很强的市场中，用户数量是一家企业非常重要的资产，很多企业的竞争战略都会围绕扩大用户基数这一核心目标来展开。关键数量的存在意味着用户数量较少时在市场竞争中是非常危险的，而一旦用户数量超过了关键数量，商品需求很有可能会迎来一个高速增长期。微信与淘宝两个平台的发展历程是一个典型的例子。微信自2011年问世，用了433天实现用户过亿；从1亿用户到2亿用户，微信只用了172天；从2亿用户到3亿用户，微信只用了120天。在这一扩张历程中，微信用户首先达到关键数量是一个极其重要的因素，在网络外部性的自

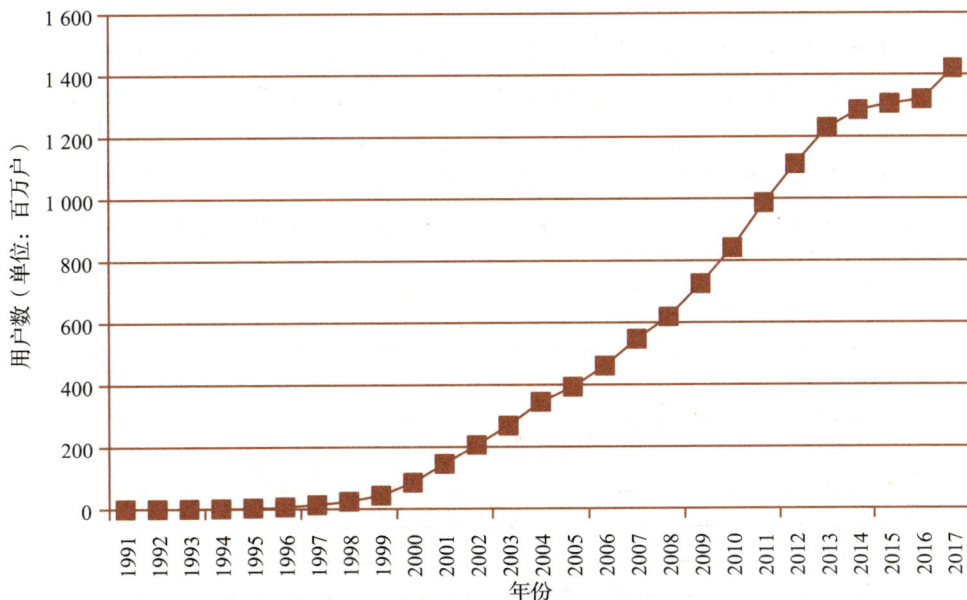

**图 9-2　中国手机用户数量（1991—2017 年）**
资料来源：根据中国工业和信息化部的资料整理。

我强化机制下，微信开启了加速扩张的趋势。反之，在微信问世前 2 个月小米科技发布的类似产品米聊，注册用户数量截至 2012 年 8 月才 1 700 万左右，并且用户增速有明显放缓的趋势。

案例专栏 9-1

## 淘宝早期的"免费"渗透策略

为了能更快地使用户数量积累到关键数量，企业的一个重要方法就是通过较低的价格来吸引潜在消费者，使其成为用户。中国电子商务市场在发展的早期阶段，淘宝与 eBay 之间的竞争就是一个很典型的例子。

淘宝如今几乎已经成为网购的代名词。2017 年年底，以淘宝为主体的阿里零售平台，移动活跃用户数达 5.07 亿，几乎等同于中国手机网民的总数。该财年里，平台实现成交额 3.77 万亿元，超越瑞典全年 GDP，直逼全球前 20 大经济体。但是可能只有少数人知道中国电子商务市场最早的统治者是易趣公司。1999 年 8 月，易趣网在上海成立，将美国 C2C 在线销售的理念引进中国，并且在很短的时间内就在网购市场中占有了约 2/3 的份额。从 2002 年开始，eBay 开始注资易趣，并在 2003 年 6 月以 1.5 亿美元全资控股易趣。同年淘宝也宣告成立，为了能够与 eBay 相抗衡，淘宝从一开始就使用"免费"策略来吸引那些中小商户在其平台上开店，网购市场中的用户不需要向购物平台交纳任何费用。但是 eBay 却认为免费不属于商业模式，沿用了国外较为成熟的"收费"模式应对淘宝的竞争，继续向卖方收取包括物品登录费用和交易手续费等费用。

对于消费者来说，购物平台中可选择商品数量的多少直接影响到他的购物体验，淘宝的"免费"策略使得大量的小商户纷纷落户，这对于后进入市场的淘宝来说是非常重要的。只有在最短的时间内吸引到足够多的用户，淘宝才能在网络外部性很强的电子商务市场中站稳脚跟。事实证明，淘宝的"免费"策略非常奏效，市场份额不断攀升。随着市场份额的一路下滑，eBay 开始反思过去的战略失误。2005 年 12 月，为了挽回竞争优势，eBay 取消了网络商品的登录费用，一个月之后进一步取消了交易费用，这是 eBay 在全球范围内第一次降价。可惜此时为时已晚，eBay在中国的市场份额仍在持续下滑，淘宝的市场份额在 2005 年反超 eBay，并持续扩大领先优势（见图 9A-1），而 eBay 的市场份额则一路下滑到个位数，最终在 2012 年以转让的方式黯然退出中国电子商务市场。

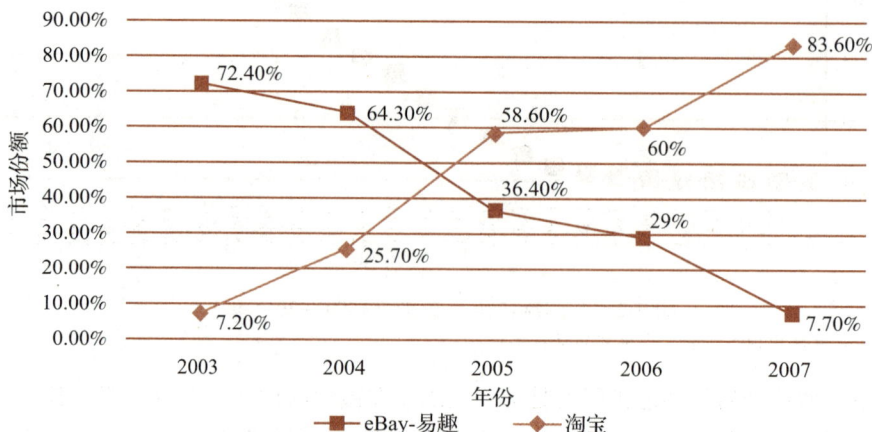

**图 9A-1　eBay 与淘宝市场份额变化**
资料来源：WILLIAM BARNETT. Taobao vs. Ebay China. Stanford Graduate School of Business.

## 二、平台经济

　　**平台**（platform）是一种现实或虚拟空间，该空间可以导致或促成双方或多方客户之间的交易。**平台经济学**（platform economics）就是研究平台之间的竞争与垄断情况，强调市场结构的作用，通过交易成本和合约理论，分析不同类型平台的发展模式与竞争机制，并提出相应政策建议的新经济学科（Armstrong，2004；徐晋，2007）。随着信息技术的加速创新和互联网的普及应用，平台经济正在迅猛发展，越来越多的平台型企业涌现，并催生了平台经济发展的大潮。在"互联网+"的大背景下，平台经济更加活跃，成为经济生活中最有活力的一部分。据统计，全球最大的 100 家企业中，有 60 家企业的大部分收入来自平台类业务。在全球市值排名前十的高新技术企业中，有苹果、谷歌、阿里巴巴、Facebook、腾讯、亚马逊 6 家是平台型企业。在互联网的其他领域，也相继涌现出一批龙头平台企业，如支付宝、途牛和京东等。

　　对平台的研究一般会涉及双边市场模式，双边市场的用户在平台中互动，且这种互动受到特定的网络外部性的影响。Rochet 和 Tirole（2003）将双边市场定义为：在某交易市场中，平台向参与方 B 索取的价格为 $p_B$，向参与方 S 索取的价格为 $p_S$，则平台向需求双方索取的价格总水平 $p=p_B+p_S$，此时若平台所实现的交易总量 $V$ 仅仅取决于平台的价格总水平 $p$，而与两边用户的价格分配无关，则可把该交易市场看作**单边市场**（one-sided market）；当平台的价格总水平 $p$ 保持不变时，平台所实现的交易总量 $V$ 随着双边用户价格结构的变化而变化，则可把由平台实现的交易市场称为**双边市场**（two-sided markets）。从该定义可以看出，当平台向用户制定的价格总水平保持不变时，在价格结构上的任何改变都将影响双方对平台的需求和参与平台的程度，并将进一步影响平台实现的交易总量。因此在双边市场中，价格结构在平衡双边用户的需求方面显得尤为重要。双边市场同时向两类消费群体销售具有**相互依赖性**（interdependent）和**互补性**（complementary）的产品。所谓相互依赖性和互补性的产品，是指平台向两类消费群体提供的平台产品和服务，这些平台产品或服务在促成两类消费者达成交易方面是相互依赖和相互补充的。只有这两种类型的消费群体同时出现在平台中，并同时对该平台提供的产品或服务有需求时，平台的产品或服务才真正有价值，否则即使两类消费者同时处在平台中，但对该平台产品或服务没有需求，该平台产品或服务的价值就不存在。

平台经济相比于传统经济，有两个特征。

第一，外部性。平台经济之所以拥有巨大的魅力，是因为它具有一种"网络外部性"的特殊性质。所谓网络外部性，是指一边终端用户的规模会显著影响另一边终端用户使用该平台的效用或价值（Katz，Shapiro，1985），而这种外部性又可以分为"成员外部性"和"用途外部性"（Evans，2003）。平台的"成员外部性"又称间接网络外部性，是指平台的一类用户的数量影响该平台对于另一类用户的价值。一般而言，关注成员外部性的主要原因在于最终用户的成本具有交易敏感性。这里所说的成本包括平台收取的固定费用，也包括客户方的技术性固定成本。当然，具有交易敏感性的成本的总和才对最终用户有意义。平台的"用途外部性"又称直接网络外部性，一般是指平台的价值与使用该平台的消费者的交易相关，尤其与用户对该产品的使用数量相关。

第二，多属行为。现实中存在的多边平台市场结构主要有三种。①相似性平台。几个功能相似的双边平台为市场同一方提供这样的（同质的）市场，包括电子游戏、操作系统、银行卡、电信和网络门户网站等，这些平台之间显然存在竞争关系。②交叉性平台。多边平台为多个市场方提供可相互替代的产品或服务，平台之间也存在服务与被服务关系，如众多中小型网站或专业性网站经常在网页上互相提供超链接，这些交叉性平台之间存在着竞合关系。③垄断性平台。在多边市场的任一方都不存在竞争对手的平台。这种垄断性平台在欧美等发达国家很少见到，但在我国确实是现实存在的，例如，现在中国银联、中石油或中石化的加油站等。买方多属一般是在商品供大于求的状态下，卖方相互竞争，从而形成了买方的主动权地位，如保险市场就属典型的买方多属。与常见的买方多属行为相对的是卖方多属行为。在商品供不应求的条件下，买方相互竞争，商品价格趋于上升，从而使卖方掌握了价格上的话语权，市场主体的地位向卖方倾斜，卖方支配着买方。在拍卖市场上，针对拍卖品，竞拍者踊跃抬价，最后出价最高者获得拍卖品，这就是典型的卖方多属。

平台的业务模式主要包括三种。①双边客户召集。平台的一个重要特征是，无论平台如何收费或定价，只要没有另一方的需求，则这一方的需求也会消失，这就产生了"先有鸡还是先有蛋"的问题。而平台厂商可以为平台一边的客户提供低价甚至倒贴的服务，来增加平台一方用户的积极性，从而吸引另一方用户的加入，这样将有助于解决"鸡蛋相生"的问题（Gawer，Cusumano，2002）。②双边客户的利益平衡。如果平台企业解决了"先有鸡还是先有蛋"的问题，则意味着该企业已发展到成熟阶段。纵使一个成熟平台企业，仍需要制定和维持一个最优收费结构或价格结构来平衡双边客户的利益。在大部分的多边市场中，平台的定价结构似乎都严重倾向于市场的某一方，这一方的边际效用远低于市场的另一方。例如，微软的绝大部分收入来自给予最终用户和计算机生产商 Windows 操作系统授权许可。③规模化和流动性。成功的平台企业都关注规模化和流动性。例如，苹果、易趣、雅虎等，在投资规模扩大之前，都花费了大量时间测试和调整平台以增加流动性。这些企业先在小型市场中试运行，反复试验并找到值得投资的适当技术与商业模式，主要采取了循序渐进的市场进入策略，经过时间的积淀再逐渐扩大规模。与此同时，平台可以通过注册费、交易费和两部收费的方式来向在平台中交易的双方收费，并且平台业务倾向于把价格向市场的某一方倾斜，倾斜力度根据它引起的间接网络外部性的量而定。

与传统产业一样，平台产业也存在着广泛的竞争，同一平台的主体之间存在内部竞争，平台之间存在外部竞争。竞争可以是"自然形成"的，也可以是平台市场一方积极行为的结果。例如，不同的支付系统之间的竞争、各种纸质传媒与电子传媒的竞争、各种中介服务的竞争、城市综合体之间的竞争。平台竞争的最大特点是多面性。在传统市场中，商家常常通过高性价比来吸引顾客，而在双边市场的情况中，市场的两边都可以出现竞争。在两个平台的相互竞争中，既有可能是一个平台独占整个市场，也有可能是两个平台之间进行伯川德竞争从而使得利润为零，或者产生一个不对称的均衡，"质量"较好的平台的参与者数量要高于另一个平台，前者可以获得更高的定价和利润。平台产业的竞争策略主要有服务差异化、客户差异化、对多属行为的重视和动态博弈的展开。服务差异化是平台竞争的一个重要手段，客户会认为双边平台提供的是多种不同服务，而关注客户差异化是因为平台里竞争平衡价格取决于市场双边竞争的强度。需要强调的是，平衡价格也跟双边平台涉及的客户差异程度有关。重视多属行为是因为多属行为是平台经济的一个突出特征。当加入平台的固定费用很低或为零时，多属行为很容易出现。处理多属的一个主要困难是市场的一方会主导另一方的可能性选择。例如，一个商户可以接受一种信用卡或一种借记卡。如果只是证明两种系统各有优势，所以两种卡它都会接受，这显然欠缺说服力。但如果说信用卡的交易费用明显高于借记卡，则商户会拒绝接受信用卡，迫使消费者使用商户首选的支付手段，因此市场一边出现多属会影响竞争的强度。此外，要创建一个双边市场，必须解决"鸡与蛋"动态博弈的问题（Caillaud, Jullien, 2003）。在双边市场中，当一方用户比另一方更早进入市场时，平台是否有能力影响客户对于未来交易量或外部性的预期将非常重要，尤其重要的是，平台能否对未来价格做出可信的承诺。

案例专栏 9-2

## 从支付宝到余额宝

支付宝是 2004 年阿里巴巴集团为便利旗下网购平台而推出的移动支付平台，如今支付宝已发展成为国内领先的使用最广泛的第三方支付平台之一。2013 年，支付宝手机客户端"支付宝钱包"宣布成为独立的品牌进行运作，致力于为用户提供"简单、安全、快速"的支付服务。

支付宝作为第三方支付平台，它的盈利来源较为多元化，主要有以下 4 个方面。①手续费收入。通过收取手续费，支付宝相应地获取了因用户提现产生的利润。因为提供的即时到账服务备受青睐，因此增加提现手续费也并未明显导致交易用户的减少。②收取服务费，具体分为三种。第一，收取理财业务的服务费。2013 年支付宝推出余额宝，使客户能够获取购买货币基金的收益，而且可以随存随取，交易灵活性特征十分显著。支付宝则通过向基金公司收取服务费等方式，拓展自身盈利来源。第二，收取代缴费业务中的服务费。我们可以从支付宝的界面中看到其所提供的代缴服务项目覆盖范围十分广泛，但是在实际的业务过程中并不是支付宝为用户进行缴费，支付宝只是搭建一个平台，连接用户与服务，由其他第三方代缴商户为用户缴费。支付宝向第三方合作商户收取部分的服务费，从而获取利润。第三，收取技术服务费。许多公司网站在运营过程中会涉及金额往来，但其自身并未打造支付平台和媒介，而是采用支付宝等第三方支付平台作为支付工具，支付宝再向其收取技术服务费。③广告费收入。如今，支付宝已经成为很多人日常生活中不可或缺的 App 之一，因此其主页广告往往带有较高的商业价值。而且支付宝通过其大数据对用户的刻画，使广告更具有针对性，因此成为不少商家所青睐的广告平台。登录支付宝移动客户端，我们能够看到上面列举了众多"口碑"商家，在充分发挥第三方支付所具备的媒介效用的基础上，此种广告宣传方式合情合理，第三方支付机构通过广告投放提高了自身利润收益空间。用户在支付的过程中，也会对广告信息进行浏览，这些广告也会对消费者的消费行为产生一定的影响。④沉淀资金收入。在日常的资金流入、流出过程中，账户中总留有一定数量的资金，这部分资金数量比较稳定，所以叫沉淀资金。由于互联网购物存在一个物流配送的周期问题，因此买家付款与卖家收款到账存在时间差，致使第三方支付企业的支付平台的账户上常常存在大量的沉淀资金。在 2017 年"双 11"当日，淘宝交易额就高达 1682 亿元，虽然第三方支付机构没有公开表示是否对沉淀资金进行利用，但是如果对沉淀资金进行有效操控就能够增加相当可观的利润。

支付宝在对其用户吸引策略上，首先是扩大远程支付规模。采取对手机支付用户减免部分费用、更低的定价策略、获取更多积分等措施，分流 PC 客户端用户，以增加市场份额。通过与12306、去哪儿、携程、大众点评、饿了么、百度外卖、滴滴出行等手机应用平台合作，增加手机支付宝的交易频率，扩大支付服务范围，增加平台效用和利润。对于类似 12306 的应用平台，无须注册账号，用户就可以使用支付宝，既增加了支付方式的多样性、便利性，又保证了资金安全，吸引了更多潜在用户群体。另外，对于支付宝本身而言，与相关应用平台广泛合作，既增加了手机支付宝的应用频率和黏性，也为支付宝迅速占领第三方移动支付市场打下了坚实基础。网络外部性的存在，提升了应用平台和支付宝的效用，形成了双方合作共赢的局面。其次是布局近场支付网络。2015 年开始，支付宝开启疯狂的线下布局。近场支付网络的拓展使得支付宝能够便捷地获取用户，增加客户留存与使用频率，既降低了企业获客成本，又提升了用户对支付工具的黏性。主要措施有以下几种。①通过补贴，与线下实体合作。支付宝与各类线下实体商店合作，免费为它们安装扫码设备，并免除收单费率；进入高校，开展校园一卡通充值业务，扩大用户群体。②让利于消费者，增强用户黏性和忠诚度。例如，支付宝通过与"口碑"商家合作，消费者进店扫码领红包，并在消费支付时一次性抵扣，将从商家收取的服务费用补贴给消费者，增加用户使用支付宝交易的频率和黏性。③提供多种增值服务。支付宝 App 平台提供淘票票、共享单车、天猫超市、淘宝、饿了么、飞猪旅行、优酷等多个第三方服务平台的链接。一方面，丰富了支付宝的应用场景，突出了平台差异性，满足用户个性化需求；另一方面，这种将应用场景与支付方式相结合的捆绑销售，使得商户和支付宝之间的网络外部性影响更加强劲。支付宝同时还开发了余额宝、芝麻信用、保险服务等财富管理项目。余额宝与货币基金对接，用户将账户余额存入余额宝，获得远高于银行定期存款的稳定收益。余额宝收益性与流动性并存，余额可随取随用、灵活变现，大大降低了消费者的时间成本。支付宝根据用户消费和交易行为数据形成芝麻信用，并以此为基础授予用户不同的信用额度，进一步增强了用户黏性。通过这些策略，支付宝既吸引了大量的商户，也吸引了大量的消费者，从而使平台获得了长久发展的基础。

## 第二节　标准与兼容性

### 一、网络外部性与标准选择

生活中标准几乎无处不在，从插头的形状到电器的电压等。某些标准的制定与推广是通过政府或者权威机构的强制力来实现的，最典型的代表就是度量衡。但是还有一些标准是在市场中通过自由竞争的方式来确立的。要问的是：为什么有的市场中仅存在唯一的标准，但是某些市场中会存在多个标准？例如，电脑键盘的布局都是一样的○，但是中国市场中 4G 手机却存在三个标准。进一步来说，是什么样的因素决定了某个标准被市场接受，而另外的标准被市场否定呢？为什么是 Windows，而不是 Mac 或者 Linux 成为操作系统市场中的统治者呢？事实上，针对不同市场中的标准，我们很难简单认定：被市场接受的标准都是更优秀的标准。很多标准的采用具有很高的随机性，如某些国家选择车辆靠右行驶，但是也有国家选择车辆靠左行驶，很难说哪种标准更有效率。甚至在某些情况下，我们发现市场中占统治地位的标准，单纯从技术或质量的角度而言，反而不如那些市场接受度很低或者被市场淘汰的标准。

为了理解网络外部性对标准选择的影响，我们考虑一个简单的模型。同样假设存在数量为 1 的消费者，并且每一名消费者对他人的影响都是可以忽略不计的○。市场中存在 A 和 B 两种标准，数量为 $a(0<a<1)$ 的消费者更加喜欢 A 标准，而数量为 $b(0<b<1)$ 的消费者更加喜欢 B 标准，并且 $a+b=1$。我们这里分别将上述两种消费者称为 A 类型的消费者和 B 类型的消费者。我们同时假设标准存在网络外部性，即消费者从某一标准中获得的收益会随着使用相同标准人数的增加而提高。但是另一方面由于消费者本身对于两种标准存在偏好差别，当用户规模相同的情况下 A 类型的消费者选择 B 标准时，他获得的效用要小于选择 A 标准的效用，反之亦然○。因此两种类型消费者的效用函数可以表示为

$$U^A=\begin{cases}x_A & \text{选择 A 标准}\\ x_B-\delta & \text{选择 B 标准}\end{cases} \qquad U^B=\begin{cases}x_A-\delta & \text{选择 A 标准}\\ x_B & \text{选择 B 标准}\end{cases} \tag{9-4}$$

其中，$x_A$ 和 $x_B$ 分别表示最终选择 A 标准和 B 标准的用户数量，而 $\delta>0$ 则是消费者由于没有选择自己偏爱的标准所导致的效用损失，这里 $\delta$ 事实上也衡量了消费者对于不同标准的偏好程度，或者也可以表示消费者为了得到自己中意的标准所愿意付出的最高代价。

根据上述函数设定，最终市场均衡的结果会出现三种情况：第一，所有消费者都选择 A 标准，即 $x_A=1$ 而 $x_B=0$，此时 A 标准成为市场中的唯一标准；第二，所有消费者都选择 B 标准，即 $x_A=0$ 而 $x_B=1$，此时 B 标准成为市场中的唯一标准；第三，A 类型的消费者选择 A 标准，B 类型的消费者选择 B 标准，即 $x_A=a$ 且 $x_B=b$，此时市场中存在两种不同的标准。

我们首先来分析前两种均衡情况，即市场中只存在单一标准的必要条件。根据均衡的定义，均衡时任何一名消费者都没有偏离均衡的意愿，那就意味着如果市场中所有的消费者都选择 A 标准，那么如果某名消费者决定转向 B 标准，他的效用会发生什么样的变化呢？首先，对于 A 类型

---

○ 严格来说，键盘布局在不同的语种之间存在差别，但是相同语种的键位分布是完全一样的。
○ 关于这里假设的一个直观解释是，如果存在大量的消费者，那么对于任意一名消费者来说，他的选择对于某一标准的用户规模的影响是可以忽略不计的。
○ 我们这里隐含了一个重要的假设，标准之间是不兼容的，关于兼容性的问题我们会在后面的部分专门讨论。

的消费者来说，转换会使他的效用从 1 变成 $-\delta$，因此 A 类型的消费者肯定不会选择 B 标准。其次，对于 B 类型的消费者来说，转换会使他的效用从 $1-\delta$ 变成 0，因此只要 $\delta<1$，B 类型的消费者也不会选择 B 标准。根据相同的逻辑，如果市场中所有的消费者都选择 B 标准，当 $\delta<1$ 时也没有任何一名消费者会转向 A 标准。综上所述，当网络效用大于消费者对不同标准的偏好差异时，竞争的结果是市场中只会存在单一标准。我们再来分析第三种均衡，即市场中存在两种不同标准的必要条件。此时数量为 $a$ 的 A 类型消费者选择 A 标准，而数量为 $b$ 的 B 类型消费者选择 B 标准。只要 $a>b-\delta$，A 类型消费者就没有意愿改变自己的选择，同时由于 $a+b=1$，最终我们可以得到 $a>(1-\delta)/2$。类似地，当 $b>(1-\delta)/2$ 时，B 类型消费者也没有意愿改变自己的选择。

综上所述，可以得到以下结论：当标准具有网络外部性时，只要网络效应相对于消费者对不同标准的偏好差异足够大，市场中就只能存在单一的标准。但是，如果偏好不同类型标准的消费者数量都比较高，市场中就存在不同标准共存的情况。换句话说，如果市场中标准之间的差异并不明显，或者网络效应非常显著，不同标准之间竞争的结果往往只能是赢者通吃。但是，如果标准之间的差异化程度较高，或者偏好不同标准的消费者数量都足够大，任何一种标准都很难完全将另一种标准逐出市场，市场中就会存在多种标准，并且每种标准都会被部分消费者使用。

在上面的分析中，我们发现存在一个有趣的问题，即当市场均衡为单一标准时，具体标准的选择存在很高的随机性。事实上，市场中无论是 A 类型的消费者占多数（$a>b$），还是 B 类型的消费者占多数（$a<b$），A 标准和 B 标准都有可能被市场接受。为了更好地理解出现这一结果的原因，我们对之前的函数设定做一些修改，假设 $0<\delta<a<b<1$，并且 A 类型的消费者先进入市场，等到 A 类型的消费者做出选择之后，B 类型的消费者再进入市场选择。很显然，先进入市场的 A 类型消费者都会选择 A 标准（$a>a-\delta$），而随后进入的 B 类型消费者也会选择 A 标准（$1-\delta>b$）。类似地，如果是 B 类型的消费者先进入市场，那么所有的消费者也都会选择 B 标准。由此可见，当标准之间的差异程度很小，并且网络效应很强时，市场最终选择的标准取决于最初的使用者。换句话说，第一个使用者的选择很有可能会最终决定市场竞争的结果，这种现象在经济学中被称为**路径依赖**（path dependent）。路径依赖的存在意味着市场很有可能会选择那些不能带来社会最优结果的标准。在上述模型中，A 类型的消费者数量要小于 B 类型的消费者，因此从社会福利最大化的角度来考虑，相对于 A 标准，B 标准可以带来更大的社会福利⊖。基于网络外部性的路径依赖，意味着当某项标准被市场接受后，现有的用户规模会成为新标准推广和普及的重要障碍，除非新标准的质量远远高于现有标准或者与其差异较大，否则市场会被锁定在旧标准之上。

**案例专栏 9-3**
**键盘布局与行驶规则**

## 二、技术进步与标准竞争

这一节中我们将在网络外部性的基础上，进一步讨论技术进步与标准化之间的关系（Katz，Shapiro，1986；Church，Gandal，1993）。

---

⊖ 在 A 标准之下总的消费者剩余为 $a+b(1-\delta)$，而在 B 标准之下总的消费者剩余为 $a(1-\delta)+b$。

近年来随着信息技术革命地不断深入，技术进步的频率也在不断提高。以往经济学家在讨论技术进步问题时，一种主流的观点是研发投入是推动技术进步的根本因素，这种理论可以很好地解释不同国家之间技术水平的差异。但是当我们观察在同一市场中的不同产业或者不同产品时，会发现技术升级的频率差别非常明显。例如数码相机，在过去的十年之中市场主流从 1 000 万像素上升到如今的几千万像素，但是相机的镜头技术却几乎没有任何大的创新。在一种产品中不同组件上技术进步的巨大差异，似乎很难用研发投入存在区别来解释。关于技术进步有两个概念必须进行区分：新技术的产生与新技术被市场接受。前者主要取决于研发投入，换句话说研发投入的增加可以提高实验室或研究所中新技术出现的概率和新技术的质量。但是新技术出现之后还面临着一个重要的挑战，即能否顺利取代市场中原有的旧技术。从这个意义上来说，技术进步会同时受到研发投入和市场需求的影响。

下面我们将通过一个简单的模型，从市场需求的角度来分析网络外部性对技术进步的影响。我们假设市场中存在两个用户，分别是用户 A 和用户 B，此时市场中同时存在新技术和旧技术，两个用户需要在新旧技术之间进行选择。我们进一步假设新旧技术之间存在重大差别，因此完全不能兼容。但是如果两个用户都选择了同一代技术，那么它们可以获得更高的收益，如彼此之间进行数据传输等，这就意味着技术标准存在着网络外部性。根据两个用户不同的选择，有 4 种可能的结果：第一，如果所有人都选择新技术，那么每个用户的收益都等于 $\alpha$；第二，如果所有人都选择旧技术，那么每个用户的收益都等于 $\beta$；第三，如果用户 A 选择新技术但是用户 B 选择旧技术，那么他们各自的收益分别为 $\gamma$ 和 $\eta$；第四，如果用户 A 选择旧技术但是用户 B 选择新技术，那么他们各自的收益分别为 $\eta$ 和 $\gamma$。每个用户的选择所对应的收益如图 9-3 所示。由于网络外部性的存在，因此对每一个用户来说，相同的技术可以带来更高的收益，即单一技术标准要好于不同技术共存于市场之中，此时每种技术的用户数量都会比较少，每个用户的收益反而会比较低，即 $\alpha>\eta$ 且 $\beta>\gamma$。举例来说，某个学习小组需要完成一篇学术报告，每个成员负责写作其中的部分章节，对于小组成员来说 Word 2000 和 Word 2007 都是可以选择的软件，并且两者之间没有重大区别。为了节省最终编辑的时间与成本，一个最好的选择就是大家使用相同的版本，否则不同版本之间的兼容性问题会给最终的文档处理带来很多麻烦。

用户B

| | 新技术 | 旧技术 |
|---|---|---|
| 新技术 | $\alpha, \alpha$ | $\gamma, \eta$ |
| 旧技术 | $\eta, \gamma$ | $\beta, \beta$ |

用户A

图 9-3　新旧技术的选择博弈

上述新旧技术的选择博弈存在两个纳什均衡，分别是所有用户都选择新技术，以及所有用户都选择旧技术。这一结果与技术标准很强的网络外部性有着直接的关系，对于消费者来说如果市场中只有一种技术标准，那么用户规模就会达到最大值，但是如果市场中存在多种技术标准，那么每种技术标准只有少量用户使用。由于技术标准存在很高的网络外部性，因此消费者更加偏好市场在单一技术标准上实现用户数量最大化，即使新技术在质量上要优于旧技术。双重博弈均衡的存在让新旧技术的市场竞争结果存在不确定性，假设所有用户都选择旧技术，但是新技术的质量要高于旧技术（$\alpha>\beta$），那么这种情况就被称为**过度惰性**（excess inertia）。但是如果所有用户都选择新技术，但是大部分消费者更加偏好旧技术（$\alpha<\beta$），那么这种情况就被称为**过度积极**（excess momentum）。网络外部性的存在意味着当消费者对技术的用户规模非常在意时，既有可能出现过度惰性，高质量的新技术即使被大多数消费者青睐也不会被采用，也有可能出现过度积极，尽管大多数消费者并不愿意转向新技术，但是这种转换依然会发生。

为了更好地理解网络外部性对技术进步的影响，我们进一步从动态的角度来分析过度惰性与过度积极出现的原因。我们假设社会中存在一个研发部门，该部门固定地从市场或政府收到研发资金来从事研发活动。假设该部门专注于提高某一项技术的质量，如手机的上网速度，并且能够实现技术质量以固定的速度提升，因此在时间 $t$，该项技术在研发部门所能达到的水平为 $S_t=\lambda t$，其中 $\lambda$ 衡量了研发部门中技术进步的速度。尽管技术水平在研发部门中不断提高，但是更高质量的新技术能否被市场接受还取决于消费者的态度。如果消费者在时间 $t$ 接受新技术，那就意味着市场中的技术水平（我们这里用 $M_t$ 表示）与研发部门保持同步（$M_t=S_t$），但是如果消费者在随后的 $t+1$ 期不接受此时的新技术，那么在这一期市场的技术水平就会低于研发部门的技术水平，即 $M_{t+1}=S_t=\lambda t<S_{t+1}=\lambda(t+1)$。但是如果消费者在 $t+2$ 期决定再一次技术升级，那么此时市场的技术水平会再一次与研发部门同步，即 $M_{t+2}=S_{t+2}=\lambda(t+2)$。这就意味着消费者可以选择不定期的技术升级，但是在技术升级时，市场的技术水平就会再一次与研发部门同步，直接升级到最新的技术。

我们再假设市场中的消费者由两部分组成——年轻消费者和老年消费者，两者在时间 $t$ 各自的人数为 $n_t$ 和 $n_{t-1}$。我们假设新技术与旧技术之间互不兼容，消费者仅能在年轻时选择是否采用何种技术，并且只能从第一阶段的消费中获得效用。消费者的效用存在网络外部性，即效用会随着使用统一技术的消费者人数的增加而增加。由于老年消费者已经选择了旧技术，因此如果年轻消费者选择了新技术，那么他们的效用不会发生任何变化。但是如果年轻消费者选择旧技术，那么他们都可以从扩大的用户规模中获益。因此，在时间 $t$ 年轻消费者的效用函数为[⊖]

$$U^t=\begin{cases}S_t+\eta_t & \text{如果选择新技术}\\ M_{t-1}+\eta_t+\eta_{t-1} & \text{如果选择旧技术}\end{cases} \tag{9-5}$$

因此，在时间 $t$ 每个年轻消费者在新旧技术选择中必须权衡网络外部性与技术质量水平对自身效用的影响：新技术具有较高的质量但是用户规模较小，旧技术虽然质量水平偏低但是用户规模更大。因此，当且仅当

$$S_t+\eta_t>M_t+\eta_t+\eta_{t-1} \tag{9-6}$$

成立时，即新技术的高质量所带来的效用提升（$S_t>M_{t-1}$）要高于较小网络规模导致的效用损失（$\eta_t<\eta_t+\eta_{t-1}$）时，年轻的消费者才会选择新技术，否则旧技术会持续在市场中存在。图9-4就可以清楚地说明网络外部性对市场中技术升级的影响。在图9-4a中，新技术相对于旧技术在质量水平上有很大的提高，并且市场中的老年消费者规模并不大，因此年轻消费者如果选择新技术可以获得更高的效用（新技术可以带来更高位置的无差异曲线），技术升级将得以顺利实现，新技术取代旧技术成为市场的新标准。而在图9-4b中，尽管新技术的质量水平很高，但是老年消费者的规模要远高于年轻消费者，消费者选择新技术反而会带来效用的损失（旧技术的无差异曲线位置更高）。因此，即使新技术的质量水平更高，但是并不能取代旧技术成为市场标准。

---

⊖　这里的效用函数意味着对年轻消费者而言，网络规模效应与技术水平之间存在完全替代的关系。

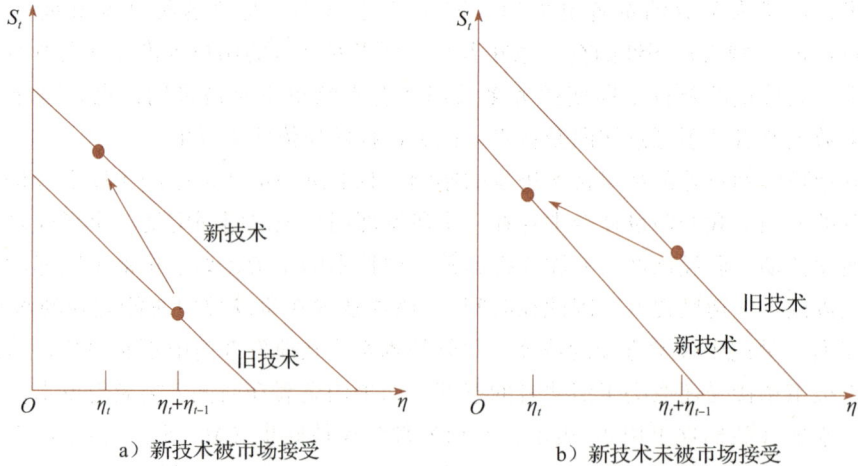

a）新技术被市场接受                              b）新技术未被市场接受

图 9-4    年轻消费者的无差异曲线

关于技术升级的一个典型例子是全球移动支付的发展。移动支付是指用户（个人或者商家）借助移动电子终端或设备（手机、平板电脑等），通过移动网络和移动支付平台为其所消费的商品或者服务进行在线支付的行为。目前移动支付有多种方式，比较主流的有短信支付、扫码支付和声波支付等。说到移动支付，大家可能第一个想到的就是中国。一些外国游客来到中国第一次体验这种支付方式，不用现金和信用卡，一部手机就能走遍全中国，不由得感到惊奇。而当中国游客走到异国他乡发现居然只能使用现金时，也会不由得感到惊奇。

在美国移动支付市场，PayPal 是毋庸置疑的老大。然而 PayPal 与支付宝相比，两者的差距十分明显，早在 2013 年支付宝移动支付总金额就已经超过 9 000 亿元，远远超过美国两大移动支付巨头 PayPal 和 Square 移动支付金额的总和 3 000 亿元。据 Forrster Reaserch（福雷斯特研究公司）和 iResearch（艾瑞咨询集团）的数据，2016 年中国手机支付总额达到了 5.5 万亿美元，是美国的 50 倍，并且这一差距在 2017 年扩大到了 90 倍。据中国支付清算协会数据显示，2018 年，中国移动支付业务为 605.31 亿笔，金额达到 277.39 万亿元，同比分别增长 61.19% 和 36.69%。国内移动支付市场的崛起，还远远甩开了欧美发达国家。前瞻产业研究院的研究报告显示，2018 年中国移动支付渗透率高达 71%，而美国的这一比例为 50%，英国为 48%，德国为 49%，法国为 40%，日本作为移动支付的起源国，手机支付比例也仅为 30%。

一般认为，中国手机支付发展很快的原因主要有两大结构性因素。一是中国互联网经济飞速发展并渗透到了日常生活的方方面面，几乎所有大型互联网公司都在大力推广手机支付，电子商务、共享单车、网上订餐、O2O 等"互联网+"经济的迅速崛起让人们快速接受了手机支付。二是中国的信用卡体系发展较为落后，如在 2009 年以前中国许多消费场所都不支持刷卡服务，只收取现金；而在美国，移动支付之所以还未被广泛采用，最大原因在于信用卡体系已经十分完善。强大的信用卡支付体系，使得刷卡消费在美国人日常生活领域根深蒂固，新型支付方式在美国的发展面临更多阻碍。具有强网络外部性的商品很有可能导致消费者被锁定在某一标准或产品之上。

在社会进步的进程中，经常出现的一个现象是过去的技术优势反而成为负担，这样的案例屡次上演。例如，柯达公司曾发明了数码相机，却由于其发达的胶卷业务是最大的收入来源，无暇发展代表未来方向的数码相机业务，最终柯达公司的发明被其他数码相机公司采用，自身只能走向破产。

## 三、兼容性与标准竞争

前面讨论网络外部性如何影响标准选择时，我们隐含了一个很重要的前提假设：不同标准之间是不兼容的。但是在实际生活中，很多技术和产品之间是完全兼容的，例如尽管笔记本电脑存在众多的品牌，但是联想的用户完全可以和索尼的用户进行正常的数据交换，因为这些电脑大都运行 Windows 操作系统，这就意味着绝大多数软件都可以同时在不同品牌的电脑上使用。另一个有趣的例子是关于电压，我们都知道中国和大多数欧洲国家的民用电压是 220V，但是美国和日本使用 110V 的电压，这就意味着很多电器无法在不同的国家适用，这对于经常出差的商务人士来说就非常麻烦。但是随着全球经济一体化进程的不断深入，这一问题已经得到了完美的解决：包括笔记本电脑和小家电在内的很多电器都采用了宽幅电源来解决电压标准不同带来的问题。

如果存在网络外部性，那么不同技术之间的兼容性问题就会同时对消费者和厂商产生影响（Farrell，Saloner，1986；Church，Gandal，1992）。从消费者的角度来说，在产品价格不变或者质量不下降的前提下，兼容性意味着更大的用户规模，因此消费者自然更加欢迎兼容性。但是从厂商的角度来看，撇开为实现兼容性付出的成本不谈，兼容性会从两方面对厂商的利润产生影响。一方面，兼容性意味着潜在用户规模的提升，并且每名消费者的支付意愿也会增加，这就意味着兼容性可以提高厂商的收益；另一方面，兼容性的提高就意味着厂商与竞争对手之间的差异化程度在缩小，这往往会导致激烈的价格竞争。个人电脑产业就是一个非常典型的例子，在个人电脑发展初期各种标准层出不穷，不同品牌的电脑之间没有任何通用性可言，由于消费者无法预测何种标准可以最终胜出，因此最佳的选择就是推迟购买。鉴于个人电脑早期发展中标准分散的问题，IBM、英特尔和微软等大企业决定联合起来制定开放性的标准，以此来结束标准混乱对于产业发展的负面影响。事实证明，标准的统一极大地推动了个人电脑的普及和这个行业的迅速发展，但是为了提高兼容性所采取的高度标准化又带来了另一个问题，厂商之间的产品大多采用相同的标准，较低的差异性意味着厂商之间的价格战非常常见，行业利润率持续下滑。

为了更好地理解兼容性作为战略决策对厂商竞争的影响，我们考虑一个简单的两阶段博弈模型。在市场中有两个厂商，在第一阶段它们需要决定是否让彼此采用的技术标准相互兼容。如果厂商达成兼容性的协议，那么在第二阶段它们将会生产完全兼容的产品，并在市场上彼此竞争，各自的利润为 $\pi^D$。但是如果厂商没有在第一阶段达成兼容协议，那么厂商就必须进行"标准竞争"，并且最终的结果取决于不同厂商在技术研发和市场推广上的投入（$x_1$ 和 $x_2$）。如果 $x_1 > x_2$，那么厂商 1 的标准被市场接受，成为市场中的垄断者，可以在第二阶段获得垄断利润 $\pi^M$，而厂商 2 被逐出市场后利润为 0，反之亦然。但是如果 $x_1 = x_2$，那么两个厂商的标准会同时存在于市场中，并且平分市场份额。由于标准之间完全不兼容，因此在第二阶段厂商之间不存在任何竞争，每个厂商在自己占据的市场份额中都是垄断者，它们各自的利润分别为 $\pi^L$（很显然 $\pi^L < \pi^M$）。

我们现在来分析上述博弈的均衡结果。首先考虑第一种情况，如果两个厂商决定采取相互兼容的标准，那么第二阶段每个厂商的利润都是 $\pi^D$。但是如果厂商决定进行"标准竞争"，那么为了获胜每个厂商都会尽最大可能增加研发和推广投入，在每个厂商都存在资源限制（$x_1, x_2 \leqslant \bar{x} < \pi^M$）的情况下各自的投入都将等于 $\bar{x}$，因此最终的结果是厂商在第一阶段平分市场并且在第二阶段获得 $\pi^L$ 的利润，每个厂商最终的利润为 $\pi^L - \bar{x}$。因此，厂商的兼容性选择最终取决于在不同情况下的利润对比，如果 $\pi^L - \bar{x} \leqslant \pi^D$，厂商会主动选择在互相兼容的标准下进行生产，反之则会选择进行标准竞争并且最终市场中同时保留两种不兼容的标准。

其次，我们进一步对上述的条件进行分析，假设存在很强的网络外部性，并且厂商在兼容标准下进行的产品竞争存在较大的差异化空间，那么 $\pi^L$ 就很有可能小于 $\pi^D$，因此厂商会更加偏好兼容。当然，我们也可以明显地发现，如果 $\bar{x}$ 足够大，条件 $\pi^L - \bar{x} \leqslant \pi^D$ 总成立，这里的解释是如果资源限制较低，那么厂商为了在标准竞争中获胜，极有可能会发生过度竞争的现象，即双方大量进行投入但结果依然是平分市场，从这个意义上来说，$\bar{x}$ 衡量了标准竞争的激烈程度。最终我们可以得到以下结论：当网络外部性很高、产品竞争的激烈程度很小或者标准竞争强度很大时，厂商更有可能选择兼容的标准，否则厂商会更加偏好不兼容。

最后，我们还有必要来分析一下厂商的兼容性选择对消费者福利的影响。在存在网络外部性的前提下消费者显然可以从相互兼容的标准中受益，但是这不一定会提升消费者的福利。事实上厂商关于是否兼容的决策会直接影响到不同阶段的竞争强度，近似地说，在兼容的情况下厂商的竞争集中于第二阶段的产品竞争中，而在不兼容的情况下厂商的竞争则更集中于第一阶段的"标准竞争"中。消费者是否可以严格从兼容中获益取决于整体的竞争强度是否会下降，换句话说，如果厂商在选择相互兼容的标准的同时又提高了最终产品的售价，那么消费者很有可能并不能从扩大的用户规模中受益，反而会使消费者收益下降。

**案例专栏 9-4**
**iOS 与安卓的开源、闭源之争**

## 第三节　公共政策

通过前面的分析，我们清楚地看到网络外部性的存在对市场竞争和社会福利产生了显著的影响，这是否意味着政府应该通过积极的公共政策来进行干预呢？如果是，那么政府又应该关注哪些领域及采取何种政策呢？我们主要分析下列两个问题。

第一，标准化的问题。当市场中存在互不兼容的多种标准且彼此之间不存在显著的质量差异时，网络外部性的存在意味着消费者总可以从标准化的过程中严格受益。这里就隐含了一个重要的政策含义，政府通过统一标准的途径似乎可以增进社会福利。移动电话网络的发展历史，可以有效地支持上述观点。第二代移动电话网络存在着多种标准，美国政府不介入市场中的标准竞争，而各大移动运营商之间实力相差不大，最终导致美国市场上同时存在 4 种不同的标准。而欧洲则选择了完全不同的方式，1988 年欧洲议会成立欧洲电信标准组织（ETSI），其成员包括欧洲主要的电信运营商和电信设备制造商。尽管 ETSI 采取自愿加入的政策，但是事实上 ETSI 的决策在欧洲市场中具有很高的约束力。在 ETSI 决定选择全球移动通信系统（GSM）作为第二代移动网络标准后，欧洲在很短的时间内让 GSM 成为行业标准。欧洲政府的强力干预，使得欧洲在第二代移动电话网络的建设中避免了美国市场发生的标准之战，统一的网络标准极大地促进了欧洲电信行业的发展。尽管美国在移动电话网络发展的早期落后于欧洲，但是近年来的研究却显示标准竞争似乎并不是坏事。美国市场中存在的 4 种移动网络标准，经过多年的发展之后，现在基本上每一种网络都可以完整地覆盖全国市场，移动电话漫游已经不再成为问题。更重要的是，激烈的标准竞争导致了服务价格的大幅下降，以及技术的迅速提升。因此，政府主导的标准化过程可以缩短技术标准的市场化时间，而市场主导的标准竞争尽管会导致市场份额和资源浪费，但是竞争的存在却有可能让消费者更加受益，并且还有助于提高企业的技术研发能力。从这个意义上来说，政府是否需要介入标准化过程并没有肯定的答案。

政府介入标准化的过程还存在另一个难题，即如何在不同的标准中进行选择。政府在制定公共政策时，由于信息的缺乏往往会面临着两难问题。过早地选择某种标准，意味着政府很有可能做出错误的决定，选择了技术质量相对较差、未来发展潜力较小的标准。但是如果政府行动滞后，尽管有可能获得更多有效的信息，但是市场可能已经被锁定在某种次优标准上。事实上，政府几乎不可能在最佳的行动时间来进行选择，某些产业发展的现实也表明，政府取代市场进行标准选择往往可能达不到预期的效果。作为全世界最早开发高清电视的国家，日本早在20世纪60年代便由日本广播公司领头开始了相关的研发工作，在日本通产省投入了上亿美元的资助后，日本成功研发了MUSE高清系统，并在政府和索尼等大企业的推广下，在20世纪80年代使其顺利成为国家标准。但是MUSE从诞生之日起就存在一个致命的问题，该标准采用了模拟信号，这与未来的数字化方向是完全背道而驰的。20世纪90年代数字信号成为市场主流，基于模拟信号的MUSE标准很快就被市场抛弃。

第二，与网络外部性相关的另一个问题是关于反垄断政策的制定与实施。我们在前面的分析中已经提到，很强的网络外部性极有可能导致消费者被锁定在某一标准或产品之上，当在位厂商的用户规模很高时，新进厂商很难通过价格竞争等手段来与原有厂商竞争，并且网络外部性很强的市场中所形成的垄断具有不断自我强化的特征，垄断者的市场势力很难被打破。从政府的角度来说，针对这样的市场来设计反垄断政策是一个很大的挑战。与其他垄断形式不同，在具有网络外部性的市场中，被锁定的消费者一方面会随着垄断者实力的不断膨胀（表现为用户数量的持续增多）而获得更高的效用，但是另一方面竞争的缺乏又使得垄断者可以向消费者收取更高的价格。更重要的是，即使在具有网络外部性的市场中，垄断的存在从长期来看，必然会对产业的创新能力带来负面影响。从这个意义上来说，网络外部性所产生的垄断，也需要通过一定的政策予以遏制，但是政府的反垄断政策必须在合适的网络规模和适中的竞争强度之间寻找平衡。单一标准的垄断固然会损害消费者利益，但是标准竞争也未必有利于消费者，因此政府的反垄断政策必须坚持以下原则：提高兼容性使消费者从扩大的用户规模中获益的同时，保证市场中存在一定数量的厂商并且彼此之间存在较高强度的竞争。

早在3G时代，我国自主研发的TD-SCDMA已经成为国际三大标准之一，尽管技术质量上与另外两个标准不相伯仲，但是投入商用时间较短，技术不是很成熟。在3G标准的选择上，我国通过发放运营牌照的方式，将三种技术标准交由不同的运营商使用，原本在移动通信市场中势力最强且经验最丰富的中国移动被分配到了TD-SCDMA。这样的安排一方面可以最大化地增加市场竞争，另一方面在给自主标准充分的成长时间与发展机遇的同时，避免了过分保护带来的低效率。从最终结果来看，我国3G市场的发展势头良好，三大运营商之间的良性互动不仅使资费不断下降，并且服务质量与技术创新也在不断提高。进入4G时代后，我国的TD-LTE标准和欧美的FDD-LTE成为世界两大标准，并且政府在发放4G牌照时继续允许三大运营商使用不同的标准进行相互竞争，一方面迅速普及了4G标准和相关应用，另一方面也为相关企业向5G转型奠定了坚实的技术和市场基础。2019年12月全球统一的5G标准面世时，以华为为代表的中国通信企业贡献了众多专利。

在中国当前的互联网市场中，阿里巴巴和腾讯如同互联网的两极，其强大的影响力渗透到互联网时代的方方面面。根据统计数据，2018 年阿里巴巴和腾讯已进入全球市值 TOP10 企业之列。同时，两家互联网巨头也都是积极的国内外投资者。2017 年，腾讯投资 1 700 亿元，阿里巴巴投资 1 100 亿元，比红杉资本等投资机构都高得多。中国主权财富基金的排名显示，阿里巴巴、腾讯位列 2017 年中国最具收购意向的企业前两名。全球数据处理公司 Dealogic 的统计数据也显示，阿里巴巴和腾讯是 2017 年收购数量最多的中国企业。在收购意向上，阿里巴巴的关键词是"电商"，以补齐阿里巴巴在运营支撑、物流仓储、软件数据、电商内容、电商流量方面的数据支持。收购（入股）案例包括菜鸟物流、口碑、饿了么、盒马鲜生、高德地图、优酷土豆、微博等，涵盖电商物流、出行服务、企业服务、人工智能、新零售等领域。腾讯则侧重于社交和游戏。典型的收购（入股）案例包括快手、斗鱼、京东、拼多多、动视暴雪、Riot、金山软件、华谊兄弟等，涵盖移动互联、游戏、电子商务等领域。阿里巴巴和腾讯两大巨头控制了中国互联网近半壁江山，从购物、社交、旅游至出行，涵盖了人们日常生活的衣食住行，互联网创业公司的成功发展在一定程度上也有赖于它们的影响。如何对这两家互联网巨头进行有效监管，既要防止它们利用自己所拥有的市场势力来侵害消费者利益，同时又要让它们保持足够的创新激励，这对于监管部门来说也是一个需要重点关注的问题。

**案例专栏 9-5**
**腾讯的扩张与垄断**

## ❖ 本章小结

网络外部性的存在意味着消费者预期会对需求水平产生重要影响。当用户数量超过关键数量后，用户规模会迅速上升。

平台具有外部性和多属行为两种特征，并且外部性包含两种类型：成员外部性和用途外部性。平台的业务模式主要包括双边客户召集、双边客户的利益平衡及规模化和流动性。

网络外部性意味着可能存在着多种均衡，产业有可能会被锁定在某种标准之上。标准竞争中的获胜者并不总是消费者最偏好或者质量最高的技术。网络外部性会对技术升级产生影响，既有可能导致过度惰性，也有可能导致过度积极。当网络外部性很高、产品竞争的激烈程度很小或者标准竞争强度很大时，厂商更有可能选择兼容的标准，否则厂商会更加偏好不兼容。

政府通过公共政策介入标准选择对社会福利的影响存在不确定性，并且政府在制定反垄断政策时需要同时考虑网络外部性对消费者福利和竞争的影响。

## ❖ 练习题

## ❖ 参考文献

第十章
CHAPTER 10

# 反垄断：竞争政策与管制政策

　　市场经济下企业可能采取各种行为来阻碍自由竞争，以获取更高利润，但这将导致社会福利受损。为了维护自由市场竞争和保障社会福利，世界各国都针对这类行为制定了相应的反垄断法或反托拉斯法，欧洲将其称为竞争政策。反垄断法对市场经济国家极为重要，甚至被称为一个国家的"经济宪法"。产业经济学对各类反竞争行为或垄断行为的经济分析，形成了反垄断经济学这一分支，其成果直接指导司法实践并产生了巨大的现实影响。

　　2013年以来，我国反垄断主管部门陆续启动了对多个行业的反垄断调查，标志着自2008年《中华人民共和国反垄断法》颁布以来，我国反垄断实践进入一个新的阶段。其背景是我国经济改革开放数十年来，虽然市场经济逐步完善，但在这一过程中企业反竞争的垄断行为逐渐增多。党的二十大做出加强反垄断、破除地方保护和行政性垄断的重要决策部署，国家市场监督管理总局（以下简称"市场监管总局"）决定开展2023年民生领域反垄断执法专项行动（见案例专栏10-1）。可以预见，随着我国改革的不断深入，反垄断法或竞争政策必然要占据经济政策的基础性地位，把反垄断作为维护市场经济合理秩序、保障社会福利的重要手段。

　　本章首先介绍美国和欧洲反垄断的发展历史和现状，重点介绍美国和欧洲重点监管的各类企业垄断行为；其次介绍我国的反垄断体系，包括反垄断法的相关规定和竞争监管相关机构的设置；最后研究反垄断的管制政策。

案例专栏 10-1

## 市场监管总局查处远大医药与武汉汇海达成
## 并实施垄断协议、滥用市场支配地位案

　　2023年5月21日，市场监管总局依法对远大医药（中国）有限公司（以下简称"远大医药"）与武汉汇海医药有限公司（以下简称"武汉汇海"）达成并实施垄断协议、

滥用市场支配地位案做出行政处罚决定，责令远大医药和武汉汇海停止违法行为，对远大医药没收违法所得 1.49 亿元，并处以其 2019 年度中国境内销售额 3% 的罚款 1.36 亿元，罚没款合计 2.85 亿元；对武汉汇海没收违法所得 3 092.48 万元，并处以其 2019 年度中国境内销售额 2% 的罚款 412.68 万元，罚没款合计 3 505.16 万元。

市场监管总局根据发现的线索，经前期核查，于 2020 年 11 月 6 日对远大医药与武汉汇海涉嫌实施垄断行为立案调查。本案所涉商品为去甲肾上腺素原料药和肾上腺素原料药，分别用于生产治疗急性心肌梗死的去甲肾上腺素注射液和抢救心脏骤停的盐酸肾上腺素注射液。经查，远大医药与武汉汇海是具有竞争关系的经营者，2016 年 6 月至 2019 年 7 月，双方达成并实施了关于销售去甲肾上腺素原料药和肾上腺素原料药的垄断协议，约定武汉汇海停止销售上述两种原料药，由远大医药给予补偿，违反修订前的《中华人民共和国反垄断法》第十三条第一款第（二）项规定。同时查明，本案相关市场界定为中国去甲肾上腺素原料药市场和肾上腺素原料药市场，远大医药具有市场支配地位，2010 年 5 月至 2021 年 4 月，其滥用市场支配地位，在向相关制剂企业供应两种原料药时，要求制剂企业接受向其低价销售去甲肾上腺素注射液和盐酸肾上腺素注射液、向其返利、按照其要求的区域和价格销售制剂等不合理交易条件，违反修订前的《中华人民共和国反垄断法》第十七条第一款第（五）项规定。

本案涉及的两种原料药分别用于生产去甲肾上腺素注射液和盐酸肾上腺素注射液，均为国家基本药物、医保药品和临床必备急抢救药品。远大医药和武汉汇海的行为排除、限制了相关原料药和制剂市场的竞争，损害了相关制剂企业的合法利益，导致相关制剂价格逐年上涨并时常短缺，影响患者正常用药，增加了患者用药成本和国家医保支出。市场监管总局依法查处该案，及时纠正违法行为，恢复公平竞争的市场秩序，有力维护了广大消费者利益和社会公共利益。

资料来源：国家市场监督管理总局微信公众号

# 第一节　欧美国家的反垄断法

## 一、美国的反垄断体系

现代反垄断起源于美国。19 世纪下半叶，由于通信和交通运输技术的进步，全美逐步形成有助于企业发挥规模经济的大市场。同时，各制造业在市场竞争中通过兼并、收购涌现出一批大企业和托拉斯。这些托拉斯的出现，对当时美国社会产生极大冲击。公众认为这些大企业会出于逐利动机而控制社会资源和权力，损害社会福利，消费者和中小企业都将受到这些大企业的压榨。为防止这些大企业采取不公平的竞争手段打压中小企业，提高价格来损害消费者利益，最初是美国各州分别制定相应的反垄断法律。但由于这些大企业往往跨州经营，不受单个州的法律限制，所以议会认为应该制定一部联邦法律来控制这些大企业的经营行为。在此背景下，1890 年通过了《谢尔曼反托拉斯法》（Sherman Antitrust Act）<sup>○</sup>。《谢尔曼反托拉斯法》的第一节禁止限制交易的合同、联合和合谋，并规定违反者将被处以监禁和罚款，第二节禁止垄断、企图垄断和垄断州与州之间交易或国际贸易一定份额的合谋。

---

○　全称是《抵制非法限制和垄断保护贸易及商业法》。尽管这可能是世界上最著名的反垄断法，但并不是最早的，加拿大在 1889 年通过了类似的法律——《预防和制止限制贸易之联合行为的法律》，但执行力度有限。

　　《谢尔曼反托拉斯法》在早期颁布后，并没有得到严格的执行。直到 1897 年，美国联邦最高法院做出对 18 家铁路公司组成的铁路货运价格托拉斯的判决，明确认定价格协议本身违法<sup>○</sup>。不论价格协议是出于何种动机来制定，例如为了防止价格战等不健康竞争手段，竞争对手之间只要缔结价格协议就是违法。这成为到目前为止各国反垄断法中的基本原则之一。美国联邦最高法院随后将价格限制违法的原则，运用于对 Dr. Miles 诉 Park&Sons 案的判决。在该案件中，制造商要求销售商必须以最低销售限价以上的价格销售商品，这被称为转售价格控制，美国联邦最高法院认定这种做法本身也是违法的。1911 年，美国联邦最高法院裁定标准石油采取掠夺性局部降价等行为，违反了《谢尔曼反托拉斯法》，并将其拆解为 34 家新公司。这成为美国反垄断历史上的标志性事件。

　　1914 年美国颁布《克莱顿反托拉斯法》（Clayton Antitrust Act），进一步扩展反托拉斯立法的覆盖范围，限制可能降低竞争程度的兼并。《谢尔曼反托拉斯法》的不足在于：其只针对独立公司之间的固定价格和市场份额协议，或者独立企业实施的垄断行为，并不涉及兼并行为。所以在 1897 年以后，美国出现了历史上规模空前的企业兼并浪潮，这在很大程度上是因为企业试图通过合并来协调价格并规避《谢尔曼反托拉斯法》。《克莱顿反托拉斯法》还限制企业的价格歧视行为，认为这将减少同行业企业之间的横向竞争，同时限制竞争企业之间彼此互派董事的行为。同年美国还颁布了《联邦贸易委员会法》（Federal Trade Commission Act），建立了联邦贸易委员会，它和美国司法部一起共同负责美国联邦层面的反托拉斯法的执行。

　　在此之后，美国的反垄断法执行力度在不同历史时期出现了不同的变化，经济大萧条期间美国对反垄断法的执行力度有所放松，但第二次世界大战后执行力度又开始加强。到 20 世纪 70 年代，芝加哥学派的观点又使得美国反垄断法执行开始重视企业并购等行为背后的效率动机。

　　美国反托拉斯法体系管辖的违法行为包括如下几类（杨松才，2008）。

　　**第一，横向竞争限制**（horizontal restraints of trade）。这是现有竞争者与潜在竞争者之间协商一致的行为，这是最严重的反托拉斯法的行为。根据《谢尔曼反托拉斯法》第一条的规定，构成违法的重要条件之一，必须是竞争者之间存在此类限制竞争的协议。横向竞争限制又可以分为以下五种情形：

　　（1）**横向价格固定**（horizontal price fixing），即竞争者之间协调统一销售价格，这在司法实践中适用于"本身违法原则"。美国联邦最高法院认为，在州与州或者对外贸易中，任何旨在抬高、降低、固定、限制或者稳定价格的协议，或者导致此类结果的协议都被认为是本身违法，不论是什么企业，不论是在什么情况下发生的，也不论程度如何。此外，固定最高价格、最低价格、起点价格、购买价格的协议，限定产量的协议，消除竞价和短期信贷的协议等都属于本身违法。

　　（2）**市场划分**（division of market），即竞争者之间以协议的形式根据地域、产品或者客户划分市场，是明显的反竞争行为，因而本身非法。与形式上的价格固定相比，此类协议更具有限制性，因为它没有为竞争留下任何空间。因此，竞争企业之间不论是根据地域、产品还是客户划分

　　○ 反垄断法的执行过程中有两种判定违法的原则。一是本身违法原则（per se rule），在不考虑某些行为造成影响的情况下，直接根据行为本身断定其违法，并禁止这些行为。本身违法原则能节约司法成本，增强法律的可预见性，但是可能有时会过于武断。二是合理推定原则（rule of reason），要求调查分析被质询的行为造成的经济影响，运用经济学方法来综合分析和权衡该行为的限制竞争效应和效率促进效应。合理推定原则需要耗费资源，有人力物力限制。

市场，不论直接划分还是间接划分，也不论采取明示协议还是默示协议，都是违法的。

（3）**联合抵制交易**（horizontal boycott），即两人或者两人以上通过协议拒绝与个人、企业或团体建立买卖关系的行为。历史上，美国联邦最高法院就此类案件做出了许多相互矛盾的判决。它有时适用本身违法原则，有时又适用合理推定原则。

（4）**贸易协会**（trade association）。贸易协会成员之间签订的协议是否违法，关键在于这些协议的性质。这些协议，如行业协会的组织章程或规则，如果只针对会员，那就不违法，但如果针对非会员，那就违法。

（5）**合资企业**（joint venture）。如果投资双方或者多方存在竞争关系，该联合投资的行为极有可能受到反托拉斯调查。根据以往的判例来看，美国法院对于联合投资的行为既可能适用本身违法原则，也可能适用合理推定原则，关键是看联合投资的目的。如果目的本身违法，那么建立合资企业的行为也极有可能被视为本身违法。例如，两家报业公司共同组建了一家子公司来经营除新闻部和社论部以外的所有其他业务，其中最重要的一项工作就是为两家报纸确定广告费率和征订费率，这里涉及价格固定的问题。由于横向价格固定本身违法，因此这种合资行为本身也违法。如果联合投资的目的不具有本身违法性，法院通常会适用合理推定原则分析合资行为。

第二，**纵向约束**（vertical restraint）。这是指不同层面的企业，如生产企业和销售企业之间通过协议采取的限制竞争的行为。它不同于横向竞争限制，后者是同一层面直接竞争企业之间的行为。纵向约束由于不是在直接的竞争者之间进行，总的来说不会像对待横向竞争限制那样严厉，但依然有些纵向约束形式被严格限制。纵向约束具体形式包括如下几方面：

（1）**纵向价格固定**（vertical price fixing）。根据《谢尔曼反托拉斯法》第一条，如同横向竞争者间的价格固定协议一样，任何销售者与购买者之间的纵向价格固定协议本身也是违法的。

（2）**非价格纵向限制**（non-price vertical restraints）。其中包括**独占销售协议**（exclusive distribution agreement）、**地域与顾客限制**（territorial and customer restrictions）、**捆绑销售安排**（tying arrangements）。独占销售协议是指生产者可以将独家销售权授予某一地区的特定经销商，同意在该地区只有该经销商才拥有商品销售权。一般来讲，生产者可自由选择经销商并与之签订独占销售协议，但是如果生产者具有市场势力而采取该协议就有可能违反反托拉斯法。地域与顾客限制是在特定的地域内将产品销售给特定的顾客，与独占销售协议有某些共同之处。一般来说，生产厂家可以在特定的地域内选择特定的经销商，但是不得限制经销商销售产品的方式。目前，美国法院在处理此类限制时通常使用合理推定原则，除非是价格限制。捆绑销售安排是指销售者在销售一项产品（顾客想购买的）的时候强制搭售另一产品（顾客不想购买的），否则拒绝交易。《谢尔曼反托拉斯法》第一条和《克莱顿反托拉斯法》第三条都禁止捆绑销售，前提是捆绑销售的结果可能从实质上减少竞争。所以构成非法捆绑销售有三个条件：必须有**销售产品**（tying product）和**搭售产品**（tied product）存在；销售者在销售产品市场具有支配市场的能力并且能够限制搭售产品的竞争；捆绑销售数额巨大。在满足该三个条件的前提下，法院通常会采用本身违法原则。

（3）**兼并**（mergers）。《克莱顿反托拉斯法》第七条规定，任何购买另一家商业公司的全部或者部分股票，并且这种购买可能减少竞争、限制竞争或者导致垄断的行为都是违法的。但是从该条的内容来看，立法所禁止的仅仅是通过购买股票进行兼并。也就是说，法律对通过购买公司资产进行兼并不加干涉。从司法实践来看，法院认为此规定是针对竞争者之间的横向兼并。该法通过1950年（《塞勒-凯弗维尔反兼并法》）、1980年和1984年三次修正案，适用范围扩大了许多，无论何种兼并（横向兼并、纵向兼并和混合兼并），只要兼并会实质上减少竞争或者在相关市场上形成垄断，则禁止兼并，无论该兼并涉及的是资产还是股票。

为了使起诉具有可操作性和有章可循，1968 年，美国司法部出台了《兼并指导原则》（Merger Guidelines，简称《指导原则》）。该《指导原则》先后于 1984 年和 1992 年进行了两次修正，其中 1992 年的修正是关于横向兼并的。如果兼并是在竞争者之间进行的，检验合法与非法的标准是企业合并之后的市场份额和市场集中程度。《指导原则》衡量市场集中度的标准是赫芬达尔-赫希曼指数（Herfindahl-Hirschman Index，HHI），HHI 是相关市场上各家企业所占市场份额的平方和。

根据 1976 年《哈特-斯考特-罗丁诺反托拉斯促进法》（Hart-Scott-Rodino Antitrust Improvements Act of 1976），对于合并一方企业年销售额或者总资产在 1 亿美元以上，或者兼并金额超过 1 500 万美元，或者兼并方获得被兼并方 15% 以上的股票或者资产的，有关企业需要在合并前 15 天（通过股权收购进行兼并）或者 30 天（大多数兼并）报美国司法部，司法部在对有关兼并案进行评估后决定是否准许。

（4）**价格歧视**（price discrimination）。1936 年修正后的《克莱顿反托拉斯法》第二条第（a）项，针对的是价格歧视行为，通常称为《罗宾逊-帕特曼法》。该法调整州与州之间的价格歧视，目的是不让生产厂商或者销售商对小经销商采取价格歧视措施，以维护市场竞争。由于该法严厉禁止拥有许多连锁店的大公司利用其市场影响力迫使生产商或者其他经销商以优惠的条件与之交易，以破坏竞争，故该法又称为《连锁店法案》（Chain Store Bill）。只要符合下列要件，就违反该法：①从事商业行为，则至少两项交易中有一项属于州与州之间的商业行为；②对不同的购买者实施价格歧视；③所涉及的商品的等级与质量相同；④损害竞争，包括歧视价格提供者的行业竞争、歧视价格接受者及其顾客的行业竞争。歧视价格的提供者、明知是歧视价格而接受的接受者，都应当承担法律责任。

## 二、欧洲的竞争政策

现代反垄断法体系的另一个重要来源就是欧洲的竞争政策，欧洲竞争政策包括国家和跨国家两个层面。本部分重点介绍欧洲跨国家层面的竞争政策体系。这是从 20 世纪 50 年代以来伴随着欧洲一体化进程而产生的，最早是在《巴黎条约》，即《建立欧洲煤钢共同体条约》中提出了限制竞争、企业集中和不当价格惯例等内容。后来保护竞争的相关条款也成为《马斯特里赫特条约》（简称《马约》）的主要部分，提出对限制性商业、滥用市场优势地位等行为的界定和特别禁止办法。《巴黎条约》《马约》和欧共体颁布的各种有关竞争的法令和司法判例，共同构成了欧洲的竞争政策体系。

欧洲的竞争政策分为三个层次（于立，舒灵敏，刘劲松，2005）。第一层次是在欧盟建立条约中关于竞争的基本规则，即《马约》第八十一条和第八十二条，这是欧盟竞争政策的核心。第二层次是欧盟理事会制定的对应于第一层次竞争政策原则的实施规则，还包括适用于特定行业的规则。第三层次就是欧盟委员会制定的竞争规则、制度和决定等，是对第一层次和第二层次竞争政策的进一步细化，包括对各行业的可操作规定与对企业和公民行为的决定和命令。

欧洲的竞争政策包括限制性措施、滥用市场支配地位、国家援助和企业合并这四大方面。

第一，限制性措施。这主要体现在《马约》第八十一条，该条款原则规定企业间任何影响到共同体内部贸易且妨碍、扭曲或限制竞争的协议、决定或一切协同措施均应被禁止。具体而言，该条款规定以下五种行为或协定属于限制性措施：一是直接或间接固定价格和制定其他贸易条件的协定；二是为了限制或控制生产、市场或技术进步的协定；三是独立供应商之间划分市场的协定；四是对同种产品的不同购买者的价格歧视；五是要求客户购买其他不相干产品作为购买某产品的条件，即搭售。

《马约》第八十一条第三款中还包括了豁免条件，只要企业间协议、企业集团决议或者企业间协调的行为符合这些豁免条件就可以得到豁免。这些条件包括：一是有助于改善商品的生产和销售，或有助于推动技术和经济进步；二是消费者可从中得到适当好处；三是为了实现上述目的，限制竞争不可避免；四是该限制未达到严重影响市场竞争的程度。为了实施该豁免条件，欧共体随后还颁布了一系列豁免规则，甚至卡特尔在一定标准下都可以满足豁免条件。欧共体委员会在确定卡特尔是否可以得到豁免时，主要适用以下三个标准，即市场占有额、市场销售额和卡特尔的期限。按照这些标准，只有当卡特尔会带来严重限制竞争的后果时，方可作为被禁止的对象。为此，欧共体委员会于1986年发布了一个"宽容"公告，一揽子豁免了对竞争仅有微不足道影响的卡特尔。这个公告于1994年和1997年又进行了两次修订。1994年的修订确立了一个双重最低数量的界限，第一是5%以上的市场份额，第二是销售额超过2亿欧元，即参加的企业每年总销售额超过2亿欧元。只有超过这些限额，欧盟委员会才认为是一个限制性协议。

第二，滥用市场支配地位。这主要体现在《马约》第八十二条，即禁止在共同体市场通过滥用市场支配地位限制或妨碍成员国之间的贸易活动。该条款也具体列举了四种滥用市场支配地位的行为：一是直接或间接强迫接受不公平的购买或销售价格，或者其他交易条件；二是限制生产、销售或者开发新技术，损害消费者利益；三是对同样交易采取不同交易条件，从而使某些交易对象处于不利的竞争地位；四是订立合同时强迫对方购买在性质或交易习惯上与合同标的无关的商品或服务。

这些滥用行为从性质上可以分为两类：一类是剥削性滥用，即占市场支配地位的企业因为不受竞争的制约，从而可以向其交易对手提出不合理的交易条件，特别是不合理的价格；另一类是妨碍性滥用，即这些企业为了排挤竞争对手，或者为了将其市场势力不合理地扩大到相邻市场，而实施的限制竞争行为。但是市场支配地位滥用的前提是企业已经取得市场支配地位，然而《马约》中没有对市场地位做出规范性的解释，其仅有的法律依据只是欧共体法院的判例。目前欧盟法院认为，一家企业占有了40%以上的市场份额就可基本上认定其具有市场支配地位，不过欧盟法院也认为这并不是唯一和绝对的判断标准。在具体判断中还应当考虑其他相关因素。例如，与竞争者之间的差距，与现存或者潜在竞争者之间的营业关系，筹集资金的优势，技术优势，专利、商标等知识产权方面的优势。

第三，国家援助。《马约》根据国家援助对市场竞争的影响，分为与共同体市场相抵触的国家援助和相协调的国家援助两种。不论国家援助的形式如何，只要它损害竞争或者能够损害竞争，由此对成员国间的贸易造成了不利影响，就被视为与共同体市场相抵触。这表明欧共体禁止的国家援助主要需要满足两个条件，一是对竞争造成不利影响，二是对国际贸易造成不利影响。

由于国家援助一直是欧共体成员国政府用于引导和支持其经济发展的方式之一，因此完全禁止国家援助既不现实也不可能。故《马约》规定以下领域的国家援助属于可允许的范畴：一是地区援助；二是研究与开发援助；三是对中小企业进行的行业援助；四是环境保护援助；五是就业援助；六是对处于困境的公司的重建援助；七是部门援助（如钢铁、煤炭、造船、空运和银行等部门）等。

第四，企业合并。欧共体的合并控制规定最早源于1989年12月21日欧共体理事会通过的有关控制企业合并的第 4064 号条例。随着欧洲内部大市场的建立，欧共体企业合并控制条例已成为欧共体委员会维护市场竞争秩序经常使用的法律武器。1997 年欧盟发布第 1310 号条例，规定只要是对共同体产生重大影响的合营企业，都应适用合并规则。所谓重大影响应符合下列条件：第一，参与合并的企业全球总销售额超过 25 亿欧元；第二，参与合并的企业至少在欧盟 3 个成员国内的总销售额超过 1 亿欧元；第三，参与合并的企业中至少有两家企业各自在欧盟内上述 3 个成员国的市场销售额超过 2 500 万欧元；第四，参与合并的企业中至少有两家企业各自在欧盟的市场销售额超过 1 亿欧元；第五，参与合并的企业各自在欧盟市场销售额的 2/3 以上不是来自同一个成员国。

但是随着经济全球化进程的加快和欧盟的不断扩大，欧盟竞争政策中的合并规则又进行了新的修订。2002 年 12 月 11 日，欧盟委员会批准通过《综合合并控制改革方案》，这也是欧盟合并规则实施 13 年以来首次进行的重大变革。该方案准许以促进效率为目的的合并，通过合并提高企业效率的公司也就拥有了更多机会进行合并。

## 第二节　我国的竞争政策

### 一、逐步转向竞争政策的基础性地位

在经济体制转轨中，我国长期实施针对特定企业和产业的产业政策。产业政策是指为了扶持或限制某些特定产业，由政府部门制定财税、信贷、外汇乃至土地、人才等一系列鼓励或限制市场机制发挥作用的政策。其目的是在尽可能短的时间内，通过政府的规划引导，以及财税、信贷等政策工具的配合，实现社会资源向特定产业集中，促进这些特定产业的高速发展，从而推动或拉动经济的跨越发展。不可否认，在我国市场和产业体系不完善、产业基础薄弱且社会资源有限的前提下，产业政策及其强有力的实施，能为某些暂时落后的产业创造出有力的非均衡发展的条件和局面，以重点产业的突破来带动相关行业的发展，从而实现经济快速发展的目标。

但是这种产业政策必然是非均衡的偏向型政策，重点支持发展的产业都是人为选定，不可能覆盖到国民经济的所有产业。同时，我国各级地方政府之间出现了对于重点产业的重复大量投资，使部分产业陷入产能过剩的困境中。数据显示，2012 年年底，我国钢铁、水泥、电解铝、平板玻璃和船舶产能利用率分别仅为 72%、73.7%、71.9%、73.1% 和 75%，明显低于国际通常水平，已经属于中度产能过剩。这些行业利润大幅下滑，企业普遍经营困难，但是依然有一批在建和拟建项目。2013 年 10 月 15 日，国务院发布了《关于化解产能严重过剩矛盾的指导意见》，明确提出要有效化解钢铁、水泥、电解铝、平板玻璃和船舶等行业中产能过剩的矛盾。

与产业政策的实施方法不同，竞争政策是公平导向，不存在产业的导向性发展问题，不存在对特定产业发展的优惠政策措施，它对于国民经济中所有产业都一视同仁，所以竞争政策是"普惠制"政策。随着我国市场经济发展，企业之间竞争行为的多元化要求我国产业管理政策越来越重视竞争政策，以竞争政策来引导、监督企业之间开展合理有序的竞争活动。竞争政策的重要性凸显是市场经济发育到一定阶段的必然要求，尤其改革开放 40 多年来，我国要提高对内、对外的开放水平，就必须高度重视提高政策的透明度和执行一致性，营造内外资企业一视同仁、公平竞争的公正市场环境，为此需要确立竞争政策在经济政策中的基础性地位。此外，我国从产业政策向竞争政策的转变，还能起到避免产业政策导致的产能过剩，优化民营企业竞争的市场环境等作用。

## 二、我国反垄断法的立法和执行

2008 年 8 月 1 日，《中华人民共和国反垄断法》正式施行。2022 年 6 月 24 日，第十三届全国人民代表大会常务委员会第三十五次会议决定修改《中华人民共和国反垄断法》（以下简称《反垄断法》），新修正的《反垄断法》自 2022 年 8 月 1 日起施行。《反垄断法》规定的垄断行为有四类：一是经营者达成垄断协议；二是经营者滥用市场支配地位；三是具有或者可能具有排除、限制竞争效果的经营者集中；四是行政垄断行为，即行政机关和法律、法规授予的具有管理公共事务职能的组织，滥用行政权力排除、限制竞争的行为。《反垄断法》对这四类垄断行为简述如下⊖：

第一，《反垄断法》分别禁止横向垄断协议和纵向垄断协议。横向垄断是指多家企业横向联盟操纵价格；纵向垄断是指企业对经销商和零售商实施价格转售限制，限制经销商自主定价，损害企业间和企业内部的竞争，人为抬高价格，损害消费者利益。同时，《反垄断法》也禁止行业协会组织本行业经营者实施垄断协议。《反垄断法》重点打击竞争者之间达成的关于固定价格、限制产量、划分市场和串通招投标等垄断协议。

第二，《反垄断法》不反对经营者具有市场支配地位，但严格禁止其滥用市场支配地位实施排除、限制竞争，损害消费者利益的垄断行为。《反垄断法》列举垄断价格、掠夺性定价、拒绝交易、强制交易、搭售、差别待遇等典型的滥用市场支配地位行为。为了增加《反垄断法》的操作性，《反垄断法》规定认定经营者具有市场支配地位应当依据的因素和市场支配地位推定制度。需要重点指出，无论是市场支配地位的界定，还是滥用行为的分析，都是反垄断执法中极具挑战性的领域，在执法中需要很多的经济分析。

第三，《反垄断法》鼓励经营者通过依法实施集中等方式做大做强，同时依法规制经营者集中行为，规定经营者集中达到国务院规定的申报标准的，应当事先向国务院反垄断执法机构申报，未申报的不得实施集中。我国现阶段产业集中度不高，许多企业达不到规模经济要求，竞争力不强。从该实际情况出发，《反垄断法》对经营者集中的规定，既要有利于企业通过依法兼并做大做强，发展规模经济，提高产业集中度，增强竞争能力，又要防止经营者过度集中形成垄断。

第四，《反垄断法》明确打击行政垄断。《反垄断法》第五章专门规定滥用行政权力排除、限制竞争的行为，列举了强制交易、地区封锁、强制经营者从事垄断行为等，比较全面地涵盖我国目前存在的该行为主要表现形式。引入约谈制度，规定反垄断执法机构可以对涉嫌行政垄断的具有管理公共事务职能的组织的法定代表人或者负责人进行约谈，要求其提出改进措施，并规定行政机关和法律、法规授权的具有管理公共事务职能的组织滥用行政权力，实施排除、限制竞争行为的，由上级机关责令改正；对直接负责的主管人员和其他直接责任人员依法给予处分。反垄断执法机构可以向有关上级机关提出依法处理的建议。行政机关和法律、法规授权的具有管理公共事务职能的组织应当将有关改正情况书面报告上级机关和反垄断执法机构。

《反垄断法》规定由国务院设立反垄断委员会，负责组织、协调、指导反垄断工作，履行研究拟订有关竞争政策，组织调查、评估市场总体竞争状况，发布评估报告，制定、发布反垄断指

---

⊖ 2022 年《反垄断法》的修订内容见中央人民政府门户网站《全国人民代表大会常务委员会关于修改〈中华人民共和国反垄断法〉的决定》，https://www.gov.cn/xinwen/2022-06/25/content_ 5697697.htm。

南，协调反垄断行政执法工作等职责。《反垄断法》的具体执法工作原先由国家工商行政管理总局、国家发展和改革委员会、商务部分工负责；2018 年党和国家机构改革后，国家市场监督管理总局整合前三者职能，负责反垄断统一执法，同时承担国务院反垄断委员会日常工作。2021 年 11 月，国家反垄断局在国家市场监督管理总局正式挂牌。除了国务院的反垄断执法机构外，《反垄断法》还规定：国务院反垄断执法机构根据工作需要，可以授权省、自治区、直辖市人民政府相应的机构，依照本法规定，负责反垄断执法工作。可以认为，这是关于地方反垄断执法机构的规定。

在我国的反垄断立法和执行中，还要考虑如何使得我国反垄断的立法和执行符合世界贸易组织（WTO）规则（王晓晔，陶正华，2003）。在全球化时代，一国的竞争政策和国际贸易关系密切。例如，一国内部生产者和销售商之间的独家销售协议，可能影响该国的对外贸易，阻碍国外企业进入该国市场；又如，国际卡特尔涉及维生素、石墨电极、柠檬酸等全球销售产品的行业，对发展中国家的危害很大；再如，跨国公司之间的合并也给各国监管机构带来了难题，这要求各国监管机构在竞争政策上加强合作。

在双边层次上，美国和欧共体在 1991 年签订的《执行反垄断法的合作协定》是国际协调反垄断法最有影响的协定。在多边层次上，WTO 是建立全球统一竞争政策的积极主体。WTO 的国民待遇原则、最惠国待遇原则、透明度原则和程序合理原则都体现出了公平竞争。WTO 的许多协定也含有竞争政策的具体内容。例如，《与贸易有关的知识产权协定》第八条规定，各成员方可根据协定采取适合措施，以防止知识产权所有人滥用知识产权或采取不合理的限制贸易或对国际技术转让造成不利影响的做法。这些都表明，WTO 的基本态度是不允许企业运用限制竞争措施来建立新的国际贸易壁垒。从这个意义上说，竞争政策是 WTO 协定的一部分，但是由于其分散在众多协议中，没有形成完整整体。特别是 WTO 原则上仅针对政府在货物贸易和服务贸易中设置市场进入障碍，它对于反对私人限制竞争缺乏直接的管辖权。对此，欧盟提出应该在 WTO 框架下引入关于竞争政策的多边协议，通过协商和礼让的原则解决管辖权的冲突和贸易冲突，为发展中国家反垄断监管部门提供一般的技术援助并加强各国竞争主管机构之间的合作，在案件调查和法律援助上加强合作。

总体来看，WTO 加强竞争政策方面的协调有助于遏制跨国公司的限制竞争措施对我国的不利影响，尤其有助于限制跨国卡特尔和国际技术转让中的限制竞争协议。同时，这也有助于我国加强和完善竞争政策体系，在这方面我国已经取得一定的进展。透明度原则是 WTO 贸易与竞争政策的基本原则之一，我国《反垄断法》的制定已经充分注意到这一点，关于经营者集中申报制度和反垄断调查程序的规定非常详细，有利于提高程序可操作性和行政执法的透明。除此之外，我国需要在反垄断立法和执行中充分考虑在实施国家援助的必要性和适应 WTO 的要求之间寻求平衡，这个课题不容小觑。包括欧盟在内的许多国家无不实施国家援助政策，但跨国的欧盟竞争政策又把国家援助视为一种扭曲竞争的方式，对其进行限制。以 WTO 为代表的多边贸易自由化组织和各类地区性自由贸易组织都规定了对政府援助和补贴等行为的具体要求。

## 第三节 管 制 政 策

普通商品的价格是由市场决定的，但是有些商品的价格是受政府控制的。例如，1994 年国务院颁布的《城市供水条例》第二十六条规定：城市供水价格应当按照生活用水保本微利、生产和经营用水合理计价的原则制定。实际上，管制无处不在。我们使用的电、天然气、通信，乘坐的火车、出租车等的价格中都有管制的影子。

　　管制会对个人和企业的行为产生限制，它可以分为经济管制和社会管制两大类。经济管制主要是指政府对企业在价格、产量、进入和退出等方面的决策进行限制；社会管制主要包括环境、安全和健康管制，分别针对我们环境中的风险、工作场所的风险和所消费产品的风险来制定。美国在 20 世纪 70 年代成立了一系列机构，对环境、安全和健康进行管制，中国目前正日益重视这些问题。限于篇幅，本节所讲的管制专指经济管制。我们首先探讨为什么要进行管制；其次分析管制有哪些方式，讨论每种管制方式的优点和缺点；最后提示避免管制的副作用。

## 一、管制原因

　　有很多出于市场失灵的理由要求政府进行经济管制，其中被大家广泛接受的是自然垄断，这是政府对铁路、电信、电力、天然气和自来水等行业进行经济管制的基本理由。

　　什么是自然垄断行业？如果一种产品的生产或服务的提供由单个厂商完成时成本最小，那么该产业就是自然垄断产业。自然垄断产业大都具有特定的网络供应系统（如电网、路网、有线通信线路、燃气和自来水管道等），建设这些系统需要巨额的固定资产投资。例如，2010 年我国铁路业的固定资产投资就高达 8 426.52 亿元。对厂商而言，此类产品的固定成本在总成本中所占比重很大，当厂商扩大生产规模、提高产量时，单位产品的边际成本和平均成本会下降。

　　在政策方面自然垄断行业面临两难问题。一方面，如果一个行业具有自然垄断性，单个厂商提供该行业的产品或服务时成本最小，按照成本效率这个行业只需要一家厂商。另一方面，在非管制环境下，如果这个行业只有一家厂商，那么该厂商会制定垄断价格以获取垄断利润，但是垄断价格会带来福利净损失；如果允许新的厂商进入该行业，由于在位厂商通过制定垄断价格获得垄断利润，潜在竞争者意识到通过制定比垄断价格略低的价格就能进入该行业并且赚取超额利润，那么潜在竞争者就会试图进入该行业。可是自然垄断行业需要投资巨额的固定资产，过多的厂商进入会造成资源的浪费或者过度竞争<sup>⊖</sup>。因此，如果没有管制，自然垄断行业会面临或者过高的价格或者过度的行业进入的两难境地。

## 二、管制方式

　　任何一个旨在解决自然垄断问题的政府政策，其最终目标都是要使该行业中只有一家企业存在并且能进行有效的生产，同时该企业能够制定符合社会最优的价格<sup>⊜</sup>。这些可选择方案包括价格管制、特许经营权招标投标和公有企业。

### 1. 价格管制

　　价格管制是指为企业制定一个特定的价格或者要求企业在一定的范围内定价。实施价格管制的目的是限制垄断企业操纵市场价格获得超额利润。但是管制的目标不是使消费者支付的价格最

---

⊖　例如，印度的电信政策对外资进入市场的管制非常宽松，这引起了过度竞争，运营商纷纷打价格战。研究机构 Ovum 负责新兴市场的主管 Angel Dobardziev 称，这样的竞争使发展变得不可持续。他说："除非找到出路，否则大部分企业注定会巨额亏损。"

⊜　现实中有些受管制行业不是自然垄断行业而是寡头垄断行业，所以对这些行业的管制不是只允许一家企业存在而是允许多家企业存在。但这些行业面临的问题是相同的：有效生产所允许的企业数量比较少，如果不进行管制，这些企业不会制定符合社会最优的价格，而这会造成福利损失。由于自然垄断行业的管制分析比寡头垄断行业的管制分析简单，所以本节分析的都是自然垄断行业的管制。

低，因为太低的价格会影响企业留在自然垄断行业的意愿，以及该企业提供的产品的质量。例如电力行业，消费者当然希望电价便宜，但他们更关心电力的供应是否稳定，以及断电后能否及时得到抢修等。我们希望通过管制既让企业有足够的激励从事能推动成本降低的创新行为，又能确保消费者支付的价格不会太高。

我们对价格管制的讨论首先从最理想的边际成本定价入手，由于边际成本定价会带来巨额亏损，我们接下来分别考虑平均成本定价和两部分价目表，最后考虑当企业拥有复合商品时的定价。

（1）边际成本定价。从理论上看，按照产品或服务的边际成本来确定价格是一种理想的定价方式，能够实现帕累托最优和社会福利最大化。从图 10-1 中，我们可以看到按照边际成本定价时，价格为 $P$，社会净福利损失为 0。但是由于自然垄断行业固定投资巨大，如果按照边际成本定价，企业会面临巨额亏损（见图 10-1 中阴影部分 $ABEP$）。如果要让企业愿意提供相关的产品或服务，需要政府提供巨额补贴。问题是补贴从什么地方来，这会带来什么影响。首先如果税收来自增值税，相当于在价格和边际成本之间引入一个楔子，会造成低效率和福利净损失。其次，如果税收来自总量税，这会带来两个问题：①企业的管理层知道损失将会有补贴，控制成本的动力和能力会变弱；②从分配领域来看，没有购买自然垄断商品的人没有义务去补贴以边际成本购买自然垄断商品的人。

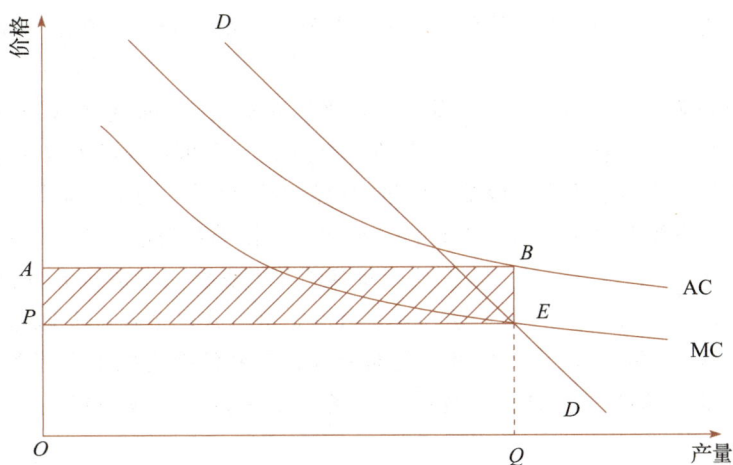

图 10-1 自然垄断行业的边际成本定价

（2）平均成本定价。由于边际成本定价会带来巨额损失，我们可以对自然垄断行业采取平均成本定价方式。从图 10-2 中我们可以看到，按照平均成本定价，价格为 $P_A$，企业的总收益等于总成本，但这会带来阴影部分 $BEF$ 的社会福利净损失[注]，所以这是次优选择。平均成本定价下企业的经济利润为 0，但实际上企业有会计利润。在现实操作中，首先规定公正的或者合理的资本收益率，然后选择预期可以产生该收益率的价格。例如，《城市供水条例》规定城市供水价格应该根据保本微利的原则来定价。这种方式也称为收益率管制。

---

[注] 我们可以这样理解，相对于帕累托最优的产量 $Q$，平均价格下的产量减少到 $Q_A$，每单位产量的减少带来的社会福利净损失是消费者愿意为这单位产品支付的最高意愿和为生产这单位产品的边际成本的差，所以平均成本定价带来的社会福利净损失为黑色阴影部分 $BEF$。

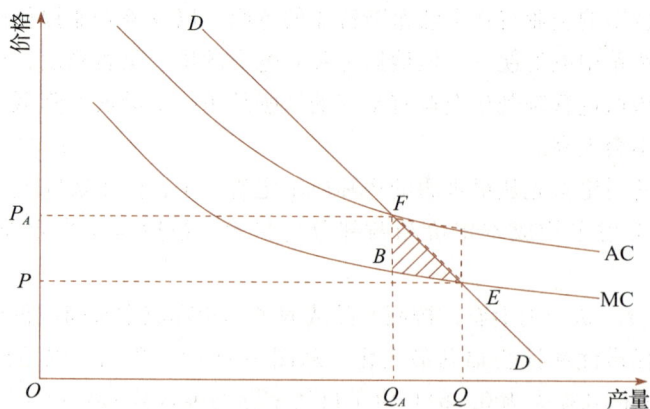

**图 10-2  自然垄断行业的平均成本定价**

这种形式下的管制会使得企业提高效率的动机减弱，因为当企业效率提高时收益会增加，管制机构会要求降低价格以保持合理的收益率。相反，这种形式下的管制会使得企业更多地使用资本。在固定的资本收益率下，资本越多，该企业的利润越多。你甚至可以通过在办公室铺一张漂亮的地毯来增加利润。另外，由于管制有滞后，当新的价格确定下来以后在一段时间内将保持不变，直到下一次申请费用调整。如果在此期间，成本和需求条件有变化，那么被管制企业的收益率会出现要么太高要么太低的情况。从我国的油价调整、出租车价格调整和电价调整等都能看到这一点。

（3）两部分价目表（two-part tariff）。除了采用平均成本定价来避免受管制的自然垄断企业遭受巨额亏损外，我们还可以采用两部分价目表的定价方式。两部分价目表属于非线性定价方式，它由一个不考虑消费量的固定费用和根据消费量收取的费用组成。用固定费用弥补自然垄断企业投入的固定成本，价格等于边际成本。如图 10-3 所示，假设消费者数量为 $N$，企业的固定成本为 $F$（阴影部分 $ABEP$），那么两部分价目表意味着每名消费者支付固定费用 $F/N$，价格为边际成本 $P$。由于价格等于边际成本，所以两部分价目表是效率定价，并且企业的总收益等于总成本。但是两部分价目表也存在问题。由于消费者之间有差异，有些消费者的消费者剩余低于需要支付的固定费用 $F/N$，那么这部分消费者会被逐出市场，而这会产生效率损失。例如，1995 年北

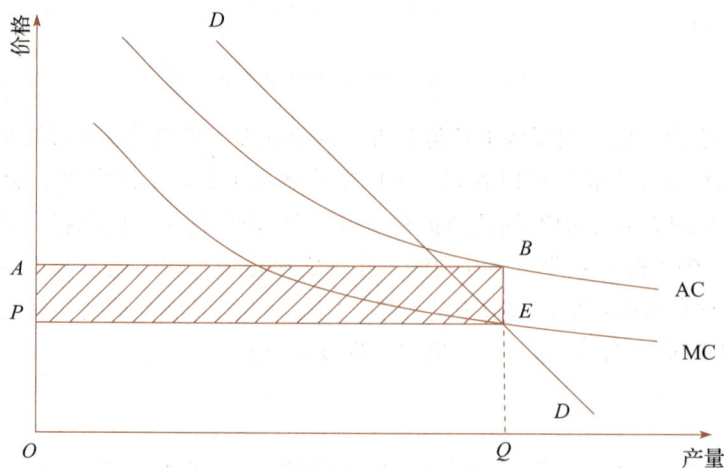

**图 10-3  自然垄断行业的两部分价目表**

京装电话的初装费高达 5 000 元，这就把很多消费者逐出市场，这会造成消费者剩余大大减少。为了避免将消费者逐出市场，企业可以对不同的消费者征收不同的固定费用，但这涉及价格歧视。现实生活中可能会采取多部分价目表，即有多种固定成本和多种单位价格。例如，中国移动曾有套餐规定月租 58 元，可以有 50 分钟的国内主叫和 200MB 的数据流量，超出部分国内主叫 0.25 元/分钟；月租 88 元可以有 200 分钟的国内主叫和 300MB 的数据流量，超出部分国内主叫 0.19 元/分钟。多部分价目表不涉及价格歧视，因为它对所有的消费者都是同样定价。消费者面对这种多部分价目表会选择一种他们自己所偏好的两部分价目表，如月租 58 元或者 88 元。

（4）拉姆齐定价（Ramsey pricing）。在按照平均成本定价时，自然垄断企业应该如何在顾客之间分配固定成本？它应该在所有顾客中平分，还是根据顾客的消费金额按比例分摊，又或者根据顾客对价格的敏感程度进行细分来分摊固定成本？1927 年，弗兰克·拉姆齐提供了一种定价方式，它既满足总收益等于总成本的约束，又满足社会福利最大化的要求，我们把它称为拉姆齐定价。

以电力公司为例，电力公司向两类消费者出售电，一类是家庭，另一类是工业。我们用 $X$ 表示家庭用电，用 $Y$ 表示工业用电（我们可以把它们看作不同的产品，因为家庭用电电压是 220V，而工业用电电压是 380V）。

假设两类消费者需求相互独立，需求方程分别为

$$P_X = P(Q_X) \quad P_Y = P(Q_Y)$$

总成本函数为 $C = F + cQ_X + cQ_Y$，其中固定成本为 $F$，生产 $X$ 和 $Y$ 产品的边际成本均为 $c$。

拉姆齐定价要求总收益等于总成本且社会福利最大，我们可以得到

$$\frac{P_X - c}{P_X} = \frac{R}{\eta_X} \quad \frac{P_Y - c}{P_Y} = \frac{R}{\eta_Y}$$

式中，$\eta_X$ 代表 $X$ 的需求价格弹性的绝对值，$\eta_Y$ 代表 $Y$ 的需求价格弹性的绝对值。

从上式我们可以看到，按照社会福利最大化的定价方式，商品的价格加成应该与需求弹性的绝对值成反比，这称为拉姆齐定价原则。

从图 10-4 中，我们可以看到在价格 $P$ 上，$Y$ 的需求弹性的绝对值大于 $X$ 的需求弹性的绝对值。如果 $Y$ 价格增加 $a$ 倍，那么收益增加 $IAFJ$，社会福利净损失增加 $AHF$。如果 $X$ 价格增加相同倍数，那么收益增加 $IBGJ$，社会福利净损失增加 $BHG$。显然从图 10-4 中，我们可以看到 $Y$ 和 $X$ 价格增加相同倍数时，$Y$ 对收益的贡献没有 $X$ 的贡献大，但是 $Y$ 造成的社会福利净损失超过 $X$ 造成的社会福利净损失。拉姆齐定价原则要求总收益等于总成本且社会福利最大，因此需求弹性绝对值大的产品（如图 10-4 中的 $Y$）价格上升的比例应该要小。但是现实生活中不一定按照拉姆齐定价原则定价。例如，美国市话服务的需求弹性在 0.05~0.2，长途电话的需求弹性在 0.5~2.5。按照拉姆齐定价原则定价，市话的价格成本差应大于长途电话的价格成本差。但实际上长途电话的定价远在边际成本之上，并且其利润用来补贴由于市话低于成本所带来的损失。据一项研究估计，如果按照拉姆齐定价原则定价来取代现实的操作，可以每年增加大约 300 亿美元的福利[⊖]。

---

⊖　具体请看 Robert W. Crandall 的文章 "Is It Time to Eliminate Telephone Regulation?"，收录在 Donald L. Alexander 编写的 *Telecommunications Policy: Have Regulators Dialed the Wrong Number?*（1997）中。

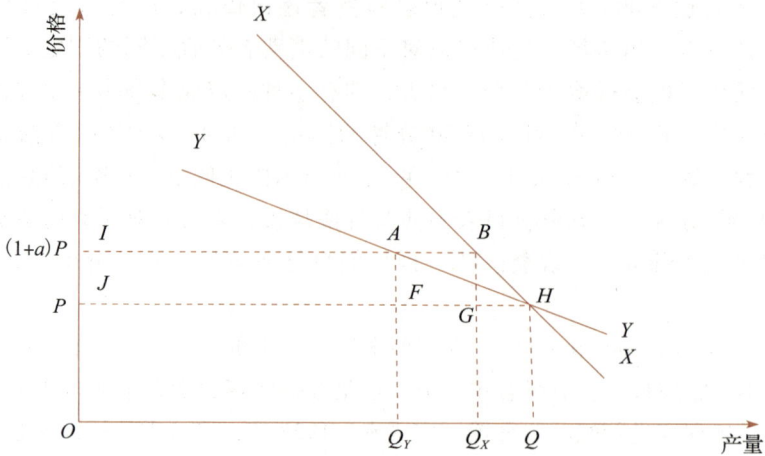

图 10-4   拉姆齐定价

### 2. 特许经营权招标投标

我们前面分析过自然垄断行业面临两难问题：成本效率要求这个行业只需要一个厂商经营，但在非管制环境下这会面临过高的价格或者过度的行业进入。所以，一方面需要对自然垄断行业进行进入管制，阻止超过一家以上的厂商经营该行业；另一方面还需要对自然垄断行业进行价格管制，通过价格管制可以避免价格过高导致的福利损失。我们看到无论是采取进入管制还是价格管制，通常我们认为为了社会最优必须对自然垄断行业进行管制。但是 1968 年哈罗德·德姆赛斯提出新的思路，他认为可以通过对特许经营权进行招标投标的方式来代替管制（Demsetz，1968）。

假设有 3 家厂商参加特许经营权投标，不同厂商的效率有所不同，因此有不同的平均成本函数。特许经营权招标投标是通过竞争性投标的方式，投标的标的是提供服务的价格，提出最低标价的厂商获得特许经营权。每家厂商提出的最低标价不会低于其平均成本，否则该厂商会亏本。从图 10-5 中我们可以看出，厂商 1 的效率最高，效率第二高的是厂商 2，厂商 1 只要比厂商 2 提出的最低标价 $P_2$ 低就能获得该特许经营权。如果有更多的厂商，特别是当另一家厂商和厂商 1 具有同样的效率时，标价会下降到 $P_1$。因此，在竞争充分的情况下，即使政府不了解该行业的成本函数，通过特许经营权投标就可以挑选出效率最高的厂商，并且该厂商将按照平均成本定价。

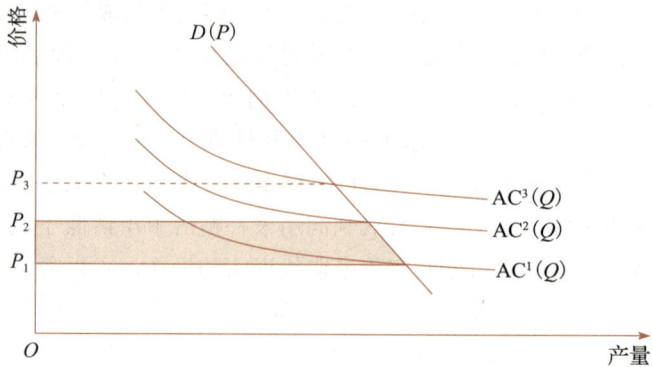

图 10-5   特许经营权招标投标

　　但是在现实中我们看到特许经营权进行招标投标的过程中存在很多问题。第一，能否做到充分竞争？第二，招标者之间会不会串标？第三，如果只是按照价格来挑选，就有可能出现产品质量最低的厂商获得特许经营权的情况。要解决这个问题有两个解决方案。一个是多维投标，即除了价格维度以外，还要加上产品质量的维度。另一个方案是政府规定厂商提供的产品的质量，在此前提下进行价格投标。两种方案都需要政府拥有大量关于产品质量的信息，这实际上和价格管制面临的问题是一样的。第四，由于自然垄断行业需要巨额的固定投资，所以特许经营权授予的期限一般较长。在特许经营权授予期间，需求和成本条件会发生改变，未来的价格应如何确定？这就有可能在招标投标过程中出现机会主义。例如，有的厂商在竞标时价格较低，当得标后以成本上升、需求变化等理由抬高价格。

### 3. 公有企业

　　自然垄断行业如果要有效率地生产就只需要一家企业，但是如果该行业只有一家私有企业，由于私有企业的目标是利润最大化，前面所述的价格管制和特许经营权招标投标会存在各种各样的问题。我们现在考虑一个与价格管制和特许经营权招标投标有本质区别的方法，那就是让一家公有企业来运营，这样就可以避免私人企业为实现利润最大化制定过高的价格。

　　从理论上来说，公有企业由政府拥有，公有企业的目的是所有者利益最大化，也就是社会福利最大化。但是公有企业不是由全民来经营，它需要管理者来运营。管理者的目标是不是社会福利最大化？如果管理者的目标不是社会福利最大化，会带来什么样的结果？山姆·佩尔兹曼（Peltzman，1971）分析了公有企业和私有企业定价的差异。假定公有企业的管理者的目标是职位升迁。一方面价格越高，该企业的补贴越少，他就越容易获得民意，越容易升迁；另一方面价格高，会让消费者满意度下降，就不容易获得升迁。我们看到，一方面公有企业的管理者不会让价格下降太多，因为这会让人认为该管理者没有能力，需要很多的国家补贴；另一方面公有企业的管理者会让价格相对于只为了利润最大化的私有企业来说更低，因为这会让消费者的满意度增加，对公有企业的管理者的升迁有帮助。因此，公有企业制定的价格介于边际价格和垄断价格之间，可以部分解决只有一家企业定价过高的问题。

　　但是公有企业在效率方面可能会更低，例如管理者会选择让自己的工作环境更舒适，让员工拥有丰厚的工资以获得员工的爱戴，不对员工进行严格管理以避免与员工的冲突，选择对生产能力的过度投资来避免潜在的服务短缺和消费者的抱怨等。

　　价格管制、特许经营权招标投标和公有企业这三种管制方式各有优劣。价格管制虽然可以避免价格过高，但是需要政府拥有大量关于行业需求和企业成本等信息。从理论上看，特许经营权招标投标可以在不需要政府掌握很多信息的情况下取得理想的结果，但是这只有在充分竞争时才能取得理想的结果。如果考虑产品的质量、长期需求和成本变化等情况，特许经营权招标投标会面临与价格管制同样的问题。公有企业虽然不会像私有企业那样只追求利润最大化，但是存在效率偏低的问题。

## 三、避免管制的副作用

　　世界各国管制的历史表明，管制可以解决在自由放任的市场竞争中许多行业的过度竞争问题，维持整个行业的正常运转；另外，管制也存在很多问题，如管制机构有可能被受管制企业俘获，管制会带来较大的成本。管制的效果取决于市场失灵的程度和政府失灵的程度的对比。

　　对于中国来讲，当前首先要厘清的是政府对公用事业管制的目标是什么。是这些企业的利润最大化，还是这些企业制定的价格满足消费者的要求，或者是社会福利最大化？其次，要分析政府管制机构是否被受管制企业俘获。如果被俘获，应该如何改变？最后，要研究不同方式的管制的成本和收益，采取高效的方式进行管制。有时管制本身是可以改善效率的，但是由于管制的效率非常低下、管制的方式比较简单，如电力公司的高工资、电力行业非常单一的价格结构，这些会导致管制带来的社会福利大大下降。

在经济全球化的大背景下，一国政府的管制效率具有更重要的意义。低效率的管制可能给企业带来沉重的负担，导致本国产品的成本过高，从而降低其国际竞争力。经济全球化下生产要素流动性增加，企业很容易通过转移资本的方式来避开本国不利的管制环境。因此，设计不合理或实施不利的管制可能形成比较劣势，不仅影响产业的效率、降低本国产品的国际竞争力，而且降低了本国市场对国际资本的吸引力，造成要素外流，对国民经济造成的危害是相当大的。而高质量的管制可以形成一种比较优势，例如2002年2月，时任英国首相布莱尔在内阁办公室颁布的《管制改革——政府行动计划》的前言中表示"我的政府承诺实现更好的管制"。

## ◈ 本章小结

管制会对个人和企业的行为进行限制，它可以分为经济管制和社会管制两大类。经济管制主要是指政府对企业在价格、产量、进入和退出等方面的决策进行限制。社会管制主要包括健康、安全和环境管制，分别针对我们环境中的风险、工作场所的风险和所消费产品的风险来制定。

自然垄断行业面临两难问题：成本效率要求这个行业只有一家单独的厂商经营；另一方面，在非管制的环境下会面临过高的价格或者过度的行业进入。

价格管制是指为企业制定一个特定的价格或者要求企业在一定的范围内定价。实施价格管制的目的是限制垄断企业操纵市场价格获得超额利润。价格管制的方式有边际成本定价、平均成本定价、两部分价目表和拉姆齐定价等。

在竞争充分的情况下，即使政府不拥有该行业的成本函数，通过特许经营权招标投标就可以挑选出最优效率的厂商，并且该厂商可以按照平均成本定价。

相对于只为了实现利润最大化的私有企业来说，公有企业产品的价格会更低，但是其在效率方面也可能会更低。

| ◈ 思考题 | ◈ 练习题 | ◈ 参考文献 |
|---|---|---|
|  |  |  |

# 第十一章

# 产业结构

本章揭示产业结构演变的趋势、动因及其规律。通过对产业分类、产业结构的内涵和变化趋势的梳理，寻找产业发展的一般规律，为推动产业演变和制定产业政策服务。产业结构分析也可以为企业的战略管理、技术进步、产品及市场开发找到目标及依据。产业结构分析的特点是采用经验性法则对准宏观领域的现实经济问题进行实证分析。

## 第一节　产业分类与产业结构

### 一、各种主要的产业分类方法

产业分类是对构成国民经济的各种活动按照一定的标准进行分解和组合，形成多层次的产业门类，是分析各产业部门经济活动及其相互联系和比例关系的基础。比较重要的产业分类方法有以下几种。

#### 1. 三次产业分类

全部经济活动划分为**第一产业**（primary industry）、**第二产业**（secondary industry）和**第三产业**（tertiary industry）。这种分类法最初由费希尔于 1935 年在《安全与进步的冲突》一书中提出，以英国经济学家科林·克拉克的名字命名，因此又称"克拉克大分类法"。费希尔的分类，以社会生产发展阶段为依据，以资本流向为标准。初级阶段生产称为第一产业，包括种植业、畜牧业、狩猎业、渔业和林业；第二阶段生产称为第二产业，包括采掘业、制造业、建筑业、运输业、通信业、电力业和矿业等；第三阶段生产称为第三产业，包括商业、金融业、饮食业，以及科学、卫生、文化教育、政府等公共事业。

克拉克的划分标准有 3 个。①产业距离消费者的远近程度。距离消费者远的为第一产业，近的为第三产业，介于两者之间的为第二产业。②产品是否有形。产品有形的为第一或第二产业，无形的为第三产业。③生产过程与消费过程是否可分离。可分离的划入第一产业或第二产业，不可分离的划入第三产业。据此，划入第一产业的有种植业、畜牧业、林业和渔业；划入第二产业的有制造业和矿业；划入第三产业的有建筑业、运输与通信业、商业、金融业、专业性服务和个人生活服务、政府行政和律师事务、军队等。

克拉克与费希尔的主要区别在于：运输业、通信业、建筑业、煤气业、电力业等是划入第二产业还是第三产业，军队是否属于第三产业。

经济合作与发展组织（OECD）提出的划分方法是：农业为第一产业，是直接利用自然资源的活动，包括种植业、畜牧业、狩猎业、渔业和林业；工业为第二产业，是对自然资源进行加工或再加工，包括制造业、采掘业和矿业、建筑业、公用事业（煤气、电力、水等）；服务业为第三产业，是为满足人们高于物质需求的需要，包括运输业、通信业、邮政仓储业、批发零售业、贸易、金融业、房地产业、科学、教育、广播电视业、公共行政和国防及社会事务、娱乐业和个人服务业等。目前，联合国的标准产业分类也与此密切相关。

我国的三次产业分类是：产品直接取自自然界的部门为第一产业，对初级产品进行再加工的部门为第二产业，为生产和消费提供各种服务的部门为第三产业。具体划分如下。

**第一产业**：农业（包括种植业、林业、畜牧业和渔业）。

**第二产业**：工业（包括采掘业、制造业、自来水业、电力业、蒸汽业、热水业、煤气业）和建筑业。

**第三产业**：除第一、第二产业以外的其他各产业。由于第三产业包括的行业多、范围广，根据我国的实际情况，第三产业分两大部分，一是流通部门，二是服务部门。具体又分四个层次。

第一层次：流通部门，包括交通运输业、邮电通信业、商业、饮食业、物资供销和仓储业。

第二层次：为生产和生活服务的部门，包括金融业、保险业，地质普查业，房地产业、公用事业，居民服务业，咨询和综合技术服务业，农业、林业、畜牧业、渔业、水利服务业和水利业，公路、内河（湖）航道养护业等。

第三层次：为提高科学文化水平和居民素质服务的部门，包括教育、文化、广播电视、科学研究、卫生、体育和社会福利等事业。

第四层次：为社会公共需要服务的部门，包括国家机关、政党机关、社会团体及军队和警察等事业。

## 2. 标准产业分类

标准产业分类必须具备三个特征：一是权威性，分类由权威机构编制和颁布；二是完整性，分类应尽量详尽，无遗漏之处；三是广泛的适应性，分类应便于比较分析。联合国为统一世界各国的产业分类，颁布了《所有经济活动的国际标准产业分类》，把"所有经济活动"分为 A~U 一共 21 个部门，在每个部门下面又分成若干类别，每个类别下面又分成若干组，最后又将若干组分成若干项，由此形成部门、类别、组、项四级结构，并规定相应的统计编码，便于计算机处理。

英国在 1963 年制定的标准产业分类法中，包括 27 个主要产业门类，细分为 181 个产业亚类。我国 1984 年制定《国民经济行业分类与代码》（GB/T 4754—1984），1994 年在吸收世界各国行业分类标准经验的基础上，参照联合国国际标准产业分类，修订形成了《国民经济行业分类与代码》（GB/T 4754—1994）。为了能与 ISIC/Rew.3 和 ISIC/Rew.4 有效兼容，经 2002 年、2011 年和 2017 年三次修订，形成了《国民经济行业分类》（GB/T 4754—2002、GB/T 4754—2011、GB/T 4754—2017）。新的标准产业分类，采用了线分类法，将社会经济活动划分为门类、大类、中类和小类四级，采用层次编码法，如表 11-1 所示。由于表式所占篇幅过大，所以表 11-1 中没有列进中类、小类代码。

表 11-1　全部经济活动的国际标准产业分类（GB/T 4754—2017）

| 部门 | 类别 | 名称 |
|---|---|---|
| A | | 农、林、牧、渔业 |
| | 01 | 农业 |
| | 02 | 林业 |
| | 03 | 畜牧业 |
| | 04 | 渔业 |
| | 05 | 农、林、牧、渔服务业及辅助性活动 |
| B | | 采矿业 |
| | 06 | 煤炭开采和洗选业 |
| | 07 | 石油和天然气开采业 |
| | 08 | 黑色金属矿采选业 |
| | 09 | 有色金属矿采选业 |
| | 10 | 非金属矿采选业 |
| | 11 | 开采专业及辅助性活动 |
| | 12 | 其他采矿业 |
| C | | 制造业 |
| | 13 | 农副食品加工业 |
| | 14 | 食品制造业 |
| | 15 | 酒、饮料和精制茶制造业 |
| | 16 | 烟草制品业 |
| | 17 | 纺织业 |
| | 18 | 纺织服装、服饰业 |
| | 19 | 皮革、毛皮、羽毛及其制品和制鞋业 |
| | 20 | 木材加工和木、竹、藤、棕、草制品业 |
| | 21 | 家具制造业 |
| | 22 | 造纸和纸制品业 |
| | 23 | 印刷和记录媒介复制业 |
| | 24 | 文教、工美、体育和娱乐用品制造业 |
| | 25 | 石油、煤炭及其他燃料加工业 |
| | 26 | 化学原料和化学制品制造业 |
| | 27 | 医药制造业 |
| | 28 | 化学纤维制造业 |
| | 29 | 橡胶和塑料制品业 |
| | 30 | 非金属矿物制品业 |
| | 31 | 黑色金属冶炼和压延加工业 |
| | 32 | 有色金属冶炼和压延加工业 |
| | 33 | 金属制品业 |
| | 34 | 通用设备制造业 |
| | 35 | 专用设备制造业 |
| | 36 | 汽车制造业 |
| | 37 | 铁路、船舶、航空航天和其他运输设备制造业 |
| | 38 | 电气机械和器材制造业 |
| | 39 | 计算机、通信和其他电子设备制造业 |
| | 40 | 仪器仪表制造业 |
| | 41 | 其他制造业 |

（续）

| 部门 | 类别 | 名称 |
|---|---|---|
| | 42 | 废弃资源综合利用业 |
| | 43 | 金属制品、机械和设备修理业 |
| D | | 电力、热力、燃气及水生产和供应业 |
| | 44 | 电力、热力生产和供应业 |
| | 45 | 燃气生产和供应业 |
| | 46 | 水的生产和供应业 |
| E | | 建筑业 |
| | 47 | 房屋建筑业 |
| | 48 | 土木工程建筑业 |
| | 49 | 建筑安装业 |
| | 50 | 建筑装饰、装修和其他建筑业 |
| F | | 批发和零售业 |
| | 51 | 批发业 |
| | 52 | 零售业 |
| G | | 交通运输、仓储和邮政业 |
| | 53 | 铁路运输业 |
| | 54 | 道路运输业 |
| | 55 | 水上运输业 |
| | 56 | 航空运输业 |
| | 57 | 管道运输业 |
| | 58 | 多式联运和运输代理业 |
| | 59 | 装卸搬运和仓储业 |
| | 60 | 邮政业 |
| H | | 住宿和餐饮业 |
| | 61 | 住宿业 |
| | 62 | 餐饮业 |
| I | | 信息传输、软件和信息技术服务业 |
| | 63 | 电信、广播电视和卫星传输服务 |
| | 64 | 互联网和相关服务 |
| | 65 | 软件和信息技术服务业 |
| J | | 金融业 |
| | 66 | 货币金融服务 |
| | 67 | 资本市场服务 |
| | 68 | 保险业 |
| | 69 | 其他金融业 |
| K | | 房地产业 |
| | 70 | 房地产业 |
| L | | 租赁和商务服务业 |
| | 71 | 租赁业 |
| | 72 | 商务服务业 |
| M | | 科学研究和技术服务业 |
| | 73 | 研究和试验发展 |
| | 74 | 专业技术服务业 |
| | 75 | 科技推广和应用服务业 |

（续）

| 部门 | 类别 | 名称 |
|---|---|---|
| N | | 水利、环境和公共设施管理业 |
| | 76 | 水利管理业 |
| | 77 | 生态保护和环境治理业 |
| | 78 | 公共设施管理业 |
| | 79 | 土地管理业 |
| O | | 居民服务、修理和其他服务业 |
| | 80 | 居民服务业 |
| | 81 | 机动车、电子产品和日用产品修理业 |
| | 82 | 其他服务业 |
| P | | 教育 |
| | 83 | 教育 |
| Q | | 卫生和社会工作 |
| | 84 | 卫生 |
| | 85 | 社会工作 |
| R | | 文化、体育和娱乐业 |
| | 86 | 新闻和出版业 |
| | 87 | 广播、电视、电影和录音制作业 |
| | 88 | 文化艺术业 |
| | 89 | 体育 |
| | 90 | 娱乐业 |
| S | | 公共管理、社会保障和社会组织 |
| | 91 | 中国共产党机关 |
| | 92 | 国家机构 |
| | 93 | 人民政协、民主党派 |
| | 94 | 社会保障 |
| | 95 | 群众团体、社会团体和其他组织成员 |
| | 96 | 基层群众自治组织及其他组织 |
| T | | 国际组织 |
| | 97 | 国际组织 |

资料来源：《国民经济行业分类》（GB/T 4754—2017）。

　　门类采用字母顺序编码法，即用 ABC……顺次表示门类；大中小类依据等级制和完全十进制，形成三层四位数字码的产业类别标识系统。但大类在参与层次编码的同时，又采用了数字顺序编码法，即代码前两位表示大类，从 01 开始依据分类体系的排列次序按升序给大类赋码；代码的第三位和第四位分别表示中类和小类，每层代码从 1 开始编，按升序排列，最多编到 9。我国标准产业分类（GB/T 4754—2017）分 20 个门类，97 个大类，473 个中类，1 381 个小类，部分分类标准如表 11-2 和表 11-3 所示。

表 11-2　部分中国国民经济行业分类编码方法和代码结构（GB/T 4754—2017）

| 门类 | 大类 | 中类 | 小类 | 类别名称 |
|---|---|---|---|---|
| A | | | | 农、林、牧、渔业 |
| | 01 | | | 农业 |
| | | 011 | | 谷物种植 |

（续）

| 门类 | 大类 | 中类 | 小类 | 类别名称 |
|---|---|---|---|---|
| | | | 0111 | 稻谷种植 |
| | | | 0112 | 小麦种植 |
| | | | 0113 | 玉米种植 |
| | | | 0119 | 其他谷物种植 |
| | | 012 | | 豆类、油料和薯类种植 |
| | | | 0121 | 豆类种植 |
| | | | 0122 | 油料种植 |
| | | | 0123 | 薯类种植 |
| | | 013 | … | … |
| | | 014 | … | … |
| | | 015 | … | … |
| | | 016 | … | … |
| | 02 | | | 林业 |
| | | 021 | | 林木育种和育苗 |
| | | | 0211 | 林木育种 |
| | | | … | … |

资料来源：《国民经济行业分类》（GB/T 4754—2017）。

表 11-3　中国国民经济行业分类结构（GB/T 4754—2017）

| 门类 | 大类 | 中类 | 小类 |
|---|---|---|---|
| A 农、林、牧、渔业 | 5 | 24 | 72 |
| B 采矿业 | 7 | 19 | 39 |
| C 制造业 | 31 | 179 | 609 |
| D 电力、热力、燃气及水生产和供应业 | 3 | 9 | 18 |
| E 建筑业 | 4 | 18 | 44 |
| F 批发和零售业 | 2 | 18 | 128 |
| G 交通运输、仓储和邮政业 | 8 | 27 | 67 |
| H 住宿和餐饮业 | 2 | 10 | 16 |
| I 信息传输、软件和信息技术服务业 | 3 | 17 | 34 |
| J 金融业 | 4 | 26 | 48 |
| K 房地产业 | 1 | 5 | 5 |
| L 租赁和商务服务业 | 2 | 12 | 58 |
| M 科学研究和技术服务业 | 3 | 19 | 48 |
| N 水利、环境和公共设施管理业 | 4 | 18 | 33 |
| O 居民服务、修理和其他服务业 | 3 | 16 | 32 |
| P 教育 | 1 | 6 | 17 |
| Q 卫生和社会工作 | 2 | 6 | 30 |
| R 文化、体育和娱乐业 | 5 | 27 | 48 |
| S 公共管理、社会保障和社会组织 | 6 | 16 | 34 |
| T 国际组织 | 1 | 1 | 1 |
| （合计）20 | 97 | 473 | 1 381 |

资料来源：国家统计局 . 2017 国民经济行业分类注释 [M]. 北京：中国统计出版社，2018.

标准产业分类与三次产业分类之间具有密切的联系。①标准产业分类的大部门可以很容易地组合为三个部门，与三次产业相对应；②三次产业分类的三个部门也可以更细地划分为不同的产业分支，与标准产业分类相对应。

### 3. 生产结构产业分类

生产结构产业分类法是以研究再生产过程中产业间的关系和比例为目的而采用的。这种分类比较有代表性的方法有三种。

其一是霍夫曼的分类法。德国经济学家霍夫曼出于研究工业化及其进程的目的，把产业分为三类：①消费资料产业，包括食品、纺织、皮革、家具等；②资本品产业，包括冶金及金属材料、运输机械、一般制造、化学工业等；③其他产业，包括橡胶、木材、造纸、印刷等工业。霍夫曼分类的原则是，在某产业产品的用途中，有75%以上用于消费的归入消费资料产业，75%以上用于资本投入的归入资本品产业，介于两者之间的归入其他产业。

其二是"日本产业结构审议会"采用的生产结构分类法。这种分类法一共包括七大类：①基础材料产业，包括矿业、化学工业（不含化纤和化纤原料）、石油及煤炭加工业、水泥、玻璃、建筑用陶瓷、石料业、钢铁业、有色金属业、金属材料工业等；②加工组装产业，包括一般机械、电气机械、运输工具、精密仪器等工业；③生活消费品和其他制造业；④建筑业；⑤商业；⑥服务业；⑦不动产业、运输、通信等。

其三是日本经济企划厅的新产业分类法。1987年日本经济企划厅的综合计划局在《走向21世纪的基本战略》一书中，采用了新的产业分类法。他们认为：一方面，由于产业结构成熟化进展的结果，第一产业的比例已经变得极其微小；另一方面，一直被概括为第三产业的广义的劳务产业部门却在不断扩大，在经济中所占的比例不断提高。与此同时，在劳务业中也开始出现成熟化的领域。因此，像过去那样，划分为第一、第二、第三产业的分类，已经难以把握产业结构的变化，难以把握随之而来的就业结构的变化和成长产业的态势。他们舍弃过去的第一产业、第二产业、第三产业的产业分类方法，将第一、第二产业合并为物质生产部门，将第三产业分割为网络部门和知识、服务生产部门。

**物质生产部门**是从事商品（货物）生产（包括建筑）的部门，由农、林、水产业和矿业、制造业、建筑业组成。

**网络部门**是为了对物（商品、能源）、人（旅客、人才）、钱（资金）、信息进行流通和中介，并以构成网络为业的部门，由运输、通信、商业（饮食店除外）、金融、保险、不动产、电力、煤气、自来水各产业组成。

**知识、服务生产部门**是以生产知识、服务为业的部门，由与广义的管理有关的经营管理服务（中间投入服务）、医疗健康服务、教育服务、娱乐关联服务（最终消费服务）、家务服务和公务服务组成。

### 4. 工业结构产业分类

通常的做法是，把工业划分为重工业、化学工业和轻工业三大类。这里，划分轻重工业的依据最初是产品单位体积的相对重量。其中，产品单位体积重量大的工业部门属重工业，重量小的属轻工业。后来，在一些社会主义国家，改以产品用途来划分。其中，生产生产资料的部门称为重工业，生产消费资料的部门称为轻工业。

在我国，轻工业按所使用的原料分为两类：①以农产品为原料的轻工业，即直接或间接以农产品为基本原料的轻工业，包括食品制造、饮料制造、烟草加工、纺织、缝纫、皮革和毛皮制作、造纸及印刷等工业；②以非农产品为原料的轻工业，即以工业品为原料的轻工业，包括文教体育用品制造、化学药品制造、合成纤维制造、日用化学品制造、日用玻璃品制造、日用金属品制造、手工工具制造、医疗器械制造、文化和办公用机械制造等。

重工业按生产性质和产品用途分为三类：①采掘（伐）工业，即对自然资源进行开采的工业，包括石油开采、煤炭开采、金属矿开采、非金属矿开采和木材采伐等；②原材料工业，即向国民经济各部门提供基本材料、动力燃料的工业，包括金属冶炼及加工、炼焦及焦炭化学工业、化工原料生产、水泥制造、人造板生产及电力、石油和煤炭加工等；③加工工业，即对工业原材料进行再加工制造的工业，包括装备国民经济各部门的机械设备制造工业、金属结构加工、水泥制品加工及为农业提供生产资料如化肥、农药等。

### 5. 其他灵活的产业分类

（1）按要素密集程度的产业分类，即根据在生产过程中对某种资源的依赖程度大小来划分，对劳动依赖程度大的称作劳动密集型产业，对资本依赖程度大的称作资本密集型产业，对技术依赖程度大的称作技术密集型产业，对知识依赖程度大的称作知识密集型产业。

（2）产业链接的分类：①上游产业或初级产品生产，包括农业、林业、能源业、矿业原料生产、采掘业等；②中游产业或中间产品生产，包括金属冶炼、化工原料生产、建筑材料生产等；③下游产业或最终产品生产，包括用于投资、消费和出口的产业。

（3）增长率产业分类法，即按产业两个相邻的时期（每个时期大约20年）不同的增长速度变化来划分产业类型。如图11-1所示，一般可以把产业划分为四种类型。

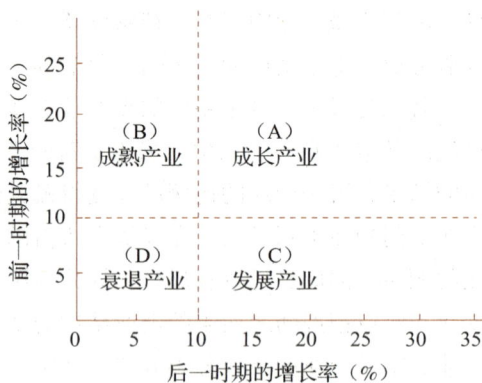

图 11-1    按增长率变化划分产业类型

## 二、产业结构的内涵和影响因素

产业结构专指产业之间的比例关系及其变化。研究产业结构问题大致使用三类指标：①各产业的就业人数及所占的比例变化；②各产业的资本额及所占的比例变化；③各产业所创造的国民收入及在全部国民收入中的比重。在这三类指标中，第①、②类指标反映各种资源在各产业部门中的分配状态，即资本、劳动力在各个产业之间分配的比例关系；第③类指标反映经济活动的结果。第①、②类指标反映的为因，第③类指标反映的为果；用第①、②类指标反映的除以第③类指标反映的，可以得到反映各产业经济效益的指标。

影响产业结构及其变化的因素十分复杂，综合起来大体包括三个方面。

### 1. 供给方面的因素

（1）农业增长的潜力和约束因素。这主要取决于：①自然资源力，农业发展在很大程度上受耕地面积、耕地肥沃程度、水利及气候条件的约束；②投入的要素规模和潜力，技术创新投入、资本投入等都决定了现代农业增长的边界。

（2）工业增长的潜力和约束因素。这主要包括：①资源供给条件，包括品种、数量及价格；

②人力资源供给，即劳动力的供给条件；③技术供给能力；④资本供给能力。工业内部构成复杂，调整潜力比较大，约束因素牵制没有农业那么明显。

（3）第三产业增长的潜力和约束因素。这主要取决于投入的人力资本、知识资本和技术资本，以及第三产业内部的分工合作程度。

### 2. 需求方面的变化

需求结构是反映与人类生理特征有关的需求等级的先后次序的构成，包括三个层次：①以生理为主导的需求；②追求便利和机能的需求；③追求时尚和个性的需求。

需求结构的这三个变化阶段是和产业结构成长阶段相对应的。随着人均收入水平的不断提高，需求重点便会逐步向高层次转移，支出结构也由以购买吃穿为主转向以购买耐用消费品为主。这意味着产业结构也必须跟着需求结构的变动而调整。

上述现象通常用"产业需求弹性"来表示。产业需求弹性是指某一产业部门产品的需求随人均国民生产总值（GNP）在某一水平发生变化所产生的反应。

$$某产业需求弹性 = \frac{该产业的需求增长率}{人均 GNP 增长率}$$

该弹性系数的大小，从需求方面反映了各产业部门将在产业结构中占多大的比重。生产高需求弹性产品的产业，将在产业结构中占更大的份额；生产低需求弹性产品的产业，将在产业结构中占较小的份额。在进行产业结构调整时，可以依据需求弹性系数，采取鼓励或限制产业部门发展的具体措施。一般来说，需求弹性大的产业应大力发展，需求弹性小的产业应适当收缩。

当然，需求结构引导产业结构，有时也会因需求的扭曲而传递错误的信息，如通货膨胀引起的需求膨胀易引发企业盲目扩大生产以追逐"货币"需求等。为此，在推进产业结构调整时，要注意避开短期需求信号的干扰，甄别中长期的需求变化趋势。

---

**延伸阅读 11-1**

基于最终需求视角分析中国经济增长的动力来源，可以为中国经济发展模式转变提供新的思路。刘瑞翔、安同良（2011）利用国家统计局的投入产出数据，使用非竞争型投入产出模型，对1987—2007 年中国经济增长的动因进行了系统分析。结果表明：①包括消费、投资及出口在内的最终需求对于我国经济的拉动效果呈现减弱趋势，当前经济的生产诱发效果重心主要在工业部门，并且迅速从轻工业向重工业转移；②1987—2007 年中国经济的依存结构发生了本质变化，经历了从"内需依存型"向"出口导向型"的转变；③中国经济增长主要来源于最终需求的拉动，但动力来源结构在此期间发生了根本性的变化。

资料来源：刘瑞翔，安同良. 中国经济增长的动力来源与转换展望：基于最终需求角度的分析 [J]. 经济研究，2011，46（7）：30-41+64.

### 3. 经济全球化的变化

在经济全球化时代，本国深度参与产品内分工，根据自己的比较优势，做深做强做专做细产品生产中的某一个环节、阶段，专注于某一种设备、原材料生产，这种广泛而深入的全球分工，会对本国产业结构产生深刻的再配置效应。例如，中国在 2001 年加入 WTO 后，企业深度嵌入全球产业链分工，积聚劳动密集型产业的比较优势为全球跨国企业进行国际代工，不仅使中国的产业结构更具有开放性和竞争性，而且取得了全球化的巨大红利。2018 年之后，经济全球化因地缘政治等因素出现了深刻的变化，主要表现为在新的全球化中，基于效率与安全的综合考虑，各国纷纷把安全因素放在了第一位，由此经济全球化出现了剧烈的重组，这将对世界经济和中国的产业结构产生巨大而长远、深刻的影响。

## 第二节　产业结构分析的基本方法

### 一、产业结构变动分析

#### 1. 产业结构变动值

产业结构变动值的计算公式为

$$K = \sum \left| q_{i_1} - q_{i_0} \right| \tag{11-1}$$

式中，$K$ 为产业结构变动值，$q_{i_1}$ 为报告期构成比，$q_{i_0}$ 为基期构成比（$i$ 为产业序号，1 为报告期，0 为基期）。计算出的 $K$ 值越大，说明产业结构的变动幅度越大。如果需要考虑某一产业的变动程度及变动方向，可以将式（11-1）改为

$$K_i = \left[ (q_{i_1} - q_{i_0}) / q_{i_0} \right] \times 100\% \tag{11-2}$$

式中，$K_i$ 为第 $i$ 部门的结构变动指数，其他符号的意义同上。当 $K_i$ 为负值时，表示 $i$ 产业的份额下降；反之，份额上升。据计算，1978 年和 2012 年中国社会劳动力在三次产业中的分布结构如表 11-4 所示。

表 11-4　中国社会劳动力在三次产业中的分布结构　　　　　　　　（%）

|  | 第一产业 | 第二产业 | 第三产业 |
|---|---|---|---|
| 1978 年 | 28.2 | 47.9 | 23.9 |
| 2012 年 | 10.1 | 45.3 | 44.6 |

按产业结构变动值的计算公式，有 $K = \left| 28.2\% - 10.1\% \right| + \left| 47.9\% - 45.3\% \right| + \left| 23.9\% - 44.6\% \right| = 41.4\%$，因此年平均结构变动值 = 41.4%/34 = 1.218%。

当然，如果以产值（国民收入）或资本额表现产业结构，也可以计算产业结构变动值。只是这种变动程度反映的不是劳动力的构成变化，而是产业产值或产业资本构成的变动罢了。需要注意，在计算产值或资本的 $K$ 值时，由于是以货币表示，故应在剔除物价波动因素之后方可进行计算，这样才具有现实性。

#### 2. Moore 结构变化值

该指标运用空间向量测定法，将产业分为 $n$ 个部门，构成一组 $n$ 维向量，把两个时期的两组向量间的夹角作为象征产业结构变化度的指标，称为 Moore 结构变化值（Moore，1978）。计算公式为

$$M_i^+ = \sum_{i=1}^{n} (W_{i,t} \cdot W_{i,t+1}) / \left[ \left( \sum_{i=1}^{n} W_{i,t}^2 \right)^{1/2} \cdot \left( \sum_{i=1}^{n} W_{i,t+1}^2 \right)^{1/2} \right] \tag{11-3}$$

式中，$M_i^+$ 表示 Moore 结构变化值；$W_{i,t}$ 表示 $t$ 期第 $i$ 产业所占比重，$W_{i,t+1}$ 表示 $t+1$ 期第 $i$ 产业所占比重。整个国民经济可以分为 $n$ 个产业，如果将每一个产业当作空间的一个向量，那么这 $n$ 个

产业就可以表示为空间的 $n$ 维向量。当某一个产业在国民经济中的份额发生变化时，它与其他产业（向量）的夹角就会发生变化。把所有夹角的变化累计起来，就可以得到整个经济系统中各产业的结构变化情况。

从平面几何的角度去理解 Moore 结构变化值更直观。若用向量的长度表示产业份额，那么整个经济系统中的 $n$ 个产业的平面上可以用一个闭合的 $n$ 边形表示。为简单起见，把经济系统分为三个产业，在 $t$ 期，这三个产业各占 1/3 的份额，$t+1$ 期变为第一、二产业各占 29.3%，第三产业占 41.4%。如图 11-2 所示，第三产业与第一、第二产业的夹角由原来的 60° 减小为 45°，而第一产业与第二产业的夹角则由原来的 60° 增大到 90°，整个经济系统中三次产业总的角度变化为 60°。

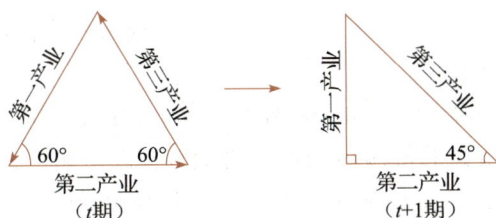

图 11-2 三次产业的 Moore 结构变化

根据三角形角与边的对应关系，可以得到这样的结论：当某一个夹角增大时，对应边所表示的产业份额增加，反之减少。定义向量（产业份额）之间的夹角为 $\theta$，有

$$\cos\theta = M_t^+, \qquad \theta = \arccos M_t^+$$

现根据有关数据，介绍 1978—1990 年、1990—1999 年 $M_{1978-1990}^+$、$M_{1990-1999}^+$ 的计算方法，如表 11-5 和表 11-6 所示，并对比两个时期 $\theta$ 值的变化，以观察产业结构（国内生产总值构成）的动态变化过程。

表 11-5 $M_t^+$ 1978—1990 计算过程

| | $t=1978$ 年 | | $t+1=1990$ 年 | | |
|---|---|---|---|---|---|
| | $W_{it}$ | $W_{it}^2$ | $W_{i,t+1}$ | $W_{i,t+1}^2$ | $W_{it} \cdot W_{i,t+1}$ |
| 第一产业 | 0.281 | 0.079 0 | 0.271 | 0.073 4 | 0.076 2 |
| 第二产业 | 0.482 | 0.232 3 | 0.416 | 0.173 1 | 0.200 5 |
| 第三产业 | 0.237 | 0.056 2 | 0.313 | 0.098 0 | 0.074 2 |
| $\Sigma$ | 1.000 | 0.367 5 | 1.000 | 0.344 5 | 0.350 9 |

资料来源：国家统计局. 中国统计摘要：2000 [M]. 北京：中国统计出版社，2000.

表 11-6 $M_t^+$ 1990—1999 计算过程

| | $t=1990$ 年 | | $t+1=1999$ 年 | | |
|---|---|---|---|---|---|
| | $W_{it}$ [1] | $W_{it}^2$ | $W_{i,t+1}$ | $W_{i,t+1}^2$ | $W_{it} \cdot W_{i,t+1}$ |
| 第一产业 | 0.271 | 0.073 4 | 0.173 | 0.029 9 | 0.046 9 |
| 第二产业 | 0.416 | 0.173 1 | 0.497 | 0.247 0 | 0.206 8 |
| 第三产业 | 0.313 | 0.098 0 | 0.329 | 0.108 0 | 0.103 0 |
| $\Sigma$ | 1.000 | 0.344 5 | 0.999 | 0.385 1 | 0.356 7 |

资料来源：国家统计局. 中国统计摘要：2000 [M]. 北京：中国统计出版社，2000.

① $W_{it}$ 表示某一产业的国内生产总值的比重。

$$M_{1978-1990}^+ = \frac{0.350\,9}{\sqrt{0.367\,5} \times \sqrt{0.344\,5}} = \frac{0.350\,9}{0.606\,2 \times 0.586\,9} = 0.986\,3$$

所以
$$\theta_{1978-1990} = \arccos 0.986\,3 = 9.50°$$

$$M^+_{1990-1999} = \frac{0.356\,7}{\sqrt{0.344\,5} \times \sqrt{0.385\,1}} = \frac{0.356\,7}{0.586\,9 \times 0.620\,6} = 0.979\,3$$

所以
$$\theta_{1990-1999} = \arccos 0.979\,3 = 11.68°$$

对比 $M^+_{1978-1990}$ 与 $M^+_{1990-1999}$，中国三次产业的产业（向量）夹角的变化度在增大，即由原来的夹角变化度 9.50°增加至 11.68°，表明中国的产业结构转换呈现加速趋势。

### 3. 产业结构超前系数

该指标用来测定某一部门结构增长对经济系统中平均的增长趋势的超前程度。计算公式为

$$E_i = a_i + (a_i - 1)/R_t \tag{11-4}$$

式中，$E_i$ 表示第 $i$ 部门的结构超前系数；$a_i$ 表示第 $i$ 部门期末所占份额与期初所占份额之比；$R_t$ 表示同期经济系统中平均的增长率。

$E_i$ 是测定某一具体产业的指标，反映产业结构转换的程度和方向。如果经过一段时间的动态变化后，第 $i$ 部门的某考察指标的份额（如产值份额、资产份额、劳动力份额等）有下降的趋势，那么 $E_i$ 的值就会小于 1，并且 $E_i$ 越小于 1，该部门的份额就下降越多。当 $i$ 部门的某项考察指标的份额出现上升趋势时，$a_i$ 就大于 1，并且 $E_i$ 也越大，该产业就有超前发展的倾向。

## 二、产业结构联系分析

产业结构的变动是在产业部门间的相互联系过程中产生的。分析产业结构联系的指标主要有结构相似系数和霍夫曼比例。

### 1. 结构相似系数

此系数是指同种产业结构的相近程度。计算公式为

$$S_{ij} = \frac{\sum_k X_{ik} X_{jk}}{\sqrt{\sum_k X_{ik}^2 \sum_k X_{jk}^2}} \tag{11-5}$$

式中，$S_{ij}$ 表示两种产业结构（$i$ 与 $j$）的相似系数；$X_{ik}$ 表示 $k$ 部门在 $i$ 种结构中所占比重；$X_{jk}$ 表示 $k$ 部门在 $j$ 种结构中所占比重。

表 11-7 是我们运用该公式，对我国与世界主要发达国家在 20 世纪 80 年代末、90 年代初的产业结构相似度所做的分析。

**表 11-7　产业结构相似度分析**

|  | 美国 | 英国 | 日本 | 法国 | 德国 |
|---|---|---|---|---|---|
| 结构相似系数最大值 | 0.95 | 0.93 | 0.95 | 0.99 | 0.99 |
| 该最大值所处的年代 | 19 世纪末 | 19 世纪 40 年代 | 20 世纪 30 年代 | 19 世纪 | 20 世纪 20 年代 |

资料来源：[1] 库兹涅茨. 现代经济增长速度、结构与扩展 [M]. 戴睿，易诚，译. 北京：北京经济学院出版社，1989：18-20.
[2] 杨治. 产业经济学导论 [M]. 北京：中国人民大学出版社，1985：45.
[3] 国家统计局. 中国统计年鉴 1990 [M]. 北京：中国统计出版社，1990.
[4] 熊映梧，吴国华. 论产业结构优化的适度经济增长 [J]. 经济研究，1990（3）：3-11.

通过这种粗略的计算从总体上可以看出，我国 20 世纪 80 年代末的产业结构水平与发达国家 19 世纪末、20 世纪二三十年代的水平接近。

利用 1997 年中国区域投入产出表将 29 个省份与全国产业结构的相似系数进行排序（见表 11-8），可以看出直辖市与有明显资源优势的地区相似系数较低。上海、北京和天津的相似系数排名均比较靠后，上海、北京两个直辖市的相似系数都在 0.80 以下。山西、青海、新疆、黑龙江、贵州和云南等省份由于具有各自的资源优势，其产业结构与全国产业结构有明显的差异，因此相似系数也都比较小。而中部地区的产业结构与全国产业结构的相似程度较高，如长江中下游的湖北、安徽、江西和湖南等省的相似系数较高。北方沿海地区的河北和山东、黄河中下游地区的河南和陕西及东北地区的辽宁等省的相似系数也较高。

**表 11-8　中国部分地区相似系数排名**

| 排名 | 地区 | 相似系数 | 排名 | 地区 | 相似系数 | 排名 | 地区 | 相似系数 |
|---|---|---|---|---|---|---|---|---|
| 1 | 湖北 | 0.977 | 11 | 江西 | 0.932 | 21 | 浙江 | 0.884 |
| 2 | 河北 | 0.976 | 12 | 湖南 | 0.923 | 22 | 吉林 | 0.868 |
| 3 | 山东 | 0.968 | 13 | 广西 | 0.922 | 23 | 新疆 | 0.867 |
| 4 | 福建 | 0.955 | 13 | 宁夏 | 0.922 | 24 | 天津 | 0.841 |
| 5 | 安徽 | 0.953 | 15 | 甘肃 | 0.911 | 25 | 重庆 | 0.838 |
| 6 | 江苏 | 0.951 | 16 | 内蒙古 | 0.905 | 26 | 青海 | 0.831 |
| 7 | 四川 | 0.948 | 17 | 云南 | 0.898 | 27 | 山西 | 0.819 |
| 8 | 河南 | 0.945 | 17 | 广东 | 0.898 | 28 | 北京 | 0.797 |
| 9 | 辽宁 | 0.936 | 19 | 贵州 | 0.895 | 29 | 上海 | 0.789 |
| 10 | 陕西 | 0.934 | 20 | 黑龙江 | 0.886 | | | |

资料来源：许宪春，李善同. 中国区域投入产出表的编制及分析（1997 年）[M]. 北京：清华大学出版社，2008.

### 2. 霍夫曼比例

德国经济学家霍夫曼在其 1931 年出版的《工业化的阶段和类型》一书中，对近 20 个国家的消费资料和资本资料净产值比值进行时间序列分析，他发现此比值随时间的变动不断下降。这个比值一般被称为"霍夫曼比例"，公式为

$$霍夫曼比例 = \frac{消费资料工业部门净产值}{资本资料工业部门净产值} \tag{11-6}$$

霍夫曼比例中的消费资料和资本资料部门可以近似地当作轻工业和重工业部门，或者可以说霍夫曼比例就是轻重工业比例，当将产业划分为农轻重结构时，可以借鉴霍夫曼比例进行研究。霍夫曼比例的变动如果是从大到小，就表明工业化程度的加强。霍夫曼将工业化过程分为四个阶段（见表 11-9）。

第一阶段基本可以说工业化水平较低，或者尚处在农业为主导产业的时期；第二、第三阶段工业化程度有所加强，或者正处于工业振兴时期，初步迈入了工业化国家行列；第四阶段资本资料生产超过了消费资料生产，基础工业高度发达。有学者计算得出，2000—2003 年中国的霍夫曼系数分别为 0.66、0.65、0.64 和 0.55（李伟，2008）。

**表 11-9　工业化过程四阶段**

| 工业化阶段 | 霍夫曼比例 |
|---|---|
| 第一阶段 | 5（±1） |
| 第二阶段 | 2.5（±1） |
| 第三阶段 | 1（±0.5） |
| 第四阶段 | 1 以下 |

注：该比例后面括号内的数字表示做判断时所允许的误差。

霍夫曼系数在反映工业化程度方面有一定的局限性。一是统计分析的范围较窄，仅局限于工业内部的净产值比例关系；二是消费资料与资本资料的产业划分在实践中有一定的困难，而不得

不用轻重工业划分代替；三是前计划经济国家可以凭借强大的政府力量在一段时间内集中资源投入重工业，在极短的时期内使工业结构转向重工业化，但这并不能准确地反映其产业结构水平已经有了充分的提高。

## 三、产业结构效益分析

### 1. 比较劳动生产率

$$某产业比较劳动生产率 = \frac{该产业国民收入相对比重}{该产业劳动力相对比重} \tag{11-7}$$

通过比较劳动生产率的分析，我们至少可以了解到四个方面的问题：第一，国民收入在各个产业部门的构成；第二，劳动力在各个产业部门间的分布；第三，各产业劳动生产率的增长状况；第四，各产业比较生产率的相对水平。

把每个产业劳动生产率水平与全产业劳动生产率水平进行比较，可以反映该产业在整个国民经济中的地位，同时也能反映一定时期内一国产业结构内部的差距。西蒙·库兹涅茨选择了 40 个发展程度不同的国家，把其按人均 GNP 水平由高到低分成 7 个等级，对 1948—1954 年的三次产业的比较劳动生产率进行了统计分析。结果表明欠发达国家的第一产业与第二、第三产业的比较劳动生产率的差距要比发达国家悬殊得多，越是贫穷国家，这种差距越明显（见表 11-10）。

表 11-10　第一、第二、第三产业的比较劳动生产率的国际比较

| 人均国民收入水平 | 国家数 | 比较劳动生产率 | | |
|---|---|---|---|---|
| | | 第一产业 | 第二产业 | 第三产业 |
| I | 7 | 0.86 | 1.03 | 0.86 |
| II | 6 | 0.60 | 1.19 | 0.52 |
| III | 6 | 0.69 | 1.15 | 0.62 |
| IV | 5 | 0.48 | 2.02 | 0.27 |
| V | 5 | 0.61 | 1.48 | 0.42 |
| VI | 7 | 0.69 | 1.72 | 0.45 |
| VII | 4 | 0.67 | 2.74 | 0.31 |

资料来源：库兹涅茨. 各国的经济增长：总产值和生产结构 [M]. 北京：商务印书馆，1999.

中国 1984 年第一产业的比较劳动生产率为 0.85，第二、第三产业该指标分别为 3.05 和 1.41，把第一产业与第二、第三产业比较劳动生产率的平均数相比，其值为 0.25。这充分说明了中国产业结构之间的水平差距与不合理之处。经过十几年的发展，中国产业结构之间的水平差距有较大改善，2000 年第一产业的比较劳动生产率为 0.318，第二、第三产业该指标分别为 2.26 和 1.21，第一产业与第二、第三产业比较劳动生产率的平均数相比，其值为 0.18。2006 年第一产业比较劳动生产率为 0.275，第二、第三产业该指标分别为 1.94 和 1.22，第一产业与第二、第三产业比较劳动生产率的平均数相比，其值为 0.18。2011 年第一产业比较劳动生产率为 0.29，第二、第三产业该指标分别为 1.59 和 1.21，第一产业与第二、第三产业比较劳动生产率的平均数相比，其值为 0.21。

### 2. 产业结构增长波动分析法

产业结构中的任何"异军突起"和"大起大落"现象，都可能是结构低效益的表现。我们可以用两个指标来衡量产业结构增长的波动情况。

$$\sigma = \sqrt{\frac{\sum (X_i - \overline{X})^2}{n}}$$

$$V_\sigma = \frac{\sigma}{\overline{X}} \times 100\% \tag{11-8}$$

式中，$\sigma$ 为标准差；$X_i$ 为分析期内各年增长速度（标志值）；$n$ 为项数（分析期内年数）；$V_\sigma$ 为标准差系数（离散系数）；$\overline{X}$ 为平均数（平均增长速度）。

根据 1949—1984 年的中国有关工业统计资料计算得出：$\sigma = 16.34\%$，$V_\sigma = 151.31\%$。这说明我国工业部门增长的稳定性很小是企业经济效益大起大落的直接原因之一。

### 3. 技术进步率

产业技术进步率是衡量产业结构效益的重要标志。技术进步率可用综合要素生产率（TFP）来代表。它是综合度量资料转换为产出的效益指标。具体地看，它是产出增长率与投入要素增长率（资本投入增长率与劳动投入增长率的加权平均数）之间的差额。

### 4. 出口商品竞争力指数

该指数是衡量某一产业商品或劳务在国际贸易中所处地位的指标，综合反映了产业在附加价值程度、加工深浅度、技术密集度方面的状况，因而是一种产业结构效益分析的重要指标。出口商品竞争力指数可以通过以下方法建立：用某国某产业出口商品与世界市场中该商品出口总额的比例，与该国出口总额占世界所有商品出口总额的比例相比较，即

$$R_{ij} = \frac{X_{ij} / \sum_{i=1}^{m} X_{ij}}{\sum_{j=1}^{m} X_{ij} / \sum_{i=1}^{m} \sum_{j=1}^{n} X_{ij}} \tag{11-9}$$

式中，$R_{ij}$ 为第 $i$ 国第 $j$ 项商品的外销竞争力指数；$X$ 为出口值；$i$ 为国别，$i = 1, 2, \cdots, m$；$j$ 为商品别，$j = 1, 2, \cdots, n$。

由于世界出口贸易是由各国各类出口商品组成的，所以如果某一国家在某一具体的出口商品贸易额中所占比例较大，即国际市场占有率高，并且大于该国所有出口商品占世界出口贸易总额中所占的平均比例，那么必然有 $R_{ij} > 1$。$R_{ij} > 1$ 表示该项商品出口的外销竞争力强，$R_{ij} < 1$ 则弱。中国 1996 年制成品出口商品竞争力指数为 1.05，而美国、日本的该项指标为 1.00 和 1.25。中国 2006 年制成品出口商品竞争力指数快速上升为 1.27，而同期美国、日本的该项指标分别为 1.09、1.23。中国 2009 年制成品出口商品竞争力指数上升为 1.343，而同期美国、日本的该项指标分别为 0.96、1.27 [⊖]。

## 第三节　产业结构变化的趋势

产业结构转变是现代经济增长的本质特征。一方面，经济总量的高增长率导致了生产结构的高变换率；另一方面，产业部门间技术变化的差异、生产率上升的差异及组织变化和制度创新的差异等因素，导致了经济增长在各部门间的差异和经济总体增长的特征。因此，对于产业结构变

---

⊖　世界银行世界发展报告编写组 . 1998—1999 年世界发展报告：知识与发展 [M]. 蔡秋生，等译 . 北京：中国财政经济出版社，1999：228-229.

化的动态研究就有两种角度：一是从经济增长拉动结构变化的角度，研究不同经济发展水平下产业结构变化的状态和特征；二是从产业结构变迁推动经济增长的角度，研究经济增长的结构变动条件。

## 一、三次产业结构变动规律

17 世纪英国经济学家威廉·配第在其名著《政治算术》中描述过这样的现象：制造业比农业，进而商业比制造业能够得到更多的收入。例如，当时英格兰的农民每周能赚 4 先令<sup>⊖</sup>，而海员的工资加上伙食和其他形式的收入每周是 12 先令。一名海员的收入能顶得上 3 名农民的收入。威廉·配第发现，当时大部分人口从事制造业和商业工作的荷兰，人均国民收入要比欧洲的其他大陆国家高得多。这种不同产业间收入的相对差异，促使劳动力向能够获得更高收入的部门移动。

威廉·配第所处的时代，还不能从理论上精确地论证按人口平均产值的高增长率与产业结构的变换率之间的关系。真正对此做出经验性概括的是英国经济学家 C. G. 克拉克。在《经济进步的条件》一书中，克拉克整理了二十几个国家总产出和各部门劳动投入的时间数据，通过统计分析揭示了经济进步过程中产业部门结构变化的一般规律是：随着人均国民收入水平的提高，劳动力首先由第一产业向第二产业转移；当人均国民收入水平进一步提高时，劳动力便向第三产业转移。

克拉克的分析有三个前提：一是使用三次产业分类法；二是运用各产业中劳动力的份额变化指标；三是运用时间序列分析法分析人均收入增长变化。劳动力在三次产业间的分配为什么及如何受人均收入增长的影响？克拉克认为有两点理由：一是需求因素；二是效率因素。

对于前者，他说："随着人均收入的增加，很明显，对农产品的相对需求一直在下降，而对制造品的相对需求先上升然后下降，而后让位于服务业。"他进一步指出，服务业所提供的产出，其受益对象不仅包括一般消费者，还包括企业，若把企业所提供的服务考虑进来，服务业就会有很高的边际需求，其相对需求上升就是必然的。

对于后者，克拉克认为农业虽然没有像制造业那样呈现出劳动生产率的迅速上升，但除原始社会外，也显示了持续上升的势头。这种上升的生产率与持续下降的相对需求结合在一起，必将导致农业劳动力比例持续下降。关于制造业，它的人均实际产品差不多总是比其他部门以更大比例增长，劳动生产率的增长可能导致对劳动力的需求下降。因此，即便制造业面临一个静止的相对需求甚至需求增长，该部门就业劳动力的比例仍会下降。至于服务业中劳动力份额持续上升，是因为对服务部门的社会需求比其生产效率增长得更快。

克拉克认为他的上述发现只不过是对威廉·配第理论观点的印证，故后人把他们所描述的现象称为"配第-克拉克定理"。这一定理只是对产业结构演变的基本趋向的粗略揭示，在研究方法上存在的主要缺陷是只使用了单一的劳动力指标，不能从更深入的层次上揭示产业结构演变的总趋向。

对产业结构演变的需求因素和效率因素的更进一步研究，本质上要求探讨各产业所实现的国民收入比例关系及其变化状况，弄清楚国民收入在各产业分布状况的变化趋势，并把它与劳动力分布状况的变化趋势结合起来。

美国著名经济学家、"GNP 之父"西蒙·库兹涅茨在继承克拉克研究成果的基础上，进一步搜集和整理了 20 多个国家的庞大数据，甚至把一些国家（如英国）的统计资料追溯到 19 世纪，

---

⊖  先令是英国的旧辅币单位，1 英镑=20 先令。

从劳动力和国民收入在产业间的分布入手，对伴随着经济增长中的产业结构变化做了深入的研究，如表 11-11 和表 11-12 所示。

表 11-11　劳动力在产业间的分布情况　　（%）

| 国家 | 产业 | 19 世纪 | | | 20 世纪 | | | | | | | |
|---|---|---|---|---|---|---|---|---|---|---|---|---|
| | | 70 年代 | 80 年代 | 90 年代 | 初年 | 10 年代 | 20 年代 | 30 年代 | 40 年代 | 50 年代 | 60 年代 | 70 年代 |
| 日本 | | 1872 年 | 1878 年 | 1897 年 | | 1912 年 | 1920 年 | 1930 年 | 1936 年 | 1958 年 | 1963 年 | 1971 年 |
| | 第一产业 | 85 | 78 | 72 | | 62 | 55 | 52 | 45 | 37 | 29 | 16 |
| | 第二产业 | 5 | 9 | 13 | | 18 | 22 | 19 | 24 | 26 | 31 | 35 |
| | 第三产业 | 10 | 13 | 15 | | 20 | 23 | 29 | 31 | 37 | 40 | 49 |
| 美国 | | 1870 年 | 1880 年 | 1890 年 | 1900 年 | 1910 年 | 1920 年 | 1930 年 | 1940 年 | 1950 年 | 1960 年 | 1970 年 |
| | 第一产业 | 50 | 50 | 42 | 37 | 31 | 27 | 22 | 17 | 12 | 7 | 4 |
| | 第二产业 | 25 | 25 | 28 | 30 | 31 | 34 | 31 | 31 | 35 | 34 | 31 |
| | 第三产业 | 25 | 25 | 30 | 33 | 38 | 39 | 47 | 52 | 53 | 59 | 65 |
| 英国 | | 1881 年 | 1891 年 | 1901 年 | 1911 年 | 1921 年 | 1931 年 | 1938 年 | 1951 年 | 1966 年 | 1971 年 | |
| | 第一产业 | | 13 | 11 | 9 | 8 | 7 | 6 | 6 | 5 | 3 | 2 |
| | 第二产业 | | 50 | 49 | 47 | 47 | 50 | 47 | 46 | 47 | 45 | 40 |
| | 第三产业 | | 37 | 40 | 44 | 45 | 43 | 47 | 18 | 48 | 52 | 58 |
| 德国 | | 1882 年 | 1895 年 | 1907 年 | | 1925 年 | 1933 年 | 1939 年 | 1950 年 | 1963 年 | 1971 年 | |
| | 第一产业 | | 42 | 36 | 34 | | 30 | 29 | 27 | 23 | 12 | 8 |
| | 第二产业 | | 36 | 39 | 40 | | 42 | 41 | 41 | 44 | 48 | 48 |
| | 第三产业 | | 22 | 25 | 26 | | 28 | 30 | 32 | 33 | 40 | 44 |
| 法国 | | 1866 年 | | 1901 年 | | 1921 年 | 1931 年 | 1946 年 | | 1962 年 | 1971 年 | |
| | 第一产业 | 43 | | 33 | | 29 | 24 | 21 | | 20 | 13 | |
| | 第二产业 | 38 | | 42 | | 36 | 41 | 35 | | 37 | 39 | |
| | 第三产业 | 19 | | 25 | | 35 | 35 | 44 | | 43 | 48 | |

资料来源：引自安藤良雄的《近代日本经济史要览》（1985 年版）。

表 11-12　国内生产总值在产业间的分布情况　　（%）

| 国家 | 年份 | 农林水产业（1） | 矿业（2） | 制造业（3） | 建筑业（4） | 电力、煤气、供水（5） | 运输、邮电（6） | 商业、服务业（7） | 备注 |
|---|---|---|---|---|---|---|---|---|---|
| 日本 | 1895 | 42.7 | 1.3 | 13.2 | 3.6 | 0.1 | 2.8 | 36.3 | NDP 当年价格 |
| | 1925 | 28.1 | 1.9 | 19.5 | 5.7 | 2.9 | 7.7 | 34.2 | NDP 当年价格 |
| | 1963—1967 | 9.7 | 1.0 | 31.3 | 6.7 | 1.8 | 7.1 | 42.4 | NDP 当年价格 |
| | 1971 | 6 | 3 | 34 | 7 | [← （2）] | 7 | 42 | GDP 当年价格 |
| 美国 | 1889—1899 | 17.9 | 2.2 | 25.4 | 7.0 | 9.5 | | 38.0 | NI 当年价格 |
| | 1919—1929 | 11.2 | 2.4 | 23.8 | 4.1 | 11.0 | | 47.5 | GNP1929 年价格 |
| | 1963—1967 | 3.3 | 2.0 | 28.3 | 4.5 | 2.4 | 6.3 | 53.2 | GDP 当年价格 |
| | 1971 | 3 | 4 | 25 | 5 | [← （2）] | 6 | 54 | GDP 当年价格 |
| 英国 | 1907 | 6.4 | 6.3 | 27.1 | 3.9 | 6 | 10.0 | 44.7 | GDP 当年价格 |
| | 1924 | 4.4 | | | | | | 40.6 | GDP 当年价格 |
| | 1963—1967 | 3.4 | 2.3 | 33.8 | 7.0 | 3.2 | 8.3 | 42.0 | GDP 当年价格 |
| | 1971 | 3 | 4 | 27 | 5 | [← （2）] | 7 | 39 | GDP 当年价格 |

（续）

| 国家 | 年份 | 农林水产业 (1) | 矿业 (2) | 制造业 (3) | 建筑业 (4) | 电力、煤气、供水 (5) | 运输、邮电 (6) | 商业、服务业 (7) | 备注 |
|---|---|---|---|---|---|---|---|---|---|
| 德国 | 1850—1859 | 44.8 | 1.0 | 18.5 | 2.5 | 0 | 0.8 | 32.4 | NDP1913 年价格 |
| | 1935—1938 | 16.2 | 3.1 | 39.9 | 5.0 | 2.3 | 6.0 | 27.5 | NDP1913 年价格 |
| | 1963 | 5 | 5 | 41 | 8 | [← (2)] | 6 | 35 | GDP 当年价格 |
| | 1971 | 3 | 3 | 42 | 8 | [← (2)] | 6 | 39 | GDP 当年价格 |
| 法国 | 1896 | 25.0 | | 35.2 | | | | 28.8 | GDP1954 年价格 |
| | 1963 | 8.4 | | 34.8 | | | | 40.6 | GDP1954 年价格 |
| | 1971 | 6 | | 36 | 10 | [← (2)] | [← (8)] | 46 | GDP 当年价格 |
| 意大利 | 1861—1870 | 54.3 | 0.5 | 15.9 | 2.1 | 0.1 | 1.7 | 25.4 | GDP 当年价格 |
| | 1891—1900 | 47.4 | 0.8 | 14.6 | 2.2 | 0.5 | 3.9 | 30.6 | GDP 当年价格 |
| | 1963—1967 | 13.1 | 0.8 | 28.3 | 8.2 | 2.7 | 7.1 | 39.8 | GDP 当年价格 |
| | 1971 | 8 | 3 | 31 | 7 | [← (2)] | 6 | 43 | GDP 当年价格 |

资料来源：引自安藤良雄的《近代日本经济史要览》（1985 年版）。

注：NDP 是国内生产净值；GDP 是国内生产总值；GNP 是国民生产总值；NI 是国民收入。

根据时间序列的历史资料，库兹涅茨对各国劳动力和国民收入在产业间分布结构的演进趋势所做的统计分析结论⊖如下。

①农业部门（A）实现的国民收入随着年代的延续，在整个国民收入中的比重（国民收入相对比重）和农业劳动力在全部劳动力中的比重（农业劳动力相对比重）均处于不断下降之中。

②工业部门（I）国民收入的相对比重大体上是上升的；然而，如果综合各国的情况看，工业部门中劳动力的相对比重则大体不变或略有上升。

③服务部门（S）的劳动力相对比重差不多在所有国家中都呈现出上升的趋势，但国民收入的相对比重却并不必然地与劳动力的相对比重的上升趋势同步，综合起来看是大体不变或略有上升的。

以上 3 条结论是按时间序列分析得到的。为了深化分析，库兹涅茨还从横截面的角度，在同一时间点将人均国民收入水平由低到高排列起来进行分析。

库兹涅茨从表 11-13 和表 11-14 的内容中得到如下结论。

①在人均 GDP 处于 70~300 美元的组距内，A 部门的产值份额下降显著，同时 I 部门和 S 部门的产值份额相应出现大幅上升。随着人均 GDP 的提高，A 部门的劳动力份额下降得更快；I 部门和 S 部门的劳动力份额上升趋势更加强烈。

**表 11-13　生产部门在 GDP 中的份额（1958 年按人口平均的 GDP 的基准点价值）　（%）**

| 生产部门 | 1958 年 GDP 基准水平（美元） | | | | |
|---|---|---|---|---|---|
| | 70 | 150 | 300 | 500 | 1 000 |
| 主要部门 | | | | | |
| （1）A | 48.4 | 36.8 | 26.4 | 18.7 | 11.7 |
| （2）I | 20.6 | 26.3 | 33.0 | 40.9 | 48.4 |
| （3）S | 31.0 | 36.9 | 40.6 | 40.4 | 39.9 |

---

⊖　库兹涅茨把全部经济活动划分为 A 部门（农业）、I 部门（工业）、S 部门（服务业），把电力、煤气、供水、运输、邮电等产业都划入 I 部门。在一般的统计标准中，这些产业应划入第三产业。

（续）

| 生产部门 | 1958 年 GDP 基准水平（美元） | | | | |
|---|---|---|---|---|---|
| | 70 | 150 | 300 | 500 | 1 000 |
| I 部门的细分 | | | | | |
| （4）制造业 | 9.3 | 13.6 | 18.2 | 23.4 | 29.6 |
| （5）建筑业 | 4.1 | 4.2 | 5.0 | 6.1 | 6.6 |
| （6）运输、通信、电力、煤气和供水 | 6.1 | 6.9 | 7.8 | 9.4 | 10.4 |
| S 部门的细分 | | | | | |
| （7）商业 | 12.7 | 13.8 | 14.6 | 13.6 | 13.4 |
| （8）服务业 | 18.2 | 23.1 | 26.0 | 26.9 | 26.5 |

资料来源：库兹涅茨 . 各国的经济增长 [M]. 常勋，等译 . 北京：商务印书馆，1985.（引用时对细分部分做了一些调整）

**表 11-14　根据 1958 年人均 GDP 基准水平计算的 1960 年劳动力的份额**　　（%）

| 生产部门 | 1958 年 GDP 基准水平（美元） | | | | |
|---|---|---|---|---|---|
| | 70 | 150 | 300 | 500 | 1 000 |
| 主要部门 | | | | | |
| （1）A | 80.4 | 63.3 | 46.1 | 31.4 | 17.0 |
| （2）I | 9.6 | 17.0 | 26.8 | 36.0 | 45.6 |
| （3）S | 9.9 | 19.7 | 27.1 | 32.6 | 37.4 |
| I 部门的细分 | | | | | |
| （4）矿业和采掘业 | 1.2 | 1.0 | 1.0 | 1.1 | 1.1 |
| （5）制造业 | 5.5 | 9.3 | 15.5 | 21.4 | 27.9 |
| （6）建筑业 | 1.3 | 3.2 | 5.4 | 7.1 | 8.4 |
| （7）运输、通信、电力、煤气和供水 | 1.6 | 3.5 | 4.9 | 6.4 | 8.2 |
| S 部门的细分 | | | | | |
| （8）商业 | 4.5 | 7.6 | 10.3 | 12.5 | 15.5 |
| （9）服务业 | 5.4 | 12.1 | 16.8 | 20.1 | 21.9 |

资料来源：库兹涅茨 . 各国的经济增长 [M]. 常勋，等译 . 北京：商务印书馆，1985.（引用时做了调整）

②在人均 GDP 处于 300~1 000 美元的时点截面上，A 部门的产值份额和劳动力份额继续下降，而 I 部门及 S 部门则呈继续上升趋向，其中，I 部门产值份额上升了 15 个以上的百分点，而 S 部门的产值份额则维持基本不变的格局。与此同时，I 部门和 S 部门的劳动力份额都有较大比例的上升，I 部门上升得比 S 部门快。

③对国民经济的非农业部门来说，在人均 GDP 水平较低的组距内，虽然其产值和劳动力份额上升迅速，但其内部结构转变比较缓和；在人均 GDP 水平较高的组距内，非农部门（S+I）内部结构变化则较为显著。

将时间序列分析和横截面分析结合起来，可以归纳出表 11-15。

**表 11-15　产业发展形态的概括（三部分构成）**

| 产业 | （1）劳动力的相对比重 | | （2）国民收入相对比重 | | （3）=（2）/（1）比较劳动生产率 | |
|---|---|---|---|---|---|---|
| | 时间序列分析 | 横截面分析 | 时间序列分析 | 横截面分析 | 时间序列分析 | 横截面分析 |
| 第一次产业 | 下降 | 下降 | 下降 | 下降 | 下降（1以下） | 几乎不变（1以下） |
| 第二次产业 | 不确定 | 上升 | 上升 | 上升 | 上升（1以上） | 下降（1以上） |
| 第三次产业 | 上升 | 上升 | 不确定 | 微升（稳定） | 下降（1以上） | 下降（1以上） |

资料来源：宫泽健一，《产业经济学》第 57 页。本表转引自：杨治、产业经济学导论 [M]. 北京：中国人民大学出版社，1985：46.

从表 11-15 中可以得到以下结论。

（1）A 部门的相对国民收入，即比较劳动生产率在大多数国家都低于 1，而 I 部门和 S 部门的相对国民收入则大于 1。A 部门劳动力相对比重和国民收入相对比重都有较大幅度的下降，但前者下降的程度低于后者。这一现象是世界上所有国家在现代化的某一过程中的普遍情况。

（2）I 部门国民收入相对比重普遍上升，但劳动力相对比重微增或变化不大。因此，I 部门比较劳动生产率是呈上升趋势的。进入 20 世纪之后，发达国家劳动力份额在 I 部门一直保持变化不大的状况。这说明：第一，工业化到了一定程度之后，I 部门不可能大量吸纳劳动力，不可能成为国民经济中劳动力的主要"蓄水池"；第二，I 部门比较劳动生产率上升的情况说明，在经济发展中，人均国民收入的增长主要依赖于 I 部门的贡献。

（3）S 部门比较劳动生产率是下降的，但劳动力相对比重却是上升的。这说明第三产业具有很强的吸纳劳动力就业的特征，但劳动生产率不易提高得很快。20 世纪 70 年代之后，第三产业已经成为三大产业中规模最大者，无论劳动力还是国民收入，其相对比重都要占到 50% 以上，被称为"经济服务化"现象。

美国哈佛大学教授、世界银行前副行长 H. B. 钱纳里及其合作者塞尔昆在 1975 年合著的《发展的型式：1950—1970》一书中，运用 130 个变量的 2 万个观察值，分析比较了 1950—1970 年 101 个国家和地区关于产业结构变动的一般趋势。他们使用了 3 个基本的回归方程对发展模式进行拟合，由此得出了一个"标准结构"（见表 11-16）。该"标准结构"对人均 GNP 为 100~1 000 美元发展区间的经济变化进行研究，发现总结构变化的 75%~80% 发生于一个区间之内。

表 11-16  不同收入水平上产业结构的差异

| 生产结构和劳动力配置 | 不同收入水平（美元）上的预测值 | | | | | | | | | | |
|---|---|---|---|---|---|---|---|---|---|---|---|
| | (1)<br>100<br>以下 | (2)<br>100 | (3)<br>200 | (4)<br>300 | (5)<br>400 | (6)<br>500 | (7)<br>800 | (8)<br>1 000 | (9)<br>1 000<br>以上 | (10) =<br>(9)~(1)<br>总变化 | (11)<br>中点值 |
| 生产结构 | | | | | | | | | | | |
| 1. 初级产业份额 | 0.522 | 0.452 | 0.327 | 0.266 | 0.228 | 0.202 | 0.156 | 0.138 | 0.127 | -0.395 | 200 |
| 2. 工业份额 | 0.125 | 0.149 | 0.215 | 0.215 | 0.276 | 0.294 | 0.331 | 0.347 | 0.379 | 0.254 | 300 |
| 3. 公用事业份额 | 0.053 | 0.061 | 0.072 | 0.079 | 0.085 | 0.089 | 0.098 | 0.102 | 0.109 | 0.056 | 300 |
| 4. 服务业份额 | 0.300 | 0.338 | 0.385 | 0.403 | 0.411 | 0.415 | 0.416 | 0.413 | 0.386 | 0.086 | — |
| 劳动力配置 | | | | | | | | | | | |
| 1. 初级产业份额 | 0.712 | 0.658 | 0.557 | 0.489 | 0.438 | 0.395 | 0.300 | 0.252 | 0.159 | -0.553 | 400 |
| 2. 工业份额 | 0.078 | 0.091 | 0.164 | 0.206 | 0.235 | 0.258 | 0.303 | 0.325 | 0.368 | 0.290 | 325 |
| 3. 服务业份额 | 0.210 | 0.251 | 0.279 | 0.304 | 0.327 | 0.347 | 0.396 | 0.423 | 0.473 | 0.263 | 450 |

资料来源：钱纳里，塞尔昆. 发展的型式：1950—1970 [M]. 李新华，徐公理，迟建平，译. 北京：经济科学出版社，1988：27-32.（本表经过本书作者改编）

注：该表是用方程 $x = \alpha + \beta_1 \ln Y + \beta_2 (\ln Y)^2 + \gamma_1 \ln N + \gamma_2 (\ln N)^2 + \sum \delta_i T_j$ 对资料进行回归分析后得到的预测值。人均国民生产总值以 1964 年美元价格统计。其中，$x$ 为因变量，即各种份额比率；$Y$ 为以 1964 年美元价值计算的人均 GNP；$N$ 为人口（百万），本表估计时取 $N = 10$，即中等规模国家；$T_j$ 为时期（$j = 1, 2, 3, 4$），即 1950—1970 年 4 个 5 年期的时间段。$\alpha$、$\beta$、$\gamma$、$\delta$ 是待估计参数。

从表 11-16 中可以观察到，在生产结构中，初级产业的附加价值从占 GNP 的 52.2% 下降到 12.7%，工业的附加价值份额从 12.5% 上升到 37.9%，公用事业和服务业也有十分显著的增长。其中最为突出的现象是，当越过人均 300 美元的临界点之后，工业的附加价值份额才会超过初级产业。

在劳动力配置中，就业结构的变化因受制因素比较复杂，显得与产值结构变化有些不一致。随着人均收入水平的提高，初级产业劳动力比重从71.2%水平上持续下降，工业劳动力比重从7.8%水平上开始持续上升，但只有当人均收入水平达到800美元之后，工业中就业份额才开始超过初级产业中的就业份额，其就业结构变动如图11-3所示。

## 二、工业结构变动的一般规律

工业在产业结构高度化的过程中扮演着主导角色。近现代的经济发展过程同工业的发展紧密联系在一起，经济发展过程亦可以称为"工业化"过程，因为工业结构的高度化是整个产业结构高度化的核心特征。

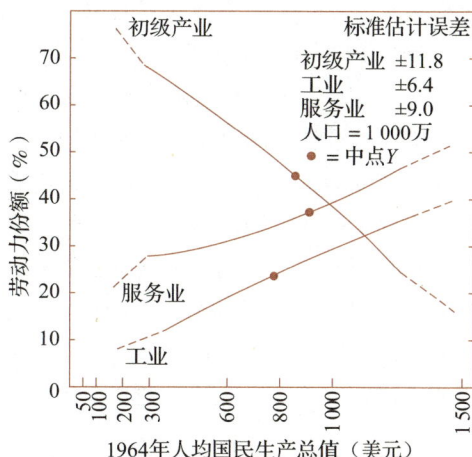

图 11-3 钱纳里的就业结构变动的标准形式
资料来源：钱纳里，塞尔昆. 发展的型式：1950—1970 [M]. 李新华，徐公理，迟建平，译. 北京：经济科学出版社，1988：64.

### 1. 工业化及其阶段判定

张培刚在《农业与工业化》一书中认为：工业化可以被定义为一系列基要的"生产函数"连续发生变化的过程。这种变化可能最先发生于某一个生产单位的生产函数，然后再以一种支配的形态形成一种社会的生产函数而遍及整个社会。从已经工业化的各国的经验来看，这种基要生产函数的变化最好是用交通运输工业、动力工业、机械工业、钢铁工业诸部门说明（张培刚，1988）。其后，库兹涅茨及钱纳里等进一步揭示了经济发展中制造业逐渐成为主导部门的过程。

工业化的程度一般由国内生产总值中制造业份额的增加量来度量。在人均收入280~2 100美元这一增长阶段，制造业份额由15%增加到36%，初级产品生产份额由38%下降至9%，而服务业的份额以不变的价格为基准计算几乎不变。这一人均收入增长过程需要50年，国民生产总值以每年6.2%的速度增长，"工业化率"，即制造业在国内生产总值中的份额为每10年平均增加3.2个百分点（钱纳里等，1995）。表11-17是钱纳里根据多国经济发展的典型化事实的概括，他将工业化阶段分为初期、中期与成熟期三个阶段，并以人均收入为判断依据。

表 11-17 钱纳里工业化阶段的划分

| 阶段 | 1970 年人均收入（美元） | 时间间隔（年） |
|---|---|---|
| 初级产品生产阶段 | 100~140<br>140~280 | 27<br>35 |
| 工业化初期阶段 | 280~560 | 22 |
| 工业化中期阶段 | 560~1 120 | 17 |
| 工业化成熟期阶段 | 1 120~2 100 | 14 |
| 发达经济阶段 | 2 100~3 360<br>3 360~5 040 | 10<br>9 |

资料来源：钱纳里，鲁宾逊，赛尔奎因. 工业化和经济增长的比较研究 [M]. 吴奇，王松宝，等译. 上海：上海人民出版社，1995.

### 2. 工业结构水平的高度化

工业结构水平的高度化表现在以下三个方面。

（1）以轻工业为中心的发展向以重工业为中心的发展推进。这就是所谓的重工业化。霍夫曼比例事实上就揭示了工业化过程从轻工业起步，继而重工业占主导地位的工业结构高度化的进程。例如1970年，美国的重工业化率（即在工业所实现的国民收入中，重工业所占的比例）为57.4%，英国为61%，法国为65.2%，联邦德国为62.4%，意大利为51.7%，日本为64.3%。

需要着重指出的是，在工业化初期，由于轻重工业的产业分类可以较为准确地代表按用途分类的消费资料工业和生产资料工业，由轻重工业的净产值之比而得到的霍夫曼比例就可以较为准确地反映工业化初期的结构变动趋势。在现代经济中，轻工业与重工业已都不是消费资料工业和生产资料工业的代名词，不仅重工业内部生产越来越多的消费资料，如机械工业中就大量生产自21世纪初以来市场迅速膨胀的耐用消费品（汽车、家用电器等），而且轻工业在提供消费品的同时还生产了许多生产资料。因此，在这种情况下，应改用生产资料工业总产值和消费资料工业总产值的概念来分析产业结构的高度化趋向，并以此对前一节所述的霍夫曼比例进行修正。

$$修正的霍夫曼比例（重工业化程度系数 K_1）= \frac{消费资料工业总产值}{生产资料工业总产值}$$

日本经济学家盐野谷祐一根据上述公式重新计算了霍夫曼比例。发现自20世纪初以来，一些发达国家的情况是：美国1904—1954年修正的霍夫曼比例波动在2.0~3.1，日本1931—1940年的波动在4.6~5.6，瑞典1906—1948年的波动在1.8~2.6，丹麦1930—1958年的波动在2.3~2.9。

制造业中修正的霍夫曼比例的大体稳定现象，与前述的工业结构中的重工业化率大幅度提高的现象是不是存在矛盾？或者说，在消费资料生产对生产资料生产的比例关系保持基本不变的情况下，重工业化率为什么可以上升？这个问题只有用重工业内部消费资料的生产日益占有较大的比例，致使其弥补了轻工业中消费资料生产比重下降的部分事实来说明。

重工业主要包括冶金和机械工业。在一些工业化国家，重工业化率提高的过程，主要是靠机械工业支撑的。例如美国在1939—1972年，冶金工业占制造工业的比重非但没有上升，相反还下降了0.4个百分点，而机械工业的份额却在同时期上升了12.8个百分点，1972年达到了33.6%。日本冶金工业在制造业中的比重以出厂价销售总额计算，1955年为17%，1971年为17.8%，仅上升了0.8个百分点；机械工业则由1955年的14.8%急速上升到1971年的32.5%。机械工业份额的这种急速上升，与该工业的产品结构中汽车、家用电器的急骤膨胀有关。又如，美国的汽车工业是其经济的重要支柱，直接和间接地吸收了美国约20%的劳动力；日本汽车工业的产值20世纪80年代初也已占到机械工业总产值的30%以上，至于家用电器工业，其发展势头更是世人皆知。

在重工业化率提高的同时，伴随着的是轻工业在制造业中比重缩小，如纺织工业、食品工业等。目前，各发达工业国家制造业结构中，重工业化率一般都在60%~65%的水平，而且已呈现出相对稳定的趋向。这说明支撑机械工业从而支撑重工业化率提高的耐用消费品工业，在耐用消费品基本普及之后，也有可能使以重工业为导向的结构高级化过程趋于停滞。

（2）在重工业化的过程中，工业结构又表现为以原材料工业为中心的发展，向以加工、组装工业为中心的发展推进，这就是所谓的"高加工度化"。这种变化意味着，在原材料工业发展到一定水平后，加工组装工业的发展要大大快于原材料工业的发展。也就是说，工业化的进程大体可分为两个阶段：一是以原材料工业为重心的发展阶段；二是以加工组装工业为重心的阶段。这一趋势表明：工业增长对原材料的依赖性到了一定程度之后会出现相对下降的趋势。同时也表明，大国经济特征的国家在经济发达之后，产业链会自动拉长，生产结构呈现层次化，中间产品产业在总产出中的比重会上升，结果是产业的附加价值率提高。据专家统计，1吨钢作为钢材卖给用它制造汽车或生产电子计算机的企业，其附加价值后者是前者的十倍或几百倍。因此，高加工度化也是反映产业结构高度化的一个重要方面。为此定义高加工度化程度系数为

$$高加工度化程度系数\ K_2 = \frac{加工工业的总产值}{基础工业的总产值}$$

据日本通产省编《工业统计表——产量篇》所提供的资料计算，日本在经济高速成长时期（1955—1975年），高加工度化程度系数变化的情况是：服装工业对纺织工业的高加工度程度系数发展速度是435.3%，家具、木器部门对木材部门是229.99%，机械工业对钢铁工业是200%~300%，这是一个十分明显的高加工度化趋势。

在我国，分析基础工业与加工工业之间的关系，需要首先确定基础工业的范围及划分标准。目前，比较普遍的方法如表11-18所示。所谓"基础"是相对而言的。金属采矿业相对于冶炼业来说是基础工业，而后者对机械电子工业来说又成为另一层次的基础工业；采盐业对基本化学原料制造业来说是基础工业，但后者对日用化学产品制造业来说又是基础工业。表11-18中简单地列出了不同时期我国基础工业划分标准的对照关系。加工工业相对于基础工业来说，在工业总产值和职工人数方面，其增长倍数是不同的，但普遍表现为各加工工业部门的超前快速增长趋势。这一趋势总体是正常的逻辑过程。中国工业结构的高度化进程如表11-19所示。

**表11-18　中国基础工业的具体划分标准**

| 1981—1985年 | 1986年—现在 |
| --- | --- |
| 1. 冶金工业 | 1. 黑色金属矿采选业 |
| 2. 化学工业 | 2. 有色金属矿采选业 |
| 3. 森林工业 | 3. 建材及其他非金属矿采选业 |
| 4. 建材工业 | 4. 化学工业（包括基本化工原料、有机化学产品、合成材料、林产化工） |
| 5. 煤炭工业 | 5. 化纤工业 |
| 6. 石油工业 | 6. 建材及其他非金属矿物制品业 |
| 7. 电力加工 | 7. 有色金属冶炼及压延加工业 |
| 8. 运输邮电业 | 8. 黑色金属冶炼及压延加工业 |
| | 9. 煤炭采选业 |
| | 10. 石油及天然气开采业 |
| | 11. 电力、蒸汽及热水供应业 |
| | 12. 石油加工业 |
| | 13. 炼焦、煤气及煤制品业 |

**表11-19　中国工业结构的高度化进程（1980—1999年）**

| 行业 | 工业总产值（亿元） | | | 职工人数（万人） | | |
| --- | --- | --- | --- | --- | --- | --- |
| | (1)1980年 | (2)1999年 | (3)=(2)/(1) | (1)1980年 | (2)1999年 | (3)=(2)/(1) |
| 黑色金属矿采选业 | 8.99 | 147.3 | 16.38 | 22.91 | 16 | 0.70 |
| 有色金属矿采选业 | 21.45 | 361.52 | 16.85 | 48.81 | 37 | 0.76 |
| 黑色金属冶炼及压延加工工业 | 315.31 | 4 097.36 | 12.99 | 219.55 | 242 | 1.10 |
| 有色金属冶炼及压延加工工业 | 124.09 | 1 793.14 | 14.45 | 62.06 | 83 | 1.34 |
| 机械工业 | 467.35 | 2 693.90 | 5.76 | 784.38 | 249 | 0.32 |

（续）

| 行业 | 工业总产值（亿元） | | | 职工人数（万人） | | |
|---|---|---|---|---|---|---|
| | （1）1980 年 | （2）1999 年 | （3）=（2）/（1） | （1）1980 年 | （2）1999 年 | （3）=（2）/（1） |
| 交通运输设备制造业 | 172.31 | 4 659.31 | 27.04 | 241.21 | 269 | 1.12 |
| 电气机械及器材制造业 | 152.32 | 4 021.55 | 26.40 | 170.75 | 158 | 0.93 |
| 电子通信设备制造业 | 76.05 | 5 830.96 | 76.46 | 109.79 | 133 | 1.21 |
| 医药工业 | 69.78 | 1 497.22 | 21.46 | 44.60 | 83 | 1.86 |
| 塑料制品工业 | 66.34 | 1 623.41 | 24.47 | 80.00 | 67 | 0.84 |
| 木材及竹材采运业 | 38.62 | 136.26 | 3.53 | 100.62 | 85 | 0.84 |
| 家具制造业 | 22.85 | 318.38 | 19.93 | 58.58 | 18 | 0.31 |
| 造纸及纸品工业 | 87.92 | 1 327.73 | 15.10 | 95.57 | 75 | 0.78 |

资料来源：刘志彪. 产业经济学 [M]. 南京：南京大学出版社，1996：98-99.

国家统计局. 中国统计年鉴2000 [M]. 北京：中国统计出版社，2000：290，408，414.

注：工业总产值1980—1999年的比数已按价格平减指数换算为可比价格，可比价格基准年为1978年。

（3）随着上述工业结构水平两方面的高度化进程，工业结构的资源密集度即工业的资源结构（劳动力、资本、技术三方面的组合关系）的重心也会发生优化变动。在工业化初期，工业资源结构向劳动力倾斜，因为这个时期在工业结构中占主导地位的轻工业特别是纺织工业需要占用和消耗大量的劳动力。因此用现代经济标准来看，工业结构中以劳动密集型产业为主时，在国际竞争中必定处于竞争劣势。

在工业结构趋向重工业化时，由于钢铁、石油、有色金属冶炼、煤炭及原材料工业的发展，所以需要投入大量的资金。因此，这一时期工业资源结构中资本因素占据突出的地位，进而工业资源结构是以资本密集为主的。随着工业结构的高加工度化，技术（知识）又将成为工业资源结构中最重要的因素，工业结构将进一步表现出"技术（知识）密集化"趋势。这种趋势不仅表现为工业将采用越来越高级的技术、工艺和实现自动化，而且表现为以技术密集为特征的高技术工业兴起。因此，工业化从工业资源结构的变动看，可以概括为劳动密集型为主→资金密集型为主→技术密集型为主的结构演化轨迹。当前，随着欧、美、日"工业社会"日趋成熟，正跨向"超工业社会"阶段，技术密集型产业的内涵正在发生深刻的变化，人们给建立在微电子、激光、纤维光学、遗传工程等崭新技术成就基础上的高新技术产业起了一个新的名称，叫"知识密集型"产业。这标志着传统工业资源结构的更新，也预示着世界产业结构正迎接一场大革命。

为了更加准确地分析不同知识密集度的产业部门对经济增长的贡献，并分析这些部门的变化特征，加拿大的葛拉（Gera，1997）等将社会所有产业部门归纳为55个商业部门，以产业知识密集度（knowledge intensity）为指标将它们划分为高知识产业、中知识产业和低知识产业三个产业群，具体产业分类如表11-20所示。

表11-20　不同产业知识密集度分类

| 高知识密集产业群 | 中知识密集产业群 | 低知识密集产业群 |
|---|---|---|
| 科学与专业设备 | 其他运输设备 | 捕捞与狩猎 |
| 通信与其他相关设备 | 其他电力与电子产品 | 其他机械制造 |
| 电子设备 | 非铁矿金属工业 | 木材 |
| 飞机及零部件 | 纺织 | 家具与耐用消费品 |
| 计算机及相关服务 | 通信 | 运输 |

（续）

| 高知识密集产业群 | 中知识密集产业群 | 低知识密集产业群 |
| --- | --- | --- |
| 商业机械 | 纸张及纸制品 | |
| 工程与科学服务 | 采矿 | 仓储 |
| 制药与药品生产 | 橡胶 | 农业 |
| 电力 | 塑料 | 零售 |
| 机械制造 | 非金属矿物生产 | 土石沙方挖掘 |
| 能源与化工 | 批发贸易 | 居住、食物与饮料 |
| 心理咨询服务 | 原油与天然气 | 成衣 |
| 教育服务 | 金属产品制作 | 皮革 |
| 医疗与社会服务 | 汽车及零部件 | |
| 管道运输 | 粮食 | |
| | 其他商业服务 | |
| | 烟草 | |
| | 金融、保险和不动产 | |
| | 其他公用产业 | |
| | 急救服务 | |
| | 其他服务 | |
| | 印刷与出版 | |
| | 建筑 | |
| | 娱乐与休闲服务 | |

资料来源：GERA S，MANG K. The knowledge based economy：shifts in industrial output ［J］. Canadian public policy-analyse de politiques，1998，24：149-184.

陈禹，谢康. 知识经济的测度理论与方法 ［M］. 北京：中国人民大学出版社，1998：121-122.

在实践中，依据各产业对投入资源（劳动、资金、技术等生产要素）的依赖度来划分产业的类型往往存在界限不清的困难。国外的一般做法是：把研究与开发费用占某一产业总值5%以上或劳动力中有5%以上的自然科学家、工程师及技术专家的产业称为技术密集型产业；而把研究与开发费用占某一产业总产值10%以上或劳动力中有10%以上的自然科学家、工程师及技术专家的产业称为高技术密集型产业。实践中，技术密集型产业也往往是资金密集型产业，如机械设备制造业、化学制品业、金属制品业等，或许也有可能是劳动密集型产业，如计算机软件产业就是大量消耗脑力劳动的产业。因此，一方面要依据一定的标准对各产业的主导性进行相对的归类；另一方面那些复合型的劳动-技术密集型产业和资金-技术密集型产业，需要确定其技术化的平均比重。设 $T$ 代表技术密集型产业的总产值，$L$ 代表劳动密集型产业的总产值，$C$ 代表资本密集型产业的总产值，$e_1$ 代表劳动密集型产业的平均技术化程度比重，$e_2$ 代表资本密集型产业的平均技术化程度比重。因此，技术密集化程度系数（$K_3$）为

$$K_3 = \frac{T + e_1 L + e_2 C}{T + L + C}$$

为了用上述3个指标系数（$K_1, K_2, K_3$）综合而全面地确定产业结构的高级化程度，可以对上述3个指标用加权平均的办法来求得一个折合数值，该数值可以称为产业结构发展水平系数（$K$），定义为

$$K = W_1 K_1 + W_2 K_2 + W_3 K_3 = \sum W_i K_i$$

式中，$W_i(i=1,2,3)$为权数，其具体数值的确定应反映某一国家产业结构高级化的程度，一般主要的依据是产业的各种发展阶段和高级化进程附加值的贡献大小。譬如说，如果产业的技术密集化阶段对国民收入创造的贡献比其他两个阶段更显著，则应给予技术密集化程度系数指标以更大的权重。

# 第四节　产业结构变化的动因

## 一、产业结构演变：需求与供给

产业结构的变化需要从理论上做出合理的解释。例如，为什么农业的相对国民收入必将趋于减少？为什么工业的相对国民收入趋于增加而劳动力的相对比重却变化不大？为什么服务业劳动力相对比重大幅度上升而其国民收入比重上升不大？目前学术界比较流行的是用需求收入弹性和生产率上升去解释这些变化的动因。

第一，关于农业国民收入及劳动力的相对比重趋于减少的原因。

（1）农产品是解决人们吃穿问题的消费资料，其需求收入弹性会随着人均收入水平的提高而逐渐降低。根据恩格尔定理，由于"越是低收入的家庭，饮食费用在整个家庭开支中的比例越高"，从此推论可知，随着人们收入的增加，用于饮食的费用占整个家庭开支的比例就会不断降低，从而对农产品的需求就会相对减少，即对食品需求的增加就要不断地落后于对其他产品和服务需求的增加。随着消费结构的变化，国民收入的支出结构就要发生有利于非农部门而不利于农业部门的变化。同时，产业间在收入弹性上的这种差异，还会影响到价格。在市场经济条件下，需求成长率高的产业易维持较高的价格，获取较高的附加价值增值率；反之，需求成长率低的产业，只能维持较低的价格和附加价值增值率。

（2）农业的技术进步速度低于其他部门特别是工业部门。农业的自然特性（如生产周期长、过程受自然因素影响大等）使农业生产的技术水平提高较工业困难，对农业的投资不仅难以大幅度地提高生产率而且还容易出现"报酬递减"的困境，即随着产量的增加，单位产品的生产费用反而上升，以至于出现增产不增收的现象[⊖]。这种报酬递减现象与农产品需求的低收入弹性特征相碰，必然使农业在一个比较长的发展时期中处于低价格、低附加价值的处境，从而使农业国民收入的相对比重下降。

（3）农业机械化、社会化的趋势，使农业自身的劳动生产率有所提高，这也是农业劳动力相对比重减少的一个重要原因。在一些发达国家，农业已经大规模地实现了组织上的企业化，技术上的机械化和电气化，发展机制上的社会化，由此带来劳动生产率的提高和从有限的土地上释放出相对过剩劳动力的要求。

第二，关于工业国民收入相对比重上升及劳动力相对比重趋于稳定的原因。除了上述已做的分析外，主要还有以下3点。

（1）社会消费结构的转型，使工业产品的需求收入弹性处于有利的地位。

（2）国民收入的支出结构特别是用于工业投资部分的增长，在不断扩大工业产品市场，支撑了工业的高需求收入弹性。

---

⊖　例如，1984年我国耕地单产水平就开始向最大边际产出每亩300升逼近，同时农业物耗水平也从1984年的30%上升到目前的37%，增产不增收现象十分严重。

（3）工业部门劳动力相对比重上升不大、基本保持不变的情况，是工业化过程达到一定水平后出现的现象。一方面，工业技术创新速度较快，生产率上升，资本不断替代劳动，排斥工业部门本身的劳动力；另一方面，工业市场规模的扩大和新兴工业行业的不断涌现，又起着吸收劳动力就业的作用。当这两者之间趋于平衡时，劳动力的相对比重就会趋向稳定。

第三，关于服务业劳动力相对比重上升的原因。从统计资料看，各国在经济发展过程中从农业转移出来的劳动力，大多数为服务业所吸收。这是因为，服务性产出需求的收入弹性大，随着人均国民收入水平的提高，人们消费"服务"这种无形商品的需求将越来越大。消费需求的这种"超物质化"，支持着服务业附加价值水平的提高。但是应该看到，服务业中有许多行业具有比较容易"进入"的特点，内部竞争比较激烈，不容易形成工业中常见的经济性垄断格局。因此，服务这一无形财货相对于工业这种有形财货，在价格上处于较低的状况。这是服务业劳动力增长快而国民收入的相对比重较难上升的原因之一。

## 二、产业结构演变：制度经济学分析

制度经济学认为，需求收入弹性是市场规模扩大的结果，而生产率的产业间差异则应该归结为劳动分工程度的变化。仅仅用需求的收入弹性和生产率差异去解释产业结构变化，忽视了交易费用随劳动分工扩大呈现出的指数化增长趋势[⊖]。

第一，产业结构变迁的根本原因之一，是由于劳动分工制度安排的变化，具体包括个人职业专业化、机器化生产和标准化、监督费用等因素。

（1）各产业部门劳动力就业份额的变化是个人职业专业化和社会分工程度深化的结果。个人职业专业化是一个受社会分工程度演化和市场因素扩大影响的过程。经济越是欠发达，个人职业专业化的程度就越低；市场因素越弱，职业专业化越难。

（2）机器化生产和标准化是产业结构演变的基本力量之一。机器化生产是人类科学技术知识的物化，是促进社会生产力迅猛扩张和社会分工水平深化的主要动力之一。而标准化则是与机器化生产紧密联系在一起的因素，标准化在实现大批量、大规模生产，降低成本、提高生产率和品质等方面起着举足轻重的作用。机器化生产和标准化这两个因素对产业结构变迁的决定性作用，表现为在工业生产中用资产替代劳动，把工业劳动力配置到生产率更高的新兴产业中去的过程。这种资源配置的调整体现为产业结构的变迁。

（3）在生产和交易活动中，降低监督费用的制度创新的难易程度，直接决定了产业结构演变的先后次序和结构转换的程度。机器化生产和标准化、分工和技术革命之所以在工业中首先发生，是因为企业这种组织形式运用于工业生产活动中，比农业和服务业更易降低监督费用。由于工业产品、劳动质量具有统一标准，易于监测，因而对产品品质控制、劳动纪律的考核和约束，强化了企业内部的分工程度和分工效应，提高了劳动生产率。相反，如果把在工业生产中得到广泛应用的企业组织制度运用到农业生产中，如在农田耕作中实行"科层制"（指派有专人在大田耕作中进行劳动监督的制度形式），历史证明是费用极高的制度安排。服务业的情况也与之类似。在服务业中，考核诸如医疗服务、修理服务的质量等，与考核教育产出的质量一样困难。服务市场规模的扩大，基本上取决于服务质量控制的标准化以及服务物质化的程度，只有如此才能降低

---

⊖　制度经济学的有关论著可参阅阿林·杨格（1928 年）、科斯、诺斯、杨小凯和黄有光（1993 年）、杨小凯（1998 年）等人的著作。

服务生产的监督成本。这与机器化生产和新技术引入农业使其发生制度创新的情况一致。在现代农业发展中，农业机械的采用，导致了租佃制度被工资合约制度或土地所有者自己耕种的制度替代。

第二，生产率的进步在工业部门比服务部门高这一支撑三次产业结构变化的理论，在实证研究中并未被充分证明。例如根据1975—1984年的统计资料，加拿大制造业的生产率每年平均增长1.5%，但服务业中的贸易、交通与公用事业的年平均生产率增长2.8%（格鲁伯，沃克，1993）。相反，服务业在推动工业生产率的进步中起到了至关重要的作用。这种关系从长期来看更为显著，因为工业生产率得以进步的市场体系都在服务业中，更得益于服务业中有效的医疗保健、文化科技教育因素，各种有助于工业内部联系的服务因素，如运输、电信、商业、银行、保险等，构成了工业企业组织正常运行的逻辑基础。因此，即使是工业部门生产率上升较快，也只不过是说明了产业部门之间劳动分工程度的重要性，它是决定工业生产率上升的决定因素。由此可知，解释服务业的发展对理解产业结构变化是非常重要的一环。

对于服务业在现代社会经济中迅速膨胀的现象，制度经济学派的基本观点是：服务业增长的基本趋势，反映了劳动分工演进的必然结果，即专业化分工的结果，引起了交易费用的指数化扩张和知识生产部门的扩大，因此服务业的增长基本表现为交易部门的增长和有关人力资本部门的增长。

服务业中主要有三类部门。第一类是为消费者服务的部门；第二类是为提高交易活动效率服务的部门，包括国内外贸易、金融、保险、通信、运输、房地产及政府部门等；第三类是与人力资本、知识资本价值生产有关的产业部门，包括科学、文化、教育和卫生保健等。在工业化的中后期，为消费者服务的部门扩张的原因前已有述，它是职业专业化特别是家务劳动社会化的结果。以下我们将重点解释余下的两个部门的发展机制及其决定因素。

## 三、产业结构演变：知识经济的推动作用

1996年经济合作与发展组织（OECD）在一份题为"以知识为基础的经济"的报告中，对"知识经济"的概念首次给予较明确的界定：知识经济是建立在知识和信息的生产、分配和使用之上的经济。该组织认为，知识经济是和农业经济、工业经济相对应的一个概念，用以指当今世界上一种新型的、富有生命力的经济，是人类社会进入计算机信息时代出现的一种经济形态。

随着经济的服务化，经济增长日益依赖知识，产业结构的变迁也呈现新的发展态势，即知识经济形态下的产业结构特征，而知识经济这种新的产业形态大大异于传统的以资源为基础的产业形态。知识经济作为一种全新的经济形态或模式，与传统经济相比较，在推动产业结构的变迁方面，具有以下几方面的显著特征。

（1）它是一种信息化经济。知识经济是微电子技术、信息技术充分发展的产物，是信息社会的经济形态。这一特征具体表现在5个方面：①信息技术在全社会中广泛渗透和使用，信息技术对于政治、经济、社会、文化、道德等的影响是全方位的；②信息产业已成为国民经济的主要经济部门；③信息和知识已成为重要的资源和财富，国家与国家、地区与地区、企业与企业之间的差距，主要表现在对信息与知识的生产、传播、使用能力上的差异；④拥有先进的信息网络，信息流动时间加快；⑤全社会生产自动化程度大大提高，自动化技术将在社会管理、经济管理、企业生产管理等方面全面普及。

（2）它是一种网络化经济。随着信息技术的快速发展，世界经济的"网络化经济"特征越

发明显。2023 年 8 月 28 日，中国互联网络信息中心发布第 52 次《中国互联网络发展状况统计报告》。报告显示，截至 2023 年 6 月底，我国网民规模达到 10.79 亿人，互联网普及率为 76.4%，网民人数居世界第一。

（3）它是一种智能化经济。知识经济是一种以智力资源的占有、配置、生产、分配、使用为最重要因素的经济。在工业经济发展中，大量资本、设备等有形资产的投入起着决定性的作用，而在知识经济发展中，智力、知识、信息等无形资产的投入起着决定性的作用。应用知识提供智能、添加创意成了知识经济活动的核心问题。财富和权力的再分配取决于拥有的信息、知识和智力。智能即智力的凝聚，表现于特定人才和技术之上的创造和拓展能力，其主要形态是特定知识及其开发和运用。在开发、增益并扩散各层次智力的过程中，软件是关键因素。这类软件包括数据库、分析和建模软件、服务处理软件（如日常会计事务）、操作软件（控制物理机械和过程）、系统软件（多个过程和操作之间的关联）和网络软件（间歇性地连接多个地址和系统），各种形式的软件都能够以新的方式使人的能力得以延伸。例如，①以前所未有的速度和准确度获取知识；②能够分析人类无法独立解决的复杂问题；③在恶劣条件下以人类无法达到的精确度控制各种物理过程；④在无人参与的情况下远距离监测物理和智力过程；⑤寻求更广泛的信息源，集中更多人的智慧以创造性地解决舍此则无法解决的问题；⑥较其他途径更广泛、高效、有效地扩散知识（奎恩，巴洛奇，兹恩，1999）。

（4）它是一种创新经济。创新是知识经济的灵魂，是经济增长的发动机。工业经济的发展固然离不开创新，在其发展历程中，每一次创新，如石油资源超越煤炭资源、石油化工超越煤炭化工、内燃机技术超越蒸汽机技术等，都极大地促进了经济的发展。但是，这些技术创新所经历的时间相对比较漫长，涉及的范围相对比较有限。而知识经济时代的技术创新速度大大加快，范围将涵盖全社会，技术创新成为经济增长最重要的动力。中国科学院提供的一份研究报告指出：知识经济正在逐渐成为国际经济的主导，在这个过程中，世界科技的发展将更加迅猛，技术革命向产业革命的转换周期将更短。在这样一个新技术不断出现、落后技术迅速被淘汰的社会中，一家企业竞争力的大小取决于其技术创新能力的强弱。一家缺乏创新能力的企业，将失去存在的根基。

（5）它是一种可持续发展经济。传统的工业经济创造了日益丰富的物质财富，并使社会经济发展获得了空前的速度和规模，促进了人类文明的发达和繁荣。但是，传统工业是确立在自然资源取之不尽、环境容量用之不竭的基础上的，甚至以向自然掠夺为目的。工业经济对自然资源的这种过度依赖和消耗，严重污染了自然资源，破坏了自然界的生态平衡，从而损害了人类赖以生存的地球，危及人类的长期发展。

（6）它是一种非线性经济——正反馈机制下的产业发展路径（阿瑟，1998）。在过去的几年中，以 W. 布莱恩·阿瑟和工作在斯坦福大学、圣塔菲研究所和其他地方的经济学家，共同发展了一套关于经济正反馈的理论观点。正反馈理论是一种理解知识经济及现代高技术经济学的适当理论。描述正反馈的经济学模型与描述传统经济学的模型差异很大。传统的报酬递减暗示，在经济中只有一个均衡点，但正反馈，即报酬递增却显示出经济中有许多可能的均衡点。没有一种机制能保证在正反馈经济中，从诸多可能结果中挑选出来的一定是"最优结果"。而且，一旦某种随机经济事件选择了某一条路径，这种选择就很有可能被"锁定"在该条道路上，而不会选择更为先进或合适的其他道路。如果一种产品或一个国家在竞争性市场上因某种"机会"或"机遇"而领先，它就会一直领先，并扩大这种领先程度。

## 第五节　产业结构变化的增长效应

### 一、产业结构转换的增长效应

经济增长与产业结构是相互影响的。一方面，如前所述，经济增长过程中产业结构发生变化；另一方面，产业结构的变化又对经济增长产生重要的影响。西蒙·库兹涅茨曾经在其代表作《各国的经济增长》中明确指出："现代经济增长及其按人口平均产值的迅速上升……必然会在生产体系各部门的增长速度中形成颇大的差别，从而，正在经历着这种增长的经济的生产结构也必然会发生迅速的变化，如果不去理解和衡量生产结构中的变化，是难以理解经济增长的。"

根据对美国 1880—1948 年制造业中 38 个行业按不变价格计算的产值所做的统计分析，库兹涅茨详细地研究了不同增长速度的产业类型，从而发现了导致现代经济增长的结构性原因（库兹涅茨，1985）。他用美国 1880—1948 年制造业各行业在整个制造业的产出和资本中所占份额的变化，以 1880—1914 年的增长速度为标准，把 38 个行业具体划分为 4 个组。

**组类 A**（指 1880 年所占份额在 0.6% 或以下，1880—1914 年增长 6 倍以上的行业）包括罐头食品、丝及人造丝织品、针织品、橡胶产品、化肥、基本化工、石油炼制、金属建筑材料及原料、电力机器及设备、机动车辆、机车、飞机等 13 个行业。

**组类 B**（指 1880 年所占份额在 0.6% 或以上，1880—1914 年增长率在 6 倍以上的行业）包括面包及糖果产品、其他仪器、纸产品及印刷出版、石料、黏土及玻璃、钢铁、其他非铁产品等 7 个行业。

**组类 C**（指 1880—1914 年增长率高于 3 倍但低于 6 倍的行业，不论份额）包括制糖、烟草、棉织品、服装、金属器具、贵重金属制品及珠宝、农业机械、其他机械、与化学有联系的产品（如油漆）等 9 个行业。

**组类 D**（指 1880—1914 年增长率低于 3 倍的行业）包括碾磨食品、牲畜屠宰加工、羊毛及毛线产品、地毯及挂毯、鞋靴等 9 个行业。

结果发现（见表 11-21 和表 11-22），组类 A 是在两段时期产值份额和资本份额上升最为显著的唯一组类，其中以汽车分组最为明显。组类 B 的份额在 1880—1914 年上升迅速，但到了 1914—1948 年都下降迅速；组类 C 的份额在 1880—1914 年和 1914—1948 年总体上是下降的，但下降速度不快；组类 D 的份额在这两段时期都发生猛烈的下降，其中资本份额在近 70 年中下降了 31.8 个百分点，产值份额下降了 41.5 个百分点。产业结构这种变动的直接原因是各组类产业的增长率不同。在近 70 年的时间中，各组类产业增长率差异十分惊人，增长率最高的组类 A 与增长率最低的组类 D 相差 40 倍以上，与整个制造业的平均增长率相差 10 倍左右。

**表 11-21　各组类在制造业中所占份额（按 1929 年价格计算）**　　　　　　（%）

| 组类 | 1880 年 | | 1914 年 | | 1948 年 | |
|---|---|---|---|---|---|---|
| | 占资本 | 占产值 | 占资本 | 占产值 | 占资本 | 占产值 |
| A | 6.0 | 3.2 | 16.0 | 13.0 | 39.2 | 35.6 |
| （1）汽车分组 | 1.0 | 0.5 | 4.2 | 3.2 | 22.6 | 19.4 |
| （2）其他 | 5.0 | 2.7 | 12.0 | 9.8 | 16.6 | 16.2 |
| B | 21.3 | 15.3 | 33.0 | 30.8 | 26.5 | 26.3 |

（续）

| 组类 | 1880 年 | | 1914 年 | | 1948 年 | |
|---|---|---|---|---|---|---|
| | 占资本 | 占产值 | 占资本 | 占产值 | 占资本 | 占产值 |
| C | 29.8 | 24.8 | 27.7 | 25.9 | 23.2 | 22.9 |
| D | 42.9 | 56.7 | 23.1 | 30.3 | 11.1 | 15.2 |

表 11-22　各组类的增长倍数

| 组类 | 1880—1914 年 | | 1914—1948 年 | | 1880—1948 年 | |
|---|---|---|---|---|---|---|
| | 资本 | 产值 | 资本 | 产值 | 资本 | 产值 |
| A | 22.09 | 17.59 | 5.23 | 9.61 | 115.50 | 168.77 |
| （1）汽车分组 | 34.36 | 27.71 | 11.62 | 21.28 | 399.57 | 588.60 |
| （2）其他 | 19.63 | 15.72 | 2.99 | 5.80 | 58.70 | 91.02 |
| B | 12.67 | 8.72 | 1.73 | 3.00 | 21.99 | 26.08 |
| C | 7.60 | 4.52 | 1.81 | 3.10 | 13.76 | 14.01 |
| D | 4.40 | 2.29 | 1.04 | 1.76 | 4.57 | 4.07 |
| 全部制造业 | 8.18 | 4.33 | 2.16 | 3.51 | 17.68 | 15.17 |

　　上述分析表明，支撑现代经济增长的直接原因是处于优势地位部门的超高速增长，其占经济总量中的较高份额和强劲的增长态势抵补了原有老的产业增长势头下降的趋势，因而它们对总体增长的贡献也特别大。由于技术创新过程与资本投入紧密地结合在一起，因此表 11-22 中资本分布的产业差异，可以基本上说明产业间技术创新速度的差异。那些技术创新策源地的新兴工业部门（主要是指组类 A 特别是汽车分组）成为产业结构演变和推动经济增长最强劲的部门；相反，那些受技术革新影响较小的旧的工业部门逐渐成为衰退产业并为新兴工业所取代。

　　把产业结构转换对现代经济增长的促进作用联系起来的最重要的媒介，是技术创新的速度与其扩散速度。产业结构转换的增长推动效应，基本上体现为技术创新的作用。

## 二、二元经济结构改变与经济发展

　　上述研究主要是以制造业为研究对象，而探讨经济发展不能不涉及国民经济中的农业和工业化问题。对落后的国家和地区来说，这一问题对于经济发展更具有现实意义。所谓二元经济，是把发展中国家和地区的经济结构概括为两大部门：一个是主要使用劳动力生产的农业部门；一个是主要使用资本生产的非农业部门。任何国家和地区的经济发展过程，都包含着从农业经济到二元经济，再从二元经济到现代经济这样两个过程。

　　在农业经济向二元经济转变过程中，从农业部门看，一方面出现了农村剩余劳动力向非农产业部门的大量转移；另一方面由于剩余劳动力的流出，出现了人均收入水平和剩余产品率的提高，而这正是从传统农业走向现代农业的前提条件。从经济发展过程看，首先获得发展的是需要资本投入较少的轻工业，这主要是因为该发展阶段以农业为资本积累的主要来源。之后随着人均收入水平的提高，居民消费指向发生了从以农产品为原料的轻工业，转向以非农产品为原料的轻工业的变化，由此又诱发对基础工业的需求。这时产业结构的变化也相应地进入以基础工业和重加工业为主导的重工业化阶段，到了从二元经济向现代经济（一元经济或同质经济）转换时期。

　　二元经济理论在西方经济学中也称为劳动力无限供给理论。提出二元经济理论的第一人是荷兰社会学家波克（Bock）。1953 年他考察印度尼西亚后提出了这么一个观点：现代发达的资本主义国家的经济是一元的（可以说是同质的），而发展中国家却有二元结构，这是由于引进了资本主义的力量使其结构为不同质的"二元性"，即一方面是资本主义经济，另一方面则存在传统经济，因此称之为二元经济。后来，美国经济学家阿瑟·刘易斯（W. Arthur Lewis）在这一观点启发下，把二元经济理论发展成为一种模式。费景汉和拉尼斯等人又在刘易斯理论的基础上进一步发展，改进成为刘易斯-费-拉尼斯发展模式（Lewis Fei Ranis Model）。详细内容可参阅发展经济学相关教材。

## 本章小结

产业分类是对构成国民经济的各种活动按一定的标准进行分解和组合，以形成多层次的产业门类的过程。

影响一个国家或地区产业结构形态、特征和变化的因素综合起来大体有生产力增长的潜力和约束因素、需求结构的变化、经济全球化变化等。

产业结构的全面转变是现代经济增长的本质特征。一方面，经济总量的高增长率导致了生产结构的高变换率；另一方面，经济增长又是一个部门化的过程，产业部门间技术变化的差异、生产率上升的差异及组织变化和制度创新的差异等因素，导致了经济增长在部门间的差异和经济总体的增长特征。

工业化即经济发展中制造业逐渐成为主导部门的过程。

知识是凝聚在个人、群体或物品中的以信息为基础的能力或物化的能力。知识经济是建立在知识和信息的生产、分配和使用之上的经济。

## 思考题

## 参考文献

第十二章
CHAPTER 12

# 现代服务经济

Toffler（1970）指出，"几千年人类经济发展的总历史将表现为三个阶段：产品经济时代、服务经济时代和体验经济时代。"当前，全球正处于产品经济时代向服务经济时代的转型期，在这个意义上，研究服务业和服务经济，对中国产业结构的升级和重构及人民生活水平的提高有着重要的战略意义。

## 第一节　现代服务业概述

### 一、服务：概念与特征

据 Loveloc 和 Wirtz（2006）的研究，服务可以被定义为"在某一特定时间与地点，针对顾客所提供的一种创造价值与利益的活动"。这个定义中，服务所强调的是顾客在接受或互动过程中所能感受到的价值或利益。《辞海》中这样定义服务："不以实物形式而以提供劳动的形式满足他人某种需要的活动。"

随着科学技术的发展，尤其是信息技术的发展和基于互联网的各种商业模式的创新，服务所包含的范围不断扩大，"服务"被不断赋予新的含义。尽管我们暂时还不能对不断发展变化的服务做出一个严格的定义，但是我们仍能总结出学界广泛认可的相关特性，渐渐明晰"服务"的含义。传统意义上，人们认为服务具有如下特征。

第一，无形性。这是服务与物质产品最本质的区别。服务不同于一般商品，服务的空间形态基本上是不固定的，同时许多服务的使用价值和效果，往往短期内不易感受到，通常要一段时间后，接受服务的对象才能感受到服务所带来的利益，如教育服务。所以消费者在购买服务产品时，有时因为难以确定其品质而要承受不确定的风险。但是服务的无形性也不是绝对的，许多服务需要依附有形物品发生作用（如餐饮、具有实验要求的科研活动等）。

第二，不可分离性。服务的生产、销售和消费同时发生。服务在本质上是一个过程或者一系列的活动，顾客必须和生产者发生联系。服务提供给顾客的过程也就是顾客消费服务的过程。制造业中，生产和使用过程是可以分离的，顾客只进行最终的消费，因此，生产、销售和消费之间存在时间间隔。

第三，不可储存性。服务既不能在时间上储存起来以备将来使用，也不能在空间上安放以供转移，如果不能及时消费，就会造成服务的损失。它的不可储存性是由服务的非实物性和不可分离性这两个特点决定的。

第四，不可贸易性。由于服务的非实物性和不可储存的特点，服务通常被认为是不可运输和贸易的。传统的国际贸易的交易对象通常是有形的商品。

第五，所有权的不可转让性。商品交易的是商品所有权，服务是人力资本从事经济活动的过程。服务在生产和消费过程中不涉及有形产品所有权的转移。服务在消费完后便消失了。服务消费者只对服务拥有消费权和使用权，而服务消费只是让渡人力资本的使用权。

在五个特性中，服务的无形性是其他特性的基础。正是由于服务的无形性，它才具有不可分离性和不可储存性，而服务的不可储存性和所有权的不可转让性很大程度上是由无形性和不可分离性决定的。

技术变迁和信息服务的发展，使传统意义上服务特征的界定表现出了越来越多的不适应性。现代服务业有了新的特征。

第一，服务有形与无形的界限变得模糊。随着科学技术的发展，一些服务提供者正使用现代化手段实现物化服务，无形的服务活动正日益有形化于某种物质产品中，如咨询服务、娱乐服务（音乐、影视等）和软件都可以刻成光盘进行传播。这意味着通过"有形"和"无形"已经无法判断某产品是不是服务产品。

第二，服务的可贸易性。由于部分服务发展了形式存在的载体，服务也变得像物质产品一样具有了可贸易的特征。近年来服务外包和服务贸易的规模不断扩大，其增长幅度甚至都超过了货物贸易，显示出极其强劲的增长势头。服务外包和服务贸易在增强自身竞争力的同时，也推进了全球化的进程。

第三，服务的知识和技术密集性。随着科学技术的发展，许多服务业从制造业分离出来，形成独立的经营行业。科技的发展也改变了某些领域消费者和生产者之间的关系，而这些领域在以前是不可想象的，如医疗护理，以前需要医生亲自到场进行诊断，而现在可以通过远程进行诊断。还有一些领域如互联网银行等。在大多数情况下，通过互联网这些服务提供商变得更有效率。

第四，服务的异质性。由于服务无法像有形产品那样标准化，因此同一服务存在质量差别。服务的异质性是由服务提供者、服务消费者及两者之间的作用关系三方面共同决定的。不同服务人员在技术水平、服务态度、努力程度方面会有所差异，顾客的个性特征存在差异，服务的时间地点存在差异，故服务的差别性很大。服务不仅受服务生产环境的影响，而且还受服务提供者和服务消费者的特征与水平的影响。例如，对小学生进行高等数学教育，并不能产生对大学生进行相同教育的服务效果。服务质量的异质性使得消费者对服务提供商的声誉非常重视。

## 二、服务业

### 1. 核算

对服务业的界定一直存在不同的见解：一种派别是通过界定服务业的内涵，把从事生产、经营，符合服务内涵的行业称为服务业；另一种派别则采取排他性定义，将不能划入第一产业和第二产业的其他部门统称为服务业。由此导致服务业的界定在世界各国不同。以美国为例，美国统计局在《北美产业分类体系》中给出注释，私人服务业（private services producing industries）包括北美产业分类代码中的以下门类：22、42、44-45、48-49、51、52、53、54、55、56、61、62、71、72、81。此外，如果加上公共管理（92），服务业共计 16 个门类<sup>⊖</sup>。

中国国民经济核算长期参照苏联的物质产品平衡表体系（system of material product balance）。这种适用于计划经济国家的国民经济核算方法，其基本依据是根据劳动的性质，将国民经济分为物质生产领域和非物质生产领域。在非物质生产领域投入的劳动，因为不增加物质产品总量而被认为不创造国民收入。物质产品平衡表体系只核算农业、工业、建筑业、运输邮电业、商业这五大物质生产部门，其他所有服务部门都被排除在外。

基于 GDP 的核算体系构建后，我国将服务业界定为第三产业，但是在具体划分方面还没有完全与国际标准接轨，且在不同场合使用不同的国际分类标准。在对国内服务业进行有关统计时，依据的是国内产业划分标准；在服务进出口统计方面，依据的是中国国际收支平衡表的划分标准；中国的服务贸易承诺减让则依据 WTO 分类标准（WTO 分类标准中和农林牧渔业相关的服务及建筑业都属于服务业标准，而根据产业分类前者属于第一产业，后者属于第二产业）。

目前我们采用国内产业划分标准来界定服务业。中国《国民经济行业分类》历经多次修改，与各版《北美产业分类体系》均参照了联合国《国际标准产业分类》，两者的对应关系总体来说比较吻合。但是经过比较，中国和美国在服务业核算上还是存在一定的差异。主要体现在以下三个方面。

第一，美国的服务业核算口径要大于中国服务业的核算口径。美国各个版本的《标准产业分类体系》和《北美产业分类体系》，均将公用事业（含电力生产、传输和配送，天然气配送，水供应和灌溉，污水处理系统，蒸汽和制冷供应）、废物管理和治理划入服务业。而中国则将这些产业划入第二产业。在中国 2017 年的《国民经济行业分类》中，这些行业分属工业部门，分别是 D44~D46（电力、热力、燃气及水生产和供应业）和 C42（废弃资源综合利用业）。

第二，中国服务业的部分行业与美国直接对应。如图 12-1 所示，在中国 2017 年《国民经济行业分类》中关于服务业的分类，共有 5 个门类与 2017 年的《北美产业分类体系》对应，分别为门类 G（交通运输、仓储和邮政业）对应于 48-49（运输和仓储业）、门类 H（住宿和餐饮业）对应于 72（住宿和餐饮服务业）、门类 J（金融业）对应于 52（金融与保险业）、门类 P（教育）对应于 61（教育服务）、门类 Q（卫生和社会工作）对应于 62（卫生保健和社会救助）；1 个门类下属的 2 个大类分别与《北美产业分类体系》的 2 个门类对应；门类 F（批发和零售业）所包含的 2 个大类与《北美产业分类体系》中的 2 个门类 42（批发业）、44-45（零售业）对应。

第三，中国服务业的部分服务行业经过增减或者合并后与美国的服务产业对应。根据中国 2017 年《国民经济行业分类》对服务业的分类，有 9 个门类增减下属大类或合并后与 2017 年《北美产业分类体系》的 7 个门类（或其合并之和）对应。门类 K（房地产业）加上门类 L（租赁和商务服务业）下属大类 71（租赁业）与 2017 年《北美产业分类体系》中的门类 53（房地产业和租赁业）对应。门类 R 下属大类 88（文化艺术业）、89（体育）、90（娱乐业）与《北美产业分类体系》中的门类 71（艺术、休闲和娱乐业）对应。门类 I 下属大类 64（互联网和相关服

F批发和零售业                                          22公用事业
　　51批发业  ←————————————————————→  42批发业
　　52零售业  ←————————————————————→  44-45 零售业
G交通运输、仓储和邮政业  ←——————————————→  48-49 运输和仓储业
H住宿和餐饮业  ←————————————————————→  72住宿和餐饮服务业
I信息转输、软件和信息技术服务业
　　63电信、广播电视和卫星传输服务  ┐
　　64互联网和相关服务              ├——————→  51信息业
　　65软件和信息技术服务业          ┘
J金融业  ←————————————————————————→  52金融与保险业
K房地产业
L租赁和商务服务业  ←————————————————→  53房地产业和租赁业
　　71租赁业                          54专业、科学和技术服务业
　　72商务服务业                      55公司和企业管理
M科学研究和技术服务业                 56行政管理及支持、废物处理
N水利、环境和公共设施管理业            561办公管理及其支持服务
                                     562废物管理及其治理服务
O居民服务、修理和其他服务业  ————→  81其他服务业（公共管理除外）
P教育  ————————————————————————→  61教育服务
Q卫生和社会工作  ————————————————→  62卫生保健和社会救助
R文化、体育和娱乐业
　　86新闻和出版业
　　87广播、电视、电影和录音制作业
　　88文化艺术业
　　89体育  ————————————————————→  71艺术、休闲和娱乐业
　　90娱乐业
S公共管理、社会保障和社会组织  ———→  92公共管理
T国际组织

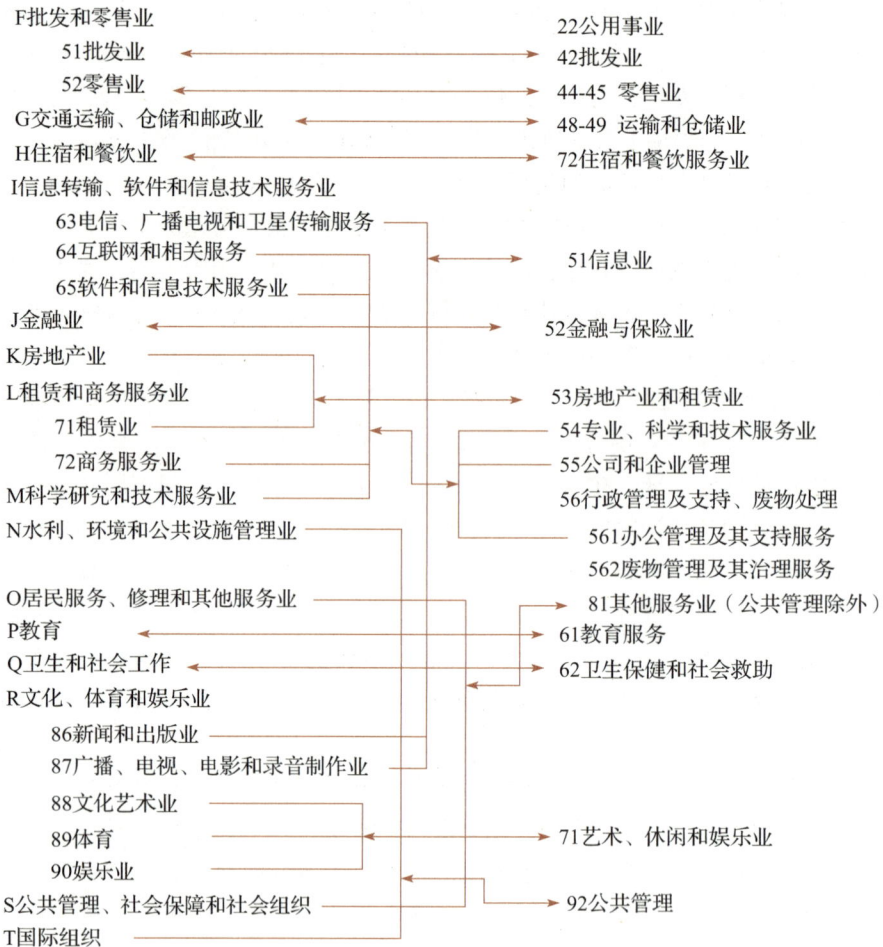

**图 12-1　中美服务业统计分类对应关系**

资料来源：作者在戴建军文章《中美服务业结构比较及启示》的基础上，根据 2017 年中国的
《国民经济行业分类》和 2017 年《北美产业分类体系》整理比较而得。

务）、65（软件和信息技术服务业）和门类 L 下属大类 72（商务服务业）加上门类 M（科学研究和技术服务业）与《北美产业分类体系》中的门类 54（专业、科学和技术服务业）加上门类 55（公司和企业管理）和门类 56 下属大类 561（办公管理及其支持服务）对应。门类 I 下属大类 63（电信、广播电视和卫星传输服务）加上门类 R 下属大类 86（新闻和出版业）、87（广播、电视、电影和录音制作业）与《北美产业分类体系》中的门类 51（信息业）对应。门类 O（居民服务、修理和其他服务业）加上门类 S（公共管理除外）与《北美产业分类体系》中的门类 81（其他服务业）对应。门类 S 中的公共管理加上门类 N（水利、环境和公共设施管理业）和门类 T（国际组织）与《北美产业分类体系》中的门类 92（公共管理）大致对应。

## 2. 分类

对于现代服务业核算和分类做出贡献的布朗宁和辛格曼（Browning，Singelman，1975）指出，克拉克定律（即第三产业就业与人均国民收入正相关）适用于某些服务业，但不适用于其他服务业。在他们的研究中第三产业被分为四个子类别：分配服务业（distributive services，包括运输、通信和贸易），生产性服务业（producer services，包括银行、商务服务、房地产），社会服务业

（social services，包括医疗护理、教育、邮政服务、公共和非营利性服务）和个人服务业（personal services，包括家务料理、旅店、饭店、旅游和修理等）。这种将第三产业划分为四大类服务业的方法，对解决宏观经济分析问题和进行国际比较非常重要，该分类目前依然是现代服务业分类的基本参考。

1985 年，中国国家统计局在《关于建立第三产业统计的报告》中，将第三产业分为四个层次，实际上是中国服务业的分类标准：第一个层次是流通部门，包括交通运输业、邮电通信业、商业饮食业、物资供销和仓储业；第二个层次是为生产和生活服务的部门，包括金融业、保险业、公用事业、居民服务业、旅游业、咨询信息服务业和各类技术服务业等；第三个层次是为提高科学文化水平和居民素质服务的部门，包括教育、文化、广播电视事业、科研事业、生活福利事业等；第四个层次是为社会公共需要服务的部门，包括国家机关、社会团体及军队和警察等。

2003 年，根据《国民经济行业分类》（GB/T 4754—2002），中国国家统计局对第三产业的划分从 4 个层次具体到 15 个门类，并规定 1985 年制定的关于三次产业的划分同时废止。该分类进一步明确第三产业是指除第一、第二产业以外的其他行业。第三产业包括：交通运输、仓储和邮政业，信息传输、计算机服务和软件业，批发和零售业，住宿和餐饮业，金融业，房地产业，租赁和商务服务业，科学研究、技术服务和地质勘查业，水利、环境和公共设施管理业，居民服务和其他服务业，教育，卫生、社会保障和社会福利业，文化、体育和娱乐业，公共管理和社会组织，国际组织。

2012 年，根据原国家质量监督检验检疫总局和国家标准化管理委员会颁布的《国民经济行业分类》（GB/T 4754—2011），国家统计局再次对 2003 年《三次产业划分规定》进行了修订。与 2003 年印发的《三次产业划分规定》相比，此次修订主要在两方面做出调整。①调整 3 个大类。将 A 门类"农、林、牧、渔业"中的"05 农、林、牧、渔服务业"，B 门类"采矿业"中的"11 开采辅助活动"，C 门类"制造业"中的"43 金属制品、机械和设备修理业"等 3 个大类一并调入第三产业。调整后，第三产业为 15 个门类和 3 个大类。②明确第三产业为服务业。以改变服务业的口径、范围不统一的现状，并加强服务业统计和服务业核算。

Grubel 和 Walke（1988）从服务对象的视角区分了三类服务业：公共服务业、消费性服务业和生产性服务业。而江静和刘志彪（2009）在此分析的基础上，在现代服务业的框架下对其内涵进行了拓展，将现代服务业分为三大类，即现代公共性服务、现代消费性服务和现代生产性服务。

现代公共性服务主要由政府提供，大致有四个层次：基本生存服务，包括社会保障、社会福利和救助等，主要是保障居民的生存权；公共发展服务，主要是教育、医疗等；环境服务，包括公共交通、公用设施和环境保护等；公共安全，包括食品药品安全、治安和国防安全等。

现代消费性服务则主要是为提高城乡居民生活质量、适应居民消费结构升级的服务。我国在"十一五"规划纲要中曾将服务业主要划分为生产性服务业和消费性服务业，而在"十二五"规划纲要中则把消费性服务改称为生活性服务业，范围包括商贸服务业、旅游业、家庭服务业、体育事业和体育产业。

现代生产性服务是为其他商品和劳务的生产用作中间投入的服务，主要作用是保持工业生产过程的连续性、促进工业技术进步、为产业升级和生产效率提高提供保障。一般来说，现代生产性服务是与制造业直接相关的配套服务业，本身并不向消费者提供直接独立的服务。它依附于制造业企业而存在，贯穿于企业生产的上游、中游和下游诸环节，以人力资本和知识资本作为主要投入品，把日益专业化的人力资本和知识资本引进制造业，是二、三产业加速融合的关键环节。

为界定生产性服务业范围，建立各地区、各部门生产性服务业统计调查监测体系，国家统计局于 2015 年 6 月发布了《生产性服务业分类（2015）》。此分类以《国民经济行业分类》为基础，是对国民经济行业分类中符合生产性服务业特征的有关活动的再分类。该分类将生产性服务业划分为生产活动提供的研发设计与其他技术服务、货物运输仓储和邮政快递服务、信息服务、金融服务、节能与环保服务、生产性租赁服务、商务服务、人力资源管理与培训服务、批发经纪代理服务和生产性支持服务共 10 个大类，此外还细分为 34 个中类和 135 个小类。2019 年 4 月，国家统计局又对《生产性服务业分类（2015）》版本进行修订，下发了《生产性服务业统计分类（2019）》，保持原有 10 个服务业大类，增加 1 个中类至 35 个，增加 36 个服务业小类至 171 个。2021 年，国家发改委等 13 个部门出台《关于加快推动制造服务业高质量发展的意见》，提出了"制造服务业"的概念，认为制造服务业是面向制造业的生产性服务业。

### 3. 现代服务业的特点

第一，现代服务业的技术特性具有二元特征。高进入壁垒，在高技术密集型行业，主要是制度壁垒和资金壁垒，这也是产生垄断的主要原因；低进入壁垒，主要是在传统劳动密集型产业，进而导致了过度竞争。传统服务业进入过度与现代服务业进入不足同时并存，表现为传统服务企业的低利润甚至大量亏损倒闭，与一些垄断性的现代服务企业获取暴利的现象同时并存。进入过度的是那些与城市和农村的剩余劳动力就业有关的低技能的劳动密集型产业，而进入不足的是那些技术资本密集的现代服务业。

第二，现代服务业具有高度的制度敏感性和依赖性，同时又是制度的载体。一个国家或地区的产权制度、公共服务、市场秩序、企业治理等，要么其本身就是服务业的构成部分，是制度供给的载体，要么是对制度依赖性很强和对制度极为敏感的产业。无论是现代企业的产权体系和治理结构，还是现代市场体系的秩序和运作规则，或者是政府公共服务职能的法治化和现代化，其实都是现代服务业的发展问题。

第三，现代服务业是资金回流的终端。服务业代表的是最终购买力，尤其是终端的批发零售业和部分最终服务消费行业。资金回流对一个国家至关重要，甚至涉及国家安全问题。目前大部分发达国家在服务行业都实行了高度垄断，由国家严格控制。

第四，现代服务业是创新经济的着力点。全球价值链的两端分别是研发设计和品牌营销网络，这些都属于服务环节，因此实现向产业链高端攀升建设创新驱动型经济，发展服务业就是重点。

## 第二节    现代服务业的发展

### 一、现代经济服务化现状

经济服务化，既是一个过程，也是一个阶段。前者是指服务业占国民经济的比重不断上升的过程；后者是指服务业在国民经济中占主导地位的阶段。通常来说，服务业占 GDP 比重高于 50% 的经济称为服务业主导的经济发展阶段。研究显示，1970 年，全球已经进入了服务业主导的经济发展阶段，服务业占比已经超过了 50%。此后 50 多年的发展中，服务业占 GDP 的比重在 2003 年达到 64.05%，此后出现了一定程度的下降，但到 2008 年金融危机以后服务业增长又开始复苏，到 2009 年该值为 64.11%，此后基本保持了 60% 以上的平均水平。2020 年服务业全球 GDP 比重达到峰值 65.3%，到 2021 年又下降至 64.4%。以下主要分析了世界主要发达国家（G7）和新兴市场经济国家 1970 年以来服务业占 GDP 的比重，以此来反映经济服务化现状。

国别比较研究发现，世界主要发达国家，如美国、英国、日本、法国、加拿大，在 1970 年就已经迈入了服务业主导的经济发展阶段，服务业占 GDP 的比重分别是 57.97%、50.05%、50.98%、50.12% 和 55.55%；20 世纪 70 年代中期，德国和意大利的服务业占比也逐渐超过了 50%，步入经济服务化时代。此后的 50 多年间，各国服务业占比程度还在不断提高，到 2016 年，美国服务业占 GDP 比重上升到 77.02%，英国该比例高达 70.60%，法国该比例也高达 70.34%。到了 2020 年，美国服务业占 GDP 比重高达 78.1%，英国为 72.6%，法国为 71.2%。此外，从增长速度来看，G7 国家服务业增长速度在大多数年份都高于工业，说明服务业对经济增长的贡献已经起到主导性作用。近年来，虽然随着各国再工业化的兴起，服务业占 GDP 比重出现了小幅下降趋势，2021 年美国服务业占 GDP 比重回落至 77.6%，英国为 71.5%，法国为 70.3%，但服务业依然是国民经济的主体。

新兴市场国家中，南非的服务业占比在 1970 年也高达 51.24%，基本上属于服务业主导的经济发展阶段，但此后经历了 20 多年的衰退，直到 1990 年才重新上升至 50.47%，此后逐年上升，到 2020 年高达 64.7%，2021 年回落至 63%。俄罗斯在 1990 年年初，服务业占 GDP 比重仅为 30.59%，但是此后的 20 多年中该比例迅速上升，到 2002 年高达 53.90%，上升了 23.31 个百分点，此后几年不断徘徊，但基本保持了占比在 50% 以上，2016 年达到峰值 57%，此后略有波动，2021 年降至 52.9%。印度是除中国外的第二大发展中国家，1970 年印度服务业占 GDP 比重约为 30%，经过 50 多年的发展，印度服务业一直稳步增长，虽然其人均 GDP 水平依然不高，2014 年人均 GDP 为 1 576.00 美元，但服务业占 GDP 比重已经达 47.82%，2019 年至 50.1%，2021 年进一步降至 47.5%。中国在 2006 年以前服务业占比一直低于印度，到 2014 年服务业占比才与印度持平，但同期，中国人均 GDP 为 7 683.50 美元，相当于印度的 4.9 倍。

相比较而言，中国的服务业增加值占 GDP 比重和占就业人员比重还相对较低。1978 年中国服务业增加值占比为 24.6%，2012 年中国服务业与第二产业占比持平，各占 45.3%，2015 年服务业第一次占据经济总量的半壁江山，比重为 50.2%，2021 年达到峰值 53.3%，2022 年降至 52.8%。虽然中国服务业增加值占比有了较大提高，但是与发达国家相比还有一定的差距，低于世界银行定义的中低收入国家同期的平均水平（54.15%）[注]，1992—1996 年和 2002—2008 年还出现了服务业占比下降的现象。

## 二、服务业的生产率

### 1. 鲍莫尔的"成本病"理论

经济学中的传统观点是，服务部门作为一个整体，比其他生产部门具有更低的劳动生产率。这种观点起源于鲍莫尔（Baumol，1967）发表在《美国经济评论》上的一篇文章《非均衡增长的宏观经济学：城市病的剖析》。鲍莫尔在文章中提出了一个两部门非均衡增长的宏观经济模型，这一模型研究的出发点是当时美国城市日益增长的财政危机问题，但后续研究将此模型用于服务

---

　㊀　中国 2008 年人均国民收入为 2 940 美元，属于世界银行界定的中低收入国家（996~3 945 美元为中低收入国家，996 美元以下为低收入国家）。

业的分析。

根据鲍莫尔的观点，服务业中劳动本身就是最终产品，服务产品的质量直接以劳动的数量来衡量。他把服务部门称为"停滞部门"（stagnant sector），劳动生产率保持不变；把制造部门称作"进步部门"（progressive sector），劳动生产率呈指数型增长。除了劳动成本，其他所有费用均被忽略，两经济部门的工资水平相等且随着生产率增长。所有劳动力市场存在一定程度的流动性，生产率增长的部门货币工资随单位小时劳动产出的增加而迅速增加。

生产函数可以表述为

$$Y_{st} = aL_{st}; \qquad Y_{pt} = bL_{pt}e^{rt} \tag{12-1}$$

式中，$Y_{st}$ 和 $L_{st}$ 分别表示停滞部门在 $t$ 时的产出与劳动投入；$Y_{pt}$ 和 $L_{pt}$ 分别表示进步部门在 $t$ 时的产出与劳动投入；$a$ 和 $b$ 为技术参数；$r$ 为进步部门的劳动生产率增长率，根据假设，$r>0$ 且工资 $W_t = We^{rt}$。

由此，鲍莫尔得出以下几点结论。第一，如果进步部门单位产出成本不变，则停滞部门的单位成本将随着时间的推移而上升并趋于无穷大，而进步部门单位产出成本不变，因此，两部门的相对产出成本增加与工资水平无关。第二，如果对停滞部门产出的需求富有价格弹性，则停滞部门的相对产出将趋于零，即该部门的产出可能会逐渐下降甚至在国民经济体系中消失。第三，如果对停滞部门产出的需求缺乏价格弹性，则劳动力将不断转移到该部门，而进步部门的劳动力比重将趋于零。第四，如果要实现均衡增长，总体经济增长率将趋于零，即如果要保持两个部门的实际产出不变，越来越多的劳动力将进入停滞部门。在非平衡生产率的现实世界中，为了获得平衡的增长，必然会导致相对于劳动力增长率而言的总产出增长率下降。

如果经济体中一个部门的单位劳动时间的生产率相对于另一个部门出现累积性的增长，虽然两个部门的工资同等增长，但是停滞部门的相对成本也会不可避免地上升。进步部门的生产率增长将部分抵消工资上涨，但在停滞部门，由于生产率保持不变，每次工资上涨都导致成本累积性地增加。因此，进步部门的每次技术进步都会不可避免地带来没有技术进步的停滞部门成本的增加。由于这些部门的成本提高，其产出可能会减少，但为了维持相对的产出份额不变，更多的劳动力必然会通过各种渠道进入这些部门，因此，整个经济的增长速度就会相应降低。这就是著名的鲍莫尔的"成本病"理论。

而近年来，随着现代服务业的兴起，鲍莫尔的"成本病"理论受到越来越多的质疑和批评。这些质疑和批评主要是基于以下观点（Rubalcaba，2006）。

第一，有必要把间接效应、服务业生产率的度量和指标一起考虑。目前，对服务业的概念、统计方法等还不统一，研究者甚至统计部门对此还存在着较大的争论。Griliches（1995）认为，由于服务部门的"不可测度性"，服务业的产出与生产率核算存在误差，现行的统计方法大大低估了服务业的产出和生产率的增长。Riddle（1986）指出，不能孤立看待服务生产率，服务业的发展因其"黏合剂"的作用而提高了经济总体增长率。

第二，劳动投入并不是服务业生产率增长的唯一决定作用，还需要考虑其他因素的作用。目前，对服务业生产率的研究涵盖了技术、知识等其他要素。这些要素的投入与服务业性质、服务市场的组织和构成等密切相关。

第三，鲍莫尔理论的应用仅限于最终消费性服务业，对作为中间投入的服务业显然不适应。虽然同一服务产业的生产率是滞后的，但是流向作为中间投入服务的资源不是作为生产率下降的结果来解释，而应作为生产率提高来解释（Oulton，2001）。

第四，有部分研究表明，欧洲和美国与信息和通信技术（ICT）相关的服务业部门生产率都非常高。部分服务业行业也存在规模报酬递增现象，可能与鲍莫尔的假设相矛盾（Wölfl，2005）。

然而，鲍莫尔的成本病理论的经济含义在于如果服务部门生产率的增长比制造业生产率的增长低，那么经济体中服务业的就业份额会随着人均收入的增加而增加，但这种增加的份额相对其产出份额的增加会更大。如果想消除劳动力参与的差异，就要求服务部门有更多的技术进步以提高服务业生产率。但是我们也应该看到，鲍莫尔成本病理论的前提或者局限始终在于他只把服务业当作纯粹的最终消费需求品看待，没有把服务业当作制造业的中间投入品看待，更没有看到服务产业内部各行业之间的互为中间投入的情形，单纯从服务业比制造业具有更低生产率这一假设来推导服务业就业份额的变化，很难客观地分析服务就业份额变化给产业结构变迁带来的影响，更难分析服务产业内部结构的联系和变化，以及这种联系和变化对服务产业内部结构优化的影响。

## 2. 服务业生产率测度

分析服务业生产率的前提是测量生产率。服务业的兴起带来传统经济分析方法的改变。Fuchs（1965，1968）认为从农业经济向工业经济的转型始于英国，然后西方世界大多数国家一直在跟进这种转型，经济史称这种转型为工业革命，而就业从工业部门向服务部门的转移，在美国的前进速度最快，但是在所有工业化国家这种进程也相当明显，这种服务经济的出现不仅对经济社会产生了重要影响，而且对经济分析的方法也提出了新的挑战，主要表现在服务业的产业特征与传统的制造业不尽相同，有着自己的显著特征。

这些独特的服务产业特征会给传统的产业经济分析方法带来冲击，在生产投入和分配模式中土地变得越来越不重要，物质资本越来越重要；非完全竞争，短期供给曲线不再完全非弹性；规模报酬递增的可能性更大；服务消费者和提供者的交互关系影响服务生产率；服务劳动体现越来越多的技术变迁；服务交易的时间和规模影响着服务生产率；存在的问题主要是服务产出度量的困难，由此对服务生产率测度带来不准确性；等等。

服务产出无形、不可储存的特质使对它的测量成为服务业计算中出现的首要问题，随之而来的定义问题至今也还是学术界争论的焦点。

Griliches（1995）的论述是这方面的经典论述。他认为，服务业产出测量和以下三个方面有关：一是交易的内容和性质，如医生提供的服务，是医疗中的过程、诊断还是治愈的结果？二是服务有使用者参与的性质使它很难被标准化和定价；三是服务的质量变化很难察觉也很难计价。因此，服务业是"不可测度的部门"。服务业生产率的计算关系到采用哪些指标、使用哪些数据和使用哪些方法去度量这三个问题。选用的指标、数据和方法不同，测度出来的生产率也不相同。

Fuchs（1965）首先提出了服务经济的生产率概念，他认为服务经济的生产率就是服务业使用资源的效率。传统的经济理论，如土地投入、完全竞争、规模报酬递减等不完全适用于对服务经济的分析。因为服务业比制造业具有更少的土地投入和更大的价格及收入需求弹性，由于合约、道德承诺或者更高的雇用成本，特定个人长期依附于某个特定组织而不容易自由流动，这在服务产业中更为常见。交易的规模和需求也会对服务业效率产生影响。

早期对于服务业生产率的研究主要集中在服务业的劳动生产率方面。所谓服务业的劳动生产率是指投入服务部门的人均服务产出。尽管这种定义有一定的局限性，但依然是测度服务业部门劳动生产率的传统指标。这种定义涉及两个指标的选取，第一是投入的劳动力指标，第二是服务产出指标。而在具体分析服务部门时，这些指标的获取存在一定的问题。

服务产出的定义、指标的选取和数据获取也较难。大部分服务产出的无形性、复杂性和即时性使得服务产品价值增值很不容易用产品产出数量与售价的乘积统计出来。很多服务部门，尤其是那些"非售"服务，其增加值实际上等于劳动要素的使用成本。

服务业生产率中关于度量偏差争论的焦点是当期和不变价格产出的选择。许多服务活动很难把由于质量变化而导致的价格变化和由于纯粹价格变动而导致的价格变化进行区分，因此，很难用服务质量进行价格指数调整。

后来，有学者用"全要素生产率"这个指标来研究服务业生产率。Triplett 和 Bosworth（2004）把服务业生产率增长分解为劳动生产率增长和全要素生产率增长，并认为全要素生产率增长是服务业劳动生产率增长的主要贡献者，全要素生产率是服务产业劳动生产率加速的主要源泉。

Gouyette 和 Perelman（1997）比较了 frontier analysis 和 Divisia index 两种服务业全要素生产率估算指标，并估计了 13 个 OECD 国家在 1970—1987 年服务业和制造业的生产率，认为与制造业相反，尽管服务业的增长率很低，但服务业生产率水平仍然出现趋同，而且新的投资对服务业活动的全要素生产率增长施加了未预期到的抑制作用。

Wolff（1999）提供了服务业全要素生产率度量的两种间接指标方法，第一种方法是基于直接的投入-产出系数的变化，第二种方法是服务部门中就业的职业构成变化。

鲍莫尔（2001）认为，服务业就业份额的转移不是来自对服务业最终需求的改变，而是来自生产率增长的差异。他认为服务业就业份额的变化是一个纯粹的价格效应，因为当用不变价格测度时最终需求的服务业份额没有发生改变，而当用当时价格测度时，最终需求的服务业份额有所增加。同样，就业中的服务份额上升不是来源于对服务真实需求的改变，而是由于服务生产率增长的缺乏。如果服务业中的工资增加与经济体中平均工资增长率一致，但服务业技术滞后。例如，服务业生产率增长速度比其他部门更低，或者根本不增长，那么用当前价格测度的服务产出份额将上升，即使用不变价格测度的对服务业的最终需求保持不变。用当前价格测度的服务业产出份额增加理所当然反映的是技术滞后，而不是对服务最终需求的增加。

Boskin 等（1998）认为由于一些产品，像微波炉、个人电脑等进入居民消费价格指数（CPI）体系比较迟，这样，当它们进入市场后，它们的价格下降了 80% 左右。这种体系导致 CPI 每年上升 0.6%，从而使价格估计过高，过高的价格估计反过来使真实产出的增长被低估，从而使服务产业生产率被低估。

但是也有一些学者对上述观点提出了质疑。Appelbaum 和 Schettkat（1999）认为真实需求的服务份额不变假设只有在服务需求价格弹性为零，或者负的服务需求价格弹性效应刚好被正的服务需求收入弹性效应所抵消时才成立，而不仅仅是鲍莫尔所言的服务最终真实需求份额不变是由用不变价格和当时价格测度造成的。

Curtis 和 Murthy（1998）用 1977—1992 年美国、法国和德国的 NIPA（经常收入）数据估计了服务需求的价格弹性和收入弹性，得出的结论是服务需求的收入弹性大于 1，而服务需求的价格弹性较小，两者之和为零的概率很小，也就是说，服务需求的价格弹性不能被服务需求的收入弹性所抵消，即 Appelbaum 和 Schettkat（1999）所认为的服务最终真实需求不变赖以存在的前提条件不满足，所以鲍莫尔仅仅从价格水平来推测服务最终真实需求不变的依据是存在缺陷的，进一步地说，仅仅从服务产业相对制造产业具有更低的生产率水平来说明服务业就业份额的变化，这掩盖了服务产业内各部门的真实联系所导致的就业份额变化，从而不能从服务产业的内部联系来说明其内部结构调整和结构优化。

　　Baily 和 Solow（2001）认为度量服务部门生产率的挑战是服务产出很难反映服务的质量水平，因此，服务产出可能经常被误测。此外也很难得到可靠的服务部门的资本投入，这也是人们很少去测度服务部门资本生产率而去测度服务部门的劳动生产率的原因，所以，服务部门的生产率经常被忽视。

　　Bosworth 和 Triplett（2004）认为正是由于服务产出存在被严重低估的情况，鲍莫尔的服务业生产率低于制造业生产率的假说和由此推导出来的鲍莫尔成本病假说可能并不存在。事实上，由于知识经济时代的到来和服务贸易自由进程的加快，传统服务业充分吸收现代信息通信技术而成长为现代服务业，现代服务业更主要的是作为中间投入品被消费，服务业的生产率水平得到了很大程度的提高，甚至在某些行业和部门超过了制造业，因此，鲍莫尔成本病可能被治愈。

　　由此可见，服务业的生产效率是能够得到有效提高的，尤其是为制造业投入的生产性服务业。生产组织方式、激励机制等发生变化，促使生产效率得以"真实"提高。首先是专业化分工的深化。生产性服务诸如研究设计、供应链管理、市场和客户服务等，都是高度专业化的知识密集型服务，每一项业务需要的专业能力积累和人力资本构成不同，以往由内部提供，业务量有限，不可能形成高度专业化的团队。而外包给专业服务企业，可以显著提高专业化水平。其次是扩大规模经济效应。单个企业对生产性服务的需求有限，而且往往具有间隔性。以售后服务为例，推出新产品后一段时期需求较大，此后趋于稳定。专业化的客户服务公司能为多家企业错期提供服务，需求峰谷互补，达到规模经济。有了足够规模，就能够使用最先进的设备和聘用更专业的人才，降低成本并提供更好的服务。最后是促进人力资本能力积累。专业化有利于工作能力的提高，这种现象在 IT 行业最普遍。专业化 IT 企业中的员工有机会参与不同项目，能力积累很快。如果一家企业自建 IT 系统，技术人员就要守着一个不变的系统进行维护类的工作，因此很难留住优秀的技术人员。还有一类服务是企业中的非核心业务，如已中止业务的老客户服务、保洁保安服务、餐饮服务等，员工没有好的升迁前景，没有自豪感，缺乏激励，难以管理。如果将这些业务外移出去，交给专业公司提供，这些业务就是专业公司的主业，员工有更多的发展机会和充足的激励。

## 第三节　现代服务业发展的决定因素与影响

### 一、服务业发展的决定因素

　　服务业的发展受供给和需求两个层面的因素影响。供给层面的因素主要包括影响服务产业自身发展的各种政策，如一个国家政府对于服务业的管制，以及法治水平对服务业的影响等，而需求层面的因素则更多的是其他相关产业的发展情况。

#### 1. 供给层面

　　（1）政府。由于政府的特点和服务业本身的一些特性，政府规模过大对于经济增长的阻碍作用在服务业部门体现得更明显（汪德华等，2007）。

　　第一，Mattoo 等（2001）的研究证实，服务业的自由进入和开放对于服务业发展非常重要，然而对于许多国家的政府来说，一些服务行业经济属性之外的兼有属性可能会被过分看重，从而对其实行国有垄断经营。例如，金融行业涉及国家的金融安全问题，电信行业涉及国家信息安全问题，文化传媒行业往往涉及意识形态问题，等等。因此在许多国家，这些服务部门都是国有垄断经营，不允许民间资本和外资进入，而这就可能抑制这些行业的发展。

第二，相对于其他行业，在许多国家中服务业都是被管制最多的行业。自然，政府规模过大的国家更倾向于对服务业加强管制，但过度的管制可能会阻碍服务业的发展。Eschenbach 等（2005）对东欧和中亚 24 个转型国家的研究表明，放松服务业管制，极大地促进了这些国家服务业的发展。

第三，相对于私营部门，公共部门的利润动机往往较弱，其服务外化的动力往往不足。由此在政府控制较多的经济资源时，独立的外部服务业所能获得的市场空间可能相对较小，政府的公共支出甚至会介入许多可以市场化的服务部门，挤出私营部门，从而导致这些服务行业发展不足。

第四，在政府对经济运行有较强控制能力，尤其是其自身可以进行投资或者能够控制投资流向时，出于拉动经济增长或增加税收等方面的考虑，往往有很强的动力对大型工业企业进行投资或者提供相应的优惠。例如，在日本、韩国等东亚国家的经济发展过程中，政府都采用了扶持工业发展的产业政策。与之相反，由于服务业一般规模较小，在拉动经济增长方面很难起到立竿见影的效果，政府从中征税也较为困难，因此政府往往缺乏动力给予服务业必要的扶持。

在一般意义上，政府规模过大所造成的市场扭曲，无论是其他产业服务功能的外化，还是对服务需求的有效供给，或者在国际分工中发挥自己在服务行业的比较优势，都可能受到阻碍。在某些情况下，政府甚至会倾向于采取措施促进工业发展，从而降低服务业比重。

（2）法治。按照 North（1981）的看法，当一个国家具备良好的制度时，一是可以限制政府和各类精英群体对私营部门的掠夺行为，为社会提供良好的私人财产保护，从而可以促进私营部门在物质资本和人力资本上的投资，进而促进经济增长；二是可以提供一个高效的司法体系作为第三方，解决私营部门之间，以及其与公共部门在契约签订和执行上的纠纷，从而促进社会分工和交易，进而促进经济增长。按照 Acemoglu 等（2005）的定义，前者可以称为"财产保护制度"（property rights institution），后者可称为"契约维护制度"（contracting maintenance institution）。相对于其他产业，服务业一些独特的产业特性决定了其发展更为依赖外部契约的执行环境。

第一，服务业产出具有无形的特征，其消费和供给往往同时完成。在服务交易的过程中，需求方既无法在交易之前对服务产品质量进行检验，又很难在事后对其质量进行有效的评估。如果从供给方的角度来考虑，由于服务产出的无形性，对其产出的保护更为困难。例如，研发活动的结果往往只是无形的知识或商业秘密，而这些复制产出的边际成本非常低，从而增加了在交易中对其保护的难度。在这样的情况下，独立的司法体系如能有效地发挥第三方契约执行功能，将会极大地缓解服务交易的这一困境。

第二，服务业的产出往往缺乏一个统一的评价标准，大多数都是个性化的定制产品，差异化、多样性是服务业的关键特征。一个有组织的交易市场对于服务业更为缺乏，因而服务业主要是采用个性化的交易方式。这种个性化交易很容易造成交易双方的相互锁定。在外部法律环境难以保证契约得到有效实施的情况下，服务交易的双方锁定威胁及其伴随的机会主义行为，实际上就可能导致交易不会发生。

因此，与其他产业相比，服务业在更大程度上是 Clague 等（1999）所说的"契约密集型产业"，即服务业的生产和交易将涉及更为密集和复杂的契约安排，类似于金融、保险、不动产、商务服务等服务行业。作为一种契约密集型产业，服务业的发展更需要一个良好的外部制度环境提供保护。在其他条件相同时，一国的契约维护制度质量越差，交易双方潜在的机会主义行为就越可能发生，预期到这一点，涉及契约密集型服务产业的分工和交易就越不可能发生。

## 2. 需求层面

（1）收入。Chenery 和 Syrquin（1975）通过不同国家之间的服务份额对人均收入水平进行回归，发现服务份额对人均收入水平存在一个显著的系数，而且还发现服务份额与人均收入水平之间的关系在不同国家之间是不同的。Chenery 和 Syrquin（1975）对服务产出份额与人均收入水平及人均收入水平的二次方做了进一步回归分析，发现两者之间的关系是凹向原点的，也就是说，服务份额随着人均收入的增长而增长，但是增长的速度在不断下降。

Fuchs（1982）发展了一个模型，实证检验了当人均收入很低时，服务就业份额趋于零，当人均收入很高时，服务就业份额趋于 1 这样一个假设，检验结果说明美国服务业发展的数据与他发展的服务就业份额模型拟合得非常显著。Kongsamut 等（2001）也发现服务业的产出份额与人均收入水平之间存在显著的线性关系。

Eichengreen 和 Gupta（2012）考察了服务部门的相对规模如何随着增长过程发生改变。第一，服务业的部门增长有两波。服务部门的产出份额在相对适度的收入水平开始增长，但增长的速度随着增长过程而下降，直到人均收入达到 1 800 美元左右（以 2000 年的美元购买力平价）才趋于稳定状态，这是第一波。在人均收入达到 4 000 美元左右时，服务部门的产出份额在达到平衡状态之前再一次开始上升，这是第二波。第二，在 1990 年以后服务部门增长的第二波中存在一个向上的移动，也就是说，1990 年以后的第二波增长在比以前更低的收入水平基础上开始。第三，这种两波的模式，特别是中高收入国家第二波的重要性在民主制国家最显著，这些国家一般接近主要的金融中心、具有相对开放的贸易（包括一般贸易，特别是服务业贸易）。直觉地说，在所有收入水平，特别是在具有更高收入水平时第二波服务部门份额的增长反映了具有中高收入水平国家现代服务部门（金融、通信、计算机、法律、技术和商业）的专业化。

但是也有学者对这些命题提出了质疑。Kuznets（1957）认为国民总产出中的服务产出份额并不随人均收入水平变化而产生显著的变化。Falvey 和 Gemmel（1996）认为虽然服务具有收入需求弹性的假设在早期的实证研究中能够找到证据支持，但随着方法的改进和数据的优化，这种假设在近期实证研究中没有得到支持，他们运用 60 个国家的截面优化数据，重新估计了服务业需求的收入和价格弹性，结论表明，就整体而言，服务业并没有表现出需求的收入弹性，但不同的服务产业部门其需求的收入弹性变化很大。

在具体的服务收入弹性测算上，不同的学者利用统计数据得出了不同的结果。Fuchs（1968）的研究表明，美国 20 世纪 60 年代整体服务的收入弹性为 1.12；Houthakker 和 Taylor（1966）估计私人服务收入弹性在 0.5~2.2，大多数服务的收入弹性接近 1；Inman（1979）估算政府服务收入弹性为 0.6~1.2；Summers（1985）对 1975 年 34 个国家的各类服务业的收入弹性进行估算，结果为 0.912~1.458，总体服务收入弹性为 0.977；Grubel 和 Walke（1988）认为，服务需求的收入弹性并不高，平均来说大约等于 1；Bergstrand（1991）、Falvey 和 Gemmell（1991）估计的服务收入弹性大于 1。

当然，产生这些分歧的关键点在于统计对象和数据采集上的差别，如果把服务业只当作最终消费品进行研究，那么服务业的需求显著地与人均国民收入水平和需求收入弹性相关，但是如果把包括中间产品和服务贸易产品在内的服务业最终需求作为研究对象，那么服务业的需求并不一定与人均国民收入和需求收入弹性显著正相关，因为服务业作为中间产品的需求和作为贸易产品的需求还与其产业关联度和服务贸易自由度相关。

（2）产业联系。制造业发展增加了对服务业的市场需求，从而拉动了服务业的发展。这主要可以从服务业规模的扩大、服务质量和效率的提高这两个方面来体现。

第一，制造业发展带来的需求增加扩大了服务业的规模。在工业化早期，由于制造业本身规模较小，因此无法形成对服务业较大的需求，外部服务提供商缺乏生存空间。因此，在这种情况下，大多数企业都倾向于自我服务，即普遍追寻"大而全、小而全"的发展模式，尤其是一些市场经济不发达的国家，通过构建企业集团为其内部企业提供所需要的服务，如融资、管理咨询、法律等。因此，服务业往往隐含在制造企业内部。在这种情况下，不仅服务业被明显低估，而且也会使外部小规模服务提供商缺乏市场和竞争力，从而无法形成专业化的服务市场。随着制造业发展水平的提高，服务业的市场空间越来越大，市场容量的扩大使专业化分工进一步加剧，并逐步脱离制造业而形成单独的产业。Bhagwati（1984）发现，生产过程在国内和国际都在不断地分化，因此原来在制造业内部的服务业现在正逐渐分离出来，从而导致服务业比重不断增加。更重要的原因是制造业的结构转型使得生产过程中对中间服务性投入的需求也越来越多。他进一步指出，ITC产业的发展在这种分化中起着重要的作用。此后更多的研究（Francois，1990；Rowthorn，Ramaswamy，1999；Klodt，2000）也支持了他的结论，认为制造业作为服务业发展的中间需求对服务业发展起着非常重要的作用。

第二，制造业产业特性差异和竞争力提升的内在要求也有助于提高服务质量和效率。Guerri-eri和Meliciani（2005）指出，不同的制造业特性对服务业的要求也具有较大的差异性。他们的研究认为，一些技术密集型和知识密集型的制造业企业，如计算机通信、电子设备、化学工业和医药制造业等，对服务业的需求更多，尤其是金融保险和商务服务等；而另外一些劳动密集型制造业，对服务的需求则相对较少。这也就意味着，随着制造业技术水平的不断提高，对高端服务的需求也日益增加，从而为高端服务提供了更多的市场，因而有助于服务提供企业提高服务质量和效率。而一些劳动密集型企业随着市场竞争程度的增加，也需要在全球价值链中提升其国际竞争力，因而也需要增加其高级要素投入来提高生产率，这也促进了服务业整体水平的提高。整个经济的运行也为服务产品质量的提高和效率的提升奠定了基础。制造业的发展使社会专业化分工更细，使规模经济成为可能。可编码的、标准化的服务活动随着规模扩大成本不断降低，因此服务业自身的效率也得到了极大提高。

## 二、服务业发展的影响

### 1. 制造业的效率提升

案例专栏 12-1

### 服务业如何提升制造业的效率

有学者曾经讲过一个传统的服装行业在现代服务业的支撑下提高国际竞争力的故事。世界大约有28%的服装属于尖端服装，一件新款服饰晚一天销售要贬值7%，早十天销售可以节省这7%，同时还可以增加13%的利润。因此，减少服装上市的前导（从设计到销售）时间，用最快的速度将流行的成衣推向市场是服装行业竞争的核心，而这需要大量高级生产者服务的投入。西班牙的莎拉服装公司，在自己的400家缝纫工厂和高科技裁剪工厂之间，修起了200千米的地下隧道，用于加快物流运输，同时全程控制各家分店，将各家店当日销售最好的几个款式的信息迅速传到总部，200 名设计师组成的团队迅速对热销产品适当改良，用最短的时间设计出类似的款式，迅速推向市场，从而减少服装的前导时间。莎拉服装公司在资金、人才、技术上都不具备非常明显的优势，却在几年内成为与路易·威登、范思哲比肩的世界级时装公司，主要原因就在于通过高级要素，如设计和物流等生产者服务的投入，加快了对市场的反应能力，最终提升了效率。

　　上述案例充分说明服务业可以促进制造业效率的提升。日本学者并木信义（1990）指出，"国际竞争的舞台中相互角逐的是制造业产品，而服务业则在制造业的背后，间接地规定着制造业的产业竞争能力"。目前世界发达国家制造业的充分发展，已经呈现出高度的"服务化"新趋向，即在制造业的附加值中，有越来越大的比重来源于服务业，而不是加工制造过程，如 GE 公司明确提出要由制造业公司转变为服务业公司，并且已经进行了战略调整。制造业的效率提升和竞争力增强，不是来自制造业本身，而是来自其高级要素——服务业的投入。

　　作为高级生产要素，服务业不仅降低了制造业的生产成本，也降低了交易成本，对制造业效率的提升和竞争力的增强有着明显的促进作用。大量研究都表明了这一点。Hansen（1990）指出，在柔性的知识技术主导型生产体系中，服务业无论是对于制造业内部的某个部门还是对于独立的企业，在扩展劳动分工、降低制造业成本、提高劳动生产率等方面都发挥着关键性的作用。Glasmeier 和 Howland（1993）也发现，一个地区内生产性服务业的发展提高了该地区其他产业的竞争力。我们认为，其中的作用机理主要源自三个方面。

　　第一，制造业环节和服务业环节相分离降低了制造业的固定成本。专业化的分工使服务业不断发展，制造业有机会在市场上获得较为专业化的服务，这就使制造业能够专注于基于核心技术的制造业务，而将其非核心的服务环节，如法律服务、金融服务等外包给专业性服务型企业，这使服务环节逐步从制造业企业中分离出来。由于服务环节的装置成本（set-up cost）相对较高，因此，将这些本身不太擅长经营且平时不太经常使用的服务环节外包出去交给专业化服务公司，可以将企业的这些固定成本转化为可变成本，这在很大程度上降低了企业生产总成本。Abraham 和 Taylor（1996）认为，企业也更愿意通过外部市场来购买专业化的服务而不愿意进行内部自我提供，其主要原因在于外购可以节约劳动力成本，并使得服务业能进行专业化生产。

　　第二，服务要素投入的知识密集特性可以降低制造业的生产成本，并且增强制造业控制市场的能力。服务业具有难以竞争、模仿以及能可持续创造价值等特性，尤其是生产性服务，含有大量的知识资本、技术资本和人力资本。服务业能把这些日益专业化的知识资本、人力资本和技术资本导入商品生产过程，从而在增强现代生产过程迂回性的同时使资本进一步深化，这不仅提高了服务业投入在制造业效率中的贡献，也提升了生产过程中其他生产要素的生产率（刘志彪，2006）。Markusen（1989）指出，服务业具有知识密集和差异化这两个特性。知识的获取需要大量的最初投资，但此后边际成本较低，因此就产生了规模经济，有能力使其产品差异化的企业拥有较强的市场势力，从而使服务业形成垄断竞争的市场结构。服务业所呈现出的这种市场结构特性，与当代处于寡头市场格局的制造业相互融合，无论是在产出能力和技术水平方面，还是在控制市场的能力和增值的幅度方面，都有别于传统制造业的发展模式，因而能够大幅度提高制造业的附加值和国际竞争力。

　　第三，服务业发展还降低了制造业交易成本。服务业发展为制造业创造了新的适宜竞争的制度环境。某些服务业，如金融服务、物流服务等，其本身就构成了制造业的交易成本，因此这些服务业的发展直接降低了融资、物流等交易成本；信息服务业等则在提供技术支持降低生产成本的同时进一步增强了企业的信息优势，例如，互联网的发展使企业可以便捷地获取各类信息，从而改变其盈利模式；专业化的商务服务，如财务、税务、法律和咨询等服务，则在保障契约实施、解决法律争端等方面提供必要支持；餐饮、住宿、邮政、通信等服务业，在为居民提供便利生活条件的同时，能够创造良好的制造业投资环境，这对外向型经济中吸引外商直接投资（FDI）有着至关重要的作用。

### 2. 服务业与经济增长

江小涓（2011）曾经举过一个例子。1980年，北京买一台17英寸黑白电视机的价格约为1 000元，聘用一位家政服务员的价格约为500元/年。简化起见，以它们分别代表商品消费和服务消费，则当时两者的比例关系为2∶1，以商品消费为主。2008年，北京买一台21英寸平面彩色电视机的价格约为1 000元，聘用一位家政服务员的价格约为15 000元/年，两者比例关系为1∶15，以服务消费为主。再简化放大为国民经济结构，则服务消费占国民经济的比重从1987年的33%上升到了2007年的94%。然而对消费者来说，消费结构并没有发生实质性的改变，仍然是买了一台电视机和聘用了一位家政服务员。决定服务消费支出结构变化的是制造和服务两者比价关系的变化。

这个案例说明了实际消费结构（以消费内容衡量）和名义消费结构（以支出结构衡量）的差异。服务消费的真实增长是指服务消费"量"的实在增长。这可以从具体的服务消费类别中得到体现。

首先是消费性服务，这也包括两个增长源泉。第一是收入提高产生的服务需求，如高等教育服务、文化休闲服务、体育健身服务等。第二是技术发展提供的新业态和新品种，如随着互联网的兴起而衍生出来的各种服务，包括网络游戏、在线视频和在线购物等。第三是制造产品的增加所带来的关联服务消费，如汽车服务、通信服务等。

其次是生产性服务，主要是制造业发展和升级所引致的服务需求量的增加。技术变化、产业组织变化和最终需求的变化给生产性服务带来了较大的需求。随着科技进步，新产品、新设计、新的加工工艺等不断出现，生产性服务作为中间技术投入源源不断地供应给农业、制造业甚至服务业自身。制造业越来越复杂的分工体系，要求有密集的服务网络如物流服务、供应链服务等将其联结成协作体系。产品复杂性的不断增加，要求有方便快捷的客户服务如培训服务、售后服务等。

最后是公共性服务，这主要体现在以下几个方面。第一是生活水平的提高使得人们的需求层次有所提高，对安全、教育、医疗等有了较大的需求。第二是城市化水平的提高。城市化的不断深入要求公共基础设施、社会保障体系等进行相应的配套，这使得公共性服务需求也得到了空前的增长。

### 3. 服务业与经济波动

有研究表明，制造业劳动效率的长期改进速度是最高的，劳动效率变化也非常快。虽然服务业刚开始崛起的时候劳动生产率也很高，但持续地改进效率较慢。服务业效率持续改进的速度相对较慢是经济结构变化中的一个重要特征。从农业向工业转变的时候，工业增长速度非常快，因为劳动效率改善速度非常快；从工业逐步向服务业过渡时，服务业效率比工业要高，但服务业的持续改善速度要慢于工业。服务业劳动生产率持续提高的速度慢于工业时，如果把过多的资源配置于服务业，就会出现经济增长速度放缓的现象。

服务业可以划分为传统服务业和现代服务业。在传统生产方式下，工业能够产生规模扩张的生产领域较多，其劳动生产率持续提高的空间较大，而传统服务业手工劳动的小规模经济较多。一旦突破规模扩张的约束，如出现连锁、通过分工深化形成的国民扩张之道，劳动生产率也会出现持续提高。

服务业占比的提高导致经济发生结构性转变，能够有效熨平宏观经济的波动。Fuchs（1968）通过计算 1957—1965 年美国经济扩张期和收缩期的就业及产出变化率的趋势净值，指出服务业对产出和就业周期性的波动不敏感，Cuadrado-Roura（2001）从波动性、一致性和同步性三个方面计算了西班牙服务业的标准差和相关系数，发现服务业的波动只有制造业的 1/3。Eggers 和 Inoannides（2006）发现产业结构的变换可以解释宏观经济约一半的稳定性，而波动性较大的制造业比重的减少和波动性较小的服务业比重的增加，在美国宏观经济的稳定中扮演了重要的角色。具体来看，服务业对宏观经济波动的熨平作用可以通过以下两个方面来体现。

第一，从产出角度来看，服务业产出比第二产业波动性小。一方面是因为消费者需求在一定时期内是稳定的，不容易受汇率和国际竞争等外来因素的冲击；另一方面是因为大多数服务业产品不可储存，生产和消费同时发生，再加上服务业属知识密集型产业而非资本密集型产业，也不容易受宏观政策尤其货币政策的影响。

第二，从就业角度来看，劳动力构成与供给具有相对稳定性。一方面是因为服务业的主要投入是人力资源，其中熟练的劳动力在短期内具有不可替代性和不可复制性，而随着技术进步，制造业劳动生产率提高使得劳动力的重要性有所下降，可以被替代，熟练劳动力的供给弹性较小，即便需求大幅度上升，也不会随需求出现大幅度增长；另一方面是服务业工资收入水平相对比其他产业要高，这也降低了其向其他产业转移的可能性。以中国为例，2009 年第一产业在岗职工年平均工资 12 958 元，第二产业年平均工资 29 832 元，第三产业年平均工资 34 335 元。服务业的从业人员多为熟练劳动力，工资水平本来就高，而较高的工资也大大降低了服务业劳动力向其他产业流动的可能性。此外，服务业可吸纳不适合在其他产业中就业的弱势群体。

### 4. 服务业与就业

早在 17 世纪，英国古典政治经济学家威廉·配第在其名著《政治算术》中认为，制造业比农业，进而商业又比制造业能够得到更多的收入。这种产业之间的相对收入差异是劳动力在产业间自由流动的原因，促进了劳动力向收入更高的部门移动。其后，又有许多经济学家对产业结构的演进和劳动力的产业分布进行理论上的分析。他们通过对经济现象的观察和大量统计资料的分析，归纳出许多关于产业结构和就业结构变动的重要结论。其中，有代表性的是英国经济学家克拉克，他在 20 世纪 40 年代所著的《经济进步的条件》一书中，根据二十几个国家各部门劳动力投入和产出的时间序列数据，总结出了经济发展中劳动力在三次产业中分布变化的规律，即随着人均国民收入水平的提高，劳动力首先由第一产业向第二产业转移。当人均国民收入水平进一步提高时，劳动力便向第三产业转移。从劳动力在三次产业之间的分布状况来看，第一产业的劳动力比重逐渐下降，第二产业和第三产业劳动力的比重则呈现上升的趋势，特别是第三产业上升更为显著。克拉克的这一观点后来被称为"配第-克拉克定理"。根据这个定理，我们可以得知：人均国民收入水平较高的国家或地区，农业劳动力在全部劳动力中所占的比重相对来说较小，而第二、第三产业中劳动力所占的比重相对来说就较大；人均国民收入水平较低的国家或地区的情况正相反。

美国著名经济学家西蒙·库兹涅茨在克拉克研究成果的基础上，通过研究大量历史经济资料，对各国国民收入和劳动力在产业间分布结构的演进趋势做了实证分析，他的研究成果也证实了配第-克拉克定理的有效性。世界银行前行长、经济学家钱纳里则通过实证研究得出结论：随着人均收入水平的提高，服务业就业比重会不断上升。他认为这是世界各国就业结构变动中表现出来的普遍趋势。

　　服务业内部包含的行业众多，既有劳动密集型行业，也有技术、资本、知识密集型行业。由于它们对劳动力的需求有所不同，故其吸纳劳动力的能力也有很大差异。西蒙·库兹涅茨在《现代经济增长》中指出，在经济增长中，商业和其他服务业吸纳的劳动就业人口不断地、有规律地增长。其中，商业和金融业是服务业中最大的部门，其次是个人服务业，再次是政府部门。Gershuny和Miles（1984）通过对欧共体国家1963—1978年服务业内部各行业就业比重变动趋势的研究发现，生产性服务业和非市场方式提供的最终服务部门（主要包括教育、医疗卫生、社会福利、政府服务等）的就业比重上升迅速，其他服务部门就业比重要么下降，要么变动趋势不明显。

## 第四节　全球价值链视角下的服务业发展

### 一、服务业全球化的动因

　　波特在分析企业行为和竞争优势时，指出企业的价值创造过程主要由基本活动（包括生产、营销、运输和售后服务等）和支持性活动（包括原材料供应、技术、人力资源和财务等）这两部分构成。任何企业的价值链都存在于一个由许多价值创造活动所组成的体系中，该体系对企业竞争优势的大小有着至关重要的作用。Kogut（1985）指出，价值链基本上是由技术与原料和劳动力的融合而形成的各种投入环节，然后通过组装把这些环节结合起来形成最终商品，并通过市场交易、消费等最终完成价值循环过程。他将价值链的分析从企业扩展到了国家层面，认为国际商业战略的表现形式实际上是国家比较优势和企业竞争能力之间相互作用的结果。

　　价值链是整个产品可根据附加值的不同分解生产的各个环节，主要是指产品从概念设计，经过各种中间环节的生产、销售乃至被最终用户使用和回收的整个过程。

　　图12-2是价值链的分解图。从生产体系的各个环节来看，附加值最高的环节是微笑曲线两端的研发设计和品牌营销，而关键零部件的制造和拥有一定渠道的分销这两个环节的附加值相对低于研发设计和品牌营销，整个价值链中附加值最低的两个环节是一般零部件的制造和加工组装环节，处于整个价值链的低端。

**图12-2　价值链各环节价值增值的"微笑"曲线**

在全球价值链视角下，服务业全球化是国际分工深化和国际产业转移的结果。20 世纪 50 年代以来，全球经历了三次国际分工的演变，也形成了三次大规模的国际产业转移。第一次国际分工是产业间分工，主要是在不同的产业间进行，促使不同要素密集的产业在不同区域集聚；第二次国际分工是产业内分工，包括同一产业内部的分工；第三次国际分工是产品内分工，分工按照同一产品的不同工序或者零部件进行分工。由这三次国际分工形成了三次大规模的产业转移，第一次是 20 世纪 50~60 年代美国将纺织、钢铁等转移到日本和德国；第二次是日本将纺织等劳动密集型产业转移给东亚四小龙；第三次是 20 世纪 90 年代以来美国、日本和亚洲"四小龙"等为主体的国家或地区向发展中国家的产业转移，它们将整个产品价值链增值过程分为更细小部分，再按比较优势在全球范围内分工。

以产品内分工为基础的第三次产业转移，其实质就是发达国家或地区根据全球价值链理论在全球进行产业布局，它们控制了全球价值链中高附加值的两端，分别是研发设计和品牌营销，将低附加值的加工制造环节转移到发展中国家；而发展中国家在承接发达国家制造业外包的同时，也将部分研发设计环节主动逆向外包给发达国家，以利用发达国家的先进资源。

从价值链不同环节来看，研发设计和品牌营销主要都是服务环节，因此，无论是哪种形态的产业转移，最终都以服务贸易和服务外包的形态表现出来，服务业发展也因此有了全球化的趋势，而这种服务产业的全球转移也是因信息技术发展得以支持的。信息技术的发展使得传统上来看不可贸易的服务产业具有了可贸易的特征。

随着全球产业转移，发展中国家陷入了国家大买家主导的俘获型全球价值链中，在短期获得了较低的附加值（当然也有可能相对于发展中国家相对较低的投入来说，这个相对的附加值并不是很低），但这是发展中国家迅速融入全球价值链，参与国际分工的最佳途径，从长期来看，有助于发展中国家吸收先进的技术和知识，从而实现向产业链高端的攀升。

## 二、服务业全球化的表现

### 1. 服务贸易

在开放视角下，现代服务经济发展也随着世界经济一体化的不断深入而表现为服务业全球化趋势，并且在服务贸易和服务 FDI 上表现出与制造业全球化不同的特点。

1994 年 WTO 签署的《服务贸易总协定》中将服务贸易定义为：跨境进行服务教育的商业活动，主要体现为服务进出口、商业存在和自然人流动等贸易形式。只有在"生产要素的流动目的明确、交易不连续和持续时间有限"的前提下，才能视为服务贸易，并且将服务贸易界定为 4 种提供方式。

第一，跨境交付。这是指服务提供者在一成员方的范围内，向另一成员方范围内的消费者提供服务的形式。第二，境外消费。这是指服务提供者在一成员方的范围内，向来自另一成员方的消费者提供服务的方式。第三，商业存在。这是指一成员方的提供者在另一成员方范围内设立商业机构，在后者范围内为消费者提供服务的方式。第四，自然人流动。这是指一成员方的服务提供者以自然人的身份进入另一成员方的范围内提供服务的方式。

根据 WTO 的统计，服务贸易分为三大类别，即交通运输、旅游和其他商业服务，其中其他商业服务（other commercial services）主要包括通信服务、建筑服务、保险、金融、计算机和信息服务、专利、版税和许可证费用、咨询、会计、法律、广告及文体娱乐服务等。

自 1986 年"乌拉圭回合谈判"以来，全球服务贸易规模发生了翻天覆地的变化。全球服务贸易也持续高速增长，日渐成为国际贸易的主要源泉。进入 20 世纪 80 年代，服务贸易与货物贸易规模比例逐渐变大，1980 年全球服务贸易额为 7 674 亿美元，到 2019 年为 8.67 万亿美元，创下历史新高，此后受全球疫情影响出现大幅下降，2021 年服务贸易萎缩至 6.1 万亿美元，2022 年全球服务贸易额为 7 万亿美元，同比增长 15%。

从部门结构和地区结构来看服务贸易也存在着一定的不平衡性。从服务贸易的结构来看，交通运输、旅游与其他商业服务这三类中，其他商业服务是增长最快的类别。1980 年，服务出口中三大类别比例分别是 36.8%、28.4% 和 34.8%。20 世纪 90 年代以来，传统的运输服务和旅游服务的贸易占全球商业性服务贸易的比重逐渐下降，包含很多新兴服务的"其他商业性服务"的比重逐渐上升。2011 年，交通运输、旅游与其他商业服务的比例分别为 20.6%、25.6% 和 53.7%，其他商业服务比例提高了 18.9 个百分点，这说明服务贸易在规模不断增加的同时，其结构和竞争格局也发生了较大的变化，全球服务贸易正逐渐由传统的以自然资源或劳动密集型为基础的服务贸易转向以技术、资金、知识密集型为基础的现代服务贸易。2021 年，全球商业服务贸易同比增长 16%，这得益于运输服务业（35%）需求的复苏和其他包括金融、商务服务的其他服务（12%）在数字技术下的恢复。2021 年，数字交付服务为 3.71 万亿美元，比 2019 年高 30%。从服务贸易主体看，发达国家在服务贸易中占据主导地位，服务贸易进出口前 40 位的主要是发达经济体，占所有服务进出口总额约 90% 以上。美国是最大的服务贸易国家，2021 年服务贸易进出口总额为 13 015.91 亿美元，比 2020 年增长 11.63%，其中出口额为 7 665.7 亿美元，进口额为 5 350.21 亿美元，服务贸易顺差超过 2 300 亿美元。欧盟 2021 年服务贸易出口额也增长了 13%，服务贸易额为 1 318 亿美元。

中国服务贸易长期保持较好趋势。2012—2022 年，中国服务业一直快速增长，10 年内年均增长 6.1%，高出全球增速 3.1%，服务贸易额赶超了英国和德国。2021 年，中国服务贸易进出口总额约 7 735 亿美元，已经连续八年排名世界第二，服务贸易逆差缩小至 308 亿美元。

### 2. 服务业外商直接投资

20 世纪末以来，随着对外直接投资和跨国公司的发展，服务业国际转移正在全球化中扮演着越来越重要的角色。2004 年 9 月，联合国贸易和发展会议（UNCTAD）发布了题为《2004 年世界投资报告：向服务业转移》（World Investment Report 2004：The Shift Towards Services）的报告，报告指出全球对外直接投资已经转向服务业，并且表现出其固有的特点与趋势。

服务业外商直接投资（FDI）从本质上是随着国际分工的深化和开放程度不断提高的跨国公司进行全球战略扩张的产物。随着越来越多的跨国公司在海外建立研发、营销、人力资源管理、资金运作等服务中心，这种企业内部组织协调不再是简单的生产要素空间再配置，开始演变为一种全球产业组织运行的方式。随着国际分工形式由产业分工向产品内分工转化，生产和贸易都开始转向以要素分工为主体，因此生产要素的质量、价格和可获得性开始成为决定生产和出口竞争力的重要因素。各种生产要素的流动具有明显的差异。一般来说，技术、资本等生产要素跨国界流动障碍较少，而劳动力等生产要素的流动性相对较差或者无法流动。新一轮国际产业转移主要表现为可流动的生产要素追逐不可流动的生产要素，以实现资源在全球的重组与整合，进而表现为服务业 FDI 的形式。

服务业 FDI 的本质即新一轮的服务产业转移，这些价值链中高附加值的服务环节，如研发设计、品牌营销等，在对制造环节进行控制时，在"沟通成本最小化"的约束条件下，需要基于"客户—供应商"关系进行"面对面"的交流和沟通，因此往往会跟随到距离其制造基地较近的地区，因此，接受制造业 FDI 较多的地区，其他国家对该地区的服务业 FDI 也相对较多。Erramilli 等（1993）的研究表明，跨国公司是否到其他国家进行服务业投资取决于该国与本国的文化相似度、国家风险指数、公司规模和所处的行业。Raff 和 Ruhr（2001）对美国企业在海外服务业 FDI 的分布进行了一项研究，他们构建的模型说明政府限制、文化差异和不完全信息等是公司进行服务业 FDI 时所要考虑的重要因素，因此，服务业 FDI 具有明显追随下游制造业 FDI 的倾向。此项研究也得到了 Banga（2005）的支持。

从 20 世纪 70 年代开始一直到 2008 年全球金融危机爆发，服务业 FDI 总体呈上升趋势。20 世纪 70 年代，服务业对外投资占世界对外投资总量的 25% 左右，到 20 世纪 80 年代后，以服务业为主要方向的对外直接投资日益增长，以跨国投资为主要形式的新型投资方式逐渐成为服务业领域参与国际竞争的主要手段，服务业在全球跨国投资中日益显示出其显著地位，其中绿地投资略有波动，但跨境并购逐年稳步上升。服务业 FDI 在传统发展模式中主要集中在金融和贸易投资领域，20 世纪 80 年代末 90 年代初，服务业 FDI 中在金融保险和贸易领域的投资接近所有服务业 FDI 的 70%。2000 年后，这种模式被打破，金融保险份额降低到 10% 以下，贸易领域投资比重也降低至 30% 以下，通信邮电和商务配套服务业 FDI 迅速崛起。2008 年，金融危机的爆发直接降低了服务业 FDI 的规模。根据《2013 年世界投资报告》的统计数据<sup>○</sup>，2012 年全球外国直接投资下降了 18%，达 1.35 万亿美元。其中，服务业 FDI 中的绿地投资为 3 230 亿美元，同比下降 16%（同期制造业绿地投资下降幅度高达 42%）；跨境并购总额为 1 240 亿美元，同比下降 42%。这表明跨国公司对外直接投资依然十分谨慎。受全球疫情影响，全球并购交易量大幅下降，但 2022 年前五个月，全球并购交易市场规模恢复至疫情前水平，但下半年受美联储加息等宏观经济政策影响，市场进入盘整阶段，2022 年全球并购市场总交易规模为 3.8 万亿美元，同比下降 36%。

## 三、服务外包

### 1. 传统服务外包

（1）服务外包的概念界定。从 20 世纪 70 年代开始，发达国家开始在制造业领域实施"空心化"（hollowing out）战略，加速发展并跨越国境，把生产过程的不同环节转移到成本较低的其他国家，如印度、爱尔兰、以色列和中国。最初涉及的行业主要是玩具和纺织业，到 20 世纪 80 年代，电脑、办公用品、通信器材和重装备，以及 20 世纪 90 年代以后的半导体、医疗设备等，都经历不同程度的生产转移过程。直到 1990 年，Prahalad 和 Hamel（1990）才开始在理论上进行了总结，将其界定为"外包"（outsourcing）。Quinn 和 Hilmer（1994）对外包进行了完整的定义，即外包指企业在内部资源有限的情况下，将其非核心业务通过合同方式分包给其他企业，而自己则专注于核心业务的发展。外包的实质就是一种资源整合，即利用外部最优秀的专业化资源，做到降低成本、提高效率、充分发挥自身核心竞争力和增强企业对环境的迅速应变能力等。根本上而言，外包是企业面临"内部生产提供"和"外部市场购买"的选择结果。当服务业的不断发展使全球产业结构呈现出"工业型经济"向"服务型经济"的转变后，外包也开始了由制造外包到服务外包的转换。

服务外包主要是跨国公司将制造业价值链中的服务功能，如研发、设计、营销等非实体性环节，以及制造业的专业性服务，如金融、法律、人力资源管理等服务通过 FDI 或者以合约形式提

---

○　UNCTAD，World Investment Report 2013.

供给第三方经营的一种组织形式。目前,其主要内容有信息技术外包(information technology out-sourcing,ITO)、业务流程外包(business process outsourcing,BPO)和知识处理外包(knowledge process outsourcing,KPO)三种类型。据美国权威咨询公司 Gartner 的市场分析,ITO 占据了近 60% 的全球服务外包市场,BPO 约占 40%,而 KPO 才刚刚起步。

跨国公司进行服务外包的最初动机是降低成本,从而在竞争中立于不败之地。而 Kedia 和 Lahiri(2007)的研究却表明服务外包有着更深刻的内涵。他们把国际服务外包分成三种类型,分别是策略性外包(tactical outsourcing)、战略性外包(strategic outsourcing)和变革性外包(transformational outsourcing)。其中,策略性外包是短期的,其主要目的是减少发包方的投资以降低成本,因此,劳动力越便宜,高技术工人越多的国家最容易与那些降低成本欲望更强烈的企业和国家形成策略性外包关系;而在战略性和变革性外包中,发包方和承接方的主要关系是稳定且长期的。战略性外包关系主要基于发包企业专注于其擅长的领域,形成核心竞争力的需要,它们对承接服务外包企业的选择主要是看这些企业是否具有较强的学习能力,从而能累积更多的技能和经验。变革性外包是国际服务外包的最高形态,承接服务方变成了发包方风险共担的同盟者,要求进行密切合作与持续的知识分享和交流,从而使企业能够更加灵活地适应变化的市场,这要求承包者具有较多的创新型人才和世界一流的交货能力。

(2)服务外包的经济范式。随着全球化的发展,服务外包也越来越从"概念"变成一种"范式"。2005 年,弗里德曼从微观角度阐述了宏观的全球化现象,用"世界是平的"这样的比喻,希望唤醒国家、企业和个人来应对全球化的挑战。他将全球化分为三个阶段:全球化 1.0 版是"国家"的全球化,哥伦布代表国家利益探索世界,开启了 1.0 版的全球化时代,直至 1800 年工业时代的来临;全球化 2.0 版是"企业"的全球化,从 1800 年开始到 2000 年结束;而 2000 年开始的全球化则升级到了 3.0 版本,这一阶段的全球化是"个人"的全球化。前两阶段全球化的技术驱动力是远洋轮船、铁路火车、电话电报等,而在"世界变平"的全球化 3.0 时代,服务外包是其主要特征和重要的推动力。

全球化 3.0 时代孕育了巨大的外包市场。企业把工作流程与售后服务的维护等后勤工作外包,从而创造了全新的商业模式,使供应链变成一种水平式的合作,在供货商、零售商、顾客之间创造价值。随着互联网和通信设施的建设,越来越多的企业加入了离岸服务外包的行列,其发包者不仅仅是《财富》500 强中的美国、欧洲和日本的跨国公司,还包括众多的中小企业,它们主要的发包对象是那些劳动力素质较好、基础设施完善、市场化程度和开放程度较高的发展中国家。服务贸易发展较快的有商务服务计算机及相关服务、影视文化服务、互联网相关服务和各类专业服务等,涉及软件、电信、金融服务、管理咨询、芯片、生物信息等多个行业。

从当前服务外包的格局来看,发包方和承接方还主要限于发展中国家和发达国家之间的"南北合作"。发达国家最初看重的是发展中国家廉价的劳动力和相对较高的劳动力素质,策略性外包是跨国公司进入发展中国家的第一步,主要是一些技术含量相对较低的劳动密集型服务业。随着发展中国家学习能力的提高和技能的积累,跨国公司开始着力于将一些技术密集型服务外包给发展中国家,从而开始向策略性外包转化。从外包方式来看,这种"南北合作"式的服务外包主要还是由跨国公司通过 FDI 直接设立海外服务中心,并非采取直接与第三方的市场交易的模式,原因在于传统意义上的服务贸易往往会受到知识产权保护、贸易壁垒和习俗文化等因素的制约,

---

⊖　中国加入 WTO 是离岸服务外包的一个重要推动力。

而通过 FDI 方式的服务外包一方面可以绕开贸易壁垒，享受东道国的优惠政策，另一方面发包方可以对服务进行监控从而保证其服务质量。

然而，从长期趋势来看，第三方交易形式是服务外包的主流，其外包目的也越来越倾向于战略合作和风险共享，这也使服务外包格局从"南北合作"向"北北合作"转变。因此，发展中国家的低成本优势丧失，它们不仅需要与其他发展中国家，还需要与某些发达国家站在同一平台上自由竞争，这对发展中国家发展服务外包提出了新的挑战。

### 2. 逆向外包

（1）逆向外包的概念界定。2005 年 8 月《印度日报》一篇题为《为了解决飞行员短缺问题，印度和中国开始招募国外飞行员》的报道第一次提出了"逆向外包"这个名词，但是这并没有引起足够的重视。直到 2007 年 7 月，《金融时报》题为《班加罗尔的工资刺激"逆向外包"》的专栏文章的出现，逆向外包现象终于引发了媒体较大范围的关注。

在班加罗尔设立分支机构的发达国家企业中，印度工程师的工资成本上涨过快，导致发包方已经无利可图。为此，班加罗尔的硅谷初创企业 Like.com（一家图像搜索引擎公司）将其设在印度的工作岗位移回美国加州。

"逆向外包"又称为"逆向离岸外包"或"反向外包"（reverse offshoring）。不同的学者对于逆向外包给出了自己的理解。Tholons Inc.（2008）指出，逆向外包是发展中国家（如印度、菲律宾和中国等）服务提供商为了完成来自客户国（如美国、英国和日本等）的离岸服务外包交付工作，而在客户国雇用专业技术人员的现象。江小涓等（2008）则认为，逆向外包是服务外包提供商在发包企业所在的国家或者地区建立子公司或离岸中心，以寻求发包客户、开拓市场的活动。Wilson 和 Ceuppens（2011）认为，逆向外包是为了完成来自西方发达国家客户国企业的需求分析任务或者离岸外包交付业务，东欧或者亚洲的系统集成商在客户国雇用销售人员或负责人的活动，也包括西方发达国家企业将先前离岸外包的工作撤回到本土，转为在岸外包的活动。刘丹鹭等（2011）则认为逆向外包是一种由低劳动力成本的发展中国家作为主动发包者的发包过程，而Bunyaratavej 和 Hahn（2012）认为逆向外包是发展中国家作为发包方向其他国家（包括发展中国家和发达国家）提供离岸服务外包合同。

虽然逆向外包定义呈现出明显差异，但是根据外包订单的路径，可以将其分为三类活动：第一是发达国家企业将先前离岸到发展中国家的外包撤回本土进行的活动；第二是发展中国家开始成为全球外包的发包方，但是其目的是完成来自发达国家企业的发包任务，仅仅是发达国家企业充当外包主导角色下的一个子包业务；第三，部分发展中国家成为独立的发包商，是由发展中国家企业主动向发达国家的单向外包。

逆向外包的概念可以进行一般化界定：它是由传统的低劳动力成本的国家（包括发展中国家和发达国家）作为离岸服务外包发包方，为了某种目的（如完成来自客户国企业离岸外包任务或交付任务、开拓国外市场、降低成本、满足国内市场需求和创新产品等），采取直接雇用他国专业技术人员、在他国建立子公司或离岸中心和并购他国企业等的一系列战略活动。

（2）逆向外包的动因。与发达国家主导的传统外包不同，驱动逆向外包现象产生的因素更加复杂且多样，主要有以下几个方面。

第一，服务质量的满足和创新资源的获得。随着发展中国家对产业升级的要求越来越迫切，发展中国家对价值链高端的知识密集型服务人才的需求也越来越迫切，因此，寻求服务质量满足，获得创新资源，是部分发展中国家实行逆向外包最主要的驱动力。发展中国家缺乏创新人才，需要通过逆向外包来实现高级劳动要素的供给。

第二，相对成本套利。追求规模经济和低成本是服务外包的动力因素。虽然有研究者认为成本套利在近期还无法成为重要的驱动因素，但是如果引入相对质量的劳动用工成本（用工成本除以服务质量）的概念，则可解释逆向外包现象的发生。随着发展中国家尤其是印度、中国等国家用工成本的不断上升，发达国家和发展中国家的工资差距正在减小，当劳动力成本套利空间较小的时候，发达国家服务提供者能够为本国消费者提供更好的服务，因为其有语言和文化优势，因此发达国家会选择将一部分原来离岸外包的业务撤回本土。即使发达国家绝对用工成本较高，但是其服务质量也通常较高，这样相对用工成本就较低，这也会使得发达国家加大离岸服务外包撤回的速度和规模，甚至发展中国家也会主动通过逆向外包来进行成本套利。

第三，国家或者企业战略。在某种程度上，逆向外包是公司内涵式和外延式的扩张，是公司的一种特定战略决策。江小涓等（2008）认为，发展中国家的企业通过逆向外包战略，服务提供商在本土以外建立离岸中心或外包基地，吸引当地优秀员工并开拓市场，可以进一步扩大实力，有助于其成长为具有全球竞争力的跨国公司。刘志彪（2012）则将逆向外包上升到国家战略层面，认为以中国为代表的发展中国家可以模仿发达国家的发包方式，使用逆向外包战略，依靠本国的需求和市场，将存在技术困难而本国难以研发的技术向发达国家发包。

第四，管制规避或者靠近市场。Tholons（2008）指出，发展中国家通过逆向外包可以规避发达国家的签证管制，在发达国家建立基地和办事处，招聘当地工作人员，也能够更加靠近市场，方便对发达国家进行离岸交付。此外，客户在本国进行数据处理及提供知识产权服务，也有助于开发那些不希望自己的知识产权外包至境外的发达国家的更大客户群[⊖]。

## ◈ 本章小结

本章重点对服务和服务业的基本概念、特征、核算方法和分类进行了介绍，其中对传统服务业和现代服务业进行了区分，并对中美两国服务业核算差异进行了比较，这是研究服务业的基础。

本章介绍了现代经济服务化的现状及服务业的生产率，其中服务业的生产率又包括鲍莫尔"成本病"理论与服务业生产率测度。

我们分析了现代服务业发展的决定因素与影响，对哪些因素决定了服务业发展（包括供给和需求两个层面）、服务业发展对制造业及整体经济（经济增长、经济波动、就业等）的影响进行了分析。

在全球价值链视角下分析服务业全球化问题，包括服务业全球化的动因、服务业全球化的表现（服务贸易、服务业 FDI）等，还着重分析了经济全球化中的服务外包现象（包括逆向外包）。

## ◈ 思考题

## ◈ 参考文献

---

⊖    THOLONS Inc. Reverse offshoring: trend or strategy [J]. Tholons Services Globalization Review, 2008.

第十三章

CHAPTER 13

# 产业联系

产业之间的技术经济联系既是产业结构变动的基础，也是经济增长的重要来源之一。本章首先概述产业联系的含义及方式，其次介绍投入产出法的基本原理和模型，最后对产业的关联效应和波及效应进行了分析。

## 第一节　产业联系概述

### 一、产业联系的含义

产业联系也称产业关联，是指产业间以各种投入品和产出品为连接纽带的技术经济联系。各种投入品和产出品可以是各种有形产品和无形产品，也可以是实物形态或价值形态的投入品或产出品。技术经济联系和联系方式可以是实物形态的联系和联系方式，也可以是价值形态的联系和联系方式。

对产业联系的研究，最早可以追溯到法国经济学家魁奈用来表明产业间贸易关系的经济表。在此基础上，马克思提出了两大部类原理和生产、流通、分配等循环流转理论，扩展了国民经济各部门相互连接的含义。1874年，瓦尔拉斯首次使用联立方程组来描述经济的一般均衡状态，由此正式确立了产业关联的理论基础；20世纪30年代，里昂惕夫出版了《1919—1939年美国经济结构：均衡分析的经验应用》一书，建立了投入产出模型，并系统阐述了其理论，形成了一种旨在探索国民经济各部门的相互关系结构及运行规律的数量经济分析方法，产业关联分析框架得以正式确立。

产业关联分析是指借助投入产出方法，对产业之间在生产、分配、交换上发生的联系进行分析研究，为认识一国国民经济各产业部门的比例关系及其特征，进而为经济预测、经济计划和产业政策服务。产业关联分析主要采用定量的分析方法来研究上下游产业之间供给推动和需求拉动的相互影响以解释产业结构的演变规律，为制定产业政策、确立产业发展方向提供依据。对产业关联的分析不仅可以用来描述产业相互联系的状况，还可以用来解释产业结构变动的内在特征，以及在生产过程中投入产出关联的变化对产出结果的影响，所以产业关联分析对产业政策的制定有着重要而深刻的意义。

## 二、产业联系的方式

产业联系方式是指产业部门间发生联系的依托或基础，以及产业间相互依托的不同类型。产业联系方式是多种多样的，从技术经济联系的技术经济性质看，可以是技术的，也可以是经济的。所谓技术联系，是指不同产品生产过程中彼此间投入和产出的技术关系，主要借助实物形态的投入产出表反映。而经济联系主要从成本和价值形态角度考量投入产出关系，主要借助价值形态的投入产出表反映。

从产业联系的联系环节区分，产业联系可以是直接的，也可以是间接的。例如，生产汽车需要消耗的钢材构成了汽车行业对钢铁行业的直接需求；而生产汽车所需要的发动机和机床，同样要消耗钢铁，这部分钢铁就是汽车行业对钢铁行业的间接需求。

按产业间供给与需求的联系，产业联系可分为前向联系和后向联系。前向联系是指某些产业因生产工序的先后，前一产业部门的产品为后一产业部门的生产要素，这样一直延续到最后一个产业的产品即最终产品为止。后向联系是指后续产业部门为先行产业部门提供产品，作为先行产业部门的生产消耗。

除了上述从微观、静态的角度区分外，产业联系还可以从宏观和产业结构动态演进的角度区分为朝阳产业和夕阳产业。产业的发展如果随着经济的发展共同成长，则称为朝阳产业；产业的发展与经济的发展如果是此消彼长，则称为夕阳产业。高新技术产业、现代服务业都是朝阳产业，而钢铁、纺织等行业在发达国家属于夕阳行业。

从产业消耗是否构成一个封闭循环消耗路径的角度，产业联系可分为单向关联和循环关联。前者是指一系列产业部门间，先行产业部门为后续产业部门提供产品，以供其生产时直接消耗，但后续产业部门的产品不再返回先行产业部门的生产过程。循环关联是指产业部门之间，先行产业部门为后续产业部门提供产品，作为后续产业部门的生产性直接消耗，同时后续部门的产品也返回相关的先行产业部门的生产过程。国外经验研究表明，多数国家的单项产业关联表现得更显著，但随着技术的进步，循环关联的比重在不断提高。例如，煤和石油之间在传统技术条件下没有直接的投入产出关系，以煤制油产业出现以后，二者之间就形成了新的产业链。

<h2 style="text-align:center">第二节　投入产出法</h2>

## 一、投入产出法的基本原理

随着各国宏观经济管理的加强，产业联系分析已经成为一种全面且实用性强的经济模型，受到普遍重视。据不完全统计，目前世界上已有近百个国家编制了投入产出表。1968 年，由联合国统计委员会普及推广的《国民经济核算体系》（即新 SNA）一书，将投入产出核算作为国民经济核算的重要组成部分，并将其与其他核算结合起来，从而使投入产出法的应用进入了新的阶段。

近年来投入产出分析在分析对象和分析手段上有了长足的进展，如动态投入产出表、地区投入产出表、企业投入产出表和用于研究各种特殊问题（如能源、教育、环境污染、人口等）的投入产出表相继问世。在分析方法方面，将最优化理论、经济计量理论、动态控制理论与投入产出方法结合起来的研究也正在进行。

### 1. 投入产出表

典型的开放投入产出表是一张纵横交错的矩阵式平衡表格。表 13-1 是经过简化的静态价值型全国投入产出表（为简明起见，本投入产出表把产业部门划分为 6 个部分）。

**表 13-1　简化的静态价值型全国投入产出表**

| 投入 | 产出 | | | | | | | | | | | 总需求（总产品） |
|---|---|---|---|---|---|---|---|---|---|---|---|---|
| | 中间需求 | | | | | | | 最终需求 | | | | |
| | 1 | 2 | 3 | 4 | 5 | 6 | 小计 $\sum x_{ij}$ | 投资 | 消费 | 净出口 | 小计 $f_i$ | |
| 1. 农业、渔业和食品业 | $x_{11}$ | $x_{12}$ | $x_{13}$ | $x_{14}$ | $x_{15}$ | $x_{16}$ | $\sum x_{1j}$ | | | | $f_1$ | $q_1$ |
| 2. 化学工业 | $x_{21}$ | $x_{22}$ | $x_{23}$ | $x_{24}$ | $x_{25}$ | $x_{26}$ | $\sum x_{2j}$ | | | | $f_2$ | $q_2$ |
| 3. 金属加工和机械工业 | $x_{31}$ | $x_{32}$ | $x_{33}$ | $x_{34}$ | $x_{35}$ | $x_{36}$ | $\sum x_{3j}$ | | | | $f_3$ | $q_3$ |
| 4. 其他制造业 | $x_{41}$ | $x_{42}$ | $x_{43}$ | $x_{44}$ | $x_{45}$ | $x_{46}$ | $\sum x_{4j}$ | | | | $f_4$ | $q_4$ |
| 5. 矿业、建筑业、公用事业 | $x_{51}$ | $x_{52}$ | $x_{53}$ | $x_{54}$ | $x_{55}$ | $x_{56}$ | $\sum x_{5j}$ | | | | $f_5$ | $q_5$ |
| 6. 运输服务业 | $x_{61}$ | $x_{62}$ | $x_{63}$ | $x_{64}$ | $x_{65}$ | $x_{66}$ | $\sum x_{6j}$ | | | | $f_6$ | $q_6$ |
| 小计 $\sum x_{ij}$ | $\sum x_{i1}$ | $\sum x_{i2}$ | $\sum x_{i3}$ | $\sum x_{i4}$ | $\sum x_{i5}$ | $\sum x_{i6}$ | $\sum x_{ij}$ | | | | $\sum f_i$ | $\sum q_i$ |
| 折旧 $D_j$ | $D_1$ | $D_2$ | $D_3$ | $D_4$ | $D_5$ | $D_6$ | $\sum D_j$ | | | | | |
| 劳动报酬 $V_j$ | $V_1$ | $V_2$ | $V_3$ | $V_4$ | $V_5$ | $V_6$ | $\sum V_j$ | | | | | |
| 社会纯收入 $M_j$ | $M_1$ | $M_2$ | $M_3$ | $M_4$ | $M_5$ | $M_6$ | $\sum M_j$ | | | | | |
| 小计 $D_j+V_j+M_j$ | $D_1+$ $V_1+$ $M_1$ | $D_2+$ $V_2+$ $M_2$ | $D_3+$ $V_3+$ $M_3$ | $D_4+$ $V_4+$ $M_4$ | $D_5+$ $V_5+$ $M_5$ | $D_6+$ $V_6+$ $M_6$ | $\sum\limits_{D_j+}^{V_j+M_j}$ | | | | | |
| 总供给（总产值）$q_j$ | $q_1$ | $q_2$ | $q_3$ | $q_4$ | $q_5$ | $q_6$ | $\sum q_j$ | | | | | |

表 13-1 可以分割为四个部分。

（1）中间产品流量部分，即表的左上部分。这一部分是投入产出表的核心部分，反映了一个国家在一定时期内各个产业之间发生的相互提供中间产品的交易关系。在这一部分的纵栏和横栏上排列着相互对应的产业名称。从横向看，表明了各部门的产品除了自用外，分配给其他部门作为中间产品使用的情况，也就是各产业的中间需求情况；从纵向看，表明了各产业部门为生产一定的产品而消耗其他部门（包括本部门）产品的情况，也就是各产业的中间投入情况。

（2）最终需求（使用）部分，即表的右上部分。这一部分的主栏为产业部门，宾栏为最终需求的项目，如投资、消费、净出口等（根据经济分析的需要，最终需求可以做进一步的细分）。该部分从横向看，反映了各产业的产品成为最终产品的情况；从纵向看，反映了各个最终需求项目的产业部门构成情况。

（3）最终产值（毛附加价值）部分，即表的左下部分。其主栏是毛附加价值的价值构成，宾栏是各产业部门。从纵向看，反映了各产业部门所提供的毛附加价值是由哪些内容构成的；从横向看，反映了最终产值的内容是由哪些产业提供的。

（4）再分配部分，即表的右下部分。其主栏为毛附加价值（属于初次分配性质），宾栏为最终需求项目。理论上讲，该部分应反映经初次分配后，进行再分配形成最终收入，并与最终需求项目发生联系的情况。但在实践中，因收集同时反映主栏要求和宾栏要求的资料极其困难，故在编表时往往被省略掉。

如果把上述四部分综合起来考察，不难看出以下两点。

（1）第一、第二部分综合说明了各产业部门所生产的产品作为中间需求和最终需求的完整情况；或者是各产业部门产品的销售结构（去向）；或者从货币运动看，是各产业部门所生产产品的销售收入来源构成；从使用价值看，则是各产业实物形态的产品的流向结构。

（2）第一、第三部分综合说明的是各产业部门产品的生产费用结构和附加价值结构，或者可以说，反映的是各产业部门的中间投入结构和原始投入结构。因此，从实物和价值、收入和支出、投入和产出等方面双重地反映经济体系的内在复杂联系，是价值型投入产出表的显著特点。

### 2. 投入产出表中主要均衡关系

静态的价值型投入产出表用各种线性方程组来模拟现实的产业结构和资源配置过程，用于综合分析各产业之间的技术经济联系和社会经济联系，具有完整而严密的均衡体系是投入产出表的重要特征。据表13-1可以把投入产出表中各种主要的均衡关系归纳如下。

（1）各产业的总需求＝各产业的中间需求＋各产业的最终需求。用符号表示为

$$\begin{cases} x_{11}+x_{12}+\cdots+x_{1n}+f_1=q_1 \\ x_{21}+x_{22}+\cdots+x_{2n}+f_2=q_2 \\ \vdots \quad \vdots \quad\quad \vdots \quad \vdots \\ x_{n1}+x_{n2}+\cdots+x_{nn}+f_n=q_n \end{cases}$$

简记为
$$\sum_{j=1}^{n} x_{ij}+f_i=q_i \quad (i=1,2,\cdots,n) \tag{13-1}$$

（2）社会总需求＝各产业的中间需求合计＋各产业的最终需求合计。用符号表示为
$$\sum_{i=1}^{n}\sum_{j=1}^{n} x_{ij}+\sum_{i=1}^{n} f_i=\sum_{i=1}^{n} q_i \tag{13-2}$$

（3）各产业的总供给＝各产业的中间投入＋各产业的附加价值（各产业的要素投入）。用符号表示为

$$\begin{cases} x_{11}+x_{21}+\cdots+x_{n1}+D_1+V_1+M_1=q_1 \\ x_{12}+x_{22}+\cdots+x_{n2}+D_2+V_2+M_2=q_2 \\ \vdots \quad \vdots \quad\quad \vdots \quad \vdots \quad \vdots \quad \vdots \\ x_{1n}+x_{2n}+\cdots+x_{nn}+D_n+V_n+M_n=q_n \end{cases}$$

简记为
$$\sum_{i=1}^{n} x_{ij}+D_j+V_j+M_j=q_j \quad (j=1,2,\cdots,n) \tag{13-3}$$

（4）社会总供给＝各产业中间投入合计＋各产业的附加价值合计。用符号表示为
$$\sum_{i=1}^{n}\sum_{j=1}^{n} x_{ij}+\sum_{j=1}^{n}(D_j+V_j+M_j)=\sum_{j=1}^{n} q_j \tag{13-4}$$

（5）各产业的中间需求合计＝各产业的中间投入合计。用符号表示为
$$\sum_{i=1}^{n}\sum_{j=1}^{n} x_{ij}=\sum_{i=1}^{n}\sum_{j=1}^{n} x_{ij} \tag{13-5}$$

注意，各产业的中间需求一般并不等于各产业的中间投入，即
$$\sum_{j=1}^{n} x_{ij}\neq\sum_{i=1}^{n} x_{ij} \quad (i,j=1,2,\cdots,n)$$

（6）各产业的总需求＝各产业的总投入。用符号表示为
$$\sum_{j=1}^{n} x_{ij}+f_i=\sum_{i=1}^{n} x_{ij}+D_j+V_j+M_j \tag{13-6}$$

或写成
$$q_i = q_j \quad (i, j = 1, 2, \cdots, n) \tag{13-7}$$

（7）社会总需求＝社会总供给。用符号表示为

$$\sum_{i=1}^{n} \sum_{j=1}^{n} x_{ij} + \sum_{i=1}^{n} f_i = \sum_{i=1}^{n} \sum_{j=1}^{n} x_{ij} + \sum_{j=1}^{n} (D_j + V_j + M_j) \tag{13-8}$$

或写成
$$\sum_{i=1}^{n} q_i = \sum_{j=1}^{n} q_j \tag{13-9}$$

（8）各产业的最终需求合计＝各产业毛附加价值合计，用符号表示为

$$\sum_{i=1}^{n} f_i = \sum_{j=1}^{n} (D_j + V_j + M_j) \tag{13-10}$$

注意，各产业的最终需求一般不等于各产业的毛附加价值，即

$$f_i \neq D_j + V_j + M_j \quad (i, j = 1, 2, \cdots, n)$$

上述不等式说明，各产业所生产的最终产值或毛附加价值与各产业所使用（需求）的最终产品一般是不一致的。由投入产出表中的均衡关系得知，投入产出表和国民收入核算之间在理论上保持了严格的一致性。

### 3. 直接消耗系数和完全消耗系数

（1）产业的直接关联度：直接消耗系数。产业经济分析中，对产业之间关联程度衡量的最直观的指标是产业的直接消耗系数。所谓直接消耗，是指在生产过程中为生产某种产品对另一种产品的第一轮消耗。在表 13-1 中，化学工业对农业、渔业和食品业的消耗，对金属加工和机械工业的消耗，对矿业、建筑业、公用事业的消耗，对运输服务业的消耗，均属于直接消耗。再如，炼钢对电力的消耗，对生铁、焦炭、设备的消耗等，也都是直接消耗。

直接消耗系数是指生产 1 单位 $j$ 部门的产品对第 $i$ 部门产品的直接消耗量。在表 13-1 中，它是用第 $j$ 部门的总产品价值去除该部门所消耗的各种产品量价值。用符号表示为

$$a_{ij} = x_{ij}/q_j \quad \text{或} \quad x_{ij} = a_{ij}q_j \quad (i = 1, 2, \cdots, n) \tag{13-11}$$

用矩阵表示可写成

$$A = X \hat{q}^{-1} \quad \text{或} \quad X = A \hat{q} \tag{13-12}$$

即
$$\begin{bmatrix} a_{11} & a_{12} & \cdots & a_{1n} \\ a_{21} & a_{22} & \cdots & a_{2n} \\ \vdots & \vdots & & \vdots \\ a_{n1} & a_{n2} & \cdots & a_{nn} \end{bmatrix} = \begin{bmatrix} x_{11} & x_{12} & \cdots & x_{1n} \\ x_{21} & x_{22} & \cdots & x_{2n} \\ \vdots & \vdots & & \vdots \\ x_{n1} & x_{n2} & \cdots & x_{nn} \end{bmatrix} \begin{bmatrix} q_1^{-1} & 0 & \cdots & 0 \\ 0 & q_2^{-1} & \cdots & 0 \\ \vdots & \vdots & & \vdots \\ 0 & 0 & \cdots & q_n^{-1} \end{bmatrix}$$

式中，$A$ 为直接消耗系数矩阵；$X$ 为中间产品流量矩阵；$\hat{q}$ 为总产品对角矩阵；$\hat{q}^{-1}$ 为 $\hat{q}$ 的逆矩阵。

在产业经济分析中，建立直接消耗系数矩阵的主要经济目的有三个：第一，反映各产业部门或各产品部门之间生产技术的直接关联程度；第二，作为各产业中间需求和总需求、中间投入和总供给之间的媒介变量；第三，为更深层次的产业关联分析提供基础数据，如计算产业的完全联系、产业的前后向联系等，均需以它为基础资料。

在产业关联分析中，除了常用到生产技术系数，还需要运用诸如折旧系数、劳动报酬系数、社会纯收入系数等经济变量。这类系数虽然经济含义各不相同，但是从计算方法看，它们与计算直接消耗系数类似。如果用符号 $a_{dj}$、$a_{vj}$ 和 $a_{mj}$ 分别代表折旧系数、劳动报酬系数和社会纯收入系数，则有以下的计算公式

$$a_{dj} = D_j/q_j \quad \text{或} \quad D_j = a_{dj}q_j \tag{13-13}$$

$$a_{vj} = V_j / q_j \quad 或 \quad V_j = a_{vj} q_j \tag{13-14}$$

$$a_{mj} = M_j / q_j \quad 或 \quad M_j = a_{mj} q_j \tag{13-15}$$

式 (13-13) ~ 式 (13-15) 中, $D_j$、$V_j$、$M_j$ 分别为 $j$ 部门提取的折旧、支付的劳动报酬和创造的社会纯收入; $a_{dj}$, $a_{vj}$, $a_{mj}$ 的经济意义分别是 $j$ 部门生产 1 单位的总产品所提取的折旧额、所支付的劳动报酬额和所创造的社会纯收入。

因为 $a_{dj} + a_{vj} + a_{mj} = \dfrac{D_j + V_j + M_j}{q_j}$,所以这 3 种系数之和为附加价值系数或最终产值系数。这三种系数的计算可用矩阵形式统一起来

$$
\begin{bmatrix}
a_{d1} & a_{d2} & \cdots & a_{dn} \\
a_{v1} & a_{v2} & \cdots & a_{vn} \\
a_{m1} & a_{m2} & \cdots & a_{mn}
\end{bmatrix}
=
\begin{bmatrix}
D_1 & D_2 & \cdots & D_n \\
V_1 & V_2 & \cdots & V_n \\
M_1 & M_2 & \cdots & M_n
\end{bmatrix}
\begin{bmatrix}
q_1^{-1} & 0 & \cdots & 0 \\
0 & q_2^{-1} & \cdots & 0 \\
\vdots & \vdots & & \vdots \\
0 & 0 & \cdots & q_n^{-1}
\end{bmatrix}
$$

$$(3 \times n) \qquad\qquad (3 \times n) \qquad\qquad (n \times n)$$

即

$$\boldsymbol{A}_\sigma = \boldsymbol{X}_\sigma \, \hat{\boldsymbol{q}}^{-1} \tag{13-16}$$

式 (13-16) 中, $\boldsymbol{A}_\sigma$ 为附加价值系数构成矩阵, $\boldsymbol{X}_\sigma$ 为附加值流量构成矩阵。

(2) 产业的间接关联度: 完全消耗系数。产业的直接关联度是从相邻两个产业的产品消耗关系来计算的。如果从整个社会产品消耗的循环关系看, 一种产品对另一种产品的消耗不仅表现为直接消耗, 还表现为间接消耗, 即一种产品通过媒介产品对另外一些产品的消耗关系。例如, 汽车生产除了直接消耗电力, 还同时消耗钢铁、轮胎、木材等产品, 而生产这些产品同样也需要消耗电力, 因此, 对汽车生产来说, 这种消耗是汽车生产对电力的第二轮消耗 (汽车生产对电力发生第一次间接消耗)。再进一步看, 在炼钢、制造轮胎、采伐木材的生产过程中, 需要消耗诸如生铁、橡胶、焦炭、工具设备等产品, 而这些产品的生产同样需要消耗电力。于是, 汽车生产就产生对电力的第三轮消耗关系 (汽车生产对电力发生第二次间接消耗)。如果我们把这个过程一直推演下去, 便会有第三次、第四次乃至第 $n$ 次的间接消耗。

因此, 间接消耗比直接消耗更进一步地涉及了产业内部的循环关系。对于间接消耗, 有必要指出以下几点。首先, 间接消耗需要经过多少层次, 并与多少种产品发生关系, 随各产品性质的不同而不同, 有的多一些, 有的少一些。其次, 有的产品对另一种产品没有直接消耗关系, 却有间接消耗关系。如船队捕鱼的生产活动, 虽然这种活动可能不直接消耗电力 (一般是直接消耗柴油等), 但是因生产柴油、木船和其他工具需要消耗电力, 所以捕鱼便会对电力发生间接消耗。最后, 间接消耗比直接消耗复杂得多, 其数值一般也数倍于直接消耗, 把直接消耗量加上间接消耗量, 就等于完全消耗量。由于完全消耗量是直接消耗量和间接消耗量之和, 相应地完全消耗系数也是由直接消耗系数和间接消耗系数两部分组成, 因此问题的关键就归结于间接消耗系数如何计算。

例如, 计算汽车生产 (设为第 $j$ 部门) 对电力 (设为第 $i$ 部门) 的完全消耗系数 $b_{ij}$, 基本思路可以照如下步骤进行。

第一步, 先求出汽车生产对电力的直接消耗系数, 设其为 $a_{ij}$。

第二步, 求出汽车生产通过各种媒介产品对电力的间接消耗系数。例如, 首先求汽车生产直接消耗钢材的数量, 设其为 $a_{1j}$, 再假设钢材生产对电力的完全消耗系数是 $b_{i1}$, 则汽车生产通过

中间产品钢材对电力的间接消耗量为 $b_{i1}a_{1j}$；其次再求出汽车生产直接消耗轮胎的数量为 $a_{2j}$，同时假设轮胎生产对电力的完全消耗系数为 $b_{i2}$，则汽车生产通过中间产品轮胎对电力的间接消耗量为 $b_{i2}a_{2j}$。把这个过程一直推演下去，直至假设汽车生产对最后一种产品（设为第 $n$ 种产品）的直接消耗数量为 $a_{nj}$，同时假设该最后一种产品对电力的完全消耗系数为 $b_{in}$，那么汽车生产通过最后一种中间产品对电力的间接消耗量为 $b_{in}a_{nj}$。因此，汽车生产对电力的完全消耗系数 $b_{ij}$ 就可以写为

$$b_{ij}=a_{ij}+\sum_{k=1}^{n}b_{ik}a_{kj} \tag{13-17}$$

式（13-17）中，$a_{ij}$ 为汽车生产对电力的直接消耗系数，而以求和形式的为汽车生产通过中间产品 $k(k=1,2,\cdots,n)$ 对电力的全部间接消耗量。应注意式中的 $i,j=1,2,\cdots,n$，即在所考察的经济体系中，各种产品或产业部门的完全消耗关系都可以由这种一般式的公式来归纳，写成矩阵形式

$$\boldsymbol{B}=\boldsymbol{A}+\boldsymbol{BA} \tag{13-18}$$

变换得

$$\boldsymbol{B}=(\boldsymbol{I}-\boldsymbol{A})^{-1}-\boldsymbol{I} \tag{13-19}$$

式（13-18）和式（13-19）中，$\boldsymbol{B}_{n\times n}$ 为完全消耗系数矩阵；$\boldsymbol{A}_{n\times n}$ 为直接消耗系数矩阵；$\boldsymbol{I}$ 为单位矩阵。

$(\boldsymbol{I}-\boldsymbol{A})^{-1}$ 称为里昂惕夫逆矩阵，其元素一般用 $c_{ij}$ 表示[$\ominus$]；从 $(\boldsymbol{I}-\boldsymbol{A})^{-1}$ 中减去一个单位矩阵 $\boldsymbol{I}$，其结果便为完全消耗系数矩阵，$c_{ij}$ 与 $b_{ij}$ 的经济含义是有差别的，前者是生产单位最终产品对各种产品的完全消耗，后者则是生产单位最终产品对某种中间产品的完全消耗，两者的差别在于前者除了包含生产单位最终产品对某种中间产品的完全消耗，还反映各部门所生产的最终产品本身。从数量上看，除了在主对角线上 $c_{ij}$ 比 $b_{ij}$ 的对应系数多 1 外，其余是完全相同的，即

$$b_{ij}=\begin{cases} c_{ij} & \text{如果 } i\neq j \\ c_{ij}-1 & \text{如果 } i=j \end{cases}$$

## 二、投入产出模型

### 1. 投入产出行模型

为了得到投入产出行模型，需要把直接消耗系数引入投入产出表中的第 1 个均衡关系，即把 $x_{ij}=a_{ij}q_i$ 引入式（13-1），得到

$$\sum_{j=1}^{n}a_{ij}q_j+f_i=q_i \quad (i=1,2,\cdots,n) \tag{13-20}$$

将式（13-20）展开，并用线性方程组表示，得

$$\begin{cases} a_{11}q_1+a_{12}q_2+\cdots+a_{1n}q_n+f_1=q_1 \\ a_{21}q_1+a_{22}q_2+\cdots+a_{2n}q_n+f_2=q_2 \\ \vdots \qquad \vdots \qquad\quad \vdots \qquad \vdots \\ a_{n1}q_1+a_{n2}q_2+\cdots+a_{nn}q_n+f_n=q_n \end{cases}$$

写成矩阵形式，即

---

[$\ominus$] 有些文献也把 $c_{ij}$ 叫作完全消耗系数，认为它与 $b_{ij}$ 是两种不同形式的完全消耗系数。

$$\begin{bmatrix} a_{11} & a_{12} & \cdots & a_{1n} \\ a_{21} & a_{22} & \cdots & a_{2n} \\ \vdots & \vdots & & \vdots \\ a_{n1} & a_{n2} & \cdots & a_{nn} \end{bmatrix} \begin{bmatrix} q_1 \\ q_2 \\ \vdots \\ q_n \end{bmatrix} + \begin{bmatrix} f_1 \\ f_2 \\ \vdots \\ q_n \end{bmatrix} = \begin{bmatrix} q_1 \\ q_2 \\ \vdots \\ q_n \end{bmatrix}$$

简写为

$$Aq + f = q$$

移项归并后，得

$$(I-A)q = f \tag{13-21}$$

式（13-21）中，$(I-A)$ 为里昂惕夫矩阵；$q$ 为总产品列向量；$f$ 为最终产品列向量；$I$ 为单位矩阵。以 $(I-A)^{-1}$ 左乘式（13-21），得

$$q = (I-A)^{-1}f \tag{13-22}$$

式（13-21）或式（13-22）称为投入产出基本数学模型中的行模型，其中 $(I-A)^{-1}$ 称为里昂惕夫逆矩阵，它对于投入产出分析很重要，因为它能表明对每一个部门的产出需求而引起的对一切其他部门的全部影响。用这一矩阵可以解释生产体系在工艺上的相互依赖性，可以从最终消费方面通过生产体系反向跟踪需求的产生。于是，有可能算出需要有什么样的产出水平才能满足最终需求的各种假设水平〔用式（13-22）〕，因而可以算出要如何变动产出水平满足和适应最终需求的各种假设变动〔用式（13-21）〕。

设 $B = (I-A)^{-1} - I$；$C = (I-A)^{-1}$，我们现在可以更清楚地说明完全消耗系数矩阵 $B$ 与直接消耗系数矩阵 $A$、里昂惕夫逆矩阵 $C$ 之间的经济联系。

总之，三者的联系可以用下列公式表示

$$B = A + (A^2 + A^3 + \cdots + A^k) = C - I \tag{13-23}$$

$$B = A + BA = A + AB = CA = AC \tag{13-24}$$

式（13-23）说明，完全消耗系数矩阵 $B$ 是直接消耗系数矩阵与各次间接消耗系数矩阵之和（式中 $A^2$ 为一次间接消耗系数矩阵，$A^3$ 为二次间接消耗系数矩阵，……，$A^k$ 为 $k-1$ 次间接消耗系数矩阵）。现对该式证明如下。

因为 $B = (I-A)^{-1} - I$，所以问题归结为证明下面公式成立

$$(I-A)^{-1} = A + (A^2 + A^3 + \cdots + A^k) + I \tag{13-25}$$

把式（13-25）两端同时左乘 $(I-A)$ 矩阵，

$$左边 = (I-A)(I-A)^{-1} = I$$

$$右边 = (I-A)(I + A + A^2 + A^3 + \cdots + A^k)$$

$$= I + A + A^2 + A^3 + \cdots + A^k - A - A^2 - \cdots - A^k - A^{k+1} = I - A^{k+1}$$

因为 $A$ 矩阵中的每一个元素 $a_{ij}$ 均为大于或等于 0 且小于 1 的数，即 $0 \leqslant a_{ij} < 1$，所以当 $k \to \infty$ 时，$A^{k+1} \to 0$。所以，右边 $= I$。故有式（13-23）成立。

对于式（13-24），同时可用 $B = (I-A)^{-1} - I$ 来进行证明。用 $(I-A)$ 左乘 $B$，整理后，得 $B - AB = A$，即 $B = A + AB$；因为 $C = (I-A)^{-1}$，用 $(I-A)$ 右乘 $C$，整理后，得 $C - I = CA$，所以 $B = CA$。

用 $(I-A)$ 左乘 $C = (I-A)^{-1}$，可得到 $B = AC$，读者可以自行证明。这样，我们就能从更广泛的意义上来认识各种关联系数的性质和功能。

## 2. 投入产出列模型

将直接消耗系数 $a_{ij} = x_{ij}/q_j$ 代入投入产出表中的第三个均衡关系〔即式（13-3）〕，可以得到

投入产出基本数学模型中的列模型, 即

$$\begin{cases} a_{11}q_1 + a_{21}q_1 + \cdots a_{n1}q_1 + y_1 = q_1 \\ a_{12}q_2 + a_{22}q_2 + \cdots a_{n2}q_2 + y_2 = q_2 \\ \quad\vdots \qquad\vdots \qquad\quad\vdots \qquad\vdots \\ a_{1n}q_n + a_{2n}q_n + \cdots a_{nn}q_n + y_n = q_n \end{cases}$$

记 $D_j + V_j + M_j = y_j$, $j = 1, 2, \cdots, n$。缩写为

$$\begin{cases} \left( \sum_{i=1}^{n} a_{i1} \right) q_1 + y_1 = q_1 \\ \left( \sum_{i=1}^{n} a_{i2} \right) q_2 + y_2 = q_2 \\ \qquad\vdots \qquad\quad\vdots \quad\vdots \\ \left( \sum_{i=1}^{n} a_{in} \right) q_n + y_n = q_n \end{cases}$$

写成矩阵形式, 有

$$\begin{bmatrix} a_{c1} & 0 & \cdots & 0 \\ 0 & a_{c2} & \cdots & 0 \\ \vdots & \vdots & & \vdots \\ 0 & 0 & \cdots & a_{cn} \end{bmatrix} \begin{bmatrix} q_1 \\ q_2 \\ \vdots \\ q_n \end{bmatrix} + \begin{bmatrix} y_1 \\ y_2 \\ \vdots \\ y_n \end{bmatrix} = \begin{bmatrix} q_1 \\ q_2 \\ \vdots \\ q_n \end{bmatrix}$$

简写为

$$\hat{A}_c q + y = q \qquad\qquad (13\text{-}26)$$

矩阵中, $a_{cj} = \sum_{i=1}^{n} a_{ij} (j = 1, 2, \cdots, n)$ 是指各部门单位总产品中的中间产品投入系数之和, 即不包括折旧系数在内的物质消耗系数之和, 也称为第 $j$ 部门劳动对象消耗系数。式 (13-26) 中, $\hat{A}_c$ 为中间消耗系数对角矩阵; $q$, $y$ 分别为总产值和最终产值列向量。

式 (13-26) 经整理有

$$(I - \hat{A}_c) q = y \qquad\qquad (13\text{-}27)$$

将式 (13-27) 两边都左乘 $(I - \hat{A}_c)^{-1}$, 则有

$$q = (I - \hat{A}_c)^{-1} y \qquad\qquad (13\text{-}28)$$

$(I - \hat{A}_c)$ 为最终产值系数对角矩阵, 矩阵中元素 $(1 - a_{cj})$ 为第 $j$ 部门最终产值系数; $(I - \hat{A}_c)^{-1}$ 为其逆矩阵, 该矩阵中的每一个元素是 $1/(1 - a_{cj})$。

可见, 投入产出列模型 [式 (13-27) 或式 (13-28)] 揭示了总产值与最终产值的相互关联关系。在已知各部门总产值的情况下, 可以通过已知的 $(I - \hat{A}_c)$ 来推算各部门的最终产值 $y$; 同样, 在已知最终产值的情况下, 可以通过已知的 $(I - \hat{A}_c)^{-1}$ 推算各部门的总产值 $q$。

### 3. 相对价格模型

投入产出表中的各列 (连同各部门的最初投入) 反映了每一个部门的全部支出。因此, 根据每一种投入的价格和有关投入系数的资料, 就能够算出每一种产品价格。例如, 第一个部门的单位总产品的价格就是由下式决定的

$$\underbrace{a_{11}p_1+a_{21}p_2+\cdots+a_{n1}p_n}_{\text{第一部门单位总产品中的劳动对象消耗含量}}+\underbrace{(a_{d1}+a_{v1}+a_{m1})}_{\text{单位总产品中的折旧和净产值含量}}=p_1$$

即

$$\sum_{i=1}^{n}a_{i1}p_i+(a_{d1}+a_{v1}+a_{m1})=p_1 \tag{13-29}$$

因为投入产出表中有 $n$ 个部门，故把它扩展到 $n$ 个部门就有

$$\sum_{i=1}^{n}a_{ij}p_i+(a_{dj}+a_{vj}+a_{mj})=p_j \tag{13-30}$$

展开后为

$$\begin{cases} a_{11}p_1+a_{21}p_2+\cdots a_{n1}p_n+a_{d1}+a_{v1}+a_{m1}=p_1 \\ a_{21}p_1+a_{22}p_2+\cdots a_{n2}p_n+a_{d2}+a_{v2}+a_{m2}=p_2 \\ \vdots \qquad \vdots \qquad \vdots \quad \vdots \quad \vdots \quad \vdots \quad \vdots \\ a_{n1}p_1+a_{2n}p_2+\cdots a_{nn}p_n+a_{dn}+a_{vn}+a_{mn}=p_n \end{cases}$$

写成矩阵形式 （$a_{dj}+a_{vj}+a_{mj}$ 记成 $\overline{y}_j$）

$$\begin{bmatrix} a_{11} & a_{21} & \cdots & a_{n1} \\ a_{12} & a_{22} & \cdots & a_{n2} \\ \vdots & \vdots & & \vdots \\ a_{1n} & a_{2n} & \cdots & a_{nn} \end{bmatrix}\begin{bmatrix} p_1 \\ p_2 \\ \vdots \\ p_n \end{bmatrix}+\begin{bmatrix} \overline{y}_1 \\ \overline{y}_2 \\ \vdots \\ \overline{y}_n \end{bmatrix}=\begin{bmatrix} p_1 \\ p_2 \\ \vdots \\ p_n \end{bmatrix}$$

简写为

$$\boldsymbol{A}^{\mathrm{T}}\boldsymbol{p}+\overline{\boldsymbol{y}}=\boldsymbol{p} \tag{13-31}$$

式中 $\boldsymbol{A}^{\mathrm{T}}$ 为 $\boldsymbol{A}$ 的转置矩阵。移项整理有

$$(\boldsymbol{I}-\boldsymbol{A}^{\mathrm{T}})\boldsymbol{p}=\overline{\boldsymbol{y}} \tag{13-32}$$

对 $\boldsymbol{p}$ 求解，可得

$$\boldsymbol{p}=(\boldsymbol{I}-\boldsymbol{A}^{\mathrm{T}})^{-1}\overline{\boldsymbol{y}} \tag{13-33}$$

因为

$$(\boldsymbol{I}-\boldsymbol{A}^{\mathrm{T}})^{-1}=(\boldsymbol{I}^{\mathrm{T}}-\boldsymbol{A}^{\mathrm{T}})^{-1}=[(\boldsymbol{I}-\boldsymbol{A})^{\mathrm{T}}]^{-1}=[(\boldsymbol{I}-\boldsymbol{A})^{-1}]^{\mathrm{T}}$$

故式 （13-33） 又可写为

$$\boldsymbol{p}=(\boldsymbol{I}-\boldsymbol{A}^{-1})^{\mathrm{T}}\overline{\boldsymbol{y}} \tag{13-34}$$

式 （13-34） 为相对价格模型。式中，$\boldsymbol{p}$ 为产品单价列向量；$\overline{\boldsymbol{y}}$ 为各部门最终产值 （又称折旧加净产值、附加价值或增加值） 系数列向量。

相对价格模型 （13-34） 研究的是单位总产品中最终产值的变动对各部门价格的连锁影响。在投入产出法所揭示的产业关联分析中，往往还需要考察某一特定部门或若干个部门产品价格的变动对其他部门产品价格的连锁影响情况，这些内容将在下面的有关章节中介绍。

## 第三节　产业关联效应分析

投入产出表提供了一个国家在特定时期内的经济运行过程和产业间相互关系的完整而系统的经济信息，可以利用它来为一国的产业经济管理提供多种服务。产业关联管理主要就是利用投入产出法这个有效工具，深刻地认识一个国家的产业现状，探索产业发展的规律，预测产业结构变

动的结果，以及制定产业发展规划。

## 一、产业关联分析：经济含义与关联效应系数

产业关联效应及其分析的提出，与主张发展中国家的产业发展必须实行非均衡增长的战略有直接的联系。这种分析方法的实质在于，通过对产业间前后向连锁效应的计量分析，找出这两种效应系数均大于其平均值的产业部门，并把它们作为经济发展战略决策中的优先部门予以扶植，目的是利用它们在整个经济系统中较强的带动和推动效应，支撑整个国家的经济发展进程。

"关联效应"是发展经济学家赫希曼提出的一个概念。现在已有人把它运用到判别战略产业的基准方面。所谓关联效应，是指某一产业投入产出关系的变动对其他产业投入产出水平的影响和波及。关联效应在产业间衔接的链条上是双向的。如果我们把生产最终产品的部门规定为前向，把生产中间产品的部门规定为后向，又假设有 3 个产业 A、B、C，它们之间的前后向关联如图 13-1 所示。

B产业　　A产业　　C产业

（中间产品）后向 ← 产业链 → 前向（最终产品）

**图 13-1　产业链条的产业间关系**

图 13-1 表明，B 产业向 A 产业提供中间产品，A 产业向 C 产业提供中间产品。这样，当 A 产业扩张（或收缩）时，如果诱发了向其提供中间产品的 B 产业的扩大（或收缩），则叫作 A 产业的后向关联效应，如果又诱发了把 A 产业的产品作为中间投入的 C 产业的扩张（或收缩），这就称为 A 产业的前向关联效应。

由于在投入产出表中，第一部分横向的数值反映的是第 $i$ 产业产品为其他各产业（包括第 $i$ 产业本身）所需求（中间需求）的情况，而纵列的数值反映的是第 $j$ 产业的产品在生产过程中对其他各产业（包括第 $j$ 产业本身）产品的消耗（中间投入）情况。所以，可以把某一产业的前后向关联度公式表示如下：

$$\text{后向直接关联效应系数向量}(\boldsymbol{L}_{\text{bd}})：\boldsymbol{L}_{\text{bd}}=\boldsymbol{i}^{\text{T}}\boldsymbol{A}；\boldsymbol{i}=(1,2,\cdots,n)\quad（下同）\tag{13-35}$$

$$\text{后向完全关联效应系数向量}(\boldsymbol{L}_{\text{bt}})：\boldsymbol{L}_{\text{bt}}=\boldsymbol{i}^{\text{T}}(\boldsymbol{I}-\boldsymbol{A})^{-1}\tag{13-36}$$

$$\text{前向直接关联效应系数向量}(\boldsymbol{L}_{\text{fd}})：\boldsymbol{L}_{\text{fd}}=\boldsymbol{A}\boldsymbol{i}\tag{13-37}$$

$$\text{前向完全关联效应系数向量}(\boldsymbol{L}_{\text{ft}})：\boldsymbol{L}_{\text{ft}}=(\boldsymbol{I}-\boldsymbol{A})^{-1}\boldsymbol{i}\tag{13-38}$$

式（13-35）~ 式（13-38）中，矩阵 $\boldsymbol{A}=(a_{ij})=(x_{ij}/x_j)$ 为直接消耗系数矩阵，矩阵中每一个元素 $a_{ij}$ 都代表第 $j$ 产业每单位产品生产对国内第 $i$ 产业产品的中间投入量；$\boldsymbol{i}^{\text{T}}$ 是单位列向量 $\boldsymbol{i}$ 的转置向量；$\boldsymbol{I}$ 为单位矩阵；$(\boldsymbol{I}-\boldsymbol{A})^{-1}$ 是里昂惕夫逆矩阵，式中每一个元素都代表第 $j$ 产业单位最终产品的生产所需国内第 $i$ 产业产品的直接和间接消耗量。

## 二、产业关联效应：事先计算和事后计算

国内在进行产业发展战略研究的过程中，对产业关联效应的分析和计算往往没有正确地选择，也没有考虑技术进步和进口因素的影响，这使得主导产业选择的正确性及可行性都受到一定程度的影响。为了说明这一问题，有必要区分事后关联效应与事先关联效应这两个要领。一般而言，事后关联效应测量和解释过去实际所发生的产业联系程度，它们能够解释由于过去的投入所导致的结构变化过程，因此事后关联效应系数的计算只需要以投入产出统计表中的国内中间产品

流量矩阵或投入系数矩阵 $A$ 为依据。事先关联效应是指导产业发展战略和投资计划的工具，它们测量和模拟计划期产业部门间现存或潜在的关联效应，所以通过事先产业关联效应分析，可以获得经济系统中潜在的投资机会的信息。这种事先产业关联效应分析是任何一类具有较长时期规划作用的经济发展战略都必须采取的。仅仅依靠过去的信息进行较长计划时限的外推，而不考虑结构的动态变化，这种经济发展战略的可信度一定是很低的。事先或计划的产业关联效应分析主要可以从以下两方面入手。

### 1. 技术进步的替代效应和制造效应

在事后产业关联效应系数的计算中，直接利用基期的投入系数矩阵 $A$ 计算前后向关联系数，意味着 $A$ 在计划期中没有技术进步所引起的替代效应和制造效应，因此主导产业的选择过程完全是以过去所发生的信息为依据，没有根据技术进步的要求和趋势对产业间的结构关系进行政策调整，据此所选择的主导产业本身也是事后分析和静态分析的结果。如果规划期较短，这种简便的处理是合理的，但是对于制定较长时间的发展战略来说，则是不适合的。

### 2. 外向型经济发展中的进口替代政策

进口替代战略是大国经济运行中的一个规律性阶段和倾向，对中国这样一个发展中的大国来说，更具有现实意义。进口替代政策对产业关联效应系数的影响是比较大的，主要表现在：进口替代政策必须塑造出对本国原先进口品产生竞争的国内产业和本国产品，在幼稚产业国内保护政策的作用下，本国产品就必定与进口品发生市场竞争关系，结果表现为一部分进口品在计划期为本国产品所替代，使计划期国内各产业间的联系效应加大。用投入产出分析的语言来说，就是表现为处在投入产出表中的某一行进口品被国内其他商品部分地代替，结果是有关进口的那一行的系数（进口系数 $a_{mj}$，$a_{mj}=M_j/X_j$，$M_j$ 为 $j$ 产业的进口量，$X_j$ 为 $j$ 产业的总投入，该系数反映国内产业的进口强度和倾向）都表现为减少，而与进口品有替代关系的矩阵 $A$ 中的其他国内商品的那些行的系数（即投入系数 $a_{ij}$）都表现为增加。所以，在实行进口替代政策的情况下，需要在产业关联系数的分析和计算中，适当地把进口替代政策效应考虑在产业关联效应系数中。

在上述两个因素中，已经考虑了技术进步所引起的制造效应和替代效应及其对 $A$ 矩阵的影响，此外，还必须从进口战略的角度考虑进口替代政策所产生的国内产业间的关联效应。就是说，原先依靠进口的产品在计划期由国内的产业生产了，由此所增加的国内产业间的联系效应在计划期就必须考虑进来，否则就会遗漏掉一些产业的前后向关联效应。

## 三、产业关联效应：动态分析

目前国内几乎所有的分析和选择主导产业的经济文献，对产业关联效应系数的计算都是采取静态的分析方法，即不考虑投资在产业间的前后关联效应，仅考虑中间投入品在产业间的前后关联效应，如本章在第一部分所提出的公式。这种分析方法固然有简便易行的优点，却存在着十分严重的缺陷。主要表现在：仅以产业间中间消耗和中间需求关系为依据计算产业间的关联效应，忽视了产业间关于投资品的投入和产业的关联效应。实际上，中间投入品的关联效应仅仅是整个产业关联关系中的一部分而绝非是全部的关联效应，产业间更重要的、更具生命力和活力的关联效应在于投资品的投入产出关联。投资品的投入产出关联不仅是产业间现行的关联关系，而且是未来产业间关系结构形成及调整的主导机制。因此，忽略产业间投资品的使用所产生的关联效应，不仅难以完整地、正确地反映产业间的真实关联度，而且仅利用一部分关联信息做出产业政策选择，极易发生政策的失误和失效。

一般而言，投资品在产业间的关联效应表现在：从产业的后向关联度来看，第 $j$ 产业要把第 $i$ 产业的一部分产出品作为投资品投入；从前向关联度来看，第 $i$ 产业要把其一部分产出品作为第 $j$ 产业的投资品。因此，资本密集或高强度使用资本的产业，其后向关联效应也较高；主要生产劳动工具、劳动手段或储备的增量较大的产业，其前向关联度也较高。

需要着重指出的是，中间投入品的产业关联效应与投资品的产业关联效应虽然是一对在理论上区别十分清楚的概念，但是在其各自的数值变化方向上可能并不十分相同。以后向关联度为例，某产业以中间投入品反映和计算出的后向关联效应系数大，其以投资品反映和计算出的后向关联效应系数也可能同样大，这一结论成立的基本前提在于必须假设投资品投入的增加过程中无技术进步，因为资本投入增加的过程中无技术进步和效率提高，所以单位产出的消耗水平也没有发生下降情况，产出水平和消耗水平只是随资本投入的相对增加而发生同比例的变化。由此可见，在投资效果系数增加或资本系数下降的技术进步条件下，以投资品投入产出关系表现的后向关联效应系数与用中间投入品反映的后向关联效应系数之间，可能就有较大的差距或不同。

为了动态、客观地分析整个经济系统中的投入产出关联效应，我们需要对本节第一部分的关联效应计算公式进行修正，其指导思想是把投资品投入统一纳入联系效应中考虑。

首先，后向关联效应系数的修正。这种修正方法首先需要定义投资系数 $b_{ij}$，它的含义是指第 $j$ 个产业部门生产单位总产出需要 $i$ 部门多少单位的投资品，即

$$b_{ij} = S_{ij}/X_j \quad (i,j=1,2,\cdots,n) \tag{13-39}$$

$$\boldsymbol{B} = \boldsymbol{K}\,\hat{\boldsymbol{x}}^{-1}$$

式中，$\boldsymbol{K}$ 是投资品流量矩阵，其经济内容包括全部用于固定资产更新投资和新增投资的产品及用作流动资产投资的产品，其经济范围既包括国内生产的，也包括基期是进口的但计划期计划进行进口替代的全部投资品。$\hat{\boldsymbol{x}}$ 是产出向量 $\boldsymbol{X}$ 的对角矩阵。

其次，需要对中间投入矩阵 $\boldsymbol{A}$ 进行一定的修正，得到 $\boldsymbol{A}^* = [a_{ij}^*]$，现在 $\boldsymbol{A}^*$ 中的每一元 $a_{ij}^*$ 都考虑了本节第二部分所提出的技术进步和替代性进口因素。所以修正后的公式是

$$\text{后向直接关联效应系数}(_b\boldsymbol{L}_d)：{}_b\boldsymbol{L}_d = \boldsymbol{i}^{\mathrm{T}}(\boldsymbol{A}^*+\boldsymbol{B}) \tag{13-40}$$

$$\text{后向完全关联效应系数}(_b\boldsymbol{L}_t)：{}_b\boldsymbol{L}_t = \boldsymbol{i}^{\mathrm{T}}(\boldsymbol{I}-\boldsymbol{A}^*-\boldsymbol{B})^{-1} \tag{13-41}$$

$$\text{前向直接关联效应系数}(_f\boldsymbol{L}_d)：{}_f\boldsymbol{L}_d = (\boldsymbol{A}^*+\boldsymbol{B})\boldsymbol{i} \tag{13-42}$$

$$\text{前向完全关联效应系数}(_f\boldsymbol{L}_t)：{}_f\boldsymbol{L}_t = (\boldsymbol{I}-\boldsymbol{A}^*-\boldsymbol{B})^{-1}\boldsymbol{i} \tag{13-43}$$

由于上述关联效应系数既考虑了技术进步因素和进口替代因素，又考虑了产业间的中间投入关联及投资关联，所以较准确地反映了产业间的现行关联程度及潜在的关联程度，并使关联效应的计算带有动态特征。其事先的动态特征表现在 $\boldsymbol{A}^*$ 和 $\boldsymbol{B}$ 中，就 $\boldsymbol{B}$ 矩阵来看，主要体现在：①重置性投资因技术进步而使投资系数 $b_{ij}$ 下降；②新增净投资因技术进步和生产率提高而使投资系数 $b_{ij}$ 下降；③整个经济系统中在计划期发生广义的技术进步而使每单位产出的投资总量和投资构成发生变化。

## 第四节　产业波及效应分析

所谓产业波及，是指在国民经济产业体系中，某一产业部门发生的变化会以不同的产业关联方式引起与其直接相关的产业部门的变化，这些相关产业部门的变化又会导致其他产业部门的变

化，依次传递，影响力逐渐减弱，这一过程就是波及。它对国民经济产业体系产生的影响就是产业波及效果，主要是通过投入产出表中某些数据的变化会引起其他数据的变化来反映。在投入产出分析中，产业波及效果的波及源一般有两类：一类是最终需求发生了变化；另一类是毛附加价值（折旧费+净产值）发生了变化。

## 一、影响力系数与感应度系数

利用投入产出表推算出来的逆矩阵系数表可以研究某一产业变化对其他产业可能产生的影响，或者该产业受其他产业影响的程度。这种研究可以区分各产业的循环和波及效应，找出发展带动作用大、结构转换功能强的战略产业。

由于产业的前后向关联及其相互关联的波及效应，任何一个产业的生产活动必然影响或受影响于其他产业的生产活动。我们把一个产业影响其他产业的程度叫作**影响力**，把受其他产业影响的程度称为**感应度**。如果我们能够用量化的办法将各产业的影响力和感应度的平均趋势做一个比较，掌握各产业在这一方面的特性，对于制定正确的产业结构政策将大有裨益。

在里昂惕夫逆矩阵系数表 $(1-A)^{-1}=C=(c_{ij})$ 上，某一产业横行上的数值表示的是该产业受到其他产业影响的程度，即感应度系数系列，它表明其他产业的需求发生变化时，该产业的生产和供给发生相应变化的程度；纵列上的数值反映的是该产业影响其他产业的程度，即影响力系数系列，它表明该产业生产和需求发生变化时，其他产业的生产和供给发生相应变化的程度。根据这种经济含义，可以用某一产业纵列上的完全消耗系数的平均值表示该产业对其他产业施加影响的平均程度[⊖]，用某一产业横行上的完全消耗系数的平均值表示该产业受其他产业影响的平均程度，并用全部产业横行或纵列完全消耗系数的平均值的再平均后所取得的数据，表示全部产业平均的波及效应。由此可得到计算产业的影响力系数和感应度系数的公式

$$e_j = \frac{\sum_{i=1}^{n} c_{ij}}{\frac{1}{n}\sum_{j=1}^{n}\sum_{i=1}^{n} c_{ij}} \quad (j=1,2,\cdots,n) \tag{13-44}$$

$$e_i = \frac{\sum_{j=1}^{n} c_{ij}}{\frac{1}{n}\sum_{i=1}^{n}\sum_{j=1}^{n} c_{ij}} \quad (i=1,2,\cdots,n) \tag{13-45}$$

式（13-44）和式（13-45）中，$e_j$ 为第 $j$ 产业的影响力系数，$e_i$ 为第 $i$ 产业的感应度系数；$i,j$ 分别代表横行与纵列，$n$ 为产业部门数目；$c_{ij}$ 为里昂惕夫完全消耗系数矩阵 $C$ 中的元素（$i,j=1,2,\cdots,n$）。

根据公式计算的结果，如果 $e_j>1$，则表明该产业的影响力在全部产业中居于平均水平之上；如果 $e_j=1$，则表明该产业的影响力在全部产业中居于平均水平；如果 $e_j<1$，则表明该产业的影响力在全部产业中居于下游水平。同样，$e_i$ 也可以做类似的解释。

---

⊖ 这里的完全消耗系数是指里昂惕夫逆矩阵中的元素 $c_{ij}$。下文如果不特殊注明，均是指这种含义。

案例专栏 13-1

# 我国 33 个部门的影响力系数和感应度系数表

根据式（13-44）和式（13-45），分别计算 1995 年我国 33 个部门的影响力系数和感应度系数（见表 13-2）。

表 13-2　1995 年我国 33 个部门的影响力系数和感应度系数

| 部门 | 影响力系数 | 排序 | 感应度系数 | 排序 |
|---|---|---|---|---|
| 农业 | 0.771 65 | 32 | 1.852 85 | 4 |
| 煤炭采选业 | 0.857 63 | 26 | 0.876 65 | 18 |
| 石油和天然气开采业 | 0.784 62 | 31 | 1.006 65 | 13 |
| 金属矿采选业 | 0.981 06 | 19 | 0.654 46 | 22 |
| 其他非金属矿采选业 | 0.926 80 | 22 | 0.735 65 | 21 |
| 食品制造业 | 0.969 72 | 20 | 0.951 48 | 14 |
| 纺织业 | 1.193 06 | 2 | 1.613 80 | 5 |
| 缝纫及皮革制品业 | 1.224 48 | 1 | 0.626 24 | 23 |
| 木材加工及家具制造业 | 1.100 31 | 12 | 0.617 18 | 25 |
| 造纸及文教用品制造业 | 1.171 64 | 4 | 1.071 50 | 11 |
| 电力及蒸汽、热水生产和供应业 | 0.873 23 | 24 | 1.095 84 | 10 |
| 石油加工业 | 1.015 95 | 18 | 0.944 98 | 15 |
| 炼焦、煤气及煤制品业 | 1.172 89 | 3 | 0.497 04 | 32 |
| 化学工业 | 1.126 61 | 9 | 2.455 82 | 1 |
| 建材及其他金属矿物制品业 | 1.059 86 | 15 | 1.211 81 | 8 |
| 金属冶炼及压延加工业 | 1.101 10 | 11 | 2.154 20 | 3 |
| 金属制品业 | 1.161 72 | 5 | 0.942 65 | 16 |
| 机械工业 | 1.089 16 | 13 | 1.278 57 | 6 |
| 交通运输设备制造业 | 1.152 27 | 6 | 1.099 19 | 9 |
| 电气机械及器材制造业 | 1.149 36 | 7 | 1.034 56 | 12 |
| 电子及通信设备制造业 | 1.038 98 | 16 | 0.798 55 | 20 |
| 仪器仪表及其他计量器具制造业 | 1.018 187 | 17 | 0.536 58 | 28 |
| 机械设备修理业 | 1.076 61 | 14 | 0.585 71 | 26 |
| 其他工业 | 1.135 09 | 8 | 0.526 08 | 30 |
| 建筑业 | 1.115 73 | 10 | 0.514 40 | 31 |
| 货运邮电业 | 0.814 01 | 27 | 1.266 78 | 7 |
| 商业 | 0.805 35 | 29 | 2.190 57 | 2 |
| 饮食业 | 0.957 06 | 21 | 0.538 00 | 27 |
| 旅客运输业 | 0.810 32 | 28 | 0.536 47 | 29 |
| 公用事业及居民服务业 | 0.804 36 | 30 | 0.881 43 | 17 |
| 文教卫生科研事业 | 0.868 89 | 25 | 0.624 28 | 24 |
| 金融保险业 | 0.702 87 | 33 | 0.848 99 | 19 |
| 行政机关 | 0.902 04 | 23 | 0.431 47 | 33 |

资料来源：国家统计局国民经济核算司 . 1995 年度中国投入产出表 [M]. 北京：中国统计出版社，1997：14-15。

表 13-3 列出了根据 2002 年投入产出表计算的各部门感应度系数中位于前 20 位的部门与影响力系数排在前 15 位的部门。

表 13-3　中国 2002 年部门感应度系数、影响力系数

| 部门 | 感应度系数 | 部门 | 影响力系数 |
| --- | --- | --- | --- |
| 批发和零售贸易业 | 4.60 | 电子计算机整机制造业 | 1.39 |
| 电力、热力的生产和供应业 | 4.01 | 文化、办公用机械制造业 | 1.32 |
| 石油及核燃料加工业 | 3.15 | 家用视听设备制造业 | 1.31 |
| 农业 | 2.99 | 其他电子计算机设备制造业 | 1.28 |
| 石油和天然气开采业 | 2.81 | 通信设备制造业 | 1.27 |
| 钢压延加工业 | 2.73 | 有色金属压延加工业 | 1.25 |
| 电子元器件制造业 | 2.67 | 皮革、毛皮、羽毛及其制品业 | 1.23 |
| 基础化学原料制造业 | 2.51 | 家用器具制造业 | 1.22 |
| 其他通用设备制造业 | 2.47 | 其他通信、电子设备制造业 | 1.22 |
| 塑料制品业 | 2.46 | 其他电气机械及器材制造业 | 1.21 |
| 金融业 | 2.19 | 船舶及浮动装置制造业 | 1.21 |
| 煤炭开采和洗选业 | 2.16 | 其他交通运输设备制造业 | 1.21 |
| 金属制品业 | 2.06 | 电机制造业 | 1.21 |
| 造纸及纸制品业 | 2.03 | 塑料制品业 | 1.20 |
| 道路运输业 | 1.94 | 汽车制造业 | 1.19 |
| 水上运输业 | 1.76 | | |
| 其他电气机械及器材制造业 | 1.72 | | |
| 有色金属冶炼业 | 1.71 | | |
| 商务服务业 | 1.69 | | |
| 合成材料制造业 | 1.69 | | |

资料来源：国家统计局国民经济核算司.2002 年中国投入产出表［M］.北京：中国统计出版社，2006：16-17。

由表 13-3 可以看出，感应度系数排在前面的部门中，批发和零售贸易业排在首位，这说明该部门对国民经济各部门的发展具有很强的制约作用。其他感应度较大的部门有农业等初级产品加工部门，能源（电力、热力的生产和供应业等）及原材料（钢压延加工业等）等基础产业部门，社会对这些部门的产品需求较大，它们的持续稳定增长，对国民经济的协调发展具有十分重要的意义。影响力系数较大的部门都集中在制造业，这些部门对国民经济的拉动作用大，对社会生产有较强的辐射作用。

另外，根据日本 1970 年的投入产出表计算，日本产业（主要是制造业）中各具体部门的性质如表 13-4 所示。

表 13-4　1970 年日本各产业的性质

| | |
| --- | --- |
| A 组：影响力高、感应度高 | 纸、印刷、出版业<br>化学制品工业<br>钢铁制造业<br>一般机械制造工业<br>电气机械制造业<br>运输机械制造业 |

（续）

| B 组：影响力高、感应度低 | 食品制造业<br>纤维制品制造业<br>木制品制造业<br>窑业土石制造业<br>金属制品制造业<br>精密机械制造业 |
| --- | --- |
| C 组：影响力低、感应度高 | 石油制品制造业 |
| D 组：影响力低、感应度低 | 煤炭制品制造业 |

资料来源：日本中央大学经济研究所. 战后日本经济：高速增长及其评价 [M]. 盛继勤，译. 北京：中国社会科学出版社，1985：15-16.

注：该表的产业分类与中国不一致。

表 13-4 中，A 组的产业属于中间需求性制造业，B 组的产业属于最终需求性制造产业，C 组的产业属于最终需求性一次性产业，D 组的产业属于中间需求性一次性产业。

总体来看，各个产业的影响力和感应度系数，在工业化的不同阶段及因不同国家在产业结构上的差别而有所区别。一般来说，在工业化过程中，不仅重化工业的感应度系数较高，而且轻工业的影响力系数也较高。当经济增长率较高时，感应力系数大的重化工业发展较快，同时影响力系数大的轻工业的发展则对其他产业的发展起到推波助澜的作用。那些影响力系数和感应力系数均大于 1 的产业，往往是对经济发展表现最为敏感的产业。不管经济发展是上升还是下降，这些产业都会有强烈的反应。20 世纪 80 年代初，中国的纺织工业、冶金工业、重化学工业、重机械工业等产业就具有这种明显的效应。这就充分证明对产业间波及效应的上述分析，对制定正确的产业政策具有极其重要的作用。

## 二、生产诱发系数与对最终需求的依赖度系数

利用投入产出的基本模型 $q = (I-A)^{-1}f$，可以对产业结构变化的原因进行深层的定量分析。这种分析可以借助于两个重要的波及系数：一个是"产业的生产诱发系数"，另一个是"产业对最终需求的依赖度系数"。

生产诱发系数是用于测算各产业部门的各最终需求项目（如消费、投资、出口等）对生产的诱导作用程度的系数。通过投入产出表计算得到的相应的生产诱发系数表有助于揭示和认识一国各最终需求项目对诱导各个产业部门作用的大小程度。

$$W_i^{(s)} = \frac{\sum_{k=1}^n c_{ik} f_k^{(s)}}{\sum_{k=1}^n f_k^{(s)}} \quad (i=1,2,\cdots,n) \tag{13-46}$$

式中，$W_i^{(s)}$ 为第 $i$ 个产业部门第 $s$ 种最终需求项目的生产诱发系数；$\sum_{k=1}^n c_{ik} f_k^{(s)}$ 表示里昂惕夫逆矩阵中第 $i$ 行的向量元素与最终需求中第 $s$ 个项目的列向量对应元素乘积之和，经济含义为第 $i$ 产业最终需求项目的诱发产值额；$\sum_{k=1}^n f_k^{(s)}$ 为第 $s$ 种最终需求项目的合计数。

生产的最终依赖度用来测量各产业部门的生产对最终需求项目的依赖程度大小，也就是说最终需求对各产业生产的直接或间接的影响程度就是生产的最终依赖度。

$$Z_i^{(s)} = \frac{\sum_{k=1}^{n} c_{ik} f_k^{(s)}}{q_i} \quad (i = 1, 2, \cdots, n) \tag{13-47}$$

式中，$Z_i^{(s)}$ 为第 $i$ 个产业的生产对第 $s$ 种最终需求项目的依赖度系数；$q_i$ 为第 $i$ 产业的总产值；$\sum_{k=1}^{n} c_{ik} f_k^{(s)}$ 含义同上。

$W_i^{(s)}$ 与 $Z_i^{(s)}$ 具有不同的经济含义和认识功能。其中，$W_i^{(s)}$ 的功能在于它可以认识某一国各最终需求项目诱发各产业生产的作用力大小。其经济含义是当总的最终需求项目的合计数（如投资的各产业合计数）增加一单位时，某一产业的该最终需求项目能诱发多少单位的生产额，换句话说，是各个最终需求项目对各产业的生产诱发了多少。$Z_i^{(s)}$ 的功能在于认识一国的产业部门的生产对市场需求的依赖程度。其经济含义是指各产业的生产受哪种最终需求项目多大的支持。有了该系数，不仅可以分析各产业的生产直接依赖于哪一种市场需求，而且可以分析间接的最终需求项目对各产业生产的影响力度，从而就产业对最终需求的依赖而存在的问题有一个清晰的了解，据此可以把各产业分类为"依赖投资型"产业、"依赖消费型"产业、"依赖出口型或依赖进口型"产业等。

图 13-2 说明了各产业的生产活动对最终需求（最终消费、资本形成总额和出口）的依赖度。其中，食品制造业，非物质生产部门，农业，机械设备修理业，缝纫及皮革制品业，电力及蒸汽、热水生产和供应业，炼焦、煤气及煤制品业，化学工业，造纸及文教用品制造业，商业、饮食业，煤炭采选业，石油和天然气开采业，石油加工业，货运邮电业，其他工业，以及木材加工及家具制造业等部门的总产出主要是由最终消费诱发的。这 16 个部门中有 14 个部门最终消费诱发的产出占本部门总产出的 40% 以上，有 5 个部门最终消费诱发的产出占本部门产出的 50% 以上。

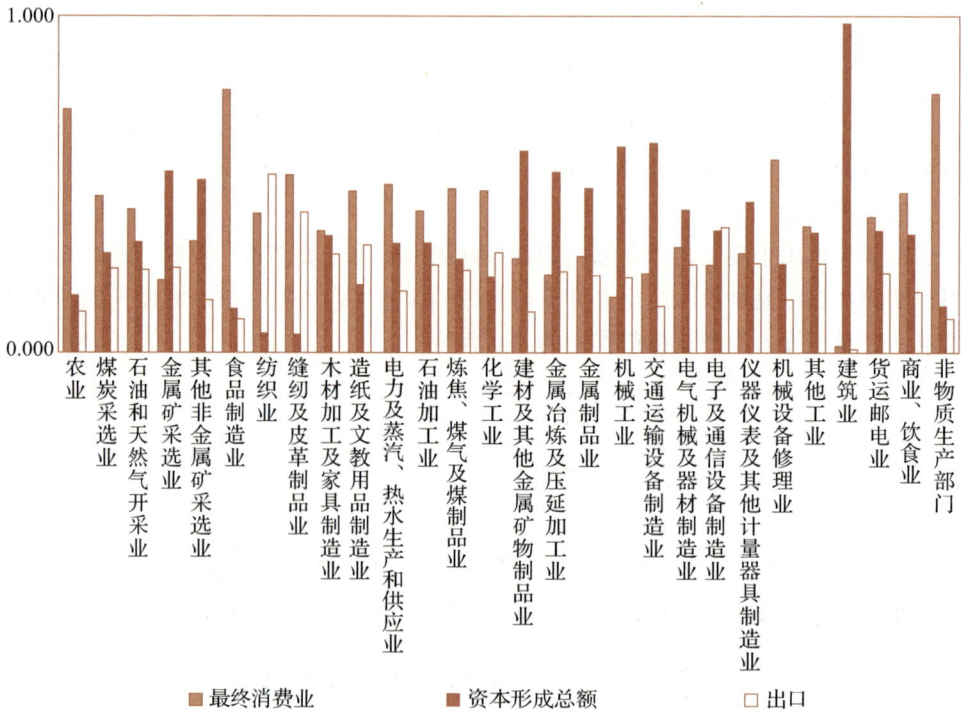

图 13-2　1995 年最终消费、资本形成总额和出口的生产诱发依赖度

资料来源：国家统计局国民经济核算司 . 1995 年度中国投入产出表 [M]. 北京：中国统计出版社，1997：16.

1995 年投入产出表的 33 个部门中，建筑业、交通运输设备制造业、机械工业、建材及其他金属矿物制品业、金属冶炼及压延加工业、金属矿采选业、其他非金属矿采选业、金属制品业、仪器仪表及其他计量器具制造业和电气机械及器材制造业等部门的总产出主要是由资本形成总额诱发的。这 10 个部门中，有 7 个部门资本形成总额诱发的产出占本部门总产出的 50% 以上，低于 50% 的部门仅有 3 个，而且资本形成总额诱发的产出占本部门总产出的比重也在 40% 以上。这些部门受资本形成总额的诱发影响较大，在压缩固定资产投资时，受到的冲击也最大。

1995 年投入产出表的 33 个部门中，纺织业和电子及通信设备制造业等部门的总产出主要由出口诱发。此外，出口在缝纫及皮革制品业等部门的总产出形成中也起着举足轻重的作用。从 1981 年开始，国内市场就已经成为限制纺织业生产增长的关键因素，出口也开始扮演着纺织业产出增长动力的角色。

显然，上述分析可以清楚地展示产业结构变化中各种市场需求因素的拉动作用，这对加强产业经济管理的准确性将大有裨益。

## 三、综合就业需要量系数和综合资金需要量系数

利用投入产出表及其逆矩阵系数不仅可以计算有关生产的技术经济联系和生产的诱发情况，而且可以计算随着生产的增长，各产业需要直接和间接地投入劳动力和资金的情况。这对于事先规划从劳动和资本两方面进行产业结构调整，实行产业高级化的产业扶助和援助政策及其他结构政策有很大的帮助。

这种计算首先需要定义某产业的就业系数和资金占用系数，即

$$a_{vj} = \frac{v_j}{q_j} \quad (j=1,2,\cdots,n), \quad a_{cj} = \frac{c_j}{q_j} \quad (j=1,2,\cdots,n) \tag{13-48}$$

式中，$a_{vj}$ 为第 $j$ 产业每单位产值所支付的工资数，也就是劳动力需要系数（注意：这里是用工资总额 $v_j$ 代表对就业的需要量）；$a_{cj}$ 为第 $j$ 产业每单位产值所需占有的资金；$v_j$、$c_j$ 分别为第 $j$ 产业的工资总额和资金总额。

显然，如果知道了各产业部门生产发展的情况，即知道各产业总产值计划数向量 $q$，便可轻易地算出各产业部门所需要的劳动力和资金数，即

$$v = A_v \hat{q} \tag{13-49}$$

$$c = A_c \hat{q} \tag{13-50}$$

式中，$A_v = (a_{v1}, a_{v2}, \cdots, a_{vn})$ 为就业需要系数行向量；$\hat{q}$ 为各产业总产值对角矩阵；$v$ 为各产业劳动力需要量行向量。式（13-50）中，$A_c = (a_{c1}, a_{c2}, \cdots, a_{cn})$ 为资金需要系数行向量；$c$ 为各产业资金需要量行向量。

各产业需要劳动力总量 $L$ 为

$$L = \sum_{j=1}^{n} a_{vj} q_j \tag{13-51}$$

各产业资金需要总量 $K$ 为

$$K = \sum_{j=1}^{n} a_{cj} q_j \tag{13-52}$$

注意：由式（13-51）和式（13-52）算出的均是工资量，前者算出的是各产业的工资总量，后者算出的是全部产业的工资总量。

有时，为了经济分析的需要，我们并不需要计算劳动力和资金需要的绝对量，而需要计算综合的就业系数和资金系数，即

$$综合就业系数 = 就业系数行向量(\boldsymbol{A}_v) \times (\boldsymbol{I}-\boldsymbol{A})^{-1}$$

$$综合资金系数 = 资金系数行向量(\boldsymbol{A}_c) \times (\boldsymbol{I}-\boldsymbol{A})^{-1}$$

这里计算出的综合就业系数的经济含义是：某一产业为了生产 1 单位的最终产品，需要本产业和其他有关产业部门直接和间接地投入多少劳动力（这里同样是用某产业的工资总额表示）。综合资金系数的经济含义是：某产业为了生产 1 单位的最终产品，需要本产业和其他有关产业投入多少资金（直接和间接需要）。

## 四、最终需求变动的波及效应预测

在制定科学的产业政策时，往往要考虑对某些产业进行调整或实施倾斜政策将会对整个产业部门产生影响的问题。这时就需要运用投入产出模型来进行模拟预测。因为这种复杂的系统运动问题是不能用直观判断和一般的平衡方法来解决的，它不仅涉及被调整产业本身的问题，而且也涉及与被调整产业有直接和间接关联的其他产业的关系。例如，为改善居民住宅和其他基础设施（道路、桥梁等公共设施）不足的问题，政府欲进行大规模的投资，但假设此建设期间建筑材料工业、钢铁工业及其他与住宅建设和基础设施建设有直接和间接关联的产业不能得到相应的发展，那么住宅建设和其他基础设施建设的大规模投资只会导致建材价格的飞涨，从而使原有计划的住宅投资和其他基础设施的投资资金远不能满足需要，并使原有的计划不能完成。因此，有必要估计国家的大规模建设对国民经济各产业所提出的要求。

为了测算多个产业最终需求的变动对各产业生产的全部影响，可把投入产出行模型

$$\boldsymbol{q} = (\boldsymbol{I}-\boldsymbol{A})^{-1}\boldsymbol{f}$$

改写为增量形式

$$\Delta\boldsymbol{q} = (\boldsymbol{I}-\boldsymbol{A})^{-1}\Delta\boldsymbol{f} \tag{13-53}$$

式中，$\Delta\boldsymbol{q}$ 和 $\Delta\boldsymbol{f}$ 分别为各产业总产品和最终需求变化量的列向量。

这种方法是很简单的，但要注意以下几点。

（1）如果要预测某个特定产业以外的所有产业的变动对全部产业生产的波及影响，则可将该特定产业以外的所有产业的最终需求变化看作 0，单独预测该特定产业的变动对全部产业生产的波及影响。

（2）在计算诸如某建设项目或某项产品出口对全部产业生产的波及影响时，需要使用产业分类较细的投入产出表，否则很难保证计算的精确度。

（3）某产业某一项最终需求的变化，往往会引起其他最终需求项目的变化，这种连锁影响关系的解决是投入产出分析方法无能为力的。因为投入产出分析所依据的最终需求项目的变化必须在模型体系外生给定，它并不能在模型体系中内生地解决。这就需要把投入产出分析与其他分析方法结合起来应用，如用计量经济模型来解决各产业各最终需求项目在预测期内的赋值问题。

（4）投入产出模型［如 $\boldsymbol{q} = (\boldsymbol{I}-\boldsymbol{A})^{-1}\boldsymbol{f}$］对生产效应的分析是不考虑各产业的波及吸收能力的，即不考虑各产业是否具有相应的生产能力。如果由最终需求的增加所决定，$\boldsymbol{q}$ 必须增大，但如果各产业没有相应的生产能力，这种波及传导就要阻塞。另外，所需相应增大产量的某产业如果库存量较大或有相应的进口条件，这时尽管有增产的波及要求，但就有可能释放出库存来满足增产的要求或由进口来解决。这样就有可能中断或减弱该产业的后续波及效应。

（5）对生产的波及效应的预测还必须考虑波及效应的时滞问题。在实际经济生活中，某产业或某些产业最终需求的变化反映在全部产业产出量的变化上一般有一段时间滞后，并不会立即表现出来。例如，对某产业产品的需要增加往往在短期内表现为该产业产品的库存减少和进口增加上，如果短期内供给不足，新增投资又不能立即形成生产能力的增加，需求变动的波及效应就有可能表现为该产业产品的价格上涨，直到供给有所增加，价格上升的趋势才有可能被熨平（这个过程在价格管制经济中表现为短缺，以及短缺信号是否为政府决策者所确认）。

综上所述，可知投入产出预测模型并非万能，它总是在一定的假设条件下进行分析。同时这也说明在产业经济管理中，必须把投入产出分析与其他分析手段有机地结合起来。

## 五、价格变动的波及效应预测

在前述章节中，我们曾从投入产出表的纵向关系中推导出相对价格模型

$$p = \left[ (I-A)^{-1} \right]^{\mathrm{T}} \Delta(\overline{D}+\overline{V}+\overline{M}) \tag{13-54}$$

其中，$\overline{D}+\overline{V}+\overline{M}=\overline{y}$。

该模型有两方面的功能：一是利用它来预测劳动报酬、社会纯收入和折旧的变动对价格的影响；二是用它来推导价格影响模型，即用于考察一个或若干个部门产品价格的变动对其他部门产品价格波及影响的模型。现在分别介绍这两方面的问题。

我们首先把相对价格模型改写为增量表现的形式

$$\Delta p = \left[ (I-A)^{-1} \right]^{\mathrm{T}} \Delta(\overline{D}+\overline{V}+\overline{M}) \tag{13-55}$$

利用式（13-55）可以预测劳动报酬变化、社会纯收入变化和折旧变化对价格的影响情况。

应注意的是，上述模型只能预测单位产品中净产值和折旧的变动对各产业产品价格的连锁影响。在制定产业的价格政策中，我们往往需要考察一个或若干个产业产品价格的变动对其他产业产品价格的连锁影响，这就需要从相对价格模型中推导出价格影响模型。

一般地，预测某一产品价格 $p_k$ 的变动 $\Delta p_k$ 对其他产业部门价格的影响，有个简便的计算公式[⊖]

$$
\begin{bmatrix} \Delta p_1 \\ \vdots \\ \Delta p_{k-1} \\ \vdots \\ \Delta p_{k+1} \\ \vdots \\ \Delta p_n \end{bmatrix} = \begin{bmatrix} C_{k,1} \\ \vdots \\ C_{k,k-1} \\ \vdots \\ C_{k,k+1} \\ \vdots \\ C_{k,n} \end{bmatrix} \cdot \frac{\Delta p_k}{C_{k,k}} \tag{13-56}
$$

式（13-56）中，$C_{k,1},\cdots,C_{k,k-1},C_{k,k},C_{k,k+1},\cdots,C_{k,n}$ 是里昂惕夫逆矩阵中的第 $k$ 行各元素（$k=1,2,\cdots,n$）。

当我们需要预测若干个产业的产品价格的变动对所有其他部门的影响时，虽然也有简便的计算公式可以使用，但因为公式比较复杂，本书不再涉及。

---

⊖　因为证明的过程较复杂，本书省略。有兴趣者可参见：沈士成，于光中. 投入产出分析教程［M］. 郑州：河南人民出版社，1988.

## ❖ 本章小结

所谓产业联系，是指产业间以各种投入品和产出品为连接纽带的技术经济联系。产业联系方式主要是指产业部门间发生联系的依托或基础，以及产业间相互依托的不同类型。产业联系有单向关联与循环关联、前向联系和后向联系、直接联系和间接联系等。

投入产出表是部门联系平衡表和产业关联表，它是根据国民经济各部门生产中的投入来源和使用去向纵横交叉组成的一张棋盘式的平衡表，用来揭示部门间经济技术的相互依存、相互制约的关系，既有总量分析又有结构分析。

投入产出分析体现为八大均衡关系，包括：①各产业的总需求=各产业的中间需求+各产业的最终需求；②社会总需求=各产业的中间需求合计+各产业的最终需求合计；③各产业的总供给=各产业的中间投入+各产业的附加价值（各产业的要素投入）；④社会总供给=各产业中间投入合计+各产业的附加价值合计；⑤各产业的中间需求合计=各产业的中间投入合计；⑥各产业的总需求=各产业的总投入；⑦社会总需求=社会总供给；⑧各产业的最终需求合计=各产业毛附加价值合计。

在投入产出分析技术中，对于产业之间关联程度衡量的最直观的指标是产业的直接消耗系数，是指生产 1 单位 $j$ 部门的产品对第 $i$ 部门产品的直接消耗量。完全消耗系数由直接消耗系数和间接消耗系数组成。

里昂惕夫逆矩阵是生产单位最终产品对各种产品的完全消耗，完全消耗系数矩阵是生产单位最终产品对某种中间产品的完全消耗。

在产业经济分析中，建立直接消耗系数矩阵的主要经济目的有：①反映各产业部门或各产品部门之间生产技术的直接关联程度；②作为各产业中间需求和总需求、中间投入和总供给之间的媒介变量；③为更深层次的产业关联分析提供基础数据，如计算产业的完全联系、产业的前后向联系等均需以它作为基础资料。

一个产业影响其他产业的程度叫影响力；受其他产业影响的程度为感应度。在里昂惕夫逆矩阵系数表上，某一产业横行上的数值表示该产业受到其他产业影响的程度，即感应度系数系列，表明其他产业的需求发生变化时该产业的生产和供给发生相应变化的程度；纵列上的数值反映的是该产业影响其他产业的程度，即影响力系数系列，表明该产业生产和需求发生变化时，其他产业的生产和供给发生相应变化的程度。

❖ **练习题**

❖ **参考文献**

第十四章

CHAPTER 14

# 产业结构政策

　　"产业政策"一词最早出现在经济高速成长期的日本。对于发展中国家来说，产业政策最重要的内容就是产业结构政策，是指政府根据一定时期内经济结构的内在联系，揭示产业结构的发展趋势及过程，并按照产业结构高度化的发展规律，制定协调产业结构内部比例关系，以及为促使这种结构变化所采取的政策措施。

　　一个值得注意的现象是，当今发达国家已经从主张自由市场竞争转向主张利用产业政策。例如，美国政府主张对经济增长具有基础性、从国家安全看具有战略性的特定部门，以及私人企业不愿意投资但是又关系到国家强大的部门实施支持政策，它的目的是通过这种公共投资，为长期增长、企业创新、扩大规模和竞争创造良好的商业环境和条件。

　　产业政策如何在各产业间配置资源才能使国家获得长期的发展？首先，国家要保护幼稚产业。这些产业虽然在当期来看比较弱小，但是这些产业具有非常好的发展前景。保护这些产业是为了培育新的经济增长点，以期未来经济可以快速发展。其次，国家要选择和扶植主导产业。这些产业在经济中占有一定的比重，能够带动其他产业甚至整体经济的发展。最后，国家要调整和援助衰退产业。由于资源的有限性，政府要把陷入衰退的资本和劳动力等要素从该产业转移出去，才能实现资源的优化配置。

## 第一节　保护幼稚产业

　　发展中国家工业化过程中，许多新兴产业是怎样从无到有的？特别是当这些新兴产业在本国目前还很弱小但在国外已经发展很成熟时，还需不需要在国内发展这些产业？如果要发展的话，是否需要政府保护？政府应如何进行保护？

### 一、幼稚产业：概念与选择

　　幼稚产业顾名思义，就是与发达经济中同类产业比较，工业后发国家的某些处于成长初期阶段、实力还不大的产业。这些产业在这个阶段存在着要素资源禀赋或生产经验积累等方面的不利因素，但同时它们又具有显著的规模经济特征。幼稚产业不同于弱势产业，它们可能在短期内处于弱势地位，但在中长期具有优良的发展前景，如 20 世纪 50 年代日本的汽车工业，20 世纪 60 年代韩国的造船业，我国在 2010 年确立的节能环保、新一代信息技术、生物、高端装备制造、新能源、新材料和新能源汽车等七大战略性新兴产业。

如何挑选需要保护的幼稚产业？国际上通行的标准主要有以下三种。

一种是经济学家穆勒提出的成本差距标准，也称为穆勒标准（Miller's test）。若某产业刚开始由于技术和经验等不利因素，劳动生产率低下，产品成本高于世界市场价格，无法与国外企业竞争，但政府给予一段时间的保护，能够发展壮大，充分实现规模经济，成本降低，最终能够面对自由竞争，并且获得利润，那么这个产业就可以作为幼稚产业加以保护。

另一种是经济学家巴斯塔布尔（C. F. Bastable）提出的利益补偿标准。他认为判断一个产业是否属于幼稚产业，不能仅看未来是否有竞争优势，还要看该产业未来所能获得的预期利润的贴现和能否超过保护成本。如果未来预期利润贴现和小于保护成本，那么对该产业进行保护是得不偿失的，因此该产业不能作为幼稚产业进行保护；反之，对该产业进行保护是值得的。

还有一种是经济学家肯普（Kemp）提出的外部性标准。厂商或投资者在决定是否要生产或投资时，不是看眼前的利益，而是看未来各期的预期收益。如果未来利润贴现能够弥补学习阶段的亏损，它会选择生产或投资。因此，即使政府不保护这类产业，该产业也会得到发展。只有当被保护的先行企业在学习过程中，所取得的成果对国内其他企业有好处时，对先行企业进行保护才是合理的。因为先行企业投资所取得的知识、技术和经验等会溢出，可以降低其他企业获得这些知识、技术和经验的成本，但是先行企业无法对其他企业收取相关费用，这会造成私人边际收益低于社会边际收益，有可能造成先行企业不愿进行投资，进而阻碍产业的发展。因此，需要政府对先行企业进行补贴，这样产业才能顺利发展起来。按照肯普的外部性标准，即使有些产业不符合巴斯塔布尔标准，但是如果该产业能够产生显著的外部性，那么政府仍然有可能会保护该产业。

| 案例专栏 14-1 |

## 如何发现具有动态比较优势的产业

幼稚产业保护论虽然在理论上得到认可，但在实际操作中面临很多问题，其中最重要的一个问题就是如何挑选幼稚产业的具体产品。现有的理论仅仅告诉我们发展中国家应该生产劳动密集型产品或者资本密集型产品。可是，为什么孟加拉国出口帽子，巴基斯坦出口足球而哥伦比亚出口鲜花？劳动密集型产品按照 6 位编码分类大约有 5 000 种产品，按照 20 位编码分类大约有 8 000 种产品。没有一个经济学家或者咨询师建议孟加拉国应该生产帽子还是生产床单。

发展中国家在挑选幼稚产业时需要具体到某个产品，但是一个国家到底适合生产哪一种具体的产品？即使其他类似的国家生产某种产品具有比较优势，也未必代表该国就应该生产该产品。Hausmann 和 Rodrik（2003）认为要找出适合本地生产并且具有动态比较优势的产业需要企业家不断尝试。企业家只有不断尝试生产各种各样的产品，才能知道哪种产品适合本地生产。因此，

Hausmann 和 Rodrik 建议应该对这样的企业家行为进行补贴，以通过企业家的自我发现的过程发现该国具有动态比较优势的具体产品。

资料来源：HAUSMANN R，RODRIK D. Economic development as self-discovery [J]. Journal of development economics，2003，72（2）：603-633.

## 二、幼稚产业的保护：动机与方法

早在 18、19 世纪，当亚当·斯密的绝对比较优势理论和李嘉图的相对比较优势理论在当时先进的工业国英国盛行时，美国经济学家亚历山大·汉密尔顿（Alexander Hamilton）和德国经济学家弗里德里希·李斯特（Friedrich List）就提出了要保护幼稚产业。

传统的比较优势理论认为，当其他国家在生产某一产品上具有比较优势时，本国不需要生产，可以通过国际贸易来满足国内的需求。按照比较优势进行生产和交换，落后的国家可以获得一定的利益。但是从长远来看，本国创造财富的能力尤其工业生产力难以得到长足的发展。李斯特强调：创造财富的能力比财富本身重要。如果能够在适当的贸易保护下建立起本国的幼稚产业，尽管在生产初期会因为各种原因导致产品的价格比较高，但是生产力逐渐提高以后，产品的价格自然就降下来了。这样，经济落后的国家既获得了廉价的商品，又获得了创造财富的能力。

幼稚产业是贸易保护最古老的论据之一，也许是经济学家唯一认可的论据。世界贸易组织（WTO）规定，发展中国家可以援引关税及贸易总协定（GATT）第 18 条 A 节条款来保护本国的幼稚产业。幼稚产业保护论最流行的版本是这样的：某一产业在国外已经很成熟，但在国内才刚建立，由于国外竞争者经验丰富，国内生产的成本比国外竞争者高，随着时间的推移，由于干中学和规模经济，国内生产成本下降并且最终低于国外竞争者的成本。但是，由于刚开始缺乏经验，如果没有受到保护，这个产业就没有办法建立。

应该如何保护幼稚产业？幼稚产业面临两个问题，第一个是国外成熟厂商的竞争，第二个是国内厂商能否实现动态规模经济，从而具有国际竞争力。所以，幼稚产业扶植政策可以分为国际贸易保护政策和国内生产扶植政策。

国际贸易保护政策通过限制有关产品进口或者削弱进口产品在本国市场上的竞争力，从而为本国幼稚产业的成长创造一个良好的市场环境。主要的国际贸易保护政策包括以下几个方面。

**第一，关税保护**。它是工业后发国家对幼稚产业进行保护最常见的手段。由于征收关税，进口产品的价格提高，国内消费者会减少对进口产品的需求，国内厂商可以获得更多的市场份额。例如，20 世纪 50 年代前期，美国和欧洲生产的汽车充斥日本汽车市场，大有泛滥之势，特别是欧洲生产的小型廉价汽车，对处在半毁灭状态的日本汽车工业构成了致命的威胁。当时的日本政府为了保护本国汽车产业，对进口汽车征收高达 40% 的关税以减少国外产品对国内市场的冲击。即使加入 WTO，我们也可以援引 GATT 第 18 条 A 节条款修改或撤销关税减让。

**第二，非关税壁垒**。它是指为了限制国外产品进口，采用的除关税以外的各种直接和间接的法律和行政措施的总称。与关税相比，非关税壁垒可操作空间更大。据有关方面统计，目前国际上采取的非关税壁垒措施已达 2 000 多种，涉及 4 000 种产品。非关税壁垒大体可分为两类。一类是直接的非关税壁垒。这类非关税壁垒往往直接对进口商品的数量和品种加以限制，从而达到限制进口的目的。常见的直接的非关税壁垒包括进口配额制、进口许可证制和关税配额制等。加入WTO 以后，我们仍然可以援引 GATT 第 18 条 C 节条款进行进口数量限制。另一类是间接的非关税壁垒，如外汇管制、设置复杂的海关手续、行业标准、产品质量标准、检验标准、环保标准、价格协调规则、反倾销和反补贴措施等。中国加入 WTO 之后就对信息技术、电信服务、金融保险、汽车和石化等产业采取逐步开放市场的方式以减少国外竞争者对国内相关行业的冲击，比如限制国外厂商能够经营的项目、经营的地点和持有股份的形式。

国内生产扶植政策是指政府在实行贸易保护的有限期间内，将资源向幼稚产业倾斜，从而达到本国幼稚产业迅速扩大产量、提高生产效率、发挥动态规模经济和提高国际竞争力的目的。国内生产扶植政策的主要手段包括以下几个方面。

**第一，财政扶植政策。** 常见的政策包括以下几种。①财政补贴。以 20 世纪 70 年代以来日本最重要的战略产业——电子计算机为例，日本政府 1960—1981 年与计算机工业有关的财政补助高达 2 600 亿日元。②政府在基础设施方面进行直接投资，为幼稚产业的发展提供必要的基础保证。比如日本在 1954—1982 年推行了 8 个"道路装备计划"，计划投资 72.41 亿日元，这对于汽车工业的发展具有决定性的意义。③对受保护产业实行特别税收制度，如减免所得税、允许税前还贷、对有关关键技术和装备的进口予以关税优惠等，从而为幼稚产业的长期发展创造自我积累的能力和良好的发展环境。比如日本在 20 世纪 50 年代就免除了引进技术需要买进的样机和相关机械的进口关税。④建立特别折旧制度，对幼稚产业技术工艺装备采取加速折旧的方式，以促进其技术装备的更新和现代化。

**第二，金融扶植政策。** 常见的金融扶植政策有以下几种。①贷款向需要扶植的幼稚产业倾斜。据韩国产业银行的调查，1972—1979 年，韩国重化工业的投资几乎占制造业投资的 4/5。②通过政府贴息、政府担保和适当延长还贷期等政策，降低幼稚产业的贷款利率。以韩国为例，1972—1979 年，重化工业的借款成本平均比轻工业低 25%；以日本为例，1966—1983 年，电子计算机行业根据财政投资贷款获得的低息贷款达 6 700 亿日元。③建立国家专业投资银行，专门从事投资风险较大，特别是发展初期投资风险较大的幼稚产业发展项目的投资，为幼稚产业的发展提供融资渠道。④积极引进国外资本，将其投入幼稚产业的发展，如接受国外各种贷款和兴建"三资"企业等。⑤动员社会资金，建立各种形式的有关幼稚产业的发展基金。

**第三，技术扶植政策。** 幼稚产业要成长和成熟，就要突破关键核心技术。技术扶植政策主要有以下几种。①通过外汇管制和税收减免等方式促进技术引进。日本于 1950—1977 年共引进技术 29 599 项，支付外汇达 79.98 亿美元，是同期世界上引进技术最多的国家。为了培养和提高本国的技术力量，日本重点采取了购买专利和许可证的形式来引进国外先进技术。据统计，这种方式占引进总件数的比例超过 80%。②通过加大科研经费和科研人员的投入、科技补助金制度、优惠税制、优惠金融、零部件国产化和国家向民营企业订货等方式促进自主技术研发。1966—1967 年，日本政府用于科研试制的经费为 5 060 亿日元，占国民生产总值的 2.3%，1971 年这一数额达 15 320 亿日元，4 年中增加了两倍。日本对从事重要的科技发明、技术试验的企业、团体和个人发放的补助金占其所需经费的 1/2~3/4。1987—1991 年，韩国政府和民间共投资 78 000 亿韩元帮助 13 435 种产品完成国产化的技术开发，机械类、零部件和原材料的年进口增加率由 12.1% 降到 7.9%。

**第四，直接管制扶植政策。** 这个政策的主要目的是克服幼稚产业保护政策带来的副作用。由于产业受到保护，受保护的企业因缺乏来自国外企业的竞争，从而缺乏技术创新的动力，导致产业发展缓慢，这与幼稚产业保护的初衷相悖。所以，一些国家通常采取一些带有强制性的管制措施对受保护企业的规模水平、技术进步水平和市场对国外竞争者的开放程度等做出规定，从而保证幼稚产业成长。

第五，通过出口补贴等方式鼓励出口。通过扩大幼稚产业的市场可以充分发挥幼稚产业的规模经济，并且帮助国内的幼稚产业与国外竞争者在海外市场进行竞争。日本和韩国通过这种方式把国内厂商较早地推向了国际市场，但加入 WTO 以后，这样的政策空间越来越小。

## 第二节 选择和扶植主导产业

经济发展中各个产业的地位是不一样的。除了保护幼稚产业、培育新的经济增长点，现代经济增长还需要有一些占有一定比重、能够带动其他产业发展的产业，比如中国目前的新能源车和新能源电池产业、电子信息网络产业等。我们把这类具有发展带动作用的产业称为主导产业。什么样的产业才能成为主导产业？为什么要扶植主导产业？如何扶植主导产业？扶植主导产业有什么局限性？

### 一、主导产业及其选择

主导产业这一概念，最初由美国经济学家罗斯托在《经济成长的阶段》（1959 年）中提出。罗斯托把经济各部门分为三类：①主要成长部门；②补充成长部门；③派生成长部门。罗斯托认为，工业化的每个阶段总有一些主导产业成为经济发展的引擎。在工业革命时期，英国的纺织业和美国的铁路都属于主导部门。补充成长部门是对主要成长部门增长结果的直接反应，比如煤炭和钢铁部门。派生成长部门与收入增长、人口和其他增长参数相联系，比如食品、医疗和日用品部门。在这些部门中，主要成长部门起着决定性作用，经济增长就是主导部门迅速扩大并带领补充成长部门和派生成长部门成长的结果。

根据目前人们对主导产业部门的认识，一般认为主导产业是指在一国或一地区经济发展的某一阶段，若干产业部门具有广阔的市场前景和技术进步能力，增长势头快于其他产业，正在或已经在产业结构中占据举足轻重的地位，对影响和带动整个产业结构和经济发展起到导向和决定作用。主导产业一般具有三个特征：①主导产业具有技术上的先进性，能够吸收最新的先进技术，获得新的生产函数，具有较高的生产效率；②在经济中比重较大，综合效益较好，并具有较大增长潜力；③对其他部门乃至整个经济系统具有扩散影响。

主导产业并不是一成不变的，经济发展阶段不同，选择的主导产业也不同。主导产业的演变通常呈现为劳动密集型→资本密集型→资本技术密集型→知识技术密集型。比如韩国 20 世纪五六十年代，食品、饮料和纺织等产业迅速发展，70 年代确立钢铁、造船、机械、电子、石油化学和有色金属等六大战略产业；日本 20 世纪 70 年代确立的重点产业是集成电路、电子计算机、机器人、精细化工和新金属材料等产业，80 年代致力于发展新能源、信息、航空航天、新材料、生物工程和新智能元件等。

如何才能挑选出适合本地区本阶段发展的主导产业呢？目前理论界有以下几个标准。

#### 1. 比较优势基准

**比较优势基准**包括该产业所具有的静态比较优势和动态比较优势。李嘉图首先提出静态比较优势的概念，如果一国或一地区某产业生产成本相对更低，那么该产业就是该国或该地区具有比较优势的产业。德国经济学家李斯特提出动态比较优势的概念，他认为虽然有些产业目前没有优势，但是经过一段时间的保护，该产业将具有竞争力。

我们可以采用**显示性比较优势**（Revealed Comparative Advantage，RCA）系数来衡量该国某一产业是否具有比较优势。显示性比较优势系数由美国经济学家巴拉萨·贝拉（Balassa Bela）于 1965 年提出，它指的是一个国家某种商品的出口值占该国所有出口商品总值的份额与世界该类商品的出口值占世界所有商品出口总值的份额的比值。其测算公式如下：

$$\mathrm{RCA}_{ij} = \frac{X_{ij}/X_i}{W_j/W} \tag{14-1}$$

式中，$\mathrm{RCA}_{ij}$ 代表 $i$ 国 $j$ 产品的显示性比较优势系数，$X_{ij}$ 代表 $i$ 国 $j$ 商品的出口额，$X_i$ 代表 $i$ 国所有商品的总出口额，$W_j$ 代表全世界 $j$ 产品的出口额，$W$ 代表全世界所有产品的总出口额。该值越大，代表该国该产品的出口比例超过全世界该产品的出口比例越多，因此从该国的出口行为中显示出该产业具有竞争力。按照日本贸易振兴会（JERTO）提出的标准，当 RCA 系数大于 2.50 时，该产业具有极强的比较优势；当 RCA 系数在 1.25~2.50 时，该产业具有较强的比较优势；当 RCA 系数在 0.80~1.25 时，该产业具有中等比较优势；当 RCA 系数在 0.8 以下时，该产业处于比较劣势。

### 2. 筱原基准：收入弹性基准、生产率上升基准

筱原基准由日本经济学家筱原三代平在 20 世纪 50 年代中期提出。筱原基准包括收入弹性基准和生产率上升基准，这两个基准分别从需求和供给角度选择主导产业。

根据收入弹性基准可以挑选出随着经济增长具有广阔市场前景的产业。收入弹性是指在价格不变的前提下，产品需求的变化率与国民收入的变化率的比值。随着经济的增长，高收入弹性的产业在产业结构中占据的份额会增加。收入弹性基准要求产业结构与国民收入增长相适应。一般来说，农产品的收入弹性低于工业产品；轻工业产品的收入弹性低于重工业产品。

根据生产率上升基准可以挑选出经济技术进步最快的产业，当某个产业在技术上获得突破性进展时，该产业会迅速增长。筱原基准中的"生产率"是指全要素生产率，它衡量的是当全部生产要素（包括资本、劳动、土地等，但通常的分析都略去土地）投入量不变时，生产仍能增加的部分，这主要来源于技术进步，所以全要素生产率也常叫作技术进步率。其计算公式为

$$\text{全要素生产率} = \text{生产增长率} - \alpha \times \text{劳动力增长率} - (1-\alpha) \times \text{资本增长率} \tag{14-2}$$

式中，$\alpha$ 代表的是劳动份额。从表 14-1 中我们可以看到韩国 20 世纪 60 年代轻工业的全要素生产率高于重工业的全要素生产率，70 年代重工业的全要素生产率高于轻工业的全要素生产率，这同韩国 60 年代的主导产业为轻工业、70 年代的主导产业为重工业是相符的。

**表 14-1　韩国 1966—1985 年制造业各行业全要素生产率**

| 行业 | 1966—1970 年 | 1971—1978 年 | 1979—1985 年 | 1966—1985 年 |
|---|---|---|---|---|
| 轻工业平均 | 7.5 | 3.1 | 0.9 | 3.0 |
| 食品制造业 | 6.5 | -0.8 | 3.7 | 2.3 |
| 饮料制造业 | 10.3 | 4.3 | 2.1 | 4.0 |
| 烟草加工业 | 13.8 | 2.0 | 5.2 | 4.5 |
| 纺织业 | 7.2 | 3.4 | 2.8 | 3.3 |
| 服装业 | 9.9 | 3.8 | 4.5 | 4.2 |
| 鞋类、皮革 | 6.2 | 4.4 | -3.5 | 2.4 |
| 木器 | 1.1 | 6.6 | -1.1 | 2.5 |
| 家具 | 25.4 | -2.4 | 0.7 | 4.7 |

（续）

| 行业 | 1966—1970 年 | 1971—1978 年 | 1979—1985 年 | 1966—1985 年 |
|---|---|---|---|---|
| 纸制品、印刷 | 7.4 | 4.0 | 0.3 | 2.7 |
| 出版 | -3.2 | 4.1 | 0.0 | 1.4 |
| 其他化学用品 | 4.2 | 6.8 | -1.8 | 2.9 |
| 石油、煤产品 | 3.5 | -0.1 | 2.1 | 1.3 |
| 橡胶制品 | 3.1 | 6.8 | 1.0 | 3.5 |
| 非金属矿物 | 4.0 | 4.0 | 0.2 | 2.5 |
| 其他制造品 | 13.2 | -0.1 | -2.1 | 2.5 |
| **重工业平均** | 6.5 | 4.9 | 0.4 | 3.2 |
| 工业化工 | 22.7 | 9.0 | 1.3 | 6.6 |
| 炼油业 | 13.3 | -1.8 | -7.5 | 0.1 |
| 钢铁 | -0.4 | 3.8 | 4.0 | 2.5 |
| 非铁金属 | 0.4 | 3.7 | 6.4 | 3.6 |
| 金属制品 | 1.1 | 8.0 | -3.6 | 2.8 |
| 非电器机械 | 1.2 | 7.7 | -1.7 | 3.0 |
| 电器机械 | 5.3 | 5.7 | 0.4 | 3.3 |
| 交通运输设备 | 8.5 | 3.3 | 4.0 | 3.9 |

资料来源：PACK H. Industrial policy: growth elixir or poison? [J]. The world bank research observe, 2000, 15 (1): 47-67.

### 3. 赫希曼和罗斯托基准：产业联系

除了具有比较优势、提升生产率较快和市场前景广阔以外，需要政府选择和扶植主导产业更重要的原因在于这些产业具有很强的产业联系性。

美国经济学家赫希曼在《经济发展战略》中提出经济中各产业是相互关联的，具有前向关联效应和后向关联效应，应该选择产业联系度高的产业作为主导产业来带动经济增长。罗斯托在《从起飞进入持续增长的经济学》中将关联效应扩充为后向关联效应、旁侧效应、前向关联效应。通常可以用影响力系数和感应度系数来衡量产业联系效应。根据赫希曼和罗斯托基准，主导产业应该选择具有较大影响力系数和感应度系数的产业，只有影响力系数和感应度系数比较大的产业才能带动其他产业的发展。当然，我们在选择主导产业时，除了考虑产业联系系数以外，还需要结合收入弹性基准和生产率上升基准。

### 4. 环境和劳动内容基准

20 世纪 70 年代日本随着经济的快速增长，环境等问题变得日益严重，除了筱原基准以外，1971 年日本产业结构审议会又新增加了"环境"和"劳动内容"两条基准。环境基准是指政府在选择主导产业时，必须以环境污染少、能源消耗低等为选择基准。劳动内容基准是指在选择主导产业时，必须充分考虑劳动内容的丰富性、趣味性，并把能够提供安全、舒适和稳定的劳动岗位作为选择基准。环境和劳动内容基准把能源与环境、劳动的趣味性和心理成本问题提升到较为重要的地位。中国共产党第十九次全国代表大会也明确提出要推进绿色发展，建设美丽中国。

## 二、扶植主导产业的原因

如果一个产业具有广阔的市场前景，技术进步率又很高，企业会选择进入这样的行业，那么在市场经济条件下，为什么政府有必要选择主导产业并且加以扶植？经过经济学界长期的争论和探讨，逐渐形成了产业联系和产业扩散理论及信息外部性理论等。

### 1. 产业的外部性：产业联系和产业扩散理论

赫希曼认为经济中各产业是相互关联的，具有前向关联效应和后向关联效应。前向关联效应是指某产业的发展对下游产业产生的影响。比如钢铁的技术进步会导致成本下降，这使得以钢铁为直接投入品的机械产业的成本也下降，并且加强了它的竞争力。后向关联效应是指某产业的发展对上游产业产生的影响。赫希曼认为应该强调后向联系效应强的产业，这意味着选择主导产业时要选择以最终品的制造业部门为主。因为最终品的市场需求有保证，而且最终品部门有强的后向关联效应，会对上游产业产生强烈的中间品需求，这样中间品的发展就有足够的市场去支撑，主导部门通过需求扩大的连锁反应也可以带动经济有效增长。比如韩国20世纪60年代主要是轻纺工业的出口，到了70年代随着产业波及效应扩大了对轻纺机械的需求。所以我们看到主导部门的发展具有很强的外部性，该产业本身的发展可以带动其他产业甚至整个经济的发展。

罗斯托在赫希曼的基础上进行了扩展，他认为主导产业可以通过"后向关联效应""旁侧效应"和"前向关联效应"带动一大批产业的形成和发展，从而从整体上带动一个国家（地区）经济的全面增长。回顾效应就是主导部门在高速增长阶段会对各种要素产生新的要求，从而刺激这些投入品的发展。这些投入要素可能是物质的，比如原材料和机器，棉纺织业的发展会刺激纺织机械的发展；也可能是人力方面的，比如熟练工人和高级管理人员等；甚至可能是制度方面的，比如铁路的发展反过来促进了企业制度和金融制度的变革。旁侧效应就是主导部门的兴起会引起它周围的一系列变化，包括按照技术等级制度建立起来的有纪律的劳动力队伍，处理法律问题和市场关系的专业人员，银行及建筑业和服务业等。新主导部门的出现往往会改变它所在的整个地区。例如，棉纺织业革命改变了曼彻斯特、波士顿，汽车工业改变了底特律，铁路引起了旧城市中心的改造。这种旁侧效应还表现在提高了现代人在总人口中的比例，并且强化了生产过程的现代观念。前瞻效应就是主导部门的活动创造了能够引起新的工业活动的基础，为更大范围的经济活动提供了可能性，有时候甚至会为下一个重要的主导部门建立台阶。其具体方式有以下两种：①通过削减其他产业部门的投入成本，吸引企业家们进一步开发新产品和劳务；②客观上造成结构失衡，使某些瓶颈问题的解决有利可图，从而吸引发明家和企业家。主导部门不仅在技术上，而且在原材料供给上，都具有前向效应。比如铁轨迅速发展时，刺激了廉价钢的出现，而廉价钢又刺激了造船、建筑和机器制造技术。所以，罗斯托认为主导产业对经济增长的贡献是最大、最重要的，不论在什么时期，即使是一个已经成熟并且继续成长的经济，要保持前进的冲击力，就必须从主导部门的迅速扩大开始，并且这些部门的扩大又带动其他产业部门的增长。

### 2. 信息外部性理论

在确定性情况下，即使没有政府介入，由于高收入弹性和高劳动生产率增长率，企业家也会投资主导部门产业。但是在不确定性的情况下，私人部门缺乏哪些产业具有高收入弹性和高劳动生产率增长率的信息，这些信息只有企业家投产后才能了解。在市场经济下，由于不同的企业家对产业前景的判断不一致，企业家往往投资于不同的产业。如果有些产业亏本，那么这些企业家会退出该产业重新选择其他产业；如果有些产业盈利，那么这些企业家会选择继续留在该产业。在这些盈利产业中，有的产业利润率高，有的产业利润率低。在一段时期内，只有投资于该产业的企业家才能了解该产业盈利性的信息。只有经过一段时间的观察和学习，跨过产业的资金壁垒和技术壁垒等，其他企业家才能投资到利润率最高的产业。从社会最优的角度来说，如果第一阶段由政府投资到各产业，到了第二阶段政府发现各产业盈利性的信息后，将所有的资源都用来生产利润率最高的产业，那么该国的资本积累将会更快、工业化进程将会更迅速。如果后进国家直接吸取欧美等发达国家产业结构演变规律的经验，在第一阶段就正确选择主导产业，那么它就能更有效地使用有限的资源，加快工业化进程。

## 三、扶植主导产业的措施

主导产业扶植政策是希望通过政府强有力的介入，增加对主导产业的投入，再通过主导产业的快速发展来带动整个产业结构的高度化。这类政策措施包括：

### 1. 产业环境协调政策

政府在扶植主导产业发展时，要采用各种有效手段，尽可能地协调主导产业与产业环境之间的矛盾，解除主导产业发展的约束条件，创造一种比较完善且有利于主导产业成长的市场条件和环境。例如在整体经济运行环境很难得到快速改善的条件下，中国各地建立的各种出口加工区等，就是一种有效创造局部环境优化的产业发展政策。

### 2. 优先发展基础产业政策

基础产业对主导产业具有巨大的支持作用。政府超前发展基础产业，可有效地避免主导产业在发展过程中遇到的瓶颈。比如随着重工业的发展，中国对能源和电力的需求大大加强，政府可以通过对能源和电力行业的超前扶植来支持主导产业的发展。

### 3. 财政金融扶植政策和贸易保护政策

对某些国内市场潜力巨大、技术先进和产业联系度高的产业，在它成长到具有国际竞争力之前，需要政府在国际贸易协定许可的范围内，通过财政金融扶植政策和贸易保护政策对其进行适当的扶植。

### 4. 主导产业技术促进政策

实施主导产业的扶植政策时，尤其需要重点关注它的技术突破问题。以韩国为例，20世纪80年代韩国提出产业合理化政策，其核心是技术革新和提高效率。根据《工业发展法》，韩国制定了从研究课题提出、研究开发组织、技术成果应用到综合分析评价这一全过程的产业技术政策体系，1986年动员800名技术专家开展空前规模的技术普查，确定最需解决的技术课题。他们从有出口潜力和急需国产化的若干项目中选出一些项目，由高级专家委员会分析评定，找出同国外技术存在差距的原因，在此基础上制定技术方案，组织技术攻关，并将有关成果及时转向企业。韩国自1987年起开始实施的"六五"计划明确提出要以"自主技术开发战略"来保证计划的实现。1987年1月，韩国商工部为解决进口诱发型产业结构弊病，制定了一项机械、零部件和原材料的国产化计划。1987—1991年，韩国政府和民间共投资78 000亿韩元用于技术开发和设备扩充，帮助13 435种产品完成国产化的技术开发。根据商工部的估计，这一措施产生了190亿美元的替代进口效益，并使机械类、零部件和原材料的年进口增加率由之前的12.1%降到7.9%。其中仅1987年就投入了11 790亿韩元，促成2 570种产品国产化，实现16.27亿美元的替代进口效益。

## 韩国如何扶植半导体产业

韩国作为美日半导体厂商的组装基地，20 世纪 60 年代中期其半导体产业才开始起步。2012年韩国首超日本成为半导体第二大强国，占据了全球半导体市场 16% 的份额。在韩国半导体产业的崛起过程中政府采取了哪些措施进行扶植呢？

首先，韩国政府制定产业发展法律，通过法律的方式确立半导体产业的扶植方式。1969 年韩国制定的《电子工业扶持法》将电子工业确定为战略性出口产业；1982 年制定的"长期半导体产业促进计划"确定为四大半导体企业提供大量的财政和税收优惠；1986 年制定了半导体信息技术开发方向的投资计划，政府每年向半导体产业投资近亿美元；20 世纪 90 年代初期制定了超大规模集成电路技术共同开发计划，由政府提供税收和财政上的优惠；1993 年开始实行半导体开发 4 年计划，由韩国科技部、资源产业部和信息通信部负责，与私营企业和研究机构合作进行研究开发；1994 年制定了《半导体芯片保护法》和《电子产业技术发展战略》。

其次，韩国政府制定产业技术开发计划，从刚开始的鼓励技术引进、模仿到提升自主研发能力。

韩国企业开始时大多以学习为基础进行模仿性创新，即在引进技术的个别环节进行某种创新。韩国对技术的引进管理非常详细，相关的法律和法规也比较严格，政府参与较大技术引进项目的谈判，并对合同进行审批。韩国政府还鼓励本国企业到发达国家建立吸收外国先进技术的基地，同外国公司建立战略联盟开发新技术，并赴海外培训及雇用归国者。通过由浅入深和由简到繁的技术学习，韩国企业逐渐扭转了技术劣势，掌握了进入发达国家市场的渠道和方法，在提高生产率并改进不同产品工艺的过程中，开发出了创造性的创新活动，最终实现技术进步、掌握技术诀窍，实现自主创新。

1993 年韩国政府制定的《21 世纪电子发展规划》（简称《规划》）确立了电子工业自力更生的方针，规定不再增加从国外购买电子设备和工厂工程的合同，在非引进不可的情况下，韩国电子企业必须参与联合共同承包。《规划》中还强调发展尖端电子技术，优先发展半导体、计算机、通信和机电产品，加强与电子工业国家的国际合作。为改进电子生产技术，《规划》中推行"反求工程"系统，即在技术引进和开发中，反向推演出引进技术的原理和诀窍，通过研究其内部的结构和逻辑，在充分理解原有产品的基础上，寻找改进创新的可能。

最后，韩国政府在财政金融等方面扶植半导体产业的发展。1999 年之前韩国的半导体产业总投资达 20 544 亿韩元，其中政府投资 9 131 亿韩元。韩国政府对企业的技术开发及人员培养支出给予15% 的税收减免，对研发设备投资给予 10% 的税收减免，降低科研进口设备的关税，还鼓励各种金融机构向民间部门提供长期开发和低息研究开发贷款、政府提供特定研究开发补贴及建立各种基金。

## 四、从扶植主导产业到转向竞争政策

日本 20 世纪 50 年代扶植轻工业，60 年代扶植重工业，1955—1973 年年均国民生产总值增长率高达 9.8%。韩国 20 世纪 60 年代扶植轻工业，70 年代扶植重工业，1962—1971 年出口额年均增长率达到 40%，重工业制品占总出口额的比重从 1972 年的 22.5% 提高到 1982 的 52.8%，经济取得了飞速发展。扶植完重工业的日本和韩国,之后都不约而同地从原先扶植大企业、默许甚至鼓励垄断转为扶植中小企业,注重实施打破垄断的竞争政策。

20 世纪 80 年代初,韩国对产业政策的基点展开了激烈的争论,因为扶植主导产业带来了很多问题。首先,1979 年财团生产的产品总值占国民生产总值的比例达到 80% 以上,这些财团需要大量的财政补贴,财政负担日益严重,政府机构官僚化,造成信息传递慢、指挥不灵等问题。其次,形成了大企业迅速膨胀、中小企业极为薄弱的倒金字塔形结构。由于中小企业很薄弱,难以提供零部件等系列产品,中间产品占进口总额比重不断上升。出口增加反而导致进口扩大,出现进口诱发出口的现象。因此,有学者认为应该要搞活市场经济,废除政府对特定产业有选择的支持,转向以民营企业为主导,产业政策应该要中立。

20 世纪 80 年代韩国推行“自由化”政策。首先,变过度的政府干预为重视市场机制。1985 年韩国通过了《产业发展法》,以法律的形式来强调市场的作用,政府干预的作用只局限于弥补市场失灵。1993 年,时任韩国总统金泳三更是把放权作为其“新的经济政策”的核心。其次,对中小企业规定了专门化和系列化的做法。韩国把中小企业分为三类:国有中小企业型、专门化与系列化型和大企业化型。专门化与系列化型尽量做到零部件和原材料国产化,大企业化型以装备产业和装备工业为对象,为达到国际规模水平而促进企业的扩大、合并和吸收小企业。在韩国,专业化的中小企业在 1976 年只有 42 家,占中小企业总数的 0.2%,到 1983 年达到 3 000 家,占中小企业总数的 10.5%。1983 年,韩国当局制定了《对有望中小企业开发及提高产品质量的综合对策》,提出用 5 年时间,每年发掘 1 000 个有望中小企业,在金融、经营和技术等方面提供综合支援。韩国中小企业振兴公团还专门选择一部分中小企业进行“现代化事业”支援,1986 年选定了 196 家,拨出 210 亿韩元,帮助它们进行技术开发和获取情报等。

日本在 20 世纪五六十年代默许甚至鼓励垄断,但是到了 20 世纪 70 年代日本开始重视中小企业,把中小企业现代化作为结构改善政策的一环。为此,日本政府鼓励中小企业与发展中国家建立专业分工,为产业政策调整实行转产,与大企业协调分工范围;成立中小企业振兴事业团,统一处理对中小企业的指导与贷款;实行帮助中小企业转业的产业调整政策,限制大企业向中小企业事业领域扩张。

从日本和韩国的经验中,我们可以看出实行扶植主导产业会带来很多问题,比如为了方便指导会侧重于发展大企业,这会带来很大的财政负担和政府机构官僚化等问题。对于初期扶植轻工业和重工业来说,这种模式有一定的优势,因为这两种产业需要的要素投入是劳动和资本,通过大企业的模式可以更快实现结构的转变。但是轻工业和重工业之后,一国需要发展的是知识密集型产业,而这种产业需要的要素是研发。一个僵硬的体制和不公平的竞争会对研发产生很大的限制。美国经济很有活力的一个重要的原因就是它限制垄断,同时经济中存在大量有活力的中小企业,中小企业在技术革新和发明创造方面具有优势,比如科研成果推出快,科研投资回收期比大公司大约短 1/4。第二次世界大战后美国在经济领域广泛采用的 703 项重大发明中,只有 133 项是由美国科学中心和跨国公司的研究室完成的,其他均是由个人和中小企业完成的。

## 第三节　调整和援助衰退产业

经济中有些产业走向衰退是一个正常现象。关键问题是,在市场失效的条件下,政府如何才能帮助企业把资本和劳动力等要素从衰退产业中迅速转移到其他产业。及早采取对策进行调整和援助可以减少经济损失和社会动乱。

## 一、衰退产业及其调整和援助的动因

衰退产业是指在正常情况下，一个国家或地区的某一产业产品销售增长率在较长时期内持续下降或停止的产业，或者增长出现有规则减速的产业。对衰退产业定义的理解要注意以下几点。

第一，必须是在经济正常情况下，在较长时期内销售增长率持续下降的产业才能称为衰退产业。不能把那些由于经济周期或经济不景气和一些偶然发生的事件造成的销售增长率下降的产业归为衰退产业。

第二，衰退产业具有较强的地域性。由于经济发展水平和消费结构存在较大的地区差异，因此某一产业在某一国家或地区是衰退产业，但在另一国家或地区不一定是衰退产业。比如20世纪60年代以后，纺织业在大部分发达国家都属于衰退产业，但对大部分发展中国家来说不是衰退产业。

第三，一个总体上处于衰退的产业，可能某些部分仍具有活力。比如钢铁工业在全球范围内处于整体衰退，但钢铁行业的某些高技术的合金钢、特种钢等仍然有活力。

第四，一个产业是衰退产业，不一定意味着该产业没有竞争力。一个产业在一个地区属于衰退产业，但仍然有可能具有较强的竞争优势，占有较大的市场份额，在贸易方面有较大的顺差。例如，1956—1968年联邦德国的钢铁、造船和采矿业，无论是净产值还是销售额均出现大幅度下降，这些产业成为衰退产业。但是这些产业的出口仍然保持强劲的增长势头，钢铁工业的出口额占总出口额的比重从1956年的20.8%增长到1968年的28.9%。

造成产业衰退的原因很多，主要有以下几个方面。①国际竞争方面的原因。由于国际分工格局的变化，某些具有国际竞争优势的产业因竞争优势丧失和比较优势发生转移，导致原有产业萎缩。例如，20世纪60年代德国的造船业成为衰退产业是因为日本造船业的兴起，而20世纪70年代日本的造船业成为衰退产业是因为韩国造船业的兴起。②需求变化的原因。比如20世纪60年代日本的煤矿业成为衰退产业是因为当时的原油价格比较低，电力和其他产业均从用煤改为用油。当人们的消费发生变化，对某一产业的产出需求锐减或消失时，一般会引起该产业的衰退。而引起消费需求变化的原因又有多种，如收入水平的上升、生活方式的改变等。当收入水平不断提高时，生产基本的生存性消费品的产业将最先成为衰退产业。此外，生活方式的改变会引起人们消费观念的变化，而消费观念的变化将加速传统商品市场需求的锐减，从而引起相应产业的衰退。比如国外雪茄烟的衰落；中国20世纪50年代的四大件是缝纫机、手表、收音机和自行车，80年代的四大件是电视机、摩托车、电子表和洗衣机，90年代的四大件是大屏幕彩电、空调、电话和电脑。③技术替代的原因。由于新技术、新产品的产生，某一种商品被另一种新商品替代，旧商品的需求下降，市场被挤占，从而该产业衰退。例如，互联网的兴起对传统的信件邮递和报纸行业产生巨大的冲击；电子行业的半导体替代真空管等。④资源供给的原因。一旦某产业在发展过程中所需的资源趋于枯竭，资源成本价格上涨，该产业就将趋于衰退。这种情况多出现于资源密集型产业。

按照微观经济学理论，无论在哪种市场结构下，追求利润最大化的企业在制定价格时都要满足价格不小于边际成本的条件，因为如果价格低于边际成本，厂商会停止生产。可是对于一些衰退行业，即使价格低于边际成本，企业仍然艰难维持。实际上根本的原因在于一方面这些企业存在退出壁垒，即使面临亏损，企业仍然很难退出；另一方面是因为衰退产业面临需求下降，可能其中一家企业关闭就能缓解需求下降带来的亏损，此时产业内的企业会打消耗战，谁都想坚持到对方退出市场，从而本企业可以获得利润，所以产业内会面临过度竞争。正是因为这些因素的存在，单靠企业的力量无法实现资源的有效配置，需要政府调整资源的配置并且援助衰退产业。

### 1. 沉没成本壁垒

企业的沉没成本是指已经付出且不可收回的成本，比如要进入某一行业的调研成本、中途弃用的机器设备变现价值低于账面价值的部分。如果企业没有沉没成本，只要有亏损，企业马上就会转产和退出。但是，如果企业存在沉没成本，即使有亏损，只要价格超过边际可变成本，企业就会选择继续经营下去。我们可以从图 14-1 中清楚地看到这一点。从企业家的角度来看这是理性的，因为无论企业生产与否，沉没成本都无法收回，在做决策时就不用考虑沉没成本。但是，我们看到这会造成亏损（深色阴影部分）。从社会角度来看，资本是有限的，如果大部分资本都以沉没成本的形式存在，并且企业只能收回可变成本，那么该国资本的回报率会非常低甚至为负。对于整个社会而言，资源没有得到有效配置。

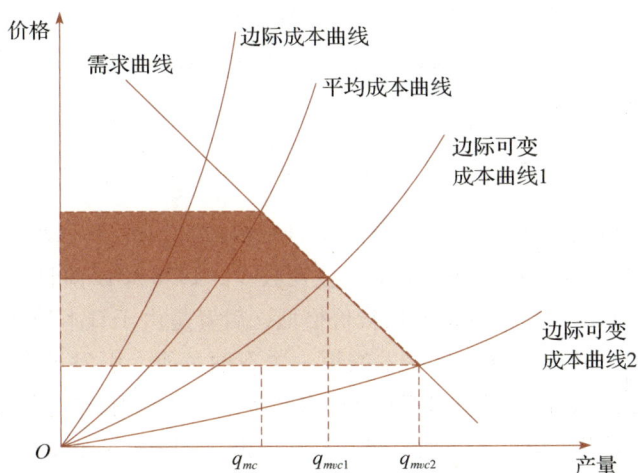

图 14-1　沉没成本壁垒

沉没成本中有一个重要的部分就是资产变卖时账面成本和变现成本的差额。资产专用性是指资产用作特定用途后被锁定很难再移作他用，若移作他用则价值会降低甚至可能变成毫无价值的资产。经济越发达，产业分工越细致，资产专用性也越强。在衰退产业中，资产专用性壁垒具有更重要的意义。如果在主导行业，该行业投资不断扩大，虽然资产具有专用性，但是该资产很容易就可以转卖出去，并且产生的沉没成本（变现成本与账面成本的差额）比较小，资产专用性作为退出壁垒的作用会小得多。但是在衰退行业，投资不断下降，不仅外部资本很少进入该产业，产业内企业也缺少扩大投资的愿望，这种专用性资产很难转卖给产业内企业，资产迅速贬值甚至废弃，此时该专业性资产产生的沉没成本很大，企业的退出壁垒很高。从图 14-1 中我们可以看到，沉没成本越大，边际成本曲线与边际可变成本曲线差距越大，企业越能容忍产生很大亏损的产量，从原先容忍的产量 $q_{mvc1}$ 扩大到 $q_{mvc2}$。

### 2. 人力资源壁垒

从劳动者的角度来看，在原有产业中，工人、管理者和企业家所获得的技能、专有技术和信息具有较大的价值，但是一旦离开原来的产业，价值就会减少。人力资源不仅包括有形技能，比如行业中的专门技术和知识，也包括无形技能，即由人力资源整合而成的组织资产，如每个行业和企业特有的惯例和标准操作程序。当一个产业中的成员转移到另外一个具有完全不同惯例和文化特征的产业时，效率可能大大下降。即使是简单劳动，比如原来是煤矿工人，现在要成为电子厂工人，效率也可能下降。现代经济中劳动分工越来越细致，劳动技能和知识越来越专业化，这使得劳动力在产业之间转移越来越困难。比如原来是服装设计师，现在要成为软件设计师，这是非常困难的；原来经营服装厂，现在要经营风能企业，也是非常困难的。我们看到，人力资源如果没有经过再开发就很难转移到其他产业，因此，劳动力转移成了产业调整的主要障碍。从劳动者来讲，留在衰退产业拿到的工资比初期从事新的产业拿到的工资高，所以劳动者宁愿留在衰退产业。但是从整个社会的角度来看，如果劳动者转移到新的产业，进行再培训，经过干中学，也完全能胜任新的工作，并且拿到更高的工资，那么劳动者留在衰退产业实际上是资源的低效配置。

### 3. 需求下降和过度竞争

即使没有上述退出壁垒的存在，如果该产业面临总需求下降，但关闭其中一家企业就能缓解需求下降带来的亏损，甚至整个行业都可以重新实现盈利，此时有可能会出现所有的企业都亏损却没有一家企业选择退出的局面。因为谁都想坚持到对方退出市场，从而使本企业可以获得利润。此时产业内面临过度竞争。

## 二、怎样调整和援助衰退产业

1945—1960年日本经济几乎保持了年均10%的高增长率；1955—1973年日本经济平均增长率为9.8%。在经济高速发展时期出现的衰退产业比较少，1978年以前日本主要的衰退产业是煤矿业和棉纺织业，前者是由于原油价格比煤炭价格低，后者是由于日本棉纺织业工资上涨，同时新兴国家的竞争力加强。但是，1973年爆发的第一次石油危机，引发了1973—1975年第二次世界大战后世界最大的经济危机，1976—1978年日本经济的年均实际增长率从60年代的10%左右下降到5%；1979年又爆发了第二次石油危机，这次引起了西方工业国的经济衰退，日本年均实际增长率又进一步下降到3%，此时日本的衰退产业扩展到很多产业，确立了14个产业为萧条产业，包括纺织、造船、炼铝、平电炉、包装报纸和硅等。

中国经济在经历长期的高速发展之后，传统产业的衰退问题日益突出，很多产业靠出口退税在维持。如果不能有效地解决产业衰退问题，中国经济的持续、健康和快速发展是不可能的。从产业的结构政策来看，新兴产业的振兴和衰退产业的调整都应是基本内容，但是长期以来我们的产业结构政策忽略了衰退产业的调整。

衰退产业调整的主要路径有以下几种。

### 1. 产业升级

产业升级可以概括为把某一产业不断由低使用价值、低附加值和低技术含量向高使用价值、高附加值和高技术含量转变的过程。比如20世纪60年代日本的纺织业就已经开始成为衰退产业，但即使是现在，日本纺织业在产品的研发和高附加值产品的加工等方面与中国相比仍然具有相当大的优势。仅就差别化纤维开发而言，日本纺织企业在纳米技术和生物技术的应用方面仍然走在世界的前列，其他的功能性面料如抗菌、抗紫外线、防皱和除臭等方面的新产品可谓层出不穷，令人眼花缭乱。随着土地价格和工人工资的上升，中国部分传统行业的竞争力越来越弱，但是我们可以在这些传统行业的高使用价值、高附加值和高技术含量环节进行升级，使其仍然可以在某些环节保持竞争力。

### 2. 区位调整

我国是一个大国，各地的经济发展程度不一。除了产业升级，还可以进行产业区位重构。有些传统产业在发达地区已经失去竞争优势，但是由于欠发达地区工人工资和土地价格等比较低，将部分传统产业转移到欠发达地区，可使其仍具有竞争优势，例如富士康将生产基地从深圳转到河南等地。

### 3. 消除资本流动障碍和减轻资本转移矛盾

如果衰退产业无法进行产业升级和区位调整，那就需要把资本从衰退产业中转移出去。由于前面谈到的退出壁垒和需求下降造成的过度竞争，因此此时需要政府采取一些措施来消除资本流动障碍。政府可以采取的措施主要有以下几种。①加速设备折旧。通过制定有关的法律和政策，并在相应的财政和金融政策的支持下，规定衰退产业设备的报废数量和报废时间，采取促进折旧的特别税制，加速衰退产业设备的折旧。日本的"特安法"采用的就是这种典型的政策手段。②压产转产。利用合适的政策手段，结合倾斜的金融和财政政策（如协助其选择适宜的转产方向、提供转产所需的设备贷款和发放转产补贴等），促进衰退产业的企业停产或减产，限制与停止某些产品的生产，或者促使其缩减生产能力，加速衰退产业的转产，如我国20世纪90年代对纺织行业的"限产压锭"就采用了这种手段。

但是有些衰退产业的影响比较大，如果立刻把资产从衰退产业中转移出去，可能会对整个社会带来震动，所以还需要减轻资本转移带来的矛盾，主要措施有以下几种。①价格干预。通过政府订货和价格补贴等方式缓和衰退产业的产量和利润急剧下降带来的冲击。②市场保护。采取关税或非关税壁垒限制相应产品的进口，为衰退产业的调整提供相应的保护措施。③进行生产和技术改善方面的补助。通过发放生产补贴来保护和援助衰退产业中尚存竞争力的生产项目和生产能力。同时，提供技术改善方面的援助，鼓励衰退产业向新产业转移。

### 4. 消除劳动力流动障碍和减轻劳动力转移矛盾

当资本从衰退产业转移出去时，劳动力如何才能顺利转移出去？消除劳动力流动障碍的主要措施有以下几种。①建立健全劳动力市场。②建立健全社会保障制度，社会保障制度较完善，衰退产业的调整所引起的社会震荡就较缓和。③提供就业信息，包括提供各行业劳动力的需求情况，并有针对性地进行就业指导和职业介绍等。④进行转产培训、技能训练，从而使劳动者能顺利进入其他行业，并能在较短时间内适应和胜任工作。⑤对录用衰退企事业人员的企业发放补贴，刺激企业积极吸收从衰退部门转移过来的工人。

在减轻劳动力转移矛盾方面的主要措施有：①维持衰退产业工人的工资补贴和相关补助；②延长对衰退产业员工的失业救济和就业保险金的发放等。

在援助和调整衰退产业的过程中，容易犯以下错误。①人们自觉或不自觉地把注意力集中在对衰退产业现状的维持上，极力阻止其增长减速，尽力使其保持原有的生产规模。比如目前对劳动密集型产业通过出口退税的方式维持。这在短时期内可以避免衰退产业对就业和衰退地区的冲击，但是长期来看会导致结构变化缓慢及恶化。②对衰退产业实行快刀斩乱麻。这会带来较大的摩擦和震动，增加调整费用。所以，对衰退产业的援助不是维持衰退产业的生存，而是帮助衰退产业有秩序地收缩和转移，以便资源可以顺利转移到其他产业。一项正确和有效的衰退产业政策有助于降低退出成本、降低失业率、维持正常的经济秩序。

# 第四节　推动产业链现代化建设

当今全球经济的竞争是产业链之间的竞争。产业链现代化是当今全球产业竞争中的新现象，也是产业经济学必须高度重视的新问题。推动产业链现代化，就是要推动基础产业高级化，强化企业间技术经济联系，提高产业链与创新链、资金链和人才链嵌入的紧密度，以此构建现代产业体系。

打好产业链现代化的攻坚战，涉及培育全球价值链上的"隐形冠军"、塑造"链主"地位和要素协同等方面的突破问题，这需要在产业关联、产业组织和产业结构等方面协调好产业政策与竞争政策的关系，尤其是不同所有制企业之间的产业布局关系。

## 一、产业链现代化：含义、标准和研究的意义

产业链这个范畴虽然是过去西方产业经济学一直不注重研究的问题，但却是产业研究中经常要用到的一个重要概念。在投入产出经济分析中，所谓产业链，是指国民经济各个产业部门之间客观形成的某种技术经济联系。由于这种联系往往像机械系统的链条一样耦合在一起，因此人们把它们形象地说成"产业链"。

一条产业链往往涵盖了产品或服务生产的全过程，包括从原材料生产开始，到技术研发、产品设计、中间品制造、终端产品装配乃至流通、消费和回收循环等许多环节（刘志迎，赵倩，2009）。观察和分析产业链，可以有很多的维度。例如，可以从为用户创造价值的角度看，形成产业价值链的维度，从而发现创造价值的最大环节在哪，谁是价值分配中的最大受益者；可以从产业创新的维度，发现技术的来源与分布结构，发现创新出现在哪里，发现如何获取竞争力；可以从参与产业运行的市场主体的角度，发现各产业中的企业关系结构，即企业链；也可以从地理分布的角度，发现相关产业的空间链等。如果叠加产业的开放性，我们则可以看到国内价值链（NVC）、全球价值链（GVC）或全球创新链（GIC）。产业链现代化是经济发展和转型升级的必然结果，也是大国经济在参与国际分工和产业竞争中的内生选择，是建设现代产业体系的基本要求。产业链现代化的内涵，赋予了产业链水平现代化的含义，其标准可以从多个维度来进行分析（李燕，2019）。

一是从研发和技术创新能力看，产业链现代化是指除了其技术创新要能达到当今世界先进水平外，其关键环节的核心技术还要能够自主可控，对外技术依赖度较低。推动产业链现代化，就是要解决缺少核心技术和"拳头产品"的问题，缓解在产业链的关键环节被"卡脖子"的不良现象，这既是为了提升产业安全性和自主性，应对全球产业链争夺战，也是为了构筑新的竞争优势。

二是从企业链的角度看，产业链现代化一方面是指其供应关系和结构能够根据市场信号灵活、高效地做出反应，在面临外部风险的条件下，能表现较强的抗冲击力和调整应变能力；另一方面是指链上的相关企业之间实现了深度分工和高度协同，产业配套能力强，产业链融合创新较为活跃。推动产业链现代化，就是要增强产业链的这种高度的韧性，以及产业融合创新的能力。

三是从创造价值的能力角度看，产业链现代化一方面是指本国支柱产业总体迈上了全球价值链的中高端，其中头部企业（链主）不仅具有一定的对价值链的治理能力，而且可以获取较高的附加值增值率；另一方面本国企业处在 GVC 的"链主"位置，能够在全球范围内自主地配置资

源、要素和市场网络，具有较强的市场控制和整合能力，国际竞争力强。

四是从现代产业体系的要素协同角度看，产业链现代化是指产业经济、科技创新、现代金融和人力资源之间实现了高度的协调、协同和协作，即产业链、技术链、资金链、人才链之间实现了有机链接，可以为产业链现代化提供关键的支撑。在高质量发展阶段，其实也应该包括产业发展与环境要素协调、实现可持续发展等目标。

当然，我们也可以从内容上对产业链现代化的内涵进行界定，如把它界定为一个包括产业基础能力提升、运行模式优化、产业链控制力增强和治理能力提升等方面的现代化过程（盛朝迅，2019）。由此得出推进产业链现代化，就是要实现基础产业高级化，加强上下游企业之间技术经济的关联性，增强区域间产业的协同性，提高产业链与创新链、资金链和人才链嵌入的紧密度，由此构建现代产业体系，提高供给体系质量（高智，梁世雷，2019）。

## 二、产业链现代化：产业关联、产业组织和产业结构的突破

我国在过去"压缩式"的快速工业化过程中，制造业规模已经居全球首位，总体而言我国已经建立了门类齐全、体系完整、规模庞大的产业体系，拥有 41 个工业大类、207 个工业中类和666 个工业小类，是全世界唯一拥有联合国产业分类中全部工业门类的国家，能够生产从服装鞋帽到航空航天，从矿产原料到工作母机的一切工业产品，这成为中国经济竞争力的重要来源。不仅如此，我国还在部分领域实现了关键技术和设备的国产化替代，在开放中实现了价值链的全球化拓展和延伸，产业基础能力和产业链现代化水平提高迅速。但是应该客观地承认，"压缩式"的快速工业化解决的是量的扩张和有无的问题，并不是解决质的提升和好坏的问题。目前，我国并没有真正形成与高质量发展要求相适应的现代化产业链，产业附加值偏低，在全球价值链上的增值能力较弱。总体上看，我国要打好产业链现代化攻坚战，面临着在产业关联、产业组织和产业结构三个关键方面的突破。

### 1. 产业关联关系突破：在产业链上培育更多的"隐形冠军"

近年来的中美贸易摩擦中，美方利用拥有核心技术、关键部件和特殊材料的基础投入品优势，在关键时刻对我国高科技产业断供，对我国产业安全发出了威胁。这一方面使我们清醒地认识到了我国基础产业的发展水平与世界的差距，另一方面也更加增强了在产业链上培育"隐形冠军"的急迫性和重要性（许惠龙，康荣平，2003）。产业链上的"隐形冠军"就是国家的基础产业。产业基础的能力和水平决定了一个国家产业的加工装配制造能力和水平，决定了后者的高度和能走多远。如果基础零部件、关键材料、工业软件、检验检测平台等领域都有难以克服的瓶颈或短板，长期依赖外国技术，那么产业链现代化的任务就不可能真正完成。夯实这些产业基础能力，在产业链上造就大批的"隐形冠军"，需要在国家现代化规划的顶层设计中，加快实施产业基础再造工程。

培育产业链中的"隐形冠军"，需要政府支持上下游企业加强产业协同和技术合作攻关。在实际操作中，应该根据产业升级的紧迫性，重点选择产业集群中的头部企业，鼓励其通过纵向合并等方式，联合国内外大专院校、科研院所，把资源和要素集中投放在这些知识技术密集的基础领域和关键环节（郭伏，李明明，任增根等，2019），把技术一层一层地往上做、往上提升，再逐步向上延伸产业链，掌握产业链中不易被替代的那些核心技术和诀窍。这方面的经验可以学习日本。日本基础工业的水平世界领先，多年来日本获得诺贝尔奖的科学家基本来自企业，这也体现了日本企业基础科学研究的领先地位。这个事实启发我们，要把中国的基础产业水平和能力做

上去，政府一定要帮助企业戒除浮躁和急功近利之风，形成浓厚的从事基础产业技术研究的环境和氛围。总之，中国企业必须争取把这些产业的核心技术、关键部件和特殊材料的发展主动权牢牢地掌握在自己的手中，否则现代产业体系建设就是建立在沙滩上。

培育产业链中的"隐形冠军"，需要从培育一大批"专精特新"的中小企业开始做起。今后，大企业尤其是实力比较雄厚的国有大企业，比较适合做那些需要连续不断的、巨额投入的"累积性创新"事业，而大量的、从无到有的跳跃式、颠覆式创新，要发挥众多经营灵活、创新动力强的"专精特新"的中小企业的首创精神。目前，从大的精密机床、半导体加工设备、飞机发动机，到小的圆珠笔的球珠、高铁上的螺钉、电子芯片、微电子导电金球等，都是我们在产业链上的软肋，为了打破跨国公司对这些高技术、关键部件和材料的垄断，我们需要根据不同的产业特点和性质，分别让不同的企业进行长期的研发、创新和突破。

培育产业链中的"隐形冠军"，需要发挥企业家精神和工匠精神。这两种精神对于培育"隐形冠军"来说是不可缺少的。一般来说，诸如工艺流程的改进、产品质量提高等维持现行秩序下的渐进性创新，需要学习和强调日本式的精益求精、刻苦工作、用户为上等特征的工匠精神。而如果我们面临的是那种必须从无到有的或带有破坏性特性的创新，光凭工匠精神是无能为力的，我们必须形成容忍失败的鼓励创新的文化，要学习和发挥美国式的、毁灭性破坏的企业家精神，这种创新较多地出现于技术和市场变化迅猛的新兴产业的初创期，主要体现为新产品涌现和技术范式的彻底变化。

### 2. 产业组织关系突破：在 GVC 上游培育更多的"链主"

打好产业链现代化攻坚战，培育更多的"隐形冠军"是问题的一个方面。要提升产业控制能力，还需要在 GVC 上培育更多的"链主"，强化其治理结构的建设。虽然产业控制能力的形式有全产业链控制、关键环节控制、标准和核心技术控制等，但是最终产业控制力取决于参与者对 GVC 治理体系和结构的把控能力。因为，对 GVC 中关键增值环节的标准规则制定、智能制造和个性化集成三个阶段，都离不开在 GVC 中的话语权（周静，2016）。

GVC 治理结构是指它的组织结构、权力分配，以及价值链的链条中各经济主体之间的关系协调。其中，关于各种治理的规则制定、执行、监督和奖惩，甚至各环节的利益分配和协调，都是由 GVC 中的"链主"即掌握市场或技术等资源的大买家或者技术主导者决定的。因此从产业竞争和组织策略看，在 GVC 上培育更多的、具有主导性地位的"链主"就显得尤为重要。

GVC 上的"链主"往往是跨国公司。跨国公司之所以可以做"链主"，往往是因为它具有两种优势：一是市场优势；二是技术优势。前者形成市场需求驱动型 GVC，以市场中的品牌、设计、需求、营销、网络等为优势，向全球生产商发出采购订单，如在零售超市、电子商务中就存在这种超级的"链主"。后者形成核心技术驱动型 GVC，以设计、研发、技术标准等为优势，组织供应网络中的企业群体进行生产，如在资本技术密集型的生物医药、集成电路、机械制造等产业，就存在着大量的这种技术驱动型 GVC "链主"（苏明，刘志彪，2014）。总之，这些"链主"要么通过市场需求订单，要么通过技术诀窍供给来给 GVC 中的企业制定、执行和监督规则，并最终获取 GVC 中价值创造的主要收益。

提升产业控制能力，首先要依据产业性质，构建或培育具有这种治理能力和地位的跨国公司。没有这些在全球竞争中具有治理能力和地位的跨国公司，尤其是缺少以技术为基础的 GVC "链主"，就不可能有中国制造强国的地位。过去我们提出来的要"培育具有全球竞争力的世界一流企业"，其实从产业组织关系看，就是要在产业链上培育具有"链主"地位的产业控制者。

　　提升产业控制能力，要依托我国超级大规模市场的优势，建设市场驱动型 GVC，把全球供应商纳入自己主导的分工网络。一方面，可以通过推进以电子信息网络支持的零售企业的大型化的方法，让这些大型商业巨头形成寡头垄断竞争格局，既拥有一定的市场势力，相互之间又有一定的竞争。另一方面，可以鼓励中国企业沿着"制造—零售"产业链进行前向的纵向一体化投资活动，或者鼓励制造企业收购兼并国外的品牌、网络、广告、营销系统。这些活动将产生价值链上的"链主"效应。

　　提升产业控制能力，可以依据中国新型举国体制的制度优势。一是微观上可以在"卡脖子"的关键领域适当集中资源和要素进行攻关，如针对我国芯片的软肋，可以把原先分散在政府各部门的扶持资金以行政方式适当集中起来，用市场化方式吸收社会资金，组建市场化运作的国家集成电路基金，对一些有前途的芯片突破项目集中进行投资；二是宏观上可以集中力量建设营商环境优化、适合人类居住的全球宜居城市，作为吸引全球跨国企业，虹吸全球高级人才、技术和资本的平台，让其为中国发展创新驱动型经济服务。

### 3. 产业结构关系突破：要素协同发展

　　要素协同发展是产业结构高度化和合理化的基础条件，由此产业链现代化还具有的一个重要含义，就是要实现产业经济、科技创新、现代金融和人力资源之间的高度协调，实现产业链、技术链、资金链、人才链之间的有机融合和配合。

　　促进产业链与创新链的"双向融合"。目前，我国科技研究水平与世界的差距要小于我们的产业水平与世界的差距。产生这个问题的原因，一是科研指向与产业经济要求的目标脱节，各自进入了非良性的自我循环；二是科技市场中介和科技服务业不发达，两者之间无法实现信息交流和沟通；三是资本市场没能发挥激励和支撑科技创新的功能；四是科研成果转化制度还不够完善，如对知识产权保护不力、对科学家从事成果转化工作缺少制度支持等。科技成果进不到产业经济领域是中国经济中的一个老问题，为此需要在科学家和企业家之间建一座"桥梁"，让科研活动产业化，或者让一些有实力的企业纵向并购进入适合于产业化的科研院所。总之，要让科研活动按照市场的要求服务于产业经济。应该注意的是，不是所有的科研活动环节都能产业化，创新一般分为两个阶段：第一个阶段是把钱变成知识，这是科学家要做的科技创新活动；第二个阶段是把知识变成钱，这是企业家要做的产业创新活动。这两者之间的界限不能混淆。第一个阶段要强调的是科研的原创性和独特性；第二个阶段要强调的是科技成果的市场应用性。"双向融合"就是要协调企业家和科学家的行为目标和行为方式，争取把科技变成财富，把烧钱的过程和挣钱的过程结合起来，让这个过程能够闭合发展，实现正常循环。

　　促进现代金融更好地服务于产业经济。当前存在的主要问题是金融发展脱离产业经济要求，制造业呈现"空洞化"趋势，表现为实体经济不实，虚拟经济太虚，资金在金融体系内部运转，进不到实体经济，同时实体经济本身产能过剩、杠杆太高、生产率低，不能创造出投资者满意的回报率，因而吸收不到足够的发展资源。经济运行中出现"脱实向虚"的现象，与我国经济运行中的"资产荒"问题有直接的联系。"资产荒"表现为居民巨大的理财需求对应着有限的资产供应，由此不断地拉高资产价格。应该看到，金融发展不能满足居民不断增长的理财需求，是我国房地产领域货币流入过多、泡沫积累的重要原因之一。因此均衡产业经济与现代金融的发展关系，一个重要的选择是要积极发展现代金融，使其可以为社会提供更多可供理财的优质资产。

　　纠正人力资源与产业经济之间的错配。现在优秀人才不愿意去实体经济领域就业。从国家战略层面上看，一个年轻人不爱去就业的行业，是不会有光明前途的。解决人力资源与实体经济之间的错配问题，要从根本上提高实体经济的盈利能力，为吸引年轻人就业创造好的物质条件。技术工人是中国制造业的顶梁柱，是中国制造的未来，必须大幅度提高制造业中技术工人的待遇，实施首席技工制度，并鼓励他们持有企业的股份，跟企业共命运、同成长。要提高职业技术教育的社会地位和经济地位，让工匠过上有社会尊严的、体面的生活。只有如此，年轻人才会愿意当工匠，实体经济才可以振兴。

## 三、推动产业链现代化的政策协调机制

推动产业链现代化要以企业和企业家为主体，以政策协同为保障，坚持政府引导和市场机制相结合，坚持独立自主和开放合作相促进。就经济政策的具体取向和组合来说，必须首先协调好产业政策与竞争政策两者之间的关系。

产业政策与竞争政策是政府进行市场调节的两种工具。其中，产业政策规定了政府在产业链现代化进程中想做什么和要做什么，反映的是政府在其中的作为和有为；竞争政策规定了各市场主体主要是企业在产业链现代化的进程中不应该做什么和不能做什么，反映的是各市场主体在其中的活动空间。由于政府的特殊地位和行使的超经济强制力，政府想做什么和要做什么，在市场经济中经常会与不应该做什么和不能做什么的问题发生矛盾甚至较大的冲突。如政府对某些产业的保护、对某类企业的倾斜投资和补贴，可能违反了公平竞争的原则。这将扭曲市场信号并造成低效率竞争，从而不利于高技术企业尤其是中小型高技术企业的发展。因此，协调好产业政策与竞争政策之间的关系，就要坚持"使市场在资源配置中起决定性作用，更好地发挥政府作用"的经济改革总框架，就要确立竞争政策的基础性地位，以此为统领来调整其他相关政策，创造公平竞争的制度环境。

推动产业链现代化，之所以要确立竞争政策的基础性地位，是因为只有提倡竞争和保护竞争，才能筛选出产业内真正的高效率企业，才能促进产业技术进步和产业结构升级。如果再加上以竞争政策为统领来调整其他相关政策的原则，这就给出了促进竞争政策与产业政策协调的制度基础：让竞争政策主导盈利性的市场和产业活动，同时使产业政策主导市场调节失灵、具有外部性的产业活动。这种区分对有效地推动产业链现代化具有重大的实际指导意义 $^{\ominus}$ ，主要表现在以下几个方面。

第一，在数量上，要大幅减少产业政策的种类和数量，同时要加大竞争政策的适用面和覆盖面。在经济体制转轨的过程中，产业政策虽然是政府政策工具箱里的年轻者，但却是发展很快、种类最多的一种，其实施的力度和幅度之大，很难有其他政策可以相比，尤其是在放权让利的改革过程中，产业政策的实施主体成为各级地方政府，这虽然给地区经济增长和产业发展赋予了巨大动力，但是客观上却助长了分散竞争体制中的对统一市场的分割，形成了非常明显的"行政区经济"特征。行政区经济是限制规模经济和范围经济的作用，人为割断产业链联系，实质性地阻碍产业集群成长的主要因素。未来要形成统一、开放、竞争、有序的全国大市场，通过扩大市场容量和规模去促进产业分工，增强产业联系和加快技术进步，就需要清理和限制地方政府以各类名义出台的产业政策，大幅度减少产业政策的种类和数量，给竞争政策的实施留下较大的空间，让其有更宽的适用面和覆盖面。

---

$\ominus$ 国务院发展研究中心企业研究所课题组．进一步落实竞争政策的基础性地位 ［N］．经济日报，2019-01-30（12）．

第二，在功能上，要把选择性、倾斜性产业政策向平等性产业政策转型。传统产业政策的基本功能是通过实施非均衡发展战略，重点支持某些部门的快速增长。这在资源匮乏、生产力低下、人民贫困的过去是正确的选择，但当今的中国已经进入追求高质量发展阶段，通过非均衡战略达到快速增长的前提和基础已经改变，因此传统产业政策的基本功能也必须跟着变化。如今，中国社会的主要矛盾表现为人民日益增长的美好生活需要和不平衡不充分的发展之间的矛盾，经济运行中存在着"重大的结构性失衡"，由此导致经济循环不畅、资源配置扭曲、市场效率不高。经济结构发生重大失衡的主要原因之一是非均衡发展的产业政策的长期实施，如以挑选"输家"和"赢家"为基本特点的产业政策及其偏向性，客观上造成了进入条件的重大差异，扭曲了利益信号，造成了竞争环境不均。转向平等性取向的产业政策功能，就是要实现产业平等，产业内无论什么所有制企业，不管它的企业规模大小、位于什么地区，都必须采取统一的政策。这样就在产业内去除了政策造成的不均等，留下的是效率因素的竞争。这样就可以把产业内最优秀的企业甄别出来。

第三，在结构上，要从替代性产业政策占主导，转向补充性产业政策占主导。过去的产业政策对产业链的支持，体现为政府对市场机制作用的排斥和替代，如各种政策都按照扶优的要求，集中支持产业内的优势企业，试图通过优势企业的快速成长和壮大，逐步让其占据主导地位，以此获取良好的增长业绩和税收回报。其实，在市场竞争中优势企业并不需要"锦上添花"，如果其真的有竞争优势，市场机制自然会促使其形成累积性报酬。市场运行中真正需要政府雪中送炭的对象是那些困难企业的职工，政府按照其公共职能应该改善产业发展的外部环境，解决产业发展的重点和突出矛盾，要给产业链中的企业降低负外部性。为此，支持产业链现代化的产业政策，就应该由代替和扭曲市场功能的传统型产业政策向补充和纠正市场失灵的产业政策转型。例如，产业政策在知识经济条件下，就应该重点促进产业链中的知识溢出；在新发展理念指导下，就应该强化企业的社会责任，加强社会性规制，在控制环境影响、降低资源和能源消耗、提高安全生产标准等方面，发挥更大的作用和作为。

第四，在关系上，要用竞争政策去审查、评估产业政策的实际效果和对竞争性市场的影响。在竞争政策只能发挥辅助性作用、产业政策发挥主导作用的转轨体制中，企业和企业家不是产业链现代化的主角，开放合作不占据创新主导地位，进口替代战略是创新的基本目标。确立竞争政策的基础性地位，以此统领其他经济政策，两者的关系就被彻底调整。已有的和新出台的任何产业政策，都要经过反垄断当局或机构的预先审查和评估，只有通过了这种审查评估，才能对社会公布，否则就要退回去重新制定。这种竞争性审查制度和评估制度，可在事前减少产业政策的盲目性，在实施过程中发挥纠偏作用。

推动产业链现代化，夯实产业基础能力，在实践中我们还必须按照产业政策与竞争政策协调的原则，正确地处理好各种所有制企业的产业链分布关系。改革开放四十多年来，我国国有企业和民营企业已经形成了一种产业链的特殊格局：大型、超大型国有企业多处于产业链的上游，在基础产业和重型制造业等领域发挥作用，而民营企业越来越多地提供制造业产品特别是最终消费品。这既是进入壁垒历史格局的自然演化，也是竞争中形成的高度互补、互相合作、互相支持的关系。以现代产业链理念来认识所有制结构的互存性和依赖性，在内涵上可以有四个角度，它们可以深化我们对当代中国特色社会主义经济体制的理解（刘志彪，2018）。

（1）在产业层次上，可以清晰地看到经过多年来的改革和重组，我国当前国有企业处于国民经济的基础性产业，往往投资规模大，回报时期长，资金密集性明显，掌握着经济命脉，而民营企业分布在这个基础上的各类产业，其资源加工性、劳动密集性明显。因此，民营企业在价值链上与国有企业并不完全处于同一层面竞争，但是上下游环节之间存在一定的挤压关系。

（2）在产业关联程度上，可以清晰地看到国有企业和民营企业之间的不可分割的依存关系，当前条件下谁都离不开谁，某个主体的利益严重受损，无论在什么情况下都不利于国民经济的良性循环和稳定。因此，在实践中我们要坚决贯彻执行"两个毫不动摇"的方针政策。

（3）在资源加工深度上，可以清晰地看到从国有企业到民营企业的产业"迂回化"发展趋势和倾向。处于产业链的上游还是下游，并不代表谁具有超经济强制能力，更不代表谁高人一等，而是一种自然和历史形成的产业分工。如果说在早期，民营企业因为规模小、人才少、资金实力弱，才广泛分布于劳动密集的加工产业的话，那么在今天，对资源的复杂加工和制造过程，则体现了更多、更密集的技术、知识和人力资本投入，体现了更高的附加价值，体现了经济发展深化。从这种"迂回化"的发展中，看到的是产业链被不断拉长的进程，附加值不断提高的过程，工业化过程中民营企业不断走向"高加工度化"的轨迹和趋势。

（4）在满足需求程度上，可以清晰地看到相对于民营企业，处于基础产业阶段和环节的国有企业，距离消费者和市场是比较远的，对市场的变化和反应也是不够敏感和及时的。这就决定了国有企业天然地不是很适合分布在竞争激烈的最终消费领域。

上述以现代产业链理念来认识所有制结构的互存性和依赖性，并不意味着国有企业和民营企业在产业链上的位置和分布是固定不变的，或者是井水不犯河水的。恰恰相反，在复杂的市场竞争中，它们之间可以形成动态的进出格局和可能的互助关系，如经营不善的国有企业的退出和相应的民资、外资进入接管；近年来在防止金融风险的过程中，一些负债较高、扩张太快的民营企业由于偏离主业，在流动性上遇到危机或重大困难，国有银行或者国有企业对其进行帮助甚至重组，这是帮助民营企业渡过难关，体现的是国有企业和民营企业进入条件的开放性，是国有企业和民营企业的相互依存、相互合作，因而这是好事，不是故意纵容"国进民退"的问题。

中国产业链的现代化，离不开不同所有制企业在上下游间的产业协同和技术合作攻关。这是增强产业链韧性、提升产业链水平的现实有效措施。例如，可以鼓励下游的民营企业纵向兼并进入国有的科研院所，加强科技创新与产业创新之间的衔接和协同。产业链现代化还需要建立共性技术平台，解决跨行业、跨领域的关键共性技术问题。在这方面，为体现政府意志，国有企业将会有所作为。我国目前正在推出一系列改革新举措，包括推动国有企业在资本市场进行混合所有制改革，支持行业龙头民营企业进行产业兼并重组，等等。这些举措从现代产业链的理念来看，本质上就是要通过横向、纵向或者混合型产业链调整、组合和一体化，让处于产业链环节中的某个主导企业进行股权调整和安排，以此优化相关企业关系使其协同行动，提高整个产业链的运作效能，提升企业的竞争优势。

## ◈ 本章小结

产业结构政策是指政府根据一定时期内经济结构的内在联系，揭示产业结构的发展趋势及过程，并按照产业结构高度化的发展规律，制定协调产业结构内部比例关系，以及为促使这种结构变化所采取的政策措施。

幼稚产业是指与发达经济中同类产业比较，工业后发国家的某些处于成长初期阶段、实力还不大的产业，在发展初期存在要素资源禀赋或生产经验积累等方面的不利因素，但同时它们又具有显著的规模经济特征。挑选幼稚产业有三种标准：成本差距标准、利益补偿标准和外部性标准。幼稚产业扶植政策分为国际贸易保护政策和国内生产扶植政策。前者包括关税保护和非关税壁垒，后者包括财政扶植政策、金融扶植政策、技术扶植政策、直接管制扶植政策和通过出口补贴等方式鼓励出口等。

主导产业是指在一国或一地区经济发展的某一阶段，若干产业部门具有广阔的市场前景和技术进步能力，增长势头快于其他产业，正在或已经在产业结构中占据举足轻重的地位，对影响和带动整个产业结构和经济发展起到导向和决定作用。挑选主导产业的标准有比较优势基准、收入弹性基准、生产率上升基准、产业联系基准及环境和劳动内容基准。扶植主导产业发展可以采取产业环境协调政策、优先发展基础产业政策、财政金融扶植政策和贸易保护政策及主导产业技术促进政策。

衰退产业是指在正常情况下，一个国家或地区的某一产业产品销售增长率在较长时期内持续下降或停止的产业，或者增长出现有规则减速的产业。衰退产业调整的主要路径包括产业升级、区位调整、消除资本流动障碍和减轻资本转移矛盾，以及消除劳动力流动障碍和减轻劳动力转移矛盾。

产业链现代化，就是要实现基础产业高级化，加强上下游企业之间技术经济的关联性、增强区域间产业的协同性，提高产业链与创新链、资金链和人才链嵌入的紧密度，由此构建现代产业体系，提高供给体系质量。打好产业链现代化攻坚战，面临着在产业关联、产业组织和产业结构三个关键方面的突破。

**▣ 思考题**

**▣ 参考文献**

# 第十五章
## CHAPTER 15

# 产业集聚与产业转移

当今世界经济地图上的产业分布不是均匀分布而是高度集聚的。高技术产业在空间上集中于美国、西欧和日本等发达国家的某些区域，如美国的硅谷与波士顿 128 公路。发展中国家的产业集聚现象也越来越多，如巴西的西诺斯谷制鞋集聚区，其 70% 的产品用于出口。中国作为全球制造工厂，产业集聚的特征越来越明显，东莞、苏州的电子信息产业高度集聚，在那里生产的笔记本电脑曾经占据全球 70% 以上的份额；浙江以"块状经济"集聚而著称，如宁波的服装业、绍兴的袜业、温州的打火机、嘉兴的皮革等。迈克尔·波特指出，产业集聚是一个国家或地区竞争优势的重要来源。

产业转移与产业集聚对应，从全球范围看，欧美等发达国家的一些产业，特别是劳动密集型产业向发展中国家转移，同时在一国内部，产业也会由发达地区向欠发达地区转移。产业转移有助于协调国家或区域间的经济差距，促进后发地区经济增长。

本章主要分析产业集聚效应、产业集聚的成因、产业集聚的类型，还阐释了产业转移的相关理论、影响产业转移的因素、产业转移的特征。

## 第一节  产业集聚

### 一、产业集聚及其效应

产业集聚又称为产业集群<sup>○</sup>，是指在某一特定领域中（通常以一个主导产业为核心），大量联系密切的企业及相关支撑机构在空间上集中，并具有很强竞争力的现象。集聚包括地理接近和业务联系紧密的同类企业，垂直联系的上下游企业，以及由政府、金融机构、大学、研究所和职业培训机构等构成的支撑体系。产业集聚是一个经济、社会、文化等多维的区域综合体，包括两个层次的要素：核心要素和辅助要素，具体

---

○ 严格来说，产业集聚（industrial agglomeration）主要是指产业的地理集中，而产业集群（industrial cluster）主要是指产业的同类性，两者有区别。但后者的同类性包含产业的地理集中，故视两者为等同。

如表 15-1 所示。

表 15-1　产业集聚的要素构成

| 层次 | 要素构成 | 功能 |
|---|---|---|
| 核心要素 | 供应商企业 | 生产要素的内部提供者 |
| | 竞争企业 | 产品竞争或互补企业 |
| | 用户企业 | 产品需求者 |
| | 相关企业 | 上下游等关联企业 |
| 辅助要素 | 硬件基础设施 | 道路、港口、管道、通信、水电等 |
| | 代理机构 | 行业协会、企业家协会等 |
| | 公共服务机构 | 研发机构、实验室和大学、人力资源与培训机构、金融机构等 |
| | 政府 | 政府有关机构，如科学技术部、商务部、国家发展改革委等 |
| | 外部市场关联者 | 外部资源供应者、外部产品需求者 |

波特（Porter）对加利福尼亚州葡萄酒产业集群进行了解剖，其结构如图 15-1 所示。

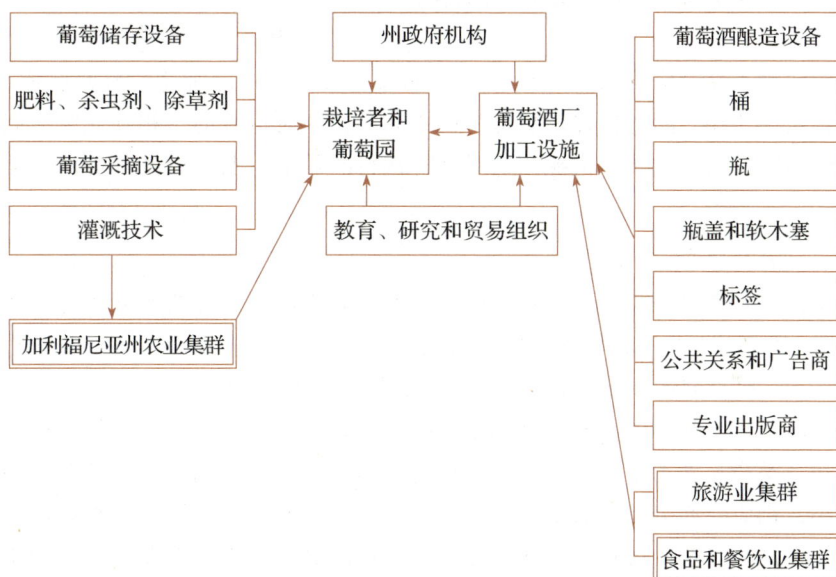

图 15-1　加利福尼亚州葡萄酒产业集群

关于产业集聚效应，19 世纪末经济学家马歇尔（Marshall）对英国小企业产业区考察时就指出，经济活动空间集聚能带来外部性，有助于节约成本和提高效率，并归纳出中间投入品、劳动力市场共享、技术与信息扩散三类外部性。经济学家克鲁格曼（Krugman）和波特（Porter）关于产业集聚的研究，一度成为国际学术界的热门议题。克鲁格曼从产业集聚视角解释了"二战"后全球贸易由垂直分工向水平分工转变的原因。1990 年波特出版的《国家竞争优势》一书提出了"钻石模型"，解析了一国产业能否持续创新和升级，并成为国家竞争优势产业的原因。波特还指出，马歇尔的三种经济外部性是"钻石模型"的基本思想，如果相关企业在区位上集中，那么钻石模型的效果会显著加强。此外，魏守华和石碧华（2002）认为产业集群具有区域品牌效应。下文具体阐释这四种效应。

## 1. 中间投入品效应

许多行业在生产过程中会使用大量中间投入品，如汽车、飞机制造等。中间投入品与最终产品制造企业关系密切，其集聚效应表现在两个方面。一是降低运输成本。同类企业集聚在中间投入品供应商周围，可以大幅减少运输费用，尤其是中间投入品运输费率较高的企业，如不易运输的化工产品。二是降低中间投入品的价格。对中间投入品所占比重高的行业来说，价格波动对企业盈利影响较大，中间投入品价格越低，企业的盈利空间就越大。如果同类企业为谋取更低的中间投入品价格，集聚在供应商周围，就会形成产业集聚。这一过程中，中间投入品供应商在生产中具有规模经济效应是一个重要前提。下游企业的集聚有助于保障中间投入品的需求，供应商可充分利用规模经济生产更多中间投入品，而无须担心产品过剩；对客户企业而言，供应商不论采用边际成本定价还是采用平均成本定价，规模经济都有助于降低中间投入品的价格。这种集聚是双赢的，中间投入品效应产生的集聚可以用图 15-2 来表示。

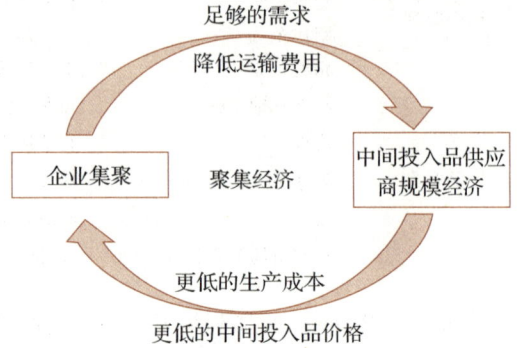

图 15-2    中间投入品的产业集聚

有很多由中间投入品效应导致集聚的例子，如弗农（Vernon）所述的曼哈顿服装制造集群：众多服装企业集聚在纽扣厂附近以谋求更低价的中间品，同时也有助于相互交流，以满足服装企业对各种各样纽扣的需求。此外，机械制造对特种钢材的需求，电子设备制造对元器件的需求都属于此类集聚。

### 2. 劳动力市场共享效应

相对于单个孤立企业对劳动力的需求，同类企业集聚会使当地劳动力市场具有"就业机会集中""职业培训系统完善""劳动需求相似"等特征。这些特点会导致劳动力市场的"低搜寻成本""高就业机会"和"劳动技能提升"，形成劳动力市场共享效应。

克鲁格曼提出了一个著名的共享劳动力市场模型：假设某行业的企业一年中可能面临旺季与淡季，该企业在旺季产品需求量大，为满足市场需求而扩大生产，相应提高的劳动力需求；在淡季产品需求量小，相应降低劳动力需求。如果有两家同类企业淡旺季错开，则有助于共享劳动力市场；反之，如果这两家企业孤立于两地，那么各自将面对单一不可流动的劳动力市场。图 15-3 对比了企业孤立与集聚的差异。当两家企业孤立时，两地工人不具有流动性，各地劳动力供给保持不变；两地劳动力市场供求关系如图 15-3a 所示（$D_w$ 表示旺季对劳动力的需求，$D_d$ 表示淡季

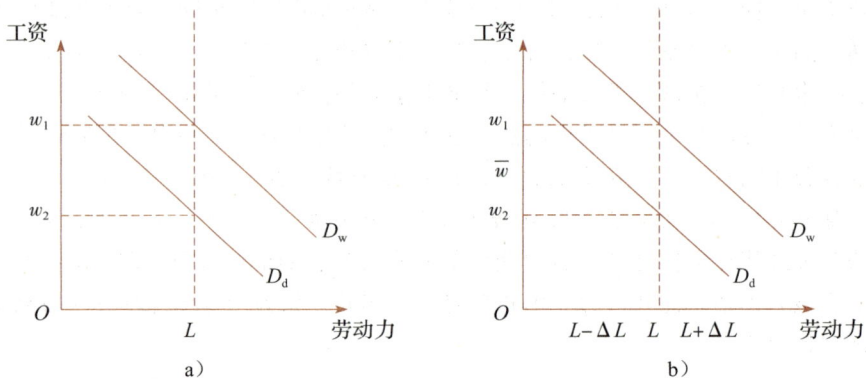

图 15-3    产业集聚的劳动力市场共享机制

对劳动力的需求）。旺季劳动力需求大，给工人支付较高的 $w_1$ 工资；而在淡季劳动力需求不足，只需支付较低的 $w_2$ 工资。当这两家企业集聚时，劳动力总供给不变，但由于劳动力可流动，单一企业的雇用数量会出现变化（如图 15-3b 所示），淡季工资低的工人会流动到工资较高的旺季企业，旺季企业因劳动力供给增加，工资相应下降；淡季企业因劳动力供给减少，工资相应升高。劳动力的无成本流动，导致两家企业支付的工资趋于相同。奥沙利文（O'sullivan）用数例证明了图 15-3b 中企业的利润大于图 15-3a 中企业的利润，所以企业倾向于集聚。

由此，企业通过共享劳动力市场，抵消了淡、旺季劳动力成本变动的风险。通过集聚，劳动力在众多企业间自由流动，不仅可以稳定工资，还可以"熨平"各类不确定性的冲击。

### 3. 技术与信息扩散效应

在知识经济和全球化背景下，产业竞争力逐步从过去基于资源禀赋的比较优势向基于创新的竞争优势转变。产业获取竞争力需要持续创新，而持续创新的一个重要基础，就是依靠本地的企业与企业之间、企业与支撑机构之间集聚，形成"区域创新系统"，即一个由完善、发达的供应商，有经验、挑剔的客户群，垂直、水平联系的众多企业和各个支撑机构之间形成技术创新及扩散的系统。企业集聚通过地理接近和业务紧密联系，加速知识创造与技术扩散，对主导产业创新发挥积极作用。集群的创新能力还取决于学习能力，而学习能力是有"黏性"的，因为一些重要的知识通常具有非正式（informal）、隐含（tacit）的特性，且有效使用正式（formal）、编码化（codified）的知识需要一些隐含、难以编码化的知识。这种非正式、隐含的知识不能和个人、社会及地域背景分开，且难以通过正式的信息渠道传播。尽管知识与信息在全球范围内的移动日益加快，但一些重要的知识却具有明显的空间根植性（embedded），而集群提供了技术创新与扩散的"摇篮"和途径。

### 4. 区域品牌效应

产业集聚有助于打造区域品牌效应。"区域品牌"即产业区是品牌的象征，如法国的香水、意大利的时装、瑞士的手表、中国的龙井茶叶等。企业通过集聚，集中广告宣传的力度，利用群体效应，形成"区域品牌"。在广告宣传上，集群有助于调动企业投入的积极性，改变大企业因单个广告费用高不愿投入而中小企业没有实力投入的状况，消除经济外部性，使每家企业都受益。"区域品牌"与单个企业品牌相比，更形象、直接，是众多企业品牌精华的浓缩和提炼，更具有广泛的、持续的品牌效应。相对于产业集群，单一企业的生命周期是相对短暂的，品牌效应难以持续，而集群中的企业遵循优胜劣汰竞争规律，只要不是由于技术或自然资源等外部原因使集群衰退，区域品牌效应更易持久，因此"区域品牌"对集群内企业是一种很珍贵的无形资产。此外，集群还可以利用互联网，提供某一系列产品的详细信息，方便客户获取信息，使买卖双方信息完备。

## 二、产业集聚的成因

### 1. 全球市场竞争的必然

交通与通信技术的发展，使过去许多本地化生产要素丧失了固有的垄断性；国际金融市场自由化，使资本在全球范围内快速流动，捕捉增值机会；贸易壁垒的降低，使销售活动不再限制于区域性范围，而是面向全球市场；许多产业进行标准化生产，减少了对工人特殊技能的依赖；跨国公司在全球范围内组织生产流程和销售渠道，生产过程被分割成不同的片段，依据各环节对生产要素的要求，寻求特定的生产区位，并在内部生产、对外转包或全球采购等不同组织形式间选择。经济全球化使区域发展高度不均衡，一些能够不断吸引资本、劳动力、知识与技术的区域，往往成为经济增长中的亮点，形成区域、国家甚至全球的产业中心。产业集聚的重要特点就是产业在地理上高度集中，产品市场占有率高。实践证明，凡是经济开放程度高、市场竞争力强的地区，产业集群的特征就比较突出，而经济相对封闭、市场竞争力弱的地区，产业集群现象就不明显。

## 2. 技术变迁与企业组织演进的产物

手工业时代主要依靠范围经济，工业化时代主要利用规模经济而信息时代主要利用速度经济，不同的技术条件形成不同的生产方式。20世纪70年代以来，弹性生产（后福特制，Post-Fordism）取代辉煌了半个多世纪的刚性生产（福特制，Fordism）成为主流，技术引发了生产方式的巨大变化，并伴随着需求结构、创新模式和企业组织的变化，从而为产业集群——这种介于企业与市场之间的组织形式提供了存在的基础。表15-2对比了两种生产方式下，技术、生产过程、需求变化、创新模式、企业组织结构、空间结构的差异。其中，技术引起企业组织变化是产业集群形成的重要原因。

**表 15-2　两种生产方式下的系列变化对比**

| 对比项 | 刚性生产（福特制） | 弹性生产（后福特制） |
| --- | --- | --- |
| 技术 | 使用标准化零部件；产品转换过程时间长、耗资大 | 高度灵活生产；使用单体组件；产品转换过程容易 |
| 生产过程 | 同类产品大批量生产；统一性和标准化；大量缓冲库存；生产结束后进行质量测试；次品和库存瓶颈导致时效性差 | 同类产品小批量生产；差异性和弹性自动化；无库存或库存很少；生产过程中实施质量控制；生产运作时效性高 |
| 需求变化 | 市场稳定、统一、可预测 | 市场不稳定、多样、不可预测 |
| 创新模式 | 突破性创新为主；创新与生产活动相对分离；较少的过程创新活动；忽视客户的需求；创新周期长，成本高 | 渐进性创新为主；创新和生产活动相结合；频繁的过程创新活动；满足客户的需求；创新周期短，成本低 |
| 企业组织结构 | 企业生产追求垂直一体化或通过规模经济追求水平一体化；形成大企业组织 | 生产的垂直分离或产业价值链活动的分工；形成网络化组织（转包、动态联盟等） |
| 空间结构 | 大企业主导的全球生产系统；强调成本节约或简单生产过程联系的地域生产综合体；劳动力市场的均质化 | 弹性专精的空间集聚，地方生产系统；经济发展和本地制度、文化等融为一体；劳动力市场的多样化 |

资料来源：王缉慈，等.创新的空间：企业集群与区域发展 [M]. 北京：北京大学出版社，2001：14-15.

### 3. 产业自身的因素

（1）工艺技术可分的产业。产业集聚建立在高度专业化分工与协作的基础上。制成品需要的中间产品种类越多，工序环节越复杂，专业化分工越精细，且在技术上可分性强，就越易形成产业集聚。有些产业容易形成集群状生产，一方面，汽车产业涉及上万个零部件，相关的零部件组合成一个核心模块，就形成一个集群，如萧山经济技术开发区以万向集团为核心，围绕变速器系列产品，众多企业专业化生产，形成汽车核心模块产业集群；另一方面，汽车整车组装厂一般需要众多配套企业，也容易形成产业集群，如长春围绕"一汽"集团的产业集群。

（2）地理接近显著降低成本的产业。空间距离影响运输费用，地理接近使运费降低。那些中间投入品不易运输（如易破碎品），而制成品容易运输的产品倾向于地理接近，如浙江一些"小商品，大市场"的产业集群，重要原因在于小商品的批量运输可显著降低成本。根据韦伯（Weber）的区位理论，决定工业区位的因素有运输成本、劳动力成本和集聚效应，合理的工业区位是三个指向总费用最小的地点。如果劳动力价格差异不大而运输成本很小，那么区位选择取决于集聚效应，一旦形成集聚，就会累积循环，在没有达到集聚不经济的临界点之前，产业会持续集聚。

（3）地理接近促进信息交流和产业创新。创新不只是线性模式，而已经是网络模式。那些创新需要多个供应商、客户、科研机构、行业中介支持的产业，集聚在一起可以获得更多的技术与市场信息，在不同学科交叉中容易创新。如商用飞机制造业的前后向联系紧密，涉及研发、设计、系统供应商、客户反馈信息等，在西雅图等地形成了产业集群。又如对于涉及动画、软件、文学等的娱乐业，企业之间地理接近有助于加强隐含经验的扩散，产业集聚更容易产生创新性产品。

## 三、不同产业集聚程度的差异

在三次产业中，哪些产业倾向于集聚？哪些产业相对分散？

### 1. 第一产业很难集聚

一般来说，第一产业不易出现大规模的集聚生产。外部经济对第一产业影响不明显，相反，有些行业会出现外部规模不经济现象。如渔业，在同一片海域的捕鱼户越多，鱼群资源就被分摊得越多，还产生诸如海域污染等"公地悲剧"问题。在中间投入品方面，农业也只需耕种器具、化肥等较短的产业链。还有一个很重要的原因是第一产业的收益几乎与土地面积成正比，不存在集聚的报酬递增效应。

### 2. 制造业集聚效应明显

在第二产业的诸多部门中，制造业集聚效应最为明显，很容易形成产业集聚。根据产业属性，制造业集聚可分为三类：高技术产业集群、传统产业集群、资本与技术结合型产业集群。

（1）高技术产业一般是指研发在生产或服务中起关键作用的产业部门，如计算机及网络技术、生物技术等产业，具有高附加值、高投资、高风险、高收益的特点，主要集聚于大城市或教育、科技中心地区。这类产业，知识技术密集、能源消耗少、研发投入高，信息和技术扩散效应明显。集群中的劳动力素质较高，有较强的劳动力市场共享效应。典型的高技术产业集群有：美国的硅谷，波士顿128公路，得克萨斯州的奥斯汀；印度的班加罗尔；以色列的特拉维夫；英国的剑桥工业园；法国的索菲亚；等等。

（2）传统产业是一个宽泛的历史性概念，在不同国家或地区含义不同。传统产业的普遍特点是劳动力密集型制造加工业，因此廉价劳动力市场的共享、中间投入品的规模经济对传统产业的集聚有较大影响。典型的传统产业集聚有：意大利艾米利亚—罗马格纳地区。在我国，传统产业以手工业或劳动密集型的传统工业部门为主，如纺织、制鞋、家具等技术含量相对较低的行业，浙江嵊州的领带、诸暨市大唐镇的袜业、海宁的皮装、柳市的低压电器等。这类集群在不同发展阶段有不同的企业规模结构，在初创期以中小企业甚至家庭作坊为主，在成长期以大中型企业为主，而处于成熟期则是大公司甚至是跨国公司支配着产业集群的发展。

（3）资本与技术结合型产业集群主要为重化工制造业。它们既具有大批量生产的要求，又面临着市场需求多样化的挑战，技术进步以激进型创新为主，如产品创新或生产工艺的重大革新，但也要面对渐进型创新的挑战，如生产的"柔性"。典型的资本与技术结合型产业集群有：日本的大田、德国南部的巴登—符腾堡等。在我国，许多国有企业基地属于这类集聚，在计划经济下依托国家大规模投资，以大中型资本密集企业为主，但随着经济转轨和民营企业发展，正在形成中小企业围绕国有大企业的集群，如唐山钢铁产业集群。

### 3. 服务业特别是总部经济集聚明显

以服务业为主的第三产业，在经济发展的初期，并没有表现出明显的集聚现象，往往是"小而多""杂而乱"。但随着社会经济的发展，服务业呈现出较强的集聚特性。20世纪80年代，西方学者开始关注现代服务业的集聚，目前集聚已成为服务业发展的潮流。服务业集聚的原因在于地理位置的接近有助于增加企业联系，会带来一系列的外部经济效应。例如，地理接近使企业间的交往密切，能促进新思想、新知识、新观念的传播，"学习经济"可增强企业的创新能力；多家企业的互相联系、互相补充，上下游的协调，使生产方式更加灵活，对市场信息和新技术快速吸收，对多样化的消费需求能够做出及时反应。一些大城市出现的"总部经济"，作为服务业中一项特别的中间投入品，对服务业的集聚产生了很大影响。这些总部经济集聚区是具有共同性质或互补性质的服务企业形成的地理近邻现象，集聚区中的企业通过市场和非市场的联系形成相互竞争、相互合作和依赖关系，使范围经济和规模经济效应明显。也可以认为，服务业集聚是伴随现代技术变革、产业分工深化和经济社会发展而来的，相关企业及其支撑体系集聚，形成的具有竞争优势的经济群落。

## 四、专业化与多样化产业集聚

正如集聚经济可以划分为地方化经济和城市化经济一样，产业集聚也可分为专业化集聚和多样化集聚。本质上，这两组概念是异曲同工的，分别体现了产业内与产业间的正外部性。

### 1. 专业化集聚

产业的专业化集聚是建立在地方化经济基础上的，又称为地方化经济，地方化经济是指当某一产业生产规模扩大时，该产业中的企业生产成本不断降低的现象。之所以称为地方化，是因为同类企业集聚在某一特定地区，导致该地区企业生产成本低于其他地区，从而出现地方特色。所谓的专业化集聚，也就是该地区同类企业集聚在一起形成的区域专业化。专业化集聚很大程度上由劳动力市场共享、中间投入品、信息交流等因素导致。大量的专业化企业集聚使区域实现规模生产，同时对分工更细、专业化更强的产品和服务的潜在需求量也相应增加，从而改善生产函数和需求函数。随着技术发展和需求变化，后福特制生产方式盛行，工艺过程日益高度专业化，需求增加为专业化生产商提供了更大的机会，供给增加使它们实现规模生产，两者良性循环，不断提高整体效率。

### 2. 多样化集聚

产业的多样化集聚与集聚经济中的城市化经济相对应，城市化经济的定义是：随着某一城市（区域）生产规模扩大，该城市（区域）中所有企业的生产成本随之降低的现象。不同于地方化经济，城市化经济更强调不同行业的企业集聚导致生产成本降低的情形。正外部性产生于整体规模的扩大，同时正外部性惠及所有企业。因此，多样化集聚是指以城市（区域）整体规模扩大而带来的、惠及各行业的集聚效应，同时多样化集聚在一定程度上涵盖了专业化集聚。要说明的是，产业的多样化集聚不仅包括专业化集聚，还包括其他一些途径，如公共基础设施、知识共享、行业互补性等，这些途径促进行业间的信息交流。雅各布斯（Jacobs）指出，由多样化集聚形成的城市（区域）中有很好的创新氛围，不同知识背景的员工集聚促进了思想的碰撞交融，增强知识溢出。

### 3. 专业化与多样化集聚的关系

专业化集聚与多样化集聚都产生于正外部性，区别在于前者是同行业间企业的正外部效应，后者是不同行业间企业的正外部效应。那么，专业化集聚与多样化集聚之间谁更强呢？Henderson 等（1995）引入以下方法来衡量：估算行业产量（反映地方化经济或专业化集聚）与城市规模（反映城市化经济或多样化集聚）对劳动生产率的影响程度。用人均产量 $y$，人均资本 $k$，工人受教育水平 $e$ 衡量劳动技能；用行业总产量 $Q$ 和城市人口总量 $N$ 衡量专业化和多样化的集聚效应，则劳均产出（即一个地区或企业单位时间内每个劳动者的平均产出）的函数可表示为：

$$y=f(k,e,Q,N)$$

在 $(k,e)$ 相同的条件下，如果存在地方化经济，则 $y$ 与 $Q$ 正相关；如果存在城市化经济，则 $y$ 与 $N$ 正相关。

一个区域往往会表现出地方化经济和城市化经济并存的现象，即 $y$ 与 $Q$、$y$ 与 $N$ 同时正相关，那么这两者谁更主导呢？Henderson 等（1995）采用弹性比较法，通过测算 1988 年美国各行业的专业化与多样化集聚效应，得出结论：多样化效应作用很小，而专业化效应非常明显。不过，Glaeser 等（1992）却证明多样化集聚的效应更明显，即行业间的知识溢出效应更大而行业内的知识溢出效应较小。

多样化与专业化模式往往并存，但也存在冲突。多样化的城市功能齐全，行业众多，但由于资源有限，不是所有行业都能形成规模经济；专业化的城市虽然有利于单个行业的竞争优势，但其他行业往往表现出弱势。实践表明：发展早期，城市会表现出（无序）多样化特征；发展中期，会逐步趋于专业化，利用优势行业产品促进城市发展；成熟阶段，城市会渐渐恢复到（有序）多样化，利用已有的经济基础，形成一个完整的产业体系。

在我国的城市中，义乌、景德镇等属于专业化城市，这些城市有自己独特的竞争优势，地方化经济作用显著，专业化集聚给城市带来了发展机会；上海、北京、香港等属于多样化城市，各行业合理搭配，产业体系完整，服务健全，多样化集聚效应明显。

## 第二节 产业转移

产业从一个地区迁移到另一个地区，通常有两种模式：产业扩散和产业转移。产业扩散是指核心区对邻近外围区的辐射，由近到远地变化；而产业转移是指产业在空间上大范围地跳跃。产业转移包括两个层次：一是国际产业转移，由国际贸易与国际产业投资的叠加效应形成；二是区际产业转移，即由于存在经济技术的差异，产业由高梯度向低梯度地区的转移。

### 一、相关理论

20 世纪 50 年代以来，世界经济经历了多次大规模的产业转移浪潮。早期的研究主要以发达国家向发展中国家的产业转移为对象，理论多基于宏观层面，如"雁行模式"。然而 20 世纪 80 年代以来，跨国公司的产业内分工和产品内分工逐渐取代了产业间分工，成为当今世界的主要分工形式，很多学者开始运用价值链理论，从微观层面分析。产业转移理论大致可以归纳为：比较优势理论、新经济地理学、价值链理论。

### 1. 基于比较优势视角的产业转移理论

（1）比较优势理论。亚当·斯密最早提出了基于绝对优势的地域分工理论，认为各国都应重点发展绝对成本比其他国家低的产业。大卫·李嘉图在绝对优势理论的基础上，提出了比较优势理论，认为有些国家即使绝对成本落后，但通过生产与外国相比生产率差距相对较小的产品，依然可以加入国际分工中。瑞典经济学家赫克歇尔和俄林在比较优势的基础上，阐述了要素禀赋理论。按照该理论，劳动力丰富的发展中国家在国际分工中应生产劳动密集型产品，而拥有资本和技术优势的发达国家应生产资本密集型、技术密集型产品。随着国际贸易和国际分工的发展，各国所拥有的生产要素丰裕程度会发生相对变化，要素禀赋的变化又会进一步影响国际分工和国际贸易的变化，从而导致国际产业转移与结构演变。基于上述理论，我国一些经济学家提出梯级产业转移构想，即：亚洲"四小龙"的经济腾飞起源于吸收欧美发达国家已失去比较优势的产业转移；中国大陆东部地区发展起步于吸收来自中国港澳台地区，以及日本和韩国等地的产业转移；随着中国大陆东部地区经济日趋成熟，劳动力密集型产业失去优势，经济转型迫在眉睫，而中西部地区拥有丰富的资源和廉价劳动力，是接受东部产业转移的理想场所。

（2）产品生命周期理论。产品生命周期理论由美国哈佛大学雷蒙德·弗农（R. Vernon）教授提出。他从产品的生产技术出发，用生命周期阶段的变化来解释产业如何由发达国家向发展中国家转移。该理论将产品生命周期分为新产品、成熟产品和标准化产品三个时期，不同时期产品的特性存在很大差别。由新产品时期向成熟产品时期和标准化产品时期的转换中，产品的特性和产业区位也相应地变化，形成产业转移。具体来说，产品最初是知识技术密集型的，主要在产品创新国生产；随着制造工艺的逐渐成熟，产品开始转向资本密集型，此时产品由创新国向中等发达国家转移；在大规模生产的标准化阶段，产品逐渐变为劳动密集型，产品由发达国家转移到发展中国家。该理论的核心在于，产品的不同生产阶段对不同生产要素的依赖程度会发生变化，引起生产在不同要素禀赋国家之间转移。弗农以各国存在要素禀赋差异为前提，创造性地以产品属性变化来解释产业国际转移现象。产业转移是企业为了顺应产品生命周期的变化，回避生产的比较劣势而实施的空间移动，是产品生命周期特定阶段的产物，是产品演化的空间表现。

渥太华大学的 Alex Tan 在产品生命周期理论基础上，进一步使之动态化和系统化。具体为，产品分为高、中、低三个档次，对应的市场结构为：直接出口市场（direct export market）、中间产品出口和当地组装市场（export of intermediate products and local assembly market）、当地生产市场（local production market）。高档产品对应的市场以直接出口为主；中档产品以中间产品出口和当地组装为主；低档产品则以当地生产为主。市场结构相对不变，而高、中、低档产品系列将不断变化，如新产品不断充实到高档产品系列中，一部分高、中档产品降级并进入到中、低档产品系列。相应地，发达国家将高档产品的生产主要放在本国进行，辅之以中间产品出口和国外组装；就中档产品而言，产品在国外组装的同时，产业会逐步向国外转移；低档产品的生产则会完全转移到国外进行，由此形成产业转移。

（3）雁行模式理论。20 世纪 30 年代，日本经济学家赤松要（Kaname Akamatsu）从当时的日本出发分析了发达国家和后发国家之间产业空间转移的现象，提出雁行发展模式。他在考察日本明治维新以来棉纺织业承接转移的发展历程和形态后，总结出三种模式：第一种模式是产业的发展按照从接受转移到国内生产再到向外出口的三个阶段，即按照"进口—国内生产（进口替代）—出口"的模式相继更替发展；第二种模式是从一般消费品到资本品，或者是从低附加值产品到高附加值产品的第一模式演进，产业结构不断高度化；第三种模式是第一种模式的动态演化会在国与国之间传导，即工业化的跟随者会效仿工业化的先行者。雁行模式是对日本明治维新以来产业发展路径的总结，反映了日本的许多产业，包括纤维业、钢铁业、汽车制造业等的发展历程。该理论的要旨是后发国家可以利用先进国的产业转移，吸收资本和技术，通过学习发展相关产业。

（4）边际产业转移理论。20世纪70年代，小岛清（Kojima）把新古典经济学原理引入产业转移分析中，创造性地将雁行模式和产品生命周期理论结合起来，改造成"小岛清模式"。小岛清仍以发展中国家为研究对象，根据日本对外直接投资的实践，在比较优势理论的基础上提出了"边际产业转移扩张理论"。该理论认为对外直接投资应从本国（投资国）已经处于或即将陷于比较劣势的产业——可称为边际产业（这也是被转移国家具有比较优势的产业）依次进行。通过产业的空间移动，回避产业劣势或边际产业，显现潜在的比较优势。小岛清的理论反映了发达国家对发展中国家进行直接投资的动机与形式，但该理论以投资国而非企业为主体，很少考虑企业本身因素对投资的影响，在某种程度上抹杀了企业的个性。此外，小岛清的理论所能解释的时空范围很小，仅从发达国家向发展中国家方向进行解释，并且时间范围局限在日本20世纪70年代，不能解释发展中国家的逆向直接投资现象。

### 2. 基于新经济地理视角的产业转移理论

新经济地理学以产业集聚为中心，研究产业集聚演进中所伴随的产业转移现象。Rauch（1993）深入研究大量案例后发现，企业并没有在地区间出现工资差异的初期阶段转移经营活动，而是在一段时间后才从高工资向低工资地区大规模的转移。洛奇把企业这种成批的转移模式归因于外部经济和沉没成本的相互作用。由于外部经济性的存在，企业愿意集聚到一起，并通过合作获取外部经济，由于转移中的沉没成本，通常转移代价比较高，只有当新的合作收益高于沉没成本时，企业才会成批转移。Hanson（1998）对Rauch的观点进行补充，他认为产业区位取决于三个要素：外部规模经济、地租和各生产阶段间的中介成本。外部规模经济引导企业集聚到一个产业中心，由于土地的供给是固定的，集聚会提升产业中心的工资，迫使企业把不具有外部经济性的活动转移到低工资地区，企业通过投资中心与外围地区的交通和分销设施降低中介成本，这样形成一个区域性生产网络。因此，集聚引致的拥挤成本把外部经济性较弱的活动挤出集聚地区，从而出现产业转移。Markusen和Venables（2000）则指出，虽然企业倾向布局于市场潜力大的地区，但市场越大，不可流动要素的价格越高，企业的生产成本也越高，企业是否外迁取决于生产地与销售地之间的贸易成本。简而言之，产业集聚与产业转移取决于集聚的正外部性与拥挤的负外部性的总体效果，当负效应主导时，会出现产业转移。

### 3. 基于价值链视角的产业转移研究

自20世纪80年代以来，随着国际分工形式由产业间分工演化为产业内分工再到产品内分工，国际产业转移也逐步深入至生产工序层面，在跨国公司主导的全球一体化生产体系内部展开。这种以产品价值链为纽带而形成的网络型国际产业转移模式，表现为跨国公司将产品的研发、核心部件生产等工序安排在发达国家，将产品的主要零部件制造工序转移至应用技术方面存在竞争优势的新兴工业化国家，再将辅助零部件制造、组装等工序转移至在低技术劳动力上具有竞争优势的发展中国家。全球价值链理论解释了产业的全球空间布局特征和收益分配准则。Gereffi（1995）将价值链与产业的全球生产组织结合起来，提出了生产者驱动和购买者驱动的全球商品链二元驱动模式。他认为，通过全球价值链模式下的产业转移，可以建立全球分工体系和生产网络。此后，他对东南亚国家服装产业价值链的研究表明，发展中国家企业通过承接产业转移可以实现由 OEM—ODM—OBM 的升级过程<sup>⊖</sup>。在这种产业转移模式形成的全球分工网络中，发达国家及其跨国公司作为国际产业转移的组织者和治理者，处于 GVC 顶端，居于强势地位，利用自身的市场势力，将低附加值的生产环节外包给发展中国家，从而获得了大部分的产品附加值和贸易利润。

## 二、为什么会发生产业转移

关于产业转移的动因，可以归结为生产成本、运输成本、本地市场效应三个方面。

### 1. 生产成本

阿瑟·刘易斯利用比较优势理论分析了劳动密集型产业的空间转移现象，并认为在 20 世纪 60 年代发达国家由于人口自然增长率下降，非熟练劳动力不足，劳动力成本趋势上升，这种变化导致劳动密集型产业比较优势的逐步丧失，并最终使之向发展中国家转移。该观点将劳动密集型产业作为产业转移的主体，并将产业转移与比较优势的变化相联系，本质上是以赫克歇尔-俄林要素禀赋理论为基础的。根据比较优势理论，可以进一步延伸：对于资本密集型产业，资本要素的成本在很大程度上决定了一个国家是否有比较优势；对于知识密集型产业，知识要素的成本同样决定了是否有比较优势。总体来说，在比较优势理论的框架下，由劳动力成本、资本成本、知识使用成本等构成的生产成本，会引起相应的比较优势和比较劣势变化，从而引起产业转移。

### 2. 运输成本

传统的产业转移理论大多都是针对国际产业转移现象，这些理论通常把国家和地区作为抽象的区位概念，而并没有考虑空间大小和距离因素。以我国为例，要素在国内区间的流动性明显大于国际上的流动性，尤其是我国的劳动力流动，比如大量的农民工现象，使区域劳动力成本差距减小，很大程度上弱化了生产成本差异对产业转移的解释力，因此运输成本是影响产业转移的关键因素。目前，尽管中西部地区提供了许多优惠政策吸引东部产业转移，但效果并不好，因为东部地区交通便捷，尤其是出口的运输成本具有优势。虽然也有部分产业从大都市移出，但往往是从市区向郊县或乡镇就近转移，属于产业扩散类型。

### 3. 本地市场效应

Krugman（1996）最早提出本地市场效应，即本地市场规模在产业发展过程中具有很重要的作用。Porter（1990）在"钻石模型"中，也阐释了本地市场需求是影响产业竞争力的重要因素。一般来说，本国市场对产业升级和转移都具有重要意义：本国市场的巨大需求规模，为本土企业获取市场和终端营销能力提供了可能；国内市场多样化的需求层次，为企业提高产品差异化、创新能力和研发设计能力提供了支撑；本地市场效应的发挥，可以提高区域经济一体化水平，使要素、产品等在不同区域间流动，如图 15-4 所示。

---

⊖　OEM（Original Equipment Manufacturer）即贴牌生产，是指由采购方提供设备和技术，由制造方提供人力和场地，采购方负责销售，制造方负责生产的方式。ODM（Original Design Manufacturer）即原始设计制造商，是指某制造商设计出某产品后，可能会被另外一些企业看中，要求配上后者的品牌来生产或稍微修改一下设计来生产。OBM（Original Brand Manufacturer）是指代工厂经营自有品牌。由于代工厂做 OBM 要有完善的营销网络作为支撑，因此渠道费用大，花费的精力也远比 OEM 和 ODM 多，并且与 OEM、ODM 客户有所冲突。

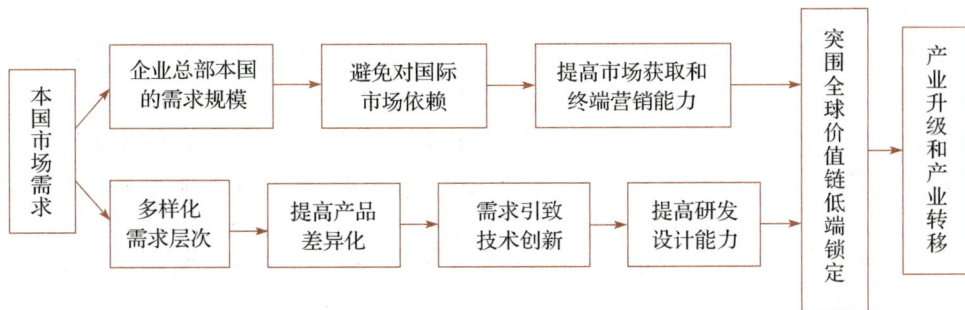

图 15-4 本地市场效应对产业转移的影响

　　市场需求规模对发展中国家跳出"贫困陷阱"具有重要作用，因为相对于国际市场，本土市场是当地企业管理者所熟悉的市场，并且可能受到保护，沟通成本与运输成本较低。本国市场会影响企业认知和诠释客户需求的能力，文化地缘的一致性使当地企业可以较早地发现本国市场中的客户需求，引致创新，这是国外竞争对手的不及之处，由此产生产业或生产环节的竞争优势。简而言之，本地市场效应有助于促进企业大规模更新改造生产设备，进行产业创新，提升产业竞争力，引发产业转移。

## 三、当前全球产业转移的特征

　　在经济全球化背景下，国际产业转移也在加快，具体特征如下。

　　首先，劳动密集度高的产业转移程度高，资本密集型产业尤其重化工业转移速度加快。这一特征与比较优势理论是一致的，一国要素禀赋最先反映在要素成本变化上，劳动密集度高的产业需要使用大量劳动力，对工资变化非常敏感，核心国劳动力比较优势一旦减弱或丧失，工资上升会导致劳动密集型产业率先发生转移。随后，资本密集型产业也会逐渐被知识、技术型产业替代，资本密集型产业将继劳动密集型产业之后发生转移，并且转移速度更快。这一特征在我国表现尤为明显：改革开放初期，珠三角地区是最早接受产业转移的地区，凭借廉价的劳动力成本，承接了日本、韩国，以及我国台湾、香港等地的加工制造业。之后，东部其他地区纷纷效仿，凭借转移的劳动密集型产业，培养起强大的加工制造能力。根据摩根士丹利公司2002年的报告，我国在经历20世纪80年代—20世纪90年代的发展之后，基本主导了全球轻型制造业的生产。21世纪初期，比较优势使东部地区的劳动力成本优势丧失，而资本要素优势逐渐凸显，资本密集型产业尤其重化工业的转移开始加速。在21世纪的前十年，我国依靠资本密集型产品进入新一轮出口扩张期，而这次出口扩张的驱动力是跨国公司资本密集型制造业转移到我国生产。例如，全球的汽车产业巨头蜂拥而至，纷纷设厂生产，不仅抢占中国国内市场，还面向全球出口。目前，全球汽车工业的生产体系大规模转移到我国，我国已经成为全球汽车第一大生产与消费国。

　　其次，国际产业转移呈现出地理集聚特征。地理集聚与产业扩散往往同时进行，发展中国家的城市群地区通过集聚，更好地承接国际上产业的转移。正如波特的观点：产业竞争优势是通过一个高度本地化的过程创造和发展起来的，一个在国际上成功的产业会表现出地理集中的特征。前文已经阐明，产业的地理集聚有助于提高生产率，降低厂商成本，还可以形成良好的创新氛围。在新一轮国际产业转移中，这种集聚趋势越来越明显，产业偏好于向社会稳定、成本低、物流便捷、配套能力强的区域转移。例如，我国的长三角地区通过产业集聚，创造了更大的产业优势，上海及其周边地区集聚了大量的外商；又如深圳、东莞、惠州等地，地域上的集聚优势能更好地承接信息技术产业的移入。

最后，产业链式转移，但技术转移和转移规模不同步。早期的国际产业转移主要以单个项目、单个企业或单个产业方式进行，随着经济全球化的深入，当今的国际产业转移呈现产业链式移入。这不仅是主要制造厂商的转移，还有相关配套服务的转移，包括原材料的采购、产品的销售、售后服务的提供等，尤其是关联度强的产业往往一并转移。转出国产业链式的转移与转入国营造的集聚优势是分不开的，所以产业集聚为产业链式转移提供了基础。不过，技术转移与产业转移规模不相匹配。发达国家一方面持续加大国际产业转移规模，将其低附加值的制造、组装等生产环节转移到发展中国家，另一方面却把技术密集度较高、技术性强的研发、产品设计、核心部件生产等部门留在本国母公司中。尽管发达国家向发展中国家产业转移规模大，但发展中国家在承接产业移入时学习到的技术并不多。发达国家掌握核心技术，获得产品大部分的附加值，而发展中国家只获得极少部分的"加工费"。这也间接说明当今全球产业转移仍然停留在劳动力密集型、资本密集型产业转移阶段，真正的技术密集型、知识密集型产业并没有出现大规模的转移。

**案例专栏 15-1**

### 1. 长三角地区的纺织服装产业集群

长三角地区作为我国最发达的经济区之一，拥有发达的高技术产业、金融等服务业，但实际上长三角地区的纺织服装产业也相当发达，各类产品产量在全国占有相当的份额。这一点可能出乎许多人的意料。长三角地区纺织服装产业集群的成因有以下几点。

一是得益于劳动力市场蓄水池效应。由于劳动力在国内流动相对容易，长三角地区吸引大量中西部劳动力，形成劳动力市场蓄水池，多年来劳动力成本上升的压力并不大，依然具有劳动力成本优势。

二是得益于长三角地区庞大的需求市场。服装业的产品差异化显著，长三角作为我国最发达、人口规模最大的城市群，不仅市场需求的绝对规模大，而且需求的多样化特征明显，同时在保证内需的基础上，还可以向海外市场出口，由此形成专业化的产业集群。

三是最重要的，那就是各城市之间专业化分工而长三角地区整体形成完整的纺织服装产业链。浙江的专业化集群包括：绍兴、萧山的化纤布料业，绍兴柯桥的纺织品批发，宁波的男装，温州的休闲服装，杭州的女装制造，诸暨的织袜，嵊州的领带，宁波象山的针织业，海宁的皮革，余杭的装饰布，桐乡的羊绒衫、湖州织里的童装等专业化产业区。上海则拥有以东华大学为代表的国家级研究机构，此外，上海在时装设计、纺织机械等方面全国领先。江苏的专业化集聚区包括：吴江的丝绸、无锡的棉纺织、江阴的毛纺材料、常州的牛仔布、常熟的羽绒服、南通的家纺、扬州的刺绣等。

简而言之，城市之间专业化分工而长三角地区整体形成完整的产业链，支撑了长三角地区纺织服装产业集群的竞争优势。

### 2. 佛山陶瓷的"原材料导向+集群嵌入型"产业转移

广东佛山陶瓷生产历史悠久，被誉为"南国陶都"，形成了享誉国内外的陶瓷产业集群。迫于成本和资源环境压力，这种高耗能、低附加值的产业已经不适合在该地发展。为适应形势的变化，佛山陶瓷开始了大规模的产业转移。总体来说，发生了三次产业转移：第一次开始于2000年，主要向四川夹江地区转移；第二次开始于2002年，主要向省内周边的清远、肇庆、河源等地转移；第三次开始于2006年，以湖南衡阳为起点向中西部地区转移。在这三次产业转移的过程中，佛山陶瓷主要采取原材料导向与集群式产业转移两种模式。

一是"原材料导向辐射型"，即佛山陶瓷产业为了节约成本，在省内周边城市的转移。在此模式下，佛山将陶瓷业价值链上低附加值的生产环节转移出去，开始集中资源培育陶瓷研发设计和会展中心、生态精品陶瓷生产基地，加大对陶瓷物流平台和交易平台的整合，组建并投入运营了华夏陶瓷博览城，形成企业的营销中心。同时，佛山注重通过企业与高校、科研机构的合作，提升研发水平，着力发展陶瓷装备制造业，促进陶瓷产业的结构升级，实现了向产业链两端高附加值的延伸，避免了转移之后的产业空心化问题。

二是"集群嵌入型"，即向省外四川、山东淄博的转移，企业不仅利用当地比较廉价的劳动力、土地等资源，还嵌入当地的陶瓷产业集群，借助当地营销网络扩大生产规模，创造区域品牌。在此模式下，佛山禅城区陶瓷企业在当地设立生产基地和分公司，将产业链融入当地的产业集群中，通过产业集群的竞争效应、学习效应及技术外溢性提高产业的创新水平和竞争力。

## ❖ 本章小结

本章主要分析产业集聚与产业转移两个问题：

一是关于产业集聚概念及其效应、产业集聚的成因、产业集聚的类型。产业集聚效应有中间投入品效应、劳动力市场共享效应、技术与信息扩散效应、区域品牌效应四个方面。产业集聚的两种类型是专业化集聚和多样化集聚，前者是指当某一产业生产规模扩大时，该产业中的企业生产成本不断降低的现象，也称为地方化经济；后者是指随着某一城市（区域）生产规模扩大，该城市（区域）中所有企业的生产成本随之降低的现象，也称为城市化经济。

二是关于产业转移的相关理论、影响产业转移的因素、产业转移的特征。产业转移是指产业在空间上大范围移动，由一国或地区转移到另一国或地区的现象，包括国际产业转移和区际产业转移两类。产业转移主要基于比较优势理论（比较优势、产品生命周期、雁行模式、边际产业转移）、新经济地理学和价值链理论。影响产业转移的因素包括生产成本、运输成本、本地市场效应三个方面。当前产业转移的特征为：劳动密集度高的产业转移程度高，资本密集型产业尤其重化工业转移速度加快；国际产业转移呈现出地理集聚特征；产业链式转移，但技术转移和转移规模不同步。

## ❖ 思考题

## ❖ 参考文献

# 第十六章
CHAPTER 16

# 经济全球化与产业组织变革

20世纪30年代，工业生产活动开始在空间上呈现出高度收敛和集中的特征。如当时福特公司位于底特律的福特红河工厂，几乎完全控制了汽车制造的投入品来源和运输，并经过数百道工序将其最终转换为汽车。克鲁格曼点评说：福特工厂"在一端吃进焦炭和矿石，在另一端吐出客座轿车"。然而，这种生产方式在20世纪后半期却经历了革命性的变化。随着加拿大-美国汽车同盟（Canada-US Auto Pact）在20世纪60年代中期签署实施，以及80年代早期"世界汽车战略"（World Car Strategy）的实施，包括福特在内的美国重要汽车厂商开始了大规模的国际化生产。如今福特汽车公司在全球有3 000多家供应商，在24个国家设有制造、组装和销售公司，与9个国家的汽车公司建立了业务联系，在180多个国家建立了直接销售网。

这个故事揭示了近几十年来汽车生产组织方式的重要变动：从产品生产在空间上的高度集中，转变为产品内的生产工序和环节被拆散，并分布到全球不同国家和地区进行生产。这一变动趋势并非仅限于汽车业，无论是传统产业（如制鞋业），还是信息产业（如计算机产业），生产组织方式均发生了类似的剧烈变化。对这种现象，学者的描述是"产品内分工""垂直专业化""生产非一体化""外包""全球价值链""全球生产网络""附加值贸易"等。这种新的生产组织方式是如何发生的？在这种新的组织方式中，由谁来组织、控制和协调分散在全球的生产过程，以及参与生产过程中的各个厂商如何分配它们的利润？中国企业如何利用这一新的生产组织方式，来提升自身在全球生产体系中的地位，以及可能会遇到什么样的困难和挑战？本章我们将重点使用全球价值链的概念框架来分析产业组织的这一新变化，揭示发展中国家在全球价值链中的产业升级与经济发展问题。

## 第一节　经济全球化、新国际分工与产业组织变革

20世纪80年代以来，各国的经济活动不再局限于本国境内，而是在世界范围内进行，全球经济因此越来越融为一个整体。按照国际货币基金组织（IMF）在1997年的

定义，经济全球化是指"跨国商品与服务贸易及资本流动规模和形式的增加，以及技术的广泛迅速传播使世界各国经济的相互依赖性增强"。经济合作与发展组织（OECD）认为经济全球化"可以被看作一个过程，在这个过程中，经济、市场、技术与通信形式都越来越具有全球特征"。因此，我们可以把经济全球化大致看作包括贸易、投资、金融、生产等活动在内的全球化，以及生产要素在全球范围内的配置。经济全球化的发生，被认为由两大因素推动：一是信息技术的变革加快了信息传递的速度并大大降低了成本，打破了种种地域乃至国家的限制，为跨国公司在全球的扩张提供了强大的技术支持；二是受到经济自由化改革的影响，尤其是 20 世纪 90 年代后期发生在全球范围内的贸易、投资、金融管理的自由化浪潮，商品、资金及各类生产要素在各国和地区之间流动的障碍降低，从而推动了经济全球化的迅速发展。

现在人们普遍认为，经济全球化是新的国际分工——产品内分工（intra-product specialization）得以形成的重要原因。那么，什么是产品内国际分工？为什么说经济全球化推动了产品内分工的形成？这首先要从产品的生产过程说起。

我们可以把一个完整的产品生产过程视为一个包含了诸多生产工序的过程。这一过程既可以在特定空间点上完成所有工序分工，表现为一个工厂内部完成产品工序间分工，这类工厂往往被称为"全能工厂"（盛洪，1994），也可以把不同工序分散到不同国家，由不同的企业来完成。产品内分工就是产品生产过程中不同工序或区段通过空间分散化展开成跨区或跨国性的生产链条或体系，由不同国家的企业参与特定产品生产过程的不同环节或区段的生产及供应活动（卢锋，2004）。

由于多种原因，不同的国家和区域生产同一种产品的机会成本往往存在很大差异，这种差异或者来源于各国生产同一产品的劳动生产率差异，或者来自天生资源禀赋的不同。一般而言，一个国家较丰富资源的要素价格总是便宜一些，而稀缺资源的要素价格总是贵一些，以至于劳动密集型产品在劳动力丰富的国家生产，其成本肯定较低，资本密集型的产品在资本丰富的国家生产，成本也相对较低。因此，将劳动密集型产品放在劳动力较丰富的发展中国家，而将资本密集型产品放在发达国家生产，可以降低产品生产成本，优化资源配置。进一步地，当产品在生产环节与零部件的生产可以拆分以后，由于不同生产环节使用要素的相对比例不一样，如果将资本、技术密集型的生产环节放在资本充裕和技术先进的发达国家生产，而将劳动密集型的生产环节放在劳动力丰富的发展中国家生产，那么将大大提高资源的配置效率。

图 16-1 说明了产品内部生产工序之间的要素投入比例的差异。假定 $X$ 产品由两个生产工序 $X_1$ 和 $X_2$ 组成，图 16-1 中 $OX_1$ 和 $OX_2$ 分别代表两个生产工序的生产扩张线。其中，$X_2$ 的扩张线斜率值较大，表示该工序中资本占比较高，具有资本密集特点；$X_1$ 工序相反，具有劳动密集特点。$OX$ 表示生产两道工序加权平均的投入比例。图中等产量线 $X_0 = 1/P_X$ 代表价值 1 元 $X$ 产品的等产量线。$AC$ 和 $BD$ 分别表示甲国和乙国两条假设价值相同的等成本线。等成本线斜率差异表明，甲国资本的价格较低而劳动力的价格相对较高，乙国则相反。两国等成本线 $AC$、$BD$ 相交决定的 $OS$ 线代表了国际分工的临界点。如果某工序的生产扩张线高于 $OS$ 线，则意味着该工序具有资本密集特点，按照比较优势的原则，应在甲国生产；如果低于 $OS$ 线，则意味着具有劳动密集特点，应在乙国生产。显然，由于图中 $OX$ 线位于 $OS$ 线上方，意味着 $X$ 产品的整体资本密集度高于 $OS$ 线表示的资本密集度，因而，如果不允许产品内分工，该产品应在资本较为丰裕的甲国进行。然而，如果允许两个生产工序分离，由于 $X$ 的等产量线 $X_0$ 与 $AC$ 的切点表示实际生产点，将该切点用矢量图分解，那么显然生产工序 $OZ$ 应在甲国生产，而生产工序 $OV$ 应转到乙国生产（因为在 $OS$ 线的下方）。

图 16-2 说明了通过产品内分工创造比较优势利益的原理。如果允许工序国际分工，把工序 OV 转移到劳动力价格相对较低的乙国进行，工序 VZ 仍在甲国完成，就有可能创造额外经济利益。将乙国等成本线 BD 平行内推到正好与 V 点接触的 $B_1D_1$ 位置，它表示在乙国进行劳动密集型工序 OV 需要的成本；然后把甲国等成本线 AC 平行内推到 $A_1C_1$ 位置，它表示甲国完成 OV 工序的成本。工序分工带来的成本节省优势可用两种方法表示。一是过 $V'$ 点作一条新的甲国等成本线 $A_2C_2$，由于定义规定 BD 和 AC 是等值等成本线，因而 $B_1D_1$ 与 $A_2C_2$ 各自代表的成本也相等。$A_2C_2$ 表示的成本量小于 $A_1C_1$ 代表的 OV 工序在甲国进行所需要的成本量，两条等成本线差异显示了产品内分工创造出的利益。二是从 $V'$ 点引一条与 VZ 平行且长度相等的线段 $V'Z'$，表示仍在甲国进行的资本密集型工序活动，然后过 $Z'$ 点作一条新的等成本线 $A_3C_3$，表示采取工序国际分工完成两工序生产过程所需要的总成本，$A_3C_3$ 位于 AC 等成本线左下方，二者的差别显示了产品内分工创造出新的比较利益。

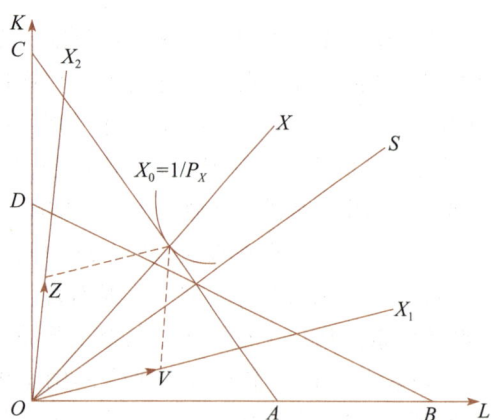

图 16-1  生产工序的要素投入比例差异
资料来源：卢锋.产品内分工［J］.经济学（季刊），2004（4）：55-82.

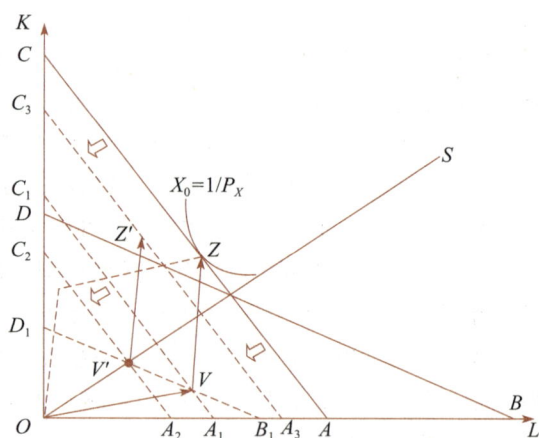

图 16-2  比较优势与产品内分工

此外，实施产品内分工除了可能会获得比较优势收益，还可能获得规模经济收益。如果企业采取在空间上集中的纵向一体化生产组织方式，那么即便产品内不同生产环节所对应的有效规模存在显著差别，也只能依据某些关键生产环节的有效规模作为整个生产系统的设计规模，从而使得那些有效规模较大的生产环节不能充分获取规模经济收益。产品内分工提供了解除这一约束的途径。由于产品内不同生产环节的最佳有效规模不同，有可能通过产品内分工把对应不同有效规模的生产环节分离出来，安排到不同的国家或地区进行生产，从而达到节省平均成本和提升资源配置效率的目标。

因此在产品内部展开分工，至少能够获得来自两方面的潜在收益，一是工序间的比较优势收益，二是规模经济收益。我们知道，在标准国际贸易理论中存在着两种分工形式，其中产业间分工是由资源禀赋结构和要素相对价格差异决定的、以垂直分工为特征的国际分工，主要由绝对优势和比较优势原理来解释；产业内分工是以水平分工为特征的国际分工，主要由规模经济来解释。因此，尽管产品内分工与传统的国际分工不同，但其产生基础仍然是比较优势和规模经济，仍然可以使用已有的国际分工的理论框架来进行分析。只不过标准贸易理论大都研究最终产品的分工和交换，没有考虑产品内生产环节分工的可能性。

## 1. 产品内分工的决定因素

观察不同行业的不同产品，我们可以发现，制造业（尤其是高新技术产业）比农业更容易发生产品内分工，生产性服务业的产品内分工变得活跃，但传统的消费性服务业仍较难发生产品内分工。这意味着不同产业的产品内分工可能性存在明显差异。一般认为，决定产品内分工的因素取决于两大方面。一方面是产品内不同工序环节的空间可分离性和分离成本的高低。给定产品及其零部件，单位价值越大、运输成本越小、跨境生产活动的交易成本越低，越有可能发生产品内分工。另一方面则取决于潜在的产品内分工的收益。产品内不同生产工序的要素投入比例和有效规模的差异越大，潜在的分工收益越大，越容易发生产品内分工。

然而，只有在经济全球化的背景下，产品内国际分工才有可能真正发生。如果由于工艺和技术原因，不同工序不能在空间分离，或者分离成本极高，那么产品内分工就不可能实现。只有在经济全球化条件下，通信、运输和金融服务成本的大幅下降，贸易便利性的提高，以及经济自由化改革使得商品和生产要素能够在国家和地区间自由流动，导致产品的生产环节在不同的国家和地区进行分工变得有利可图时，为了获得更多利润，并应付激烈的国际竞争，各国企业才有可能纷纷采取这种新的国际分工形式。

## 2. 产品内分工的形式及其选择

产品内分工既可以通过企业内（如跨国公司的不同分支机构或子公司）分工的方式来达到，也可以通过分布在不同国家或地区的独立厂商之间的分工来完成，因而同时包含了企业内和企业间分工两种形态。

在企业内部实现产品内分工，一般是跨国公司通过国外直接投资或并购国外企业，把某些生产环节转移到国外子公司或附属企业进行生产，国内仍然保留部分生产环节，从而形成了企业内部的产品内分工。在这种情况下，由跨国公司的母公司来整合和有效配置不同空间的生产资源，并组织协调产品内不同生产环节之间的生产和运转。

在企业之间实现的产品内分工，往往是通过代工生产来实现的。代工又称为**贴牌生产**（Original Equipment Manufacturer，OEM），一般是指发达国家品牌商按照一定的设计要求和生产标准向国外制造商下订单，后者依照前者的要求进行生产，产品完成后发包方贴上自己的品牌销售。在这种产品内分工中，一般由发包企业来整合配置资源并对整个生产过程进行治理。在某些情形下，由于代工企业自身研发和设计能力增强等原因，可能在一定程度上承担所在生产环节的研发或设计，但是产品品牌仍被发包方所掌握。这种带有产品研发设计功能的代工方式称为**原始设计制造**（Original Design Manufacturer，ODM）。

有趣的是，企业如何选择产品内分工的形式，是 FDI 还是外包？最近 10 年刚刚发展起来的、以企业异质性为特征的新新贸易理论（new-new trade theory）中的企业内生边界理论（endogenous boundary theory of the firm）对企业如何选择全球生产组织方式进行了探索（Antras，2003）。企业究竟是通过外包还是纵向一体化来组织生产，以及外包和一体化是在国内进行还是在国外进行，其决定因素包括交易成本和不完全合约两个方面。在分析一体化选择时，一般从节省交易成本角度进行，而分析外包选择时一般从不完全合约的角度进行。实际上，该类问题的研究一直是产业组织理论分析的内容，且文献也较为丰富。Spencer（2005）曾对此进行总结，并提出从产权（property rights）、交易成本（transaction costs）、激励系统（incentive system）和权威授权（delegation of authority）这 4 个理论方向来划分相关文献。

## 第二节　垂直专业化、离岸外包、加工贸易和附加值贸易

与产品内分工相伴随的两个概念是垂直专业化（vertical specialization）和离岸外包（off-shore outsourcing）。

### 一、垂直专业化

垂直专业化大致被认为是每个国家只在商品生产的某个或某几个生产环节进行专业化生产的分工。离岸外包则是指某国企业出于成本考虑，把生产中的一些工序外包给其他国家的企业，整合全球资源进行产品生产。因此，产品内分工、垂直专业化和离岸外包观察的都是类似的现象，这几个概念经常被混用（Arndt，1997），但由于关注的视角和重点不同，这些概念在使用时又有细微的差别。

为了对不同国家间的垂直专业化现象进行描述，Hummels、Rapoport 和 Yi（1998）认为垂直专业化必须满足以下三个条件：①最终产品由多个生产阶段完成；②至少包含两个国家，每一国家从事一个以上的专业化生产阶段，但不是所有阶段；③在生产过程中，至少某一生产阶段必须跨过国界。这意味着国家间的垂直专业化是至少一个国家在其生产过程中使用进口投入品，加工成最终产品或下游中间品后再出口，它使得每个国家只在商品生产的特定阶段进行专业化生产。

由于垂直专业化分工的形式复杂多样，统计十分困难，对其进行准确的度量一直是垂直专业化问题研究的难点。其中一个代表性的测度方法是 Hummels 等（2001）提出的垂直专业化指数（Share of Vertical Specialization，VSS），将垂直专业化水平定义为每一单位出口中包含的进口中间投入品价值额（或比例）来加以衡量。

某国第 $i$ 个产业的垂直专业化水平的计算公式是

$$\mathrm{VS}_i = (\Pi_i / \mathrm{GO}_i) \cdot \mathrm{EX}_i \tag{16-1}$$

式中，$\mathrm{VS}_i$ 代表垂直专业化贸易额，$\Pi_i$ 代表进口中间投入品，$\mathrm{GO}_i$ 代表总产出，$\mathrm{EX}_i$ 代表出口，假定一共有 $n$ 个产业，于是该国的垂直专业化指数表达式为

$$\mathrm{VSS} = \sum_{i}^{n} \mathrm{VS}_i \Big/ \sum_{i}^{n} \mathrm{EX}_i = \sum_{i}^{n} \left[ \left( \Pi_i / \mathrm{GO}_i \right) \cdot \mathrm{EX}_i \right] \Big/ \sum_{i}^{n} \mathrm{EX}_i \tag{16-2}$$

在计算 VSS 时可使用投入产出表获得行业水平的投入、总产量与出口等数据。表 16-1 展示了根据 Hummels 等（2001）计算的、包括中国在内的代表性国家的制造业垂直专业化份额。可以看出，由于大国的经济规模较大，能在本国进行产品内分工，因此垂直专业化水平一般要低于小国。另外，由于发达国家制造业垂直专业化程度已经较高，其增长速度相对较慢；以中国为代表的发展中国家由于积极参与国际分工，垂直专业化水平上升迅速。中国制造业的垂直专业化水平从 1995 年的 0.151 上升到 2005 年的 0.261，增长了 72.85%，远高于其他绝大多数国家。中国制造业垂直专业化水平的迅速提升，表明中国参与国际分工的程度在不断加深。

表 16-1 代表性国家的制造业垂直专业化份额（1995—2005 年）

| 国家 | 1995 年 | 2000 年 | 2005 年 | 国家 | 1995 年 | 2000 年 | 2005 年 |
|---|---|---|---|---|---|---|---|
| 中国 | 0.151 | 0.188 | 0.261 | 日本 | 0.079 | 0.086 | 0.155 |
| 印度 | 0.103 | 0.143 | — | 英国 | 0.238 | 0.247 | 0.236 |
| 巴西 | 0.105 | 0.122 | 0.152 | 德国 | 0.205 | 0.253 | 0.265 |
| 美国 | 0.115 | 0.143 | 0.162 | 法国 | 0.211 | 0.218 | 0.262 |

资料来源：文东伟，冼国明. 中国制造业的垂直专业化与出口增长［J］. 经济学（季刊），2010，9（2）：467-494.

注：中国的数据仅为中国大陆数据，不包括中国台湾地区数据。

表 16-2 则描述了代表性国家各技术层次制造业出口的垂直专业化份额。从总体上看，几乎所有国家各技术层次制造业的垂直专业化水平都在提高，但高技术制造业的垂直专业化提升得更快。原因在于高技术制造业的生产环节更多，单位价值更大，更具有产品内分工的产品特征。与其他国家相比，中国的制造业垂直专业化具有两个鲜明的特点。一是高技术制造业的垂直专业化水平显著地高于其他技术层次的行业。2005 年中国高技术制造业出口的垂直专业化份额为0.411，远高于中高技术的 0.206、中低技术的 0.204 和低技术的 0.150。二是中国高技术制造业垂直专业化的增长速度远远超过大多数国家。1995—2005 年中国高技术制造业出口的垂直专业化份额从 0.177 上升到 0.411，增速高达 132.20%。中国高技术制造业垂直专业化水平的迅速提升，可以在一定程度上解释中国高技术制造业进出口的爆炸式增长。

表 16-2 代表性国家各技术层次制造业出口的垂直专业化份额（1995—2005 年）

| 国家 | 高技术 | | | 中高技术 | | | 中低技术 | | | 低技术 | | |
|---|---|---|---|---|---|---|---|---|---|---|---|---|
| | 1995 年 | 2000 年 | 2005 年 | 1995 年 | 2000 年 | 2005 年 | 1995 年 | 2000 年 | 2005 年 | 1995 年 | 2000 年 | 2005 年 |
| 中国 | 0.177 | 0.341 | 0.411 | 0.193 | 0.178 | 0.206 | 0.136 | 0.155 | 0.204 | 0.127 | 0.140 | 0.150 |
| 印度 | 0.147 | 0.159 | — | 0.133 | 0.163 | — | 0.179 | 0.170 | — | 0.055 | 0.123 | — |
| 巴西 | 0.208 | 0.229 | 0.290 | 0.132 | 0.133 | 0.191 | 0.122 | 0.125 | 0.180 | 0.071 | 0.073 | 0.071 |
| 美国 | 0.135 | 0.152 | 0.155 | 0.117 | 0.149 | 0.173 | 0.121 | 0.164 | 0.193 | 0.075 | 0.090 | 0.100 |
| 日本 | 0.090 | 0.111 | 0.198 | 0.065 | 0.076 | 0.138 | 0.106 | 0.066 | 0.195 | 0.077 | 0.096 | 0.146 |
| 英国 | 0.229 | 0.351 | 0.316 | 0.234 | 0.221 | 0.238 | 0.218 | 0.236 | 0.227 | 0.202 | 0.138 | 0.139 |
| 德国 | 0.213 | 0.237 | 0.269 | 0.189 | 0.246 | 0.253 | 0.251 | 0.302 | 0.326 | 0.199 | 0.218 | 0.212 |
| 法国 | 0.254 | 0.244 | 0.211 | 0.207 | 0.198 | 0.268 | 0.254 | 0.285 | 0.331 | 0.153 | 0.160 | 0.172 |

资料来源：文东伟，冼国明. 中国制造业的垂直专业化与出口增长［J］. 经济学（季刊），2010，9（2）：467-494.

## 二、离岸外包

离岸外包是外包中的一种，接包方来自发包方的国境外。外包是指企业将过去自我从事（或预期自我从事）的工作转移给外部承包商来完成（Corbett，2004；Besanko，et al，2009）。在这里，企业转移出去的是产品的部分生产环节，而不是整个产品的生产。因此，离岸外包是与产品内分工相联系的一个概念。企业将某些生产环节外包的目的通常是提高效率和降低成本，或者是增强组织灵活性或更专注于核心商务活动。为了达到这些目的，发包商必须对产品内各生产环节所涉及的国外供应商和销售商进行协调，以控制整个产品的生产过程。与垂直专业化概念不同的是，在离岸外包中发包商并不一定会将（承包商生产的）进口中间投入品加工后再出口，而是可能直接在国内市场上销售。

## 几个概念的联系与区别

产品内分工是指特定产品生产过程中不同工序、不同区段、不同零部件在空间上分布到不同国家，而每个国家都专业化于产品生产价值链的特定环节进行生产的现象（卢锋，2004）。可以看出，产品内分工的概念与国际垂直专业化分工所必须满足的条件一致。但应当指出，产品内分工除了包括生产环节的垂直专业化分工，还包括生产环节的水平专业化分工。比如生产者可能基于创造产品差异、利用规模经济和消费者偏好差异等目的，而将产品内功能相似的生产环节放在不同的国家去完成。这种分工形式属于产品内分工，但不属于垂直专业化分工。

外包是产品内分工的一种形态。企业在保留特定产品生产供应基本定位的前提下，对生产过程涉及的某些环节区段的活动或工作，通过合同方式转移给外部厂商来承担（卢峰，2007）。外包化生产的程度和水平，通常用一国原材料总投入中进口投入的比例来衡量。垂直专业化分工所统计的必须是进口的中间投入品加工生产后又出口的部分，如果没有出口，这部分就不属于国际垂直专业化分工，但是必须计入外包化生产。由于外包并不关心进口的中间投入品是否经过组装生产后再出口，因此外包可能会涉及大量不以再出口为目的的中间投入品进口，比如面向本国消费者的国内企业可能将其所需的生产服务（如研发、设计等）进行离岸外包。

由于离岸外包并不一定要求中间产品加工后再出口，因此离岸外包统计中往往包含了大量的服务外包。按照《商务大辞典》的定义，服务外包通常是指依据双方议定的标准、成本和条件的合约，把原先由内部人员提供的服务转移给外部组织承担。传统外包领域包括法律服务、运输、餐饮和保安服务，新兴增长领域包括 IT 服务外包（ITO）、培训和公关等。人事代理、财务会计、研发设计等在传统上被企业认为是关键性的"内置"职能，也通过商务流程外包（BPO）、业务转型外包（BTO）和知识流程外包（KPO）等外包服务转移到企业外部。从服务外包的内容来看，全球离岸外包服务主要是新兴的生产性服务。其中，IT 服务外包和流程外包经过初步发展，已经形成数千亿美元规模的市场，并仍以显著高于 GDP 增长的速度上升。IT 服务外包成为规模最大的外包对象，并出现了很多以提供服务外包作为核心业务的大型跨国服务公司。

## 蓬勃发展的离岸服务外包

为了提高效率和降低成本，离岸服务外包迅速成为产业组织变革的潮流。2011 年全球离岸服务外包市场额为 1 026 亿美元，而在 2013 年，仅欧美日的离岸外包市场发包规模就分别达到了 1 011 亿美元、303 亿美元和 168 亿美元。

全球离岸服务外包的形式和内容正处在不断地发展创新过程中。尽管近几年来 ITO 发展依然良好，占据了 60% 以上的全球服务外包市场份额，但 BPO 和 KPO 发展也非常迅速。由于后两者尤其是 KPO 技术含量较高，业务流程复杂，属于服务外包中的知识密集型产业，它们的发展必将推动离岸服务外包的进一步深化。

从发包地区来看，全球服务外包市场严重依赖于发达国家，2013 年美国、欧洲和日本的发包额分别占全球发包市场的 60%、18% 和 10%。市场呈现出一种"中心—外围"的发展格局。从接包国来看，不仅有澳大利亚、新西兰、爱尔兰、加拿大等发达国家，也有发展中国家，尤其是亚太地区的服务外包发展极为迅速。印度、中国、菲律宾承接了全球服务外包 60% 以上的份额。2012 年中国离岸服务外包执行金额为 336.4 亿美元，占全球市场总额的 27.7%；2015 年中国离岸服务外包执行金额更进一步上升至 646.4 亿美元，成为印度之后全球第二大离岸服务外包承接国，并形成了以北京、上海、大连、成都等服务外包城市为龙头，动漫、软件、物流、金融、生物医药等全面发展的格局。

资料来源：李廷辉. 全球服务外包市场发展概览 [J]. 全球化，2017（4）：88-100+135.

郑雄伟. 2011 年、2012 年《全球服务外包市场发展报告》。

测量一国离岸外包水平的代表性方法是引入中间产品进口量，用进口中间投入品占全部中间品投入（不包括非能源支出）的比例来测度离岸外包的程度（Feenstra，Hanson，1999）。将 $i$ 产业的进口中间投入 $X_i^M$ 表示为

$$X_i^M = \sum_j X_i^j \cdot \frac{M_j}{Y_j+M_j-E_j} \tag{16-3}$$

式中，$X_i^j$ 是 $i$ 产业来自 $j$ 产业的全部中间产品；$M_j$ 为 $j$ 产业的总进口；$Y_j$ 是 $j$ 产业的总产出；$E_j$ 为 $j$ 产业的总出口。可以证明，$Y_j+M_j-E_j$ 为 $j$ 产业的总消费，$M_j/(Y_j+M_j-E_j)$ 为 $j$ 产业全部中间投入品中进口比重。

表 16-3 展示了根据 Feenstra 和 Hanson（1999）计算的、包括中国在内的代表性国家制造业和服务业的离岸外包比率。从表 16-3 中可以看出，20 世纪 90 年代以来这些代表性国家总体的离岸外包比率都有了较大的提高。其中，德国、法国和英国得益于欧洲经济一体化的深入，离岸制造业外包比率最高；巴西、印度和中国等发展中大国的离岸外包飞速发展，甚至超过了美国这样的发达国家。从外包的产业类型来看，绝大多数国家的制造业外包在比例和发展速度上均远远高于服务业，这意味着 1995—2005 年离岸外包比例的上升主要是由制造业外包所带动的，尤其是中国这样的发展中国家的制造业外包比例在迅速上升，这可能与这些国家这些年来加入国际垂直专业化分工密切相关。

表 16-3 代表性国家制造业和服务业的离岸外包比率（1995—2005 年）

| 国家 | 1995 年 | | | 2000 年 | | | 2005 年 | | |
|---|---|---|---|---|---|---|---|---|---|
| | 总体 | 制造业 | 服务业 | 总体 | 制造业 | 服务业 | 总体 | 制造业 | 服务业 |
| 中国 | 8.38 | 9.91 | 6.68 | 8.83 | 12.01 | 5.72 | 11.52 | 13.87 | 9.92 |
| 印度 | 8.52 | 11.06 | 10.32 | 9.96 | 14.40 | 8.41 | 9.57 | 16.88 | 6.35 |
| 巴西 | 6.36 | 10.02 | 4.58 | 8.47 | 10.29 | 7.55 | 8.24 | 13.41 | 4.99 |
| 美国 | 5.68 | 10.94 | 3.13 | 7.25 | 14.28 | 4.08 | 8.28 | 16.53 | 4.72 |
| 日本 | 5.67 | 9.23 | 3.67 | 6.13 | 10.96 | 3.31 | 8.74 | 15.04 | 4.39 |
| 英国 | 16.62 | 26.62 | 13.33 | 15.00 | 26.74 | 11.22 | 16.20 | 29.92 | 12.88 |
| 德国 | 13.18 | 22.52 | 8.12 | 17.58 | 27.97 | 11.63 | 18.61 | 29.82 | 11.78 |
| 法国 | 13.70 | 21.80 | 9.10 | 15.68 | 27.54 | 9.78 | 15.37 | 26.93 | 9.91 |

资料来源：杨蕙馨，等. 经济全球化条件下产业组织研究 [M]. 北京：中国人民大学出版社，2012.

## 三、加工贸易

加工贸易是中间品贸易的重要形式。从发达国家的角度来看，企业以 FDI 形式把某些生产能力转移到发展中国家和地区，或者利用发展中国家和地区已有的生产能力加工装配产品，然后将产品运往境外销售。因此，加工贸易的本质是发达国家的企业在保留自己核心环节竞争力的同时，把某些已经失去比较优势的生产环节转移到发展中国家和地区，以提高效率和节约成本。在发展中国家和地区开展加工贸易的主体，可能是当地企业，也可能是来自美、日、欧等的跨国公司直接投资的企业。为了促进经济发展，很多发展中国家和地区都开展了加工贸易项目，如东盟四国和部分拉美国家（如墨西哥）等。

加工贸易是垂直专业化分工导致国际贸易的典型形态，并造成了加工贸易的爆炸式发展。以中国为例，2002—2011 年加工贸易总量从 0.3 万亿美元增加到 1.3 万亿美元，增加了 3.3 倍；加工贸易占中国对外贸易总量的比例上升到 45%，加工贸易出口占比则达到 50% 左右。由于 IT 产业的特性更适合进行产品内分工，且跨国公司往往采取 FDI 的形式进行生产，因此表现在加工贸易结构上，中国的高新技术产品加工贸易出口占比一路走高，从 2002 年的 27% 提高到 2011 年的 51%[一]，同时外资加工贸易出口占了绝对地位，自 2001 年以来外资占全国加工贸易出口的平均比重稳定在 82% 左右[二]。尽管最近几年由于发达国家的贸易保护和国内生产成本上升，中国加工贸易进出口数量有所回落，但仍处于高位。

### 延伸阅读 16-4

## 中国的加工贸易与亚洲三角贸易模式

随着中国加入全球生产体系，相应的劳动密集型环节也转移到中国，从而形成了亚洲国际生产分工网络以及亚洲三角贸易模式。所谓亚洲三角贸易模式（Triangular Trade Pattern）是指日本、韩国等生产并出口零部件，中国、印度尼西亚、马来西亚等进口这些零部件并加工组装成产成品，再出口到欧美或其他国家（OECD，2007）。由于中国处于高技术产业国际分工的劳动密集型环节，在完成生产制造的最后工序如加工装配后，产品直接销往发达国家，从而导致了中国与日本、韩国等地的大量贸易逆差，以及与欧美的大量贸易顺差。

以中国向美国的出口贸易为例，如果我们把中国对美国出口中各投入品所对应的进口国的垂直专业化比例近似看作外国对中国出口的中间品价值在中国对美国出口的相对贡献，那么来自日本的中间品在对美国出口的垂直专业化比例中所占比重大约为 1/5。加上韩国的中间品进口后，日、韩对中国的中间品出口在对美国出口的垂直专门化程度中约占 1/3。这在一定程度上说明了中国的加工贸易实际上是日本、韩国生产过程的延续，日、韩、中三国形成了一个相对独立的生产体系在向美国出口。

[一] 中华人民共和国商务部. 十六大以来商务成就综述之二：加工贸易转型升级取得明显成效 [EB/OL]. (2012-10-29) [2023-04-12]. http://www.mofcom.gov.cn/aarticle/ae/ai/201210/20121008407335.html.
[二] 中国社会科学研究院经济研究所. 入世十年与中国对外贸易发展 [N/OL]. 中国经济时报, 2011-12-09 [2013-04-15]. http://finance.sina.com.cn/roll/20111209/091010964018.shtml.

## 四、附加值贸易

由于 Hummels 等（2001）的垂直专业化指数是使用单位出口中进口中间品所占的比重来衡量的，因此常被用于计算出口的附加值比例。但是该方法假设加工贸易和一般贸易对于进口品的使用比例相同，因而对中国这样的中间品进口大国来说，该方法可能会高估出口的本地附加值。为此不少学者对这一指标进行了改进（Upward，et al，2013；罗长远，张军，2014）。进一步地，为了更有效地反映国家间的产品内国际贸易现状，2013 年经济合作与发展组织和世界贸易组织建立了附加值贸易测算方法，即依托跨国投入产出表和双边贸易数据，以单个商品在全球生产链上不同经济体产生的附加值为基础进行贸易统计，并据此计算和发布了全球附加值贸易（TiVA）数据。

表 16-4 报告了使用 TiVA 数据计算的中国和一些代表性国家在 1995—2009 年出口的本地附加值比重（罗长远，张军，2014）。从中可以发现：①在那些资源出口大国，比如俄罗斯、巴西、澳大利亚等，其出口的本地附加值比重均高达 80% 以上；②在那些垂直专业化程度较高的国家，如美国、日本和英国等发达国家的出口本地附加值比重也都接近或超过 80%；③中国 20 世纪末积极加入全球生产体系后的 10 年间，出口本地附加值比重迅速降低，从 1995 年约 88.13% 下跌到 2005 年约 63.61%，2009 年前后略有回升但不明显，且远低于美、日、英等国，这反映了中国出口品中的本土附加值比例并不高；④与中国周边国家相比，除了资源品出口较多的印度尼西亚，其他国家出口的本地附加值比重与中国较为接近，其中，印度的本地附加值比重最高，而韩国的本地附加值比重最低，反映了其作为东亚外向型经济的一员，对全球生产体系的高度依赖。

表 16-4 出口本地附加值比重的国际比较 （%）

| 国家 | 1995 年 | 2000 年 | 2005 年 | 2008 年 | 2009 年 | 国家 | 1995 年 | 2000 年 | 2005 年 | 2008 年 | 2009 年 |
|---|---|---|---|---|---|---|---|---|---|---|---|
| 美国 | 91.64 | 91.12 | 88.88 | 85.39 | 88.71 | 日本 | 93.15 | 90.09 | 86.25 | 80.65 | 85.21 |
| 英国 | 79.28 | 81.63 | 79.75 | 81.12 | 82.69 | 韩国 | 76.29 | 67.07 | 62.28 | 56.58 | 59.36 |
| 法国 | 82.16 | 75.53 | 75.18 | 72.75 | 75.25 | 中国 | 88.13 | 81.19 | 63.61 | 66.73 | 67.37 |
| 德国 | 81.31 | 75.60 | 74.39 | 72.19 | 73.36 | 泰国 | 70.15 | 65.19 | 61.52 | 62.23 | 65.47 |
| 意大利 | 78.13 | 74.67 | 72.88 | 77.19 | 79.92 | 菲律宾 | 69.08 | 54.10 | 54.40 | 58.27 | 61.64 |
| 西班牙 | 79.41 | 72.99 | 72.23 | 75.06 | 79.27 | 印度 | 90.35 | 87.22 | 80.49 | 76.28 | 78.08 |
| 南非 | 88.25 | 83.86 | 83.42 | 78.90 | 83.51 | 印度尼西亚 | 85.29 | 80.68 | 82.18 | 82.58 | 85.59 |
| 巴西 | 90.30 | 88.54 | 86.99 | 88.51 | 90.97 | 马来西亚 | 59.74 | 56.99 | 58.46 | 61.94 | 62.11 |
| 澳大利亚 | 88.17 | 86.46 | 87.04 | 86.07 | 87.49 | 俄罗斯 | 89.33 | 87.49 | 91.82 | 92.6 | 93.11 |

资料来源：罗长远，张军. 附加值贸易：基于中国的实证分析 [J]. 经济研究，2014，49（6）：4-17+43.

## 第三节 全球价值链与全球生产网络

如果我们将产品内分工的每一个生产工序都视作一个附加值创造的过程，这就是波特所称的价值链（Porter，1985）。从地理空间来看，构成这个产品价值链的生产活动可以由单个地理空间中的某家企业完成，也可以由分散在不同国家的不同企业完成，后者即为全球价值链（Global Value Chain，GVC）。若干条价值链相互联系而构成的生产网络，就形成了全球生产网络。由于全球价值链的概念更具有洞察力，而且可以将全球价值链看作全球生产网络的构成部分，因此我们重点对全球价值链进行论述。

全球价值链是指为实现商品或服务价值而连接生产、销售、回收处理等过程的全球性跨企业网络组织，涉及从原料采集和运输、半成品和成品的生产和分销，直至最终消费和回收处理的整个过程。它包括所有参与者和生产销售等活动的组织及其价值、利润分配。当前，散布于全球的、处于全球价值链上的企业进行着设计、产品开发、生产制造、营销、销售、消费、售后服务、最后循环利用等各种增值活动（UNIDO，2002）。

与产品内分工、垂直专业化和外包等成因类似，全球价值链也是跨国公司为了利用不同国家的资源禀赋优势和规模经济收益，或者不同国家的税收政策和环保政策的差异，降低成本提高效率的结果。同样，在全球价值链中，各国企业按照各自的比较优势进行不同环节的分工。然而，与产品内分工、垂直专业化等概念不同的是，全球价值链更强调产品的增值过程中整个价值链条的运行、治理和收益分配，以及各个国家在价值链条中的地位和发展中国家实现沿价值链攀升的可能性。

## 一、全球价值链的驱动力

与纵向一体化的企业不同，这种空间上分散的全球价值链是如何运行的？如果我们观察现实中的全球价值链就会发现，至少存在着两种不同的驱动模式，推动了全球价值链的运行（Gereffi，1999b），具体如图 16-3 所示。

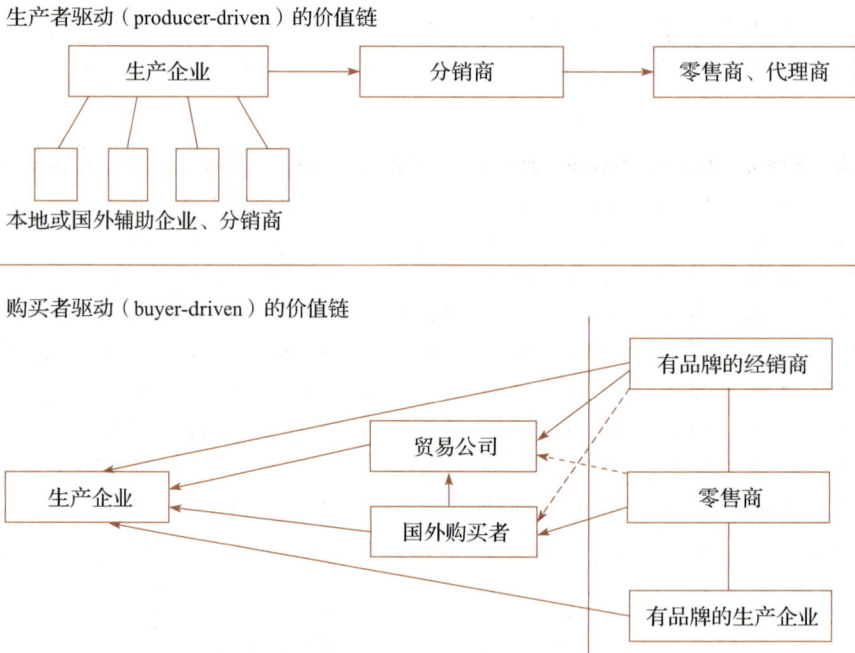

**图 16-3　生产者驱动与购买者驱动的价值链**

资料来源：张辉. 全球价值链下地方产业集群转型和升级 [M]. 北京：经济科学出版社，2006.

一种是生产者驱动的价值链，一般由拥有核心技术优势的先进企业来组织商品或服务的生产、销售、外包和海外投资等产业前后向联系，最终形成全球价值链。这种模式一般出现在汽车、航空、电脑、半导体和装备制造等技术资本密集型产业中，如丰田汽车、波音公司、IBM 等生产者控制的价值链。由于这种价值链对技术要求较高，主导企业对生产环节的控制往往通过海外直接投资的形式来完成。

另一种是购买者驱动的价值链，一般由拥有强大品牌优势和销售渠道的企业通过全球采购和OEM等生产组织起来。这种驱动模式一般出现在传统的产业部门，如鞋业、服装、自行车和玩具等劳动密集型的传统产业。在此类价值链中，类似沃尔玛、家乐福等大型的零售商，耐克、阿迪达斯等品牌授权公司和伊藤忠贸易代理公司等跨国公司控制着全球价值链。价值链中的生产环节则大多由位于发达国家的大型零售商、品牌商和代理商等通过外包网络关系将订单分包给发展中国家的合约商。

## 二、全球价值链的治理与治理者

在这种新的组织方式中，由谁来组织、控制和协调分散在全球的生产过程？这就涉及全球价值链的治理，包括价值链的组织结构、权力分配，以及价值链中各经济主体之间的关系协调等问题。价值链治理就是通过非市场机制来协调价值链上企业之间的相互关系和制度机制（Humphrey，Schmitz，2002）。

根据价值链中行为主体之间的关系类型，全球价值链的治理模式可以分为五种（Gereffi，Humphrey，Sturgeon，2005），即市场型（Market）、模块型（Modular）、关系型（Relational）、领导型（Captive）和等级制（Hierarchy）。其中，市场型和等级制是两个极端的类型。前者是指价值链上各个经济主体之间的联系通过市场交易进行，而等级制在企业内部通过纵向一体化进行。处于中间状态的模块型则是将整个系统分解成若干子系统，不同的子系统由不同的生产厂商来生产。厂商在按订单生产的同时，有时也能凭借自身的加工技术和资产专用性设备为客户提供特别的（中间）产品和服务。这种治理模式常见于IT等高技术产业的价值链。在关系型治理模式中，厂商一般通过声誉相互集聚在一起，表现出很强的社会同构性、空间临近性、家族和种族性等特性，如浙江温州的打火机产业集群。领导型治理模式是指众多中小厂商主要依附于几个大型厂商的模式。由于改变这种依附关系需要付出很高的转换成本，因而中小厂商被大型厂商领导或俘获，并受其控制和监督。这种模式常见于价值链中发达国家企业对发展中国家企业的领导关系。这五种价值链治理模式是较为常见的治理模式，但同一价值链中并非只有一种模式存在，尤其是核心企业与价值链上众多企业之间的关系较为复杂，不同的对象之间往往存在不同的治理模式。

延伸阅读 16-5

### 大行其道的温特尔主义

从20世纪90年代初开始，温特尔主义（Wintelism）在全球迅速发展。温特尔主义是Windows+Intel的组合，其核心是技术标准的确立和推广及模块化的生产方式。温特尔主义利用掌握的强大信息网络，以产品标准为核心整合全球资源，并将整个系统分解成若干个承担确定功能的半自律性的子系统，使得产品在其最能被有效生产出来的地方以模块化方式进行组合。在完成产品价值链的全过程中，标准的制定掌握在极少数大企业手中，而大多数生产者则按照这些标准以模块化的形式进行生产。这种生产模式在提高整个价值链竞争力的同时，也能够确保标准制定者的根本利益。因为技术标准一旦形成，便具有路径依赖和锁定效应，其他企业只能在其控制的标准架构下发展。譬如，微软与英特尔间结成的"微英同盟"就是通过掌握产业标准来确立其核心技术拥有者地位的。当然，标准的使用者和落实者，也可以参与产品模块的生产与组合，从而获得一定的收益。

面对全球竞争，全球价值链中的治理者必须严格控制和扶持价值链上的其他企业。因为一旦价值链上的缺陷在市场上被发现，那么治理者将面临失去市场的巨大风险。为了使整个价值链具有竞争力，治理者不得不承担着产业功能整合和全球不同地区诸多经济活动协调和控制的责任（Gereffi，1999b）。治理者不仅需要对整个价值链中的其他参与者，设定特定地域市场的不同要求或规则，也要通过 ISO9000、ISO14000 和 SA8000 等国际认证来限定价值链上企业的生产资质，促使其提高生产效率并承担一定的社会责任。

那么，谁能成为价值链中的治理者？由于治理者必须系统性地协调和控制价值链中各个环节的活动，需要很强的控制和协调能力，这往往只有发达国家的先进企业才能承担。从现实来看，这种治理能力很大程度上是从研发、设计、品牌和市场营运等竞争力衍生出来的。对应于全球价值链的两种驱动模式，治理者在生产者驱动的全球价值链中一般存在于生产制造领域，而在购买者驱动的全球价值链中治理者一般会位于流通领域。

## 三、全球价值链中的收益分配

我们已经知道，全球价值链上各个生产环节之间的权力结构并不均衡，其重要性也不同。那么，分布在全球范围内价值链上的众多生产厂商如何分配它们的利润？

价值链大致可分为研发设计、生产和营销这三个环节。在价值链中，附加值更多体现在左端的研发设计和右端的营销环节中，而处于中间环节的生产的附加值最低，在图形上表现为中间低而两端高，这就是著名的"微笑曲线"，如图 16-4 所示。虽然领导企业只掌控了价值链中很小的核心环节，但其附加值占整个链条附加值的比例高达 2/3 甚至更多，加工组装环节的附加值仅占 5%左右（江静，刘志彪，2007）。在不同的驱动链中，收益分配格局也有所不同。生产者驱动的价值链比如个人电脑产业，附加值主要集中在核心生产者；购买者驱动的价值链比如服装产业，大部分附加值流向了市场营销环节（Henderson，1998）。

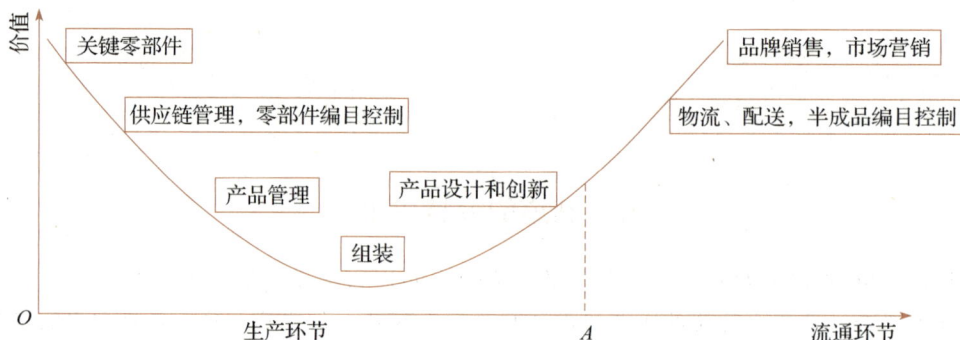

**图 16-4　个人电脑全球价值链的价值分布**

资料来源：张辉. 全球价值链下地方产业集群转型和升级［M］. 北京：经济科学出版社，2006.

为什么同一价值链上的各生产厂商的收益有如此大的差别？这可以用经济租的概念来加以解释（Kaplinsky，2000）。厂商的收益包括要素收益和经济租两个部分。其中"经济租"来自要素生产能力的差异及其稀缺性，如自然资源、资本、技术、劳动和企业家精神等。随着全球化竞争的加剧，纯粹的要素收益率下降，不同环节的进入壁垒和全球价值链的系统协调能力成为经济租产生的重要原因。一方面，各环节的进入壁垒存在着明显的差异。生产环节的进入壁垒一般较低，随着技术水平的提高，更多国家能够以较低的成本进入生产环节。激烈的竞争导致该环节的经济租耗散，附加值不断降低。研发和营销环节的活动通常是技术或知识密集型的，能形成较高的进入壁垒、较长时间的知识产权保护和品牌效应，而且衍生出的技术标准和垄断性的市场结构能够保证较长时间的利润。因此，价值链中处于研发和营销环节的企业收益较高。另一方面，随着国际分工细化，价值链变得更加复杂，价值链的全球分散导致协调、管理的重要性迅速上升。这是一种由价值链治理带来的经济租（Kaplinsky，2000）。治理者在对产品价值链进行治理的同时，也实现了对整个生产分配机制的绝对控制，攫取了价值链中大部分的利润。

由于研发设计环节和营销环节，以及价值链的治理都是知识和技术密集型的，对企业的研发能力、营运能力、控制和协调能力提出了很高的要求，而这些一般只有发达国家才能承担，并获得较高收益。加工制造环节的技术含量相对较低，竞争激烈，收益较低，多由发展中国家承担。因此，这种进入壁垒的差异及权力结构的不对称，也使得发达国家和发展中国家之间的收益分配出现差异。

### 四、全球生产网络

与全球价值链相联系的另外一个概念是全球生产网络。相比而言，全球价值链强调了产品生产和分配过程上的垂直和线性特征，而生产网络描述的则是各种错综复杂的、水平的、垂直的甚至倾斜的链条所构成的多空间、多层级的经济活动（Henderson，2002）。在全球生产网络中，各种价值链常常共享共同的经济参与者，并且进行持续的动态变化，网络中的某些价值链可能产生、拓展、重构或者消失，同一生产者可能在不同的价值链上运行，并且承担不同的功能。因此，价值链可以被看作一种次级生产网络，是更加复杂的、动态化网络所包含的一系列生产活动中的简化形态（Sturgeon，2001）。与全球价值链不同的是，全球生产网络理论还强调了生产网络在当地社会的嵌入性，认为分散在全球的网络节点被它们深深根植的社会政治环境、经济环境和"社会网络"（social networks）所影响。这就为人们从多重地理维度（区域的、国家的和次国家的）角度理解全球生产网络的各种参与者是如何被锚定在不同地点的，提供了更为清晰的认识。

## 第四节　发展中国家在全球价值链中的升级与挑战

发展中国家加入全球价值链对本国处于低端阶段的工业发展是十分有利的。因价值链中不同生产环节的要素投入差异较大，使得技术水平较低国家的企业也可以凭借初级生产要素优势，较为容易地嵌入全球价值链的加工组装环节，并可以在这一过程中通过干中学，以及接受价值链上发达国家企业的技术溢出，来迅速提高本国企业的技术水平。因此，以代工方式切入全球价值链，被视为发展中国家在新的全球化格局下实现工业化的有效战略。然而，这一模式也存在较大缺陷（刘志彪，2012）。加工组装环节进入壁垒较低，竞争激烈，导致增加值不断降低。同时，该模式也容易造成发展中国家企业对来自发达国家的领导企业产生过度依赖而承受较大风险，并可能受到领导企业的纵向压榨。更糟糕的是，随着发展中国家经济的发展，资源和劳动力价格将不断上升，原先从事加工组装企业的生存空间被逐步压缩，因此发展中国家企业必须及时实现产业升级，否则必然被激烈的国际竞争淘汰。

由于 2018 年后世界政治经济形势的变化，当今由发达国家主导的全球价值链正在进行深刻的重组。这势必会对深度嵌入全球价值链的中国产业产生巨大的影响。

## 一、发展中国家在全球价值链中的升级

一个国家的比较优势是在不断变化的。加入全球价值链的发展中国家可以通过干中学、知识和技术的累积等方法来改善本国的资源禀赋和比较优势，从而沿着价值链从低端环节向高端环节攀升。理论界认为，产业升级一般都遵循从工艺流程升级到产品升级，再到功能升级，最后到链条升级的路径（Humphrey，Schmitz，2001）。有学者通过对韩国电子产业的研究发现，通过早期为美、日企业组装加工，经过技术模仿、消化吸收的发展到实现技术创新和自主品牌的建设，韩国的电子产业沿着 OEM、ODM、OBM 的路径实现了产业升级，由追随者成为领导者（Hobday，2001；Ernst，Kim，2001）。对欧美日的大型零售商与亚洲、中东、拉美供应商之间服装价值链的研究，则发现在全球性大买家的带动下，初始位于价值链低端环节的生产企业可能从工艺升级、产品升级、功能升级和链条升级四个方面实现能力提升（Humphrey，Schmitz，2000；Gereffi，Memedovic，2003）。这些研究均指出了发展中国家后进企业在全球价值链分工中潜在的升级可能性，因此融入全球价值链为发展中国家的企业实现升级提供了契机。

发展中国家的实践表明，这"看上去很美"的升级之路上存在诸多困难。由于发展中国家企业实现工艺升级、产品升级能够提高整个价值链的竞争力，符合价值链中主导企业的利益，因此主导企业一般愿意通过输出技术规范，甚至驻厂指导的方式向发展中国家企业转移非核心的生产技术。然而，当发展中国家企业开始进入功能升级的高级阶段，试图建立自己的核心技术、品牌和销售终端，因而可能触犯链条中掌握核心技术的跨国公司和国际大买家的利益时，后者就会利用各种手段来阻碍发展中国家企业的升级努力，从而迫使发展中国家企业锁定于 GVC 中的低端环节。经常采取的手段有终端市场封锁，撤销订单威胁，占据 GVC 中的研发营销等高端环节，以及知识产权保护和专利池策略等。从其他国家的发展经验看，融入 GVC 底部的后进经济体一般难以在发达国家主导的 GVC 下实现价值链攀升，即使侥幸取得成功的也仅是少数国家的个别产业。

## 二、贸易保护、技术垄断与发展中国家价值链

除了跨国公司的技术封锁，发展中国家企业在价值链攀升过程中还可能面临着更为严峻的问题，即发达国家政府对本国的贸易保护，以及对发展中国家有竞争威胁的产业的打压和技术封锁。原因在于，一方面从全球价值链在发达国家内部的利益分配来看，尽管发达国家的跨国公司占据了价值链的核心环节，攫取了比之前更多的利润，但是发达国家的所有阶层并非均等受益。由于"斯托尔珀-萨缪尔森效应"（Stolper-Samuelson Theorem）的存在，全球价值链的分工同样使得对发达国家高技能劳动力的相对需求上升，而低技能劳动力相对需求下降。因此，全球价值链分工大大提高了发达国家的跨国公司及高人力资本的科技和金融精英阶层的收益，但低技能的传统制造业工人可能因无法迅速转移到高端制造业和服务业而出现利益受损或失业（张晓磊，张为付，崔凯雯，2018）。这时候，发达国家应该对利益受损或失业的低技能工人加以补偿来实现社会帕累托改进。但从实际来看，发达国家国内经济结构的调整缓慢，诸如"贸易调整援助"（Trade Adjustment Assistance，TAA）计划等援助政策实施效果不佳。在这种情况下，发达国家政

府出于拉选票的目的，往往对那些在本国处于竞争劣势的传统制造业或制造环节进行贸易保护。

另一方面面临着发展中国家技术进步的威胁，发达国家政府必然要对本国的技术优势加以垄断。随着全球价值链的运行和发展，一些处于全球价值链中低端的新兴经济体和企业沿着全球价值链向微笑曲线的两端不断攀升，甚至部分产业或价值链环节开始对发达国家的相关产业形成威胁。为了避免在产业竞争力和技术实力等方面对自身形成实质性威胁，发达国家相关企业和利益集团必然会游说政府通过技术封锁或贸易保护的方式，巩固自身在高端制造产业或价值链高端环节的技术优势。一个明显的表现是，当发展中国家企业与发达国家企业的技术差距越小，以及两者在某行业全球价值链分工的地位越接近时，发达国家对相关行业的对外贸易调查数越多（杨飞，孙文远，程瑶，2018；余振，周冰惠，谢旭斌等，2018）。2000—2017 年美国对中国反倾销调查达 98 件，约占美国同期反倾销案件的 32%，中国成为贸易摩擦的最大受害国。

因此，一方面发达国家强化在高端技术领域的知识产权保护和技术封锁，巩固其在微笑曲线两端的绝对优势，尤其是在高附加值的高端制造业中的地位；另一方面发达国家通过大规模减税和贸易保护等财税和贸易政策，降低本国制造业成本，吸引制造业资本回流，重塑在微笑曲线中间位置的优势（张晓磊，张为付，崔凯雯，2018）。从目前来看，发达国家强化贸易保护的措施包括提高关税和增加技术性贸易壁垒、延迟通关手续等非关税壁垒，并且这些措施有从产品层面向产业政策、制度体制等方面蔓延的趋势。随着发展中国家制造业在全球价值链上的攀升，以及与发达国家技术差距的不断缩小，发展中国家企业这一升级模式可能面临更大的挑战。

### 延伸阅读 16-6

## 以美国为代表的制造业再振兴计划与国际产业资本回流

21 世纪初席卷全球的金融危机使欧美国家重新认识到制造业对于维护全球价值链核心利益，推动技术进步，拉动就业的重要性。为此，这些国家再度将重整制造业视作经济复苏的关键，并出台了一系列制造业振兴计划来实现本国的"再工业化"，吸引制造企业回归。

2009 年 12 月美国政府公布《重振美国制造业框架》。2010 年 8 月和 9 月，美国政府通过《美国制造业促进法案》和《创造美国就业及结束外移法案》，规定暂停或降低供制造业使用的进口原料的关税，为从海外回迁就业职位的企业提供 1 年的工资税减免，并终止向海外转移生产的企业包括免税和减税在内的数项补贴。2011—2012 年美国相继启动"先进制造业伙伴计划"和"先进制造业国家战略计划"，2013—2014 年发布《制造业创新中心网络发展规划》和《振兴美国制造业和创新法案》等，推动"制造业回归"。2017 年 12 月，美国白宫发布《美国国家安全战略》，提出了"美国优先"的国家安全战略，其目标是"重振美国经济并增强其在全球价值链中的地位"。之后特朗普政府正式签署 1.5 万亿美元的税改法案，吸引制造业资本回流。除美国以外，曾经的制造业强国和地区如英国、欧盟和日本等也纷纷出台重振制造业的强力政策。

另外，随着以中国为代表的海外投资目的国劳工成本的上涨，以及超长供应链等多种因素带来的挑战，越来越多的美国企业正在实施或考虑实施将海外的生产基地搬回美国本土，其中可能回流美国的制造业包括运输工具、电子设备器械、家具、机械、金属制品和电脑行业等。据波士顿咨询集团 2011 年的调查，总部设在美国、收入超过 100 亿美元的跨国公司中，有 48% 表示愿意"回流"美国。回归美国的企业数量，2010 年仅有 16 家，2011 年上升到 64 家，2013 年和 2014 年则分别有 210 家和 300 多家，呈逐年增长趋势，甚至部分中国制造业企业也因为成本和就近市场等原因而赴美设厂，如福耀玻璃（2016 年）、比亚迪（2017 年二期项目）、富士康（2018 年）等。

国际产业资本的回流，将使发展中国家通过承接国际产业转移、利用跨国公司的技术溢出向价值链高端攀升的升级模式面临严峻的挑战，对于同时面临着全球领先企业的品牌锁定和新兴经济体企业的持续追赶的中国制造业来说，可能将遇到更多的困难。

为了实现产业升级，一些学者已经提出参考"亚洲四小龙"的制造业经验，在参与全球价值链的同时，构建国家价值链的设想（刘志彪，张杰，2007）。这里，**国家价值链**（National Value Chain，NVC）是指基于国内本土市场需求发育而成，由本土企业掌握产品价值链的核心环节，在本土市场获得品牌、营销和自主研发等价值链的高端竞争力，然后进入区域或全球市场的价值链分工生产体系。发展中国家企业构建与 GVC 并行的 NVC，可以将在 GVC 中积累的生产能力和设计能力应用至国内市场。此外，通过沿 NVC 实现功能升级可在一定程度上避免对 GVC 主导企业构成潜在竞争，且在国内市场运行 NVC 对资源（如广告投入、研发投入等）的要求和潜在阻力都要低于国际市场。因此，发展中国家企业可以通过运行 NVC，由依赖国外市场转化为依托国内市场做品牌，然后逐步做成国际品牌，再由主导 NVC 逐步提高在 GVC 中的地位。一些发展中国家的实践经验已经证明，从定位于 GVC 低端后来转型为并行地构建根植于国内价值链的后进国家企业，能够表现出很强的功能与价值链的升级能力（Schmitz，2004）。

**延伸阅读 16-7**

## 美国针对中国的贸易保护与技术封锁

2017 年 8 月 18 日，美国贸易代表办公室发布公告，正式对中国启动 301 调查。所谓的"301"，是指《1974 年贸易法》第 301 条，其主要含义是保护美国在国际贸易中的权利，对其他被认为贸易做法"不合理""不公平"的国家进行报复。此次调查主要针对与技术转让、知识产权和创新有关的法律、政策或做法，涉及中国知识产权保护、双向投资、产业政策、创新政策、网络安全和政府采购等。2018 年 9 月 18 日，美国贸易代表办公室（USTR）宣布从 9 月 24 日起对价值 2 000 亿美元的中国进口商品征收 10% 的关税，并从 2019 年 1 月 1 日起，税率提高到 25%，拟对涉及 1 300 多种约 500 亿美元的产品加征关税，其中包括机械装备、医疗和航天航空等高科技产品。

特朗普政府发起 301 调查的目的是以中美货物贸易的巨额逆差为由，指责中国通过出口顺差夺走了美国的就业机会，进而以惩罚性关税相要挟，迫使中国主动扩大自美进口并限制对美出口，以平衡中美贸易。除此以外，此次中美贸易摩擦的显著特点是美国采取了限制对华高技术产品出口、限制中国企业在美高科技领域投资、限制中国科技人才赴美签证等综合措施，遏制中国在科技进步上的追赶（张晓磊，张为付，崔凯雯，2018）。一个明显的证据就是，美国对中国加征关税的产品清单特别强调了《中国制造 2025》中的十大行业，包括信息技术产业、数控机床、航空航天装备、海洋工程装备和高技术船舶、高铁装备、农用机械装备、医药和医疗设备等。但从美国自中国进口的具体产品数据来看，对大部分清单产品来说，中国并不是美国的主要进口来源国（黄鹏，汪建新，孟雪，2018）。

2018 年 8 月 13 日，美国总统特朗普正式签署了《美国外国投资风险评估现代化法案》。该法案扩大了美国外国投资审查委员会的审批权限，使中国企业投资美国科技业变得更加困难。特朗普政府还宣布从 2018 年 6 月 11 日起，将把专业在机器人、航空和高科技制造等领域的中国研究生的签证有效期从 5 年缩短为 1 年，这标志着美国采取更严格的签证政策阻断中美之间的高技术人才交流，以保证自身在高科技领域的技术垄断优势。

如何实现产业升级，不同的国家或许有着不同的路径。但是大国有着广阔的腹地和众多的人口来支撑自身的市场需求，显然比小国有更多的腾挪空间，尤其对于中国这样的大国而言，如能有效利用自身高速增长的本土市场，培育高级要素条件（如核心技术研发能力、品牌与终端营销能力等），就能够为本国企业占据价值链高端环节提供机会。在此基础上依靠巨大的本土市场，构建以本土企业专利为基础的行业标准体系，来提高国外竞争者的进入壁垒是一个重要的策略手段。2000 年，中国在移动通信领域构建 TD-SCDMA，与欧美展开国际 3G 标准之争并最终获得国际电信联盟（ITU）承认就充分说明了这一点。

## 三、全球价值链重组趋势：效率与安全之间的平衡

2018 年以来，随着中美贸易战、全球地缘政治等一系列因素的作用，全球产品内分工形式的经济全球化受到了巨大的冲击。在以美国为主的西方国家倡导的"在岸外包""近岸外包""友岸外包"等政策的推动下，经济全球化正在发生巨大的逆转。一系列把安全放在效率之前考虑的经济政策特征显示，过去某些全球化理论是不可靠与不稳定的，实现全球范围内的市场经济这一理想目标距离实践甚远，以"世界是平的""地球村"为特征的新自由主义理论已经破产。

当前全球价值链重组趋势有五种：

一是在全球产业链的形态上，将会呈现为纵向缩短的趋势，企业组织由跨越全球各国的纵向非一体化状态，向邻近国家的纵向非一体化状态变化。其中，地缘政治、技术变化是导致其变化的主因。后者如 3D 打印等新的制造技术，将使生产与消费的枢纽更靠近本国。这对中国来说，将面临发达国家制造业回流或外资企业再配置的竞争。

二是在空间上，全球产业链的地理重组将呈现为区域化集聚的态势，从而过去中间投入品供应商（国际代工者）竞争"链主"订单和技术的全球竞争方式，将让位于产业集群之间的竞争和全球产业链集群之间的竞争。这对中国利用国内强大市场塑造全球产业链集群问题提出了新要求。

三是全球产业链数字化重组的趋势，将使全球产业链中的信息传递更加透明，信息传输效率提升，由此将极大地缓解产业链上的"长鞭效应"，中国应及早做好准备抓住提升产业链效率，增强自身竞争力的机遇。

四是全球产业链绿色化重组的趋势，通过碳边境调节税等手段，促使全球价值链的参与国必须大力发展新能源产业。如果继续沿用传统能源，中国出口的外贸产品将因被征收碳边境调节税而缺乏足够的现实竞争力。

五是全球产业链按价值观主导重组的趋势，将有可能在一些重要的战略性产业方面出现排挤中国的效应，迫使中国参与的全球产业链脱钩、解构和被边缘化。由此，需要防止全球价值链的分工格局从过去的嵌入状态，演变成平行化的两大集团之间的竞争的不良格局。

### 延伸阅读 16-8

## 发展中国家面临着全球价值链重组和产业链安全的挑战

近几年来，由于逆全球化抬头和俄乌冲突的影响，全球供应链的稳定性受到严峻挑战。以美国为首的西方发达国家进一步推进供应链的本地化、国产化，以及海外供应链多元化等措施，带动了全球价值链的重组。例如，欧盟于 2021 年决定加大对重点产业，包括原材料、电池、制药、氢能、半导体、云计算等的投入力度，以降低对域外市场和供应链的依赖程度。美国于 2022 年通过《2022 年芯片与科学法案》，意在支持本国存储芯片等前沿工艺的研发与产业化，提高成熟和前沿芯片、半导体本土供应商等的创新制造能力；同年，美国发布"国家生物技术和生物制造倡议"，计划投入 20 多亿美元，支持生物技术研发，促进制药业和农业、能源等行业的美国制造，并主导启动"印度－太平洋经济框架"（IPEF），旨在建立多样化和有弹性的全球供应链。日本则设立"供应链国内投资促进事业费补助金"，用于资助日本制造商将生产线撤回日本；同时，设立"海外供应链多元化项目"，目标是以越南、泰国等东盟国家为中心，开拓建立多元化生产基地，等等。

全球价值链的重组使得发展中国家面临着更加复杂的问题：一方面，在原先通过加入全球价值链实现升级的模式受到挑战的情况下，发展中国家如何在变化了的全球价值链中继续获得国际分工的好处？另一方面，如何在全球价值链重组中维护自身的产业链安全？2021 年 3 月我国公布的"十四五"规划和 2035 年远景目标纲要，提出要提升我国产业链现代化水平，确保产业链的自主可控和安全高效。为此，要利用国内国际两种资源和市场，实现国内国际双循环发展格局，推动我国开放型经济向更高层次发展。

资料来源：周维富、陈文静. 发达国家维护产业链供应链安全的主要做法与启示［J］. 中国经济报告，2023（2）：34-40.

中国必须长期面对某些发达国家政府的逆全球化政策，以及跨国企业采取的"China+1"竞争战略的严峻挑战。在新的国际政治经济形势下，中国这个过去的经济全球化的被动参与者，现在已经成为全球化的坚定提倡者、支持者、维护者和一定程度上的领导者。中国的产业安全战略，不能简单地追求绝对的安全，而要在发展中追求动态的安全，如果不能开放发展，将会遇到绝对的不安全。由此，我国应该重新思考和设计新发展格局下参与国际竞争的经济政策。例如，我们要主动采取更加开放的战略，不能自我设限，更不能主动降低与国外的垂直专业化联系，同时，也要在不断开放中主动塑造和拉长国内价值链，让一些产业循环留在国内进行，增强自主可控能力。从技术供给看，要善于利用外国资源进行创新，一方面要以内需集聚国内外资源来中国创新创业，或者有意识地发展"逆向外包"业务，以有效地利用外部人力技术资本；另一方面要利用内需诱导和拉动创新，培育出更多的高水平自立自强的技术。从力量均衡看，要加快培育产业的反制能力，反击某些国家的政府把具有公共品性质的产业链作为政治武器的恶劣行为。为此，需要扬弃"扬长避短"战略，转向"扬长补短"战略。从技术安全和维护看，要全面推进我国企业的国际专利战略布局，构建自主知识产权保障体系，等等。

## ◈ 本章小结

经济全球化现象已经被众多的概念，如"产品内分工""垂直专业化""全球价值链""附加值贸易""全球生产网络"等所描绘。

产品内分工是新的国际分工现象。获得生产环节间的比较收益和规模经济收益，是新的生产组织方式出现的根本原因，而经济全球化导致的分离成本下降是其重要的催化剂。

从测算结果来看，代表性国家的垂直专业化和离岸外包的水平普遍呈上升趋势，尤其是发展中国家的制造业表现得更加明显。最后还简略介绍了附加值贸易、中国加工贸易的发展状况。

全球价值链理论重点关注价值链的驱动力、价值链治理和收益分配。发展中国家参与全球价值链能够推动处于起飞或低端阶段的工业化进程，但容易被发达国家的跨国公司"锁定"或者"俘获"，以及面临发达国家的贸易保护和技术封锁等问题。如何实现价值链攀升、实现效率与安全的平衡，是我国产业政策所面临的最重要的现实问题。

## ◈ 思考题

## ◈ 参考文献

# 附 录
## APPENDIX

## 附录 A　产业竞争力与产业升级

## 附录 B　企业选址与产业布局